CW01665843

DAS RECLAM BU(

DAS RECLAM BUCH DER MUSIK

Von
Arnold Werner-Jensen
unter Mitarbeit von
Franz Josef Ratte und Manfred Ernst

Mit 289 ein- und mehrfarbigen Abbildungen
sowie 57 Notenbeispielen

Philipp Reclam jun. Stuttgart

3., aktualisierte Auflage

Umschlaggestaltung: Niklaus Troxler, Willisau, unter Verwendung von Ausschnitten einer Innenansicht des Teatro La Fenice (Venedig; AKG), Richard Wagners Orchesterskizze des *Lohengrin* (1847; Richard-Wagner-Archiv, Bayreuth), dem *Beethoven-Porträt* von Joseph Karl Stieler (1820; Beethoven-Haus Bonn) und einer Aufnahme von Ornette Coleman (Jazzfest Berlin 1971; Foto: Uwe Rau, Berlin)
Innengestaltung: Buchherstellung Dotzauer, Stuttgart
Satz: Reclam, Ditzingen
Reproduktionen: Lösch MedienManufaktur, Waiblingen
Noten: prima nota GmbH, Korbach
Printed in China 2012
RECLAM ist eine eingetragene Marke
der Philipp Reclam jun. GmbH & Co. KG, Stuttgart
ISBN 978-3-15-010882-6

www.reclam.de

INHALT

19. JAHRHUNDERT

20. JAHRHUNDERT

POPULARMUSIK

DIE MUSIK ANDERER KULTUREN

IM UMFELD DER MUSIK

ANHANG

VORWORT

Ein lautenspielender Engel, gemalt um 1521/24 von Rosso Fiorentino; Fragment aus einem verschollenen Altarbild.

Das *Reclam Buch der Musik* wendet sich sowohl an den schnelle Orientierung suchenden Fachmann wie an den umfassend interessierten Laien; auch kann es Studierende bei der Examensvorbereitung unterstützen, wenn sie auf konzentriert dargebotenen Wissensstoff angewiesen sind. Natürlich kann *Das Reclam Buch der Musik* von Konzept und Umfang her weder eine Enzyklopädie der Musik noch spezialisierte Einzelpublikationen ersetzen; deshalb sollen die Literaturhinweise im Anhang hilfreich weiterführen und vertiefen. Statt enzyklopädischer Vollständigkeit diente das altbewährte Prinzip des Exemplarischen als Leitschnur bei der Auswahl der Daten, Fakten und Personen, unterstützt durch das Bemühen um Anschaulichkeit und Prägnanz in Sprache, Bildauswahl und -kommentierung.
Gegliedert ist das Buch durchgehend in thematische Doppelseiten, die der Chronologie der Epochen und Jahrhunderte folgen. Dieses Prinzip wird jedoch gleichzeitig durch eine Systematik der Gattungen, der Instrumente und ihrer Ensembles sowie die eindrucksvolle Reihe bedeutender Musikerpersönlichkeiten überlagert und ergänzt. Infolgedessen eignet sich das Buch zum gezielten Nachschlagen wie zum Lesen größerer Zusammenhänge, aber auch zum anregenden Blättern und Schmökern. In der Anordnung von den Anfängen bis in unsere Tage nehmen die Kapitel erkennbar an Umfang zu – das 19. und vor allem das 20. Jahrhundert werden am ausführlichsten dargestellt. Insbesondere das soeben abgeschlossene Jahrhundert zeichnet sich durch eine nie dagewesene Vielfalt musikalischer Erscheinungsformen aus und zugleich durch eine unübersehbare Akzentverlagerung weg von der sogenannten ›ernsten Musik‹ hin zu den populären Phänomenen des Jazz, der Rockmusik und des Musicals. Dieser Tatsache wird Rechnung getragen. Zugleich wird deshalb die grundsätzliche konzeptionelle Ausrichtung des Buches an der europäischen Musikkultur in seinen letzten Kapiteln durchbrochen und erweitert: die großen zeitgenössischen Strömungen sind nicht mehr europäisch definierbar, sondern weltumfassend.
Für eine Reihe von Doppelseiten der älteren, insbesondere der mittelalterlichen Musik konnte Dr. Franz Josef Ratte gewonnen werden; viele Doppelseiten zu populären Themen des 20. Jahrhunderts steuerte Prof. Dr. Manfred Ernst bei. Ihre Beiträge sind im Anhang aufgeführt. Für ihren wichtigen abrundenden Beitrag zum Gesamtkonzept des Buches möchte ich mich an dieser Stelle herzlich bedanken.

Arnold Werner-Jensen

OHNE Musik wäre das Leben ein Irrtum.

Friedrich Nietzsche

FRÜHGESCHICHTE UND ANTIKE

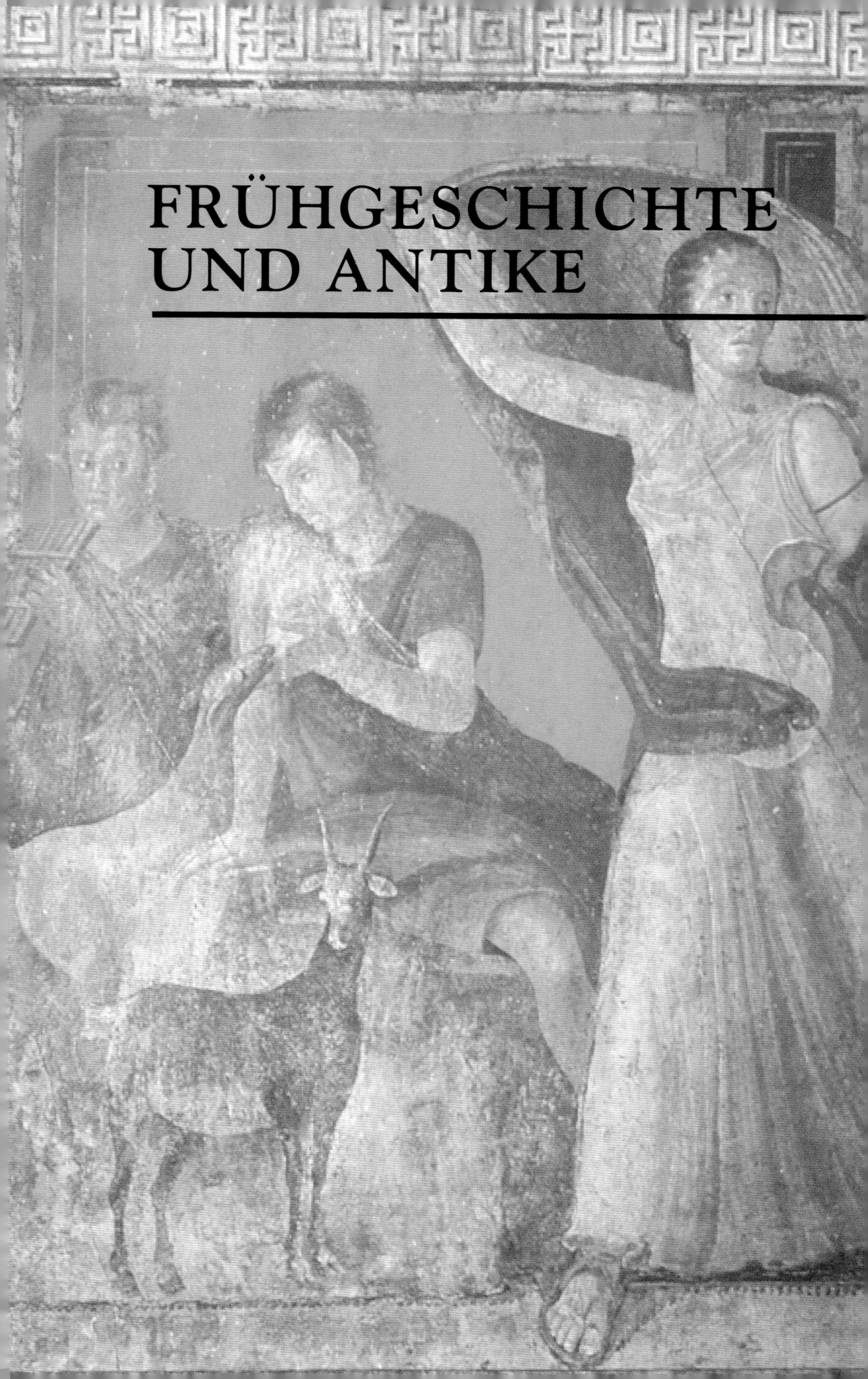

ANFÄNGE UND DIE MUSIK DER FRÜHEN HOCHKULTUREN

DIE ENTSTEHUNG DER MUSIK. Die Anfänge der Musik liegen im Dunkeln der Geschichte und werden auch nie restlos zu erforschen sein. Solange es Menschen gibt, scheinen sie Klänge und Geräusche erzeugen zu wollen, die nicht nur der sprachlichen Kommunikation dienen, sondern dem Ausdruck von Gefühlen wie Freude und Leid, vor allem aber der Beschwörung und Anbetung unbekannter höherer Mächte. Bis in die Altsteinzeit zurück reichen Ausgrabungsfunde primitiver Musikinstrumente: lochlose Flöten, erste Grifflochflöten, Musikbögen aus dem Ende der Altsteinzeit. Aus späterer Zeit stammen Trommeln, erst aus Holz gebaut, dann auch fellbespannt.
In allen alten Kulturen gibt es Mythen über die Entstehung der Musik, überliefert in Bild und Schrift. Der Glaube an Musik als einer göttlichen Gabe hat sich bis ins Mittelalter erhalten; zugleich galt immer noch Pythagoras als ›Erfinder‹ der Musik. Heute existieren mehrere Theorien über die Entstehung der Musik. Einige leiten sie im Darwinschen Sinne vom Naturlaut der Vogelstimmen ab oder deuten frühkindliche Lautäußerungen als musikalische Vorstufe, andere führen Musik auf die Sprache zurück oder ordnen sie dem emotionalen Äußerungsbedürfnis zu.

DIE MUSIK DER FRÜHEN HOCHKULTUREN. Zur reichen Kultur der führenden Regionen der frühen Antike im Vorderen Orient – Ägypten und Mesopotamien – gehört auch die Musik, deren Zeugnisse uns über bildliche Darstellungen und Ausgrabungsfunde, aber auch durch schriftliche Dokumente erreicht haben. Groß war ihr Einfluss auf die Musik der hellenistischen Hochkultur in Griechenland und seinen Nachbarregionen.
Zeugnisse aus dem alten Ägypten sind vorwiegend in Grabanlagen gefunden worden. In bildlichen Darstellungen, vor allem auf Wandmalereien, erscheinen bereits in der Zeit des Alten Reiches (etwa 2860–2160 v. Chr.) Blas-, Zupf- und Schlaginstrumente; man erkennt Menschen, die rhythmische Geräusche mit ihrem Körper erzeugen (Händeklatschen), andere leiten mit ihren Handzeichen zum Musizieren an. Diese Frühform der Cheironomie ist allerdings kaum noch entzifferbar.
Aus dem Mittleren Reich (etwa 2140–1780 v. Chr.) sind Darstellungen weiterer Instrumente erhalten: Grifflochhorn, Leier und Röhrentrommel sowie verschiedene Flöteninstrumente, die erste Hinweise auf verwendete Tonsysteme geben konnten. Das aus dem Alten Reich stammende Sistrum, eine Art der Klapper, erscheint in zahlreichen Darstellungen, darunter auch im frühen ›musikpädagogischen‹ Einsatz.
Im Neuen Reich (1560–1080 v. Chr.) kam es zu einer musikalischen Hochblüte. Neben neuen Schlaginstrumenten sind sogar Musikernamen bekannt; die Harfe blieb in

DIE ERFORSCHUNG FRÜHER MUSIKKULTUREN

Allen Indizien über die Vor- und Frühgeschichte der Musik – Ausgrabungsfunde, bildliche Darstellungen, später mündlich und schriftlich überlieferte Mythen und Legenden, Berichte und Beschreibungen – ist eines gemeinsam: sie klingen nicht. Musik lebt jedoch nicht in Bericht und Notation, sondern beginnt erst in der Aufführung zu existieren, die nicht rekonstruierbar ist. Man kann erkennen, wie wiederaufgefundene alte Musikinstrumente prinzipiell gehandhabt wurden – geblasen, geschlagen oder gezupft –, jedoch nicht, nach welchem System Töne zu einander passten, wie Saiten gestimmt wurden, in welchem genaueren Intervallabstand Grifflöcher angebracht waren. Auch die Rhythmen, die auf Schlaginstrumenten erzeugt wurden, müssen im Dunkeln bleiben, weil es keine Notierung dafür gab. Insofern ist das Aufkommen einer Notation ein entscheidender Schritt nicht nur für die Musikausübung, sondern auch für die Erforschung früherer Epochen.

MUSIK DER NATURVÖLKER

Gelegentlich heißt es, die Musik der so genannten Naturvölker könne uns Hilfestellung geben bei der Erforschung früherer Musikstadien, doch ist hier Vorsicht geboten. Naturvölker besitzen keine Musikgeschichte in unserem Sinne; bei ihnen gibt es keine Notation und damit auch kein Komponieren von ›Kunstmusik‹. Doch darf man daraus nicht schließen, dass keine Entwicklung stattgefunden hätte. Europäische Musikgeschichte im eigentlichen Sinn setzt mit der Erfindung einer Notation ein, die den komplexen Vorgang des Komponierens erst ermöglicht. Das Auftauchen der Neumen gegen Ende des ersten Jahrtausends ist dabei ein erster wichtiger Schritt auf dem Weg zu unserer heutigen Notenschrift.

Harfenspielerin, Lautenspieler und eine Doppeloboespielerin, Grabmalerei aus der Regierungszeit König Thutmosis IV. (um 1412–1402 v. Chr.).

zahlreichen Varianten wichtig. Über Ansätze einer Notation wird spekuliert, ohne sie beweisen zu können. Es kam zu wechselseitiger Beeinflussung mit Nachbarkulturen, die sich bis zum Ende des Ägyptischen Weltreiches im 4. Jahrhundert v. Chr. verstärkte und zu einer beachtlichen Vielfalt an Instrumenten führte.

MESOPOTAMIEN. Die Keilschrift, im mesopotamischen Kulturraum der Sumerer, Akkader, Assyrer und Babylonier gleichermaßen verwendet, verbindet den Vorderen Orient mit seinen vielfältigen Sprachen. Als wichtigste und brauchbarste Schrift bleibt sie runde 3000 Jahre in Gebrauch. Die Erinnerungszeichen der mesopotamischen Musikkultur sind Bilder und Texte, doch fehlt, wie in Ägypten, eine Notation; dagegen blieben weniger Instrumente als dort erhalten, denn die feuchte Erde des Zweistromlandes ließ Holz, Bambusrohr sowie Trommelfelle aus Tierhaut und Darmsaiten restlos verrotten. Erhalten blieben Rasseln, Glocken, Pfeifen und Flöten aus Ton sowie Glocken, Becken, Gegenschlagstäbe und Blasinstrumente aus Metall und anderem dauerhaftem Material. Leiern als wichtige Kultinstrumente finden sich auf Bildern der Zeit vor 3000 v. Chr.; wenig später wurden Musikernamen von Priestern festgehalten, die instrumentenbegleitete Vokalmusik im kultischen Raum gemacht haben. Aus Babylon übermitteln Keilschrifttexte eine siebenstufige Tonleiter. Einige kürzlich aufgefundene akkadische Keilschrifttexte zur Musik harren der ausführlichen Auswertung und verheißen Erkenntnisse zur Musiktheorie der Zeit.

DIE HARMONIE DER SPHÄREN

Wie u. a. Aristoteles in seiner Schrift *De caelo* berichtet, glaubten die Anhänger des griechischen Philosophen Pythagoras (gest. um 500 v. Chr.) an eine Musik, die nicht der Menschen bedurfte: die Sphärenharmonie.

»Wenn Sonne und Mond und die Gestirne in solcher Menge und solcher Größe sich bewegen, sei es unmöglich, dass daraus nicht ein unvorstellbar lauter Schall entstehe. Da sie dies also voraussetzen und ebenso, dass die Geschwindigkeit infolge der jeweiligen Abstandsverhältnisse die rationalen Verhältnisse musikalischer Harmonien hätte, behaupten sie, der Klang der sich im Kreise bewegenden Gestirne sei ein harmonischer.« (Übers.: J. Mansfeld)

DAS ANTIKE GRIECHENLAND I

GRIECHENLAND, WIEGE DER ABENDLÄNDISCHEN KULTUR. Unbestritten ist die Bedeutung der griechischen Antike für die abendländische Baukunst, Plastik, Dichtung und Philosophie. Weniger offensichtlich ist der Einfluss altgriechischer Kultur im Bereich der Musik, am spektakulärsten bei der Erfindung der Oper zu Beginn des 17. Jahrhunderts, die aus einem missverstandenen Wiederbelebungsversuch der antiken Tragödie hervorging.

Die Einsicht in den Zusammenhang zwischen altgriechischer und neuzeitlich-europäischer Musikkultur ist aus dem gleichen Grund erschwert wie der Zugang zu altägyptischer oder mesopotamischer Musik: es gibt (fast) keine schriftliche Überlieferung. Die wenigen erhaltenen Schriftdokumente – etwa vierzig Fragmente – stammen alle aus der Spätzeit der griechischen Kultur und lassen sich nicht mit letzter Sicherheit übertragen. Hinzu

DER soziale Ort von Musik und Tanz im alten Griechenland wird im folgenden Ausschnitt aus Homers *Odyssee* (VIII,261–266) deutlich.

»Und es nahte der Herold und brachte die tönende Leier / Für Demodokos her; der trat in die Mitte, und ringsum / Stand der Jünglinge Schar, im Reigentanze bewandert, / Und sie stampften mit ihren Füßen den göttlichen Reigen. / Aber Odysseus sah das Geflimmer der Füße und staunte. / Der aber schlug die Saiten und stimmte den schönen Gesang an.« (Übers.: R. Hampe)

Harfenspieler, Grabfund aus Thera (frühkykladisch). Der auf einem Hocker sitzende Harfenspieler hält mit seiner linken Hand den vorderen Harfenbogen, während der Schallkörper des Instruments auf dem rechten Oberschenkel ruht.

kommt, dass das griechische Notationssystem in erster Linie der Musiktheorie zu dienen hatte, nicht aber der Fixierung von ›Kompositionen‹. Also ist man auch hier auf die gleichsam indirekte Überlieferung mittels bildnerischer und textlicher Dokumente angewiesen.

MUSIKÉ. Was die Griechen *musiké* nannten, entspricht nicht exakt unserem Musikbegriff, sondern geht über diesen hinaus. *Musiké* meint »den gesamten Bereich, der von den Musen vertreten wird: die poetisch-musikalische Kunst, darüber hinaus geistige Tätigkeiten wie die Philosophie. *Musiké* greift also weit über den heutigen Musikbegriff hinaus (...). *Musiké*, in der sich Musik, Poesie und Tanz verbinden, unter der man in der nachklassischen Zeit sowohl Musik als auch Musiklehre verstand« (Karl H. Wörner). Als Erster verwendete der Odendichter Pindar (um 518–446 v. Chr.) den Terminus *musiké* für Sprache, Musik und Tanz gleichermaßen. Griechische Musik war zumindest in der klassischen Epoche nie eine eigenständige Kunst mit klaren Grenzen zu den übrigen Künsten. Gemeinsam mit ihnen stand sie stets im Dienste der Götter und des ihnen gewidmeten Kultes, aber auch des repräsentativen öffentlichen Lebens. Innerhalb des Staats- und Erziehungswesens kam der Musik – im weiteren Sinn des Begriffes – eine zentrale Bedeutung zu. Und in der Mythologie waren bestimmte Instrumente Göttern zugeordnet: die Lyra gehörte Apollo und der Aulos, ein schalmeienähnliches Instrument, dem Dionysos. Am bekanntesten blieb bis heute der Mythos vom Sänger Orpheus, der mit der Gewalt seiner Stimme und Leier sogar die Götter betören konnte. Erst am Ende des 5. Jahrhunderts begannen Musik und Dichtung eigene Wege zu gehen und gewannen künstlerische Selbständigkeit.

EINFLÜSSE. Auch die griechische Musik entstand nicht allein aus sich selbst heraus; die Griechen übernahmen vielmehr manches in Theorie und Praxis aus dem Orient. Eigenheiten des Tonsystems, der Instrumente und der Musiktheorie stammen aus dem Vorderen und dem Fernen Orient zwischen Ägypten und China. Hinzu kommen bemerkenswerte Hinterlassenschaften jener Völker, die vor den Griechen den mediterranen Raum besiedelten und die heute als helladische, kykladische und minoische Kulturen bezeichnet werden. Archaisch und zugleich zeitlos wirken auf uns heute etwa die plastischen Darstellungen von Instrumentenspielern aus dem Kulturraum der kykladischen Inseln; sie stammen wohl aus dem 3. Jahrtausend v. Chr. und zeigen ganz rudimentär die Bauelemente unterschiedlicher Instrumente (Harfe, Aulos, Syrinx). Ferner sind beispielsweise eindrucksvolle minoische Darstellungen von Leiern bekannt.

GRIECHISCHE MUSIKTHEORIE

Die Elemente der griechischen Musiktheorie und des griechischen Tonsystems bestehen in den griechischen Bezeichnungen der mittelalterlichen Kirchentonarten fort. Das eigentliche Tonsystem scheint pentatonisch gewesen zu sein und kam ohne Halbtonschritte aus. Im 8. Jahrhundert dürfte es zur siebentönigen Leiter vervollständigt worden sein. Seine Basis war der fallende Tetrachord der Quarte. Zwei übereinander gesetzte Tetrachorde, jeweils in der Folge Ganzton – Ganzton – Halbton, getrennt durch einen weiteren Ganzton, ergaben eine vollständige Tonleiter im Oktavraum. Durch weitere angefügte Tetrachorde erschloss sich das gesamte Tonsystem. Die Bezeichnungen für diese Oktavgattungen waren die gleichen, wie wir sie von den Kirchentonarten kennen, doch meinten sie andere Tonfolgen als jene (dorisch beispielsweise begann abwärts mit dem Ton *e*, nicht aufwärts bei *d*). Innerhalb der Tetrachorde ergaben sich durch unterschiedliche Lage der Halbtonschritte verschiedene Tongeschlechter, nämlich das diatonische, das chromatische und das enharmonische, wobei auch Vierteltonabstände vorkamen.

DAS ANTIKE GRIECHENLAND II

TEXTDEKLAMATION. Die Deklamation antiker Vers-Texte erfolgt nach einem anderen Prinzip als in den germanischen Sprachen wie dem Deutschen: man betont nicht einzelne Silben (akzentuierende Metrik), sondern reiht Längen und Kürzen silbenweise aneinander (quantitierende Metrik). Aus der regelmäßigen oder unregelmäßigen Aneinanderreihung von bestimmten Versfüßen (Jambus, Daktylus, Anapäst) ergibt sich das Versmaß. Dies war auch das Rhythmusprinzip der griechischen Musik, die ja eng auf die Sprache bezogen war; es unterschied sich somit grundlegend vom Rhythmus der späteren europäischen Kunstmusik. »Von der Gestalt des altgriechischen ›Dichtersängers‹ ist die des Dichters geblieben. Was die Nachwelt von ihm kennt, ist die eine, die in Wort und Abschrift gefaßte Seite seines Schaffens, sind die Texte, während die andere Seite, sein ephemeres musikalisches Wirken, das den Texten einst Gehör verschaffte, in legendäre Ferne entrückt erscheint«; man hatte es »mit einer Kunstsprache zu tun, die in der Blütezeit der griechischen Poesie nie anders als in gesungener Form existierte« (Frieder Zaminer).

Neben solistisch dargebotener Lyrik gab es auch eindrucksvolle Chorlyrik; einen Höhepunkt stellen die Oden Pindars und die Chorgesänge der attischen Dramen der so genannten klassischen Periode (5./4. Jahrhundert v. Chr.): die Dramen des Aischylos, Sophokles und Euripides lebten von ihren großen Chorgesängen, Tänzen und Pantomimen sowie den solistisch vorgetragenen Partien von ein, zwei oder (seit Sophokles) drei Schauspielern.

HELLENISMUS. Die rund vierzig erhaltenen Dokumente notierter Musik aus Griechenland stammen alle aus der Spätphase, die heute meist als Hellenismus bezeichnet wird; geistiges Zentrum war die von Alexander dem Großen 332 v. Chr. gegründete Stadt Alexandria. Die Epoche des Hellenismus reicht bis kurz nach Christi Geburt in die Zeit des Augustus und brachte eine große Zahl von Theoretikern hervor, die sich zu Fragen der Musiktheorie und des Tonsystems äußerten. Sie setzten damit eine lange Tradition fort, die etwa mit Pythagoras in der zweiten Hälfte des 6. Jahrhunderts v. Chr. begann: auf ihn geht die Messung der Intervallgrößen und -verhältnisse mittels Zahlenproportionen zurück, er errechnete am Monochord durch Saitenteilung die Töne der Skala. Seine Lehre von der Katharsis, von der reinigenden Wirkung der Musik auf den Menschen, wurde im 5. Jahrhundert v. Chr. aufgegriffen und vertieft: nach Plato schrieb Aristoteles der Musik heilende Wirkung auf den Menschen zu; man kann hier zum ersten Mal von einer Musikästhetik sprechen; auch die Musiktherapie hat hier ihre frühen Wurzeln.

Alle wichtigen Formulierungen zur Musiktheorie fallen in die Periode des Hellenismus. Zuvor kamen die wesentli-

FORMEN GRIECHISCHER MUSIK
(nach Karl H. Wörner)

Dithyrambos, chorischer Lobgesang auf Dionysos, begleitet von Aulos oder Barbiton.
Elegie, Klagelied bzw. Lied in der metrischen Form der Elegie mit Aulos-Begleitung.
Hymenaios, Brautlied mit Aulosbegleitung.
Hymnos, erhabenes Kunstlied für die Götter, das von der Kithara begleitet wird.
Hyporchema, zunächst Chorlied, dann Tanzlied zur pantomimischen Darstellung.
Paian, chorischer Kultgesang für Apollo, später auch für andere Götter, mit Kithara-Begleitung.
Skolion, Trinklied für Solo oder Chor.
Threnos, chorische Totenklage, Trauergesang, vom Aulos begleitet.

NOTATION

Eine Notierung scheint im 5. Jahrhundert v. Chr. aufgekommen zu sein; bei der neueren Methode wurden die Buchstaben des ionischen Alphabetes verwendet; gelegentlich gab es rhythmische Zusatzzeichen; die Entzifferung gelang erst 1847. Unter den rund vierzig erhaltenen Beispielen erlangte das vollständig auf einer Grabstele erhaltene Lied des Seikilos Berühmtheit.

chen Äußerungen zur Musik und ihrer Wirkung von Philosophen und Mathematikern; nun beginnt die Epoche der eigentlichen Musiktheoretiker, die also ›vom Fach waren‹: Aristoxenes von Tarent wandte sich als Erster von allen Zahlenspekulationen ab und vertraute dem menschlichen Gehör als Maß. Noch in den Jahren vor der Zeitenwende setzte man sich mit Fragen der Intervall- und Tetrachorduntergliederung auseinander. Zugleich trennten sich die Wege von Ethik und Ästhetik; die Musik wurde neben Arithmetik, Geometrie und Astronomie in das den mathematischen Künsten geltende Lehrsystem des Quadrivium aufgenommen, das zusammen mit dem Trivium (Grammatik, Dialektik, Rhetorik) die sieben freien Künste (Septem artes liberales) ausmachte. Nach Christi Geburt äußerten sich Plutarch sowie Ptolemaios zur Musiktheorie, wobei Letzterer eine umfassende Lehre des griechischen Tonsystems schuf. Wichtigstes Verbindungsglied zum Mittelalter sind schließlich die Schriften des Boethius, vor allem seine fünf Bücher *De institutione musica* (um 500), in denen die Musiklehre über die Musikausübung gestellt wird.

INSTRUMENTE DER GRIECHEN

Aulos, Doppelrohrblatt-Schalmei mit Grifflöchern, zumeist als Doppelaulos.
Kithara, Phorminx, Lyra, Chelys, Barbiton, leierartige Instrumente mit unterschiedlich geformten Schallkörpern aus unterschiedlichen Materialien und mit verschiedenem Klang (Lage, Farbe); die Harfe trat als Winkelharfe auf, mit großem Winkel zwischen Corpus und Saitenhalter.
Krotola, kastagnettenartige Klapper.
Kymbala, Becken aus Metall.
Syrinx, Panflöte mit fünf und mehr verbundenen Rohrpfeifen verschiedener Länge.
Tympanon, Rahmentrommel.

Griechische Halshenkelamphora, musiziert wird hier (von links nach rechts) auf einer Kithara, einer Harfe und einer Lyra.

ROM UND BYZANZ

ROM. Aus dem Römischen Imperium weiß man, dass Musik große Bedeutung sowohl im öffentlich-repräsentativen Leben wie im Alltag hatte, doch erfahren wir davon ausschließlich aus Abbildungen und Äußerungen, nicht aber durch Noten. In der Musiktheorie setzte man keine wesentlichen eigenen Akzente, sondern baute auf dem Gedankengebäude der Griechen auf. In der klingenden Musik wurde eine Vielzahl von Einflüssen verarbeitet, besonders aus den vorangehenden Kulturen der Etrusker und der Griechen, aber auch aus dem Orient. Vor allem trompeten- und hornartige Blechblasinstrumente, aber auch Aulos und Syrinx spielten beim Militär und im Circus, der Vergnügungsstätte des Volks, eine große Rolle; gleich ihnen wurden Kithara und Lyra (Leier) von den Griechen übernommen, hinzu kamen Trommeln, Becken und Klappern. Als frühe Vorläuferin der Orgel erklang die Hydraulis, eine Wasserorgel, vor allem im Circus. Wesentliche Teile, allerdings ohne die Winderzeugungsanlage, einer derartigen Hydraulis wurden in Aquincum aufgefunden und dienten als Grundlage für eine Rekonstruktion des Instrumentes und auch seiner Stimmung.

RÖMISCHE MUSIKER. In Rom scheint sich im Laufe der Zeit ein regelrechtes Berufsmusikertum etabliert zu haben. Zunächst ›engagierte‹ man Musiker aus dem besetzten Griechenland und ließ sie in Rom auftreten. Neben der Musik bei religiösen Zeremonien (Begräbnis) und der Musik zur Arbeit, beim Militär und im Circus gab es auch private Anlässe, zu denen musiziert wurde:

NOTATION

Etwa im 8. oder 9. Jahrhundert kam es zu ersten Notationsbemühungen, die zunächst neumenartigen Charakter hatten, also weder Intervallverhältnisse noch Tonhöhen anzeigen konnten, jedoch zumindest ansatzweise rhythmische und sogar dynamische Einzelheiten. Bei den byzantinischen Neumen unterscheidet man drei Phasen zwischen dem 10. und dem 19. Jahrhundert; in Gestalt der neugriechischen Notenschrift, die 1821 aufkam, lebt die byzantinische Neumenschrift bis heute fort.

IM *Säkulargesang* (*Carmen saeculare*) des Horaz, zur Jahrhundertfeier 17. v. Chr. verfasst und einstudiert, vorgetragen im strophischen Wechselgesang von einem Mädchen und Knaben, wird auch das ›Kultlied‹ selbst zum Thema. Hier die zweite und die letzte Strophe:

»Weil Sibylles Spruch es gebot, den Göttern, / Die sich da erfreuen der sieben Hügel, / Müssen edle Mädchen und reine Knaben / Singen ein Kultlied. (…)

Daß dies Jovis Wille und aller Götter, / Nehmen heim als sichere, frohe Hoffnung, / Die im Chor Apollons und Dianas Loblied / Lernten zu singen.« (Übers.: W. Plankl)

Wasserorgel- und Cornuspieler, römisches Mosaik.

bei Festlichkeiten des Adels und am Kaiserhof wurden Gedichte nicht nur gesprochen, sondern auch gesungen – selbst Nero hielt sich bekanntlich für einen Virtuosen! Im Laufe der Zeit schlossen sich römische Musiker regelrecht zu Gewerkschaften im Sinne einer gemeinsamen Interessenvertretung zusammen. Livius berichtet von einem Streik der Flötenspieler Roms im Jahr 311 v. Chr.

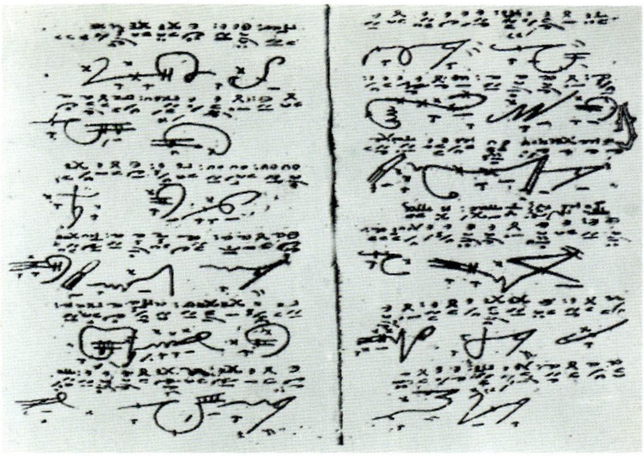

Byzantinische Notation des Asmatikon (Chorbuch); Kastoria 8 (14. Jahrhundert, fol. 36v/37).

BYZANZ. Kaiser Konstantin, der im Jahr 313 den Christen volle Religionsfreiheit gewährt hatte, siedelte mit seiner Residenz 330 nach Byzanz (Konstantinopel) um. 395 wurde das Oströmische Reich gegründet, während das Weströmische Reich kaum hundert Jahre später (476) unterging. In diesem östlichen Kulturkreis gab es selbstverständlich weltliche und geistliche Musik, doch hat die weltliche leider keine Spuren hinterlassen. Wenn man also heute von byzantinischer Musik spricht, dann ist immer die Musik der griechisch-orthodoxen Kirche bis zum Ende des Oströmischen Reiches im Jahre 1453 gemeint. Zur höfischen weltlichen Musik haben sich allerdings in Gestalt von Zeremonienbüchern aussagekräftige Quellen erhalten, unter ihnen das bekannte Zeremonienbuch Kaiser Konstantins VII. (905–959); auf diese Weise erfuhr man zumindest theoretisch einiges über verwendete Instrumente (darunter die Orgel) sowie über die Art des Musizierens.

BYZANTINISCHE KIRCHENMUSIK. Basierend auf syrischen, griechischen und jüdischen Anregungen war die byzantinische Kirchenmusik im Wesentlichen einstimmig und unbegleitet, allenfalls durch bordunhafte Zusatztöne gestützt. Musik und lyrische Dichtung waren hier nicht zu trennen. Im Zentrum standen Hymne und Psalmodie. Mit den so genannten Troparien gewinnt im 4. Jahrhundert die Geschichte der byzantinischen Kirchenmusik Gestalt; es wurden beim Psalmvortrag zunächst kürzere, später dann immer längere zusätzliche Verse eingefügt. In den folgenden Jahrhunderten dominierte die Hymnendichtung; die wichtigste Hymnenart war das Kontakion mit seinen zahlreichen, überwiegend gleichförmigen Strophen. Darauf folgte im 7.–9. Jahrhundert der neunteilige, um die neun Cantica der Bibel herum gestaltete ›Kanon‹ als zentrale Gattung. Bereits in jener Zeit kannte und bevorzugte man das Verfahren der Kontrafaktur, bei dem alte Melodien mit neu geschaffenen Texten unterlegt werden. Die byzantinische Kirchenmusik pflegte, der Gregorianik vergleichbar, acht Tonarten (vier authentische und vier plagale).

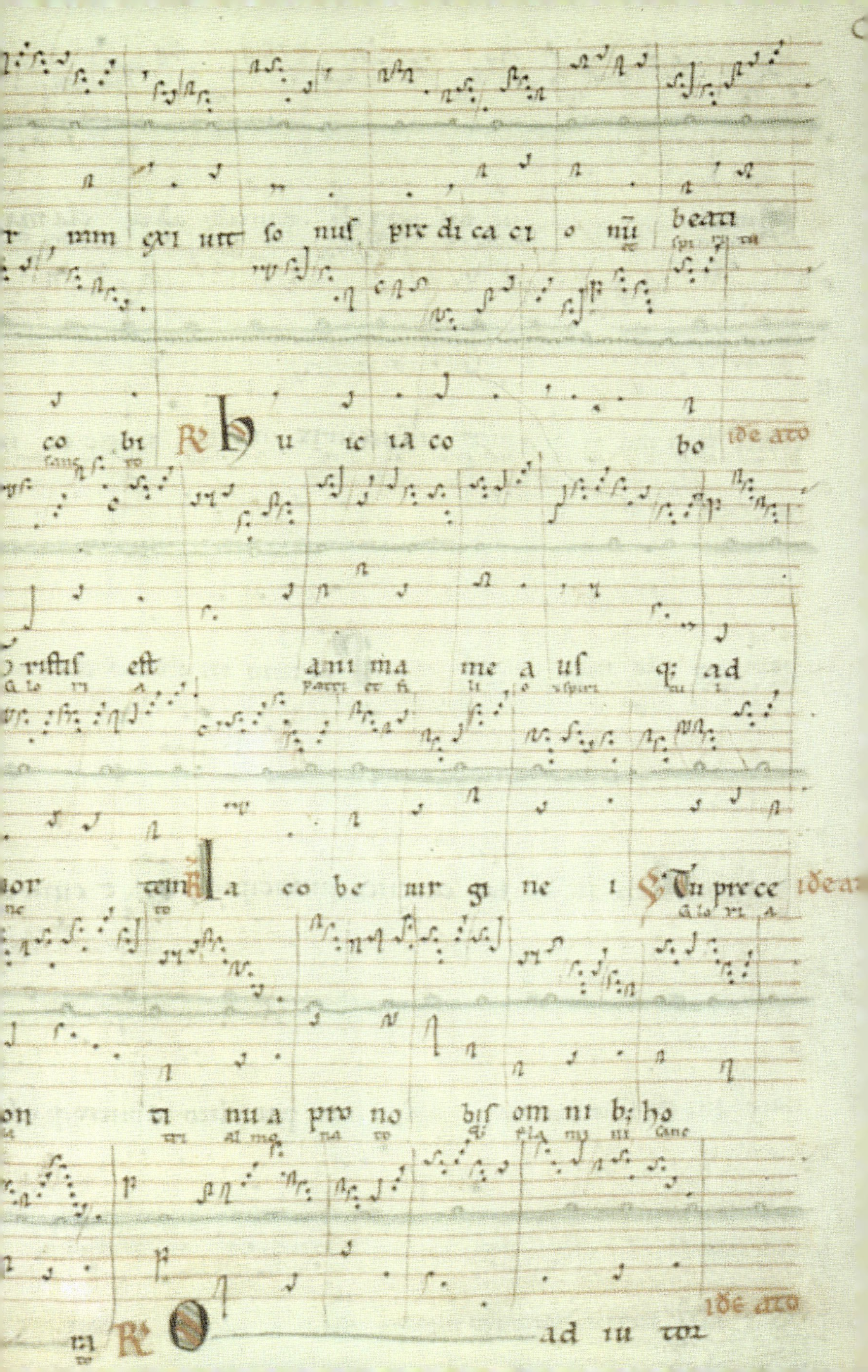

mm gxi uit so nus pre di ca ci o nu beati
co bi R hu ic ia co bo
Ide ato
ristis est ani ma me a us q ad
R la co be uir gi ne i
V Tu prece
Ide at
ti nu a pro no bis om ni b; ho
R O
Ide ato
ad iu tor

MITTELALTER

DER GREGORIANISCHE CHORAL I

DEFINITION. Der Gregorianische Choral ist der von Chor oder Solisten ausgeführte, unbegleitete, einstimmige, liturgische, mit der lateinischen Sprache verbundene Gesang der römischen Kirche. Seine seit dem 9. Jahrhundert nachweisbare Bezeichnung geht auf Papst Gregor den Großen (540–604) zurück, der einer Überlieferung zufolge im Rahmen einer Neuordnung der Liturgie die bis dahin bestehenden Gesänge gesammelt und geordnet haben soll. Die Entstehung des Kernbestands der in den Quellen des 10.–12. Jahrhunderts überlieferten Melodien fällt jedoch in die Jahre zwischen 750 und 850.

DAS REPERTOIRE. Das heutige liturgische Melodienrepertoire des Gregorianischen Chorals stellt kein historisch einheitliches Korpus dar, sondern wurde über Jahrhunderte hinweg durch Neukompositionen erweitert. Es umfasst zum einen die Gesänge des Offiziums für die Gestaltung der Stundengebete (z. B. Laudes, Vesper, Matutin) und zum anderen die Messgesänge. Diese haben als Textgrundlage das Ordinarium Missae, welches in jedem

Benediktinisches Antiphonar (12.–14. Jh.) in Hufnagelschrift. Der Ausschnitt aus der Matutin des ersten Adventssonntags zeigt Papst Gregor den Großen, der die vom Heiligen Geist in Gestalt der Taube eingegebene Melodie aufschreibt.

Gottesdienst gleich bleibt, und das Proprium Missae, welches sich auf den liturgischen Inhalt des jeweiligen Tages bezieht. Die Offiziumsgesänge sind enthalten im *Antiphonale Romanum*, die Messgesänge im *Graduale Romanum*.

STIL UND VORTRAGSART. Die Gregorianik weist eine Fülle schlichter wie auch kunstreicher Gestaltungsformen auf. Das Wort-Ton-Verhältnis reicht von der einfachen Syllabik, bei der jeder Silbe ein Ton zugeordnet ist, bis zur ausschweifenden Melismatik, bei der auf jede Silbe mehrere Töne kommen. Der syllabische Stil herrscht vor in den strophischen Hymnen, die von ihrem bekanntesten Schöpfer, Ambrosius von Mailand (339–397), in die Liturgie eingeführt wurden, und dem sogenannten Accentus, den rezitativartigen Prosa-Lesungen in der Liturgie auf dem Rezitationston.

MESSE

Ordinarium Missae, Folge der in jeder Messe gleich bleibenden Teile, bestehend aus Kyrie, Gloria, Credo, Sanctus und Agnus Dei.
Proprium Missae, Folge von variablen Teilen der lateinischen Messe (Introitus, Graduale, Alleluja oder Tractus, Offertorium, Communio), die sich auf den liturgischen Inhalt des jeweiligen Tages im Kirchenjahr beziehen und das Ordinarium Missae ergänzen.

Hymnus *Veni redemptor gentium* (4. Jh.) des Ambrosius von Mailand.

Der melismatische Stil mit seinen oft ausgedehnten, schwierig zu singenden Vokalisen findet sich in der Messe in den Propriumsteilen, besonders ausgeprägt im Alleluja. Aufführungspraktisch unterscheidet man den antiphonalen und responsorialen Vortrag, d. h. den alternierenden Gesang zwischen zwei Chorhälften und den Wechsel zwischen Chor und Solisten, wie er im Graduale, Alleluja und Tractus der Messe üblich ist.
Ein wesentlicher Bestandteil des gregorianischen Repertoires ist die aus der synagogalen Musizierpraxis übernommene Psalmodie, über deren spirituelle Bedeutung man sich von Anfang an bewusst war und deren melodische Formeln für den gesungenen Psalmvortrag im Zusammenhang mit der Einführung des Systems der Kirchentöne weitgehend standardisiert wurden. Die überlieferten Psalmtöne folgen der natürlichen Sprachmelodie des feierlichen Rezitierens in Form des Satzbogens.

Psalmodie (Modell).

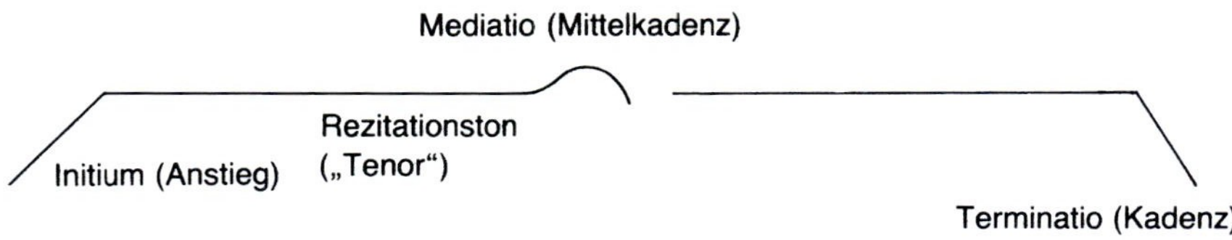

Aus Psalm 116 – im 8. Psalmton:

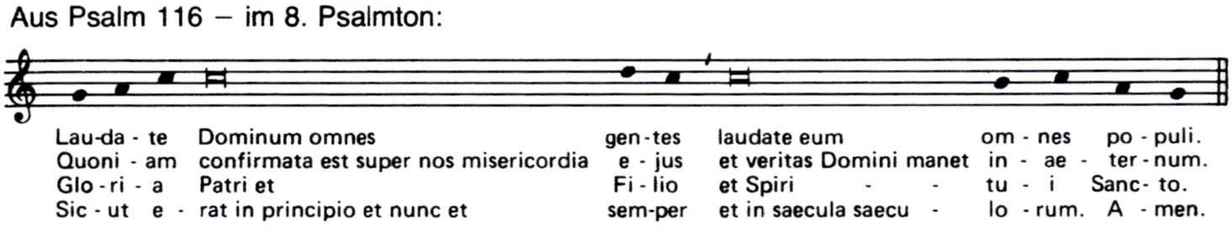

DER GREGORIANISCHE CHORAL II

URSPRÜNGE, ENTWICKLUNG UND VERBREITUNG. Die Wurzeln des Gregorianischen Chorals reichen über die frühchristliche Zeit hinaus, zurück bis in die Antike und zum altjüdischen Tempelgesang. Da sich ab dem 4. Jahrhundert mit der Erstarkung und raschen Ausbreitung des Christentums die Erzbistümer und Klöster in weitgehender Unabhängigkeit von Rom entwickelt hatten, gab es zur Zeit Gregors des Großen unterschiedlichste Liturgien und Gesangstraditionen wie die römische, die mailändische (nach Ambrosius auch ›ambrosianische‹ genannt), die spanische (mozarabische), die gallikanische, die irisch-britische (keltische), im Osten die byzantinische, die ost- und westsyrische, die koptische und mehrere andere. Obwohl mit der Reform der römischen Liturgie, um die sich außer Gregor dem Großen mehrere Päpste bemühten, auch eine Vereinheitlichung der Gesänge angestrebt wurde, erfuhr der Gregorianische Choral seine heutige Ausprägung und Kodifizierung erst in der Zeit der fränkischen Herrschaft, als im Zuge der angestrebten kulturell-politischen Einheit des Reiches unter Pippin und Karl dem Großen die Vielfalt lokaler Bräuche insbesondere in Gallien durch eine vereinheitlichte Liturgie nach römischem Vorbild abgelöst wurde. Die Melodien und die Art ihrer Ausführung wurden zunächst in mühevoller Weise nur mündlich tradiert und in speziellen Sängerschulen im Umkreis der Klöster keineswegs ohne Schwierigkeiten und Widerstände weitervermittelt, etwa in Tours, Metz und St. Gallen.

Die Einführung des römischen Chorals forderte die schöpferischen Kräfte im Karolingerreich dazu heraus, eigene zeitgenössische Melodien und Formen zu erproben. Dabei entwickelten sich als neue bedeutende Gattungen liturgischer Musik der Tropus und die Sequenz.

TROPUS. Der Begriff bezeichnet eine formal nicht festgelegte Ergänzung zum Choral. Seit dem 9. Jahrhundert ist er gebräuchlich sowohl für die nachträgliche Textierung melismatischer Gesänge als auch für die melodisch-textliche Erweiterung eines liturgischen Gesangstextes durch vorangestellte, eingeschaltete oder angefügte Zusätze. Früheste Zeugnisse dieser neuen Kunstform sind aus dem Kloster Saint-Martial überliefert. In den aktuellen Ausgaben des *Graduale Romanum* werden die alten Kyrie-Melo-

SEQUENZEN IM KIRCHENJAHR

Victimae paschali laudes (›Dem Osterlamm sollen Lobgesänge weihen die Christen‹), Oster-Sequenz; Text von Wipo (gest. um 1050), Hofkaplan Konrads II. und Heinrichs III.
Veni sancte spiritus (›Komm, Heiliger Geist‹), Pfingst-Sequenz; als Verfasser gilt Stephan Langton (gest. 1228), Erzbischof von Canterbury.
Lauda Sion salvatorem (›Lobe, Zion, den Erlöser‹), Fronleichnam-Sequenz; Worte von Thomas von Aquin (gest. 1274).
Dies irae (›Tag des Zornes‹), Sequenz der Totenmesse, Thomas von Celano (1190–1256) zugeschrieben; ist nach dem II. Vatikanischen Konzil nicht mehr in der Liturgie gebräuchlich.
Stabat mater (›Es stand die Mutter voller Schmerzen‹), erst seit 1727 als Sequenz zum Fest der Sieben Schmerzen Mariens zugelassen; der Text wurde lange Zeit Jacopone da Todi (um 1230–1306) zugeschrieben.

Kyrie IV (*Kyrie Cunctipotens Genitor Deus*) und Kyrietropus *Cunctipotens Genitor Deus*

dien noch heute nach den damaligen Tropentexten ergänzend bezeichnet und unterschieden.

SEQUENZ. Eine spezielle Form des Tropus ist die Sequenz, die zunächst als Textierung des Alleluja-Schlussmelismas, des sogenannten Jubilus, in Erscheinung tritt. Während sonstige Tropen von ihrem Bezugsgesang abhängig bleiben, entwickelt sich die Sequenz zu einer selbständigen Gattung innerhalb der Messe und auch zu einer eigenständigen mittelalterlichen Dichtungsform. Gekennzeichnet sind diese dichterischen und melodischen Neuschöpfungen durch die Bildung von Doppelversikeln, es werden also jeweils zwei Parallelstrophen auf die gleiche Melodie gesungen. Später entwickelte sich die Reimsequenz, die sich vom Alleluja endgültig löste und mehr und mehr dem strophischen Hymnus annäherte. Den über Jahrhunderte entstandenen zahllosen Sequenzneuschöpfungen gebot das Konzil von Trient (1545–63) Einhalt, indem es die Zahl der zulässigen Sequenzen auf vier beschränkte.

DAS *DIES IRAE* ALS ZITAT

Die gregorianische Sequenz *Dies irae* aus der Totenmesse taucht im Verlauf der Jahrhunderte immer wieder als musikalisches Zitat auf, beispielsweise in Hector Berlioz' *Symphonie fantastique* (letzter Satz: »Traum eines Hexensabbats«), in Franz Liszts *Totentanz*, im *Danse macabre* von Camille Saint-Saëns oder in Krzysztof Pendereckis Oper *Paradise Lost*.

Dies irae der Totenmesse (Anfang), die Reimsequenz (Mitte 13. Jh.) hat die Reimfolge aaa, bbb, ccc usw.

VOM TRIDENTINUM BIS HEUTE. Auf dem Tridentinischen Konzil wurden auch Reformbestrebungen wirksam, die unter dem Einfluss des Humanismus ein neues Wort-Ton-Verhältnis in den Gesängen forderten. In der Folge kam es zu Neufassungen der Gesänge, die sich in der *Editio Medicaea* (1614–15) niederschlugen. Die Melodien waren hierin teilweise radikal gekürzt oder willkürlich verändert und vereinfacht, indem man z. B. Melismen wegfallen ließ oder versetzte. Der *Editio Medicaea* folgten bis zum Ende des 19. Jahrhunderts viele Neuauflagen. Papst Pius X., der um eine am Gregorianischen Choral orientierte Restauration der Katholischen Kirchenmusik bemüht war, veranlasste 1903 die *Editio Vaticana* (1905–23), die auf die Forschungen der Benediktinermönche des Klosters Solesmes (Frankreich) zurückgeht. In dieser Ausgabe befinden sich rund 3000 Melodien in der bis heute verbindlichen Fassung. Nach dem Zweiten Vatikanischen Konzil (1963) verlor der Gregorianische Choral in der liturgischen Praxis an Bedeutung, vor allem durch die Einführung der jeweiligen Landessprache in die Liturgie.

Mittelalter

IM Vorwort zu seinem vermutlich 1028 persönlich dem Papst überreichten Antiphonar geht Guido von Arezzo auch auf die zeitgenössischen Missstände beim Singen der Messe ein.

»Wer beklagt dies nicht (...), dass wir uns beim Feiern der heiligen Messe öfter bekämpfen, als Gott zu loben, kurz: dass kaum einer mit dem andern übereinstimmt, weder der Schüler mit dem Meister, noch der Schüler mit seinem Mitschüler. Aus diesem Grund gibt es nicht *ein* Antiphonar, noch gibt es einige, sondern so viele wie es Meister in den einzelnen Kirchen gibt. (...) Ich habe mich entschlossen, mit Gottes Hilfe dieses Antiphonar zu schreiben, dass anhand seiner hinfort jeder verständige und anstellige Mensch singen zu lernen vermag, und dass, nachdem er einen Teil davon gründlich durch einen Meister gelernt hat, er (...) das Übrige für sich selbst ohne einen solchen verstehen kann.« (Übers.: K. Weiss)

Am Beispiel des Alleluja des Ostersonntags ist die Entwicklung von den adiastematischen Neumen (1) zur Quadratnotation im Vierliniensystem (4) hier dargestellt. Der Ausgabe des *Graduale Triplex* in Quadratnotation sind hier oberhalb die adiastematischen Neumen der *Handschrift Laon* (Metzer Notation; L) und unterhalb die des *Cantatorium* in St. Galler Notation (C) hinzugefügt.

DER GREGORIANISCHE CHORAL III

DIE NEUMEN. Die Verbreitung des riesigen Gesangsrepertoires des römischen Chorals im Frankenland war anfangs ausschließlich auf mündliche Überlieferung angewiesen. Früheste vereinzelte Melodieniederschriften in Neumen sind aus dem 9. Jahrhundert bekannt, die ältesten Sammlungen von Messgesängen mit durchgehender Melodieaufzeichnung stammen aus dem frühen 10. Jahrhundert. Die frühen Neumen sind als eine aus Punkten, Strichen und Haken bestehende Gedächtnisstütze der Cheironomie, also den Dirigierbewegungen des einstudierenden Chorleiters, nachgebildet (griech. *neuma* ›Wink, Handzeichen bei der Chorleitung‹). Insbesondere sind die frühen Neumen adiastematisch, d. h. sie lassen allenfalls die Bewegungsrichtung der Melodie erkennen, aber keine genauen Tonhöhen. Was aus heutiger Sicht als Mangel der Notation erscheinen könnte, war den Bedürfnissen der Zeit durchaus angemessen, denn die Neumen hielten mit ihrer differenzierten Notation neben dem Melodieduktus zahlreiche Details der Ausführung fest: Betonungen, rhythmische Nuancierungen, Ornamente, Details der Tonfärbung und spezielle Artikulation.

Tonhöhen und Intervallabstände werden in der Notation erst seit dem 11. Jahrhundert mit der Einführung von Linien erkennbar. Unter mehreren konkurrierenden Systemen setzt sich dasjenige des Benediktiner-Mönchs Guido von Arezzo (gest. um 1050) durch. Seine terzweise Anordnung der Notenlinien ist bis heute im Gebrauch. Die Lage der Halbtonschritte im Notensystem machte man durch farbige Linien oder wie heute mit Buchstabenschlüsseln deutlich, die jedoch keinen Hinweis auf absolute Tonhöhen geben.

Die Notation des Chorals zeigt regionale Varianten; so gibt es etwa Metzer, St. Gallener, Mailänder, beneventanische und aquitanische Neumen. Aus diesen Formen entwickelte sich schließlich die bis heute gebräuchliche, seit dem 13. Jahrhundert etablierte römische Quadratno-

(1)

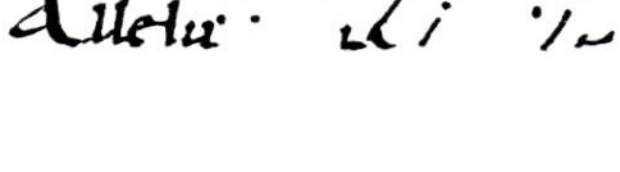

(2)

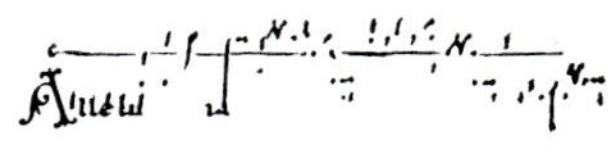

(3)

(4)

Guidonische Hand aus der *Scientia artis musicae* (1274) des Elias Salomon. Mit Guido von Arezzo betrat eine markante musikpädagogische Persönlichkeit die europäische Bühne: untrennbar mit seinem Namen verbunden ist die Erfindung des Solmisationssystems, eine anschauliche Methode (»Guidonische Hand«), mit dessen Hilfe über Silben sämtliche Stufen des Tonsystems erlernt werden können. Die weit reichenden Auswirkungen dieser Erfindung sind noch im Handzeichensystem der um 1900 erfundenen so genannten Tonika-Do-Methode zu erkennen, die bis heute in der praktischen Musikpädagogik eine Rolle spielt.

tation mit spezifischen, differenzierten Notenformen und -namen. Einen Sonderfall im deutschen Bereich bildet die so genannte gotische Hufnagelschrift.

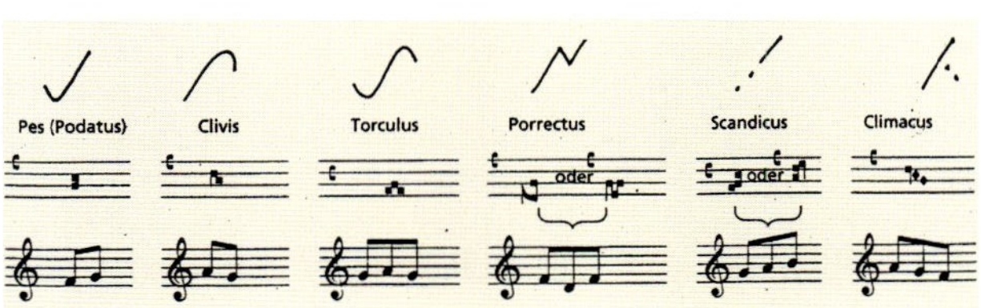

Übertragung der Neumen (von unten nach oben: heutige Notation, Quadratnotation, Neumenschrift von St. Gallen).

DIE KIRCHENTONARTEN. Zu den Leistungen der karolingischen Zeit gehört neben der Normierung auch die Systematisierung der Choralmelodien, d. h. ihre Einordnung in das System der acht Modi (Kirchentonarten), in sogenannten Tonaren (Sammlungen nach Tonarten geordneter Gesänge). Dieses Tonartensystem der Modi, das erstmals in Quellen des 9. Jahrhunderts beschrieben wird, geht auf die griechische Musiktheorie der Spätantike zurück, aus der auch die Bezeichnungen ›dorisch‹, ›phrygisch‹ usw. stammen. Durch ein Missverständnis verschoben sich jedoch die Bezeichnungen: aus dem ›phrygisch‹ der Antike wurde nun beispielsweise ›dorisch‹.

Die Modi oder Kirchentonarten wurden zunächst zur Klassifikation bestehender Melodien benutzt; in der Folge bildeten sie dann ein Kategoriensystem, das bewusst bei Neuschöpfungen angewandt wurde, und noch bis ins 17. Jahrhundert auch in der mehrstimmigen Musik grundlegend blieb. Im Unterschied zu den seitdem gebräuchlichen Dur- und Molltonarten sind bei den Kirchentonarten die Halbtonschritte auf anderen Stufen angeordnet.

KIRCHENTONARTEN

Die wichtigsten Kirchentonarten sind: dorisch (d, e, f, g, a, h, c, d), phrygisch (e, f, g, a, h, c, d, e), lydisch (f, g, a, h, c, d, e, f) und mixolydisch (g, a, h, c, d, e, f, g).

TROBADORS UND TROUVÈRES

WELTLICHE MUSIKKULTUR. Die Geschichte des Rittertums in Europa erreichte ihren Höhepunkt im 11. Jahrhundert. In Dichtung und Musik hinterließ sie Zeugnisse durch die Lieder der Trobadors (auch: Troubadours) und Trouvères in Frankreich sowie der Minnesänger in Deutschland. So entstand vom 11. Jahrhundert an – zunächst im Süden Frankreichs – die erste eigenständige weltliche Musikkultur neben der dominierenden Musik der Kirche. Im Mittelpunkt stand als Objekt der Verehrung und Anbetung die Frau. Könige, höherer und niederer Adel, seltener auch Bürger, Kleriker und Spielmänner trugen zum europäischen Phänomen des Minnesangs bei. Auch sind 17 provenzalische Dichterinnen belegt, bekannteste *trobairitz* ist wohl die Comtessa de Dia.
Die Kunst des Minnesangs, bei der es galt, Worte und Weise zu (er)finden, wurde – zumindest partiell und verzögert gegenüber ihrer Entstehung – auch schriftlich dokumentiert. Es scheint, dass man die Texte exakt notierte, während die Musik mündlich überliefert und wohl auch variabel dargeboten wurde. Jeder Notierungsversuch erfolgte zumeist nachträglich und versuchte einen punktuellen Momentanzustand eines Liedes festzuhalten. Hinweise zur Begleitung und zu möglichen Vor-, Nach- und Zwischenspielen fehlen.
Nur vier der mehr als 30 erhaltenen Trobador-Handschriften enthalten auch Melodien, die je nach Notationsart heute nur unzureichend nachvollziehbar sind. Allerdings sollten in derartigen Handschriften offensichtlich wesentlich mehr Melodien notiert werden: so finden sich in der Handschrift R, die in der Pariser Nationalbibliothek aufbewahrt wird, zahlreiche leere Vierliniensysteme.

TROBADORS. Die Sprache der Trobadors war das Provenzalische (prov. *trobar* ›finden, erfinden, dichten‹), die *langue d'oc*, deren Spuren sich in der Provence bis heute verfolgen lassen. Ausgangspunkt der ersten abendländischen Liebesdichtung seit der Antike war der Hof Wilhelms IX. von Aquitanien in Poitier, von dem man noch elf Liedtexte kennt. Von hier aus verbreitete sich die neue Kunst von Fürstenhof zu Fürstenhof und über die Grenzen Frankreichs bis nach Italien und Katalanien. Für europaweite Verbreitung sorgten die Kreuzzüge. Als Höhepunkt ist die Zeit um 1200 anzusehen. Man unterscheidet zwei Haupt-Richtungen: zum einen *trobar clus*, Dichtung in gekünstelter, manchmal manierierter Sprache, und zum anderen seinen eher volkstümlichen Gegenpol, *trobar leu*. Die Trobadordichtung thematisierte, zumeist in der strengen Stophenform der Kanzone, keineswegs nur Liebesleid (seltener: Liebesglück), sondern bot auch Raum für Polemik, Satire, Kampf und Streit.
Notiert wurden lediglich Angaben über Tonhöhen und die Zuordnung von Tönen zu Silben; Notenwerte lassen sich nicht ablesen. Deshalb weiß man bis heute nicht,

PHASEN DER TROBADORDICHTUNG
(nach Karl H. Wörner)

1080–1120 Epoche des ›ersten‹ Trobadors, Wilhelms IX. von Aquitanien (1071–1126)
1120–50 Höfische und ›natürliche‹ Liebe als Gegensatzpaar; Jaufre Rudel (gest. um 1150) bedichtet die Liebe in der Ferne
1150–80 Die Zeit Bernart de Ventadorns (um 1130–1190), des bedeutendsten Trobadors
1180–1220 Nachfolger Bernarts: Peire Vidal (gest. 1205), Folquet de Marseille (um 1150–1231), Raimbaut de Vaqeiras (um 1150–1207)
Um 1300 Spätphase und Ende um 1300; der ›letzte‹ Trobador, Guiraut de Riquier, stirbt 1298

BERNART de Ventadorns in mehr als 20 Handschriften überlieferte Kanzone *Can vei la lauzeta mover* (›Wenn ich die Lerche sehe‹) kann als ›Prototyp‹ der Kanzone gelten und hat noch Verse Dantes inspiriert. Anders als die konventionelle Schlussstrophe, in der der Sänger sich von seiner Dame (hier als ›Tristan‹ angesprochen), lossagt, da er unerhört geblieben ist, bietet die Eingangsstrophe das prägnante Bild der Lerche.

»Can vei la lauzeta mover / de joi sas alas contral rai, / que s'oblid'e·s laissa chazer / per la doussor c'al cor li vai, / ai! tan grans enveya m'en ver / de cui qu'eu veya jauzion, / meravilhas ai, car desse / lo cor de dezirer no·m fon.«

»Wenn ich die Lerche ihre Flügel vor Freude gegen den Strahl (der Sonne) bewegen sehe, / (und sehe,) daß sie das Bewußtsein verliert (...) und sich wegen der Süße, die ihr ans Herz geht, fallen läßt, / ach! (Dann) erwächst mir daraus ein so großer Neid / auf wen ich auch immer freudig sehe, / (und) bin erstaunt, daß [weil] das Herz mir nicht vor Sehnsucht sofort schmilzt.«
(Übers.: D. Rieger)

wie derartige Melodien auszuführen sind: Entweder modal, indem man ein vorgegebenes rhythmisches Muster auf die Tonfolge anwendet, wie in der Modaltheorie des 13. Jahrhunderts, oder in der Art einer freien Deklamation, die ihre Impulse aus dem Text und seiner eigenen Melodie bezieht. Auch über den Einsatz von Instrumenten, ihre Auswahl und Anzahl, gibt es keine Erkenntnisse, allenfalls darüber, dass man überhaupt Instrumente eingesetzt hat. Harmonisch bedienten sich die Melodien der Kirchtonarten; formal verwendeten sie strophische Formen und den Hymnentypus.

Adam de la Halle. Fiktives Porträt aus dem letzten Drittel des 13. Jahrhunderts.

TROUVÈRES. Ihre historische Weiterführung fand die Trobadorkunst bei den Trouvères. Sie wirkten im nördlichen Frankreich ab der Mitte des 12. Jahrhunderts, sie bauten textlich wie musikalisch auf den Trobadors auf und bezogen ältere volkstümliche Stilmerkmale aus Nordfrankreich mit ein. Sie gestalteten formal abwechslungsreicher und farbiger als die Trobadore und bevorzugten Litanei-, Rondel- und Sequenzmodelle. Wie bei den Trobadors kam es immer wieder zu Kontrafakturen, zur Unterlegung neuer weltlicher Texte auf vorhandene geistliche Melodien, seltener auch umgekehrt. Charakteristisch war die Chanson de geste, das Heldenlied; bekanntestes Dokument ist das *Rolandslied*. Zugleich beeinflussten die Trouvères inhaltlich wie musikalisch die Motette, die um 1200 aufkam.
Wichtigster Meister der Spätzeit, in der zweiten Hälfte des 13. Jahrhunderts, war Adam de la Halle mit seinem Spiel von Robin und Marion (*Le Jeu de Robin et Marion*). Seine bedeutendsten Vorgänger waren u. a. Blondel de Nesles und Gace Brulé. In der ersten Hälfte des 13. Jahrhunderts ging der nordfranzösische Minnesang zunehmend vom Ritter- zum Bürgertum über; es bildeten sich Sängervereinigungen (*puis*), es kam zu Sangeswettbewerben, wie bei den Meistersingern in Deutschland.

NOTATION

Aufgeschrieben wurde diese Kunst in der Quadratnotation; auch hier ist die rhythmische Struktur der Musik anhand der Notation nur selten nachvollziehbar; häufiger werden modale Ausprägungen, vorgeprägte rhythmische Modelle also, verwendet. Harmonische Basis waren die Kirchentonarten. Es gibt rund 25 schriftliche Quellen, die anders als die Trobadorhandschriften viel Musik enthalten. Musikalisch und textlich gab es zahlreiche Typen: Tagelieder, Kreuzfahrerlieder, Tanzlieder; häufig waren Chanson de Geste, Laisse, Rondeau, Virelai, Ballade, Lai, Estampie und Kanzone, die sich in der Reihung der Formglieder unterschieden.

MINNESANG

PHASEN DES MINNESANGS
(nach Karl H. Wörner)

Um 1150–70 Beginn im Donauraum (Donauländischer Minnesang); wenige überlieferte Dichternamen (u. a. Der von Kürenberg), vor allem Frauenstrophen und Tagelieder
1170–90 Rheinischer Minnesang unter französischem Einfluss (u. a. Friedrich von Hausen)
1190–1220 Blüte des Minnesangs, thematische und formale Vervollkommnung durch Hartmann von Aue, Heinrich von Morungen, Reinmar, Wolfram von Eschenbach und Walther von der Vogelweide
Ab 1210–40 Nebeneinander von traditionellem Minnesang und so genanntem Gegengesang, der ironisch-parodistischen Verlagerung der höfischen Minnesituation ins derb-bäuerliche Umfeld durch Neidhart und seine Nachfolger (u. a. Tannhäuser); gelehrter Minnesang und komplexe Spruchdichtung von Heinrich von Meißen, genannt Frauenlob (um 1300)
14.–15. Jahrhundert Spätphase, im 15. Jahrhundert parallel zum beginnenden Meistersang, bedeutend der ›letzte‹ Minnesänger Oswald von Wolkenstein (gest. 1445), von dem bereits mehrstimmige Kompositionen erhalten sind

ÜBERLIEFERUNG. Der deutsche Minnesang ist vorwiegend als Epoche der Dichtung lebendig geblieben, weil seine Musik nur in Überresten überliefert ist. Unter den mittelalterlichen Quellen zum Minnesang sind drei besonders wichtig: die *Große Heidelberger Liederhandschrift* (*Codex Manesse*), die *Kleine Heidelberger Liederhandschrift* und die *Weingartner Liederhandschrift*. Sie enthalten viele lyrische Texte, aber keine Melodien. Man überlieferte die Musik auf mancherlei Weise, jedoch offensichtlich nicht schriftlich, was ihrer Erforschung Hindernisse entgegensetzt. Einige notierte Melodien finden sich in anderen Quellen, die jedoch nur Teilbereiche der großen Handschriften betreffen. Die Notierung verursacht zusätzliche Probleme, etwa wenn es sich um linienlose Neumen handelt, die keine Auskunft über die Tonhöhen geben (so im Codex der *Carmina burana*). Andererseits bieten spätere Aufzeichnungen oft unterschiedliche Fassungen der Melodien; sie waren genauer lesbar, denn sie verwendeten vier oder fünf Notenlinien und Schlüssel. Der rhythmische Melodieverlauf ist auch bei diesen ›fortgeschrittenen‹ Notationsarten in gotischer Choralschrift und in Quadratnotation fast nicht zu erkennen und betrifft überdies nur Beispiele aus späteren Phasen des Minnesangs.
Unter den Handschriften mit Melodien sind die *Jenaer Liederhandschrift* aus der Mitte des 14. und die *Kolmarer Liederhandschrift* aus der Mitte des 15. Jahrhunderts hervorzuheben. Sie enthalten neben Minnelyrik vor allem die ebenfalls gesungene Sangspruchdichtung (oft irreführend ›Spruchdichtung‹ genannt) und Dokumente des Meistersangs. Manche in beiden Quellen enthaltene Melodien weichen von einander ab.
Der deutsche Minnesang basierte umfassend auf Vorbildern der französischen Trobadors und Trouvères; Inhalte und Strophenschema, vor allem Melodien wurden übernommen. Ein berühmtes Beispiel einer Kontrafaktur, in der vorhandene Melodien mit neuen Texten unterlegt wurden, ist das *Palästinalied* von Walther von der Vogelweide, das in weiten Teilen mit der Kanzone *Lanquan li jorn* des Trobadors Jaufre Rudel übereinstimmt.

MERKMALE DES MINNESANGS. Minnesänger waren vorwiegend Adlige und Ritter, erst später auch Bürger. Beeinflusst wurde der deutsche Minnesang hauptsächlich von den französischen Trobadors und Trouvères, aber auch von volkstümlichen Liedern und der Vagantenpoesie (*Carmina burana*). Die beherrschende Strophenform ist wie bei den Trobadors die stets dreiteilige Kanzone (Stollen, Stollen, Abgesang = a a b). Die Minnesänger sangen ihre Lieder selbst und begleiteten sich wohl oft mit Fidel oder Harfe. Über die Begleitung ist wenig bekannt; man vermutet ein heterophones Umspielen der Hauptmelodie; Vor-, Zwischen- und Nachspiele sind nicht überliefert.

Walther von der Vogelweide. Urkundlich ist der berühmteste Minnesänger nur ein Mal belegt: in einer Reiserechnung vom November 1203, aus der hervorgeht, dass der Bischof von Passau einem »Walthero cantori de Vogelweide« einen Pelzrock bezahlt. Walther gilt als Begründer der deutschen Sangspruchdichtung und des politischen Liedes. Die Miniatur im *Codex Manesse* (fol. 124 r) illustriert den Beginn seines ersten Reichsspruches von 1198: »Ich saz ûf eime steine, / und dahte bein mit beine: / dar ûf satzt ich den ellenbogen: / ich hete in mîne hant gesmogen / daz kinne und ein mîn wange.«

WICHTIGE FORMEN. Der Minnesang als Rollenlyrik bot dem Vortragenden die Möglichkeit, nicht nur in die Rolle des werbenden Mannes zu schlüpfen wie im klassischen Minnelied, sondern auch die Frau zu Wort kommen zu lassen (Frauenstrophe) oder das Paar nach gemeinsamer Nacht (samt warnendem Wächter) wie im Tagelied. Die Pastourelle (nach französischem Vorbild) schildert die Begegnung von Ritter und einfachem (Land-)Mädchen. Das Kreuzfahrerlied thematisiert die ›Verpflichtung‹ zur Kreuzzugsteilnahme oft in Verbindung mit dem als Konfliktmoment verstandenen Minnedienst. Der Sangspruch schließlich, von den meisten Minnesängern nur am Rande gepflegt, verhandelt buchstäblich Gott und die Welt: politische Themen zumeist, aber auch moralische und religiöse Fragen.

DER *CODEX MANESSE*

Auch als *Große Heidelberger Liederhandschrift* bezeichnet und zu Anfang des 14. Jahrhunderts entstanden, enthält der *Codex Manesse* auf 426 Pergamentblättern rund 6000 Strophen von 140 Dichtern aus dem späten 12. bis zum beginnenden 14. Jahrhundert und ist damit die umfangreichste Sammlung mittelhochdeutscher Lied- und Sangspruchdichtung. 137 farbige Miniaturen der Dichter im Stil gotischer Buchmalerei veranschaulichen höfische Kultur der Stauferzeit, auch wenn es sich dabei um fiktive Dichter-Bildnisse handelt. Aufbewahrungsort der Handschrift ist seit rund hundert Jahren die Heidelberger Universitätsbibliothek, die auch die *Kleine Heidelberger Liederhandschrift* besitzt. Die Handschrift wird seit Johann Jakob Bodmers Teilausgabe von 1748 nach dem Züricher Ratsherrengeschlecht der »Manesse« benannt: zwei seiner Mitglieder werden in einem Lied des bürgerlichen Minnesängers Johannes Hadlaub als Sammler und Besitzer von ›Liederbüchern‹ gerühmt, worunter wohl die Vorlagen für den *Codex Manesse*, womöglich einzelne Lagen der noch ungebundenen Handschrift selbst, zu verstehen sind.

MEISTERSINGER

BÜRGERLICHE KUNST. Der Meistersang als städtische Liedkunst des 15. und 16. Jahrhunderts, ausgeübt hauptsächlich von Handwerkern, ist im allgemeinen Bewusstsein vor allem durch Richard Wagners Oper *Die Meistersinger von Nürnberg* präsent geblieben. Wagners Werk gibt allerdings ein romantisch verklärtes, mehr oder weniger verzerrtes Bild der historischen Gegebenheiten, wenn auch die genannten Namen, Weisen und das komplizierte Regelwerk den Tatsachen weitgehend entsprechen. Die Aktivitäten der historischen Meistersinger erstreckten sich über einen sehr langen Zeitraum und beschränkten sich nicht nur auf die Hochblüte im 15. und 16. Jahrhundert. Der Meistergesang hatte seine Wurzeln zwar im Minnesang, doch entwickelten sich erste Anfänge bereits parallel. So wird vermutet, dass die erste Meistersingerschule bereits 1315 in Mainz von Heinrich von Meißen, genannt Frauenlob, gegründet worden ist. Heute verbindet man nur noch die Stadt Nürnberg mit dem Meistersang, der dort überdurchschnittlich gut dokumentiert ist. Doch gab es im 15. und 16. Jahrhundert in zahlreichen Städten bekannte Singschulen, etwa in Augsburg, Breslau, Danzig, Freiburg, Prag, Straßburg und Ulm. Überall dort betrieben Handwerker aus der Unter- und Mittelschicht den Gesang neben ihrem Beruf und organisierten sich in geschlossenen Gesellschaften, gaben sich ein eigenes Regelwerk und unterlagen der ständigen Kontrolle durch die städtischen Behörden. Kunst und Handwerk – wörtlich und im übertragenen Sinne – verbanden sich damit im gemeinsamen Tun und dichterischen Wettstreit. ›Austragungsort‹ war beim öffentlichen Hauptsingen die Kirche, wo religiöse bzw. ernsthafte Themen zum Vortrag kamen; das Zechsingen unter Ausschluss der Öffentlichkeit fand im Gasthaus statt.

QUELLENLAGE

Als wichtigste Quellen zum Meistersang haben sich etwa 120 Handschriften erhalten, die zwischen 1400 und 1800 entstanden. Diese Kunstausübung lässt sich demnach keineswegs auf das ausgehende Mittelalter beschränken: die letzte Meisterschule schloss 1839 in Ulm, der letzte Meistersinger starb 1922 in Memmingen. Insgesamt muss es ungefähr 16 000 Lieder gegeben haben. Zu den Liedersammlungen kommen Veranstaltungsprotokolle sowie Schulordnungen und Tabulaturen, die recht genau über Gebräuche, Regeln und Abläufe in den Singschulen unterrichten: wann getagt wurde, was besprochen wurde, wer sang und was, wer erfolgreich war und einen Preis gewann.

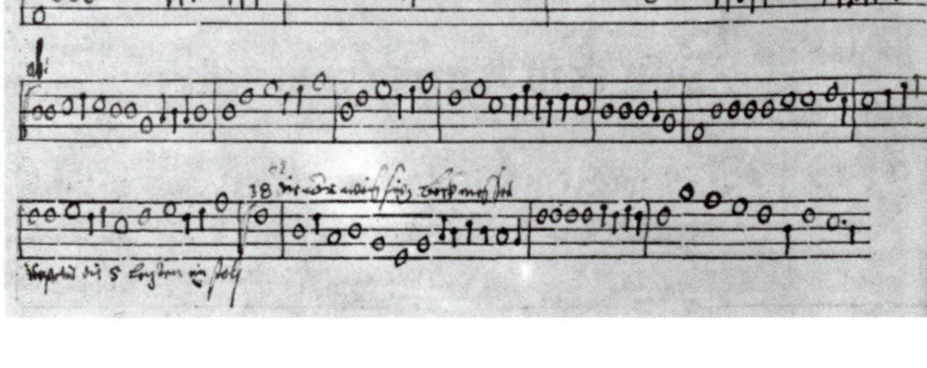

Nürnberger Singnotenbuch (frühes 17. Jh.). Der Band enthält nicht nur die abgebildete Weise des Sixt Beckmesser, der wohl im 15. Jahrhundert gelebt hat, sondern auch Weisen von Hans Sachs und dessen Lehrer Lienhard Nunnenbeck.

Neben dem berühmten Nürnberger Schuhmachermeister Hans Sachs, von dem sich neben zahllosen Fastnachtspielen, Schwänken und Dramen u. a. 4000 Meisterlieder und rund 1900 Spruchgedichte erhalten haben, sind als herausragende Vertreter des Meistersangs zu nennen: Michael Beheim, der umherwandernd von seiner Singe-Kunst lebte, sowie der Nürnberger Rotschmied Hans Rosenplüt und der ebenfalls in Nürnberg lebende Barbier Hans Folz.

Hans Sachs. Jost Ammans Radierung entstand noch zu Lebzeiten, Sachs befand lobend, dass »jm das Bild gleich sehen thet«.

MERKMALE. Das Meisterlied gehorcht in Komposition und Vortrag einer Vielzahl von expliziten Regeln, die in der Tabulatur festgehalten sind. Auf die Einhaltung dieser Regeln in den Singschulen wurde durch den so genannten Merker genau geachtet. Für unterschiedliche Fähigkeiten und Aufgaben gab es verschiedene Namen: neben dem Schüler den Schulfreund, der die Tabulatur kennen musste, den Dichter neuer Texte und den Meister als Schöpfer neuer ›Töne‹. Der ›Ton‹ oder die ›Weise‹ – die Einheit von metrischem Schema, Reimfolge und Melodie – kann als Grundlage des stets einstimmigen und unbegleiteten Meisterlieds gelten.

Als ›Gefäß‹ für allerlei religiöse Gedanken, biblische Stoffe, historische und politische Gegenstände standen den Meistern eine Auswahl von ›Tönen‹ zur Verfügung. Die Texte und Melodien folgten ebenfalls Regeln: üblich war die Reihung Stollen, Stollen, Abgesang (aab). Nur selten wurde ein eigener und neuer Ton angeschlagen, so von Hans Sachs, der beispielsweise die ›Silberweise‹ schuf. Auffallend sind die charakteristischen, bisweilen poetisch umschreibenden Namen, die katalogisiert und bewahrt wurden. Derartige Namen zählte Wagner in seinen *Meistersingern* auf: »der rote, blau und grüne Ton, die Hageblüh'-, Strohalm-, Fengelweis', der zarte, der süße, der Rosenton, die abgeschiedene Vielfraßweis', Blauritterspornweis'.«

Das System starrer Regeln führte dazu, dass der Meistergesang allmählich verknöcherte und zum Ritual herabsank. Die konservative Haltung des Meistersangs zeigt sich auch daran, dass der Druck der Lieder verboten war und musikalische Neuerungen abgelehnt wurden.

HANS Sachs kam in Nürnberg in Konflikt mit der Zensur, u. a. aufgrund seines Eintretens für die Sache der Reformation und Martin Luther, die »wittenbergisch Nachtigall«, dem Sachs' gleichnamige Publikation von 1532 galt. Die Eingangsverse dieses Spruchgedichts nimmt Richard Wagner im dritten Aufzug seiner *Meistersinger von Nürnberg* auf, wo sie dem Schuhmacher-Poeten vom Volk als zitierende Huldigung dargebracht werden.

»WAcht auff es nahent gen dem tag / Jch hör singen im grünen hag / Ain wunnigkliche Nachtigall / Jr stymm durchklinget berg vnd tall / Die nacht naygt sich gen Occident / Der tag geht auff von Orient / Die rotprünstige morgenröt / Her durch die trüben wolcken göt, / Darauß die liechte Sunn thuot blicken.«

FRÜHE MEHRSTIMMIGKEIT

WINCHESTER-TROPAR

Die erste erhaltene Aufzeichnung mehrstimmiger Musik für den praktischen Gebrauch überliefert das *Winchester-Tropar* (um 1050) mit seinen 164 zweistimmigen Organa, die in getrennten Stimmbüchern und in schwer entzifferbaren adiastematischen Neumen aufgezeichnet sind. In der Kathedrale von Winchester wurde 980 eine Orgel mit 26 Bälgen und über 400 Pfeifen neu eingeweiht, die von zwei Mönchen gleichzeitig und wahrscheinlich mehrstimmig gespielt wurde. Der Klangcharakter der damaligen Orgeln, die bereits über Mixturen und Oktav- und Quintregister verfügten, hat vermutlich die frühe Praxis organalen Musizierens beeinflusst.

DAS FRÜHE QUINTEN- UND QUARTENORGANUM.

Früheste Belege für eine mehrstimmige Musikpraxis im Abendland finden sich am Ende des 9. Jahrhunderts in einem weit verbreiteten Musiktraktat, der so genannten *Musica enchiriadis*. Beschrieben wird hier die Ausführung sogenannter Organa, d. h. mehrstimmiger Gesänge, deren Stimmen in bestimmten Intervallabständen vorwiegend parallel geführt werden. Im Einzelnen wird neben dem Parallelsingen in Oktaven zwischen einem Parallelorganum in der Quinte und einem nicht durchgehend parallel geführten in der Quarte unterschieden. In der Hauptstimme, der Vox principalis, wird ein Ausschnitt einer gregorianischen Melodie vorgetragen. Sie liegt stets über der hinzugefügten organalen Partie, der Vox organalis. Beide Stimmen können in der oberen und unteren Oktave zu Oktav-Quint-Quartklängen verdoppelt werden. Die Beteiligung von Instrumenten ist ausdrücklich vorgesehen.

Eine weitere Praxis organalen Musizierens wird in der *Musica enchiriadis* am Beispiel der Sequenz *Rex caeli* erläutert. Ausgehend vom Einklang begleitet die Vox organalis auf einem liegenbleibenden Ton, bis das Hauptintervall, die Quarte, erreicht ist. Nach der Weiterführung in Quartparallelen verbinden sich beide Stimmen am Versende wieder im Einklang. Bemerkenswert ist die Aufzeichnung dieser Organa: In ein System von bis zu 18 Linien werden nicht Notensymbole, sondern die Silben des Textes selbst geschrieben. Am linken Rand des Liniensystems geben spezielle Zeichen, die so genannten Dasia-Zeichen, die genauen Tonstufen an.

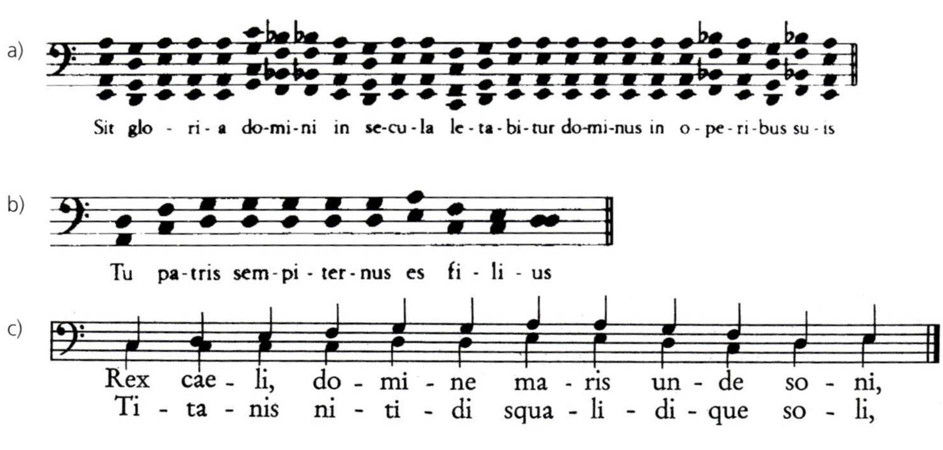

Formen des Organum
a) Quintenorganum.
b) Paralleles Quartenorganum.
c) Nichtparalleles Quartenorganum.

DAS ›NEUE‹ ORGANUM DES 12. JAHRHUNDERTS.

Ab 1100 setzte sich zunehmend eine Praxis durch, welche zum einen die Vox principalis nicht mehr über, sondern unterhalb der Vox organalis führt, und die zum anderen gekennzeichnet ist durch Gegenbewegung der beiden Stimmen bei erlaubter Stimmkreuzung. Dabei gewinnt die Vox organalis – jetzt auch als Discantus bezeichnet –

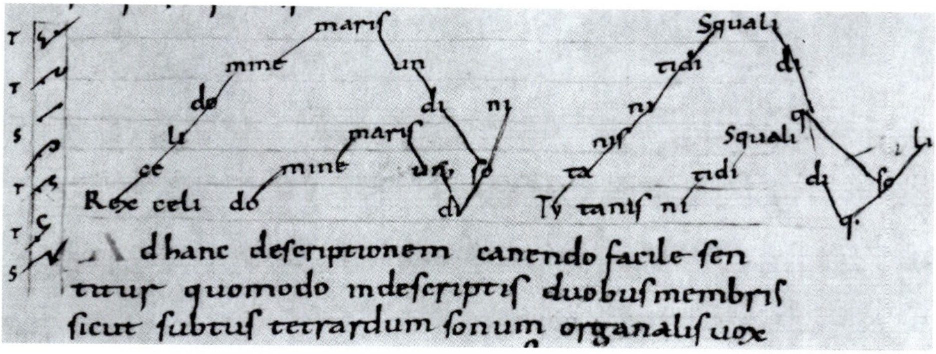

Nichtparalleles Quartenorganum über die Sequenz *Rex caeli* in Dasia-Notation aus der *Musica enchiriadis* aus der 2. Hälfte des 9. Jahrhunderts.

an Selbständigkeit und kann mit kleinen Melismen, insbesondere am Zeilenende ›koloriert‹ werden.

Von hier aus führt die Entwicklung weiter zum melismatischen Organum, das seit der ersten Hälfte des 12. Jahrhunderts in der am Jakobus-Pilgerweg gelegenen Benediktinerabtei St. Martial im südfranzösischen Limoges und im nordspanischen Jakobus-Wallfahrtsort Santiago de Compostela gepflegt wurde.

In den 94 überlieferten Organa der *Saint-Martial-Handschriften* und den 20 des *Codex Calixtinus* (um 1140) findet man als Gerüstklänge am Beginn oder Ende einer Wort- oder Sinneinheit neben dem Einklang nach wie vor die nach dem damaligen musiktheoretischen Verständnis als Konsonanzen anerkannten Intervalle Quarte, Quinte oder Oktave. Die Notation dieser Organa in Partituranordnung mit Neumen auf geschlüsselten Linien ist hinsichtlich der Tonhöhen eindeutig. Der intendierte Rhythmus jedoch bleibt unklar. Er wird sich wohl zumindest beim syllabischen Note-gegen-Note-Satz an der metrischen Struktur des Textes orientiert haben. Neben dieser so genannten Discantusfaktur im Satz Note gegen Note, bei der auch durchaus Melisma gegen Melisma stehen kann, findet man die Haltetonfaktur, bei der über einer gedehnten Note der Vox principalis ein Melisma meist synchron auf die gleiche Silbe gesungen wird.

Besondere Beachtung verdienen die zahlreichen Tropen zum *Benedicamus Domino*, dem Schlussgesang der Offizien: Zum gregorianischen Original in orgelpunktartig lang gedehnten Haltenoten wird der tropierte Text zu einer durch den Reim, die metrische Struktur und die Strophenform liedhaft ausgeprägten Melodie gesungen. Hier kündigt sich bereits ein Prinzip an, welches später für die Motette charakteristisch wurde.

Organa über den Kyrie-Tropus *Cunctipotens genitor* (a) Saint-Martial-Schule (um 1100), (b) *Codex Calixtinus* (frühes 12. Jh.).

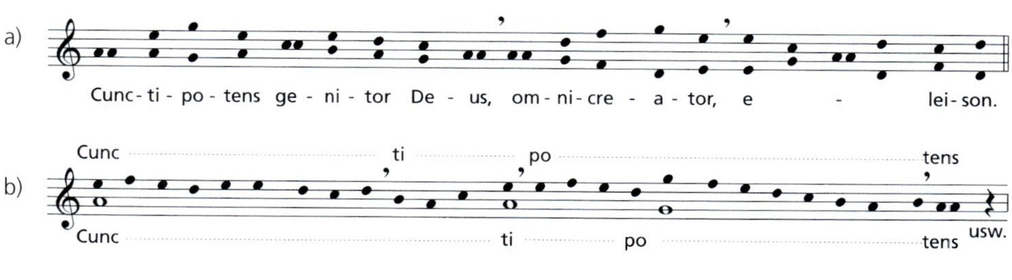

NOTRE-DAME-SCHULE

AUS der Schrift *De mensuris et discantu* (um 1270) eines unbekannten Engländers, den die Forschung als Anonymus IV bezeichnet:

Es muss erinnert werden, dass Magister Leonin, der nach der Überlieferung der beste Komponist von Organa (optimus organista) war, das *Magnus liber organi de gradali et antiphonario* geschaffen hat mit vielfältigen Sätzen für den Gottesdienst; dieses Buch war bis zur Zeit Perotins des Großen im Gebrauch, der es verkürzte und viele Klauseln und Abschnitte komponierte, denn er war der beste Verfasser von Diskant-Sätzen (optimus discantor) (…). Derselbe Magister Perotinus schuf die besten vierstimmigen Sätze (…) mit einem Übermaß an Farben der Harmonie, außerdem noch viele edelste dreistimmige Sätze. (…) Dies Buch und die Bücher des Magister Perotin waren im Gebrauch (…) im Chor der Kathedrale Notre-Dame zu Paris.

KENNZEICHEN. Ihren Höhepunkt findet die Organum-Entwicklung in der Notre-Dame-Epoche, die zeitlich mit dem Bau der gleichnamigen Kathedrale in Paris von 1163 bis etwa 1250 zusammenfällt. War die Praxis organalen Musizierens bisher auf einige Klöster beschränkt, wird nun die Sängerschule an der Hauptkirche Notre-Dame zum führenden Zentrum kunstvoller Mehrstimmigkeit. Charakteristisch für das überlieferte Repertoire der Notre-Dame-Schule ist der Modalrhythmus auf der Basis der Modalnotation. Waren die Komponisten mehrstimmiger Organa bisher anonym geblieben, treten nach einem Bericht des so genannten Anonymus IV nun zwei bedeutende Persönlichkeiten hervor, die das kompositorische Schaffen der Notre-Dame-Epoche prägten, Leonin und Perotin.

DAS *MAGNUS LIBER ORGANI*. Das vom Anonymus IV erwähnte *Magnus liber organi* des Leonin enthält einen Jahreszyklus responsorialer Gesänge der Messe (Graduale, Alleluja) und des Offiziums (besonders der Matutin und der Vesper), wobei nur die solistischen Teile der gregorianischen Vorlage mehrstimmig bearbeitet sind. Der Ausschnitt aus dem zweistimmigen *Benedicamus Domino* zeigt den typischen Stil dieser Organa. Der Choral ist in Sinnabschnitte, so genannte Klauseln, gegliedert. Mit Ausnahme der Silbe »di«, die im zweiten Modus rhythmisiert ist, findet der erste Modus Verwendung. Zu unterscheiden sind zwei Stilarten: 1. Die organalen Partien, in denen über den einzelnen orgelpunktartig gedehnten Tönen des ursprünglich syllabischen Choralabschnitts in der Oberstimme ein ausladendes freies Melisma erklingt. 2. Die Discantuspartien, in denen auch die Töne des ursprünglich melismatischen Choralabschnitts einer rhythmischen Struktur unterworfen werden und auf jede Note des Cantus nur zwei Noten des Discantus kommen.

Zweistimmiges Organum (Ausschnitt) über *Benedicamus Domino* (um 1175).

VON DER ERSATZKLAUSEL ZUR MOTETTE. Perotin arbeitete den *Magnus liber organi* des Leonin um, wobei er die organalen Partien weitgehend unangetastet ließ, aber fast alle Discantuspartien durch rhythmisch straffere Neukompositionen ersetzte. Das zweistimmige *Domino fidelium – Domino* entspricht von der Faktur her einer solchen so genannten Ersatzklausel. Das Choralmelisma von »Domi-

Motette (Anfang) *Domino fidelium – Domino* (anonym, um 1225).

no« wird im Cantus einem fünftönigen sich immer wiederholenden Rhythmusmodell (*ordo*) unterworfen. Die daraus resultierende »Verkürzung« des Cantus wird ausgeglichen durch seine Wiederholung. *Domino fidelium – Domino* zeigt aber bereits durch die syllabische Textierung des Discantus die Weiterentwicklung der Ersatzklausel zur Motette.

Der Begriff ›Motette‹ stammt von der Bezeichnung der textierten Stimme als *motetus* (lat. Form von frz. *motet* ›Vers, Refrain‹; vgl. aber auch frz. *mot* ›Wort‹). Die textierte Klausel hatte liturgisch zunächst den gleichen Stellenwert wie eine untextierte, konnte also beliebig ausgetauscht werden, was schließlich zu ihrer Verselbständigung führte und zu isolierten Aufführungen außerhalb ihres Kontextes. Einen Höhepunkt der Notre-Dame-Epoche bilden die beim Anonymus IV erwähnten dreistimmigen und die beiden vierstimmigen Organa *Viderunt omnes fines* und *Sederunt principes*.

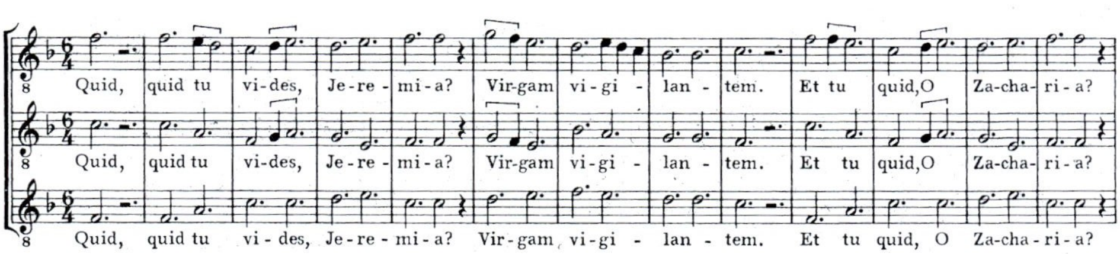

Conductus (Anfang) *Quid tu vides, Jeremia* (anonym, um 1200).

CONDUCTUS. Neben den Organa tritt um 1200 eine neue Gattung in den Vordergrund, die für die Entwicklung der musikalischen Satzkunst von großer Bedeutung ist, der Conductus. Es handelt sich um metrisch gebundene, ein- bis dreistimmige Lieder mit lateinischem, überwiegend strophischem Text, der geistlich-moralisierenden Inhalts, aber auch politisch-satirisch oder gelegenheitsbezogen sein kann. Anders als Organum und Motette wurde der Conductus nicht über einen Choralausschnitt, sondern über einen frei erfundenen Tenor komponiert. In der Faktur gleicht der Conductus dem Oberstimmenkomplex eines drei- oder vierstimmigen Organums.

VON DER MODALNOTATION ZUR MENSURALNOTATION

DIE Notation der Rhythmen in einer Kombination von Ligaturenfolgen implizierte in der Notre-Dame-Epoche eine melismatische Vortragsweise. Für eine mehr syllabische Textdisposition, zu der die Motette wegen der besseren Textverständlichkeit seit Beginn des 13. Jahrhunderts in den Oberstimmen tendierte, war ein Notationsprinzip erforderlich, das die Länge der Töne genau definierte und in Einzelnoten graphisch darstellen ließ.

DIE MODALNOTATION. Aufs engste verknüpft mit dem Modalrhythmus, der die Musik der Notre-Dame-Schule entscheidend prägte, ist die Modalnotation. Neu ist, dass nun zum ersten Mal in der Geschichte der Notation auch die Tondauern exakt dargestellt werden können. Der modale Rhythmus beruht auf zwei Zeitwerten, einem kurzen, der Brevis, und einem langen mit dreifachem Wert, der Longa. Die Notation bedient sich jedoch nicht der isolierten Notenzeichen für Brevis ▪ und Longa ▪, sondern geht von bestimmten Gruppierungen dieser Werte aus und gibt diese Wertgruppen in mehrtönigen Notationszeichen, so genannten Ligaturen wieder. Der rhythmische Wert der einzelnen Note hängt nun von drei Faktoren ab: 1. vom ›Umfang‹ der Ligatur, d. h. von der Anzahl der in der zugehörigen Ligatur enthaltenen Töne; 2. von der spezifischen Kombination von Ligaturen verschiedenen Umfangs; 3. von den diesen Kombinationen zugeordneten Rhythmusmodellen, den so genannten Modi, nach denen diese Notationsform ihren Namen erhielt.

Kombination	Beispiel	Übertragung
1. 3 2 2 2 2		
2. 2 2 2 2 3		
3. 1 3 3 3		
5. 3 3 3		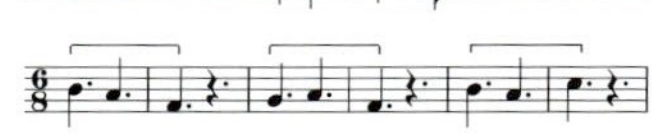

In der Theorie werden 6 Modi unterschieden, in der Praxis aber im Wesentlichen nur 4 benutzt. Diese Modi werden bestimmten Ligaturenkombinationen zugeordnet, wie aus obenstehender Tabelle ersichtlich, die auch deren Übertragung in moderne Notenwerte zeigt (Longa = punktierte Viertel; die Ligaturen werden in der Übertragung üblicherweise durch eckige Klammern unter der betreffenden Notengruppe gekennzeichnet). Der Wert der Noten in einer Ligatur ist also je nach Modus unterschiedlich. So hat die *ternaria* (dreitönige Ligatur) im ersten Modus den Wert ♩ ♪♩, im zweiten Modus ♪♩ ♪, im dritten ♪♩ ♩. und im fünften ♩. ♩. ♩. Die kleinen Vertikalstriche, bezeichnet als *divisio modi*, bedeuten das Ende eines *ordo* und stellen gleichzeitig eine Pause dar.

Die Franconische Notation

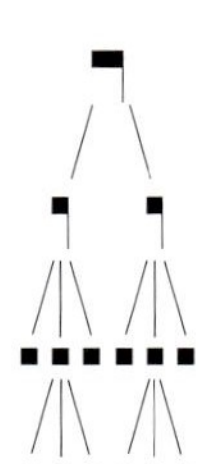

DIE FRANCONISCHE NOTATION. Unter Berücksichtigung von Vorarbeiten des Johannes de Garlandia, der 1240 erstmals den in der Quadratnotation gebräuchlichen Einzelnotenzeichen bestimmte Tonlängen zugeordnet hatte, schuf Franco von Köln um 1280 in seiner *Ars cantus mensurabilis* ein in sich logisches Notationssystem,

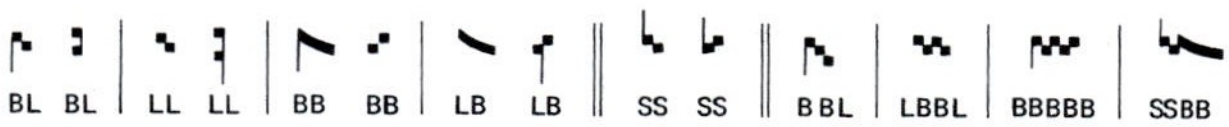

Ligaturen, zweitönige Grundform (BL) mit Variationen und mehrtönigen Ligaturen.

die Mensuralnotation, welche auf der Dreizeitigkeit als beherrschendem Maß (lat. *mensura* ›Maß‹) beruht und die Grundlage unserer heutigen Notenschrift darstellt.
Franco kennt vier Notenzeichen: Maxima (oder Longa duplex), Longa, Brevis und Semibrevis. Die wichtigsten Regeln sind: 1. Eine Longa ist »perfekt«, d. h. sie hat den Wert von drei Breves, wenn ihr eine weitere Longa (oder eine Longa-Pause) oder zwei oder drei Breves folgen. 2. Eine Longa ist »imperfekt«, d. h. sie hat den Wert von zwei Breves, wenn ihr eine einzelne Brevis folgt, durch die sie »imperfiziert« wird 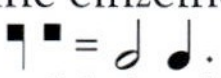. 3. Stehen zwei Breves zwischen zwei Longae, so bleibt die erste Brevis in ihrem Wert unverändert (Brevis recta), die zweite Brevis dagegen wird verdoppelt (Brevis altera) 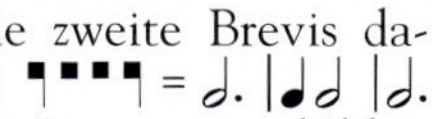. 4. Stehen drei Breves zwischen zwei Longae, so bilden diese eine »Perfectio«, d. h. sie entsprechen dem Wert einer »perfekten« Longa 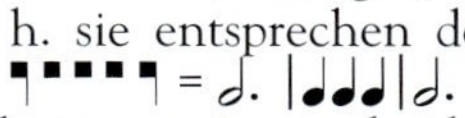. 5. Abweichende Perfektionsbildungen müssen durch Punkte gekennzeichnet werden, die z. B. zwei Breves trennen oder eine Longa vor der Imperfektion schützen können. 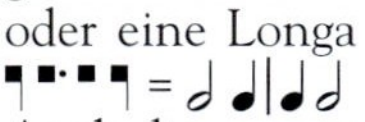 oder 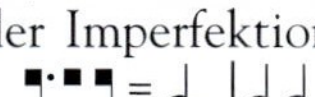
Auch die genaue graphische Festlegung der Pausenlängen und die rhythmische Auflösung der Ligaturen wurde von Franco kodifiziert.
Eine weitere wesentliche Neuerung Francos ist die Anerkennung der Semibrevis als kleinstem unabhängigem Notenwert. Das Verhältnis zwischen Semibrevis und Brevis beruht auf denselben Regeln wie das zwischen Longa und Brevis. Petrus de Cruce verlangt in den bewegten Tripla seiner Motetten bereits die Teilung der Brevis in mehr als drei (bis zu neun) Semibreves. Einzelne Gruppen von Semibreves werden durch Punkte voneinander getrennt, wobei einer Semibrevis-Gruppe die Länge einer Brevis zukommt, sodass bei Gleichteilung der einzelnen Notenwerte Quartolen, Quintolen usw. entstehen.

Bezeichnung	Note	Pause
Longa		
Brevis		
Semibrevis		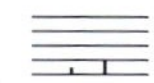

BEI allen genauen musikalischen Bestimmungen, die Franco von Kölns *Ars cantus mensurabilis* tatsächlich zu einem »Kompendium der Mensuralmusik« machen, das – wie im Prolog nachzulesen – Althergebrachtes aufnehmen, wo nötig korrigieren und durch neue, gut begründete Dinge ergänzen will, wird doch die religiöse Bedeutung der Musik und Notation deutlich. So, wenn Franco die Longa perfecta vorstellt.

»Die Longa perfecta wird zuerst (…) genannt, weil in ihr die andern eingeschlossen sind, (…) vollkommen [*perfecta*] wird sie genannt, weil sie in drei ›Zeiten‹ gemessen wird und die Dreizahl die vollkommenste Zahl ist, da sie ihren Namen von der heiligen Dreieinigkeit hat, welche die wahre und reine Vollkommenheit ist. Ihre Gestalt ist viereckig mit einem absteigenden Schwanz an der rechten Seite, welche Länge bedeutet.« (Übers.: K. Weiss)

Mittelalter

ARS ANTIQUA

EPOCHENBEGRIFFE. Als Philippe de Vitrys 1322/23 entstandener Traktat über die »neue Lehre« in späteren Abschriften mit ›Ars nova‹ überschrieben worden war, kam die Bezeichnung ›Ars antiqua‹ (lat., alte Lehre) als Gegenbegriff für die Kunst der vorausgegangenen Zeit auf. Als Epochenbegriff bezeichnet dieser Terminus in der heutigen Musikgeschichtsschreibung den Zeitraum von 1240/50 bis 1315/22 mit dem Zentrum Paris. Eine präzise Abgrenzung der Ars antiqua zur Notre-Dame-Epoche ist problematisch, weil beide die gleichen Gattungen pflegten, aber dennoch sinnvoll, weil sich in der Ars antiqua ein völlig neues Notationssystem, die Mensuralnotation, entwickelte. Diese wiederum blieb nicht ohne Einfluss auf die Entwicklung der Motette, die zur wichtigsten Gattung dieser Epoche wurde, sich aus ihrer liturgischen Bindung befreite und zur Musik für anspruchsvolle Kenner avancierte.

DIE ARS-ANTIQUA-MOTETTE. Wie bei den frühen Motetten der Notre-Dame-Epoche oder ihren Vorformen in der Saint-Martial-Schule herrschte grundsätzlich noch immer das Prinzip vor, als Fundamentstimme (Tenor) den Ausschnitt eines Gregorianischen Chorals zu verwenden. Nach und nach fanden auch nichtliturgische Tenores weltlicher Herkunft (Refrainlieder) Verwendung. Auch wenn die Motetten mit weltlichen Tenores von der Liturgie nicht ausgeschlossen waren und z. B. als Schlusssatz einer Messe gesungen werden konnten, verlagerte sich der Schwerpunkt der Motettenpraxis in den weltlichen Bereich, wobei sie sich zunehmend auch außerliturgischer Texte moralisierenden oder sogar erotischen Inhalts bediente. Hauptpflegestätten waren nun die Adelshöfe, die Universitäten und der städtische *puy* (von lat. *podium*), ein Austragungsort von Gesangswettbewerben, wo man

MOTETTENTYPEN

Der Tenor der Ars-antiqua-Motette ist immer untextiert. Er dürfte, im Gegensatz zu dem solistisch gesungenen Motetus (Stimme über dem Tenor) und dem Triplum (die dritte Stimme), instrumental ausgeführt worden sein. Je nach Anzahl der textierten Stimmen lassen sich mehrere Motettentypen unterscheiden.

Einfache Motette, zweistimmig: Tenor und lateinisch oder französisch textierter Motetus bzw. Duplum (die zweite Stimme).
Doppelmotette, dreistimmig: Tenor, Motetus und Triplum; die Oberstimmen erhalten zwei verschiedene lateinische oder französische Texte, können aber auch gemischtsprachig behandelt werden; das Triplum ist immer bewegter und muss deshalb mehr Text erhalten als der Motetus; die Sinnbeziehung zwischen Tenor und Oberstimmen wird aufgegeben.
Tripelmotette, vierstimmig: Tenor, Motetus, Triplum und Quadruplum; drei verschiedene Oberstimmentexte, lateinisch, französisch oder gemischt.
Conductusmotette, drei- bis vierstimmig: Tenor und gleichtextierte Oberstimmen, die auch rhythmisch einander angeglichen sind.

Lateinisch-französische Doppelmotette *Duce creature – Ave gloriosa* (anonym, 13. Jh.) über den Tenor (*Benedicamus*) *Domino*.

Doppelmotette *Aucun ont – Lonc tans* (Anfang) über den Tenor *Annuntiantes* von Petrus de Cruce (Übertragung).

vorhandene Motetten umzutexten oder musikalisch zu bearbeiten oder zu erweitern pflegte.
Am Ende des 13. Jahrhunderts tritt die Motette im so genannten Petrus-de-Cruce-Stil in ein neues Stadium ihrer Entwicklung. An der französischen Doppelmotette *Aucun ont – Lonc tans* über den Tenor »Annuntiantes«, deren Thema das Singen ist, werden die besonderen Kennzeichen dieses Stils deutlich. Charakteristisch ist das bewegte, rhythmisch freie, in kurzen, raschen Notenwerten fortschreitende Triplum, ermöglicht durch die Weiterentwicklung der Mensuralnotation. Der Motetus bildet in ruhiger Bewegung ein Mittelglied zwischen dem lebhaften Triplum und dem nach einem einfachen dreitönigen Rhythmusmodell durchstrukturierten Tenor.

DAS MEHRSTIMMIGE WELTLICHE LIED. Die Technik der Komposition über einen Tenor bleibt nicht auf die Motette beschränkt, sondern erfasst auch die mehrstimmige Chanson. Adam de la Halle hat im späten 13. Jahrhundert als erster Rondeaux, Virelais und Balladen, also Formen aus der Liedkunst der Trobadors und Trouvères, mehrstimmig bearbeitet. Vereinzelt weisen einige am Reigenliedtypus der Rondelli orientierte Kompositionen mit der Melodie in der Oberstimme bereits den Weg zum oberstimmenbetonten Liedsatz, der sich im 14. Jahrhundert größter Beliebtheit erfreute.

JOHANNES de Grocheo schreibt um 1300 über die Motette.

»Dieser Gesang darf nicht vor dem Volk dargeboten werden, weil es seine Subtilität nicht bemerkt, auch nicht durch sein Anhören ergötzt wird, sondern man muss ihn vor den Gebildeten darbieten und denjenigen, welche die Feinheiten der Künste suchen. Er pflegt bei ihren Festen zu deren Zier gesungen zu werden, wie die *cantilena*, welche *rotundellus* genannt wird, bei den Festen des ungebildeten Volkes.«

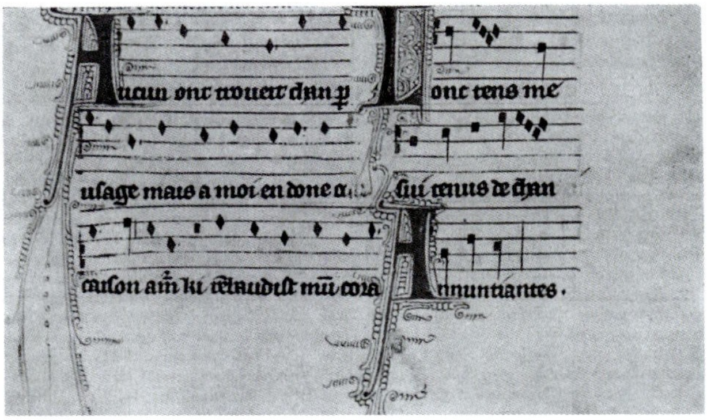

Doppelmotette *Aucun ont – Lonc tans* über den Tenor *Annuntiantes* von Petrus de Cruce (Ende 13. Jh., Anfang der Originalhandschrift).

ARS NOVA I

Mittelalter

IN einer Verordnung aus dem Jahr 1322 äußert sich Papst Johannes XXII. höchst missbilligend über jene »Anhänger der neuen Schule«, die »ihre eigenen Einfälle« über das »wohlhergebrachte Alte« stellen, ohne jedoch die neue Richtung ganz zu verurteilen.

»Die Kirchenmelodien werden in kurzen Noten ausgeführt und mit kleinen Noten überschüttet. Denn die Sänger zerschneiden die Melodie (...), machen sie durch Diskante üppig, zwingen ihr zuweilen Tripla und Motetten auf, sodass sie mitunter die dem Antiphonar und Graduale entnommenen Grundlagen geradezu verachten. (...) Das Ergebnis ist, dass die Andacht, um welche es sich doch handelt, beiseite gesetzt und tadelnswerter Leichtsinn verbreitet wird. Doch wollen wir damit nicht verboten haben, dass zuweilen, besonders an Festtagen oder bei feierlichen Messen beim Gottesdienst einige melodiöse Konsonanzen (...) über dem einfachen Kirchengesang angebracht werden.«

ZEICHEN EINER NEUEN ZEIT. Die Epoche der Ars nova umfasst etwa die Zeit von 1315/22–77 (Tod des Komponisten Guillaume de Machaut) und ist benannt nach dem im Jahre 1322/23 entstandenen Traktat *Ars nova* des Philippe de Vitry. Dass sich damals eine neue Richtung in der Musik etablierte, bestätigen auch die Titel der Traktate des Johannes de Muris (*Ars nove musice*, 1319, und *Notitia artis musicae*, 1321) oder die Bulle *Docta sanctorum* des Papstes Johannes XXII. von 1324/25, in der er »nonnulli novellae scholae discipuli«, d. h. einige Anhänger der neuen Schule, kritisiert. Wenige Jahre zuvor (1321/24) hatte sich Jacobus von Lüttich in den sieben Bänden seines *Speculum musicae* gegen die »neue Kunst« und deren Vertreter (»moderni cantores« oder »aliqui nunc novi«) gewandt.

ERWEITERTES MENSURALSYSTEM DER ARS NOVA. Philippe de Vitry übernimmt in seinem Tractat *Ars nova*, in dem es ausschließlich um Notationsfragen geht, die Notenformen und Pausenzeichen der Franconischen Notation, führt aber als neuen kleinsten Notenwert die Minima ein, geschrieben als Semibrevis mit Hals. Die wesentlichste Neuerung aber war die von nun an geltende Gleichberechtigung der dreiteiligen (perfekten) und zweiteiligen (imperfekten) Unterteilung aller Notenwerte. In den verschiedenen »Gradus« (Modus, Tempus und Prolatio) sind nun mehrere Teilungsarten möglich. Der Modus z. B. definiert die Teilung der Longa, als Modus perfectus schreibt er die Dreizeitigkeit, als Modus imperfectus die Zweizeitigkeit vor. Dasselbe gilt für das Tempus und die Prolatio in Bezug auf die Verhältnisse von Brevis und Semibrevis bzw. von Semibrevis und Minima. Schon in relativ frühen Kompositionen begegnen wir der Teilung der Minima in zwei kleinere Notenwerte (Semiminima).
Zur übersichtlicheren Kennzeichnung der für eine Komposition geltenden Unterteilung der Zeitwerte führte de Vitry bestimmte Mensurzeichen ein. So wählte er den Kreis, ein Symbol des Vollkommenen, für das Tempus perfectum, welches die nach mittelalterlichem Verständnis

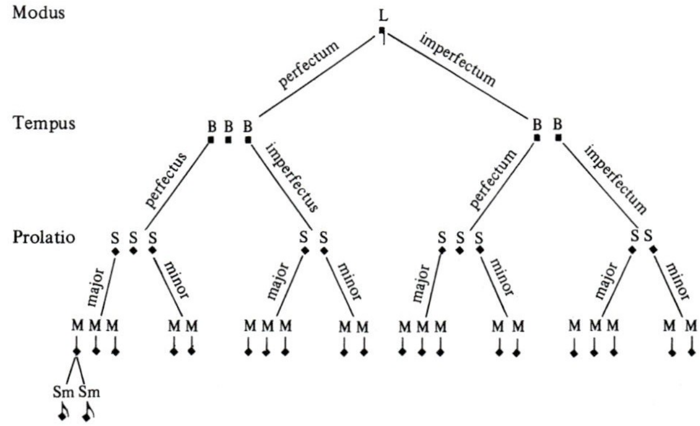

Übersicht über alle möglichen Teilungsarten in den verschiedenen Gradus (Modus, Tempus und Prolatio).

vollkommene ternäre Teilung der Brevis in drei Semibreven anzeigte. (Der Kreis hat sich noch bis zu Bach als Zeichen für den Dreiertakt, der Halbkreis noch bis heute für den 4/4-Takt erhalten.)
Die wichtigsten Mensurzeichen betreffen die vier Kombinationen von Tempus und Prolatio, die in verkürzter Übertragung unseren heutigen Taktarten 9/8, 3/4, 6/8 und 2/4 entsprechen.

Unterschieden werden:

⊙ Kreis mit Punkt (»tempus perfectum cum prolatione majori«),
○ Kreis ohne Punkt (»tempus perfectum cum prolatione minori«),
⊙ Halbkreis mit Punkt (»tempus imperfectum cum prolatione majori«),
○ Halbkreis ohne Punkt (»tempus imperfectum cum prolatione minori«).

Der vorübergehende Wechsel von einem dreizeitigen in einen zweizeitigen Rhythmus (und umgekehrt) wird durch rote Noten gekennzeichnet. Erstmals wendet de Vitry diese Methode an im Tenor seiner Motette *In nova fert / Garrit gallus / N[euma].*

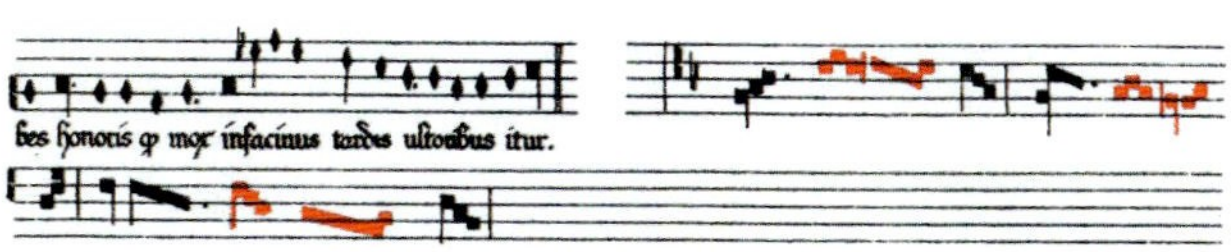

Mit der Vergrößerung der Handschriftenformate im 15. Jahrhundert verzichtete man allmählich auf das Ausfüllen der großen Notenköpfe mit schwarzer Tinte und zeichnete nur noch deren Umrisse. Die nun entstehende so genannte weiße Mensuralnotation fußt auf den Prinzipien der schwarzen, die für die gesamte europäische Musik bis zur Einführung unserer modernen Notation im 17. Jahrhundert verbindlich blieben.

DER NAMENSGEBER

Philippe de Vitry (1291–1361) bekleidete nach seinem Studium an der Sorbonne hohe juristische Ämter am königlichen Hof in Paris, 1351 wurde er Bischof von Meaux. Als Politiker (Berater Karls IV. von Frankreich) und Geistlicher, Mathematiker, Philosoph und Historiker, Musiktheoretiker und Komponist war er in seiner Zeit hochberühmt. Dem renommierten Mathematiker, Astronomen und Musiktheoretiker Johannes de Muris war Vitry ebenso freundschaftlich verbunden wie dem italienischen Dichter Petrarca. Vitrys dichterisches und musikalisches Werk ist nur bruchstückhaft überliefert; von den ihm zugeschriebenen Traktaten ist allein die später *Ars nova* betitelte Schrift authentisch.

Noel Bauldeweyn, *Missa zu 6 Stimmen, Kyrie* (Ausschnitt). Das auf Pergament geschriebene Chorbuch (61 x 42 cm) ist 1519/20 datiert und enthält Messen von Bauldewey, Josquin Desprez, Pierre de la Rue, Pipelare und Constanzo Festa. Der Buchschmuck wird der Dürer-Schule zugeschrieben.

ARS NOVA II

TRADITION UND INNOVATION. Wie an den – bereits im Notenbild erkennbaren – unterschiedlichen Bewegungen der einzelnen Stimmen in der 1314 in Paris komponierten Motette *In nova fert* Philippe de Vitrys deutlich wird, knüpft die Kunst der Ars nova zunächst unmittelbar an die Musik der Ars antiqua an: Über einem langmensurierten (textlosen, instrumental auszuführenden) Tenor erklingt ein lebhafter Motetus mit 165 und ein noch etwas lebhafteres Triplum mit 244 Textsilben. Diese Motette lässt aber auch erkennen, welches die besonderen Merkmale der neuen zeitgenössischen Musik und Musiklehre sind, an welchen sich die Vertreter der Kirche und der älteren Generation stießen.

Motette *In nova fert / Garrit gallus / N[euma]* von Philippe de Vitry aus dem *Roman de Fauvel* (Anfang).

Die Ars nova verstand sich anfangs ausschließlich als Ars nova notandi, also als neue Notationslehre. Vitrys Motette macht die Neuerungen und die neuen Möglichkeiten rhythmischer Aufzeichnung deutlich. Auffällig ist in den Oberstimmen die Verwendung kleinerer Notenwerte und damit verbunden die Erfindung neuer Notenzeichen, z. B. der Minima. Neu sind auch die zweizeitigen Rhythmen, die von nun an gleichberechtigt neben die gewohnten dreizeitigen treten. Im vorliegenden Fall führt dies zum ständigen Wechsel von Dreier- und Zweiertakt. In der Originalnotierung werden durch schwarze und rote Tinte voneinander unterschiedene drei- und zweizeitige Longae provokativ nebeneinandergestellt. Diese von Jacobus von

Lüttich scharf kritisierte Abkehr vom Dogma der »perfekten« dreiteiligen Mensur muss als ein Element bewusster Profanisierung der Musik verstanden werden, galt doch das ternäre System aufgrund der religiös-symbolischen Bedeutung der Dreizahl als vollkommen.
Dem Tenor der Motette liegt kein liturgischer Cantus firmus zugrunde, sondern ein 36 Töne umfassendes Neuma, d. h. eine der tradierten Melodieformeln, die ursprünglich als Vokalise den Antiphonen und Responsorien auf dem Schlussvokal angehängt werden konnten.
Der Tenor ist isorhythmisch durchstrukturiert, d. h. er wird in ein Rhythmusmodell gepresst, welches sich beliebig oft wiederholt. Im Notenbeispiel umfasst das Rhythmusmodell (Talea, von frz. *taille* ›Abschnitt‹) zehn Takte (zwölf Töne des Neuma) und erscheint im vorliegenden Ausschnitt einmal, im weiteren Verlauf noch fünfmal. Die Melodie (Color) des Neuma endet nach drei Talea-Abschnitten und wird von da ab wiederholt. Der Tenor ist also insgesamt zweiteilig, mit sechs Talea- und zwei Color-Abschnitten.

Dass die Taleae, z. B. wie hier im Verhältnis 3:1, im Color aufgehen, ist keinesfalls die Regel. Besonders kunstvolle Möglichkeiten ergeben sich, wenn ein Color-Abschnitt inmitten einer Talea endet und dieselbe Melodie also jetzt mit einem anderen Rhythmus wieder neu beginnt.

Rhythmus | talea | talea | talea |

Melodieabschnitt | color | color |

Später wurde es üblich, den Tenor bei seiner letzten Durchführung einer Diminution (Verkleinerung der Notenwerte) oder einem Mensurwechsel (Wechsel von Zweier- in Dreierrhythmus oder umgekehrt) zu unterziehen.
In der Motette als nach wie vor führender Gattung werden zunehmend politische Fragen thematisiert und in der verschlüsselten Sprache der Allegorie Kritik geübt an weltlicher und geistlicher Herrschaft. Auch der Text von Vitrys Motette aus dem zu Beginn des 14. Jahrhunderts im Umkreis des Pariser Hofs entstandenen *Roman de Fauvel* ist politischer Art. Angeprangert wird ein geldgieriger Minister des Königs Philipps des Schönen.

ROMAN DE FAUVEL

Der *Roman de Fauvel* ist eine allegorisch-satirische Zeitdichtung (1310/14), deren Verfasser, Gervais du Bus, in der Kanzlei Philipps des Schönen in Paris tätig war. »Fauvel« ist der Name eines rehfarbenen Hengstes, dessen sechs Buchstaben für die Anfangsbuchstaben von sechs Lastern stehen: f für *flatterie* ›Schmeichelei‹, a für *avarice* (Geiz) usw. Inhaltlich geht es in dem Roman darum, dass alle Stände, die Obrigkeiten, Adel und Geistlichkeit, auch König und Papst, dem Fauvel huldigen und ihm schmeicheln. Unter den zwölf Handschriften, die den *Roman de Fauvel* überliefern, gehört eine 1316 hergestellte Prachthandschrift der Pariser Nationalbibliothek, in die 2000 Verse und 130 anonym aufgezeichnete Kompositionen eingefügt sind, u. a. die oben abgebildete Motette *In nova fert / Garrit gallus / N[euma]* von Philippe de Vitry.

ARS NOVA III

MACHAUT UND SEIN WERK. Geistlicher wie Philippe de Vitry, trat auch Guillaume de Machaut in erster Linie als Dichter und Komponist weltlicher Lieder (Chansons) hervor, deren zum Teil komplizierte Form- und Reimschemata er aus der Liedkunst der Trobadors und Trouvères übernahm. Machaut schuf in diesen Liedkompositionen einen neuen Typus des dreistimmigen Satzes, der von der Oberstimme ausgeht (Diskantlied oder Kantilenensatz) und dieser eine Tenor- und gegebenenfalls eine weitere Contratenorstimme unterlegt, die meist instrumental auszuführen, in einigen Quellen aber auch textiert sind. Im kunstvollen Kantilenensatz tritt das weltliche Lied gleichberechtigt neben die schon traditionelle Motette.

Machaut ist der erste Komponist, der seine Werke nach Gattungen geordnet in einer Art ›Gesamtausgabe‹ aufzeichnen ließ. Er verwendet in seinen weltlichen Werken

Guillaume de Machaut, Ballade *Donnez, signeurs, donnez a toutes mains* (Anfang).

die gängigen Gattungen der Zeit: den Lai mit der typischen paarweisen Anordnung einzelner Strophen zu Doppelversikeln, die Ballade (von frz. *baler* ›tanzen‹) in Barform (ein- bis vierstimmig), das Rondeau (zwei- bis vierstimmig), ein durch seine besondere Refrainform gekennzeichneter Liedtyp, den Machaut durch Besonderheiten wie Kanon-, Zahlen- oder Reimspiele bereichert, das Virelais (von frz. *virer* ›sich drehen‹). Machauts Motetten sind überwiegend dreistimmig und isorhythmisch strukturiert, wobei Machaut auch die Oberstimmen einer dem isorhythmischen Tenor angepassten Gliederung unterwirft oder in einigen Fällen sogar auch alle Oberstimmen streng isorhythmisch gestaltet. Im Falle einer solch strengen rhythmischen Durchorganisation aller Stimmen spricht man von einer isorhythmischen Motette.

MACHAUTS TEXTE

Hans Heinrich Eggebrecht umreißt das breite Themenspektrum der zahlreichen Lieddichtungen Machauts.

»Im Mittelpunkt des lyrischen Dichtens steht der Minnekult, der Preis der Dame, Sehnsucht und Widrigkeit, Klage und Schmerz im Rahmen der traditionellen Liebesdoktrin, was nicht ausschließt, daß auch moralische, satirische und politisch aktuelle Themen behandelt und Fragen des Alltags aufgegriffen werden, so zum Beispiel die Klage darüber, daß das Geld nichts mehr wert sei und von den Steuern verschlungen werde oder daß die Weinpanscher in Blüte stehen, die das Gegenteil von dem machen, was Gott getan hat, nämlich Wein aus Wasser.«

DAS MEHRSTIMMIGE MESSORDINARIUM. Das zentrale Ereignis auf dem Gebiet der liturgischen Musik, die ansonsten im 14. Jahrhundert eine weniger bedeutende Rolle spielte, war die Entstehung einer neuen musikalischen Gattung: die mehrstimmige Vertonung des Messordinariums. Bislang hatte man in den Gebrauchshandschriften die Messteile gruppenweise hintereinander zur Auswahl gestellt. In den wenigen überlieferten anonymen Ordinariumszyklen findet man die einzelnen Messteile noch in wechselnder Technik. Machaut kommt das Verdienst zu, als Erster die Vielfalt der einzelnen Messesätze

Guillaume de Machaut, *Messe de Notre Dame.* Anfang des *Christe eleison* (Talea I).

zu einem einheitlichen musikalischen Werk zusammengefasst und damit die Grundlage für die Geschichte des mehrstimmigen Messzyklus gelegt zu haben.
Machaut vertont in seiner vierstimmigen *Messe de Notre Dame* die textreichen Teile *Gloria* und *Credo* im Kantilenensatz und die textarmen (*Kyrie*, *Sanctus*, *Agnus Dei* und zusätzlich das *Ite missa est*) im motettischen Stil. Dem *Kyrie* liegt im Tenor das gregorianische *Kyrie cunctipotens genitor* zugrunde. Der Anfang des zweiten Teils, das *Christe*, zeigt eine strenge isorhythmische Struktur im Tenor und Contratenor, deren Taleae synchron verlaufen, und zusätzlich eine weniger strenge, mit geringen Varianten versehene isorhythmische Verarbeitung der beiden Oberstimmen (Motetus und Triplum). Das *Christe* ist also in dem für Machaut typischen Stil der isorhythmischen Motette komponiert. Eine solche rationale Durchorganisation von Musik, wie sie in der Isorhythmie der Ars nova in Erscheinung tritt, markiert einen ersten Schritt auf dem Weg zum autonomen musikalischen Kunstwerk, das eigenen Strukturgesetzen folgt.

MACHAUTS WERKE

- Weltliche Vokalmusik (19 einstimmige Lais; 42 Balladen; 21 Rondeaux, 33 Virelais; 23 Motetten: 15 französische, 2 französisch-lateinische und 6 lateinische Doppelmotetten)
- *Messe de Notre Dame*

Neben seinen Vokalkompositionen hinterließ Machaut ein umfangreiches poetisches Werk.

GUILLAUME DE MACHAUT

Um 1300 vermutlich in oder bei Reims geboren.
Ab 1323 im Dienst des böhmischen Königs Johann von Luxemburg, reist als dessen persönlicher Sekretär bis zum Ende der 30er-Jahre durch ganz Europa.
1324 Motette *Bone pastor*, erstes genauer datierbare Werk Machauts und zugleich der abendländischen Musik.
1333 vermittelt Machauts Dienstherr Johann von Luxemburg ihm ein Kanonikat in Reims, wo er sich ab 1340 regelmäßig aufhält.
1340 Versroman *Remede de fortune.*
1361 ehrenvoller Besuch des Herzogs der Normandie und späteren französischen Königs Karl V. bei Machaut in Reims.
1377 stirbt Machaut am 13. April in Reims.

IN seinem *Speculum musicae* geht Jacobus von Lüttich (um 1330) auf die Merkmale der Ars Nova ein.

»Einige mögen die moderne Kunst vielleicht für vollkommener als die alte halten, weil sie subtiler und schwieriger erscheint. Subtiler nämlich, weil sie in bezug auf Noten, Modi und Mensuren weit über jene alte Kunst hinausgeht. (…) Was die Schwierigkeit betrifft, so scheint sie in den Werken der Modernen in der Art des Singens und der Art des Mensurierens gegeben. Anderen wiederum scheint umgekehrt, dass jene Kunst vollkommener sei, die mehr ihren Grundlagen folgt und in geringem Maße gegen diese Grundlagen verstößt. Begründet aber ist die Ars musicae mensurabilis in der Perfectio, dies bestätigen nicht nur die Alten, sondern auch die Modernen; folglich scheint das vollkommener, was mehr Perfectae gebraucht (…).« (Übers.: L. Meierott / H.-B. Schmitz)

ARS SUBTILIOR

KOMPLIZIERTERE KUNST. Am Ende des 14. Jahrhunderts erreicht die Kunst der Ars nova ein manieristisches Spätstadium, das in der heutigen Musikgeschichtsschreibung als Ars subtilior (›kompliziertere Kunst‹) bezeichnet wird und etwa in der Zeit zwischen Machauts Tod (1377) und dem Auftreten Guillaume Dufays (um 1420) anzusiedeln ist.
Die bekannten Gattungen der Ars nova werden weiterhin gepflegt, wobei man Isorhythmik und Mehrtextigkeit auf den Kantilenensatz überträgt. Entscheidende Merkmale dieser Spätzeit sind aber die hochkomplexen Strukturen in Rhythmus und Notation mit häufigen Mensurwechseln und Konfliktrhythmen (Gleichzeitigkeit von binärer und ternärer Teilung, Polyrhythmik), wobei die natürliche Deklamation und Verständlichkeit der Worte der Musik völlig untergeordnet werden. Einen Höhepunkt an rhythmischer Vertracktheit stellt das *Sumite carissimi* des Magister Zacharias dar, das bis zur seriellen Musik in der Mitte des 20. Jahrhunderts als das komplizierteste Werk der Musikgeschichte galt. Dieses Meisterstück literarisch-musikalischer Gelehrsamkeit wendet sich im Text an die »geliebten Väter und Mitbrüder« (*carissimi patres et fratres*), unter denen man sich sicherlich eine elitäre Gruppe literarischer und musikalischer Kenner vorzustellen hat, die sich in der Beschäftigung mit derart hochkomplizierten Kunstwerken ihre Erlesenheit bewies.

Magister Zacharias, *Sumite carissimi* (Ausschnitt).

NOTATION. Zur Aufzeichnung derartig rhythmisch komplexer Kompositionen bedurfte es einer verfeinerten und differenzierteren Notation: Minima und Semiminima beherrschen das Notenbild; darüber hinaus wird das Mensuralsystem um die Fusa ♪ erweitert. Zur Kennzeichnung der rhythmischen Besonderheiten, z. B. der häufigen Mensurwechsel, der Duolen, Triolen, Synkopen usw., bediente man sich gehäuft der Kolorierung von Noten und der Divisionspunkte, erfand aber auch zahlreiche neue Zeichen, z. B. Noten mit Hohlköpfen oder das Dragma, eine Semibrevis mit Doppelhals, zur Angabe eines vorübergehenden Mensurwechsels.

MEISTER DER ZEIT. Zentrum der Musikpflege der Ars subtilior war der französische Hof in Paris, der unter den Königen Karl V. (1364–1380) und Karl VI. (1380–1422) eine hervorragende Hofkapelle mit den besten verfügba-

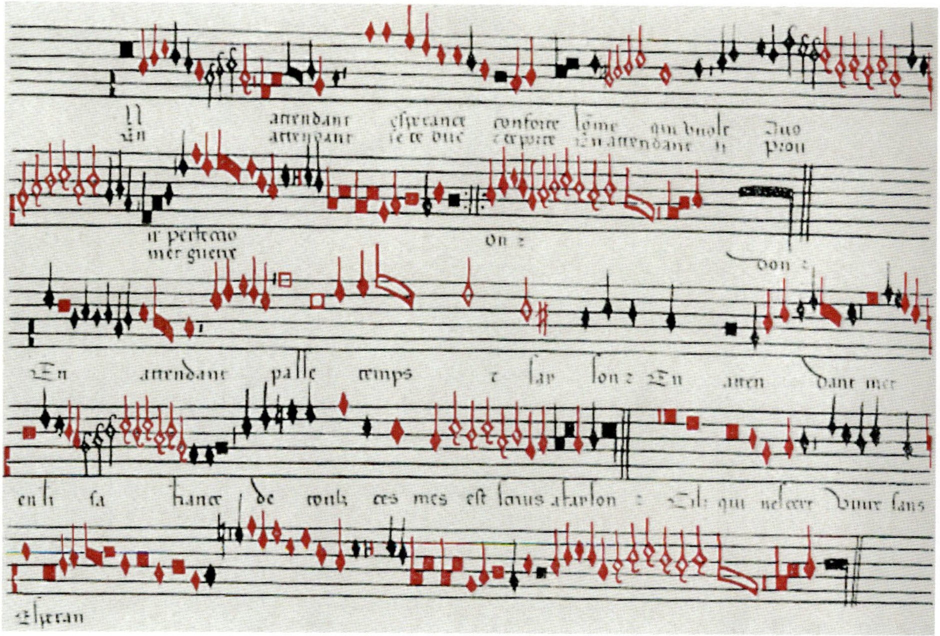

Jean Galiot, Discant der dreistimmigen Ballade *En attendant esperance.*

ren Musikern unterhielt. Die Kunst und Künstlichkeit der Ars subtilior fand allerdings auch in Italien ihre Anhänger. Zahlreiche Komponistennamen dieser Zeit sind überliefert: Jean Cuvelier, Jean Galiot, Grimace, Guido, Jacob de Senleches, J. Simonis de Haspre, Solage, Jehan de Suzay und Jean Vaillant. Zur zweiten Generation nach der Jahrhundertwende zählen u. a. Johannes Carmen, Johannes Cesaris, Baude Cordier, Nicolas Grenon und Jean Tapissier. Stärkere Beachtung fand in jüngster Zeit auch das Werk des Matteo da Perugia.

DIE SCHULE VON AVIGNON. Eine Sonderstellung nimmt im 14. Jahrhundert die Musikpflege am Sitz der Päpste in Avignon (1309–77) ein, wo auch während des Großen Schismas 1378–1415 ein Gegenpapst residierte. Wie das in den Handschriften *Ivrea* und *Apt* überlieferte Repertoire der päpstlichen Kapelle dokumentiert, strebte man hier, offenbar in Reaktion auf eine Bulle des Papstes Johannes XXII., einen asketischen Stil an, der sich sehr stark vom Stil der in Paris gepflegten weltlichen Motetten und Chansons unterschied.

AUS dem Kontext ihrer Zeit versucht der Musikwissenschaftler Karl H. Wörner die Ars subtilior zu verstehen.

»Geistesgeschichtlich gehört die Ars subtilior in die Zeit des Schismas, des Verfalls der kirchlichen Ordnung, der religiösen und politischen Wirren, der Parteikämpfe in Frankreich unter König Karl VI., in eine Zeit also, die offensichtlich eine l'art pour l'art-Kunst begünstigte, da religiöse und politische Werte von bleibender Bedeutung erschüttert waren. Das Wesen der Ars subtilior ist auch unter dem Begriff einer manieristischen Kunst erfasst worden.«

TRECENTO

ÜBER Francesco Landini berichtet Filippo Villani in seinem *Liber de civitatis Florentia famosa civibus.*

»Kaum war er dem mittleren Knabenalter entwachsen, ließ ihn ein ungünstiges Schicksal durch Pocken erblinden, aber die Musik zahlte es ihm durch das Licht des Ruhms zurück. Das grausame Geschehnis nahm ihm das Augenlicht, machte aber das Auge des inneren Menschen scharfsichtig (...). Als er groß geworden war, sodass er das Wohlklingende der Musik begreifen konnte, begann er mit Kunst zunächst mit der Stimme, dann auf Saiteninstrumenten und auf der Orgel zu musizieren. (...) Er wusste mit den Instrumenten, obwohl er sie doch nie sah, zu aller Leute Staunen so trefflich umzugehen, als ob er sehen könnte. Er begann, die Orgel mit größter Kunstfertigkeit und Süße zu schlagen, und zwar mit so überaus schneller Hand (...), dass er alle Organisten, so man sich erinnern hätte können, zweifelsohne weit übertraf.«

SCHAUPLATZ ITALIEN. Im 14. Jahrhundert entwickelte sich in Italien eine unabhängige, der französischen Ars nova gleichrangige Kunst, die in der Musikgeschichtsschreibung unter dem Begriff Trecento erfasst wird. Ihre Eigenständigkeit wird schon äußerlich dokumentiert durch eine eigentümliche Notation auf 6 Notenlinien und eine besondere Art der Brevisunterteilung, die bis zu 12 Semibreven enthalten kann. Zur Kennzeichnung der Brevisgruppierungen bediente man sich der von Petrus de Cruce übernommenen Divisionspunkte und lateinischer Buchstaben, denen man das Teilungsverhältnis entnehmen konnte: So galt ein vorangestelltes »sg« als Abkürzung für *senaria gallica* (›französische Sechsteilung‹), die gleich einem »si« (*senaria imperfecta*) die Brevis bei imperfektem Tempus in sechs Semibreven unterteilt. Ein »d« (*duodenaria*) gibt ein Teilungsverhältnis von 1:12 an. Bedeutendster Theoretiker dieser Epoche war Marchettus von Padua mit zwei zwischen 1309 und 1326 geschriebenen größeren Werken (*Lucidarium* und *Pomerium*).

VORBILD LITERATUR. Inspiriert wurde die Kunst des Trecento vom literarischen Dolce stile nuovo, der hauptsächlich mit dem lyrischen Werk Guido Cavalcantis und Dantes verbunden ist. In ihrer Muttersprache – nicht in Latein – beschreiben die meist aus Florenz stammenden Dichter des ›süßen neuen Stils‹ in Sonett, Kanzone und Ballata ein neues Frauen- und Liebesideal, vergeistigt und sublim. Petrarca ist von den *stilnovisti* ebenso beeinflusst wie später u. a. noch Tasso und Ezra Pound.
Die Zentren der nun aufblühenden mehrstimmigen weltlichen Liedkunst waren die Höfe in Mailand, Padua, Verona, Modena und Ferrara sowie die norditalienischen Städte, später vor allem aber Florenz. Die über dreißig Handschriften, von denen als Hauptquellen insbesondere der *Codex Rossi* und der *Squarcialupi-Codex* zu nennen wären, überliefern etwa 650 Werke.

GATTUNGEN. Drei Gattungen beherrschen das musikalische Trecento. Zunächst zu nennen ist das Madrigal, eine seit Petrarca feste Dichtungsform mit zwei zwei- oder dreizeiligen Strophen und einer dreizeiligen Coppia, was musikalisch zu einer AAB-Form im anfangs zwei-, später auch dreistimmigen Satz führt, wobei die frei komponierte Hauptstimme im Diskant liegt. Die Caccia (ital., Jagd) handelt – wie ihr französisches Pendant, die Chase – von der Jagd oder anderen turbulenten Szenen und ist in der

Piero di Firenze, Caccia *Chon brachi assai.*

Regel dreistimmig gesetzt, wobei zwei lebhafte, im strengen Kanon geführte Oberstimmen sich über einer ruhigen instrumentalen Stützstimme bewegen. Die Ballata schließlich, ein strophisches Tanzlied mit Instrumentalbegleitung, wird ab der Jahrhundertmitte zur Hauptgattung und gleicht in der Satzweise dem französischen Diskantlied; formal entspricht sie dem französischen Virelai.

STILMERKMALE. Der Stil des italienischen Trecento ist gekennzeichnet durch eine im Vergleich zu Frankreich engere Wort-Ton-Beziehung unter Berücksichtigung der sprachlichen Deklamation. Der musikalische Satz ist geprägt durch seine typisch italienische Kantabilität und trägt bereits vortonale Züge bei mehr klangsinnlichen Akkordfortschreitungen unter Verwendung von Terzen und Sexten.

DREI GENERATIONEN. Bei den Komponisten des Trecento lassen sich drei Generationen unterscheiden. Zur ersten Generation, die das zweistimmige Madrigal und die Caccia pflegten, gehören u. a. Jacopo da Bologna, Giovanni da Cascia und Piero di Firenze. Hauptmeister der zweiten Generation ist der zu seiner Zeit hochberühmte blinde Organist und Dichtermusiker Francesco Landini (Landino), von dem über 150 Werke überliefert sind, darunter 143 Ballate.

In der dritten Generation, zu der der schon erwähnte Magister Zacharias, ein Mitglied der päpstlichen Kapelle, zu rechnen ist, gerät die Trecentokunst einerseits unter den Einfluss der französischen Ars subtilior, andererseits bahnt sich in dem Schaffen des Johannes Ciconia bereits der Übergang zur großen Epoche der franko-flämischen Musik des 15. und 16. Jahrhunderts an. Der aus Lüttich stammende Ciconia hatte in Avignon studiert, war zwischen 1389 und 1393 nach Italien übergesiedelt und ließ sich 1403 als Kantor an der Kathedrale in Padua nieder. Der Schwerpunkt seines kompositorischen Werkes liegt auf Motetten und Messesätzen. Mit der Durchimitation aller Stimmen und der Tendenz zur dominantischen Tonalität bereitete er den Typ der niederländischen Motette vor.

Francesco Landini ist auf seiner Grabplatte in San Lorenzo, Florenz, mit einem Portativ abgebildet.

Johannes Ciconia, Ausschnitt aus einem *Gloria.*

ÜBERLIEFERUNG

Das mittelalterliche Instrumentarium basiert weitgehend auf dem Fundus der älteren Kulturen Europas und vor allem des Orients. Mittelalterliche Instrumente zeichneten sich klanglich durch markante Eigenschaften aus und grenzten sich gegeneinander charakteristisch ab. Problematisch ist die Überlieferungstradition bei mittelalterlichen Instrumenten, kaum eines hat sich erhalten, sodass man weitgehend auf bildliche Darstellungen und theoretische Schriften angewiesen ist.

BLAS- UND SAITENINSTRUMENTE

HOLZBLASINSTRUMENTE. Man unterschied zwischen Rohrblatt- und Flöteninstrumenten, zugleich zwischen ›stillen‹ und ›lauten‹ Instrumenten, je nach Einsatz im Innenraum oder im Freien. Bei den dominierenden, durch die Araber im 8. Jahrhundert eingeführten Doppelrohrblattinstrumenten gab es ausgeprägte regionale Unterschiede. Wichtig war hier die Schalmei (von lat. *calmus* ›Halm‹), die gern zusammen mit Trompeten und Trommeln im Freien gespielt wurde. Als Bassinstrument trat seit dem 14. Jahrhundert der Bombart (Bomhart) hinzu.
Zu den Rohrblattinstrumenten gehören auch die volkstümlichen Sackpfeifen, die, in verschiedenen europäischen Ländern verbreitet, auf eine alte Geschichte zurückblicken. Vom Dulzian (Dulziana, Dulcema, Douchaine), der nicht erhalten ist, nimmt man an, dass er – als Vorläufer des Fagotts – einen weichen Klang besaß. Bei den Flöteninstrumenten gab es bereits im Mittelalter beide Arten des Anblasens: quer über ein Mundloch (Querflöte) und längs in ein Mundstück mit Kernspalte (Blockflöte).

BLECHBLASINSTRUMENTE. Mittelalterliche Blechblasinstrumente bestanden in der Mehrzahl nicht aus Blech, sondern aus Holz, Horn oder Elfenbein; gemeinsam ist ihnen die für Blechblasinstrumente typische Tonerzeugung mittels Mundstück und schwingenden Lippen. Als Horn-

Musizierende Engel zeigt der linke Flügel eines Triptychons (um 1480) von Hans Memling aus einer Kirche im spanischen Nájera. Im Engelkonzert spielen die Engel – von links nach rechts – Psalterium, Trumscheit, Laute, Zugtrompete und Bomhart.

instrumente fasst man gebogene Formen wie Signalhorn, Olifant und Heerhorn und gerade Typen, teilweise mit zusätzlichen Rohrwindungen, wie Tuba, Trompete, Busine und Zink zusammen. Die Trompete war ein Naturinstrument ohne Spielhilfen, oft mit langem, geradem Rohr. Stierhorn und Olifant wiesen Grifflöcher auf, um die Abstände zwischen den Naturtönen zu überbrücken. Auch der Zink besaß Grifflöcher, während die Zugtrompete die Technik der Zugposaune anwendete.

SAITENINSTRUMENTE. Bekannt sind Zupfinstrumente mit nicht abgegriffenen Saiten (Harfe, Leier, Psalterium, Hackbrett), mit Bünden zum Abgreifen der Tonhöhe (Laute, Gitarre, Cister) und Streichinstrumente (Rebec, Fidel, Streichleier, Trumscheit). Harfe und Leier sind die ältesten Instrumente und haben ihre Wurzeln im vorchristlichen Altertum; ihr konstruktiver Ausgangspunkt war der gespannte Bogen. Von ihren Vorfahren unterschied sich die recht kleine mittelalterliche Harfe durch den dreiteiligen Rahmen mit zusätzlicher Vorderstange.
Als Vorläufer der späteren Tasteninstrumente mit Saiten (Cembalo bzw. Klavier) lassen sich Psalterium und Hackbrett begreifen. Diese im Gegensatz zur Harfe vor dem Spieler liegenden Instrumente wurden gezupft bzw. mit Hämmerchen geschlagen. Die Laute als ältestes Instrument mit verkürzbaren Saiten stammt aus dem Nahen und Fernen Osten. Man unterscheidet die bekannte Kurzhalslaute von der Langhalslaute, die auf mesopotamische Vorläufer zurückgeht. Bindeglied zu den Streichinstrumenten war die gestrichene Laute; Streichen mit Bogenhilfe ist bereits für den Alten Orient nachgewiesen; eine strenge Trennung zwischen Zupf- und Streichtechnik ist für den Zeitraum des Mittelalters noch nicht möglich. Im Gegensatz zur bauchigen Laute besaßen Gitarre und Cister Zargen, die Decke und Boden verbanden.

STREICHINSTRUMENTE. Die oft als ›Fidelinstrumente‹ zusammengefassten Vorläufer der modernen Streichinstrumente reichen bis ins 11. Jahrhundert, außerhalb Europas bis ins 9. Jahrhundert zurück. Bekannt sind zwei unterschiedliche Typen: die kleine, schlanke, birnenförmige Rebec als Sopraninstrument und die eingebuchtete Fidel (lat. *fidula*, *viola*; frz. *vielle*), beide aus Holz geschnitzt, mit flachem Boden und abgesetztem oder herausgearbeitetem Hals. Die Corpusformen variierten von bauchig bis kastenförmig. Das Instrument wurde an die Schulter bzw. Brust gedrückt oder zwischen den Knien gehalten. Mancher Instrumententyp hatte Bünde und Bordunsaiten; es gab kurze und lange Bögen, im Unter- und Obergriff geführt. Die Saitenzahl wuchs von ein oder zwei auf vier bis fünf im 13. Jahrhundert. Bei der Streichleier wurden alle Saiten gleichzeitig gestrichen.
Das einsaitige Trumscheit überlebte bis in die Barockepoche. Ebenfalls beliebt war die recht ›primitive‹ Drehleier, die mittels eines Drehmechanismus angestrichen und deren Tonhöhe durch Tasten verändert wurde.

KLINGENDE VERGANGENHEIT

David Munrow, als Gründer des Early Music Consort of London erfahren im praktischen Umgang mit (Blas-) Instrumenten aus Mittelalter und Renaissance, berichtet von der Klangwelt dieser Instrumente.

»Es gibt kein Orchesterinstrument, das so grell wäre wie die Schalmei, so süß wie das Gemshorn oder so hohl wie die Panflöte. Keines läßt sich vergleichen mit der nasalen Schärfe des Rebec oder dem Knattern des Trumscheit, nichts gleicht dem vokalen Timbre des Zinks oder dem Schnarren des Krummhorns und des Regals.«

TRISTAN SPIELT HARFE

Im Rahmen seines großen Epos von der tragischen Liebe zwischen Tristan und Isolde (*Tristan*, um 1200/10) schildert Gottfried von Straßburg den Helden auch als talentierten Harfenspieler.

»Als er die Harfe nahm, / fügte sie sich gut in seine Hände. (…) / Mit denen rührte und schlug er / Vorspiel und zahlreiche Töne (…). / Dabei fielen ihm seine bretonischen Lieder ein. / Er nahm seinen Schlüssel / und drehte an Wirbeln und Saiten, / stimmte diese tiefer, jene höher, / wie er sie haben wollte. / (…) Seine Noten und Improvisationen, / seine fremdartigen Vorspiele / harfte er so lieblich / (…) daß viele herbeieilten«. (V. 3547 ff.; Übers.: R. Krohn)

SCHLAGINSTRUMENTE UND ORGEL

DER Zug des Helden Gachmuret in Wolfram von Eschenbachs Epos *Parzival* (um 1200/1210) wird vom klingenden Spiel diverser Instrumente begleitet, von durchschlagender Wirkung ist dabei der Klang des Tamburins, einer kleinen Einfelltrommel.

»Auf höfische Weise durch die Stadt / begann der Held zu ziehen, / die Schlafenden weckte er so. / (...) Die hellen Posaunen / dröhnten ihm voran mit voller Kraft. / Hochgeworfen und heftig geschlagen / ertönten zwei Tamburine, / deren Lärm in der ganzen Stadt widerhallte.« (2,62,28–63,6; Übers.: K. Weiss)

SCHLAGINSTRUMENTE. Aufgrund zahlreicher Illustrationen und schriftlicher Quellen sind eine Vielzahl mittelalterlicher Schlaginstrumente bekannt, jedoch ist wenig über deren Verwendung, Spielweise und Klang überliefert. So ist man auf Vermutungen und Indizien angewiesen. Schlaginstrumente spielten vor allem in der Tanzmusik eine wichtige Rolle und auch im Kriegsdienst, doch welche Rhythmen sie erzeugten, ist unklar. Insofern sind heutige Aufführungen mittelalterlicher Musik mit Schlaginstrumenten hypothetisch. Nur über die Haltung der Instrumente geben alte Bilder Auskunft, sie belegen manche Abweichung von heutigen Gepflogenheiten.
Schlaginstrumente lassen sich systematisch ordnen: nach Spielweise, Material und Klang. Trommeln erzeugen geräuschhafte Klänge ohne bestimmbare Tonhöhe. Es gab sie mit ein oder zwei Fellen bespannt und in unterschiedlichen Größen, etwa als »Klein Päucklin« oder »Heerpaucke«, noch ohne strenge Trennung zwischen Trommeln und Pauken. Pauken waren in engen Grenzen stimmbar; zum Spannen oder Entspannen des waagerechten Fells benutzte man Rahmenschrauben. Die Pauke ist sarazenischen Ursprungs und tritt seit dem 14. Jahrhundert in größerer Bauart auf, der Spieler trägt sie nicht mehr am Körper, sondern stellt sie auf den Boden.

IDIOPHONE. Unter dem Begriff ›Selbstklinger‹ fasst man Klangerzeuger unterschiedlichsten Charakters zusammen: Becken, Triangel, Glocken, Schellen; alle Arten von Rasseln, Klappern, Ratschen und Schnarrwerken bis zu den Kastagnetten. Die meisten davon dienten der rhythmischen Lärmerzeugung im Freien und unterstützten Tanz und Lied, Ritual und Beschwörung. Zur Gruppe der Schlaginstrumente, die mehrere unterschiedliche Tonhöhen erzeugen, gehören Glockenspiel und Xylophon, die sich durch das tönende Material (Metall und Holz) unterscheiden. Im Mittelalter bestand das Glockenspiel tatsächlich aus verschieden gestimmten kleinen Glocken, die mit Schlägeln oder Hämmerchen angeschlagen wurden. Sie hießen auch Zimbeln (lat. *cymbalum*), woraus ihre Herkunft vom Becken erkennbar wird, das in jener Epoche tassenförmig gewölbt war. Das Xylophon mit seinen hölzernen Klangstäben taucht erst im beginnenden 16. Jahrhundert auf; in zeitgenössischen Totentanzdarstellungen illustriert es das Klappern der Gebeine.

Balgtreter (sog. Kalkanten) sorgten auch an der Halberstädter Orgel für den Wind, der die Pfeifen zum Klingen brachte (Abb. nach Michael Praetorius). Dazu traten sie mit den Füßen in die an den Balgen angebrachte Vorrichtung und hielten sich mit den Händen an der schulterhohen Stange fest.

ORGEL, POSITIV UND PORTATIV. Die Geschichte der Orgel beginnt bereits in vorchristlicher Zeit: im 4. Jahrhundert n. Chr. wurden Blasebalg und Pneumatik erfunden. Die gewaltige Orgel von Winchester verfügte schon zu Ende des 10. Jahrhunderts über zwei Manuale mit je 20 Tasten und 400 Kupferpfeifen, ihre 26 Bälge wurden von 70 Männern bedient. Die Orgel der Zeit vor 1200 verfügte über Lippenpfeifen, anstelle von Tasten zog man eine Reihe von ›Schleifen‹ heraus, deshalb benötigte man oft zwei Spieler; es gab mixturähnliche Pfeifenkombinationen, jedoch keine Registerzüge zum Ein- und Ausschalten unterschiedlicher Pfeifenarten; alle Pfeifen vom tiefsten bis zum höchsten Ton waren gleich mensuriert und klangen deshalb nicht einheitlich.

Israel van Meckenem (um 1450–1503) zeigt in seinem Kupferstich *Der Orgelspieler und sein Weib*, wie das Positiv durch zwei kleine Bälge mit Luft versorgt wird. Vier Registerzüge an der Schmalseite ermöglichten eine Mischung der Klangfarbe.

VERWENDUNG DER ORGEL. Obwohl weltlicher Herkunft, stand die Orgel im Mittelalter seit dem 10. Jahrhundert in der Kirche; welche Musik auf welche Weise auf ihr gespielt wurde, ist unbekannt. Die durch die großen Tasten bedingte musikalische Unbeweglichkeit beschränkte die Einsatzmöglichkeiten sicher auf lange Halte- und Liegetöne. Vermutet wird ihre Beteiligung an den mächtigen Organa Leonins und Perotins der Notre-Dame-Epoche, doch ist nicht sicher, ob die Pariser Hauptkirche zu jener Zeit überhaupt eine Orgel besaß. Die großen Orgeln wurden damals an der Kirchenwand als ›Schwalbennest‹ angebracht; man benötigte oft mehrere Balgtreter (Kalkanten), wobei das große und lärmende Gebläse üblicherweise außerhalb des Kirchenraumes untergebracht war.

BAUWEISE. Die Tasten der mittelalterlichen Orgel waren große Holzbretter, die eine direkte Verbindung zum Pfeifenventil herstellten und sehr schwergängig waren. Die große Orgel im Halberstädter Dom (1361 eingeweiht) verfügte bereits über eine chromatische Tastatur von 14 diatonischen und 8 chromatischen Tönen; man benötigte 10 Kalkanten für 20 Bälge! Sie besaß zwei Manuale und Pedal; die Tasten waren 10 cm breit. Das Pedal war nicht selbständig, sondern wurde an ein Manual ›angehängt‹, bediente also dessen Pfeifen mit.
Die Traktur, also die Verbindung von Tasten und Pfeifen, bestand aus Holzstäben, Seilen und Drähten, ein Prinzip, das in der Barockorgel seine Vollendung fand. Spring- und Schleifladen, die eine Trennung der Register ermöglichten, wurden zu Beginn des 14. Jahrhunderts erfunden. Die charakteristische Vielfalt der Pfeifenarten und damit der Klangfarben entwickelte sich im 15. Jahrhundert.

POSITIV UND PORTATIV

Orgeln mittlerer Größe benötigten je einen Spieler und einen Kalkanten. Die kleinste Orgel, das Portativ oder auch Organetto, konnte vom Spieler getragen oder auf einen Tisch gestellt werden; man spielte mit einer Hand und betätigte mit der anderen den Blasebalg. Portative fanden vor allem zwischen 1200 und 1500 im weltlichen Rahmen Verwendung. Die Tasten waren oft als Druckknöpfe ausgebildet, die ein bis zwei Reihen Lippenpfeifen bedienten; der Tonumfang betrug ein bis zwei Oktaven.

FRÜHE INSTRUMENTALMUSIK

TANZMUSIK. Erste Dokumente der Instrumentalmusik sind in der Gebrauchsmusik zu suchen, im Tanz. In Handschriften des 13. und 14. Jahrhunderts haben sich beispielsweise Tänze im Dreiertakt, so genannte Estampien, erhalten, die aus Italien, Frankreich und England stammen und ein- oder zweistimmig gesetzt sind. Neben der Estampie gab es die Basse danse und den Saltarello. Der französische Musiktheoretiker Johannes de Grocheo veröffentlichte um 1300 in seinem Traktat *Ars musica* Anmerkungen zur Instrumentalmusik; darin erwähnte er unter mehreren Tanzformen die Ductia und die Stantipe (Estampie) und ordnete sie der Ausführung auf Streichinstrumenten zu. Grocheo beschreibt die Estampie als Musikstück, das in Abschnitte unterteilt ist und in unregelmäßigem Tempo ausgeführt wird. Jeder der (meist sechs) Teile wird wiederholt und endet unterschiedlich. Auch in deutschen Handschriften des 15. und 16. Jahrhunderts tauchen Instrumentalstücke auf, doch sollte man das Fehlen eines Textes in derartigen Dokumenten nicht in jedem Fall als Hinweis auf rein instrumentale Ausführung deuten.

MUSIK FÜR TASTENINSTRUMENTE. Die älteste überlieferte Orgeltabulatur aus dem Jahr 1325 (die älteste uns bekannte Orgel wurde 1299 in Florenz gebaut) entstand in England und enthält neben so genannten Intavolaturen, also Übertragungen von Vokalstücken, auch echte Instrumentalmusik, darunter Estampien. Aus Italien kennen wir aus der Zeit um 1400 überlieferte Orgelmusik: der berühmte *Codex faenza* (um 1420) enthält über 100 Stücke für Tasteninstrumente, überwiegend Übertragungen von Vokalmusik, beginnend am Ende des 14. Jahrhunderts: Orgelmessen und Kompositionen von Landini, Machaut, Ciconia u. a. In Deutschland setzte die schriftliche Überlieferung von Orgelmusik erst im frühen 15. Jahrhundert ein. Der seinerzeit berühmte blinde Nürnberger Organist Conrad Paumann veröffentlichte 1452 unter den Titel *Fundamentum organisandi* ein Lehrbuch des Orgelspiels und der Komposition und verwendete darin eine Kombination aus Mensuralnoten und Buchstaben. Die größte und bedeutendste Handschrift des 15. Jahrhunderts aber ist das *Buxheimer Orgelbuch* (1460–1470), das in einer kombinierten Schreibweise von Noten in der Oberstimme und Buchstaben für das übrige musikalische Material mehr als 250 Kompositionen enthält. Neben eigenständigen Praeambeln stehen Bearbeitungen von Stücken berühmter Komponisten der Zeit aus verschiedenen europäischen Ländern (Dufay, Dunstable, Binchois u.a.).

LAUTENMUSIK. Für die Musik der Tasten- und Lauteninstrumente entstand früh eine eigene Form der schriftlichen Fixierung. Die Tabulaturnotation der Musik für Lauteninstrumente ist im Gegensatz zu jener für Tasteninstru-

DOMINANZ DER VOKALMUSIK?

Musikgeschichte ereignete sich – so scheint es – zunächst lange Zeit als Vokalmusik. Das zumindest legt die in Handschriften festgehaltene und überlieferte Musik nahe. Aus dieser einseitigen Überlieferungssituation auf das Fehlen von Instrumentalmusik im Mittelalter zu schließen, wäre jedoch voreilig. Bildliche Darstellungen aus dem Mittelalter lassen keinen Zweifel am Einsatz einer Vielzahl von Instrumenten; sie wurden sowohl als Begleitinstrumente zur Vokalmusik als auch und vor allem in der nicht notierten und oft improvisierten Volks- und Gebrauchsmusik eingesetzt. Erst im späteren Mittelalter etablierte sich allmählich eine eigenständige Instrumentalmusik.

TÄNZE

Charakteristisch für die Tänze des Mittelalters ist die kontrastierende Reihung von Vor- und Nachtanz, die in Taktart und Tempo gegensätzlich sind; so folgt etwa auf einen Schreittanz im ruhigen geraden Takt ein Springtanz im lebhaften Dreiertakt. Derartige Paare – Vorläufer der späteren (Tanz-) Suite – gab es in zahlreichen europäischen Ländern: in Deutschland als Tanz und Hupfauf, in Frankreich als Basse danse und Tourdion im 15. Jahrhundert sowie als Branle und Amener im 16. Jahrhundert; in Italien als Passamezzo/Pavana/Padovana und Saltarello/Gagliarda/Romanesca. Zu diesen musikalischen Abläufen gehörten immer bestimmte tänzerische Bewegungsfolgen mit fantasievollen Varianten. Auch wanderten die Tanzmodelle zwischen den Ländern: die polnische Polonaise im Dreiertakt war auch in Deutschland sehr beliebt. Bis etwa 1600 gab es fast keine Besetzungsangaben für Instrumentalmusik, mit Ausnahme der Musik für Tasten- und Lauteninstrumente.

Fiedel- und Flötenspieler flankieren den Spruchdichter »Der Kanzler«, der in seinen Versen an die ritterlichen Tugenden erinnert und wie seine Kollegen mit Musik und Gesang zur Unterhaltung der höfischen Gesellschaft beiträgt; die Querflöte wurde auch als »deutsche Flöte« bezeichnet (*Codex Manesse*, Anfang 14. Jh., fol. 423v).

mente eine reine Griffschrift, die nur Ziffern und Buchstaben kombiniert und mit ihrer Hilfe die Griffe auf den Saiten bezeichnet. Zusätzliche Hilfszeichen deuten den Rhythmus an. Auch hier gibt es charakteristische nationale Unterschiede (deutsche, italienische oder französische Tabulatur), die sich im unterschiedlichen Einsatz von Liniensystemen zeigen. Während beispielsweise die deutsche Tabulatur auf Linien ganz verzichtet (diese war nur bis gegen 1600 üblich), symbolisieren in Italien und Frankreich sechs Linien die sechs Saiten der Laute. Man findet reine Buchstabenschriften neben kombinierten Buchstaben-, Zeichen- und auch Notenschriften.
Eine handschriftliche Überlieferung setzte für die Lautenmusik in größerem Umfang erst mit Beginn des 16. Jahrhunderts ein; Zentren der Lautenmusik waren neben den deutschsprachigen Ländern Italien und Spanien, aber auch Frankreich und England.

ous les regretz qui les cueurs tourmentes
Chor
Tous les regretz qui les cueurs
Arte

RENAISSANCE

DIE RENAISSANCE ALS MUSIKGESCHICHTLICHE EPOCHE

BEGRIFF. Das französische Wort Renaissance (ital. *rinascimento*) meint ›Wiedergeburt‹; die Rückbesinnung auf die Antike bedeutet jedoch keine Rückwärtsorientierung, sondern ist konstruktiv nach vorn gewandt: die Lebendigkeit und das Geheimnis der Renaissance erklären sich gerade dadurch, dass sie durch die Rückbesinnung auf antike Ideale entschlossen ihren Blick nach vorn in die Zukunft richtete. Erst im Jahre 1860 wandte Jacob Burckhardt den Begriff auf die Kunstgeschichte an, 1866 übertrug ihn dann August Wilhelm Ambros auf die Geschichte der Musik.

NÖRDLICH UND SÜDLICH DER ALPEN. Während im Mittelalter der Schwerpunkt der Musikentwicklung dau-

Francesco del Cossa zeigt in seinem *Triumph der Venus*, den er 1469/70 im Palazzo Schifanoia in Ferrara ausführte, Musikanten, die sich zusammengefunden haben, um der Allegorie des Monats April – Venus, der Göttin des Frühlings und der Liebe – zu huldigen.

erhaft und offensichtlich in Frankreich lag, verlagerte er sich nun zunächst merklich nach Italien – will man von einer musikalischen Epoche der Renaissance sprechen, dann ergibt sich hier eine Parallele zur Bildenden Kunst. Doch Frankreich greift noch ein weiteres Mal – neben England mit dem großen John Dunstable – in die Entwicklung ein, und es kommt zu einer großartigen Synthese süd- und mitteleuropäischer Musikstile in der frankoflämischen Musik des 15. Jahrhunderts. Erst danach erringt Italien mit seinen Zentren Venedig und Rom erneut die Führungsposition, aufbauend auf den niederländischen Meistern, und behauptet sie dann bis weit in die Barockepoche hinein.

THEORIE UND PRAXIS. Während Dichtung und Bildende Kunst sich auf die recht umfänglich überlieferten Werke und Dokumente der Antike berufen konnten, war man im Bereich der Musik auf sekundäre antike Quellen angewiesen, der Klang antiker Musik blieb Spekulation. Die großen gesellschaftlichen Umwälzungen der Zeit hatten ihre erkennbaren Auswirkungen auch auf die Musik: mit dem Erwachen des Bürgertums gab es erstmals auch einen erkennbaren und stetig wachsenden Anteil einer bürgerlichen Musikausübung. Das wiederum wirkte sich in einer allmählichen Akzentverlagerung von der geistlichen zur weltlichen, von der Vokal- zur Instrumentalmusik aus.
Zwei Musiktheoretiker der Renaissance sind besonders hervorzuheben. Bereits um 1300, also weit vor dem Beginn der Neuzeit, wirkte Johannes de Grocheo in Paris; er distanzierte sich entschieden von der bisherigen mittelalterlichen Auffassung, die auf Boethius zurückging: die Dreiteilung der Musik in die Musik des Universums (»musica mundana«), in die Musik, die aus dem Zusammen-Klang von Körper und Geist erwächst (»musica humana«), und in jene Musik, die bestimmten Instrumenten innewohnt (»musica quae in quibusdam constituta est instrumentis«). Nur Letztere hielt man für hör- und wahrnehmbar, im Gegensatz zur freilich höher stehenden Musik des Makro- und Mikrokosmos. Grocheo postulierte hingegen den Vorrang der erklingenden Musik und grenzte sie gegenüber der Musik als wissenschaftlichem Gegenstand ab. Seine neue Dreiteilung umfasste die Volksmusik, die komponierte Musik und die liturgisch gebundene Musik; auf diese Weise schuf er die theoretische Basis jener Musikauffassung, die die gesamte Neuzeit bis heute geprägt hat. Gioseffo Zarlino bekräftigte in seiner Schrift *Istitutioni harmoniche* (1558) auf der Grundlage aristotelischen Denkens den Vorrang der klingenden, weltlichen Musik und legte so gleichsam den Grundstein für die Musik als Kunst, die zwar auf wissenschaftlichen Grundlagen entsteht, jedoch darauf ausgerichtet ist, im Menschen Gemütsbewegungen (Affekte) auszulösen und ihn zu erbauen. Damit leistete er für die Musik theoretisierend jene Loslösung vom absoluten Anspruch der Religion und Theologie, die als ein wesentliches Merkmal der neuen Epoche gelten kann.

DER Musikwissenschaftler Ludwig Finscher weist auf die Vorteile einer großzügigen Epochendefinition hin und betont zugleich als gemeinsam erarbeitetes Musik-Ideal der Epoche den euphonen, d. h. wohlklingenden Kontrapunkt.

»Eine allgemeine, Ideen- und Theoriegeschichte, Kompositions- und Institutionengeschichte umschließende Definition von ›Renaissance‹ als einer musikgeschichtlichen Epoche ist (...) offensichtlich unmöglich. Sie ist aber auch unnötig, denn gerade der Verzicht auf sie ermöglicht es uns, das 15. und 16. Jahrhundert unter kompositionsgeschichtlichem Vorzeichen als Epoche zu begreifen und darzustellen (...). Was sich innerhalb dieser Epochengrenzen kompositionsgeschichtlich vollzieht, kann (...) als die Entwicklung des ›euphonen‹ Kontrapunktes verstanden werden (...), eine Entwicklung, die zugleich interne Differenzierung und externe Ausbreitung ist: in der Ausbildung, Weiterentwicklung und Kodifizierung des ›euphonen‹ Kontrapunktes, in der Entstehung von Gattungsstilen und deren Normierung, von regional und volkssprachlich bestimmten Stilen und von Personalstilen (...). Am Anfang aller dieser Entwicklungen stehen die Neuorientierung des kontrapunktischen Denkens und die Neuentwicklung eines neuen Gattungsdenkens auf dem Kontinent, beides unter dem Einfluß der englischen Musik, ab etwa 1420. An ihrem Ende steht der Durchbruch eines neuen kompositorischen Denkens, in dem das kontrapunktische Modell der ›prima prattica‹ nicht abgelöst, aber relativiert und zurückgedrängt wird.«

DIE MUSIK DER RENAISSANCE

DIE ERFINDUNG DES NOTENDRUCKS

Erstmals in der Musikgeschichte entsteht im 15. und 16. Jahrhundert ein europäischer Stil. Erleichtert und beschleunigt wurde seine Entstehung durch die Erfindung des Notendrucks gegen Ende des 15. Jahrhunderts. Bewegliche Drucktypen fanden erstmals 1476 in Rom Verwendung, 1481 in Würzburg und Venedig; auf diese Weise konnte man Notenzeichen über vorgedruckte Linien setzen. 1507 erschien die erste gedruckte Lautentabulatur; 1525 wurde in Paris der einfache Typendruck erfunden, in dem Noten und Linien zugleich auf das Papier gebracht wurden; fünf Jahre später (1530) wandte man das Verfahren auf Orgel- und Klaviermusik an; 1586 entstand die Technik des Kupferplattendruckes in Rom.

VIELFALT. Musik der Renaissance, darunter versteht man das Zeitalter der franko-flämischen Vokalpolyphonie und die Musik Italiens, Musik also diesseits und jenseits der Alpen, verkörpert durch so gegensätzliche und sowohl räumlich als auch zeitlich voneinander entfernte Komponisten wie Dunstable und Giovanni Gabrieli, Dufay und Palestrina. Der ungemein rege künstlerische Austausch zwischen den Ländern südlich und nördlich der Alpen ist eines der wichtigen Kennzeichen der Renaissance, im Sinne eines edlen Wettstreites nicht um den ersten Platz, sondern um die beste, großartigste Kunst. Nicht zu unterschätzen ist dabei der Einfluss der *oltramontani*, also der ›von jenseits der Berge‹ kommenden franko-flämischen Komponisten in Italien. Als Ergebnis bewundern wir die einzigartige »Verschmelzung der franko-flämischen Satzkunst mit dem italienischen Musikempfinden« (Karl H. Wörner).

MERKMALE. Fast all jene Merkmale, die als Kennzeichen der musikalischen Renaissance gelten können, bezeichnen zugleich den Beginn einer bis heute reichenden Neuzeit. So wurde beispielsweise das Ziel einer musikalischen Affektsprache als Weg vom Komponisten zu den Ausführenden und Zuhörern im Laufe der Musikgeschichte immer wieder modifiziert. Diesem Ziel diente in der Renaissance u. a. die Entdeckung eines neuen klangsinnlichen Ideals wie es beispielsweise in der dreistimmigen Satztechnik des Fauxbourdon lebendig wird (Parallelführung der Ober- und Mittelstimme), ein harmonisches Prinzip, das einen homophonen Satz antizipiert. Das musikalische Werk entsteht nun nach einem Maß, dessen Gesetz die Auffassungsfähigkeit des Zuhörers ist. Der Kohärenz und Gliederung des Werks dient eine neuartige Architektonik (Periodengliederung von Taktgruppen, durch Subdominant- und Dominantkadenzen, durch Wiederholung einzelner Abschnitte, durch Kontrastierung verschiedener Klanggruppen) und die Ausbildung des Variationsprinzips (als melodische Variationstechnik) und der Parodietechnik (nach Karl H. Wörner).

MITTELALTER UND RENAISSANCE. Hatte der Komponist des Mittelalters Worte ohne Berücksichtigung ihrer Bedeutung und Verständlichkeit in ›absolute‹ Musik gesetzt, so räumten die Komponisten der Renaissance dem Text eine größere Bedeutung ein: die natürliche Wortbetonung wird beachtet, der komponierte Text soll verständlich sein, in gewissen Grenzen wird er sogar musikalisch ausgedeutet. Dem gleichsam pausenlosen Fließen und melodischen Strömen mittelalterlicher Musik steht die Klarheit und Übersichtlichkeit der Formgebung in der Musik der Renaissance gegenüber, die ihre Musikwerke durch scharfe Einschnitte deutlich gliedert. Die alles dominierende lineare Stimmführung des Mittelalters und

Früher Notendruck: das *Missale Herbipolense* (Würzburg: Georg Reyser, 1499).

ihre starke Melismatik tritt in der Renaissance zugunsten einer Rücksichtnahme auf Klang und Gehör und zunehmend syllabischer Melodik zurück (nach Karl H. Wörner).

MUSIK FÜR DIE MENSCHEN. Im Sinne des Humanismus rückt der Mensch – als ausführender Musiker und Zuhörer – zunehmend in den Mittelpunkt des Musikgeschehens. Besonders deutlich wird das an den genannten Komponenten der Musik, die sich jetzt auf das Ohr, auf den Höreindruck und damit auf die durch ihn ausgelösten Affekte ausrichten. Auffälliges Symptom hierfür ist die Aufnahme von Terz und Sext in den Kanon der Konsonanzen – bislang galten lediglich Oktav, Quart und Quint als Konsonanzen. Parallel dazu und diese Neuerung gleichsam stützend, entstehen neue Regeln über den Gebrauch von Dissonanzen im harmonischen Verlauf der Musik: Dissonanzen erhalten ihren eigenen Ort im musikalischen Geschehen, für ihre Auflösung sorgen bestimmte Regeln. Die zunehmende Rücksicht der Musik auf zugrunde liegende Texte, ihre Verständlichkeit und Sinnausdeutung gehört in den gleichen Zusammenhang und ist wohl auch als musikalische Reaktion auf die Forderung der Renaissance nach stärkerem Bezug zur Natur (im Sinne antiker Ideale) zu begreifen. Es ist jedoch eine der Paradoxien des musikgeschichtlichen Kontinuums, dass sich gegen Ende der Epoche die Kunst des Kontrapunkts wieder derartig verselbständigt hatte, dass sich fortschrittliche Komponisten wie Monteverdi zu Beginn des 17. Jahrhunderts in erneuter Gegenreaktion wieder verstärkt um Textverständlichkeit bemühten; so kam es zur Entstehung der barocken Monodie. In diesen Zusammenhang einer Spätphase am Ende eines Zeitalters gehört auch die raffinierte harmonische Verfeinerung und Komplizierung (Chromatisierung) im Vokalwerk des Carlo Gesualdo.

JACOB Burckhardts epochales Werk *Die Kultur der Renaissance in Italien* (1860) machte die Renaissance zu einem festen Begriff in der Geschichtsschreibung.

»Das übrige Abendland mochte zusehen, wie es den großen, aus Italien kommenden Antrieb abwehrte oder sich halb oder ganz aneignete; wo letzteres geschah, sollte man sich die Klagen über den frühzeitigen Untergang unserer mittelalterlichen Kulturformen und Vorstellungen ersparen. Hätten sie sich wehren können, so würden sie noch leben. (…) Daß bei großen Prozessen jener Art manche edle Einzelblüte mit zugrunde geht, ohne in Tradition und Poesie unvergänglich gesichert zu sein, ist gewiß; allein das große Gesamtergebnis darf man deshalb nicht ungeschehen wünschen. Dieses Gesamtergebnis besteht darin, daß neben der Kirche, welche bisher (und nicht mehr für lange) das Abendland zusammenhielt, ein neues geistiges Medium entsteht, welches, von Italien sich ausbreitend, zur Lebensatmosphäre für alle höher gebildeten Europäer wird. Der schärfste Tadel, den man darüber aussprechen kann, ist der der Unvolkstümlichkeit, der erst jetzt notwendig eintretenden Scheidung von Gebildeten und Ungebildeten in ganz Europa.«

BURGUND

BURGUND ALS POLITISCHE GRÖSSE. Der Name des Königreichs Burgund hat einen fast legendenhaften Klang; heute meint er eine fest umgrenzte Landschaft im östlichen Frankreich zwischen Saone und Loire, mit der Regionalhauptstadt Dijon. Historisch aber umfasste Burgund zur Zeit seiner höchsten Blüte und größten Ausdehnung im 15. Jahrhundert unter Karl dem Kühnen ein Gebiet, das neben dem eigentlichen kleinen Burgund auch Lothringen, Luxemburg sowie Flandern und Brabant bis hinauf nach Groningen einschloss. Erst nach dem Tode Karls begann der allmähliche Abstieg: Burgund gelangte durch die Hochzeit Kaiser Maximilians I. mit Maria von Burgund an das Haus Habsburg; der politische Schwerpunkt verlagerte sich in die Niederlande. Unter dem spanischen König Philipp II. kam es schließlich zum berühmten Aufstand der Niederlande, der durch Verdis *Don Carlos* nach Schillers gleichnamigem Drama bekannt ist. 1597 entstand die selbständige Republik der Niederlande.

IN einem 24 000 Verse umfassenden Liebesgedicht *Le champion des dames* (um 1440), das der Kleriker Martin le Franc für Philipp den Guten schrieb, werden die Komponisten Guillaume Dufay und Gilles Binchois dafür gelobt, dass sie auf gekonnte Weise Anregungen der englischen Polyphonie (John Dunstable) aufgenommen haben. Mit den gerühmten ›frischen Zusammenklängen‹ sind wohl die Verwendung von Terz, Sext, Fauxbourdon und eine neuartige Dissonanzbehandlung gemeint.

»Denn sie haben eine neue Weise, / einen frischen Zusammenklang zu machen (...) / Und sie haben die englische / Manier übernommen und sind Dunstable gefolgt, / Weshalb wundervolles Vergnügen gibt / Ihr freudenreicher und bemerkenswerter Gesang.«

BURGUND IN DER KUNSTGESCHICHTE. Seinen größten politischen Einfluss in Europa gewann Burgund unter den beiden Herrschern Philipp dem Guten (1419–1467) und Karl dem Kühnen (1467–1477). Bereits im Hochmittelalter errang das Land gewichtigen geistigen und künstlerischen Einfluss durch die großen mönchischen Reformbewegungen in Cîteaux und Cluny, von denen in baulicher Hinsicht heute nur noch eindrucksvolle Reste zu besichtigen sind. Politisch gehörte das riesige, geographisch zerklüftete Herzogtum zwar als Lehen sowohl zum Heiligen Römischen Reich wie zur französischen Krone, bewahrte sich jedoch weitgehende innere und äußere Selbständigkeit. Symbolischer Ausdruck dieser beachtlichen Souveränität war im Jahr 1430 die Stiftung des berühmten Ordens vom Goldenen Vließ. Aufgrund großer innerer Stabilität, die auf einer zuverlässig funktionierenden Verwaltung und geordneten Finanzen beruhte, errang Burgund europaweiten Einfluss, insbesondere durch die Ausstrahlung seiner kulturellen Aktivitäten in Kunst und Wissenschaft sowie durch seine verfeinerte Lebensart. Dieser Status der führenden Kulturmacht Europas wird eindrucksvoll dokumentiert durch Zeugnisse der Baukunst und der Malerei (*Genter Altar* von Hubert und Jan van Eyck), aber auch durch die Weltgeltung der burgundischen Musik, deren herzogliche Kapelle gewaltige Anziehungskraft auf alle bedeutenden europäischen Musiker ausübte. Zur Zeit dieser künstlerischen Hochblüte entstand 1413 auch das berühmte Stundenbuch des Duc de Berry, eines Bruders Karls des Kühnen, das uns einen lebendigen Einblick in das feudale und alltägliche Leben der burgundischen Epoche gibt.

BURGUNDISCHE MUSIKKULTUR. Die Musik der burgundischen Epoche war durch ihre Internationalität ge-

Monatsbild Mai im Stundenbuch des Duc de Berry (*Très riches heures*) der Brüder Limburg (1485–90). Mit Trompeten, Flöten und Posaunen führen die Musikanten den Zug der Ritter und ihrer Damen an, die geschmückt mit Maiengrün ausreiten, um den anbrechenden Sommer in Wald und Flur zu genießen.

kennzeichnet. Die berühmten Musiker der Zeit stammten überraschenderweise nicht aus Burgund: Guillaume Dufay, Gilles Binchois, Josquin Desprez und Orlando di Lasso waren Wallonen, Heinrich Isaac, Johannes Ockeghem, Adrian Willaert und Nicolas Gombert Flamen, Jacob Obrecht und Jan Pieterszoon Sweelinck Holländer. Die Mobilität der produktiven Köpfe der Zeit brachte es mit sich, dass nicht alle der genannten Komponisten dem burgundischen Hof (über längere Zeit) verbunden waren. Ob Dufay überhaupt je offiziell im Dienst der burgundischen Herzöge stand, ist umstritten. Terminologisch hat man sich mit dieser Epoche der Musikgeschichte lange Zeit schwer getan. Seit dem 19. Jahrhundert hatte sich zunächst die Bezeichnung ›Niederländische Schule‹ eingebürgert, doch erwies sie sich zumindest geographisch als zu einseitig. Der Schweizer Musikwissenschaftler Jacques Handschin sprach deshalb in der ersten Hälfte des 20. Jahrhunderts erstmals von ›franko-flämischer Musik‹; Heinrich Husmann präzisierte sie für das 15. Jahrhundert als ›burgundisch-flämische‹ Musik.

FRANKO-FLÄMISCHE MUSIK I

DIE WICHTIGSTEN KOMPONISTEN DES 15. JAHRHUNDERTS

Unter den zahlreichen Komponisten der Zeit zeichnen sich einige aufgrund ihres internationalen Ansehens und ihres ausgeprägten Individualstils besonders aus. Aus der ersten Generation zu nennen ist Guillaume Dufay. Johannes Ockeghem repräsentiert die zweite und Josquin Desprez die dritte Generation in hervorragender Weise. Bis auf den Engländer John Dunstable sind die genannten Komponisten auch ihrer Herkunft nach zur franko-flämischen Musik zu rechnen.

John Dunstable
(um 1380–1453)
Guillaume Dufay
(um 1400–1474)
Gilles Binchois
(um 1400–1460)
Johannes Ockeghem
(um 1410–1497)
Antoine Busnois
(um 1430–1492)
Orlando di Lasso
(um 1532–1594)
Josquin Desprez
(um 1440–1521)
Loyset Compère
(um 1445–1518)
Jacob Obrecht
(um 1450–1505)
Antoine Brumel
(um 1460–1515)
Pierre de la Rue
(um 1460–1518)

NEUE IDEALE. Die Komponisten der Renaissance waren um Vereinheitlichung bemüht: liefen im Mittelalter die Vokal- und Instrumentalstimmen meist unverbunden nebeneinander her und wurden oft gleichzeitig verschiedene Texte gesungen, so ordnen sich die vier oder mehr Vokalstimmen im 15. Jahrhundert einem übergreifenden Prinzip unter. Allen Vokalstimmen wird der gleiche Text unterlegt, um dessen Verständlichkeit die Komponisten sich bemühen. War bislang mit der Isometrie (in der isorhythmischen Motette) dem musikalischen Text ein Formprinzip übergeordnet, dessen Regeln nur verstandesmäßig zu erfassen waren, so bemühte man sich nun um musikalische Fasslichkeit. Instrumente spielen keine eigene Stimme mehr, sondern werden den Vokalstimmen hinzugefügt. Die Frage, ob und wann Instrumente eingesetzt werden, macht die klingende Rekonstruktion der Vokalmusik dieser Zeit heute zu einer viel diskutierten Angelegenheit.

DURCHIMITATION. Dieses Prinzip meint die Imitation (›Nachahmung‹) bestimmter Motive oder Rhythmen, die den ganzen Tonsatz durchziehen, prägen und abschnittweise sinnvoll gliedern. Alec Harman erläutert: »Bei die-

Guillaume Dufay und Gilles Binchois, dargestellt in einer Handschrift des Liebesgedichts *Le champion des dames* (um 1440), das Martin le Franc für Philipp den Guten schrieb.

ser Technik zerlegt der Komponist den Text in – meist kurze – Phrasen oder gar in einzelne Wörter, die alle, wenn auch nicht auf dem Papier, so doch der Wirkung nach einzelne Abschnitte des Stückes bilden. Dann entwickelt er für jeden dieser Abschnittte ein geeignetes Motiv oder eine passende Melodie und lässt diese dann nach dem Prinzip der Imitation durch alle – oder wenigstens durch die meisten – Stimmen laufen. So haben die einander imitierenden Stimmen in einem musikalischen Abschnitt zwar denselben Text und dasselbe Motiv, aber sie singen es nicht gleichzeitig.«

GATTUNGEN. Die wesentlichen Gattungen waren im geistlichen Bereich Messe, Hymnus und Motette, in der weltlichen Musik dominierten Madrigal und Chanson. Gemeinsam ist beiden, dass sie sich noch nicht konzertant an ein Publikum wandten, sondern vorrangig an die Ausführenden selber. In beiden Bereichen gelten die Kompositionsprinzipien der Durchimitation, der Affektdarstellung und der Motivgestaltung. In einem Punkt allerdings unterschieden sie sich: während geistliche Vokalmusik fast immer von Chören dargeboten wurde, blieb die weltliche der solistischen Aufführung vorbehalten.

CHANSON. Die Musikwissenschaft versteht unter diesem Begriff den weltlichen dreistimmigen französischen Liedsatz des 15. und 16. Jahrhunderts in zunehmend polyphon-imitatorischem Satz, mit vokaler Ober- und zwei instrumentalen Unterstimmen, einfach in Form und Ausdruck, in rhythmisch engem Bezug zum Text.
Die »gut achtzig überlieferten Chansons Dufays (...) zeigen ein außerordentlich buntes Repertoire von Textgattungen und ein nicht weniger breites Spektrum der Kompositionstechniken: Neujahrs- und Mailieder, konventionelle Liebeslyrik, politische und private Huldigungslieder, volkstümliche Texte, Autobiographisches und milde Pornographie; komponiert im traditionellen, noch stark von der späten Ars Nova geprägten Liedsatz (...), im imitatorisch verdichteten oder im akkordisch-deklamatorischen Satz (...), sogar im parodierten Satz der isorhythmischen Motette« (Ludwig Finscher).

DUFAYS WERKE

Handschriften in Bologna, Trient, Rom, Florenz, Modena, Madrid, Oxford, Cambrai, Paris, Brüssel und Washington haben rund 200 Kompositionen Dufays überliefert, von denen viele zu großen repräsentativen Anlässen entstanden, u. a. je eine Motette (*Balsamus et munda*) zur Papstkrönung Eugens IV. 1431, zum Empfang Kaiser Sigismunds nach dessen Krönung durch den Papst 1433, zur Weihe des Doms zu Florenz, anlässlich der Fertigstellung der Kuppel von Brunelleschi im Jahr 1436.

- Geistliche Vokalmusik (9 Messen- und rund 25 Mess-Sätze erhalten; rund 30 Motetten, 13 davon im isorhythmischen Stil)
- Weltliche Vokalmusik (rund 80 Chansons)

GUILLAUME DUFAY

Um 1400 in oder bei Cambrai geboren; der Name »du Fay« deutet möglicherweise den Herkunftsort (bei Cambrai) an; dort erste Ausbildung.
1409–12 Chorknabe an der Kathedrale von Cambrai.
1417–18 womöglich im Gefolge des Bischofs von Cambrai auf dessen Reise zum Konstanzer Konzil.
1420–26 vermutlich enge Beziehung zur Familie Malatesta in Pesaro.
1426 Rückkehr in die französische Heimat, Übertragung mehrerer Pfründen (Kaplan in Laon, Canonicus in Tournai).
1427–28 in Bologna, dort 1428 zum Priester geweiht.
Bis 1533 Sänger in der Kapelle Papst Martins V. in Rom, Canonicus in Lausanne.
Ab 1433 im Dienste Amédées VIII. von Savoyen, 1434 dort Kapellmeister.
1435–37 wieder in der Kapelle des Papstes, diesmal in Florenz und Bologna.
Ab 1437 am Hofe Nikolaus' III. zu Ferrara, erneute Verbindung zum Haus Savoyen, Aufenthalt am Hof für weitere sieben Jahre; weitere Pfründen. Titel eines »Bacalaureus des kanonischen Rechtes« (Hinweis auf ein vierjähriges Studium an unbekanntem Ort – Paris, Bologna, Turin?). Beziehung zum Burgundischen Hof (Titel eines »Kaplans des Herzogs von Burgund«) und Bekanntschaft mit Binchois, der Kaplan beim Herzog war.
Ab 1451 wieder in Cambrai, europäischer Ruhm, viele Reisen.
1474 stirbt Dufay am 17. November in Cambrai.

FRANKO-FLÄMISCHE MUSIK II

BINCHOIS. Neben Guillaume Dufay pflegten vor allem Gilles Binchois, Johannes Ockeghem und Jacob Obrecht den neuen Stil. Binchois war Altersgenosse von Dufay; beider Geburtsjahr wird um das Jahr 1400 vermutet. Am Burgundischen Hof lernten sie sich kennen, als Binchois dort als Kapellsänger wirkte; seine Anwesenheit ist dokumentarisch zwischen 1430 und 1456 gesichert. Wiewohl von Binchois auch geistliche Werke (vorwiegend einzelne Mess-Sätze) überliefert sind, ist vor allem seine weltliche Musik richtungweisend: wir kennen über 50 dreistimmige französische Chansons von ihm.

DIE CANTUS-FIRMUS-MESSE. Die Komponisten der franko-flämischen Epoche vertonten vor allem das Ordinarium Missae. Beherrschend ist die Cantus-firmus-Messe. Allen ihren Formen ist gemeinsam die durchgängige Verwendung einer Melodie, des Cantus firmus. Diese Melodie kann sowohl weltlicher wie auch geistlicher Herkunft sein; vom Cantus firmus leitet sich häufig der Name der ganzen Messe ab. So heißt eine große Tenor-Cantus-firmus-Messe Dufays nach dem Tenor seiner gleichnamigen dreistimmigen Ballade *Missa Se la face ay pale*.
Manche populäre Weise wurde von zahlreichen Komponisten in ihren Messen wiederverwendet, größter Beliebtheit erfreute sich dabei das Lied *L'homme armé*. Rund dreißig Messen, denen dieses Lied als Cantus firmus dient, sind überliefert, u. a. von Dufay, Ockeghem, Busnois, Obrecht, de La Rue, Josquin, Brumel und Palestrina. Andere Namen für den Cantus firmus bzw. die ganze Messkomposition entstanden durch Ableitung von Solmisationssilben (»la sol fa re mi«) oder von den Vokalen eines Namens (aus »Hercules dux Ferrariae« wurde so die Melodie »*re ut re ut fa mi re*) – beide Beispiele stammen von Josquin Desprez. Durch die Verwendung eines Cantus firmus gewinnt die Messkomposition neuartige musikalische Geschlossenheit: Hier wird der entscheidende Schritt vom Gebrauchs- zum Kunstwerk vollzogen.

MISSAE SINE NOMINE. Als ›Messen ohne Namen‹ bezeichnete man seit Dufay Messen ohne Cantus firmus. Zu Beginn des 16. Jahrhunderts entwickelte Josquin Desprez die Gattung mit den »gattungs- und kompositionsgeschichtlich modernsten Messen« (Ludwig Finscher) fort. In der choral-paraphrasierenden Messe »tritt an die Stelle

KOLORIERUNG

Der Cantus firmus wurde ständig ausgeziert und variiert; man nennt diese Technik Kolorierung. Die melodisch-rhythmische Veränderung findet in der Diskantmesse in der Oberstimme statt; in den Tenormessen liegt der Cantus firmus in langen Notenwerten entweder unverändert oder leicht verändert in der Tenorstimme. In den Diskant-Tenor-Messen taucht der Cantus firmus sowohl im Tenor wie im Diskant auf, wird jedoch nur im Diskant koloriert.

KUNST DES KONTRAPUNKTS

Neben dem Bemühen um musikalische Geschlossenheit und Textausdeutung waren sowohl in der Motette wie in der Messe kontrapunktische Kunststücke beliebt. So gab es viele Arten von Kanons, bei denen aus einer einzelnen notierten Stimme durch den Einsatz unterschiedlicher Takt-, Tonart- und Intervallangaben komplizierte mehrstimmige Gebilde abgeleitet wurden. Gipfel dieser Kunst waren vollständige Kanonmotetten und -messen. Mit zunehmender kontrapunktischer Komplizierung kam es zu erstaunlichen Extremen: So ist die früher Ockeghem zugeschriebene 36-stimmige Motette *Deo gratias* in strengster Weise kanonisch durchgestaltet. Andererseits liebte man so genannte Rätselkanons, bei denen Stimmfolge und -intervalle einem Rätselgedicht entnommen werden mussten.

OCKEGHEMS WERKE

- 13 zugeschriebene Motetten (5 vermutlich authentisch)
- 19 drei- und 2 vierstimmige Chansons
- 10 vollständige und 3 unvollständige drei- bis fünfstimmige Messzyklen
- 1 Requiem (älteste erhaltene vollständige Totenmesse der Musikgeschichte)

JOHANNES OCKEGHEM

Um 1410 in Ostflandern (vielleicht in Dendermonde) geboren, sein Name ist in rund vierzig verschiedenen Schreibweisen überliefert; seine Ausbildung erhält er vielleicht bei Gilles Binchois.
1443–44 als Sänger an der Liebfrauenkirche in Antwerpen nachweisbar.
1446–48 Mitglied der Kapelle Herzog Charles' I. von Bourbon in Moulin.
Ab 1452 bis zu seinem Tod Kapellsänger und Kapellmeister am französischen Königshof zu Paris; zahlreiche Schüler, u. a. Josquin Desprez, den er 1462 und 1468 in Cambrai besucht, europaweiter Ruhm.
1470 Reise in diplomatischer Mission nach Spanien.
1479 stirbt Ockeghem am 6. Februar, wahrscheinlich in Tours.

Johannes Ockeghem (mit Brille) vor einem Pult, das allen Sängern Einsicht in die Noten gewährt (Buchmalerei, 16. Jh.).

des Cantus firmus die Choralmelodik, die virtuell alle Stimmen gleichmäßig durchwaltet und dem Werk seine substantielle Einheit gibt«, eine Messe, »in der der Choral in die einzelnen Motive eines weitgehend von Imitation und Textdeklamation beherrschten, gleichmäßig durchgebildeten vierstimmigen Satzes so sehr aufgelöst wird, daß er nur noch als Substrat eines nun auch satztechnisch nicht nur formal quasi autonomen und gänzlich einheitlichen Gattungsstils erscheint« (Ludwig Finscher). In der Parodiemesse wird kompositorisches Material aus fremden Werken zitiert, kombiniert und variiert.

MOTETTE. Neben der Messe spielt die Motette im 15. und 16. Jahrhundert eine herausragende Rolle. Anders als die vierstimmige isorhythmische Motette des Mittelalters mit ihrem ausschließlich geistlichen Inhalt und der abstrakt-textfernen Anlage, lässt die ›moderne‹ Renaissance-Motette größere künstlerische Freiheit zu. Motetten, nun abschnittweise gegliedert und ausgeprägt textbezogen, wurden im 15. und 16. Jahrhundert zu repräsentativen weltlichen oder geistlichen Festen wie Krönungen, Hochzeiten, Sterbefällen und Kirchweihen, aber auch zu privaten Feiern und Festen komponiert.

FRANKO-FLÄMISCHE MUSIK III

JOSQUIN DESPREZ

Um 1455 im Hennegau, vermutlich in der Grafschaft Vermandois geboren (Namenschreibung auch: des Prés bzw. des Prez; in der Musikgeschichte berühmt unter seinem Vornamen).
1475–78 nachweisbar als Sänger in der Kapelle Renés von Anjou in Aix-en-Provence.
Anfang 1480er-Jahre Rückkehr in die Niederlande.
1483 Anwesenheit in Condé-sur-l'Escaut bei Valenciennes belegt.
1489–94 (oder später) Mitglied der päpstlichen Kapelle in Rom, doch war Josquin wohl schon vor diesem Zeitpunkt in Italien, womöglich im Gefolge des Kardinals Ascanio Sforza.
1501 anwesend bei einem Treffen zwischen dem französischen König Ludwig XII. und dem burgundischen Herzog Philipp dem Schönen.
1503 höchstbezahlter Kapellmeister am Hof des Herzogs Ercole d'Este in Ferrara; kurz darauf wegen Ausbruch der Pest Rückkehr in die Niederlande.
1504 Einsetzung als Kanoniker an der Kirche Notre-Dame in Condé-sur-l'Escaut.
Nach 1514 *Missa Pange lingua*, Josquins letzte Messe.
1521 stirbt Josquin am 27. August in Condé-sur-l'Escaut.

JOSQUIN DESPREZ. Josquins Stil setzt die durchimitierte Schreibweise Ockeghems fort und macht sie zum beherrschenden Stilmittel. Josquins souveräner Umgang mit Formen, Regeln und Stilen lässt dabei alle nationale Prägung hinter sich. Seine Musik trägt gegenüber seinen Zeitgenossen individuellere, gegensätzlichere Züge; am fortschrittlichsten wirken seine Motetten. Rückblickend kann Josquin als »einer der größten Komponisten der abendländischen Musikgeschichte« gelten, Karl H. Wörner nennt ihn den »ersten ganz großen expressiven Komponisten unserer Musikgeschichte«.

MUSICA RESERVATA. Dieser Begriff ist bis heute umstritten; Josquins möglicher Schüler Adrianus Petit Coclico führte ihn 1552 in seiner Schrift *Compedium musices* ein. Die Vermutungen darüber, was mit dem Begriff ›Musica reservata‹ bezeichnet werden sollte, reichen von der allgemeinen Umschreibung einer ›modernen‹ Vokalmusik, die mit Ausdrucksformen arbeitet, die nur der Kenner einzuschätzen weiß, bis zu speziellen Details wie dem Einsatz von Chromatik in der Vokalmusik. Nach Hugo Riemann war der »überschätzte Terminus« ein »modisches Schlagwort, das verschiedene Aspekte und Auslegungen zulässt, im Grunde aber weniger die Satztechnik als vielmehr den soziologischen Ort der also bezeichneten Musik betrifft«. Auch eine für bestimmte Anlässe oder Kreise ›reservierte‹ Musik könnte gemeint sein.

MUSIKERPERSÖNLICHKEITEN. Die Renaissance ist die erste Epoche großer Musikernamen. Unter den Persönlichkeiten mit markanten Zügen ragt in der zweiten Hälfte des 16. Jahrhunderts der aus dem Hennegau (Belgien) stammende Orlando di Lasso heraus, von dem über 2000 Werke verbürgt sind, darunter etwa 1200 Motetten. Kennzeichen seines Stils sind die entschiedene Textdeklamation und eine ausgeprägte Affektdarstellung. Zwischen Ockeghem und Desprez steht Jacob Obrecht, in dem Glareanus 1547 in seinem *Dodekachordon* den ›objektiveren‹ Gegenpol zu Desprez sieht. Obrechts Musik zeichnet sich durch konstruktive Strenge und Logik aus.

DEUTSCHE MUSIK IM ZEITALTER DER RENAISSANCE. Die Musik des 15. und 16. Jahrhunderts hatte ihre wesentlichen Zentren in Burgund und Italien. Ein deutsches Musikleben begann sich erst relativ spät, ab 1450, zu entfalten. Wie in vielen Ländern gingen dabei die Anstöße vorwiegend von in Deutschland wirkenden ›Ausländern‹ aus. Der Flame Heinrich Isaac, zunächst in Italien tätig (u. a. als Organist am Hofe Lorenzo de' Medicis in Florenz) verewigte seinen kurzen Aufenthalt 1484 am Hof Erzherzogs Sigismunds in Innsbruck durch das bekannte Lied *Innsbruck ich muss dich lassen*.
Ab 1497 war Isaac Hofkomponist bei Kaiser Maximi-

lian I., Aufenthalte in Konstanz und Sachsen sind nachgewiesen. Er beeinflusste mit seinen Liedern, auch auf deutsche Texte, maßgeblich die Geschichte des mehrstimmigen deutschen Lieds, zu der auch Heinrich Finck und Paul Hofhaimer beitragen. In den folgenden Generationen ragen der Schweizer Ludwig Senfl, ein Schüler Isaacs, und Caspar Othmayr hervor. Bedeutende Zeugnisse der Liedkunst im deutschsprachigen Raum sind: das *Lochamer-Liederbuch* (1452–60) aus Nürnberg (heute Berlin) und das *Glogauer Liederbuch* (um 1480).

Orlando di Lasso im Kreis seiner Musiker. Miniatur aus einem der beiden Monumentalbände mit den Bußpsalmen des Komponisten, die der Münchener Maler Hans Mielich im Auftrag Herzog Albrechts V. prachtvoll ausschmückte.

HOFKAPELLEN. Wegweisende Impulse gingen von der berühmten Hofkapelle Kaiser Maximilians I. aus, der auch Senfl und Hofhaimer angehörten. Sie begleitete den Kaiser auf seinen Reisen und war u. a. in Augsburg, Innsbruck und Wien zu hören. Auch die Münchner Hofkapelle Albrechts I., deren Leiter Orlando di Lasso bis zu seinem Lebensende war, besaß überregionalen Ruf, nicht zuletzt durch die Mitwirkung prominenter Musiker; der Herzog nahm an seiner Kapelle großen Anteil und wirkte wohl selbst gelegentlich bei Aufführungen mit. Die Musiker pflegten sowohl die groß besetzte repräsentative geistliche Vokalmusik wie auch gering besetzte Kammermusik. Aus zeitgenössischen Berichten wissen wir Einzelheiten über die aufgeführte Musik und ihre Besetzung. So kamen 1568 anlässlich der Hochzeit des 19-jährigen Wilhelm, Sohn Herzog Albrechts, mit der lothringischen Herzogstochter Renata Streicher und Bläser zum Einsatz, neben Violinen auch Gamben, neben Posaunen und Zinken auch Flöten, Dulcian und sogar ein »Cornamusa«, nicht zu vergessen das Cembalo.

DESPREZ' WERKE

- Etwa 75 drei- bis sechsstimmige weltliche Werke mit größtenteils französischen Texten
- Etwa 100 lateinische, meist vierstimmige Motetten
- 6 vierstimmige Messordinariumssätze
- 18 vierstimmige Messen (bis auf die *Missa Pange lingua* alle im ersten Messendruck überhaupt erschienen; 3 Bde., Venedig 1502–14)

WICHTIGE KOMPONISTEN DES 16. JAHRHUNDERTS

Adrian Willaert (1480/90–1562)
Jacobus Clemens non Papa (um 1510 – um 1565)
Andrea Gabrieli (um 1510 – Ende 1586)
Giovanni Pierluigi da Palestrina (um 1525–1594)
Orlando di Lasso (um 1532–1594)
Tomás Luis de Victoria (1548–1611)
Giovanni Gabrieli (1554/57–1613)
Jan Pieterszoon Sweelinck (1562–1621)

ENGLAND

DUNSTABLE. Obwohl die Musik der Renaissance ihre Zentren vorwiegend in Frankreich und Italien hatte, kam es zu Beginn des 15. Jahrhunderts zu einem überraschenden und wirkungsmächtigen Aufblühen der englischen Musik, deren Einfluss allenthalben in Europa zu spüren war. Das Hauptverdienst daran hatte eine einzelne, rätselhafte Komponistenpersönlichkeit: John Dunstable (Dunstaple), von dessen Lebenswerk nur ein kleiner Teil, nämlich rund 60 Kompositionen nahezu ausschließlich geistlicher Musik, erhalten sind. Die Grabplatte des am 24. Dezember 1453 in London begrabenen Komponisten bezeichnet ihn als Musiker, Mathematiker und Astronom. Seine Kenntnisse der zeitgenössischen französischen Musik hat er sich vielleicht in den Diensten des Herzogs von Bedford erworben, des Bruders von König Heinrich V. Kontakte Dunstables zu Italien werden ebenfalls vermutet, da sein Werk auch in Italien Wirkung zeitigte, sein Einfluss etwa auf Dufay ist nachweisbar.

LITURGISCHE BESONDERHEITEN IN ENGLAND

1534 trennte sich die englische Kirche unter Heinrich VIII. von der römisch-katholischen Kirche Roms, ein Jahr später wurde die erste komplette englische Bibel gedruckt. 1548 erging eine Vorschrift, nach der alle Teile der Liturgie in englischer Sprache vorgetragen werden mußten. Sie hatten im Charakter »schlicht und deutlich, mit nur einem Ton für jede Silbe« zu sein. Daraus entwickelte sich ein charakteristischer syllabischer Stil, der im Gegensatz zur lateinischen Melismatik stand. Aufgrund des Nebeneinanders von katholischer und anglikanischer Liturgie schrieben zahlreiche englische Komponisten (z. B. William Byrd) sowohl melismatisch-imitatorische wie syllabische Kirchenmusik.

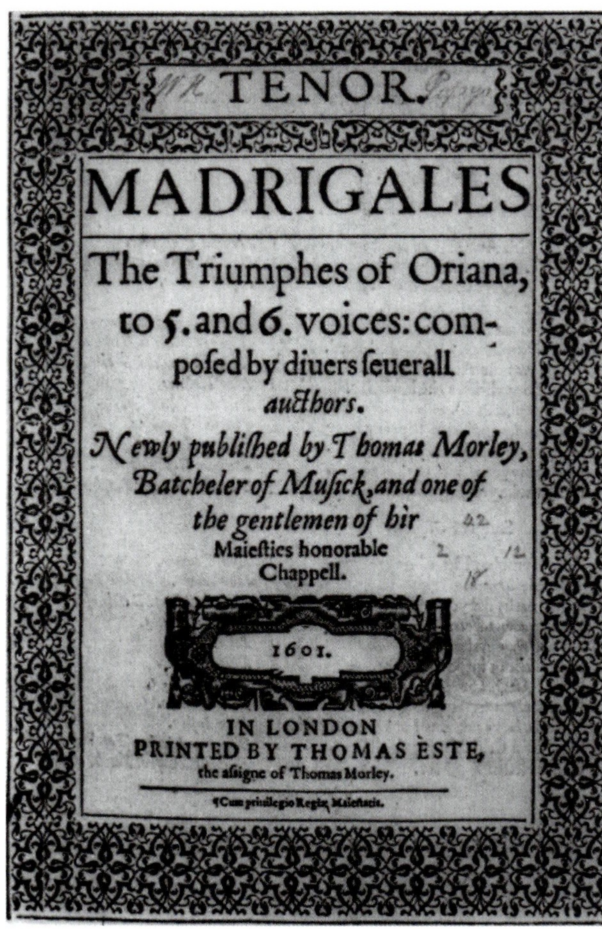

Titelblatt der Madrigalsammlung *The Triumphes of Oriana*, einer der berühmtesten Musikdrucke des Elisabethanischen England, herausgegeben von Thomas Morley.

DUNSTABLES MUSIK. So wie Dunstable die Musik auf dem Kontinent beeinflusst hatte, so verarbeitete er seinerseits Formen und Stilmerkmale französischer und italienischer Musik, etwa die isorhythmische Motette des zurückliegenden Jahrhunderts. Mit Dunstables Namen verbunden bleibt der Begriff des pankonsonanten Stils, den der Musikwissenschaftler Manfred Bukofzer prägte und der einen neuartigen, für das Ohr angenehmeren Umgang mit Dissonanzen bezeichnet: innerhalb des kontrapunktisch strengen Satzes wurden Dissonanzen nun nicht mehr synkopisch frei eingesetzt, sondern nachvollziehbar vorbereitet und auch aufgelöst. Diese Eigenart der Musik Dunstables prägte die Musik nachfolgender Generationen nicht nur in England. Als Deklamationsmotetten hat man treffend jene neuartigen Werke Dunstables bezeichnet, bei denen der Komponist um einer größeren Textverständlichkeit willen die einzelnen Stimmen rhythmisch aufeinander abgestimmt hat. Bei der Vertonung der Messe verband Dunstable erstmals verschiedene Abschnitte (Gloria und Credo sowie Sanctus und Agnus Dei) mit Hilfe eines gemeinsamen Cantus firmus; zugleich schloss er die einzelnen Messe-Abschnitte durch einen gemeinsamen (fremden) Cantus firmus zum musikalischen Zyklus zusammen. Dieser Cantus firmus lag immer im Tenor und führte auf diese Weise zur Bezeichnung Tenormesse; im Diskant wurde zugleich dieser Cantus firmus variiert.
In Dunstables einzigem erhaltenen *Magnificat* sind die zwölf Verse im Wechsel zu drei und zwei Stimmen gesetzt; dabei erklingt der schlichte Cantus firmus in der Oberstimme und wird phantasievoll variiert (»koloriert«).
Nach Dunstable blieb die Musik Englands lange Zeit von der zeitgenössischen Musik des Kontinents praktisch unbeeinflusst. Noch der Barockkomponist Matthew Locke behauptete, keine einzige hörenswerte Melodie aus dem Ausland zu kennen. Unter den Vokalkompositionen nach Dunstable ragen John Taverners Motetten und Messen hervor, im folgenden Jahrhundert William Byrds Motetten und Messen sowie die geistlichen und weltlichen Werke Thomas Morleys.

INSTRUMENTALMUSIK. Musik ausschließlich für Instrumente entstand sowohl als Bearbeitung vokaler Vorbilder wie auch bereits als eigenständige Form. Hier sind zunächst die so genannten In-nomine-Kompositionen zu nennen, in denen ein vokaler Cantus firmus instrumental bearbeitet wurde; mit ihnen verwandt waren in Deutschland und den Niederlanden die Carmina, die auf einem Cantus firmus basierten. Sehr bald folgte diesen vokal inspirierten Mustern dann die vielteilig-abwechslungsreiche Fancy (Fantasia), die rein instrumental und unabhängig von vokalen Modellen konzipiert war. Man unterschied in England zwischen dem *whole consort*, womit man ein Ensemble von Instrumenten gleicher Bauart bezeichnete (etwa eine Violen-Familie), und dem *broken consort*, das aus Instrumenten unterschiedlicher Familien bestand (z. B. Holzblas- und Streichinstrumenten).

ENGLISCHE KIRCHENKOMPONISTEN IM 16. JAHRHUNDERT

John Taverner (um 1490–1545)
Christopher Tye (um 1505–1572?)
Thomas Tallis (um 1505–1585)
William Byrd (1543–1623)
Thomas Morley (1557/58–1602)
John Dowland (1563–1626)
Thomas Weelkes (um 1576 – 1623)
Orlando Gibbons (1583–1625)

INSTRUMENTALMUSIK UND STREICHINSTRUMENTE

MUSIK FÜR INSTRUMENTE. Die Musik für Instrumente war im Mittelalter fast ausschließlich an den Tanz gebunden gewesen, instrumentale Tanzmusik entsteht auch im 15. und 16. Jahrhundert; vor allem die Basse danse und ihre lebhaftere italienische Variante, der Bassa dansa, erfreuten sich als höfischer Schreittanz großer Beliebtheit. Von eigenständiger Instrumentalmusik sollte man jedoch erst dann sprechen, wenn sich instrumentales Musizieren nicht nur aus der Verbindung zum Tanz, sondern auch aus der Abhängigkeit von der Vokalmusik befreit hat. Noch im 15. Jahrhundert gab es kaum ›originale‹ Instrumentalmusik; stattdessen spielte man mit Instrumenten Vokalsätze nach oder begleitete sie. Über das ›Bearbeiten‹ und das Verändern durch Kolorierung (Verzieren, Umspielen) vor allem der Oberstimme führte der Weg zu selbständigen Instrumentalwerken. Auch in England entstand in dieser Zeit eine eigenständige Tradition der instrumentalen Ensemblemusik. Die Überlieferung ist hier recht umfangreich und bietet eine Fülle verschiedener Modelle.

Musizierende Engel von Matthias Grünewalds *Isenheimer Altar* (um 1512–16). Vor der Mutter Gottes spielt einer der Engel kniend ein gambenähnliches Instrument.

DIE CANZONE. Einen entscheidenden Schritt auf dem Weg zur reinen Instrumentalmusik bedeutete die italienische Kanzone, die ursprünglich eine instrumentale Bearbeitung einer französischen Chanson war. Aus ihr entstanden gegen Ende des 16. Jahrhunderts die von vokalen Modellen gelöste Canzon francese und die Canzon da sonar, deren erster Meister der Venezianer Giovanni Gabrieli war, Neffe Andrea Gabrielis und Lehrer von Heinrich Schütz. Giovanni veröffentlichte eine Auswahl seiner sechs- bis sechzehnstimmigen Kanzonen 1597 zusammen mit etlichen Motetten unter dem Titel *Sacrae Symphoniae* (1597). Bei diesen Kompositionen von teilweise orchestraler Klangpracht handelt es sich allerdings nicht um Orchestermusik im modernen Sinn. Eine Abgrenzung zwischen Orchester- und Kammermusik ist noch nicht möglich, da chorische und solistische Besetzungen anlassbedingt wechseln konnten. So meinte der Terminus Sonata zunächst ein instrumentales Klangstück ohne strukturellen Hinweis, während Begriffe wie *Intrada*, *Ritornello* oder *Symphonia* sich nur auf instrumentale Passagen vor oder zwischen Vokalsätzen bezogen. Bei Gabrielis Instrumentalsätzen handelt es sich um Stücke mit drei bis 22 Stimmen, aufgeteilt in mehrere drei- bis fünfstimmige »Chöre«, nach dem Muster der venezianischen Mehrchörigkeit.

Violingruppe nach Michael Praetorius zeigt die Klein Discant-Geig, die Rechte Discount-Geig, die Tenor-Geig und die Bas-Geig de bracio.

STREICHINSTRUMENTE DER RENAISSANCE. Für die meisten Instrumente des 15. und 16. Jahrhunderts gilt, dass sie auf mittelalterlichen Vorgängern basieren und bau- und spieltechnisch erweitert und verbessert wurden. Bei den Streichinstrumenten allerdings lösten Violen und Violinen ihre Vorgänger Fidel und Rebec ab. Doch hat sich die Violinenfamilie keineswegs aus der Viole entwickelt. Die Violinen veränderten ihr Erscheinungsbild noch mehrfach; eine Standardisierung oder Normung erfolgte erst im 16. Jahrhundert. Der Kontrabass ist ein Sonderfall; man hielt ihn aufgrund seiner äußeren Gestalt und seiner Stimmung lange für ein Mitglied der Violenfamilie. Er gehört aber zur Violinenfamilie, jedoch mit charakteristischen Abweichungen. Zu den Violen gehörte dagegen der Violone als Bassgambe mit Bünden; allerdings nannte man lange Zeit so auch den Kontrabass.
Zahlreich sind Abwandlungen, Sonderformen und Verwandte der Violen und Violinen. Die Familie der Liren entstand im 15. Jahrhundert aus der Lira da braccio und aus der Fidel. Falsch ist die Annahme, dass die Violine aus der Lira hervorging; beide Familien extistierten lange nebeneinander. Bei den Violen war die aus der Diskantgambe entwickelte Viola d'amore mit ihren 5–7 Saiten und 7–14 mitschwingenden Resonanzsaiten in der Barockepoche sehr beliebt.
Zwei alte Missverständnisse hinsichtlich früher Streichinstrumente räumt David Munrow aus: »Das eine besteht darin, die Viole als Instrument sowohl des Mittelalters als auch der Renaissance zu betrachten, das andere geht davon aus, daß die Violinfamilie sich in irgend einer Weise aus der Viole entwickelt habe. In Wirklichkeit kamen die Violen- und die Violinfamilie binnen eines Zeitraums von weniger als einem Jahrhundert auf und gehören eher der gleichen als einer verschiedenen Epoche der Musikgeschichte an, während sie sich in Rang, Technik, Bauweise und Repertoire deutlich unterschieden.«

VIOLEN UND VIOLINEN

Violen, mit sechs Saiten bespanntes und in Quarten und einer Terz gestimmtes Streichinstrument. Kennzeichen: langer Saitenhalter, breites Griffbrett mit Bünden; flacher Boden, abfallende Schultern, hohe Zargen ohne Randüberstand; im Inneren mehrere Querbalken, Schalllöcher in C-Form oder geflammt, Wirbelkasten mit geschnitztem Kopf. Spielhaltung: im Sitzen, am Arm (Viola da braccio) oder zwischen den Knien (Viola da gamba), Bogenführung im Untergriff; Spannungsregulierung der Rosshaare durch Finger.
Violinen, mit vier Saiten im Quintabstand bespanntes Streichinstrument; entstanden um die Mitte des 16. Jahrhunderts. Kennzeichen: kurzer Saitenhalter, schmales Griffbrett ohne Bünde; runder Boden, runde Schultern, schmale Zargen mit Randüberstand; Bassbalken im Inneren, Schalllöcher in f-Form, Wirbelkasten mit Schnecke. Bogenführung im Obergriff; Bogenstange blieb noch lange Zeit konvex.

Renaissance

ORGEL UND VIRGINAL

ITALIEN. Noch vor der Renaissance gab es in Italien und England Spuren einer eigenen Orgelmusik. Die älteste Orgeltabulatur mit sechs mehrstimmigen Stücken entstand 1325 in England. Italien besaß seit 1300 eine bedeutende Orgelbautradition; der erste große Organist der Musikgeschichte war der Florentiner Francesco Landini.

Doch handelt es sich bei den rund hundert Musikstücken für Tasteninstrumente des *Codex Faenza* (um 1420) noch überwiegend um bearbeitete Vokalmusik aus Italien und Frankreich. Bemerkenswert sind die frühen Orgelmessen, unter denen man Orgel-Bearbeitungen von Mess-Ordinariumssätzen versteht. Erste Beispiele sind ebenfalls im *Codex Faenza* enthalten. Im 15. und 16. Jahrhundert treten

DIE ORGEL

Im Orgelbau kam es bis zum Beginn des 16. Jahrhunderts zu wichtigen Neuerungen. Dazu zählen beweglichere, leicht spielbare Tasten, der Einbau verschiedener Register, unterschiedliche Pfeifentypen (neben Lippen- auch Zungenpfeifen), der kontrastreichere Klang, die Imitation anderer Instrumente und die Einführung von Koppeln zwischen Manualen sowie Manual und Pedal. Charakteristische Registernamen wie ›Gemshorn‹, ›Rancket‹, ›Blockpfeife‹, ›Krummhorn‹ oder ›Regal‹ belegen, dass besonders die Holzblasinstrumente die Einführung neuer Register anregten. Am Ende des 16. Jahrhunderts stellte sich die Orgel als klangprächtiges, vielfarbiges Instrument dar, das allen Anforderungen der zeitgenössischen Musik gewachsen war. Neben der Kirchenorgel gab es weiterhin Kleinorgeln wie Positiv und Portativ, mit der Sonderform des tragbaren Regals mit Zungenpfeifen. Einzelne Instrumente haben sich, vor allem in Italien, in ihrer Substanz spielfähig erhalten.

Ebert-Orgel in Innsbruck. Der Ravensburger Meister Jörg Ebert baute 1555–61 für den Chorraum der Hofkirche zu Innsbruck ein Meisterstück. Diese älteste spielbereite Orgel jener Zeit nördlich der Alpen verfügt über 15 Register, zwei Manuale und ein mit eigenen Ventilen ›angehängtes‹ Pedal; Hauptwerk und Rückpositiv stehen in einem separaten, kostbar verzierten Renaissance-Gehäuse mit bemalten Flügeltüren.

neben die Orgelmesse mehrere andere Satztypen; wie das Ricercar und die Canzone haben sie vokale Wurzeln.

DEUTSCHLAND. Noch vor dem ersten italienischen Tabulaturdruck (1519) erschien 1512 die erste deutsche Tabulaturausgabe des Heidelbergers Arnolt Schlick, von dem auch das erste überlieferte Lehrwerk für Orgel stammt (*Spiegel der Orgelmacher und Organisten*; 1511). Im deutschen Sprachraum wurde zunächst lange Zeit nicht zwischen Orgel- und Cembalomusik unterschieden, die überlieferten Stücke waren ebenfalls Bearbeitungen von Vokalwerken. Der berühmteste Organist war Paul Hofhaimer, Hofmusiker Kaiser Maximilians I. und des Kurfürsten Friedrich des Weisen. Er entstammte einer Organistenfamilie, wurde 1480 Hoforganist in Innsbruck, war ab 1524 einer der Vorgänger Mozarts am Salzburger Dom und wurde 1515 seiner Verdienste wegen geadelt. Zahlreiche Werke Hofhaimers sind in unterschiedlichsten Quellen überliefert. Er galt seiner Zeit als bedeutender Lehrer und Vertreter des koloristischen Stils: die Koloristen verzierten und veränderten ihre vokalen und instrumentalen Vorlagen (Lieder und Tänze) in modischer Manier.

ENGLAND. Keine Drucke, aber mehr als 200 handschriftliche Beispiele liturgischer Orgelmusik sind aus dem England des frühen 16. Jahrhunderts überliefert. Ihren Höhepunkt fand die englische Musik für Tasteninstrumente im Elisabethanischen Zeitalter mit den so genannten Virginalisten. Am berühmtesten wurde das *Fitzwilliam Virginal Book*, eine umfangreiche Sammlung verschiedenartigster Stücke für das Virginal, jener Sonderform des Cembalos, das einer ganzen Musikergruppe und Epoche ihren Namen verlieh. Diese Handschrift trägt ihren Namen nach ihrem Aufbewahrungsort, dem Fitzwilliam Museum in Cambridge, und besteht aus einem prächtig eingebundenen Folioband mit 220 Blättern aus den ersten Jahren des 17. Jahrhunderts.

VIRGINALMUSIK. Die Musik des *Fitzwilliam Virginal Book* ist auf zwei sechslinigen Systemen notiert; enthalten sind Kompositionen der wichtigsten Meister jener Zeit, allen voran William Byrd, John Bull, John Dowland, Giles Farneby, Orlando Gibbons, John Munday und Thomas Morley: vor allem Präludien, Variationen, Fantasien und Tänze, aber auch frühe Vorläufer des Charakterstücks. Bemerkenswert ist die Herausbildung eines charakteristischen Instrumental-Stils und einer dem Instrument angemessenen, bisweilen virtuosen Spieltechnik.

DAS VIRGINAL

Unter *virginal* verstand man im damaligen England des 16. und 17. Jahrhunderts allgemein alle Kielinstrumente wie auch das noch heute so benannte (rechteckige) Virginal. Der Name des Instruments hat nichts zu tun mit der englischen (›jungfräulichen‹) Königin Elisabeth, die dieses Instrument angeblich gut gespielt hat. Das Virginal verfügt über die Zupfmechanik des Cembalos, doch verlaufen seine Saiten quer zum Spieler über zwei Stege, sein Resonanzkasten ist rechteckig, die Saitenbespannung einchörig, es gibt also keine Register. Die Klaviatur ist entweder nach links oder rechts von der Mitte einer Längsseite verschoben. Virginale wurden auch auf dem Kontinent gebaut und gespielt; auch die berühmten flämischen Cembalobauer der Familie Ruckers konstruierten Virginale.

Virginal, um 1580 von dem Antwerpener Johannes Granwels gebaut; das Manual umfasst, die verkürzte untere Oktave eingeschlossen, drei Oktaven und eine Sexte.

Renaissance

EINEN recht kritischen Blick auf bestimmte Vertreter der Organistenzunft wirft Hermann Finck, Verfasser eines groß angelegten Kompendiums (*Practica Musica*; 5 Bde.; 1556), Komponist und selbst Organist in Wittenberg (ab 1557).

»Wenn sie einmals eine Probe ihrer Kunst ablegen müssen, so nehmen sie ihre Zuflucht zu dem Kunstgriffe, leeren Lärm ohne irgend etwas Angenehmes zu verursachen. Damit sie aber den Ohren der ungelehrten Ohren schmeicheln und wegen ihrer Fertigkeit Bewunderung erregen, so laufen sie bisweilen eine halbe Stunde lang mit den Fingern über die Tasten herauf und herunter und hoffen auf diese Weise mit Gottes Hilfe das Größte zu erreichen. (…) Nachdem sie eine ziemliche Zeit einstimmig auf den Tasten mit großer Geschwindigkeit herumgeirrt sind, beginnen sie eine zweistimmige Fuge.«

MUSIK FÜR TASTEN-INSTRUMENTE

CLAVIERMUSIK. Orgel und Klavier, zwei Instrumente, die für uns heute zwei völlig verschiedene Bereiche der Musikpraxis bezeichnen, unterscheiden sich hinsichtlich ihres Repertoires bis gegen 1700 nur geringfügig: Die so genannte Claviermusik, Musik für Orgel und Kielinstrumente, kennt bis dahin keine Differenzierung nach Aufführungsort oder -anlass. So enthalten die ersten Sammelbände mit Orgelmusik auch zahlreiche Tanzsätze; der Gebrauch kleinerer, tragbarer Instrumente (Positive oder Portative) erlaubte schließlich eine Verwendung auch außerhalb des Kirchenraumes.

FRÜHE SAMMLUNGEN. Die ersten erhaltenen Sammelbände mit Claviermusik sind Beispielsammlungen bzw. Lehrbücher (*Fundamenta*), in denen zumeist Organisten Modelle für eigene, auf ähnliche Weise zu gestaltende Stücke bieten. Gezeigt wird, wie mehrstimmige (geistliche oder weltliche) Vokalwerke auf einem Instrument zusammengefasst (›abgesetzt‹ oder ›intavoliert‹) werden können und wie diese kompositorische Substanz sich durch Ornamente ausschmücken lässt. Zu den demonstrierten Praktiken des ›Auszierens‹ eines Tonsatzes gehört das fantasievolle variierende Umspielen (Kolorieren) einzelner Stimmen und die Auflösung von Tönen einer vorgegebenen Melodie oder von Einzelstimmen eines polyphonen Tonsatzes in kleinere Notenwerte (Diminution). Lehrbücher wie das *Fundamentum organisandi* (1452) des blinden Nürnberger Organisten Conrad Paumann, Sammelbände wie das *Buxheimer Orgelbuch* (um 1470) oder der *Florentiner Codex* des Antonio Squarcialupi (1416–80) belegen diese Verfahren.
Dass solche Anthologien früher Claviermusik bisweilen auch im Druck erschienen, zeugt nicht nur von der Qualität der Einzelstücke, sondern verweist auch auf ihren

Paul Hofhaimer auf einem Wagen im Triumphzug Kaiser Maximilians I. spielt auf einem ›Schalmeyenpossitif‹. Holzschnitt von Hans Burgkmair zum *Der Triumphzug Kaiser Maximilians I.* (1516–18).

Buxheimer Orgelbuch, Anfang eines *Ave Regina coelorum*, notiert in der im 15. Jahrhundert üblichen älteren deutschen Orgeltabulatur: die figurierte Oberstimme ist in sechs bis acht geschlüsselten Notenlinien mensural notiert, die Unter- und Mittelstimmen sind mit Buchstaben bezeichnet. In der ab dem 16. Jahrhundert üblichen neueren deutschen Orgeltabulatur, derer sich vereinzelt noch Bach bedient, werden alle Stimmen in Buchstaben notiert.

Charakter als Lehrbuch, als Sammlung von Beispielen, die zur Nachahmung anregen sollen. Im deutschsprachigen Raum gewinnt auf diese Weise Arnold Schlick mit seinen Publikationen fast kanonischen Rang. Überregionale Bedeutung erlangten auch die Kompositionskonvolute von Hans Kotter, Hans Buchner, Elias Nikolaus Ammerbach sowie vor allem von Paul Hofhaimer, einem virtuosen Organisten, der am Hof Kaiser Maximilians I. und später in Torgau, Augsburg und zuletzt in Salzburg tätig war.

NEUE FORMEN. Von Venedig aus, der damaligen musikalischen Hauptstadt Europas, gewinnt die Orgelmusik mit den Kompositionen von Claudio Merulo (Organist am Markusdom) sowie von Andrea und Giovanni Gabrieli eine neue Qualität. Beschränkte sich das Repertoire bislang im Wesentlichen auf Bearbeitungen oder Liedübertragungen, entstehen nun neue Formen selbständiger Instrumentalmusik: das Ricercar als Übernahme der polyphon-imitativen Satztechnik der Motette auf das Tasteninstrument (zugleich als Vorläufer der späteren, meist nur auf einem Hauptthema basierenden Fuge), Toccata, Praeludium und Fantasie als ungebundene, nicht durch Schemata und Muster geprägte Kompositionen, in denen die Virtuosität des Spielers großen Raum einnehmen konnte, und schließlich die Canzona als ›abgesetztes‹, intavoliertes Gesangsstück, die noch in ihrem Titel an die vokale Vorlage der Chanson erinnert.
Der gleiche Reichtum von Formen findet sich auch in den anderen westeuropäischen Ländern. Lediglich die Vorliebe für bestimmte Klangcharaktere lässt nationale Unterschiede ausmachen. Französische und spanische Orgelmusik z. B. bevorzugt die Zungenstimmen des Instruments, die häufig auch baulich stark exponiert sind (Trompeteria, Zungenchöre). Demgegenüber erscheint die Musik für Tasteninstrumente in England deutlich introvertierter: Kaum weniger virtuos gehalten, kennzeichnet die Kompositionen eine ungleich größere Innerlichkeit und ein melancholisches Sentiment, das seinen Ausdruck vorzugsweise auf dem Virginal und in Tanzsätzen sowie Variationen über populäre Liedthemen findet.

PALESTRINASTIL UND VENEZIANISCHE MEHRCHÖRIGKEIT

ROM. Im Laufe des 16. Jahrhunderts formierte sich Widerstand gegen zeitgenössische Tendenzen in der Messkomposition, vor allem gegen die übermäßige Kunstfertigkeit der Kompositionen, die ›Auswüchse‹ der Kontrapunktik, insbesondere die Imitationstechnik, durch die die Textverständlichkeit und liturgische Unterordnung behindert würden. Hier fand einer der immer wiederkehrenden Kämpfe zwischen Fortschritt und Restauration statt. Er endete, zumindest offiziell und vorläufig, mit den Ergebnissen des Konzils von Trient (1545–63). Man wandte sich gegen eine Reihe von Elementen des zeitgenössischen Stils: gegen das Parodieverfahren, in dem weltliche Musik zu kirchlicher ›verarbeitet‹ wurde, gegen die modische Cantus-firmus-Technik, die weltliche Melodien zum Bindemittel für zyklische Messkompositionen machte. Durchgängige Verständlichkeit der geistlichen Texte, Betonung der geistlichen Würde und Ablehnung alles ›Lasziven und Unreinen‹ in der Musik wurde gefordert. Während des Konzils ließen sich die Kardinäle von ausgewählten Musikern beraten; unter ihnen besaß der Flame Jacobus de Kerle Einfluss, den er durch eigene Kompositionen im gemäßigten Stil der Konzilsambitionen zu unterstützen wusste.

PALESTRINA. Giovanni Pierluigi da Palestrina war das Haupt der ›römischen Schule‹, in deren Zentrum die päpstliche Kapelle stand. Sie stand im Ruf des Konservativismus und fühlte sich als Bewahrerin des einzig wahren

DAS KONZERTANTE PRINZIP

Musikgeschichtlich bedeutsam ist der Einsatz von Instrumenten in der Mehrchörigkeit an San Marco. Die meist vier je vierstimmigen Chöre waren auf Emporen oder Podesten postiert, zu ihnen traten Instrumente. Sie wurden als Verstärkung von Vokalstimmen, als deren partieller Ersatz oder als eigenständige Stimmen gebraucht. Von hier nahm die mehrchörige Instrumentalmusik ihren Ausgang, die in Giovanni Gabrielis instrumentalen *Sacrae Symphoniae* (1597) und *Canzoni e Sonate* (1615) gipfelte. Aus dem Mit- und Gegeneinander zunächst vokaler, dann auch instrumentaler Chöre entstand das konzertante Prinzip, das die Instrumentalmusik der Barockepoche prägte. In ihrem prächtigen Erscheinungsbild wie auch in ihren konzertanten Strukturen bedeuten die späten Werke der Venezianischen Mehrchörigkeit den Ausgangspunkt der Barockepoche in Europa.

Der Markusdom in Venedig, Gemälde von Albert Goodwin.

Renaissance

Kirchenmusikstils. Man nennt diesen Stil den ›Palestrinastil‹; seine Kennzeichen sind seine objektive Ausgewogenheit, sein Mangel an Extremen, an affektiven Ecken und Kanten; sein Grundton ist lyrisch, auf den liturgischen Bezug ausgerichtet und besitzt dienenden Charakter; alle kompositorischen Mittel stehen im Dienst der Textverständlichkeit, jedoch ohne affektive Akzente.
Palestrina knüpfte an Josquin an, ohne dessen Tendenzen weiterzuführen: Grundprinzip ist die kunstvolle, in der Regel fünf- bis sechsstimmige Kontrapunktik, mit Ausweitungen bis zur Zwölfstimmigkeit; polyphone und homophone Passagen stehen in ausgewogenem Verhältnis zu einander. Die Harmonik verströmt Wohlklang; er wird durch eine strenge Regelung des Dissonanzeneinsatzes erzielt. So wurde der Palestrinastil zum Leitbild nicht nur der offiziellen Kirchenmusik im 16. Jahrhundert, sondern beeinflusste zugleich praktisch und theoretisch die kommenden Jahrhunderte: Palestrina-Renaissance und Cäcilianismus im 19. Jahrhundert stehen für die praktische Seite, zahlreiche Lehrwerke mit dem *Gradus ad Parnassum* (1725) von Johann Joseph Fux an der Spitze für die theoretische Seite des Phänomens.

VENEZIANISCHE MEHRCHÖRIGKEIT. Dieses für das 16. und 17. Jahrhundert wichtige Stilmerkmal ist untrennbar mit Venedig und seinem Markusdom verbunden, der zu Beginn des 15. Jahrhunderts fertiggestellt wurde. Eines seiner architektonischen Kennzeichen sind seine Emporen; zudem besaß er mehrere Orgeln. Zum Begründer der dadurch inspirierten Mehrchörigkeit wurde der an San Marco als Kapellmeister wirkende Niederländer Adrian Willaert. Als Lehrer war er Vaterfigur einer ganzen Komponistengeneration, die seine Ideen und Prinzipien fortführte, darunter Claudio Merulo und vor allem Andrea Gabrieli; dieser gab sein Wissen an seinen Neffen Giovanni Gabrieli weiter, der Lehrer von Heinrich Schütz war.
Das Prinzip der Mehrchörigkeit wurde zwar nicht in Venedig erfunden, doch erfuhr es hier unter Willaert und seinen Nachfolgern die spektakulärste Aufbereitung. Ihren Reiz gewinnt sie durch die getrennte Aufstellung von bis zu fünf Chören, in denen vokale und instrumentale Farben gemischt wurden. Die (hallige) Raumakustik führte zu eher akkordischer Schreibweise und drängte polyphone Strukturen zurück, wobei die Chöre alternierend und gemeinsam eingesetzt wurden. So gewann die Harmonik an Bedeutung und wurde chromatisch ausgeweitet; die Musik nahm an affektiv-emotionaler Aussagekraft zu, kannte Steigerungen und Schlusswirkungen.

PALESTRINAS WERKE

- Etwa 100 Madrigale
- Etwa 500 Motetten
- 105 Messen (darunter die berühmte *Missa Papae Marcelli*, 1562)

GIOVANNI PIERLUIGI DA PALESTRINA

1515 als Giovanni Pierluigi am 3. Februar 1515 in Palestrina geboren.
1544–51 Organist und Kantor in Palestrina.
Ab 1551 Kapellmeister der Capella Giulia von Papst Julius III.
Ab 1555 Sänger in der päpstlichen Kapelle und im selben Jahr Nachfolger Orlando di Lassos als Kapellmeister an der Laterankirche (bis 1560).
1561–66 Kapellmeister an S. Maria Maggiore.
Ab 1565 Musiklehrer am Seminario Romano.
1567–71 Kapellmeister des Kardinals Ippolito d'Este in Rom und Tivoli.
1571–94 Kapellmeister an St. Peter.
1594 stirbt Palestrina am 2. Februar in Rom; er wird im Petersdom begraben.

DIE LAUTE UND IHRE MUSIK

TABULATUREN

Die Musik der Laute wurde bis ins 18. Jahrhundert nicht mit Noten, sondern in Tabulatur notiert. Eine Tabulatur ist eine Griffschrift, in der jede Linie eine Saite darstellt, entweder von oben nach unten oder umgekehrt zu lesen. Buchstaben oder andere Zeichen geben die Griffstelle an, Notenwerte markieren den Rhythmus, Fingersätze werden durch Zahlen angegeben. In den europäischen Ländern entwickelten sich unterschiedliche Tabulatursysteme. Am längsten hielt sich die französische Notierungsweise, die seit 1600 alle übrigen verdrängte.

DAS INSTRUMENT. Die Laute spielte in der europäischen Musikgeschichte eine Rolle in der Volks- wie in der Kunstmusik; so entstand je nach den unterschiedlichen Bedürfnissen eine Fülle verschiedenartiger Lautentypen. Ihre wesentlichen Merkmale sollen am Beispiel der Renaissancelaute erläutert werden, denn in dieser Epoche erlebte das Instrument seine Blütezeit.

Charakteristisch für diesen Lautentyp ist der abgeknickte Wirbelkasten mit den Wirbeln zum Stimmen der Saiten. Bünde vereinfachen das Greifen der Tonhöhen, denn die schwingende Saitenlänge ist hier in jedem Fall durch den Bund begrenzt. (Bünde werden entweder in Gestalt von Stäben auf das Griffbrett geleimt oder durch Ab›binden‹ rund um das Griffbrett erreicht.) Bei bundfreien Instrumenten hingegen endet die schwingende Saitenlänge beim aufgesetzten Finger; sie erfordern deshalb genaueres Greifen.

Das oft reich verzierte Schallloch dient dem Austausch der schwingenden Luft im Inneren des Instrumentes mit der Umgebung. Die Saiten sind parallel zueinander und zur flachen Decke geführt; deshalb kann man ein Zupfinstrument nicht streichen – beim Streichinstrument ist das Griffbrett gewölbt. Die Anzahl der (Darm-)Saiten ist unterschiedlich, chorische (d. h. mehrfache gleichstimmige) Bespannung üblich. Die typische Renaissancelaute besaß dreizehn Saiten zu sieben Chören, die oberste Saite war eine einzelne. Gestimmt wurde das Instrument in Quarten mit einer eingefügten Terz (Beispiele: A d g h e' a' oder G c f a d' g'). Der Corpus besitzt keine Zargen (Seitenwände), dafür einen bauchigen Rücken, der aus Spänen zusammengefügt wird.

VERWANDTE DER LAUTE. Die Laute hat eine bis ins zweite Jahrtausend v. Chr. zurückreichende Geschichte mit wichtigen Quellen im Vorderen Orient und Afrika. Im volkstümlichen Bereich gehören zu ihren Verwandten neben unterschiedlichsten Typen mit langem oder kurzem Hals die russische Balalaika und die spanische Vihuela, aber auch der indische Sitar. Die Balalaika gilt als russisches Nationalinstrument, das zum ersten Mal um 1700 erwähnt wird. Ihr Corpus ist dreieckig, ihr Boden bauchig, ihre Decke besitzt ein Schallloch. Auf dem Griffbrett befinden sich Bünde in stark variierender Anzahl. Sie besaß zunächst zwei, heute drei (manchmal vier) Saiten, von denen zwei gleich gestimmt werden, die dritte jedoch eine Quart höher. Beim Spielen wird sie nicht gezupft, sondern geschlagen.

›Vihuela‹ war in Spanien eine Sammelbezeichnung für Saiteninstrumente. Wichtig wurde sie als Zupfinstrument im 16. und 17. Jahrhundert, in Spanien an Bedeutung unserer Laute vergleichbar. Gegenüber der damals viersaitigen Gitarre besitzt sie 5–7 Saiten. Mit Beginn des 17. Jahrhunderts wurde sie von der Gitarre abgelöst. Der

Das Konzert. Die drei Frauen musizieren mit Flöte, Laute und Gesang Claudin de Sermisys Chanson *Jouissance vous donneray*. (Meister der weiblichen Halbfiguren, tätig in den südlichen Niederlanden, 2. Viertel 16. Jh.).

Sitar stammt als Langhalslaute aus Persien; heute ist er in Indien eines der wichtigsten Instrumente und wurde bei uns durch die Popularmusik und durch einzelne Künstler (Ravi Shankar) bekannt. Der Corpus ist birnenförmig mit kleinen Schalllöchern, der flache Hals hat 16–20 Bünde; die Anzahl der Saiten schwankt zwischen drei und sieben, sie sind aus Metall oder Darm. Der Sitar wird vorwiegend mittels Plektron gezupft, seltener gestrichen.
Nah verwandt sind die in Europa um 1500 entstandene Cister mit flachem Rücken sowie die flache, achtförmige Gitarre, die wohl aus Arabien stammt und seit dem 13. Jahrhundert von Spanien aus Europa eroberte. Sie hat ihre klassische Form bis heute bewahrt und ist beliebt als einfach zu spielendes volkstümliches Begleitinstrument. Sie ist heute populär durch ihren Einsatz in Jazz und Popularmusik, vor allem in ihrer elektrisch verstärkten Version. Die Saiten der Gitarre werden mit Schrauben (früher: Wirbel) in Quarten und einer Terz gestimmt (E A d g h e') und eine Oktave höher notiert als sie klingen. Im Gegensatz zur Laute besitzt sie Zargen sowie einen leicht abgeknickten Wirbelkasten. Die meisten Gitarrenkompositionen entstanden im 16.–19. Jahrhundert in Italien. Bemerkenswert ist ihr Einsatz in der Kammermusik; hier sind Kompositionen von Luigi Boccherini und Niccolò Paganini hervorzuheben. Vor allem im 19. Jahrhundert wurde die Gitarre zum ausgesprochenen Modeinstrument.

MUSIK FÜR LAUTE

Der Höhepunkt der Lautenmusik liegt im europäischen 16. Jahrhundert; ihre Blüte reichte bis weit ins 17. Jahrhundert und brachte eine reichhaltige Literatur hervor, die Rücksicht nahm auf die Beliebtheit der Laute sowohl als Hausmusikinstrument als auch auf die an den europäischen Fürstenhöfen angestellten angesehenen Lautenisten. In Italien sind aus dieser Zeit Tabulaturbücher überliefert; hier diente die Laute auch als Begleitinstrument vokaler Canzonetten und Villanellen. In Spanien lag der Höhepunkt der Vihuelamusik um die Mitte des 16. Jahrhunderts. Im deutschsprachigen Raum machen sich früh italienische und französische Einflüsse bemerkbar; nach 1700 erlebte die Laute in Böhmen und Österreich eine späte Renaissance. Von Johann Sebastian Bach bereichern vier Suiten für Laute solo das Repertoire.

Ciaccona

BAROCK

Barock

DAS GENERALBASSZEITALTER

EPOCHENGRENZEN

Die Abgrenzung der Epoche ist nicht einfach. Während ihr Beginn durch den Stilwandel um 1600 relativ klar definierbar ist, bereitet ihre Abgrenzung nach vorne Probleme. Im engeren Sinn endet das Barock um 1720; rechnet man das darauf folgende Rokoko noch hinzu, setzt man also das Ende der Epoche in der Mitte des 18. Jahrhunderts an; schließlich starben Bach und Händel als Vollender dieses Stils 1750 und 1759. Zu dieser Zeit hatten sich bei ihren Zeitgenossen bereits andere stilistische Tendenzen durchgesetzt. Deshalb neigt die neuere Musikgeschichtsschreibung dazu, ihren Gegenstand nicht mehr nach Epochenbegriffen, sondern nach Jahrhunderten zu ordnen. Das allerdings bringt neue Probleme mit sich: (Musik-)Geschichte hält sich auch nicht annähernd an die zufälligen Jahrhundertgrenzen; überdies haben sich Stilbegriffe wie ›Barock‹ so eingebürgert, dass sie sich als Kategorisierungen verselbständigt haben.

EIN EUROPÄISCHER STIL. Das Barock ist die letzte alle europäischen Regionen umfassende Stilepoche. Seine Wurzeln liegen in der italienischen Renaissance, die der deutschen um viele Jahrzehnte voranging, und breitete sich über alle Länder und alle Künste aus. Der neue Stil entsteht um 1600 vor dem Hintergrund der Gegenreformation und endet zur Zeit der Aufklärung. Politisch war dies das Zeitalter des Absolutismus, das geprägt war vom preußischen Staat, der österreichisch-ungarischen Donaumonarchie und dem Reich des französischen Königs.

KUNST IM AUFTRAG. Im Zeitalter der höfischen Kunst teilten Kirche und Staat sich die Macht und fungierten, vorwiegend aus den Bedürfnissen der eigenen Repräsentation und Machtfestigung heraus, als Arbeit- und Impulsgeber der Künste. Musiker – Instrumentalisten, Sänger und Komponisten – fanden feste Anstellungen am Hof und in der Kirche und erfüllten hier unterschiedliche Aufgaben: als Kammermusiker bei der Gebrauchsmusik in den fürstlichen Privaträumen (Kammer), als Primadonnen, Kastraten und Instrumentalisten an fürstlichen Opernhäusern, als Vokalisten und Instrumentalisten in der Kirche. So entstand aus dem Repräsentationsbedürfnis zugleich ein öffentliches Musikleben, in dem Opern- und Konzertimpresarios eine dominierende Rolle übernahmen. In den größeren Städten oblag die musikalische Repräsentation den Stadt- und Ratsmusikern, die im öffentlichen, privaten und kirchlichen Raum eingesetzt wurden. Im öffentlichen Bewusstsein und in der eigenen Einschätzung waren diese nicht Künstler, sondern standen in der Tradition der handwerklichen Zünfte. Noch Johann Sebastian Bach bezeichnete sich nicht als Künstler oder gar als Genie, er wirkte zu Ehren seiner Dienstherren und zu Gottes Ehre (»soli deo gloria«).
Außerhalb musikgeschichtlicher Überlieferung wirkten als Ausprägungen einer lebendigen Volkskunst Hackbrett- und Schalmeienspieler, Sackpfeifer, Dorffiedler und andere Musikanten.

Generalbassstimme mit Ziffern und Aussetzung der Akkorde (Bach, *Sonate für Violine und b.c. G-Dur* BWV 1021, T. 1–2).

DER GENERALBASS. Mit dem Aufkommen der Monodie als Stilmittel der Oper entstand um 1600 der Generalbass, auch Basso continuo (b.c.) genannt. Diese Kompositions- und Musizierpraxis setzte sich auf allen Gebieten

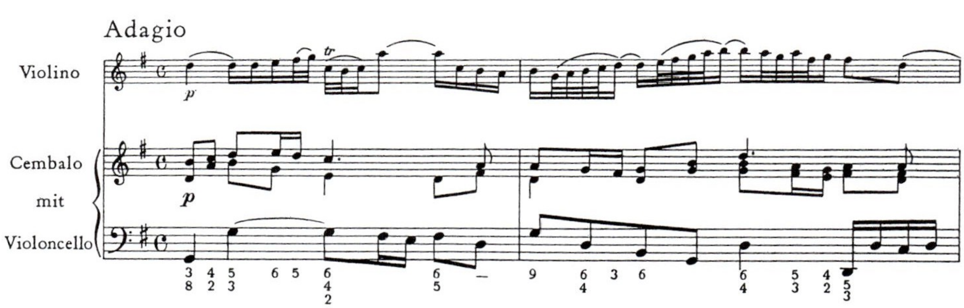

Basilika der Benediktinerabtei Weingarten; barocke Wandpfeilerkirche mit Doppelturmfassade und Vierungskuppel, 1715–24 nach Plänen von Kaspar Moosbrugger und anderen errichtet; Innenausstattung u. a. von Cosmas Damian Asam (Fresken); die 1750 fertiggestellte Monumentalorgel von Joseph Gabler zählt zu den bedeutendsten süddeutschen Orgeln.

der Musik schnell und umfassend durch und behielt die Vorherrschaft bis in die Mitte des 18. Jahrhunderts. Deshalb ist die Bezeichnung ›Generalbasszeitalter‹, jedenfalls aus der Sicht der Musik, logisch, hebt sie doch einen gemeinsamen Nenner der Musikausübung hervor.

Generalbass meint die auskomponierte Bassstimme einer mehrstimmigen Komposition; diese Bassmelodie wird durch zugehörige Harmonien ergänzt, die vom Komponisten als Ziffern unter die Bassnoten geschrieben wurden. Die Ausführung oblag dem Spieler eines Harmonieinstruments, der anhand der Ziffern die Akkordfolgen improvisatorisch ergänzte. Zur Ausführung des Generalbasses benötigte man immer zwei Spieler: einen für das melodische Bassinstrument (Viola da Gamba, Violoncello, Kontrabass, Fagott) und einen für das Harmonieinstrument (Cembalo, Orgel, Gitarre, Harfe). Die Generalbassstimme wurde als Trägerin der harmonischen Fortentwicklung einer Komposition zum Fundament der Musik.

Die Praxis des partiell improvisierten Generalbassspiels ist nach dem Ende der Barockepoche verloren gegangen. Heute, im Zuge der historischen Aufführungspraxis und einer intensiven theoretischen und praktischen Auseinandersetzung mit der Barockmusik, gibt es wieder Spezialisten für diese Art des Musizierens: sie bedeutet ja nicht nur eine Aneinanderreihung der bezifferten Akkorde, der Generalbass soll sich vielmehr am musikalischen Ablauf und motivisch-thematischen Geschehen der Komposition beteiligen. Für Ungeübte liegen heute bearbeitete Notenausgaben vor.

BEGRIFFSGESCHICHTE

Das Wort ›Barock‹ geht wahrscheinlich auf die portugiesische Bezeichnung *barocco* ›unregelmäßig‹ zurück, die sich auf die Form einer Perle bezieht und wohl auf den lateinischen Ausdruck *verucca* ›Warze‹ zurückzuführen ist. Lange Zeit war das Wort negativ gemeint im Sinne von ›bizarr‹ und ›unnatürlich‹, ehe sich der abwertende Unterton verlor. Erst hundert Jahre nach dem Ende der Barockepoche (1855) wandte Jacob Burckhardt das Wort als kunstgeschichtlichen Stilbegriff an. Auf die Musik übertrugen es Musikhistoriker in den ersten Jahrzehnten des 20. Jahrhunderts.

AFFEKTEN- UND FIGURENLEHRE

MONTEVERDIS *VIII. Madrigalbuch* (1638), das den Titel *Madrigali guerrieri ed amorosi* trägt, enthält mit *Il combattimento di Tancredi e di Clorinda* (nach Tasso) eines der berühmtesten Beispiele des *stile concitato*. Im Vorwort der Sammlung teilt der Komponist seine Ansichten über die musikalische Darstellung der menschlichen Affekte mit.

»In allen Arbeiten früherer Komponisten habe ich tatsächlich Beispiele für das ›Sanfte‹ (*molle*) und das ›Gemäßigte‹ (*temperato*) gefunden, doch niemals für das ›Erregte‹ (*concitato*) (…). Da mir jedoch bewusst war, dass es die Gegensätze sind, die unseren Sinn heftig bewegen, und dass dies der Zweck ist, den alle gute Musik haben sollte – wie Boethius erklärt, wenn er sagt ›Musik steht in Verbindung mit uns, entweder adelt sie den Charakter oder sie verdirbt ihn –, aus diesem Grund habe ich es mit nicht wenig Eifer und Mühe auf mich genommen, diese Gattung des 'aufgeregten' Stils wieder zu entdecken.‹« (Übers.: K. Weiss)

TÖNE DER SEELE. Die Forderung, dass Musik die Zustände der menschlichen Seele nachahmen und beeinflussen soll, bestand schon in der Antike und wurde mit der Einführung der Monodie und dem allgemeinen Stilwandel um 1600 zu einem bestimmenden Prinzip der Musik. René Descartes nennt in seinem *Traité des passions de l'âme* (Paris 1649) sechs Grundformen von Affekten: *admiration* (Verwunderung), *amour* (Liebe), *haine* (Hass), *désir* (Verlangen), *joie* (Freude) und *tristesse* (Trauer). Für deren musikalische Umsetzung lassen sich wegen der hohen Stilisierung der Affektgehalte vereinfachend einige Grundmuster festhalten: So wird der Affekt der Freude in der Regel durch Dur, schnelles Tempo, hohe Lage und Konsonanzen, der Affekt der Trauer durch Moll, langsames Tempo, tiefe Lage und Dissonanzhäufung dargestellt. Aber auch Dynamik, Instrumentierung und Tonart (Tonartencharakteristik) bestimmen den Ausdruck. Zunächst vor allem im neuen monodischen Stil umgesetzt, wurden die musikalischen Mittel zur Affektdarstellung bald auch in die Instrumentalmusik übernommen.

Claudio Monteverdi, einer der bedeutendsten Komponisten in der ersten Hälfte des 17. Jahrhunderts und ab 1613 Kapellmeister an S. Marco in Venedig, erweiterte das Affektvokabular durch die Erfindung des *stile concitato*, des ›erregten Stils‹. Im Vorwort zu seinem *VIII. Madrigalbuch* definierte er diese Satzweise, in der durch schnelle Wiederholung des gleichen Tons Erregung zum Ausdruck gebracht werden soll.

Der Stile concitato in Monteverdis *Combattimento di Tancredi e Clorinda*.

FIGURENLEHRE. Ebenso bedeutend wie die Affektenlehre war im Barock das Bewusstsein über die Verwandtschaft von Musik und Rhetorik. Wie im gesprochenen Vortrag Abweichungen von der gewöhnlichen Sprechweise ein rhetorisches Mittel darstellen, können durch Abweichungen vom einfachen Kompositionsstil musikalische Figuren hervorgehoben werden. Dieses Prinzip bezog sich zunächst auf Werke im alten polyphonen Stil, gegenüber dessen strengem kontrapunktischem Regelwerk die Figuren als Freiheiten oder Schmuck aufgefasst wurden. Mit dem Stilwandel um 1600 und der Durchsetzung von Monodie, Generalbass und konzertierendem Stil kam es zu einer immer reicheren Verwendung dieser Figuren im Sinne einer *musica poetica*, wie sie vor allem von deutschen

Autoren des 17. Jahrhunderts entworfen wurde. In diesen sogenannten Figurenlehren übernahm man die Begriffe für die einzelnen Figuren, soweit es möglich war, aus den antiken Lehrbüchern der Rhetorik. Über hundert solcher, im Wesentlichen standardisierter musikalisch-rhetorischer Figuren werden von den Musikschriftstellern der Zeit beschrieben, darunter z. B. die Anabasis und Katabasis (aufwärts bzw. abwärts gerichteter Gang zur Darstellung einer Bewegungsrichtung), die Aposiopesis (Generalpause) für Tod oder »nichts« oder der Passus duriusculus (chromatischer Gang) für Schmerz und Leid.

Auf den Zusammenhang zwischen Musik und Rhetorik hatte schon im 16. Jahrhundert Nicola Vicentino in seinem Buch *L'antica musica ridotta alla moderna prattica* (Venedig 1555) hingewiesen.

»Der Redner spricht einmal laut, einmal leiser, ein anderes Mal langsamer, ein anderes Mal mitreißender, und dadurch bewegt er die Hörer sehr stark. (…) Dasselbe sollte auch für die Musik gelten, denn, wenn der Redner die Hörer durch die oben erwähnten Verhaltensweisen bewegen kann, wie viel besser und größer würde der Effekt bei einer Musik sein, die nach denselben Grundsätzen den Text darstellte.«

PRIMA PRATTICA – SECONDA PRATTICA. Zu Beginn des 17. Jahrhunderts kam es zu einer heftigen Kontroverse zwischen konservativen und progressiven Komponisten und Musiktheoretikern über die ›richtige‹ Art zu komponieren. Die konservative Seite wollte am alten Ideal der Vokalpolyphonie, der so genannten *prima prattica*, festhalten. Ihr erbitterter Verfechter war Giovanni Maria Artusi, der in mehreren zum Teil gehässig formulierten Schriften gegen die seiner Meinung nach regelwidrigen Kompositionen Monteverdis polemisierte. Anstoß nahm er vor allem an einigen ausdrucksstarken Stellen in zwei Madrigalen Monteverdis, deren freiere Dissonanzbehandlung – so wie die frei eintretenden Dissonanzen in dem Madrigal *Ohimé se tanto amate* (T. 2, 4 und 7 in den Oberstimmen) – weit über das zu dieser Zeit Übliche hinausging.
Monteverdi hatte in Erwiderung auf Artusi im Vorwort zu seinem *V. Madrigalbuch* (1605) den Begriff der *seconda prattica* geprägt, die unter Berufung auf Platon dem Text einen wesentlich höheren Stellenwert zuwies: Die Sprache soll von nun an nicht mehr der Musik gehorchen, sondern vielmehr deren Gebieterin sein. Der Text ist zum Ausgangspunkt der Musik geworden, die dessen Bild- und Affektgehalt mit gesteigerter Deklamation, musikalisch-rhetorischen Figuren und gegebenenfalls auch durch Verstöße gegen die herrschenden Tonsatzregeln in angemessener Weise zum Ausdruck zu bringen hat.

Claudio Monteverdi, *Ohimè se tanto amate* (*IV. Madrigalbuch*, Venedig 1603).

Claudio Monteverdi hat die *seconda prattica* selbst stets nur als Ergänzung zur *prima prattica* verstanden. Vor allem in seinen kirchenmusikalischen Werken bemühte er sich einerseits um eine Weiterentwicklung des alten Stils, andererseits um eine Verbindung von altem und neuem Stil zu einer neuen künstlerischen Einheit.

MONODISCHER STIL UND KONZERTIERENDES PRINZIP

ÜBER die neuen Ideen der Camerata Fiorentina berichtet Giulio Caccini in der Vorrede seiner *Nuove musiche* (Florenz 1601).

»Ich habe in der sehr kunstsinnigen Camerata des erlauchten Herrn Bardi (…) verkehrt. (…) Ich kann sagen, dass ich bei ihren Gesprächen mehr gelernt habe als in dreißigjähriger Übung der kontrapunktischen Schreibweise. Diese gebildeten Edelleute und trefflichen Männer haben mich stets darin bestärkt und es mir mit Gründen belegt, dass die Musik keine Wertschätzung verdient, wenn sie die Worte unvollkommen verstehen lässt oder wenn sie, dem Sinn und Versmaß entgegen, Silben verlängert oder verkürzt, lediglich dem Kontrapunkt zuliebe. Das ist ein Zerreißen der Dichtung. Man riet mir also, ich solle mich jener von Plato und anderen klassischen Schriftstellern gerühmten Kunst zuwenden. Diese Philosophen aber bezeugen, dass die Musik zunächst Sprache und Rhythmus sei und erst dann Ton, nicht umgekehrt. Mir kam daher der Gedanke, eine Art Musik zu setzen, in der man gleichsam harmonisch zu sprechen vermag.« (Übers.: K. Weiss)

DIE CAMERATA FIORENTINA. Im Rückgriff auf die antiken griechischen Dramen und auf der Suche nach neuen musikalischen Ausdrucksmöglichkeiten entwickelte sich zu Beginn des 17. Jahrhunderts die Monodie, der generalbassbegleitete Sologesang. Ausgangspunkt bildete eine Gruppe von Florentiner Musikern, Dichtern, Philosophen und Gelehrten, die so genannte Camerata Fiorentina, der neben dem Musiker und Theoretiker Vincenzo Galilei die Komponisten Jacopo Peri und Giulio Caccini sowie der Philologe Girolamo Mei angehörten. Letzterer machte nach Studien über die antike Tragödie darauf aufmerksam, welche überwältigende Wirkung der Vortrag des nur von Kithara oder Aulos begleiteten Sologesangs gehabt haben müsse. Mit dem recht vagen Wissen über diese Vortragsweise suchte man nach einer Möglichkeit, eine Musiksprache gleichsam zu ›erfinden‹, die dem Ideal der antiken Einstimmigkeit und der darin vermuteten Verschmelzung von Textvortrag, Affektausdruck und Gesang möglichst nahe käme. Man glaubte diese im affektbestimmten, nur vom Generalbass begleiteten Sologesang, dem monodischen Stil, gefunden zu haben. Damit leistete die Camerata einen der wichtigsten Beiträge für die Entwicklung der neuen Gattung Oper.

DER MONODISCHE STIL. Von den Regeln des Kontrapunkts befreit kann der Gesang nun sehr frei gestaltet und ganz nach den Gesetzen der Rhetorik als ›singendes Sprechen‹ gemäß der natürlichen Deklamation des Textes vorgetragen werden. Mit schnellen rhythmischen Wechseln, dissonanzreicher und sprunghafter Melodik, Chromatik, Motivsequenzierungen und einer reichen Ausgestaltung der Melodie mit Trillern, Vorschlägen, Umspielungen und anderen Verzierungen stellt sich die Musik nun radikal in den Dienst des Textes und insbesondere der Darstellung seines Affektgehalts. Die Bassstimme dient als harmonisches Fundament und wird von Laute, Theorbe, Chitarrone, Cembalo oder Orgel nach den Regeln des Generalbasses improvisierend akkordisch ausgefüllt. Frühe Kompositionen im monodischen Stil finden sich in Caccinis *Le nuove musiche* (Florenz 1601), in dessen Vorwort der Komponist die Hintergründe der »nuova maniera di cantar« (›der neuen Gesangsart‹) erläutert.

Giulio Caccini, Monodie aus *Le nuove musiche* (1601).

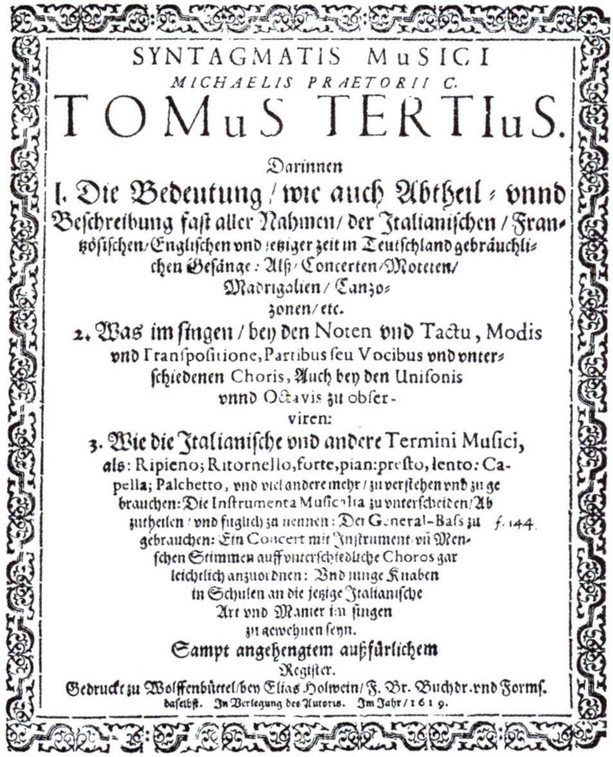
SYNTAGMATIS MuSICI
MICHAELIS PRAETORII C.
TOMuS TERTIuS.
Darinnen
1. Die Bedeutung / wie auch Abtheil- vnnd Beschreibung fast aller Nahmen / der Italianischen / Frantzösischen / Englischen vnd jetziger zeit in Teutschland gebräuchlichen Gesänge: Alß / Concerten / Moteten / Madrigalien / Canzozonen / etc.
2. Was im singen / bey den Noten vnd Tactu, Modis vnd Transpositione, Partibus seu Vocibus vnd vnterschiedenen Choris, Auch bey den Unisonis vnnd Octavis zu observiren:
3. Wie die Italianische vnd andere Termini Musici, als: Ripieno; Ritornello, forte, pian: presto, lento: Capella; Palchetto, vnd viel andere mehr / zu verstehen vnd zu gebrauchen: Die Instrumenta Musicalia zu vnterscheiden / Abzutheilen / vnd füglich zu nennen: Der General-Baß zu gebrauchen: Ein Concert mit Instrument vñ Menschen Stimmen auff vnterschiedliche Choros gar leichtlich anzuordnen: Vnd junge Knaben in Schulen an die jetzige Italianische Art vnd Manier im singen zu gewehnen seyn. f. 144
Sampt angehengtem außfürlichem Register.
Gedruckt zu Wolffenbüttel / bey Elias Holwein / F. Br. Buchdr. vnd Formſ. daselbst. In Verlegung des Autoris. Im Jahr / 1619.

Michael Praetorius' dreibändiges *Syntagma Musicum* (Wolfenbüttel 1615–19), abgebildet hier das Titelblatt des dritten Bandes, ist das wichtigste musiktheoretische Werk des frühen 17. Jahrhunderts, ein Standardwerk für das Verständnis evangelischer Kirchenmusik und barocker Aufführungspraxis.

Zunächst als Stile recitativo bzw. Stile rappresentativo bezeichnet, erwähnt der Musiktheoretiker Giovanni Battista Doni den Begriff Monodie erstmals im Jahr 1635. Primär für die Vokalmusik geschaffen, beeinflusste sie besonders die Entwicklung von Oper, Oratorium, Kantate und geistlichem Konzert, fand in abgewandelter Form aber auch Eingang in die Instrumentalmusik.

DAS KONZERTIERENDE PRINZIP. Der konzertierende Stil ist eines der wesentlichen Merkmale der Musik des 17. und frühen 18. Jahrhunderts. Abgeleitet von dem Wort *concertare*, ist bis heute umstritten, ob er – wie von Michael Praetorius in seinem *Syntagma musicum* (1618) angenommen – seine Wurzeln im Gegeneinander (lat. *concertare* ›wettstreiten‹) oder im Miteinander (mittellat./ital. *concertare* ›zusammenwirken, übereinstimmen‹) hat. Die Musik des 17. Jahrhunderts bietet beides in ausgewogenem Wechsel. Verschiedene Klanggruppen werden einander gegenübergestellt, um zu wetteifern bzw. Kontrastwirkungen zu erzielen, etwa bezogen auf die Stimmlage (hoch, mittel, tief) oder die Besetzung (solistisch und chorisch, vokal und instrumental). Im Laufe der Zeit kamen durch Einbeziehung monodischer Elemente und einleitender oder refrainartig eingeschobener selbständiger, rein instrumentaler Abschnitte (Sinfonia, Ritornell) weitere Variationsmöglichkeiten hinzu. Im konzertierenden Stil wirken demnach heterogene Klanggruppen, Satztypen und Stilelemente miteinander. Gemeinsames Fundament ist dabei der nun permanent verwendete Generalbass.
Seinen Ursprung hat das konzertierende Prinzip in der venezianischen Mehrchörigkeit des ausklingenden 16. Jahrhunderts, in der bis zu fünf verschiedene Vokal- und Instrumentalgruppen äußerst wirkungsvoll sich ergänzen, sich abwechseln oder kontrastieren. Durch Reduzierung der vielstimmigen mehrchörigen Werke im Sinne der Monodie auf verschiedene Oberstimmen und einen Generalbass ließ sich der konzertierende Stil auch auf das wetteifernde Miteinander mehrerer Solostimmen übertragen.

WIRKUNG DES KONZERTIERENDEN PRINZIPS

In nahezu allen Gattungen Einzug haltend, veränderte das konzertierende Prinzip auch die Bezeichnungen der Werke, was an spezifizierenden Titeln wie Missa concertata oder Sonata concertata, aber vor allem an den neu entstandenen Gattungen erkennbar ist: Concerto ecclesiastico bzw. in Deutschland Geistliches Konzert und Concerto grosso.

DIE ENTSTEHUNG DER OPER IN ITALIEN

FLORENZ. Die Entstehung der Oper um 1600 markiert den Übergang von der Renaissance zum Barock. Sie ist eines der folgenreichsten Abenteuer der Musikgeschichte. Dabei verdankt die Oper ihre Geburt genau genommen einem Missverständnis: sie erfolgte als Wiederbelebungsversuch der musizierten Anteile des antiken Theaters. Über die Art der musikalischen Ausführung antiker Tragödien und Komödien existierten jedoch fast keine brauchbaren Quellen, man verfügte nur über schriftliche Äußerungen von Zeitzeugen.
Geistiges Zentrum dieser Überlegungen war Florenz. Hier fanden sich vor 1600 gelehrte und interessierte Männer zur Florentiner Camerata (Camerata Fiorentina) zusammen und diskutierten ihre Sicht des antiken Theaters sowie die Möglichkeiten seiner Wiederbelebung. Hierzu gehörten als Theoretiker Girolamo Mei und Vincenzo Galilei, die Dichter Ottavio Rinuccini und Piero Strozzi sowie die Komponisten Giulio Caccini, Emilio de' Cavalieri und Jacopo Peri. Ihnen lagen lediglich Schriften antiker Philosophen vor, aus denen sie ihre Schlussfolgerungen zogen: allen voran jene von der Dominanz der Sprache über die Musik – hier begann der jahrhundertelange Streit über die Vorherrschaft zwischen Musik und Sprache in der Oper.

STILWANDEL. Musikalische Herkunft und Schulung dieser Zeitgenossen standen neuen Einsichten jedoch im Wege: bislang dominierte kontrapunktische Mehrstimmigkeit, die einer guten Textverständlichkeit in der Vokalmusik entgegenstand. Allerdings gab es seit längerem Bemühungen um mehr Textverständlichkeit und damit Anzeichen für einen Stilwandel. So entstand das Stilprinzip der Monodie, die fortan als einstimmiger, generalbassgestützter Sologesang die Szene beherrschen sollte. Wenn man die Barockepoche auch als Generalbasszeitalter bezeichnet, dann wird hierin die Zäsur einer Zeitenwende deutlich. Die Folge war eine Orientierung an Rhythmus und Affekt der Sprache, bei gleichzeitigem Verschwinden der Polyphonie.
Die ersten Kompositionsversuche in diesem neuen Stil stammen von Vincenzo Galilei und Emilio de' Cavalieri; sie sind leider verloren. Hinzu kommen weitere wichtige Vorläufer und Vorstadien der neuen Gattung Oper, die allesamt ihre Spuren in ihr hinterließen. Unter ihnen sind besonders bedeutend die Chöre, die Andrea Gabrieli 1585 für eine neue Übersetzung des *Edipo tiranno* von Sophokles für das neue Teatro Olimpico des Andrea Palladio in Vicenza komponierte. Als Vorstufen sind ferner anzusehen: Pastorale (*favola pastorale*), Intermedien, Madrigalkomödien, die Commedia dell'arte, bedingt auch die Sacra rappresentazione.

OPERNZENTREN

Neben Florenz bildeten sich im frühen 17. Jahrhundert in Italien weitere Zentren der neuen Gattung. So kam es im Jahr 1600 in Rom zur Uraufführung der *Rappresentazione di anima et di corpo* des Emilio de' Cavalieri, eine Art szenisches Oratorium mit manchen traditionellen Elementen. Daneben gibt es ›echte‹ Opern von Komponisten, deren Namen heute weitgehend vergessen sind: Stefano Landi, Michelangelo Rossi, Loreto Vittori, Virgilio Rospigliosi und anderen.
Wichtiger wurden Venedig und Neapel. In der Lagunenstadt entstanden rasch zahlreiche Opernhäuser, in denen für ein breites Publikum jeweils im Frühjahr und im Herbst gespielt wurde. Die wichtigsten Komponisten waren hier Francesco Cavalli und Antonio Cesti. In Cavallis Opern, darunter *La Calisto* (1651), entfaltete sich ein ausgeprägter Rezitativstil; Text und Musik stehen in einem relativ gleichberechtigten Verhältnis. Cesti, der lange in Innsbruck und Wien gewirkt hat, zeichnet sich durch einen fantasievollen, ausdrucksstarken Stil aus. In der Folge entwickelten sich Rezitativ und Arie aufeinander zu; im Vorspiel – der Sinfonia – zeigten sich Fugato-Tendenzen, insgesamt gewann die Musik gegenüber dem Text stärkeres Übergewicht.
In Neapel gewann die Oper mit Verzögerung an Bedeutung. Wichtig wurde hier im letzten Drittel des 17. Jahrhunderts Alessandro Scarlatti, der lange Jahre in Neapel und Rom wirkte. Er hinterließ rund hundert Opern, von denen nur ein rundes Drittel erhalten blieb, darunter sein letztes Werk, *Griselda* (1721).

DIE ERSTEN MEISTER. Die Oper hatte mehrere gleichberechtigte Paten in Italien; leider sind deren erste Bemühungen verloren gegangen. So wissen wir nur durch Überlieferung, dass Vincenzo Galilei 1582 im monodischen Stil Szenen aus Dantes »Inferno« und die Klage des Jeremias aus dem (lateinischen) Alten Testament vertont hat. Als erste Oper aber gilt *Dafne* von Jacopo Peri auf ein Libretto von Ottavio Rinuccini. Die Uraufführung des Werks fand in der Karnevalssaison 1597 in Florenz statt; es behandelt den antiken Mythos vom Gott Apollon, der sich in die Nymphe Daphne verliebt, die sich daraufhin in einen Baum verwandelt. Die Oper wurde mehrmals nachgespielt; leider ist bis auf wenige Bruchstücke nichts von ihr erhalten geblieben.

Erhalten blieb ein anderer Versuch Peris mit der neuen Gattung: für die Medici-Hochzeit im Jahr 1600 vertonte er Rinuccinis *Euridice*. Die Noten wurden wenige Jahre später gedruckt, und man kennt die mitwirkenden Instrumentalisten an Cembalo, Chitarrone, Violine, Lyra und Laute. Peris Kollege Giulio Caccini schuf zum gleichen Anlass die Oper *Il raprimento di Cefalo*, die verloren ist. Doch wir kennen Caccinis Stil aus seiner erhaltenen Vertonung des *Euridice*-Librettos von Rinuccini (1602). Beide Musiker hielten sich trotz individueller Unterschiede an die Regeln der Florentiner Camerata: Verständlichkeit, natürliche Deklamation, kein Kontrapunkt, einfacher Instrumentalsatz, enge Beziehung von Affekt und Musik, alles im monodischen Stil.

IM Vorwort zu seiner 1601 gedruckten Oper *Euridice* erläutert Jacopo Peri Herkunft und Ziel des neuen Stile rappresentativo; Ausgangspunkt der Argumentation ist das Theater der Antike.

»Ich ging davon aus, dass die alten Griechen und Römer (...) eine Harmonie verwendet haben, welche diejenige der gewöhnlichen Rede übertraf, aber so weit unterhalb der Melodie eines Liedes war, dass sie eine Zwischenform annahm. (...) Aus diesem Grund widmete ich mich – in dem ich jede andere bislang gehörte Art des Singens verwarf – gänzlich der Aufgabe, jene Weise der Nachahmung herauszufinden, die für diese Gedichte notwendig ist.« (Übers.: K. Weiss)

Barock

Vicenza, Teatro Olimpico (1580–84), Teilansicht der Bühnenwand. Das von Andrea Palladio entworfene Gebäude wurde nach dessen Tod von Vincenzo Scamozzi vollendet.

CLAUDIO MONTEVERDI

BEWAHRER UND ERNEUERER. Es ist ein Glücksfall für die junge Gattung Oper, dass so schnell nach ihrer Geburt ein bedeutender Künstler zur Stelle war. In Claudio Monteverdi kulminierte die musikalische Entwicklung um 1600; in seiner Musik sind alle Tendenzen und Strömungen zeitgenössischen Komponierens zusammengefasst. Sein Werk war Bewahren und Erneuern zugleich, befasste sich mit weltlichen und geistlichen Gegenständen und wendete sich an alle erreichbaren Adressaten seiner Epoche: an Fürsten wie Kardinäle, an Adel wie Bürgertum.

ORFEO. Mit Monteverdi ist untrennbar der herzogliche Hof zu Mantua verbunden, so wie Peri und Caccini zu Florenz gehörten. Am Hof zu Mantua stieg er vom Instrumentalisten zum Sänger und zum Maestro di musica auf, in welcher Funktion er 1607 seine erste Oper *Orfeo* komponierte. Der Dichter dieser *favola in musica*, Alessandro Striggio, war ebenfalls in Mantua angestellt. *Orfeo* blieb erhalten, denn sein Erfolg war so beträchtlich, dass die Musik gedruckt und andernorts nachgespielt wurde.
Monteverdi nannte seinen Stil *seconda prattica*, im Sinne einer »deklamatorisch-affekthaften Textausdeutung« (Anna Amalie Abert), die er zuvor in seinen Madrigalen angewandt hatte. Darüber hinaus bedeutete seine Musik einen Zugewinn an dramatischer Lebendigkeit und Charakteristik. Sie ist als fünfaktige, abwechslungsreiche und auch heute noch ansprechende Folge von vokalen und instrumentalen Partien gestaltet, die allen emotionalen Höhen und Tiefen des Librettos angepasst ist. An ihrem Beginn steht ein als Toccata bezeichnetes instrumental-repräsentatives Vorspiel – die erste ›Ouvertüre‹ der Operngeschichte.
Darauf folgen rezitativische Abschnitte, strophische Arien und expansive Chorsätze sowohl festlichen als auch tänzerischen Charakters. Dramatische Momente ergeben sich aus den szenischen Vorgaben: etwa beim Auftritt der Unglücksbotin mit dem Bericht von Euridices Tod, oder in den erschütternden Trauer- und Klagemonologen des Orpheus.

WEITERE OPERN. 1608 folgte Monteverdis zweite Oper, wieder auf einen Text von Rinuccini, *L'Arianna*, aus der uns jedoch nur die berühmte Klage der Titelheldin (*Lamento d'Arianna*) überliefert ist. Alle weiteren Opern, die Monteverdi in den folgenden Jahren für Mantua, Parma und Venedig schrieb, sind verloren. Der Gattung Oper verwandt ist die szenische Kantate *Il combattimento di Tancredi e Clorinda*, die 1624 für Venedig entstand; es handelt sich hier um eine dramatische Komposition auf einen Text von Tasso, im Stil einer szenischen Kantate; sie wurde 1638 in Monteverdis *VIII. Madrigalbuch* veröffentlicht. Von den drei Spätwerken für Venedig ist *Le nozze d'Enea con Lavinia* (1641) verschollen. Bekannt da-

IM UMKREIS DER OPER

Commedia dell'arte, italienische Stegreifkomödie, mit typisierten Figuren (u. a. Arleccino, Brighella, Pantalone, Pulcinella).
Intermedium, instrumentale und/oder vokale Zwischenspiele zwischen den Aufzügen eines Schauspiels, seit Ende des 15. Jahrhunderts üblich. Auch tänzerisch; keine inhaltliche Beziehung zur Handlung. Im 16. Jahrhundert eigene Kostüme und Ausstattung. Erstes bekanntes Intermedium 1487 in Ferrara.
Madrigalkomödie, gebildet aus Villanella (volkstümlich dreistimmig) und Madrigal (kunstvoll mehrstimmiger Motettensatz); Rede der handelnden Personen immer mehrstimmig vertont (3- bis 6-stimmig); komische Handlung, nicht szenisch dargestellt.
Pastorale (*favola pastorale*), Schäfer- und Hirtendrama mit schlichter Handlung im ländlichen Umfeld, untergeordneter Text, kurze Ausdehnung; erstmalig Ende des 15. Jahrhunderts.
Rappresentatione sacra, szenisch aufgeführtes außerliturgisches geistliches Spiel, im monodischen Stil, dem Oratorium verwandt (z. B. Cavalieri: *Rappresentazione di anima et di corpo*, Rom 1600).

Barock

Claudio Monteverdi wie er in Giovanni Grevenbroichs Sammlung venezianischer Trachten als Markuskapellmeister abgebildet ist.

gegen sind *Il ritorno d'Ulisse in patria* (1640) und *L'incoronazione di Poppea* (1642), die uns in späteren Abschriften überliefert worden sind. In ihnen zeigt sich eine konsequente Weiterentwicklung von Monteverdis ausdrucksstarkem Stil, insbesondere in der *Poppea*, in der die Personencharakterisierung meisterhaft gelungen ist. Auffällig sind in beiden Werken die häufigen komischen Momente. Das Schlussduett der Oper (wohl von Benedetto Ferrari) ist ein frühes Beispiel für ein echtes Ensemble: hier imitieren sich die beiden Singstimmen über einem ostinat absteigenden Quartbass.

MONTEVERDIS WERKE

- Geistliche Vokalmusik (*Marienvesper*, 1610; weitere Messen; Motetten, Psalmen u. a. in *Selva morale e spirituale*, 1640)
- 3 erhaltene Opern (*Orfeo*, 1607; *Il ritorno d'Ulisse in patria*, 1640; *L'incoronazione di Poppea*, 1642)
- Weltliche Vokalmusik (Ballette; 8 Madrigalbücher, das 9. Buch erschien postum)

CLAUDIO MONTEVERDI

1567 am 15. Mai in Cremona geboren.
1582 erste Kompositionen (dreistimmige Motetten) im Druck.
Ab 1590 im Dienst Herzogs Vincenzo I. Gonzaga in Mantua, zunächst als Instrumentalist, dann als Kapellmeister (1602). Für den Hof komponiert er die Opern *Orfeo* und *L'Arianna* (nach Rinuccini).
1599 begleitet Monteverdi den Herzog nach Flandern, wo er den modernen französischen Vokalstil kennen lernt.
1612 Entlassung wegen Tod des Herzogs und Reduktion der Kapelle.
1613 Domkapellmeister an San Marco in Venedig, Komposition weiterer Opern (verloren); für Venedig entstehen später die Opern *Il ritorno d'Ulisse in patria* (1640) und *L'incoronazione di Poppea* (1642).
1643 stirbt Monteverdi am 29. November in Venedig.

OPER IN FRANKREICH, DEUTSCHLAND UND ENGLAND

FRANKREICH. Unter den Vorläufern der Oper in Frankreich finden wir verschiedene Ausprägungen von Volkskomödien und Liederspielen. Am wichtigsten aber wurde insgesamt für lange Zeit das Ballet de cour, das noch bis weit ins 17. Jahrhundert hinein am Hofe gepflegt wurde. In ihm wirkten Text, Musik und Tanz gemeinsam. Hinzu kommen noch Pastorale und Comédie-ballet.

Aufgrund dieser eigenen theatralischen Tradition hatte es die Oper zunächst schwer, in Frankreich Fuß zu fassen: mehrere Versuche des einflussreichen Kardinals Mazarin, die italienische Oper nach Frankreich zu importieren (so ließ er unter anderem 1646 eine Oper von Cavalli, 1647 eine von Rossi aufführen), schlugen weitgehend fehl.

Den Durchbruch brachte erst Jean-Baptiste Lully, der wie Mazarin gebürtiger Italiener war. Lully schulte sich am Ballet de cour und erweiterte dieses durch Hinzufügung von Rezitativen in Richtung Oper; gemeinsam mit Molière schuf er Comédie-ballets und näherte sich auf diesen ›Umwegen‹ der Oper. 1673 komponierte Lully seine erste Tragédie lyrique (*Cadmus et Hermione*). Lullys Librettist Philippe Quinault stützte sich in seinen fünfaktigen Dramen erkennbar auf Corneille und Racine, von denen er auch den fünfhebigen Alexandriner übernahm. Musikalische Kennzeichen dieser Tragédie lyrique sind *récitatifs simples* (nur generalbassbegleitet), *récitatifs obligés* (Accompagnato-Rezitative), Chor- und Balletteinlagen.

Zu Beginn erklingt die von Lully als solche etablierte ›Französische Ouvertüre‹: zunächst zwei-, später dreiteilig,

Lullys *Alceste* im Marmorhof von Versailles; zeitgenössischer Stich von Jean Le Pautre.

mit ihren charakteristischen punktierten Rhythmen in den langsamen Rahmenteilen und im schnellen Mittelteil fugiert. Das fünfstimmige Orchester ist chorisch alternierend eingesetzt und besteht aus Streichern und Holzblasinstrumenten (Oboen und Fagotte).
Neben der charakteristischen Ouvertüre, die sich in den folgenden Jahren als repräsentatives Instrumentalstück verselbständigte und in die instrumentale Suite übernommen wurde, tauchen innerhalb der Opern immer wieder einzelne, bisweilen programmatische Instrumentalstücke auf sowie Tänze aller Art (etwa Gavotten und Menuette), daneben auch Märsche.
Die Handlungen der Opern zeichnen sich durch dramatischen Effekt bei gleichzeitiger größtmöglicher Einheitlichkeit nach dem Vorbild der französischen Tragödie aus. Humor und Heiterkeit finden sich nur ganz vereinzelt. Nach anfänglicher Trennung rezitativischer und arioser Partien durchdringen sich diese beiden zusehends, bis hin zu einer meisterhaften »Musikalisierung des Sprechgesanges« (Anna Amalie Abert) in Lullys letzter Oper *Armide*.

DEUTSCHLAND. Die Anfänge der deutschsprachigen Oper im 17. Jahrhundert standen völlig unter dem Einfluss Italiens und spielten sich im höfischen Raum ab. Die erste nachgewiesene, aber verschollene Oper in Deutschland ist *Daphne* von Heinrich Schütz (1627), auf der Basis des Textes von Rinuccini von Martin Opitz gedichtet und im Stil des italienischen Vorbildes gehalten. Das erste deutschsprachige Dokument der Gattung aber ist *Das geistliche Waldgedicht (...) genannt Seelewig* von Sigmund Theophil Staden, uraufgeführt 1644 in Nürnberg, eine Art Singspiel mit Strophenliedern und vokalen Dialogen.
An den großen deutschen Höfen spielte sich ein reges ›italienisches‹ Opernleben ab; man engagierte dazu prominente italienische Komponisten (wie Caldara in Wien). Ansatzweise fanden Versuche in deutscher Sprache eher in der zweiten Jahrhunderthälfte statt, so vor allem in Hamburg mit Johann Wolfgang Francks Opern *Die unvergleichliche Andromeda* (1675) und *Der verliebte Phoebus* (1678). Hamburg wurde in der Folge zu einem der wichtigsten Opernzentren im beginnenden 18. Jahrhundert.

ENGLAND. Zunächst dominierten auch in England die Schauspielmusik und das musikalische Maskenspiel. Erst zum Ende des Jahrhunderts kam es mit Henry Purcells Kammeroper *Dido und Aeneas* (1689) zu einem ersten bedeutenden Versuch, der geschickt italienische, französische und englische Einflüsse einband.

JEAN-BAPTISTE LULLY

1632 am 28. November in Florenz geboren.
Ab 1646 in Paris; arbeitet sich vom Küchenjungen bis zum Hofkomponisten (1653) und »Compositeur de la musique instrumentale« am Hofe Ludwigs XIV. empor.
1661 Ernennung zum »Compositeur de la musique de chambre« und Einbürgerung als Franzose; im folgenden Jahr Ernennung zum »Maître de la musique de la famille royale«.
1672 Gründung der Académie royale de musique; Zusammenarbeit mit Molière.
1681 Ernennung zum »Sécrétaire du Roi«.
1687 stirbt Lully am 22. März an den Folgen einer Fußverletzung, die er sich beim Dirigieren mit dem großen Takt-Stab zugezogen hatte.

LULLYS WERKE

- Kirchenmusik (30 Motetten)
- 14 Tragédies lyriques (darunter: *Alceste*, 1674; *Roland*, 1685; *Armide*, 1686)
- Zahlreiche Ballets de cour

ZENTREN DER ITALIENISCHEN OPER

GEORG FRIEDRICH HÄNDEL

1685 am 23. Februar in Halle (Saale) geboren; Ausbildung in Leipzig, Weißenfels, Berlin; Jurastudium in Halle.
Ab 1703 Geiger, Cembalist, Kapellmeister und Komponist an der Hamburger Oper; 3 deutsche Opern.
1706 Italienaufenthalt, Studium der italienischen Vokalgattungen, Kontakt zu Komponisten wie Corelli, Vivaldi, Albinoni, Scarlatti.
1710 Hofkapellmeister in Hannover (erneut 1714).
1710–11 erstmals in London.
1713–16 erneut in London.
1720 gründet Händel die Royal Academy of Music im King's Theatre (1728 Bankrott des Unternehmens; 1729–37 und 1738–41 weitere ruinöse Versuche mit Opernunternehmen).
1737 erleidet Händel einen Schlaganfall.
1740 Beginn der Oratorien-Komposition.
1751 erblindet Händel.
1759 stirbt Händel am 14. April in London; die Beisetzung erfolgt in Westminster Abbey.

OPERNBETRIEB. Die Oper wurde in Italien ›erfunden‹ und blieb für insgesamt zwei Jahrhunderte eine italienische Gattung. Im 18. Jahrhundert besaß sie internationalen Ruf und verbreitete sich sogar über die Grenzen Europas hinaus. Gespielt wurde sie zum einen in höfischen Theatern, die Fürstenhöfen zugeordnet waren und von ihnen zu repräsentativen Zwecken gehalten wurden; zum anderen in kommerziellen Unternehmen, die von hauptberuflichen Impresarios betrieben wurden. Eine ausgedehnte Spielzeit übers Jahr, wie wir sie heute gewohnt sind, gab es nicht. Wie Mozarts frühe italienische Opernaufträge anschaulich belegen, wurde im Stagione-Betrieb gespielt; die Spielzeit lag in der Karnevalszeit, also zwischen Ende Dezember und Ende März, später ergänzt durch weitere kurze Zeiträume.

ITALIEN. Der Siegeszug der Oper ging von Florenz, Venedig und Neapel aus. Seit der Mitte des 17. Jahrhunderts war Neapel Opernmetropole. Der Boden dafür war bereitet durch ein reichhaltiges öffentliches Musikleben, renommierte Ausbildungsstätten und berühmte Lehrkräfte, die sich zugleich als Komponisten profilierten. Für die Zeit bis Mitte des 18. Jahrhunderts hat sich der Begriff ›Neapolitanische Opernschule‹ eingebürgert. Ihr führender Kopf war Alessandro Scarlatti, der die stilistischen Grundlagen schuf. Ihm folgten unter anderen Leonardo Vinci, Leonardo Leo, Nicola Porpora und Giovanni Battista Pergolesi. Die drei ersten prägten eine Opernform, die wesentlich von den Libretti Pietro Metastasios und ihrer Abfolge von Rezitativ und Arie bestimmt war. Vinci war einer der Komponisten von Metastasios berühmtestem Libretto *Didone abbandonato* (1726); sein Nachfolger wurde Leo, der sich – wie Pergolesi – auch der Opera buffa widmete. Porpora weitete sein Wirken über Neapel hinaus beträchtlich aus, bis nach Wien, London und Dresden. Der früh verstorbene Pergolesi schuf in seinen 26 Lebensjahren vier Opere serie, wurde aber als Meister der Opera buffa berühmt (*La serva padrona*, 1733). In Venedig gelangten Opern der bekanntesten Musiker zur Aufführung. Unter ihnen ist vor allem Antonio Vivaldi zu nennen, der etwa 100 Opern komponiert haben soll, von denen jedoch nur wenig mehr als zwanzig erhalten sind.

Theater San Carlo in Neapel, Gemälde eines unbekannten Meisters.

HÄNDEL. Händel und Bach, beide im gleichen Jahr geboren, zeigen die Vielgestaltigkeit des Spätbarock. Während Bach sich in Thüringen und Sachsen entfaltete, war Händel Kosmopolit, der von Halle aus Hamburg, dann Italien eroberte, schließlich mit den Insignien des Ruhmes zum Engländer wurde. So reiften seine beiden größten Leistungen, die beide der Vokalmusik angehören: Oper und Oratorium. Sein ›Umweg‹ über Hamburg führte zur deutschsprachigen Oper, doch die Begegnung mit der modischen Opera seria in Italien ließ ihn in London zum Opernimpresario werden. Sein Scheitern mit mehrmaligem Bankrott trägt tragische Züge, schmälert jedoch nicht die Bedeutung seiner künstlerischen Leistung. Händel profilierte sich weniger durch musikalische oder dramaturgische Reformen als durch seine Theaternähe und Bühnenwirksamkeit, durch Sanglichkeit und Farbe.

Das Oratorium dagegen ist in seiner Ausprägung mit englischem Text seine Leistung, wobei sich biographisch Querverbindungen zu seiner unsteten Opernkarriere beobachten lassen. Basierend auf Opera seria und Oratorio volgare, schuf er Werke, die sich durch Opernnähe und Kirchenferne auszeichnen, in denen dem Chor eine herausgehobene Rolle zukommt und die durch Monumentalität und Eindringlichkeit gekennzeichnet sind. Mit den Hauptwerken *Israel in Ägypten* (1739), *Der Messias* (1742), *Judas Maccabäus* (1747) und *Jephta* (1752) wurde Händel zum Wegbereiter der Oratorienproduktion späterer Generationen (Haydn, Mendelssohn).

Händels faszinierende Nachwirkung beruht auf der kraftvollen Persönlichkeit des Deutschen, der in Italien lernte und in England berühmt wurde – ein Weltbürger im Zeitalter der Kleinstaaterei, der durch Musik die Grenzen zu überwinden schien.

Georg Friedrich Händel. Ölgemälde von Thomas Hudson, einem führenden englischen Porträtmaler der Zeit, das Händel in seinen letzten Lebensjahren als etablierten und erfolgreichen Komponisten des *Messias* zeigt, gekleidet in kostbare Seide und Brokat.

HÄNDELS WERKE

- Zahlreiche Concerti grossi und Orchestersuiten (*Wassermusik*, 1715–36; *Feuerwerksmusik*, 1749)
- 16 Orgelkonzerte
- Kammermusik (v. a. Solo- und Triosonaten)
- Klaviermusik (Suiten und Variationen)
- rund 40 Oratorien und andere geistliche Vokalwerke
- rund 40 Opern und andere weltliche Vokalwerke (über 100 Kantaten)

AUSSERHALB ITALIENS

London wurde durch Georg Friedrich Händel zum Zentrum der italienischen Oper. (Zwei seiner Opern schuf Händel auch für Venedig: *Rodrigo* und *Agrippina.*) Händel hielt sich an den Typus der Opera seria, ohne ihn weiterzuentwickeln; dabei überlagert sich der italienische Tonfall mit seiner individuellen Tonsprache. Das ›norddeutsche‹ Stilmerkmal der Kontrapunktik zeichnet seine Musik weniger aus als ihre eingängige Melodik und ihre farbige Instrumentation. Unter seinen Opere serie finden sich drei auf Libretti von Metastasio.

Barock

OPERA SERIA

AUFBAU. Die Vorgaben durch Zeno und Metastasio, denen sich alle Zeitgenossen unterwarfen, führten zu einer fast schematischen Vereinheitlichung des Opernablaufes. So erklärt sich das stille Ende der Gattung zum ausgehenden Jahrhundert, mit dem letzten relativen Höhepunkt von Mozarts *Clemenza di Tito* (1791) – denn trotz aller Schönheiten krankt diese Oper an den formelhaften Vorgaben ihres Librettos.
Der Handlungsablauf der Opera seria gliedert sich in drei Aufzüge in szenischer Abfolge, über die sich etwa 24 Rezitative und Arien, ergänzt durch wenige kurze Ensembles und Chorszenen, verteilen. Die starre Abfolge der Rezitative und Arien erzeugt den statischen Charakter der Handlung, in der sechs Personen auftreten, angeführt durch die *prima donna* und den *primo uomo*. Die Handlung basiert zumeist auf antik-mythologischen Quellen und bemüht sich, der Interessenlage eines feudalen Publikums entgegenzukommen, indem sie klassische Konflikte – zwischen Hass und Liebe, Vernunft und Neigung – austrägt, sie jedoch immer gut ausgehen lässt. Dieses gute Ende (*lieto fine*) wurde oft gewaltsam und unlogisch herbeigeführt, etwa durch das willkürliche Eingreifen eines Gottes, des »deus ex machina«.

REZITATIV UND ARIE. Die Handlung schreitet gemessen voran in den Rezitativen, überwiegend als *recitativo secco* und nur vom Cembalo akkordisch gestützt. Der Tonfall des Secco-Rezitativs ist lebendig, der Text meist ungereimt. An dramatischen Höhepunkten steht das *recitativo accompagnato*, in dem das ganze Orchester die Emotionen der handelnden Personen ausmalt und kommentiert.
Die Arien besitzen ausgeprägt statischen Charakter, der durch Inhalt und musikalische Form unterstrichen wird. Sie folgen der gereimten Textvorlage, die aus zwei vierzeiligen Strophen besteht und in ausgezierter Da-capo-Form vertont wird. Die Da-capo-Form ist dreiteilig, mit kürzerem kontrastierendem Mittelteil und ausgezierter Wiederholung des Anfangsteiles, wo Raum für eine virtuose Kadenz des Sängers ist (A–B–A'). Der Ort der Arie ist stets am Ende einer Szene, sodass dem Darsteller ein effektvoller (beifallsheischender) Abgang ermöglicht wird (»Abgangsarie«). Inhaltlich dient sie dem Ausdruck eines oft eindimensionalen Gefühls; beliebt waren die so genannten »Gleichnisarien«, in denen beispielsweise Natursituationen (Gewitter, Sturm) menschliche Affekte symbolisieren.

SINFONIA. Die Opera seria wurde in der Regel durch ein selbständiges dreiteiliges Instrumentalstück eingeleitet, das (zunächst) keine inhaltliche und musikalische Beziehung zur Handlung und ihrer Vertonung besaß. In ihrer Dreigliedrigkeit (schnell – langsam – schnell) zählt die Opern-Sinfonia zu den Vorläufern der klassischen

METASTASIANISCHE OPERNREFORM

Die erste Opernreform zu Beginn des 18. Jahrhunderts brachte die Opera seria hervor; mit ihr sind zwei Namen verbunden: Apostolo Zeno und Pietro Metastasio, die mit ihren Libretti zugleich auch Theoretiker der neuen Gattung waren. Beide wirkten in Wien und machten die österreichische Kaiserstadt zu einem der führenden europäischen Opernzentren. ›Opera seria‹ wurde jedoch erst gegen Ende des Jahrhunderts zum Fachterminus und löste die gebräuchliche Bezeichnung *dramma per musica* ab. Die Metastasianische Opernreform hatte neben ihrem Namensgeber weitere Väter, die alle die Szenenfolge konzentrieren und dramatisch vereinheitlichen wollten. Dabei orientierten sie sich in erster Linie an den Tragödien der französischen Dichter Jean Racine und Pierre Corneille.

PIETRO METASTASIO

1698 als Pietro Trapassi am 3. Januar in Rom geboren; wächst im Haus eines reichen Rechtsgelehrten an Sohnes statt auf, wo er auch seinen Künstlernamen erhielt; frühe lyrische Versuche; juristische Ausbildung.
1720 Kanzleianstellung in Neapel; erste erfolgreiche Versuche mit Libretti: Vertonung durch Nicola Porpora; Verbindung mit der Primadonna Maria Benti Bulgari, mit ihr Reisen durch Italien.
1724 Ruhm durch *La Didone abbandonato*, Metastasios meistvertontes Libretto (64 Mal vertont); auf Empfehlung seines älteren Kollegen Apostolo Zeno wird Metastasio an dessen Stelle Hofdichter in Wien.
1729 Übersiedlung nach Wien; in den folgenden Jahrzehnten entstehen zahlreiche Libretti, vertont von allen führenden europäischen Komponisten (u. a. Gluck, Händel, Hasse,

Instrumentalsinfonie; mehrere der frühen Sinfonien Mozarts sind derartige einzeln veröffentlichte Opernvorspiele.

DIE SÄNGER DER OPERA SERIA. An der Spitze stand der *primo uomo*, dem Brauch der Zeit entsprechend mit einem Kastraten besetzt. Kastraten waren seit Mitte des 17. Jahrhunderts wichtig; der berühmteste – Carlo Broschi, mit dem Künstlernamen Farinelli – war mit Metastasio befreundet. Die Stimme des Kastraten verbindet die Klangfarbe und Stimmhöhe einer Knabenstimme (*soprano* oder *contralto*) mit der Stimmkraft und Gestaltungsfähigkeit eines Erwachsenen, was die Umsetzung virtuoser Partien und eine ansprechende *messa di voce* (das An- und Abschwellen lang ausgehaltener Töne) ermöglicht. Der Kastrat ist nicht zu verwechseln mit dem Countertenor oder Altus, der lediglich durch Stimmtechnik (Falsettieren), nicht durch Kastration, in der Altlage singt.
Dem *primo uomo* stand die *prima donna* zur Seite, die weibliche Hauptrolle; ihre Partie hatte gleichen Umfang und Anspruch. In der Hierarchie folgten ihnen *secondo uomo* und *seconda donna*.
In der Gesangskunst der Opera seria liegt die Wurzel des *bel canto*, des makellos schönen Gesangs – eines künstlerischen Ideals, das die Vokal- wie auch die Instrumentalmusik in Europa bis zum Ende des 19. Jahrhunderts prägte. Tiefere Männerstimmen wurden in der Opera seria eher für Nebenrollen eingesetzt.

Vivaldi), die Metastasios dichterische Sprache und ihre zeitgemäße Anmut und Eleganz, geschult an den Vorbildern Racine und Corneille, schätzen. **1782** stirbt Metastasio am 12. April in Wien.

Barock

Farinelli und seine Freunde. Das um 1750 entstandene Gruppenporträt des neapolitanischen Malers Jacopo Amigoni zeigt von links nach rechts: Metastasio, die Sopranistin Teresa Castellini, Farinelli, den Maler Amigoni sowie Hund und Pagen des Kastraten.

DAS FRÜHE BALLETT

DIE ZEIT ZWISCHEN 16. UND 18. JAHRHUNDERT. Immer wieder im Verlauf der abendländischen Musikgeschichte hat sich die Musik mit dem Tanz verbunden. So war die fest- und feierfreudige Renaissance-Epoche reich an tänzerisch-repräsentativen Anlässen, man tanzte zu Hochzeiten und Karnevalszeiten, bei geistlichen und weltlichen Gelegenheiten. Auch die neue Gattung der Oper enthielt Impulse vom Tanz; immer wieder gaben Handlungsmomente Anstöße zu tänzerischen Einlagen, mythologische Figuren wie Nymphen oder Furien bewegten sich auf der Bühne häufig in zeremonieller Tanzgebärde. Und an den europäischen Fürstenhöfen pflegte man den Tanz zu unterschiedlichsten Anlässen. So ist beispielsweise *Le ballet comique de la Royne* im Jahr 1581 am Hof zu Versailles weltberühmt geworden durch die grandiose Ausstattung und die Kosten von immerhin 3 600 000 Francs.

In Frankreich also und im Italien jener Zeit ist das moderne Ballett entstanden. Der Wortstamm ist italienisch: *ballo* bedeutet Tanz und *ballare* Tanzen, hängt überdies zusammen mit *ballata*, dem Tanzlied der Trobadors und Trouvères. Bereits zum Ende des 16. Jahrhunderts gab es theoretische Ausführungen über die Kunst des Tanzens, mit Beschreibungen bestimmter Fußstellungen und Schrittfolgen; überliefert sind aus dieser Zeit die Bücher von Mario Fabrizio Caroso und Cesare Negri, die als früheste Theoretiker der Tanzkunst gelten.

FRANKREICH. Von Frankreich aus zieht sich die Entwicklungslinie einer allmählichen Perfektionierung der Tanzkunst bis ins 19. Jahrhundert. Stationen auf diesem Weg waren etwa die *ballets-mascerades* im Frankreich des ausgehenden 16. Jahrhunderts, eine Reihung fantastischer Tänze, Pantomimen und allegorischer Darstellungen, an denen der König selbst mitwirkte. Auch Louis XIV. soll ein exzellenter Tänzer gewesen sein; seine *Ballets du Roi* verzichteten ganz im Stil der Zeit auf die Mitwirkung von Frauen – Frauenrollen wurden von Männern getanzt. Louis gründete überdies eine eigene Académie Royale de Danse, gemeinsam geleitet vom Komponisten Jean Baptiste Lully, der zunächst selber mittanzte, und dem Choreographen Charles-Louis Beauchamps. Von Louis XIV. stammt auch der Impuls, Tanzaufführungen in ein repräsentatives Opernhaus – die Grand Opéra de Paris – zu verlegen. 1681 fand die Uraufführung des ersten französischen Balletts ohne Gesang statt: Lullys *Le triomphe de l'amour*, in dem erstmalig wieder Tänzerinnen auf der Bühne standen. Recht bald errangen Tänzerinnen große Popularität: die Primaballerina war geboren.

DAS 18. JAHRHUNDERT. Auf Lully folgte Jean-Philippe Rameau als Protagonist des Opéra-ballet, mit seinem Meisterwerk *Les Indes galantes*. 1713 gründete man an der Pariser Oper eine eigene Ballettschule zur Sicherung des

SPIELARTEN

Ballet de cour, das zwischen 1580 und 1660 prunkvoll ausgestattete Hofballett in Frankreich, das sich auf vokale und instrumentale Kompositionen mit mythologischen und allegorischen Vorlagen stützte. Auf eine Ouvertüre folgten in der Regel einzelne »Entrées« und ein »Grand ballet«, vokal ausgeführt von Mitwirkenden auf der Bühne oder instrumental begleitet von einem Orchester. Zunächst kam das Ballet de cour weitgehend ohne Berufstänzer aus; Mitglieder des Hofes übernahmen die Hauptrollen, unter ihnen auch Ludwig XIV. Erst später wandelte sich die Institution zum professionellen, künstlerisch anspruchsvollen Unternehmen, das seine Darbietung auch einer ausgewählten Öffentlichkeit gegen Eintritt präsentierte.

Ballets d'Action, Handlungsballett, als Erfindung von Gasparo Angiolini und Jean-Georges Noverre beansprucht. Angiolini arbeitete in Wien mit Christoph Willibald Gluck zusammen, dem Pionier der Oper, dessen reformerische Bestrebungen auch dem Ballett zugute kamen. Sein wichtigstes Ballett wurde *Don Juan* (1761), das einzige Opus jener Epoche, das bis heute gespielt und getanzt wird und seinerzeit das meistgespielte Ballett in Europa war.

Ballettkomödie, von Noverres Nachfolger, Maximilien Gardel, der den Schwerpunkt seiner Tätigkeit nach Bordeaux verlegte und dessen Arbeit fortsetzte, erfunden. Ein Hauptwerk der Gattung ist *La fille mal gardée*, das 1789 im Jahr der Revolution über die Bühne ging (Choreographie: Jean Dauberval) und in dem erstmals nicht mythologische oder fürstliche Gestalten im Mittelpunkt der Handlung standen, sondern Menschen aus dem Volk.

Nachwuchses. In der langen Reihe großer Primaballerinen stehen so illustre Namen wie Barbarina Campanini, genannt »La Barbarina«, die 1739 aus Italien nach Paris kam und das Publikum durch ihre brillante Technik beeindruckte. Von hier aus errang die italienisch-französische Tanzkunst bald Erfolge in ganz Europa: in Berlin und St. Petersburg, in Wien und Moskau.

Szene aus Jean-George Noverres Ballett *Alexander und Campaspe oder Der Sieg Alexanders über sich selbst.* Das »heroische Ballett in zwei Akten« mit der Musik von Franz Aspelmayr wurde 1773 in Wien uraufgeführt.

NOVERRE. Mit Jean-Georges Noverre betrat eine der wichtigsten Figuren des Bühnentanzes die Szene, deren Einfluss bis ins 20. Jahrhundert spürbar blieb. Der gebürtige Pariser arbeitete ebenfalls mit Gluck zusammen, auch mit Mozart (*Les petits riens* KV 299b; Paris 1778), und verfasste als theoretische Schrift seine *Lettres sur la danse* (Stuttgart 1760). Den Höhepunkt seiner Laufbahn erlebte er, nach Stationen in Paris, Marseille und Lyon, am Stuttgarter Hof des Herzogs Karl Eugen, wo er eine Balletttruppe von 14 Solisten und 44 Figuranten aufbauen konnte. Sein Motto war »Seid original und kopiert nichts als die Natur«; mit seinen Choreographien unterzog er die Ballett-Tradition einer grundlegenden Reform, im Bemühen, die Bewegungen eng mit der Musik zu verbinden und auf jede übertriebene Virtuosität um ihrer selbst willen zu verzichten. Über Mailand geriet Noverre schließlich nach Wien und zurück nach Paris an die Grand Opéra, wohin ihn seine ehemalige Schülerin Marie-Antoinette 1776 berief.

Im Gefolge der Französischen Revolution verarmte er und floh nach England, wo er bald wieder große Erfolge feiern konnte.

Die Greffuhle-Violine (1709) ist ein schönes Beispiel der Geigenbaukunst Stradivaris. Wie viele berühmte Geigen heißt auch diese nach einem ihrer Besitzer.

ANTONIO STRADIVARI

1644 (oder 1648/49) in Cremona geboren; Schüler von Nicola Amati, berühmtester Cremonenser Geigenbauer.
Um 1665 Einrichtung einer eigenen Werkstatt.
Um 1700 schafft Stradivari einen eigenen Instrumententypus (Material: Ahorn, Fichte, Weide, großes Format, eigene Form der f-Löcher); seine heute noch gespielten Instrumente sind von unschätzbarem Wert; oft tragen sie Namen berühmter Vorbesitzer: Vieuxtemps, Paganini usw.; Stradivari baute auch Bratschen und Celli; geschätzte Produktion: rund 1100 Instrumente; davon sind heute etwa 500 dokumentiert.
1737 stirbt Stradivari am 18. Dezember in Cremona.

ITALIENISCHE GEIGENBAUKUNST

URSPRÜNGE DER VIOLINE. Das Äußere der Violine hat sich in den vergangenen vier Jahrhunderten kaum verändert. Ihre Entstehung liegt im legendenhaften Dunkel der Geschichte. Frühformen sind nicht erhalten, da sie als unvollkommen und unbrauchbar galten. Nach einer umstrittenen Theorie ist die Violine aus der Lira da braccio hervorgegangen. Als Entstehungszeitraum der modernen Violine wird heute der Zeitraum zwischen 1520 und 1590 angenommen.

DIE FORM. Ihre heutige Gestalt erhielt die Violine im Italien des 17. Jahrhunderts. Die charakteristische Form ist als Ausprägung barocken Stilempfindens zu erkennen: mit bauchigen Rundungen, aus denen die Ecken hervortreten, mit feinen Wölbungen von Decke und Boden und geschwungenen Zargen. Die zeitgenössischen Varianten dieses Corpus lassen sich auf etlichen Dokumenten der italienischen Malerei des 16. Jahrhunderts beobachten. Zu diesen Corpus-Formen traten zur gleichen Zeit typische Merkmale wie die seitenständigen Wirbel sowie die knopfartige Befestigung des unteren Saitenhalters. Der heute geläufige Kinnhalter dagegen ist eine Erfindung des Komponisten und Geigers Louis Spohr, die sich erst zu Beginn des 20. Jahrhunderts durchsetzte.

HOHE ANFORDERUNGEN. Das Handwerk des Geigenbauers ist als Kunsthandwerk anzusehen: die Violine ist Ergebnis eines Fertigungsprozesses, in dem handwerkliches Können sich mit akustischen Kenntnissen und feiner Hörempfindung paart. Das Ergebnis – die fertige Geige – muss mehreren Kriterien genügen, mit jeweils höchsten Maßstäben: ihr Äußeres soll das ästhetische Empfinden befriedigen, bezogen auf die wohlproportionierte Form wie auf die charakteristische Farbgebung. Zugleich soll das Instrument allen spieltechnischen Anforderungen gewachsen sein, muss also über ein großes Maß an Robustheit verfügen; schließlich soll sie einen charakteristischen Klang erzeugen, der einem zeitgebundenen ästhetischen Ideal folgt. Uns ist kaum noch geläufig, dass dieses Klangideal sich vor etwa zwei Jahrhunderten sehr gewandelt hat: bis um 1800 favorisierte die Musikwelt den Ton der Tiroler Geigen-Schule, deren Instrumente bis zu jener Zeit die begehrtesten und teuersten waren; ihr berühmtester Meister war Jakob Stainer, der in Cremona lernte. Danach wandte man sich dem Klangideal der italienischen Violinen zu, was zum Ruhm der Instrumente aus Cremona beitrug und ihren Wert bis heute ins Unermessliche steigen ließ.

DAS GOLDENE ZEITALTER. Seine Blütezeit erlebte der Geigenbau im (Nord-)Italien des 17. Jahrhunderts. Hier – in Brescia und dann in Cremona – erhielt die Violine ihre

heutige Form und Klangcharakteristik. Hier lebten und arbeiteten mehrere Geigenbauer-Dynastien, mit einzelnen herausragenden Meistern. Als Erster ist Gasparo da Salò (eigtl.: di Bertoletti) zu nennen, benannt nach dem Städtchen seiner Herkunft am Gardasee. Er schuf vor allem Bratschen und auch Violoncelli; wenige seiner formschönen, klangprächtigen Instrumente sind erhalten. Gasparo half, den Ruf von Brescia als erstem wichtigen Geigenbau-Zentrum in Italien zu begründen.
In Cremona wirkten mehrere Instrumentenmacher-Familien, unter ihnen als berühmteste die Amatis, die Guarneris und Stradivari. Je ein Meister jeder Familie wurde besonders berühmt, bei den Amatis ist es Nicola, bei dem Andrea Guarneri und der bedeutendste Stradivari, Antonio, lernten; aus der Familie der Guarneris ragt Giuseppe Antonio heraus, genannt Guarneri del Gesù, nach seiner Signatur JHS.

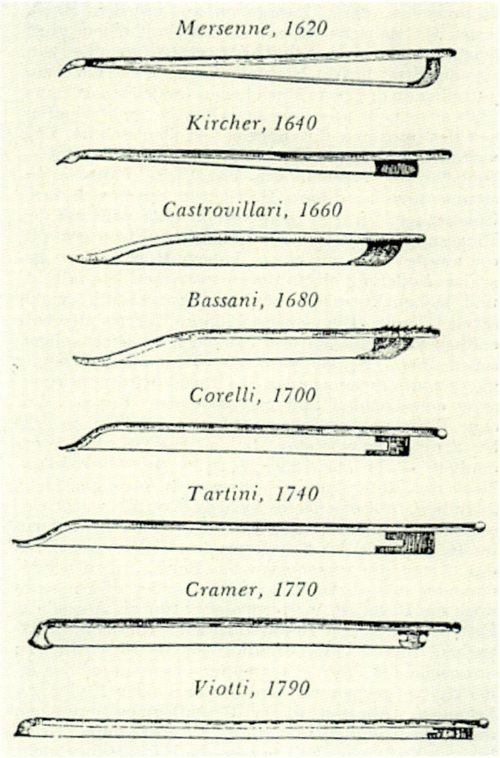

Bogenformen des 17. und 18. Jahrhunderts.

UMBAUTEN. Bei gleicher Gestalt unterzog man die Geige im Laufe der Zeit Anpassungen und Änderungen; so verlängerte man den Hals schrittweise um Zentimeter, bei gleichzeitiger Veränderung seines Winkels zum Corpus, mit der Folge größerer Saitenlänge, also größeren Tonumfangs und größerer Lautstärke. Ältere Instrumente wurden oft umgebaut: die berühmten Stradivari-Instrumente, die noch heute gespielt werden, erhielten zumeist neue Griffbretter und Hälse mit größerer Länge und anderer Neigung, um sie den Bedürfnissen der Solisten in größeren Konzertsälen anzupassen. Bei Aufführungen in historischer Spielweise hingegen bevorzugt man Instrumente in der Originalgestalt und -mensur.
Darüber hinaus unterschieden sich auch die einzelnen Instrumente der verschiedenen Baumeister im Maß, formalen Ausprägungen wie der Schnecke oder der Silhouette und in der Lackierung.

AUSSERHALB ITALIENS. Nicht nur in Italien entwickelten sich allmählich mehrere unterschiedliche nationale Geigenbauschulen. Gründer der deutschen Geigenmacherschule ist Jakob Stainer, der sein Handwerk in Cremona oder Venedig lernte und in der zweiten Hälfte des 17. Jahrhunderts in Absam (Tirol) wirkte. Auch Jakobs Brüder waren geschätzte Instrumentenmacher. Der gute Ruf des Geigenbaus im oberbayerischen Mittenwald konnte sich bis zum heutigen Tag erhalten.

DER GEIGENBOGEN

In seiner langen Entwicklung wandelte sich der Geigenbogen hinsichtlich seiner Konstruktion und Form, erkennbar an der unterschiedlichen Länge und Biegung des Holzes (konvex bis konkav); ebenso änderten sich Haltung und Position der Bogenhand. Wurden die Bögen zunächst von Geigenbauern hergestellt, so entstand ab Mitte des 18. Jahrhunderts eine eigene Zunft von Bogenmachern – auch alte Bögen erzielen heute hohe Preise.

TASTENINSTRUMENTE

DER BEGRIFF. ›Clavier‹ meinte bis ins 18. Jahrhundert allgemein Instrumente mit einer Mechanik, die durch Tasten (lat. *claves*) betätigt werden, also Saiteninstrumente wie Cembalo und Clavichord, aber auch die Orgel.

DAS CEMBALO. Zupfinstrumente mit Kielmechanik und Tasten wurden in Deutschland auch Gravicembalo oder Clavicymbal, in England *harpsichord*, in Italien *clavicembalo*, in Frankreich *clavecin* genannt. Ihre Geschichte begann in Italien am Ende des 14. Jahrhunderts, wo die ältesten Instrumente erhalten geblieben sind. Sie endete zunächst im ausgehenden 18. Jahrhundert, als die Ablösung in Gestalt des Hammerklavieres heranreifte. Zur Blütezeit des Cembalos, im 17. und frühen 18. Jahrhundert, gab es mehrere nationale Cembalobau-Schulen mit einer Reihe von profilierten Instrumentenbaumeistern, deren Instrumente sich in Bauweise, Material und Klang unterscheiden.
Das Konzertinstrument war der ein- oder zweimanualige große Kielflügel. Seine kleine und klanglich intimere Variante war das einmanualige Spinett mit seinem dreieckigen Corpus. Als Variante ist, vor allem in England, das rechteckige Virginal bekannt, bei dem die Saiten quer zum Spieler und zu den Tasten verlaufen, während sie beim Cembalo senkrecht auf den Spieler zuführen.

KONSTRUKTION DES CEMBALOS. Cembalo, Spinett und Virginal verfügen über eine im Prinzip gleiche, relativ einfache, robuste Mechanik. Auf dem hinteren Ende jeder Taste steht ein senkrechter Springer mit einer beweglichen Docke; in ihr ist ein Plektrum aus einem Federkiel oder aus Leder befestigt. Bei Fingerdruck auf das vordere Tastenende schnellt der Springer aufwärts, sodass der Kiel die Saite anreißt. So wird ein klarer, metallischer, obertonreicher Ton erzeugt, der aber dynamisch nicht modulationsfähig ist. Um dennoch eine gewisse klangliche und dynamische Vielfalt zu erzielen, benötigt das Cembalo zusätzliche Spielhilfen in Gestalt von manuell betätigten Registerzügen und Koppeln. Das Spinett und das kleine einmanualige Cembalo verfügen über eine einzige Reihe von Saiten gleicher Qualität: bei unterschiedlicher Länge stimmen sie doch in Material und Klangfarbe überein und ergeben ein einheitliches Register. Die Töne klingen wie notiert; die Bezeichnung eines solchen Registers ist *8-Fuß* (8'). Größere Instrumente besitzen zwei oder drei Register: in der Regel zwei unterschiedlich gefärbte 8'- und ein 4'-Register, das eine Oktave höher klingt. Sie können einzeln oder gekoppelt gespielt werden. Das zweite Manual (Tastenreihe) diente ursprünglich zur Transposition (etwa um eine Quarte tiefer). Ab Mitte des 17. Jahrhunderts wurde es gleich gestimmt wie das erste und war deshalb alternativ und gleichzeitig spielbar. Ein *Lautenzug* ergibt eine zusätzliche Farbnuance: kleine Filzstückchen

CEMBALOBAU IN EUROPA

Italien
Der Name *clavicembalum* taucht erstmals in Padua 1397 auf; italienische Instrumente sind oft dünnwandig, Disposition oft 8' 8', einmanualig; bedeutende Cembalobauer: Antonio Baffo (1523 – um 1575), Girolamo Zenti (tätig 1633–66), Bartolommeo Cristofori (1655–1731).

Flandern
Antwerpen und Brüssel sind führend, v. a. im 17. Jahrhundert, der Corpus ist oft bemalt, dekoriert, tapeziert; Instrumente sind ein- und zweimanualig (zunächst transponierend); bedeutend ist die Familie Ruckers: Hans (1540–1598), Johannes (1578–1642), Andreas d. Ä. (1579–1652), Andreas d. J. (1607–1655); daneben wichtig: Johannes Couchet (1615–1655), Daniel Dulcken (tätig 1745–64) und Söhne.

Deutschland
Zentren sind Hamburg (Christian Zell, 1722–1741; Familien Hass und Fleischer), Berlin (Michael Mietke, um 1700); Sachsen und Thüringen (Johann Heinrich Gräbner, Vater, 1665–1739, Sohn, 1700–1777, und Enkel, 1749–1796); Gottfried Silbermann, 1683–1753, und dessen Neffe Johann Heinrich, 1727–1799. Aus Süddeutschland sind wenige Instrumente erhalten (Johann Andreas Stein, 1728–1792).

Frankreich
Zentrum ist Paris, zunächst unter flämischem Einfluss (Umbau, Erweiterung – »Ravalement« – von Ruckers-Instrumenten). Wichtige Cembalobauer: Nicolas Blanchet (tätig 1709–49) und Pascal Taskin (gest. 1793), der Büffelleder-Register und Kniehebel erfand.

England
Instrumente von Burkat Shudi (gebürtiger Schweizer, 1702–1773), gemeinsam mit John Broadwood (1732–1812) und der Familie Kirkman (aus dem Elsaß: Jacob 1710–1792, Neffe Abraham 1737–1794); oft furnierte Eichengehäuse.

legen sich an die Saiten und ›verfremden‹ den Klang lautenähnlich.

Das Cembalo ist ein in sich ausgereiftes und mechanisch perfektes Instrument für die Ästhetik der Musik seiner Zeit. Zahlreiche erhaltene und rekonstruierte Instrumente dokumentieren die Meisterschaft ihrer Erbauer. Im Laufe des 18. Jahrhunderts wurde es zunächst Opfer des Stilwandels und abgelöst durch das Hammerklavier. Im 20. Jahrhundert erlebte es im Zuge der historischen Aufführungspraxis eine glänzende Renaissance.

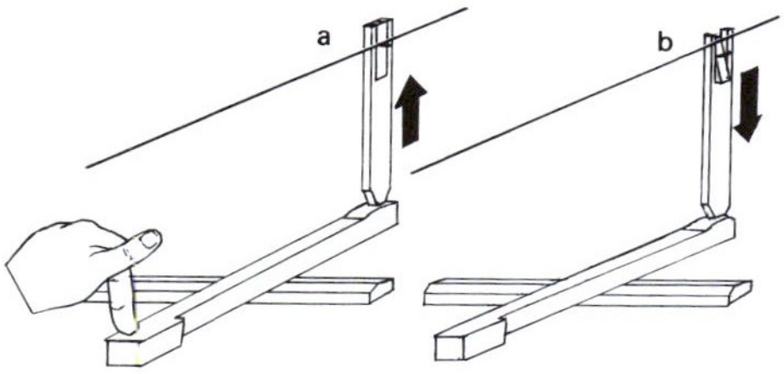

Tonerzeugung beim Cembalo: Beim Anschlagen der Taste (a) reißt der Dorn die Saite an, beim Loslassen der Taste (b) wird der Dorn mittels einer Drehvorrichtung an der Saite vorbeigeführt.

DAS CLAVICHORD. Dieses Instrument ist der Vorläufer des späteren Hammerklavieres: es klingt sehr leise und intim. So ist seine Verwendung im Konzertsaal ausgeschlossen; es wurde zum idealen Haus-, Reise- und Studieninstrument – Johann Sebastian Bach liebte es bekanntlich. Die Clavichord-Mechanik ist noch einfacher als die des Cembalos: Hier entsteht durch eine kleine Metall-Tangente, die sich auf Tastendruck an die Saite legt, ein direkter kontrollierbarer Kontakt zur Saite und ermöglicht in sehr engen Grenzen dynamische Abstufungen.

Zweimanualiges Cembalo von Andreas Ruckers d. Ä., Antwerpen, 1620, mit originalem Deckelgemälde.

DIE BAROCKORGEL

Gabler-Orgel. Eine der schönsten und besterhaltenen Orgeln Süddeutschlands stammt von Joseph Gabler und steht seit 1750 in der Basilika Weingarten; sie hat 66 Register, ist nach mustergültigen Restaurierungen weitgehend im Originalzustand und beeindruckt durch ihre kunstvolle Einpassung in die architektonischen Gegebenheiten der Orgelempore mit ihren Fenstern, Umstände, die Gabler zur Konstruktion einer ungewöhnlich aufwendigen Mechanik nötigten.

FACHBEGRIFFE

Disposition, Gesamtheit der Register, Spielhilfen und Werke einer Orgel.
Fuß, zusätzliche Registerbezeichnung, bezogen auf die Tonhöhenlage des Registers; 8' (»Acht Fuß«) meint Töne der notierten Normallage, also nicht transponierend; 4' transponiert eine Oktave, 2' zwei Oktaven höher, 16' eine Oktave, 32' zwei Oktaven tiefer.
Koppel, Hebel (Schalter) zum Aneinanderkoppeln mehrerer Register, die gemeinsam mit einer Tastenreihe gespielt werden können; Betätigung mechanisch über Gestänge (später pneumatisch oder elektrisch).
Manual, vollständige Tastenreihe für die Hände (lat. *manus* ›die Hand‹) mit zugeordnetem vollständigem Pfeifenwerk.
Mixtur, nach Obertonprinzipien einander zugeordnete Pfeifengruppe gleicher Bauart und Klangfarbe pro Taste, ergänzt die Registrierung zum strahlenden Plenum.
Pedal, Tastatur für die Füße des Spielers, mit eigenem zugeordnetem Pedalwerk, oft in separaten Türmen links und rechts vom Instrument untergebracht.
Pfeifen, Tonerzeuger der Orgel; zwei Pfeifentypen: Lippenpfeifen (Labial-) und Zungenpfeifen (Lingual-). Lippenpfeifen stellen mit den Regi-

GESCHICHTE. Die Orgel zählt zu den ältesten Instrumenten überhaupt. Ihre Wurzeln reichen zurück bis zur altchinesischen Mundorgel und zur antiken Wasserorgel, bei der die Luftdruckregulierung durch Wasserdruck erfolgte (3. Jh. v. Chr.). In die christliche Kirche zog die Orgel vermutlich im 8. Jahrhundert ein: Kaiser Pippin bekam aus Byzanz um 757 eine Orgel geschenkt; im *Utrechter Psalter* des 9. Jahrhunderts ist bereits eine Kleinorgel abgebildet.
In Gotik und Renaissance standen Orgeln bereits in zahlreichen Kirchen des Abendlands, ihre Tasten waren häufig noch handbreit und mussten mit den Händen oder Ellbogen gedrückt werden (daher: »die Orgel schlagen«;

auch die Toccata leitet sich her von lat. *toccare* ›schlagen‹). Unterschiedliche Register, selbständiges Pedal und die Aufteilung in mehrere Werke kamen hinzu (das Rückpositiv im 15. Jahrhundert, bald auch Brust- und Oberwerk).
Die niederländische Renaissanceorgel verfügte bereits über eine farbige Klangdisposition; parallel bildeten sich Orgelbauregionen in Italien, Spanien und Frankreich heraus, mit jeweils unterschiedlichen Eigenarten. Die nötigen technischen Erfindungen stellten schließlich den Organisten ein vollwertiges, bewegliches, vielfarbiges Instrument zur Verfügung. (Springlade um 1400, Schleiflade wenig später; Lippen- und Zungenpfeifen, Mixturen). Aus der Renaissance sind nur wenige Instrumente erhalten.

BESONDERHEITEN DER BAROCKORGEL. In instrumentenbautechnischer Hinsicht befanden sich die Orgeln dieser Epoche auf einem sehr hohen Stand; sie boten alle Spielhilfen und klanglichen Möglichkeiten, die der Ästhetik jener Zeit entsprachen. Insbesondere die mechanische Traktur – die Verbindung zwischen Tasten und Pfeifen mittels Gestänge – gilt bis heute, besser gesagt: heute wieder, als beste und präziseste unter allen Möglichkeiten. So greifen die besten und teuersten heutigen Orgelneubauten wieder auf diese Art der Traktur zurück, nachdem man im 19. Jahrhundert den Umweg über die unzulängliche (weil langsame und unpräzise) pneumatische Traktur eingeschlagen hatte.
Norddeutsche und niederländische Orgeln zeichnen sich durch klar gegliederte Prospekte aus, mit flankierenden Pedaltürmen, übersichtlichem Werkaufbau und deutlichen Dispositionsunterschieden zwischen den Werken. Etliche wertvolle Instrumente haben sich erhalten und sind sorgfältig restauriert worden. Ein weicherer, an der menschlichen Stimme orientierter Klang charakterisiert süddeutsche Orgeln, von denen sich prächtige Exemplare in süddeutschen Kirchen und Klöstern finden.

stern der Prinzipalchöre (›Flöten‹, ›Hörner‹, Mixturen u. a.) den mehrheitlichen Grundbestand einer Orgel; sie sind billiger, robuster und unempfindlicher gegen Verstimmung; in größeren Orgeln werden sie durch die charakteristischen, ein wenig ›schnarrenden‹ Klänge der Zungenregister (›Trompeten‹, ›Posaunen‹, ›Krummhorn‹ u. a.) ergänzt. In spanischen Orgeln ragte oft ein Zungenregister waagerecht aus dem Orgelprospekt hervor (›Spanische Trompeten‹).
Prospekt, verzierte vordere Schauseite der Orgel, mit den sichtbaren Prospektpfeifen.
Register, Pfeifenreihe gleicher Bauart und Klangfarbe, vom tiefsten bis zum höchsten Ton vollständig und gemeinsam mittels Registerhebel (-zug) ein- und ausschaltbar. Registerbezeichnungen enthalten neben charakteristischen Namen (»Oboe«, »Schalmei«) eine Fußbezeichnung.
Spieltisch, Platz des Organisten mit dem Spielwerk aus Manualen, Pedal, Registerzügen und Koppeln.
Traktur, (im Barock) mechanische Verbindung zwischen Taste und Pfeife mittels »Abstrakten«, einem aufwendigen Gestänge aus Holz und Draht.
Werk, sinnvoll aufeinander abgestimmte Gruppe von Registern, einem Manual zugeordnet und in einem gemeinsamen Gehäuseteil aufgestellt (z. B. Haupt-, Brust-, Pedalwerk).
Wind, die zum Orgelspiel benötigte Luftmenge, bis ins 20. Jahrhundert mechanisch mittels mehrerer Blasebälge erzeugt, die von Hilfskräften (Kalkanten) getreten wurden. Der richtige Winddruck entscheidet mit über die Klangqualität eines Instrumentes und hängt u. a. von der Größe der Orgel und des Raumes ab.

Barock

Orgelpositiv (Lucca 1654). Das kleine und transportable Positiv, das vorwiegend Labialpfeifen besitzt, jedoch kein Pedal, fand im Barock vor allem als Continuo-Instrument Verwendung.

ORGELMUSIK VOR BACH

DIETRICH BUXTEHUDE

Um 1637 in Helsingborg oder Oldesloe geboren.
etwa 1657–68 Organist in Helsingborg und Helsingör.
1668 Ernennung zum Organisten der Marienkirche in Lübeck, deren seit 1646 verbürgte Abendmusiken er wiederbelebt.
1705 kommt Bach zu Fuß von Arnstadt, um Buxtehude zu hören.
1707 stirbt Buxtehunde am 9. Mai in Lübeck.

›CLAVIERMUSIK‹. In der ersten Hälfte des 17. Jahrhunderts gab es noch keine klare Trennung von Cembalo- und Orgelmusik; eine charakteristische Setzweise für das eine oder das andere Instrument bildete sich erst in der zweiten Jahrhunderthälfte heraus. Bis dahin hatte die Verwendung des gemeinsamen Oberbegriffes ›Claviermusik‹ noch Berechtigung.

BIS 1650. In der ersten Hälfte des 17. Jahrhunderts existierten in Europa nebeneinander mehrere Zentren der Musik für Tasteninstrumente. Zwei Musiker repräsentieren den Stil des Frühbarock: Girolamo Frescobaldi in Italien und Jan Pieterszoon Sweelinck in den Niederlanden. Die Musik des Orgel- und Cembalovirtuosen Frescobaldi zeichnet sich durch Einfallsreichtum und Farbigkeit aus: überraschende harmonische Wendungen und improvisatorische Melodieführung begegnen uns in seinen zahlreichen Werken, die er in Sammelbänden veröffentlichte. Sie verkörpern eine affekt- und emotionsstarke Musik, die ihre Herkunft aus älterer Tradition nicht verleugnen kann. Insbesondere die Musik des venezianischen Meisters Claudio Merulo hat hier ihre Spuren hinterlassen.
Jan Pieterszoon Sweelinck war wie Frescobaldi Organist an einer großen Kirche, der Oude Kerk in Amsterdam; er wirkte durch zahlreiche Schüler direkter auf die Entwicklung der Orgelmusik in Europa ein als jener. Sweelincks Musik ist streng und kontrapunktisch durchgearbeitet. Seine Toccaten und Fantasien, auch seine Orgelchoräle verdanken den englischen Virginalisten manches Detail. Bei aller Strenge gibt es bei Sweelinck immer auch virtuose Passagen und effektvolle Einzelheiten; Sweelinck gilt als wegweisender Komponist von Choralvariationen. Über seine Schüler hatte er in der Folge großen Einfluss auf die Orgeltradition vor allem im norddeutschen Raum: In Hamburg wirkten an zwei der großen Hauptkirchen Jacob Praetorius d. J. und Heinrich Scheidemann; in Halle der bedeutende Samuel Scheidt, der vor allem den Typus der Sweelinck'schen Liedvariation weiterpflegte.

AB 1650. In der zweiten Hälfte des 17. Jahrhunderts wuchs die Vielfalt der Orgelmusik, und es kamen neue Zentren hinzu. So entwickelte sich in Frankreich eine Tradition von in erster Linie liturgischen Kompositio-

BUXTEHUDES WERKE

- Kammermusik (u. a. 14 zu Lebzeiten gedruckte Triosonaten)
- Werke für Cembalo und Orgel (16 Cembalo-Suiten; über 40 choralgebundene Orgelwerke: über 40 freie Orgelwerke: Präludien, Toccaten usw.)
- Geistliche Vokalmusik (hauptsächlich Geistliche Konzerte; Chorsätze)
- Weltliche Vokalmusik

nen; neben dem wichtigsten Musiker, Jean Titelouze aus Rouen, sind zu nennen der Pariser Organist Nicolas de Grigny und die beiden königlichen Organisten Jean-François Dandrieu und Louis-Claude Daquin.
Im Süden des deutschsprachigen Raums ist der Frescobaldi-Schüler Johann Jacob Froberger der wichtigste. Seine vielfach gegliederten freien Orgelwerke sind dem Erbe seines Lehrers verpflichtet; wichtig wurde er ferner für die Entwicklung einer eigenständigen Cembalomusik (oft in Suitenform). In Frobergers Tradition stehen Johann Joseph Fux, Johann Kaspar Kerll und vor allem Georg Muffat.
In Deutschland bildeten sich zwei Schwerpunkte heraus. Die mitteldeutsche Orgeltradition wird angeführt von Johann Pachelbel aus Nürnberg, von dem sowohl freie als auch vor allem choralgebundene Orgelwerke überliefert sind. Nur wenig jünger war Bachs Vorgänger im Amt des Thomaskantors, Johann Kuhnau, dessen *Biblische Historien* (1700) eine wichtige frühe Station auf dem Weg zur programmatischen Klaviermusik darstellen. Die stilbildende und einflussreiche Norddeutsche Orgelschule ging auf Sweelinck zurück; ihre Komponisten wurden durch eine Reihe von bedeutenden Orgelbaumeistern (u. a. Arp Schnitger) begleitet: sie schufen die berühmten norddeutschen Barockorgeln, die mit ihrem Klangcharakter und ihren Spielmöglichkeiten die Orgelmusik bis zu Johann Sebastian Bach beeinflussten. Franz Tunder war Schwiegervater und Vorgänger Buxtehudes in Lübeck; Johann Adam Reinckens Ruhm als Organist der Katharinenkirche zu Hamburg veranlasste Bach zu einer Reise dorthin. Bedeutendster und folgenreichster Meister des Nordens war Dietrich Buxtehude, Organist an St. Marien in Lübeck. Sein Einfluss prägte sowohl die liturgische wie die freie Orgelmusik; sein Stil ist individuell, farbig in der Harmonik und fantasievoll in der Spieltechnik, die bisweilen wie improvisatorisch eingesetzt wird. Seine großen freien Zyklen – heute als Präludien bzw. Toccaten und Fugen geläufig – weisen eine charakteristische Form auf: freie Abschnitte mit toccatenhaftem Spielwerk wechseln sich mit zwei oder drei Fugenteilen ab, die trotz gewisser Selbständigkeit oft motivisch aufeinander bezogen sind. Manche dieser Werke weisen auf Johann Sebastian Bach voraus. Die norddeutsche Tradition setzten nach Buxtehude fort: Nicolaus Bruhns in Husum, Vincent Lübeck in Hamburg und Georg Böhm in Lüneburg, der auch französische und italienische Stilelemente verarbeitete.

GIROLAMO FRESCOBALDI

1583 Mitte September in Ferrara geboren.
Kurz nach 1600 Umzug nach Rom.
1607 Ernennung zum Organisten der Kirche S. Maria in Trastevere, Reise nach Brüssel.
1608 Wahl zum Organisten an St. Peter in Rom.
1628–33 in Rom beurlaubt und Organist am Hof der Medici in Florenz.
1637–41 hat der inzwischen international berühmte Frescobaldi den Wiener Hoforganisten Johann Jacob Froberger zum Schüler.
1643 stirbt Frescobaldi am 1. März in Rom.

FRESCOBALDIS WERKE

- Über 50 Kanzonen ›für alle Arten von Instrumente‹
- Rund 130 Werke für Cembalo und Orgel (Toccaten, Canzonen, Capricci, Partiten, Variationen, Ricercare, 3 Orgelmessen)
- Geistliche Vokalmusik (2 Messen, zahlreiche Motetten)
- Madrigale und Lieder

JOHANN SEBASTIAN BACH

JOHANN SEBASTIAN BACH

1685 am 21. März in Eisenach geboren.
1695 nach dem Tod der Eltern in der Obhut und Ausbildung des älteren Bruders Johann Christoph in Ohrdruf.
1700 Besuch des Gymnasiums in Lüneburg (Chorist, Instrumentalist).
1703 Geiger und Bratscher in der Sächsischen Hofkapelle zu Weimar.
1705–06 Organist in Arnstadt; Fußreise nach Lübeck.
1707 Organist in Mühlhausen.
1708 wieder als Hofmusiker in Weimar.
1714 Konzertmeister in Weimar.
1717 Kapellmeister am Köthener Hof.
1720 Tod der ersten Ehefrau, Maria Barbara.
1721 *6 Brandenburgische Konzerte*; Heirat mit Anna Magdalena.
1722 Das Wohltemperierte Klavier (1. Teil).
1723 Ernennung zum Thomaskantor und Musikdirektor in Leipzig.
1724–26 Reisen nach Gera, Dresden, Köthen.
1729 Fürstlich-Weißenfelsischer Hofkapellmeister; *Matthäus-Passion*.
1734 *Weihnachts-Oratorium*.
1736 erhält den Titel eines »Sächsischen Hofcompositeurs«.
1741 Reise nach Berlin.
1742 Goldberg-Variationen.
1747 Reise nach Potsdam; Besuch bei Friedrich II., Anregung zum *Musikalischen Opfer*.
1749 Schlaganfall, Nachlassen der Sehkraft.
1750 *Die Kunst der Fuge*; erneuter Schlaganfall, Bach stirbt am 28. Juli in Leipzig.

HÖHEPUNKT DES BAROCK. Das kompositorische Lebenswerk Bachs gilt als Höhe- und Schlusspunkt der Barockepoche. In allen wesentlichen Gattungen schuf er maßstabsetzende, Bilanz ziehende Werke. Bach entstammt einer alten, weit verzweigten Musikerfamilie, in der es Tradition war, den Beruf als Handwerk und immer zur Ehre Gottes auszuüben (»soli Deo gloria«). Aus dieser Auffassung heraus entfaltete sich bei Johann Sebastian Bach eine effektive pädagogische Begabung: Unter seinen zahlreichen Kindern wurden mehrere Söhne bedeutende Komponisten, allen voran Carl Philipp Emanuel und Johann Christian, die ihren Beruf beim Vater erlernten, sich aber in ihren Kompositionen stilistisch von ihm entfernten. Ihr »Sturm und Drang« und ihre »Empfindsamkeit« waren Äußerungen einer neuen Epoche, während der Vater fast anachronistisch am alten Stil des Generalbasszeitalters festhielt. Sein überragendes Format aber ließ ihn zugleich Stil- und Epochengrenzen überwinden und zum überzeitlichen Phänomen – zum Klassiker – werden.

BACHS WERKE. Von pädagogischer Begabung zeugt vor allem ein großer Teil seiner Klavierwerke für Cembalo und Orgel; von ihrer Bestimmung (auch) für den Unterricht sprechen Titel wie *Clavier-Übung* oder *Notenbüchlein für Wilhelm Friedemann*. In den Suiten, Partiten, Präludien und Fugen schuf Bach Kompendien der Kompositions- und Spieltechnik, modellhaft jeweils die Gattungen auf ihren letzten Höhepunkt führend. Bachs Stellung innerhalb der Musikgeschichte ist die eines Vollenders und eines Pioniers. Die Technik des Generalbasses und der kontrapunktischen Schreibweise erfuhren hier ihre nicht mehr steigerbare Sublimierung, am deutlichsten in den Alterszyklen des *Musikalischen Opfers* und der *Kunst der Fuge*.
Kantaten, Messen, Passionen und Oratorien stellen einen Schwerpunkt der Bach'schen geistlichen Vokalmusik dar und dokumentieren das religiöse Fundament seines Schaffens. Dabei bündeln sich vielfältige stilistische und gattungsmäßige Einflüsse und konzentrieren sich exemplarisch in den beiden Passionsmusiken nach Johannes und Matthäus, aber auch in der so genannten *h-Moll-Messe*. Von hier aus lassen sich Entwicklungslinien ziehen zu den kommenden Oratorien und Messevertonungen der Klassik und des 19. Jahrhunderts. In ihnen setzen sich die Komponisten individuell mit den kompositorischen Vorgaben Bachs, vor allem mit seiner Kunst des Kontrapunktes, auseinander.

BACH ALS PIONIER. Neben seiner Rolle als Vollender ehrwürdiger Traditionen steht die des Pioniers, der kommende Stilentwicklungen anstieß und manches vorauszuahnen schien. So weist die vielfältige Instrumentationskunst in den *Brandenburgischen Konzerten* neue Wege in der Orchesterbehandlung. Seine Solokonzerte, vor allem die für Violine, ebnen den Pfad zum klassischen Konzert, trotz ihrer traditionellen Orientierung am Vivaldi-Modell. Singulär erscheinen seine Sonaten und Partiten (Suiten) für ein einzelnes Soloinstrument ohne Generalbass. In den so individuell unterschiedlichen Präludien des *Wohltemperierten Klaviers* liegen Wurzeln des romantischen Charakterstücks und pianistischer Virtuosität; die *Goldberg-Variationen* leiten die Reihe der großen Variationszyklen für Klavier von Beethoven bis Brahms kongenial ein. So ist es konsequent, wenn Bach sich einer zweifelsfreien Epochen-Einordnung entzieht: wie Beethoven steht er quer zu den Zeitströmungen, fasst zusammen und weist in Zukunft und Vergangenheit zugleich.

Johann Sebastian Bach,
Ölgemälde von Elias Gottlieb Haußmann (1746) mit Bachs Unterschrift aus der *Kunst der Fuge*.

BACHS WERKE

Im Bach-Werke-Verzeichnis von Wolfgang Schmieder (BWV) sind die Werke Bachs gruppenweise einzeln durchnummeriert (*Thematisch-systematisches Verzeichnis der musikalischen Werke von Johann Sebastian Bach*, 1950).

- Orchestermusik (6 *Brandenburgische Konzerte*; 4 Ouvertüren[-Suiten])
- Solokonzerte für einzelne oder mehrere Instrumente (v. a. für Violine und Cembalo)
- Kammermusik (je 6 Solosonaten bzw. Partiten für Violine und Violoncello; Sonaten für Violine, Gambe, Flöte und b. c., Triosonaten)
- Klaviermusik (u. a. *Französische Suiten*; *Englische Suiten*; *Partiten*; *Das Wohltemperierte Klavier*, 2 Bde.)
- Orgelmusik (freie und choralgebundene Orgelwerke: u. a. Fantasien, Toccaten, Präludien und Fugen, 6 Triosonaten, Choralvorspiele)
- Vokalmusik (5 Messen; Motetten; Oratorien; 2 erhaltene Passionen; über 200 zumeist geistliche Kantaten; Choralsätze; Lieder und Arien)

BACHS ORGELMUSIK

FREIE ORGELWERKE. Man hat sich angewöhnt, Johann Sebastian Bachs Orgelmusik nach den Kriterien ›weltlich‹ und ›geistlich‹ zu unterscheiden. Bach aber schrieb seine Musik unterschiedslos immer »soli deo gloria« – Gott zu Ehren. Besser trifft die Unterscheidung in freie und liturgisch gebundene Orgelwerke, denn so wird ihre Funktion charakterisiert. Rund ein Drittel der Orgelkompositionen Bachs sind ›freie‹, also nicht für eine Funktion innerhalb des lutherischen Gottesdiensts bestimmte, Musik. Hierher gehören die Präludien, Fantasien und Toccaten mit zugehöriger Fuge, die Passacaglia und die sechs Triosonaten sowie weitere einzelne Werke. Mit ihnen steht Bach in der Chronologie norddeutscher Orgelmeister, allen voran Dietrich Buxtehude. Ihm verdankte er viel; dass er sich eines ideellen Schülerverhältnisses zu diesem Meister bewusst war, davon zeugt seine berühmte Fußreise nach Lübeck im Jahre 1705.

Bachs Orgelwerke entstanden vorwiegend in Weimar (1708–17) und Leipzig (ab 1723). Er lernte die Tradition der paarigen Zusammenstellung zweier Formtypen kennen, doch er formte erst aus Präludien, Fantasien und Toccaten mit anschließenden Fugen gleichberechtigte Paare, deren Teile selbständig und sehr unterschiedlich beschaffen, doch untrennbar im Sinne eines komplementären Spannungsverhältnisses aufeinander bezogen waren. Dabei sind die Grenzen zwischen den drei Gattungen der ›Kopfsätze‹ fließend und kaum präzise definierbar; die drei Namen waren fast austauschbar.

Beim Präludium lassen sich mehrere Typen unterscheiden, je nach Beschaffenheit des musikalischen Satzes; bisweilen nähert es sich dem Konzertsatz, wie mehrfach in den späten Leipziger Satzpaaren (c-Moll BWV 546, e-Moll BWV 548). Die Fantasie zeichnet in der Regel größere, improvisatorische Freiheit aus, am eindrucksvollsten in der kaleidoskopartig gefügten, chromatisch kühnen *Fantasie g-Moll* (BWV 542). Unter Bachs Toccaten entspricht die bekannte *d-Moll-Toccata* (BWV 565) am ehesten dem norddeutschen Vorbildtypus von Buxtehude und Bruhns, während die beiden Toccaten in F-Dur (BWV 540) und d-dorisch (BWV 538) eher motivisch

ORGELMACHER-FAMILIEN

Mit den Orgelwerken der Bach-Zeit eng verknüpft ist die mitteldeutsche Orgelmacher-Familie Silbermann. Bei Andreas (1678–1734), der seine Werkstatt in Straßburg einrichtete und von dem 34 Orgeln bekannt sind, lernte der jüngere Bruder Gottfried (1683–1753) das Handwerk. Zu den bedeutendsten Werken des Orgelbauers und Instrumentenmachers Gottfried Silbermann, bekanntestes Mitglied der Familie, gehören die dreimanualige Domorgel in Gottfried Silbermanns Wohnort Freiberg (Sachsen) und die Orgel der katholischen Hofkirche in Dresden. Carl Philipp Emanuel Bach rühmte Gottfried Silbermanns Clavichorde, für die von ihm weiterentwickelten Hammerflügel interessierte sich Johann Sebastian Bach.

Der Oldenburger Arp Schnitger (1648–1719) baute mit seinen zwei Söhnen Johann Georg (1690 – nach 1734) und Franz Caspar (1693–1729), die sich später in den Niederlanden niederließen, rund 150 Orgeln, zumeist in Norddeutschland und den Niederlanden; auf Schnitgers viel gerühmter Jacobi-Orgel in Hamburg spielte Johann Sebastian Bach 1720, als er sich um die Organistenstelle an St. Jacobi bewarb.

Johann Sebastian Bach, *Dritter Theil der Clavier Übung*, erste Seite der Originalausgabe von 1739.

gebundene Präludien sind.
Von bezwingender Vielfalt sind die zahlreichen nachgestellten oder einzelnen Fugen Bachs, in denen er die ›Lehrbuchregeln‹ auf individuelle Weise erfüllt, erweitert und durchbricht.
Die *e-Moll-Fuge* (BWV 548) mit ihrem chromatisch auseinander strebenden Thema versucht und bewältigt eine raffinierte, virtuose Synthese mit dem Concertoprinzip; die *g-Moll-Fuge* (BWV 542) lebt vom konzertant-weltlichen Impetus ihres Themas, das einem holländischen Volkslied nachempfunden ist.
Die sechs dreisätzigen *Triosonaten* übertragen die drei kontrapunktischen Stimmen einer barocken Triosonate auf die Manuale und das Pedal der Orgel; als ›pädagogische‹ Musik erziehen sie Hände und Füße des Organisten zu virtuoser Selbständigkeit und klingen dabei bezwingend unakademisch und ausdrucksvoll – eine Hohe Schule des Orgelspiels!

Silbermann-Orgel von 1707 in Straßburg, St. Pierre le Jeune.

LITURGISCHE ORGELMUSIK. Der größere Teil von Bachs Orgelmusik ist choralgebunden. Vorläufer sind hier die Choralfantasie der norddeutschen Orgelmeister und vor allem Johann Pachelbels Choralbearbeitungen. Die großen Choralsammlungen enthalten zumeist ausgedehntere Sätze; unter ihnen wurden die sechs *Schübler-Choräle* (1748/49) besonders populär; hier handelt es sich um Eigenbearbeitungen von Teilen Bach'scher Kantaten. Den Gipfel von Bachs liturgisch gebundener Orgelmusik stellen zwei große Zyklen dar: der dritte Teil der *Clavier-Übung* (1731) enthält insgesamt 27 unterschiedliche Kompositionen und trägt als Ganzes Modellcharakter. Den Rahmen bilden *Präludium und Fuge Es-Dur* (BWV 552); die riesige Tripelfuge ist eine der kunstvollsten Bachs. Neben den so eingerahmten Choralbearbeitungen fallen die vier streng linearen, fast asketischen *Duette* (BWV 802-05) aus dem Rahmen; diese kunstvollen Inventionen ohne Pedal verweisen auf das Cembalo (oder Clavichord).
Ein Opus ultimum, neben der *Kunst der Fuge* und dem *Musikalischen Opfer*, sind *Einige kanonische Veränderungen über das Weihnachtslied »Vom Himmel hoch, da komm ich her«* (BWV 769); Bach komponierte sie 1747 zum Eintritt in die Mizlersche Societät der musikalischen Wissenschaften; der artifizielle Zyklus summiert rückblickend und bilanzierend in zutiefst vergeistigter Weise Bachs kontrapunktische Kunstfertigkeit.

DER PÄDAGOGE

In Bachs Orgelmusik ist der musikalische oder liturgische Aspekt häufig nicht vom pädagogischen zu trennen. Am deutlichsten wird das im *Orgelbüchlein*, das in den Weimarer Jahren (ab 1717) entstanden sein dürfte; in der Vorrede heißt es, dass damit »einem anfahenden Organisten Anleitung gegeben wird, auff allerhand Arth einen Choral durchzuführen, anbey auch sich im Pedalstudio zu habilitieren«. In 46 Chorälen (geplant waren 164) breitet Bach seine Kunstfertigkeit im polyphonen Satz aus, auf der Basis lutherischer Choralmelodien, die zeilenweise durchgeführt werden.
Zu den unveränderten oder verzierten (›kolorierten‹) Melodiezeilen treten die übrigen Stimmen motivgeprägt, programmatisch oder auch symbolisch, im Sinne der Figurenlehre des 17. Jahrhunderts, hinzu.

BACHS KLAVIERMUSIK

IM ITALIENISCHEN UND FRANZÖSISCHEN STIL. Bach hat sich mit allen zeitgenössischen stilistischen Tendenzen auseinandergesetzt und die gewonnenen Erfahrungen in seinen Stil eingebunden, was sich auch in seinen Cembalowerken widerspiegelt. Am deutlichsten wird das an den beiden unterschiedlichen Kompositionen, die er in seinem »Zweyten Theil der Clavier Übung« (1735) zusammenfasste. Sein »Concerto nach italienischem gusto« (das bekannte *Italienische Konzert* F-Dur, BWV 971) stellt den gelungenen Versuch dar, die dreisätzige Form des italienischen Solokonzerts auf das Tasteninstrument zu übertragen. Hierfür benötigt man ein zweimanualiges Cembalo, denn im vorgeschriebenen Wechsel der beiden Manuale wird das Alternieren von Solo und Tutti in den Ecksätzen imitiert, auch die Ritornellform der beiden Ecksätze folgt dem Vorbild. Es gibt neben dem *Italienischen Konzert* nur noch zwei weitere Cembalowerke, in denen Bach ausdrücklich den Gebrauch von zwei Manualen vorschreibt: die *Goldberg-Variationen* und die *Französische Ouvertüre* h-Moll (BWV 831), die das Modell der französischen Orchestersuite auf das zweimanualige Instrument überträgt, endend in einem reizvollen Echosatz, der die Möglichkeiten der Zweimanualigkeit virtuos nutzt.

SUITEN. In drei großen, dem Brauch der Zeit nach sechsteiligen Zyklen setzte sich Bach zwischen 1722 und 1731 mit der Überlieferung der Klaviersuite auseinander. Gemeinsam ist ihnen allen die Konstellation der Sätze. Vier von ihnen bilden den traditionellen Rahmen: Allemande, Courante, Sarabande und Gigue mit ihren unterschiedlichen charakteristischen Takt- und Bewegungsmustern. Zwischen Sarabande und Gigue werden weitere ausgewählte Tanztypen eingefügt. Was mit den Titeln der ersten beiden Sammlungen, *Französische Suiten* und *Englische Suiten*, gemeint ist, entzieht sich unserer Kenntnis. Die dritte, bedeutendste Reihe von Suiten heißt *Partiten*, ein gebräuchliches Synonym für Suiten. Die *Französischen Suiten* sind intimer und knapper und am leichtesten ausführbar. Den *Englischen Suiten* stellte Bach jeweils ein ausgedehntes Vorspiel, *Prélude* genannt, voran; jedes folgt einem anderen Formmodell, alle sind spielfreudig und virtuos. Zwischen Sarabande und Gigue ist jeweils ein alternierendes Satzpaar eingeschoben (z. B. Gavotte, Menuett).

Die sechs *Partiten* werden ebenfalls von Vorspielen eingeleitet, die auch in ihren unterschiedlichen Titeln auf ihr Formprinzip hinweisen (Präludium, Sinfonia, Fantasia, Ouvertüre, Praeambulum, Toccata). In diesen großen Suiten ist der Stilisierungsgrad der einzelnen Tanzsätze am größten und nähert manchen Satz dem Charakterstück an; der Interpret findet in dieser Sammlung eine Fundgrube spätbarocker Cembalotechnik auf anspruchsvollstem Niveau.

PÄDAGOGISCHE MUSIK

Als ›lehrreich‹ verstand Bach seine Klaviermusik eigentlich immer; das wird an den beiden Sammlungen der (zweistimmigen) *Inventionen* und (dreistimmigen) *Sinfonien* am deutlichsten. In einer vorangestellten Erklärung definiert der Komponist plastisch Sinn und Zweck dieser kontrapunktischen Miniaturen, mit denen er angehenden Spielern und Komponisten Lehrbeispiele an die Hand gibt. Dass seine Methodik große Erfolge hatte, beweisen die Laufbahnen mehrerer seiner Söhne, die beim Vater ihr Handwerk erlernten.

AUS BACHS VORREDE ZU DEN *INVENTIONEN UND SINFONIEN*

»Auffrichtige Anleitung wormit denen Liebhabern des Clavires, besonders aber denen Lernbegierigen, eine deutliche Art gezeiget wird, nicht allein 1) mit 2 Stimmen reine spielen lernen, sondern auch bey weiteren Progressen 2) mit dreyen obligaten Partien richtig und wohl zu verfahren, anbey auch zugleich gute inventiones nicht alleine zu bekommen, sondern auch selbige wohl durchzuführen, am allermeisten aber eine cantable Art im Spielen zu erlangen, und darneben einen starcken Vorschmack von der Composition zu überkommen. Cöthen 1723«

DAS WOHLTEMPERIERTE KLAVIER. In zwei Folgen veröffentlichte Bach 1722 Teil 1 und 1744 Teil 2 dieser Sammlung mit je 24 Präludien und Fugen in allen Dur- und Moll-Tonarten in chromatisch aufsteigender Anordnung. Die Bedeutung dieses Werkes ist immens: Es stellt den klingenden Beweis dar, dass man mittels eines neuartigen Systems der Stimmung auf dem Klavier gleich gut in allen Tonarten spielen (und komponieren) kann. »Wohltemperiert« bedeutet also »ausgeglichen gestimmt«, was durch den Kunstgriff einer kleinen, gleichmäßig über die Oktave verteilten ›Verstimmung‹ aller Intervalle außer der Oktave erreicht wird. Wollte man ein Tasteninstrument sauber – ›naturrein‹ – in den einfachen ganzzahligen Schwingungsverhältnissen der physikalischen Intervalle (Quinte 2:3, Quarte 3:4 usw.) stimmen, dann könnte man nur in wenigen Tonarten musizieren. Mit dem Problem der Stimmung von Tasteninstrumenten setzten sich Theoretiker und Instrumentenbauer der Zeit auseinander; am bekanntesten wurde Andreas Werckmeister.

Das *Wohltemperierte Klavier* enthält unterschiedlichste Präludien und Fugen jenseits aller Lehrbuchregeln und Überlieferungen: jede der Fugen stellt eine individuelle Lösung dieses kontrapunktischen Prinzips dar; die facettenreiche Reihe der Präludien weist voraus bis zum Charakterstück des 19. Jahrhunderts.

GOLDBERG-VARIATIONEN. Bachs »Aria mit verschiedenen Veränderungen« (so im Original) erschien 1742/43 als vierter Teil der *Clavier-Übung*. Die *Goldberg-Variationen* bilden ein Kompendium aller spieltechnischen, harmonischen, kontrapunktischen und satztechnischen Möglichkeiten der Zeit. Auch sie setzen ein zweimanualiges Cembalo voraus, vor allem für virtuos sich kreuzende Passagen, die seinerzeit beliebt waren und die man auch bei Domenico Scarlatti findet. Das Thema der Variationen ist eine Chaconne, deren Bass zur Basis aller Veränderungen wird.

DAS ZIEL DES *WOHLTEMPERIERTEN KLAVIERS*

Auch im ausführlichen Titel zum Teil 1 seiner Sammlung von Präludien und Fugen macht Bach seine (auch) musikpädagogischen Absichten deutlich.

»Das Wohltemperierte Clavier oder Praeludia, und Fugen durch alle Tone und Semitonia, So wohl tertiam majorem oder Ut Re Mi anlangend, als auch tertiam minorem oder Re Mi Fa betreffend. Zum Nutzen und Gebrauch der Lehr-begierigen Musicalischen Jugend, als auch derer in diesem studio schon habil seyenden besonderem ZeitVertreib auffgesetzet und verfertiget von Johann Sebastain Bach. p.t: HochFürstlich Anhalt-Cöthenischen Capel-Meistern und Directore derer Cammer Musiquen. Anno 1722.«

Barock

Johann Sebastian Bach, *Invention Nr. 14 B-Dur* BWV 785.

DIE FUGE

DIE GATTUNG. Vom Kanon, mit dem sie die Bezeichnung ›Fuga‹ gemeinsam trug, emanzipierte sich die Fuge in der zweiten Hälfte des 17. Jahrhunderts. Ihre Vorläufer waren neben anderen die Kanzone und das Ricercar. Ihren Höhepunkt fand sie im Schaffen Johann Sebastian Bachs, das den vorläufigen Abschluss ihrer Entwicklungsgeschichte bedeutete. Nach Bach schrieben zahlreiche Komponisten Fugen vorwiegend als historisierendes Stilzitat oder als reflektierende Auseinandersetzung mit dem überlieferten Modell; innerhalb der Kirchenmusik gehörte das Fugenschreiben auch weiterhin zur Tradition.
Bedeutete der Kanon strenge Durchimitation aller Stimmen, so verband die Fuge kontrapunktische Strenge mit kreativer Freiheit. Auch wenn es in Lehrbüchern anders scheinen mag: es gibt kein festliegendes Verlaufsmodell für die Fuge; ihr genügen wenige verbindliche Regeln sowie die Gesetze des Kontrapunktes. Deshalb kann man nicht an einer einzelnen Fuge die Gesetze der Gattung erläutern – in Bachs *Wohltemperiertem Klavier* gleicht keine Fuge der anderen. Weder Zahl noch Einsatzreihenfolge der Stimmen sind festgelegt; es gibt (wenige) zweistimmige und bis zu sechsstimmige Fugen. Jede Fuge besitzt ein charakteristisches Thema, das nicht periodisch, jedoch häufig motivisch gebaut ist; es gibt lapidar kurze Themen aus wenigen Einzeltönen und vielgestaltig komplexe Gebilde.

AUFBAU. Alle Fugen fangen gleich an: In der Exposition wird in allen Stimmen nacheinander das Thema vorgestellt, im Wechsel von Tonika und Dominante. Doch bereits die erste Fuge im *Wohltemperierten Klavier* (WK)

FUGEN-»KUNSTSTÜCKE«

Um den Verlauf einer Fuge abwechslungsreicher zu gestalten, gibt es eine Reihe weiterer kontrapunktischer Kunstgriffe, mit denen man Themen und Motive verändern kann, ohne ihre Substanz anzutasten. Man kann auch mehrere Veränderungen miteinander kombinieren. Folgende Möglichkeiten gibt es:

Engführung, Themeneinsätze, die erfolgen, bevor der vorige Einsatz beendet ist. Eine Engführung muss also genau definiert werden, indem man den zeitlichen und den Intervallabstand benennt – beide sind variabel.
Krebs, rückläufig geführte Melodie, selten angewendet, Bsp.: Bachs *Musikalisches Opfer* (»Canon cancrizans«).
Umkehrung (Spiegelung), alle Intervalle kehren ihre Richtung um.
Vergrößerung (Augmentation), Verdoppelung der Notenwerte.
Verkleinerung (Diminution), Verkürzung der Notenwerte.

Contrapunctus 6 (Beginn) aus Johann Sebastian Bachs *Kunst der Fuge*.

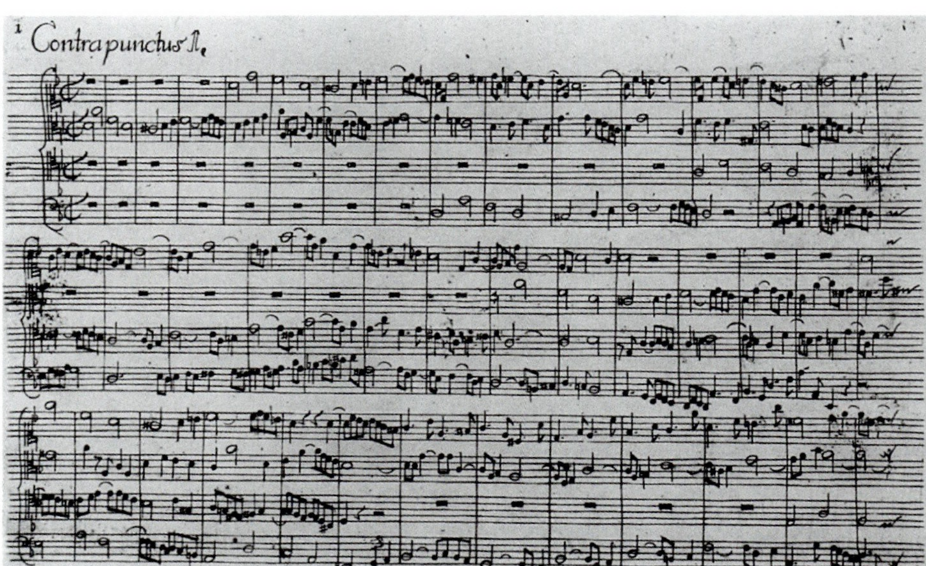

Barock

›verstößt‹ gegen diese Regel: zweiter und dritter Einsatz stehen beide auf der Dominante. Erster und zweiter Einsatz heißen Dux (›Führer‹) und Comes (›Begleiter‹), was aber nur bei der tonalen Beantwortung unterscheidende Berechtigung hat, bei der sich einzelne Intervallschritte verändern. Eine intervallgetreue Beantwortung heißt ›real‹. Vom zweiten Themeneinsatz an treten zum Thema Gegenstimmen hinzu. Häufig begleiten sie das Thema als Kontrasubjekte durch die ganze Fuge.
Der weitere Verlauf der Fuge folgt ganz wenigen Regeln und bietet dem Komponisten überraschend viel gestalterischen Spielraum. Eine wichtige Vorgabe lautet: der Ablauf geschieht im Wechsel von thematischen und unthematischen Abschnitten – immer wenn das Thema vollständig erklingt, spricht man von ›Durchführung‹. Sie ist vollständig, wenn in jeder Stimme das Thema auftritt, unvollständig, wenn es nur in einer oder wenigen Stimmen erscheint. Es gibt Fugen, in denen das Thema nur vereinzelt erscheint (WK I,2), in anderen erklingt es fast pausenlos (WK I,1). So gibt es zahllose Abstufungen zwischen spielerischen und kontrapunktisch strengen Fugen.
Alle Abschnitte, in denen das Thema nicht vollständig auftaucht, heißen Zwischenspiele. In ihnen können motivische Beziehungen zum Thema oder den Kontrasubjekten bestehen. Sie können aber auch als freie Fortspinnung ablaufen. Zahl und Länge von Durchführungen und Zwischenspielen sind nicht festgelegt, also gibt es sehr kurze und sehr lange Fugen. Fugen, in denen nacheinander mehrere Themen zunächst einzeln exponiert und später kombiniert werden, heißen Doppel- (2), Tripel- (3) und Quadrupelfugen (4 Themen).

BACHS FUGEN. Bach schrieb neben den großen Vokalfugen in geistlichen Werken, den 48 Fugen des *Wohltemperierten Klaviers* sowie zahlreichen Orgelfugen die *Kunst der Fuge* und das *Musikalische Opfer*, in denen er die Fugen- und Kanontechnik noch einmal nach allen Regeln der Kunst ausschöpfte. Die *Kunst der Fuge* erschien postum 1751 ohne Instrumentationsangaben in vierstimmiger Partitur und besitzt den Charakter eines grundsätzlichen Lehrwerks. Es gibt deshalb Bearbeitungen für zahlreiche Besetzungen (Orgel, Streichinstrumente, Blasinstrumente, solistisch und chorisch). Ihre letzte Fuge, die durch den Eintritt von Bachs Namen in Noten als zusätzlichem Thema zu einer Quadrupelfuge werden sollte (Fuge mit vier Themen), ist unvollendet.

FUGEN NACH BACH. Auseinandersetzungen mit der Fuge finden sich in fast allen späteren geistlichen Vokalwerken, von Mozarts *c-Moll-Messe* und seinem *Requiem* über Beethovens *Missa solemnis* bis zum *Deutschen Requiem* von Brahms und zum *Requiem* von Verdi. In der Instrumentalmusik gibt es, neben vielen anderen, bemerkenswert individuelle Beispiele in Beethovens späten Klaviersonaten und Quartetten, aber auch im 20. Jahrhundert, so im Klavierzyklus *Ludus tonalis* von Paul Hindemith.

JOHANN Sebastian Bach hat in seiner Widmung des *Musikalischen Opfers* an Friedrich II. Anlass und Ziel des Werks beschrieben.

»Allergnädigster König,
Ew. Majestät weyhe hiermit in tiefster Unterthänigkeit ein Musicalisches Opfer, dessen edelster Theil von Deroselben hoher Hand selbst herrühret. Mit einem ehrfurchtsvollen Vergnügen erinnere ich mich annoch der ganz besondern Königlichen Gnade, da vor einiger Zeit, bey meiner Anwesenheit in Potsdam, Ew. Majestät selbst, ein *Thema* zu einer *Fuge* auf dem Clavier mir vorzuspielen geruheten, und zugleich allergnädigst auferlegten, solches alsobald in Deroselben höchsten Gegenwart auszuführen. Ew. Majestät Befehl zu gehorsamen, war meine unterthänigste Schuldigkeit. Ich bemerkte aber gar bald, daß wegen Mangels nöthiger Vorbereitung, die Ausführung nicht so gerathen wollte, als es ein so treffliches *Thema* erforderte. Ich fassete demnach den Entschluß, und machte mich sogleich anheischig, dieses recht Königliche *Thema* vollkommener auszuarbeiten, und sodann der Welt bekannt zu machen. (…) Ich erkühne mich dieses unterthänigste Bitten hinzuzufügen: Ew. Majestät geruhen gegenwärtige wenige Arbeit mit einer gnädigen Aufnahme zu würdigen, und Deroselben allerhöchste Königliche Gnade noch fernerweit zu gönnen
Ew. Majestät
alleruntertänigst gehorsamtsten Knechte, dem Verfasser
Leipzig, den 7. Julii 1747«

KLAVIERMUSIK NEBEN BACH

ITALIEN UND SPANIEN. Die Klavierwerke Johann Sebastian Bachs sind der deutsche Höhepunkt der Gattung im 18. Jahrhundert. Daneben aber setzten in anderen europäischen Ländern weitere Komponisten individuelle Akzente. Domenico Scarlatti wurde 1685 als Sohn seines vor allem durch seine Opern berühmten Vaters Alessandro in Neapel geboren; seit 1719 wirkte er als Hofcembalist in Spanien, zunächst in Lissabon, dann in Madrid. Seine Cembalomusik unterscheidet sich stilistisch grundlegend von der Bachs. Sein Lebenswerk umfasst 555 Sonaten, die jedoch zu seinen Lebzeiten unveröffentlicht blieben, weil sie der spanischen Königin gehörten. Sie sind alle einsätzig und formal unabhängig von den Einflüssen der neuartigen Sonatensatzform. Basis ihrer Struktur ist ein Harmonieschema: der erste Teil bewegt sich von der Tonika zur Dominante, der zweite von der Dominante zurück zur Tonika.

Scarlatti verlieh der Spieltechnik neuartige Impulse und erhob die Virtuosität zu einem gewichtigen Bestandteil der Komposition. Seine Sonaten enthalten brillante Effekte, etwa weite Intervallsprünge und schnelle Tonwiederholungen sowie das Sich-Kreuzen der Hände. Als Komponist virtuoser und geistreicher Klaviermusik war der Spanier Antonio Soler ein legitimer Nachfahre Scarlattis.

Jean-Philippe Rameau um 1730. Jacques Aveds Ölgemälde zeigt Rameau, wie er lässig und selbstsicher vor seinem Körper die Geige hält, auf der er einige Töne zu zupfen scheint; Bogen und Noten sind auf den kleinen Tisch gelegt.

FRANKREICH. Hier folgten einander zwei Meister der Cembalomusik. Als älterer hinterließ François Couperin (»Le Grand«) vier Bücher mit *Pièces de clavecin*, die zwischen 1713 und 1730 erschienen und ein Kompendium der zeitgenössischen französischen Klaviermusik darstellen. In ihnen sind 27 Zyklen unter dem Titel *ordre* zusammengefasst, die wenig mit den gewohnten Suiten zu tun haben. Anstelle von Tanzsätzen enthalten sie charakteristische Einzelsätze, die zum Teil programmatische Überschriften tragen. Couperin äußerte sich theoretisch in einem Buch über *L'art de toucher le clavecin* (›Die Kunst, das Cembalo

zu spielen‹); es stellt eine der wichtigen Quellen für die historische Aufführungspraxis dar.
Sein Nachfolger war Jean-Philippe Rameau, Hofcompositeur Louis' XV., der ebenfalls als Theoretiker hervortrat und mit seinem *Traité de l'harmonie reduite a ses principes naturels* (›Harmonielehre, auf ihre natürlichen Grundlagen zurückgeführt‹) die moderne Funktionslehre begründete. Seine Klaviersammlungen erschienen zwischen 1706 und 1747. Ausgehend vom Modell der Suite in seiner ersten Sammlung, erweitert er diese in seinen späteren Werken um Charakterstücke, die häufig in der Form des Rondeau stehen: abwechslungsreiche Miniaturen zwischen zarter Lyrik und ernsthafter oder parodistischer Personenskizzierung. Pianistisch gibt sich seine Musik effektvoll und oft virtuos. So pflegt er in *Les trois mains* (1728) die Manier der überschlagenden Hand und erreicht den Eindruck eines Spielers mit drei Händen.

DEUTSCHLAND. Hier stehen die übrigen Komponisten von Cembalomusik im Schatten Johann Sebastian Bachs. Auch Georg Friedrich Händel, dessen Ruf zeitweise den Bachs übertraf, reicht mit seinen Klavierwerken nicht an ihn heran; insgesamt haben sie eher den Charakter von Gelegenheitskompositionen. Hierher gehören manche ausgedehnte Variationenzyklen, die auf recht stereotype Weise das Prinzip der Figuralvariation, oft auf der Basis des Chaconne-Modells, bemühen und unterhaltend-beiläufigen Charakter tragen. Sein wichtigstes Vermächtnis für das »Clavier« stellen seine acht großen Suiten dar, die als Sammlung 1720 herauskamen.
Im Vergleich zu Bach fällt Händels ungleich freierer, häufig fast improvisatorischer Umgang mit überlieferten Formmodellen auf. Der Stilisierungsgrad einzelner Tanzsätze ist hoch, auch die traditionelle Satzreihung innerhalb der Suiten wird phantasievoll aufgelockert und durchbrochen. Gelegentlich scheint sich die Suite unter Verzicht auf Tänze der Sonate anzunähern (*Suite Nr. 2 F-Dur*); immer wieder werden auch Fugen eingeschoben. Manchmal lockern Variationensätze die Folge auf; berühmtestes und schönstes Exempel ist jene Air mit fünf Variationen aus der *Suite Nr. 5 E-Dur*, die den Beinamen »Der harmonische Grobschmied« erhielt.
Neben Händel bemühten sich Johann Gottfried Walter, Gottlieb Muffat mit seiner Suitensammlung *Componimenti musicali per il cembalo* und Georg Philipp Telemann komponierend um das Cembalo. Telemanns Klaviersatz war dem kommenden ›empfindsamen‹ Stil zugewandt, durchsichtig und melodieorientiert.

RAMEAUS WERKE

- Klaviermusik (Einzelstücke, meist zu Suiten zusammengestellt)
- Kammermusik (*Pièces de clavecin en concerts*)
- Vokalmusik (Motetten; Kantaten)
- 23 Opern und Opéra-ballets.

FRANÇOIS Couperin schreibt in *L'art de toucher le clavecin* auch über das Continuo-Spiel:

»Ein Rat für die, die es beim Spielen von Stücken zur Vollkommenheit bringen wollen: nämlich zwei oder drei Jahre zu warten, ehe sie mit dem Accompagnement beginnen. Die Gründe, die ich dafür angebe, sind stichhaltig. 1. Die Bässe des Continuo, die einen melodischen Verlauf haben, müssen in der linken Hand mit eben so viel Sauberkeit wie in den Stücken ausgeführt werden, und darum ist es nötig, sehr gut spielen zu können.
2. Da die rechte Hand bei der Begleitung nur beschäftigt, ist, Akkorde zu greifen, ist sie immer in einer Ausdehnung, die sie sehr steif machen kann, aber die Stücke, die man zuerst gelernt hat, sind geeignet, diesem Übelstand abzuhelfen.«

JEAN-PHILIPPE RAMEAU

1683 am 25. September in Dijon geboren; lernt Orgel und Violine.
1701 Italienreise; ein Jahr später als Geiger und Organist tätig.
Ab 1715 Kathedralorganist in Clermont-Ferrand.
Ab 1722 in Paris; erfolgreiche Opernproduktion trotz der Gegnerschaft der Anhänger Lullys; Verkehr in intellektuellen Kreisen, befreundet mit Voltaire.
1745 Ernennung durch Ludwig XV. zum »Compositeur de musique de la chambre«.
1764 stirbt Rameau am 12. September in Paris.

TANZMUSIK UND SUITE

SAMMLUNGEN. Die Tanzmusik der Barockepoche entstammte der bürgerlichen und höfischen Szene und unterschied sich nach Stilisierung und Nähe zum praktischen Tanz. Erhalten sind eine Reihe von Sammelausgaben, vorwiegend aus Deutschland und Italien, in denen Komponisten Tänze für Instrumentalensembles eingerichtet haben. Derartige Ausgaben gibt es von Valentin Haussmann (1604), Michael Praetorius (1634) und Andreas Hammerschmidt (1636), in Italien von Salomone Rossi (1607/22); beliebt waren solche Zusammenstellungen für Gambenensembles.

TANZTYPEN. Im 17. Jahrhundert waren bestimmte Tanztypen besonders beliebt und fanden dementsprechend schnellen Eingang in die Kunstmusik. Hierher gehören als ›Vorläufer‹ der klassischen Suitensätze: die Pavane (ital. *padovana*) als geradtaktiger Schreittanz, die Galliarde (frz. *gai* ›fröhlich‹) als schneller Hüpftanz oft den Saltarello ersetzend, beide zusammen als Tanzpaar üblich.
Zur klassischen Suite gehören vier Tänze: die Allemande (frz. *danse allemande* ›deutscher Tanz‹), ein geradtaktiger Tanz aus dem 16. Jahrhundert, erstmals um 1550 in Holland, Frankreich und England (spätere Form: gemäßigtes Tempo, gerader Takt, kurzer Auftakt, ursprünglich meist paarig mit lebhaftem Nachtanz); die Courante (frz., ›schneller Tanz‹, ital. *corrente*), ein schneller Tanz im Dreiertakt (später Unterscheidung der eher gravitätischen französischen Courante im 3/2-Takt und der lebhaften italienischen Corrente im 3/4- oder 3/8-Takt); die Sarabande, ein langsamer Schreittanz im auftaktlosen Dreiertakt, vermutlich spanischer Herkunft, mit einem charakteristischen Rhythmusmodell, dessen Schwerpunkt auf der zweiten Zählzeit liegt; die Gigue, die ihren Weg von Irland aus über England, Frankreich und Italien nach Deutschland fand, ein lebhafter Tanz im 6/4- oder 6/8-Takt (französisch), oder auch im 3/8- bzw. 12/8-Takt (italienisch: *giga*), häufig in punktierter Rhythmik.
Diese vier ›Standard‹-Sätze folgten einander in der Regel in dieser Anordnung. Sie bildeten das Gerüst der Suite.

DIE SUITE. Unter Suite verstehen wir heute eine Folge mehr oder weniger stilisierter Tanzsätze in zum Teil festliegender Reihenfolge, doch war die Bezeichnung ursprünglich nicht streng eingegrenzt. Ihren Kern bildete immer ein Tanzpaar, zunächst etwa Pavane und Galliarde, später überwiegend Allemande und Courante. Allerdings ist die schematische Festlegung auf eine Reihenfolge in der Geschichte nicht so eng wie es die Suiten vor allem von Johann Sebastian Bach suggerieren. Vorläufer der klassischen Suite sind die Masque in England, das Ballet de cour in Frankreich sowie *balli* und *masquerate* in Italien. Ein Sonderfall ist die besonders in Deutschland verbreitete Variationensuite, in der sich (fast) alle Sätze musika-

WEITERE MEISTER DER SUITE

In Frankreich beziehen François Couperins kammermusikalisch besetzten Suiten (*concerts*) italienische Einflüsse ein; in Deutschland hinterließ Georg Philipp Telemann über 100 Suiten; in England schrieb Georg Friedrich Händel mit seiner berühmten *Wassermusik* (1717) einen dreiteiligen Suitenzyklus; seine *Music for the Royal Fireworks* (*Feuerwerksmusik*) entstand 1749 aus Anlass eines Friedensschlusses.

MODETÄNZE

Zwischen Sarabande und Gigue wurden häufig weitere ›modischere‹ Tänze eingeschoben, einzeln oder paarig (etwa wie in Bachs *Englischen Suiten*: Gavotte I – Gavotte II – Gavotte I). Im Folgenden eine charakteristische Auswahl derartiger Suitensätze.
Gavotte, Allabreve-Takt, mit halbtaktigem Auftakt, gemäßigtes Tempo;
Bourrée, aus Frankreich, Reigentanz im geraden Takt, recht lebhaftes Tempo;
Menuett, von frz. *menu pas* ›kleiner Schritt‹, Volkstanz aus Poitou, später als Hoftanz bei Ludwig XIV., stark stilisierter Paartanz in ruhigem Tempo, 3/4- Takt.

lisch durch rhythmische und thematische Verbindung aufeinander beziehen lassen. Beispiele hierfür finden sich bei Johann Hermann Schein. Im Laufe des Jahrhunderts kristallisierten sich einige besondere Ausprägungen der Suite heraus, unterschieden nach nationalen Stilrichtungen und geprägt von einzelnen Komponisten.
Einfluss auf die europäische Suitentradition hat der Franzose Jean-Baptiste Lully, der es als gebürtiger Italiener in Paris bis zum Hofcompositeur Ludwigs XIV. brachte. Er schuf mit der dreiteiligen Ouvertüre als Einleitungssatz der Suite ein europaweit akzeptiertes Modell; zwei Teile im langsamen Tempo rahmen einen schnellen Teil, wobei die Rahmenteile punktiert auftreten und der Mittelteil fugiert gebaut ist. Von diesem Kopfsatz erhielt die Orchestersuite ihren Namen: Französische Ouvertüre. Nach ihrem Vorbild formte Johann Sebastian Bach seine vier großen Orchestersuiten; in seiner *Französischen Ouvertüre h-Moll* (BWV 831) aus dem Teil 2 der *Clavier-Übung* übertrug er dieses Muster auf das Tasteninstrument.
Die spätbarocken Instrumental-Suiten von Bach oder Händel sind nicht mehr zum Tanzen bestimmt, sondern hochstilisierte Kunstmusik, in der Besetzung variierend zwischen Solo, Kammermusik und Orchester.

Feuerwerk auf der Themse anlässlich des Friedensschlusses von Aachen am 15. Mai 1749, entlang des Ufers sind temporäre Festarchitekturen aufgebaut.

KAMMERMUSIK

BEGRIFF. Kammermusik ist in allen Stimmen solistisch besetzt, ob mit gleichen Instrumenten oder in gemischter Besetzung; Orchestermusik zeichnet sich dagegen durch die chorische Besetzung der Streicherstimmen aus, doch kommt es gelegentlich auch zu chorischen Bläserstimmen, etwa bei besonderen klanglichen Anforderungen wie Freiluftaufführungen. ›Chorisch‹ meint die Ausführung einer Stimme durch mindestens zwei Spieler, in der Regel aber mehr.

Die Unterscheidung erfolgte in der Barockepoche, auch wenn sie zunächst nicht streng durchgeführt wurde. Oft ist eine Abgrenzung, beispielsweise bei Bachs *Brandenburgischen Konzerten*, nicht möglich; in einigen Fällen deutet die überlieferte Zahl der Mitwirkenden auf solistische Besetzung hin.

Die italienische Bezeichnung *musica da camera* ist zunächst vom Aufführungsort abgeleitet worden, also von einem kleinen bis mittleren Raum; sie sagt im frühen Stadium nichts über die Besetzungsform aus. Die Ausführenden wurden Kammermusiker genannt, hergeleitet von der fürstlichen Kammer, vergleichbar dem Kammerdiener. Der ›Kammermusiker‹ hat sich als Ehrentitel für verdiente Musiker (oder auch Sänger: Kammersänger) erhalten.

Wegen der definitorischen Unschärfe des Begriffs Kammermusik spricht man für diese Epoche besser von »geringstimmig besetzter Instrumentalmusik« (Karl H. Wörner).

DIE SONATE. Die Gattung Sonate trat in der Barockzeit in zwei formalen Ausprägungen und unterschiedlichen Besetzungsvarianten auf. ›Sonate‹ bezeichnete zunächst ein ›Klangstück‹, charakterisierte die instrumentale Ausführung und korrespondierte mit dem Titel Canzona; eine Abgrenzung gegenüber dem Concerto und der Sinfonia war bis zur Mitte des 17. Jahrhunderts kaum möglich. Bis dahin gab es nebeneinander ein- und mehrsätzige Sonaten. Führend in der Entwicklung der Sonate im frühen 17. Jahrhundert waren Italien mit den Zentren Venedig und Mantua sowie der italienisch orientierte Dresdener Hof; wichtige Komponisten waren Giovanni Gabrieli und Salomone Rossi. Vorher und zeitgleich entwickelte sich in England die freie Fantasia oder auch Fancy (mit zwei bis sechs Stimmen). Hier stellen die 12 Kammerfantasien des 22-jähri-

MEISTER DER BAROCK-SONATE

Italien: Giovanni Legrenzi (1626–1690), Giovanni Battista Vitali (1632–1692), Arcangelo Corelli (1653–1713), Giuseppe Torelli (1658–1709), Tomaso Albinoni (1671–1751), Antonio Vivaldi (1678–1741), Benedetto Marcello (1686–1739), Francesco Maria Veracini (1690–1768), Giuseppe Tartini (1692–1770).
Österreich: Johann Heinrich Schmelzer (um 1623–1680), Heinrich Ignaz Franz von Biber (1644–1704), Georg Muffat (1690–1770).
Deutschland: Johannes Rosenmüller (um 1619–1684), Dietrich Buxtehude (1637–1707), Johann Christoph Pezel (1639–1694), Johann Philipp Krieger (1649–1725), Jan Dismas Zelenka (1679–1745), Georg Philipp Telemann (1681–1767), Johann David Heinichen (1683–1729), Johann Sebastian Bach (1685–1750), Johann Georg Pisendel (1687–1755).
Frankreich: Jean-Marie Leclair (1697–1764); Jean-Baptiste Loeillet (1680–1730).
England: Henry Purcell (1659–1695), Georg Friedrich Händel (1685–1759), Francesco Geminiani (1687–1762).

Eine musikalische Gesellschaft zeigt Abraham Bosses kolorierter Kupferstich (um 1633). Zum Gesang spielen Laute und Viola da Gamba.

gen Henry Purcell den Höhepunkt dar; sie zeichnen sich durch ihre kontrapunktischen Feinheiten und harmonischen Kühnheiten aus.
In Italien gab es daneben die Canzona da sonar (oder *per sonare*), die deutlicher als die englische Fancy abschnittweise gegliedert ist; als Hauptvertreter gilt Tarquinio Merula.
Stilistisch bestand im 17. Jahrhundert noch kein Unterschied zwischen Kirchen- und Kammerstil; eine Differenzierung im Sinne einer subtileren, kunstvolleren Setzweise der Kammermusik kam erst im Laufe des 18. Jahrhunderts auf.
Erst die Sonate des Hochbarock entspricht in ihrer Struktur jenem Modell, das sich für uns mit dem Namen verbindet: sie ist mehrsätzig und tonartlich einheitlich. Zwei Grundtypen entwickelten sich parallel und wurden jeweils zum Standard: Die Sonata da camera (Kammersonate) steht in ihrer Satzfolge und -anordnung der Suite nahe, als lockere Folge mehr oder weniger stilisierter Tanzsätze. Wichtig war die Abgrenzung gegenüber der Kirche (*chiesa*) als dem anderen wichtigen Aufführungsort.
Die Sonata da chiesa (Kirchensonate) erklingt in der Satzfolge langsam – schnell – langsam – schnell, ist somit stärker ›genormt‹ als die Kammersonate. Ihr Name deutet eher auf die Herkunft der Form als auf ihren späteren Aufführungsort. Die einzelnen Sätze errangen allmählich ein gewisses Maß an Typisierung; der erste der beiden schnellen Sätze war häufig fugiert-imitatorisch angelegt, der letzte tänzerisch in der Art einer Gigue. Hierin dokumentiert sich eine gewisse Annäherung der beiden Sonatentypen; einzelne Tanzsätze konnten auch in die Kirchensonate aufgenommen werden. Der zweite langsame Satz wich häufig als einziger in eine nah verwandte Tonart aus (z. B. Tonikaparallele). In den Begriffen der Kammer- und Kirchensonate spiegelt sich die kunstvolle Balance zwischen weltlicher und geistlicher Macht wider, die jene Epoche kennzeichnet.

CONCERTOTYP. In ihrer Dreisätzigkeit (schnell – langsam – schnell) entspricht die dritte (seltenere) Variante der Sonate dem Solokonzert. Eine der Sonaten für Viola da gamba und Cembalo von Johann Sebastian Bach (g-Moll BWV 1029) sowie zwei seiner Flötensonaten folgen diesem Modell.

HENRY PURCELL

1659 wahrscheinlich in London geboren; früh Unterricht u. a. durch John Blow; Assistent des königlichen Instrumentenverwalters.
1677 »Composer for the Violins« am Hof.
Ab 1679 Organist an Westminster Abbey.
1682 Ernennung zu einem der Organisten der Chapel Royal.
1695 schreibt Purcell die Begräbnis-Musik für Queen Mary; er stirbt am 21. November in London.

Barock

PURCELLS WERKE

- Instrumentalmusik (13 Fantasien für 3–5 Gamben; 22 Triosonaten; 8 Cembalosuiten; 5 Orgel-Voluntaries)
- Vokalmusik (rund 65 Anthems; 24 Oden und Welcome Songs; über 150 Lieder)
- Bühnenwerke (Oper: *Dido und Aeneas*; 4 Semi-Opern; Lieder und Zwischenmusiken für über 40 Theaterstücke)

SONATEN IM HOCHBAROCK

ARCANGELO CORELLI

1653 am 17. Februar in Fusignano (Emilia Romagna) geboren.
1670 Eintritt in die Accademia Filarmonica in Bologna, Studium der Violine.
Ab 1675 Aufenthalt in Rom, Unterstützung durch Mäzene; möglicherweise 1679/80 in Deutschland.
1713 Erhebung in den Adelsstand.
1713 stirbt Corelli am 8. Januar in Rom.

ZWEI GROSSE NAMEN. Für die spätbarocke Sonate stehen zwei Namen stellvertretend: Arcangelo Corelli als ihr geistiger Vater und Johann Sebastian Bach als sein wichtigster Erbe im Konzertrepertoire. Basis der barocken Kammermusik ist die Praxis des Generalbasses, des Basso continuo (b.c.).

DIE TRIOSONATE. Außer der Solosonate mit oder ohne b.c. verfügen alle übrigen Besetzungen über den Generalbass; so benötigt man zur Aufführung einer Triosonate vier Spieler: zwei für den Generalbass, zwei für die Oberstimmen. Die Gattung wurde zur populärsten Form der Barocksonate. Als ihr Meister gilt Arcangelo Corelli, doch ist er nicht ihr ›Erfinder‹. Ihre Wurzeln liegen zu Anfang des 17. Jahrhunderts in Italien. An ihren Beginn stellt man heute Lodovico Viadanas *Canzona alla francese* von 1602 für Violine, Cornetto und Generalbass; als erste Sammlung gelten Salomone Rossis *Sinfonie e gagliarde* (1607). Corelli schuf Beispiele beider Sonatentypen: seine Kirchensonaten op. 1 und 3 verlangen für den Generalbass neben dem Violone (Kontrabass) die Orgel, seine Kammersonaten op. 2 und 4 das Cembalo. Corelli wurde mit seiner Musik zum Vorbild einer ganzen Generation, u.a. für Bach, Telemann und Händel.

DIE SOLOSONATE. Sonaten, die für ein Instrument allein komponiert sind und auf den Basso continuo verzichten, sind u.a. von Georg Philipp Telemann bekannt (für Flöte und Violine); singulär und erst seit dem Ende des 19. Jahrhunderts wieder im Konzertrepertoire vertreten sind die sechs *Sonaten und Partiten für Violine solo* sowie die sechs *Suiten für Violoncello solo* von Johann Sebastian Bach, erstere abwechselnd als Kammer- und Kirchensonaten, letztere reine Suiten. Unter den kompositorisch und

Johann Sebastian Bach, *Partita Nr. 2 d-Moll* für Violine solo BWV 1004, Chaconne.

CORELLIS WERKE

- 12 Concerti grossi op.6 (Amsterdam 1714)
- 12 Violinsonaten mit b.c. op. 5 (Rom 1700)
- 48 Triosonaten op. 1–4 (veröffentlicht Rom 1681, '85, '89, '94 in Zwölfergruppen)

spieltechnisch reichen Sätzen dieser Werke ist die Chaconne der *d-Moll-Partita* (BWV 1004) der kunstvollste, ein weitausholender Variationensatz über eine Basslinie mit zugehöriger Harmonienfolge.

BACHS SONATEN. Bach setzte die Tradition der Triosonate mit wenigen Beispielen fort, darunter als Meisterstück die Triosonate aus dem *Musikalischen Opfer* für Flöte, Violine und b. c., die das »thema regium«, das von Friedrich II. vorgegebene Thema, aufgreift und mit ihren vier komplexen Sätzen eine Sonata da chiesa darstellt; in den beiden schnellen Sätzen taucht auch das königliche Thema auf. Die Sonaten Bachs für ein Soloinstrument gehören unterschiedlichen Gattungen an: zunächst sind zu nennen je zwei einzelne Sonaten für Violine und für Querflöte (Flauto traverso) mit Generalbaß. Derartige Sonaten sind uns auch bekannt von Händel und Corelli und zahlreichen anderen und bereichern die Hausmusik bis in unsere Tage.

SONATEN MIT KONZERTIERENDEM CEMBALO. Sonaten mit obligatem Cembalo sind selten und anders beschaffen als jene mit b.c. Von Bach gibt es sechs für Violine, drei für Viola da gamba, mindestens zwei für Querflöte mit Cembalo. Von der Setzweise her handelt es sich hier um ungewöhnliche Triosonaten; Bach übertrug die drei Stimmen auf die zwei Systeme des Cembalos und eine zusätzliche Solostimme, wobei der Generalbass – auf einer höheren Stufe der Abstraktion – ausgespart wird.
Bachs konzertierende Sonaten mit Violine folgen alle dem viersätzigen Sonata-da-chiesa-Typus, mit Ausnahme der experimentell abweichenden, in mehreren Fassungen überlieferten letzten. Besonders in schnellen Sätzen entwickelt Bach ein kunstvolles, gleichberechtigtes Miteinander der beiden Instrumente, wie es erst viel später in den letzten Duosonaten Mozarts wieder erreicht worden ist. In den langsamen Sätzen gewinnt er der ungleichen Instrumenten-Partnerschaft ganz neuartige, fantasievolle Effekte des Begleitens ab.
Einzelne der Sonaten wie die dritte Gambensonate folgen dem dreisätzigen Concerto-Typus (schnell – langsam – schnell); die drei Sonaten für Viola da gamba werden heute häufig in Bearbeitungen für Viola oder für Violoncello aufgeführt.

TELEMANNS WERKE

- Rund 120 Ouvertüren
- Rund 100 Konzerte (Solo-, Doppel-, Tripelkonzerte)
- Kammermusik (rund 100 Sonaten für diverse Streich- und Blasinstrumente; über 100 Triosonaten; über 50 Quartette und Quintette)
- Klavier- und Orgelmusik (Suiten, Fantasien, Choralvorspiele)
- Vokalmusik (rund 1700 geistliche Kantaten; über 30 Passionen und Oratorien; zahlreiche Serenaden, Lieder usw.)
- 9 Opern

GEORG PHILIPP TELEMANN

1681 am 14. März in Magdeburg geboren.
1704 Abbruch des ungeliebten Jurastudiums in Leipzig, dort Organist und Musikdirektor; Berufung als Kapellmeister des an französischer Musik interessierten Grafen Promnitz in Sorau; Telemann lernt polnische Volksmusik kennen.
1708 Kapellmeister in Eisenach.
1712 Kapellmeister und bald darauf Städtischer Musikdirektor in Frankfurt a.M.
1721 geht Telemann nach Hamburg, u.a. Direktor der Kirchenmusik für die 5 Hauptkirchen; viele sonstige musikalische Verpflichtungen.
1767 stirbt Telemann am 26. Juni in Hamburg.

DAS BAROCKORCHESTER

BEGRIFF

Streng genommen kann man erst seit etwa Mitte des 18. Jahrhunderts von einem Orchester sprechen; in der Phase zwischen Barock und Klassik konstituierte sich das Sinfonieorchester und blieb, bei allmählicher Erweiterung und Perfektionierung, bis heute gültig. Vorher gab es keine Besetzungsnormen, die Grenzen zwischen Orchester und Kammerensemble waren fließend. Auch im Tonsatz gab es lange Zeit fast keine Unterschiede zwischen Kammermusik und Orchester.

INSTRUMENTATION. Für die Zusammensetzung ›orchestraler‹ Ensembles und für die ›Registrierung‹, die Koppelung und Mischung der Instrumentalfarben, gab es erkennbare Kriterien. Allerdings wurde der Paramater ›Instrumentation‹ und mit ihm das Element Klangfarbe damals noch als sekundär angesehen, nicht als gleichberechtigtes Gestaltungsmittel einer Partitur. Indiz dafür ist die Praxis der Eigen- und Fremdbearbeitung: es war an der Tagesordnung, dass Komponisten eigene Werke mehrfach uminstrumentierten und dabei auch in die kompositorische Substanz eingriffen. Auch wurden Stücke fremder Komponisten bearbeitet und arrangiert. Urheberschutz gab es noch nicht; Musiker empfanden es im Gegenteil als Ehre, von anderen bearbeitet und zitiert zu werden. So tat es Bach mit Konzerten Vivaldis, dessen Violinkonzerte er für Cembalo oder Orgel setzte und freizügig, auch kompositorisch, bearbeitete.

ORCHESTERBESETZUNGEN. Die Besetzung eines Stücks hing zunächst von den verfügbaren Instrumenten ab. Im Barock waren das neben der etablierten Gambenfamilie die relativ neuen Vertreter der Violinfamilie (Violine, Viola, Violoncello), die entweder getrennt als Gruppe oder gemischt (Bach: *Brandenburgisches Konzert Nr.*6) auftraten. Dazu kamen die Holzblasinstrumente: die Traversflöte als Vorläuferin der modernen Querflöte, die Oboenfamilie mit der Barock-Oboe sowie ihren Verwandten (Englischhorn, Oboe da caccia, Oboe d'amore), die entweder zusätzlich oder für bestimmte Effekte und Soloaufgaben hinzutraten; schließlich, vorwiegend als Generalbassinstrument, das Fagott. Klarinetten gehörten noch nicht ins Barockorchester, sie tauchen zuerst vereinzelt bei Vivaldi und Rameau auf und etablierten sich um die Mitte des 18. Jahrhunderts. An Blechblasinstrumenten gab es Hörner und Trompeten, noch ohne Ventile, also als Naturinstrumente mit eingeschränktem Tonvorrat.
Fundament eines jeden Barockorchesters war immer der Generalbass (Basso continuo). Diese Bassgrundierung war ein klangliches Erkennungszeichen des Ensembles, während die Verlaufsorientierung einer Orchesterpartitur der Klassik sich an der Melodiestimme ausrichtet. Das Klangbild eines Barockorchesters war nicht auf eine Mischung der Instrumentalfarben ausgerichtet, sondern huldigte eher der Vorstellung eines ›Spaltklanges‹, einem registerartigen Neben- und Miteinander der unterschiedlichen Instrumentenfarben.

BESETZUNGSVIELFALT. Die Besetzung eines Barockorchesters war zwar weniger standardisiert als in der nachfolgenden Klassik, doch gab es auch bestimmte Orchestertypen: Das Concerto grosso wurde in der Regel gespielt mit so genannten Ripieno-Stimmen (2 Violinen, Viola, Violoncello und Kontrabass) und solistisch hervortreten-

den Solostreichern, dem Concertino (meist drei: 2 Violinen, Violoncello, seltener Viola), sowie dem Generalbassfundament.
Bach variierte dieses Modell in seinen sechs *Brandenburgischen Konzerten* fantasievoll, indem er vor allem die solistischen Concertino-Stimmen von Stück zu Stück anders zusammensetzte. Seine *D-Dur-Ouvertüre* (BWV 1068) wiederum verfügt über die Klangpracht des vielfältig besetzten Barockorchesters, in dem fünf unterschiedene Gruppen gegeneinander gesetzt sind: Streichertutti, Holz (Oboen), Blech (Trompeten), Schlagzeug (Pauken), Generalbass.
Dieses Orchestermodell setzte Bach in ähnlicher Weise auch in seinen großen Oratorien, Passionen und Kantaten ein, wo es die großen Chorsätze stützte, während es in den solistischen Partien (Arien, Ensembles) in der Regel sparsamer, oft nur mit Generalbass und einem einzelnen Soloinstrument besetzt, also eher als Kammerensemble anzusehen war. Der Beginn des *Weihnachts-Oratoriums* (BWV 248) führt im kontinuierlichen Einsatz eindringlich die einzelnen Instrumentengruppen vor und zeigt zugleich, wie ein Crescendo-Effekt entstehen kann. Nicht zutreffend ist, dass man zu jener Zeit nur die so genannte ›Terrassendynamik‹, starre Lautstärkewechsel ohne Übergänge, kannte – man schrieb zwar fast keine dynamischen Zeichen in die Partitur, aber man komponierte dynamische Abstufungen in die Partitur hinein.

Barock

Festliche Abendmusik, aufgeführt von dem Collegium musicum in Jena, um 1740.

DAS CONCERTO GROSSO

BEGRIFF UND ENTSTEHUNG. Das Wort *concerto* ist italienisch und besaß ursprünglich zwei einander widersprechende Bedeutungen: ›miteinander übereinstimmen‹ und ›kämpfen, wettstreiten‹. Die erste Bedeutung tauchte im frühen 16. Jahrhundert auf und bezog sich zunächst auf Vokalmusik. Im 17. Jahrhundert meinte Concerto allgemein ein- und mehrchörige, instrumental begleitete Vokalmusik auf dem Fundament eines Generalbasses. Herausragende frühe Beispiele sind die Concerti von Andrea und Giovanni Gabrieli in Venedig (1587).
Von hier aus geht die Entwicklungslinie zu Heinrich Schütz mit seinen Geistlichen Konzerten. Zugleich aber tauchte ab dem 17. Jahrhundert reine Instrumentalmusik unter dem gleichen Namen auf. Das Concerto-Prinzip im Sinne eines gruppenweisen Alternierens bemächtigte sich der hergebrachten Formen Canzona, Sonata und Sinfonia und führte zu drei Ausprägungen des neuen instrumentalen Concertos: zum Ripieno-Concerto ohne Solostimmen, zum Concerto grosso mit mehreren Solostimmen, zum Solo-Concerto mit einem einzelnen Solisten. Zugleich erfolgte eine Präzisierung und Normung der Satzfolge. Diese Entwicklung war etwa um die Mitte des 17. Jahrhunderts abgeschlossen.

CONCERTO GROSSO. Meinte der Begriff zunächst (wörtlich) ein ›großes Ensemble‹ von Instrumenten; so bezeichnete er alsbald Kompositionen für derartige Klangkörper. Die Besetzung konnte sowohl einheitlich (nur Streicher) wie auch gemischt (Streicher und Bläser) sein. Ein Charakteristikum ist die Aufteilung in das Ripieno (Tutti) und das Concertino (Sologruppe). Im Streicherensemble tritt eine Dreiergruppe aus zwei Violinen und Violoncello (in der Regel ohne Viola) dem Tutti gegenüber und alterniert mit ihm. Aber auch alternierende Bläser-Streicher-Gruppen oder reine Bläser-Concertini kommen vor.
Die engere Gattungsgeschichte beginnt mit Alessandro Stradella (etwa um das Jahr 1675) und führt zum ersten

Georg Friedrich Händel,
Concerto grosso op. 6 Nr. 9,
2. Satz, T. 8–14 (Partitur)

Höhepunkt der 12 Concerti grossi op. 6 von Arcangelo Corelli. Ihm zur Seite stehen Altersgenosse Georg Muffat in Deutschland und Francesco Geminiani, Giuseppe Torelli und Antonio Vivaldi in Italien.

BACH. 1721 widmete Johann Sebastian Bach seine sechs *Brandenburgischen Konzerte* dem Markgrafen von Brandenburg, im Original bezeichnet als »Concerts avec plusieurs instruments«. Die sechs Werke stehen an der Grenze zwischen Orchester- und Kammermusik und variieren die gemischte Besetzung von Stück zu Stück; so steht das *5. Konzert* mit seinem herausgehoben konzertierenden Solo-Cembalo (neben Flöte und Violine) an der Grenze zum Solokonzert. Das *2. Konzert F-Dur* (BWV 1047) stellt eine gemischte Sologruppe (Trompete, Blockflöte, Oboe und Violine) dem Streichertutti gegenüber. Die Form ist dreisätzig und damit dem Solokonzert angenähert (Allegro – Andante – Allegro assai). Im Kopfsatz erfolgt das Alternieren von Ripieno und Concertino exemplarisch, wobei die Solopassagen die Solisten sowohl einzeln als auch in Gruppen zu Wort kommen lassen.

HÄNDEL. Georg Friedrich Händel veröffentlichte seine *12 Concerti grossi* op. 6 im Jahr 1739. Neben dieser Werkgruppe stehen noch die *Concerti* op. 3 (1734) in gemischter Streicher-Holzbläser-Besetzung, die drei *Concerti a due cori* (zweichörig; 1746/51) sowie die vielsätzigen populär-effektvollen Freiluftkompositionen *Wassermusik* (1715) und *Feuerwerksmusik* (1749).
Die *Concerti op. 6* sind reine Streicher-Konzerte mit satzweise hervortretendem Concertino, das aus zwei Violinen und Violoncello besteht. Ihre Satzfolge ist abwechslungsreich, die Tonsprache sowohl vital als auch kantabel und immer sehr klangvoll. Das *9. Concerto F-Dur* ist fünfsätzig und erweitert die klassische viersätzige Reihenfolge (langsam – schnell – langsam – schnell, wie in der Sonata da chiesa) um die zwei Suitensätze Menuett und Gigue (Largo – Allegro – Larghetto – Allegro – Menuet – Gigue). Während das zweite Allegro fugiert angelegt ist, verläuft das erste Allegro als typischer Konzertsatz mit ständigem, oft sehr schnellem Wechsel zwischen Tutti und Soli.

MEISTER DES CONCERTO GROSSO

Italien: Alessandro Stradella (1644–1682) als Vorläufer, Arcangelo Corelli (1653–1713), Giuseppe Torelli (1658–1707), Tomaso Albinoni (1671–1751), Antonio Vivaldi (1678–1741), Francesco Manfredini (1684–1762), Benedetto Marcello (1686–1739), Francesco Geminiani (1687–1762), Pietro Antonio Locatelli (1695–1764).
Deutschland: Georg Muffat (1653–1704), Georg Philipp Telemann (1681–1767), Christoph Graupner (1683–1760), Johann David Heinichen (1683–1729), Johann Sebastian Bach (1685–1750), Gottfried Heinrich Stölzel (1690–1749), Carl Friedrich Fasch (1736–1800).
England: Georg Friedrich Händel (1685–1759), William Boyce (1711–1779).

Johann Sebastian Bach, *Brandenburgisches Konzert Nr. 2 F-Dur* BWV 1047; Beginn des 1. Satzes in der Handschrift des Komponisten.

DAS SOLOKONZERT

ANTONIO VIVALDI

1678 am 4. März in Venedig geboren; Violinschüler seines Vaters; Priesterausbildung.
1703 Priesterweihe – Vivaldi wird wegen seiner roten Haare »il prete rosso« genannt, ›roter Priester‹.
1703–09 Anstellung als Violinlehrer am Ospedale della Pietà.
1711–16 Ernennung zum »Maestro de' concerti« am Ospedale della Pietà, dem er musikalisch auch in späteren Jahren verbunden bleibt.
1718–20 in Mantua am Hof des Markgrafen von Hessen-Darmstadt.
1725 Impresario am Teatro S. Angelo in Venedig.
1740 Reise nach Wien.
1741 stirbt Vivaldi am 28. Juli in Wien.

RITORNELLKONZERT. Neben dem Concerto grosso etablierte sich das konzertante Prinzip im Konzert für ein oder mehrere Soloinstrumente und Orchester. Das Orchester ist im Regelfall ein Streicherensemble mit zwei Violin-, einer Viola- und einer Bassstimme. Dazu gehört der Generalbass. Als Soloinstrument erschien zu Beginn die Trompete (Giuseppe Torelli), die bald durch die melodisch und harmonisch beweglichere Violine abgelöst wurde. Darüber hinaus gibt es Solokonzerte für zahlreiche übliche und auch unübliche Instrumente (Violoncello, Querflöte, Oboe, Fagott, Orgel usw.).

Pionier des Solokonzerts war Antonio Vivaldi, dem wir das Standardmodell des Solokonzertes in seiner Satzfolge schnell – langsam – schnell verdanken. Er variierte es in mehr als 350 Werken. Zugleich prägte er das Ritornellprinzip für die schnellen Ecksätze. Hier alternieren in fünf oder mehr Formabschnitten Tutti und Solo, wobei zu Beginn und am Ende das thematische Material vorgestellt wird, während die mittleren Ritornelle nur Teile dieses Materials bringen. Dazwischen schieben sich Soloepisoden (Couplets), die das motivische Material aufgreifen und es oft virtuos oder figurativ weiterführen. Harmonisch folgt ein solcher Satz einer übersichtlichen kadenzierenden Stufenfolge.

Allerdings kann sich dieses Schema, nicht zuletzt unter dem Einfluss programmatischer Assoziationen, lockern und verändern: Vivaldis berühmteste Konzerte, die vier Violinkonzerte der *Vier Jahreszeiten*, zeigen seinen phantasievoll freien Umgang mit dem eigenen Formmodell. Sie variieren und erweitern die Dreisätzigkeit und insbesondere die Ritornellform unter dem Einfluss des außermusikalischen Programms auf oft unerwartete Weise. Dagegen besitzen die langsamen Sätze zumeist einen kantablen Charakter, wobei die Solostimme vom Orchestersatz oder nur vom Generalbass getragen wird. Den vier Konzerten liegen Sonette zugrunde, die möglicherweise von Vivaldi stammen. In der Partitur sind sie jeweils abschnittweise

einzelnen Passagen zugeordnet, sodass man die Absichten des Komponisten recht genau verfolgen kann. Dagegen ist sein populäres *Konzert a-Moll* (RV 356) für Violine und Streicher genau dem Muster des Ritornellkonzertes angepasst, ohne dass darunter die Eingängigkeit der melodischen Erfindungskraft leidet. Die Ecksätze sind schnell (Allegro und Presto) und gliedern sich im Wechsel von Ritornell und Episode, wobei die Ritornelle jeweils leicht variiert werden und die Solostimme sich am motivischen Geschehen beteiligt. Der kantable Mittelsatz (Largo) ist eine weitgeschwungene Gesangsszene der Violine über einer zurückgenommenen Streicherbegleitung, der ungewöhnlicherweise das Bassfundament fehlt.
Vivaldis Auseinandersetzung mit dem Konzertmodell ist alles andere als einförmig. So gibt es neben den *Vier Jahreszeiten* zahlreiche Werke mit programmatischem Hintergrund, der sich in Überschriften niederschlägt und den Verlauf der Kompositionen beeinflusst (*La notte*, *La tempesta di mare*).

BACH. Vivaldis Vorgänger und Wegbereiter war vor allem Giuseppe Torelli, bei dem das Ritornellprinzip und die Reihenfolge der drei kontrastierenden Sätze vorgeprägt sind. Johann Sebastian Bach führte die junge Gattung – vor allem mit seinen beiden Violinkonzerten in a-Moll (BWV 1041) und E-Dur (BWV 1042) sowie seinem *Doppelkonzert für zwei Violinen d-Moll* (BWV 1043) – zum Höhepunkt.
Das Klavierkonzert fand in Bach einen Pionier; er bearbeitete hier in erster Linie eigene und fremde Kompositionen für Cembalo, Streicher und Basso continuo. Unter ihnen ragt das *d-Moll-Konzert* (BWV 1052) hervor, das ebenfalls kein ›Original‹, sondern die Bearbeitung eines (eigenen) Violinkonzerts sein dürfte. Zu Bachs Zeit war ein solches Umarbeiten selbstverständlich und wurde nicht etwa als minderwertig angesehen. Bachs Konzerte für zwei, drei und vier Cembali werden heute selten gespielt. Beliebt ist das Doppelkonzert für Oboe und Violine mit Streichern und Basso continuo (BWV 1060R), die Rekonstruktion der verlorenen Urfassung eines Konzerts für zwei Cembali.

VIVALDIS WERKE

- 44 Konzerte für Streichorchester
- Über 300 Solokonzerte (davon über 200 für Violine)
- Konzerte für 2 und mehr Instrumente (davon über 40 Doppelkonzerte)
- Kammermusik (etwa 50 Solosonaten; etwa 30 Triosonaten; 22 Kammerkonzerte)
- Geistliche Vokalmusik (etwa 60 Werke, u. a. Mess-Sätze, Psalmen und das Oratorium *Juditha triumphans*)
- Weltliche Vokalmusik (etwa 40 Kantaten; 16 vollständig erhaltene Opern)

MEISTER DES SOLOKONZERTS NEBEN VIVALDI

Italien: Giuseppe Torelli (dreisätzige Concerti grossi als Vorstufen des Violinkonzerts), Alessandro Marcello (u. a. Concerti »La cetra«), Benedetto Marcello, Evaristo Felice dall' Abaco (Violinkonzerte op. 6), Francesco Maria Veracini (Violinkonzerte), Giuseppe Tartini (Violinvirtuose, 135 Konzerte), Pietro Antonio Locatelli (Schüler Corellis), Giuseppe Sammartini (Pionier der Rondoform, Konzerte für Cembalo, Orgel, Flöte, Oboe usw.), Giovanni Battista Sammartini, Pietro Nardini (16 Violinkonzerte).
Deutschland: Christoph Graupner (Ritornellkonzerte), Johann Sebastian Bach (3 Violinkonzerte, Konzerte für 1–4 Cembali), Georg Philipp Telemann (zahlreiche Solokonzerte für verschiedene Instrumente), Johann Friedrich Fasch (17 Violinkonzerte, 7 Oboenkonzerte), Johann Joachim Quantz (288 Solokonzerte, vor allem für Flöte).
Frankreich: Jean-Marie Leclair (Violinkonzerte).
England: Georg Friedrich Händel (Orgelkonzerte).

BACHS GEISTLICHE KANTATEN

BACHS KANTATENSCHAFFEN. Bachs geistliche Kantaten sind gewaltig an Zahl und vielfältig hinsichtlich ihrer Gestaltung. Sie sind zum praktischen Gebrauch innerhalb der Sonn- und Feiertags-Gottesdienste entstanden. Nach der Nummerierung des Bach-Werke-Verzeichnisses (BWV) handelt es sich um runde 200 Titel; hinzu kommen wenige weltliche Kantaten, die häufig in Parodie-Beziehung zu geistlichen stehen (unter ›Parodieverfahren‹ versteht man die Neutextierung eines vorliegenden Werkes, in Teilen oder als Ganzes). Auf diese Weise sind beispielsweise größere Abschnitte des *Weihnachts-Oratoriums*, das aus sechs Kantaten besteht, entstanden.

Kantatenaufführung, Titelkupfer zum *Musicalischen Lexikon*, herausgegeben von Johann Gottfried Walther (Leipzig 1732).

VORLÄUFER. Bach hat die Kantate so wenig ›erfunden‹ wie Haydn die Sinfonie und das Streichquartett. Als vokaler Typus hat die Kantate Vorläufer und Quellen. Ihre Wurzeln finden sich in Monodie, Madrigal, Motette und Concerto. Das Madrigal ist ein mehrstimmiges Lied mit nichtstrophiger Gedichtvorlage und stammt aus Italien; die Motette gliedert sich in viele Teile und verarbeitet den Text zeilenweise polyphon; das konzertante Prinzip (Concerto) meint ein Mit- und Gegeneinander mehrerer instrumentaler und/oder vokaler Gruppen oder auch Einzelstimmen (Gruppen- oder Solokonzert).

Hinzu kommt als Kantaten-Vorbild die italienische Oper, neben der sich die Kantate in Italien als typische Ausprägung weltlichen Sologesanges entfaltete (Cantata da camera); sie war mehrteilig und wurde von Instrumenten begleitet, vertreten durch Komponisten wie Luigi Rossi, Francesco Cavalli, Giacomo Carissimi, Giovanni Legrenzi, Alessandro Stradella und Alessandro

Scarlatti. Hier wie in der Oper fanden sich die Modelle von Rezitativ und Arie: das Rezitativ in seinen beiden Ausprägungsformen als Secco (mit Generalbass) und Accompagnato (mit, oft programmatisch ausdeutender, Orchesterbegleitung), die Arie als dreiteilige Reprisenform im Da-capo-Stil (ABA).
Die direkten Vorläufer der Bach'schen Kantaten finden sich in den Geistlichen Konzerten von Heinrich Schütz und Johann Heinrich Schein.

DER NEUMEISTER-TYP. Der Namensgeber der wichtigsten Bach'schen Kantatenform, Erdmann Neumeister, verfasste mehrere Jahrgänge *Geistliche Cantaten*: Dichtungen, die aus Predigten entstanden waren; sie wurden von mehreren Komponisten vertont, in ihrem Zentrum stand das Satzpaar Rezitativ – Arie, das aus der italienischen Cantata da camera in die literarische Form der Kirchenkantate übernommen wurde. Modell für die Arie war die dreiteilige Da-capo-Form der italienischen Oper; zusätzlich verfasste Neumeister in der Regel den Text für einen großen Eingangschor; das Ganze wurde abgerundet durch Choralstrophen und Bibeltexte. Diesen Neumeister-Typ komponierte Bach bereits in Weimar (1713–17). Die Texte stammen überwiegend nicht von Neumeister, sondern von Salomon Franck, der sich stilistisch und formal zusehends dem Neumeister-Typus annäherte. In dieser Phase entwickelte sich das Rezitativ in zahlreichen Abstufungen weiter: vom konsequenten Secco bis hin zum ausdifferenzierten Accompagnato mit Streicher-, aber auch mit Bläserbegleitung, gelegentlich geprägt durch ein einzelnes ostinates Motiv, als motivgeprägtes Accompagnato. Ferner gibt es Übergangsstufen zum Arioso, in dem die Stimme nicht frei, sondern rhythmisch fixiert deklamiert. Die Kantaten der Jahre 1728/29 entstanden auf Texte von Christian Friedrich Henrici, genannt Picander.
Innerhalb des Neumeister-Typus gibt es vor allem im Kantatenjahrgang 1724/25 die spezielle Ausformung der Choralkantate, in der ein einzelner Choral zur textlichen und musikalischen Basis wird, nach dem Vorbild der Liedvariation (»per omnes versus« – für jede Strophe eine Variation).
Abwechslungsreich ist in Bachs Kantaten die Instrumentalbegleitung: zwischen reinem Continuosatz über hinzutretende charakteristische Soloinstrumente (Oboe, Violine usw.) bis zum reich ausdifferenzierten Orchestersatz. Beim Einsatz von Soloinstrumenten tritt das Concerto-Prinzip in den Vordergrund: als Mit-einander-Konzertieren von Soloinstrumenten, Instrumentengruppen und Stimmen. Reich auskomponiert sind die charakteristischen Eingangssätze für gemischten Chor und Orchester, in mehrteiliger Form und mit instrumentaler Einleitung.

BACHS KANTATEN IM ÜBERBLICK

Das Kantatenwerk Bachs lässt sich nach unterschiedlichen Gesichtspunkten gliedern und sichten. Es gibt eine Chronologie, die sie vor allem nach Leipziger Jahrgängen sortiert: Bach schuf seine Kantaten regelmäßig für die Sonn- und Festtage des Kirchenjahrs; so drei vollständige Leipziger Jahrgänge (1723/24, 1724/25, 1725/26–27) sowie einige Opera aus den Jahren 1728, 1729 und später).
Als Ordnungskriterium ist auch die Betrachtung der Besetzung naheliegend. So gibt es neben dem häufigsten Typus mit Solisten, Chor und Orchester die Solokantate, in der ein einzelner Vokalsolist auftritt, eventuell ergänzt durch wenige Choralstrophen (BWV 56 *Ich will den Kreuzstab gerne tragen*).
Man kann auch nach dem zugrunde liegenden Text unterscheiden. Hier gibt es zunächst Kantaten des Vor-Neumeister-Typus (BWV 4, 71, 106, 131, 150, 196), die in Mühlhausen oder Weimar zwischen 1707 und 1710 entstanden sein dürften. Sie enthalten keine Rezitative und Arien, verzichten weitgehend auf freie Texte und bringen lediglich Choral und Bibelwort zu Gehör. Ihre Gliederung ist kleinteilig, mit der Tendenz zur Zusammenfassung größerer Sinneinheiten. Ein weiteres stilistisches Kennzeichen ist die Permutationsfuge mit ihrer streng geregelten Einsatzfolge und den fehlenden Zwischenspielen.

TYPISCHE GLIEDERUNG EINER KANTATE

Neumeister-Typ:
Eingangschor – Rezitativ – Arie – Rezitativ – Arie – Choral.
Choralkantate: 1. Strophe (Choralbearbeitung) – Rezitativ – 2. Strophe (Solo) – 3. Strophe (Duett) – 4. Strophe (Solo) – Rezitativ – 5. Strophe (Choralsatz).

DAS ORATORIUM

VORLÄUFER

Als Vorläufer des Oratoriums können weniger die mittelalterlichen liturgischen Weihnachts-, Passions- und Osterspiele – diese wurden szenisch aufgeführt – als vielmehr die dialogischen Motetten und die in Italien verbreiteten volkstümlichen dialogischen Lauden angesehen werden. Hier ist auch die vor allem in Florenz gepflegte Tradition der Rappresentazione sacra, d. h. des geistlichen außerliturgischen Schauspiels in italienischer Sprache, zu nennen, die neben dem neuen Dramma per musica (Oper) wahrscheinlich als Vorbild wirkte für Emilio de' Cavalieris allegorische geistliche Oper *Rappresentazione di anima e di corpo* (Rom 1600). Der Begriff des Oratoriums hat erst im Laufe des 18. Jahrhunderts seine bis heute weitgehend gültige Verallgemeinerung erfahren. Im 17. Jahrhundert waren daneben spezielle Bezeichnungen gebräuchlich wie: Dialog, Historia, Passio, Sepolcro, Actus musicus oder Abendmusik.

Barock

BEGRIFF. Das Oratorium ist eine nicht-szenische Darstellung religiös bestimmter Vorgänge mit musikalischen Mitteln. Die vom Generalbass oder weiteren Instrumenten begleiteten Gesangssolisten oder Chöre stehen in der Regel für handelnde oder erzählende Personen. Typisch ist vor allem die Rolle des Testo (Erzählers). Die Stoffe entstammen vornehmlich der Bibel oder der Heiligenlegende, sind aber häufig auch allegorischer Herkunft.

ORATORIO VOLGARE. Der Name ›Oratorium‹ bezog sich zunächst auf den Aufführungsort, den Betsaal, wie er im 16. Jahrhundert vor allem vom Hl. Filippo Neri für Meditationen und Exerzitien genutzt wurde; 1575 hatte er in Rom eine Gemeinde von Laienbrüdern mit dem Namen »Congregazione dei Preti dell'Oratorio« gegründet. Hier wurden sowohl Cavalieris geistliche Oper im Jahre 1600 aufgeführt als auch im Laufe des 17. Jahrhunderts zahlreiche nicht-szenische Oratori volgari. Diese Oratorien griffen in ihren italienischen Texten mit Vorliebe auf Stoffe der Heiligenlegende zurück. Vorbildlich wirkten vor allem die in wechselnden Versmaßen gereimten Oratoriendialoge des Dichters Agostino Manni. Sie führen Rezitativ und Testo ein und verdrängen die ältere Laudendichtung.
Gleichwohl zeigen die frühen Oratorien noch eine große Nähe zum Madrigal, z. B. in Giovanni Francesco Anerios *Teatro armonico spirituale di Madrigali* (Rom 1619). Zunächst lassen sich noch getrennte Entwicklungen von Chor- und Solooratorien verfolgen, doch glichen sich beide Richtungen schließlich der neapolitanischen Oper an.

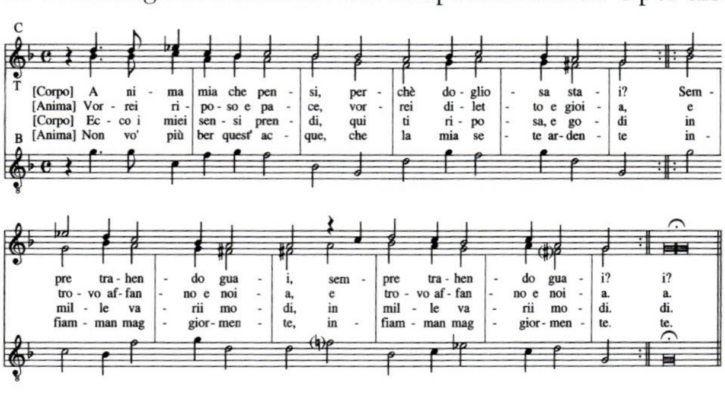

Anima e corpo, zwei Vertonungen des Dialogs zwischen Seele und Leib von Agostino Manni: oben als Lauda eines unbekannten Komponisten aus einem Sammeldruck von 1577, unten im monodischen Stil aus Emilio de' Cavalieris *Rappresentazione di Anima e di Corpo*, Rom 1600.

Das führte zur Reduzierung der Chöre und zur Ausbreitung virtuoser Koloraturarien. Die berühmtesten Meister dieser Spätphase sind Alessandro Scarlatti und Georg Friedrich Händel mit ihren römischen Oratorien.

ORATORIO LATINO. Im Gegensatz zum Oratorio volgare entnimmt das Oratorio latino seine Stoffe in der Regel der Bibel in der lateinischen Vulgata-Fassung, vorwiegend dem Alten Testament. Diese vor allem für exklusive Aufführungen in der Fastenzeit vorgesehenen Oratorien bestehen in der Regel aus drei Teilen, bei denen der zweite und dritte von einer Predigt unterbrochen wurden. Hauptmeister der Gattung ist der Römer Giacomo Carissimi, der in den Rezitativen und Chören seiner Oratorien expressive rhetorische Mittel einsetzt. Einer seiner bedeutendsten Schüler war Marc-Antoine Charpentier, der diese Gattung in Frankreich einführte und 24 Oratorien schrieb. Gegen Ende des 17. Jahrhunderts verschmolz das Oratorio latino allmählich mit dem Oratorio volgare.

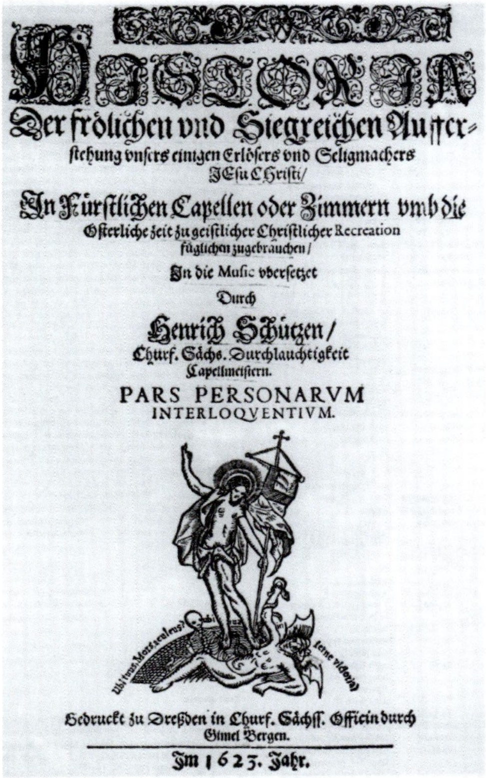
HISTORIA
Der frölichen vnd Siegreichen Aufferstehung vnsers einigen Erlösers vnd Seligmachers JEsu Christi/
In Fürstlichen Capellen oder Zimmern vmb die Osterliche zeit zu geistlicher Christlicher Recreation füglichen zugebrauchen/
In die Music vbersetzet
Durch
Henrich Schützen/
Churf. Sächs. Durchlauchtigkeit Capellmeistern.
PARS PERSONARVM
INTERLOQVENTIVM.
Gedruckt zu Dreßden in Churf. Sächß. Officin durch Gimel Bergen.
Im 1623. Jahr.

Heinrich Schütz, *Auferstehungshistorie*, Titelblatt des Originaldrucks, Dresden 1623 (*Pars Personarum Interloquentium* – Stimmbuch).

HISTORIEN. Sehr viele Oratorien des 17. Jahrhunderts tragen den Titel ›Historia‹. Dies gilt besonders in der deutschen protestantischen Tradition, die weitgehend unabhängig ist von der italienischen Entwicklung. Der Begriff Oratorium erscheint hier nur sporadisch und bezieht sich dann auf den rhetorischen Charakter (lat. *oratio* ›Rede‹) des Werkes und nicht auf seinen Aufführungsort im Betsaal. Als wichtigste Wurzel der Historien gelten hier die dialogischen Motetten, wie sie schon im 16. Jahrhundert etwa in motettischen Passionen oder Auferstehungshistorien begegneten. An ein solches Werk von Antonius Scandellus knüpft Heinrich Schütz 1623 mit seiner oratorischen *Historia der fröhlichen und siegreichen Auferstehung unsers einigen Erlösers und Seligmachers Jesu Christi* an. Seine späte *Historia der freudenreichen Geburt Gottes und Marien Sohnes Jesu Christi* (1664) bleibt einerseits (wie seine drei Passionen) der Beschränkung auf den rhetorisch ausgedeuteten Bibeltext treu, geht aber andererseits musikalisch durch geschlossene Formen, Intermedien (Chöre, Arien, Terzette, Quartett), über seine früheren Historienkompositionen hinaus.
Kleinere oratorische Werke werden häufig als ›Dialog‹ bezeichnet, gelegentlich auch als Actus musicus oder einfach als Abendmusik. Letztere Musiken wurden durch Dietrich Buxtehude in Lübeck berühmt und umfassten sowohl kantatenartige wie oratorische Werke.

ORATORIENTRADITION IN WIEN

Eine besondere Ausstrahlung der italienischen Oratorientradition ist vor allem in Wien zu beobachten, wo am kaiserlichen Hof seit 1660 regelmäßige Oratorienaufführungen stattfanden. Während der Fastenzeit wurden dort zunächst vorwiegend szenische oder halbszenische Passionswerke aufgeführt (Azione sacra oder Rappresentazione sacra), schließlich nur noch nicht-szenische Oratorien (Sepolcro). Die wichtigsten Komponisten sind die italienischen Hofkapellmeister Antonio Bertali und Antonio Draghi sowie Kaiser Leopold I. selbst.

HÄNDELS UND BACHS ORATORIEN

HÄNDELS ORATORIEN

Il trionfo del tempo e del disinganno (1707), *La resurrezione* (1708), *Aci, Galatea e Polifemo* (1708), *Acis and Galatea* (1718), *Esther* (1718/32), *Deborah* (1733), *Il parnasso in festa* (1734), *Alexander's Feast* (1736), *Il trionfo del tempo e della verita* (1739), *Israel in Egypt* (1739), *L'Allegro, il Penseroso ed il Moderato* (1740), *Messiah* (1742), *Samson* (1743), *Semele* (1744), *Joseph and his Brethren* (1744), *Belshazzar* (1745), *Hercules* (1745), *Occasional Oratorio* (1746), *Judas Maccabaeus* (1747), *Joshua* (1748), *Alexander Balus* (1748), *Susanna* (1749), *Solomon* (1749), *Theodora* (1750), *The Choice of Hercules* (1751), *Jephta* (1752).

HÄNDEL. Georg Friedrich Händel steht für die Geschichte des englischen Oratoriums; zuvor gab es dort nichts Vergleichbares, nach ihm entstand auf diesem Gebiet nichts Nennenswertes. Seinen Oratorien der Jahre 1718–57 gingen 1707/08 zwei italienische Oratorien voraus; den Seitenzweig Passion bedachte er 1716/17 mit der *Brockes-Passion*. Der Einstieg ins Oratorium erfolgte 1718 mit *Acis and Galathea* und *Esther* als Masque, die seit dem 16. Jahrhundert in England als höfisches Tanz- und Gesangsspiel mit Masken beliebt war. Nach Jahren intensiver Auseinandersetzung mit der Oper setzte 1732 Händels umfangreiches, gattungsgeschichtlich bedeutungsvolle Oratorienschaffen ein. Es entstand zunächst parallel, ab 1741 dann anstelle der Oper.

Händels Opern und Oratorien ähneln sich am stärksten in Rezitativ und Arie. Im Gegensatz zu den durchweg zweiteiligen kontinentalen italienischen Oratorien gliederte Händel in drei Akte. Von der Da-capo-Arie wandte er sich zugunsten einer Zweiteiligkeit oder einer modifizierten ABA-Form ab. Mehr Gewicht erhält der Chor, dessen Ausdrucksradius ausgeweitet wird: von schlichten homophonen Sätzen bis hin zu mehrchörigen, oft kontrapunktischen Gebilden. Vielgestaltiger als die Opernouvertüren sind die instrumentalen Einleitungen, in abgestufter ein- und mehrsätziger Form; vereinzelt entfällt das Vorspiel (*Israel in Egypt*).

Die Libretti sind meistens geistlich, sechs jedoch weltlich (mythologisch oder allegorisch). Die geistlichen Stoffe sind biblisch, entstammen jedoch nur in zwei Fällen (*Israel* und *Messiah*) ausschließlich der Heiligen Schrift.

Händel betätigte sich auch als sein eigener Impresario, der für die mehrfache Aufführung seiner Werke sorgte und dafür manche Stücke mehr oder weniger gründlich umarbeitete: er tauschte Teile aus, fügte Nummern hinzu oder transponierte sie, passte sie also den aktuellen Gegebenheiten an. Beliebt beim Publikum war Händels Praxis, zwischen den Akten eigene Concerti grossi oder Orgelkonzerte aufzuführen.

BACHS ORATORIEN UND PASSIONEN. Johann Sebastian Bachs drei oratorische Werke sind stilistisch dem Kantatenschaffen zuzurechnen, doch nur das *Weihnachts-Oratorium* (BWV 248) von 1734/35 brachte es zu ähnlicher Popularität wie seine beiden Passionen. Es besteht aus sechs Kantaten zu den kirchlichen Festtagen zwischen erstem Weihnachtsfeiertag und Epiphanias, war also zur gottesdienstlichen Einzelaufführung gedacht. Bach verwendete dafür mindestens 19 vorliegende (weltliche) Einzelsätze wieder, die er neu textierte (Parodieverfahren). Neben betrachtenden Arien steht das rezitativische Bibelwort des Evangelisten, neben Chorsätzen – als Stimme der Gemeinde – erklingen Choräle im schlichten vierstimmigen Satz oder im instrumentalbegleiteten Kantionalsatz, manchmal auch in Kombination mit solistisch-ariosen Einschüben. Ebenso in Rezitativen, Ariosi, Arien, Chorälen und Chorsätzen treten auch die beiden Passionen Bachs – die Johannes- und die Matthäus-Passion – auf, die man deshalb gern als ›oratorische Passionen‹ bezeichnet. Bach setzte hier eine norddeutsche Tradition fort, die in einzelnen Werken, etwa von Reinhard Keiser in Hamburg, überliefert war. Eine wichtige Rolle spielte hier als Librettist, neben Christian Friedrich Hunold (Menantes), der Hamburger Barthold Heinrich Brockes, dessen Passionstext in Versen u. a. von Händel, Mattheson und Telemann vertont wurde.

Textlich basieren beide Bach-Passionen auf der biblischen Leidensgeschichte, vorgetragen vom Evangelisten, von Christus und einzelnen handelnden Personen (Secco-Rezitative) sowie auf zeitgenössischen madrigalischen Texten: aus der »Brockes-Passion« im Fall der *Johannes-Passion*, aus den Dichtungen von Christian Friedrich Henrici (Picander) im Fall der *Matthäus-Passion*. Hinzu kommen ausgewählte, kommentierende Choralstrophen.

Im Vergleich zeigen beide Passionen Eigenarten, Unterschiede und Gemeinsamkeiten. Die *Johannes-Passion* ist knapper, dabei von größerer dramatischer Wucht und Geschwindigkeit, was im konzentrierten und packenden Einsatz des Chors zum Ausdruck kommt. Dagegen wirkt die *Matthäus-Passion* breiter, gelassener, eher nach innen gekehrt und lyrisch. In beiden Passionen kommt es an einigen Stellen der biblischen Handlung zu knappen, drastischen programmatischen Ausdeutungen des Textes (z. B. bei den Worten »Der Vorhang des Tempels zerriss in zwei Stück von oben an bis unten aus«). In der *Matthäus-Passion* werden die Worte Jesu im Rezitativ durch einen unterlegten Streichersatz hervorgehoben (gern als ›musikalischer Heiligenschein‹ bezeichnet).

Händels *Messias*, Aufführung 1784 in der Westminster Abbey.

FASSUNGEN

Bachs Passionsmusik nach dem Evangelisten Markus (BWV 247), die er 1731 komponierte, ist verschollen. Die Entstehungsgeschichte der beiden erhaltenen Passionsmusiken nach Johannes (BWV 245; 1724/49) und Matthäus (BWV 244; 1729/36) ist vielschichtig und verworren: von der *Johannes-Passion* gab es vier Aufführungen in den Jahren 1724, 1725, 1730 und 1749, in denen jeweils veränderte Fassungen musiziert wurden. Auch bei der *Matthäus-Passion* folgten auf die erste Aufführung im Jahre 1729 (oder 1727) noch mehrere Varianten (1740, 1745 und 1747). Deshalb sind für heutige Aufführungen immer auch Überlegungen zur gespielten Version erforderlich.

Barock

EVANGELISCHE KIRCHENMUSIK I

FRÜHE PROTESTANTISCHE GESANGBÜCHER

Achtliederbuch (Nürnberg 1523/24); *Erfurter Enchiridien* (1524); *Straßburger Kirchenampt* (1524); Johann Walter, *Geystliches gesangk Buchleyn* (Wittenberg 1524, mit einer Vorrede Martin Luthers); Georg Rhau, *Newe deudsche geistliche Gesenge* (Wittenberg 1544); *Babstsches Gesangbuch* (Leipzig 1545); Lucas Osiander, *Fünfftzig geistliche Lieder und Psalmen. Mit vier Stimmen, auff Contrapunctsweise (…) also gesetzt, das ein gantze Gemein durchauß mitsingen kann* (Nürnberg 1586).

DER PROTESTANTISCHE CHORAL. Das Bestreben Martin Luthers, das Evangelium in der Landessprache für alle verständlich zum Mittelpunkt des Gottesdiensts zu machen und sich dabei der Musik als Mittel der Glaubensverkündigung zu bedienen, führte dazu, dass dem protestantischen Choral, dem volkssprachigen strophischen Kirchenlied, bis auf den heutigen Tag eine zentrale Bedeutung sowohl in der evangelischen Liturgie als auch in der Kirchenmusik zukommt. Viele der in den frühen Gesangbüchern überlieferten Choräle gehen, um der schnelleren Verbreitung willen, auf alte gregorianische Hymnen oder Sequenzen zurück, so greift z. B. das Luther-Lied *Nun komm, der Heiden Heiland* von 1524 den Hymnus *Veni redemptor gentium* auf.

(1)

Um den Text als Inhalt der Verkündigung unmittelbar verständlich zu machen, wurde der Choral anfangs zumeist nur vierstimmig homophon gesetzt. Solche Kantionalsätze (ein Terminus erst aus dem 20. Jahrhundert) beschränken sich auch in den Begleitstimmen auf diatonische Fortschreitungen und einfache Harmoniefolgen, damit – wie aus den Vorreden der Sammlungen etwa von

(2)

(3)

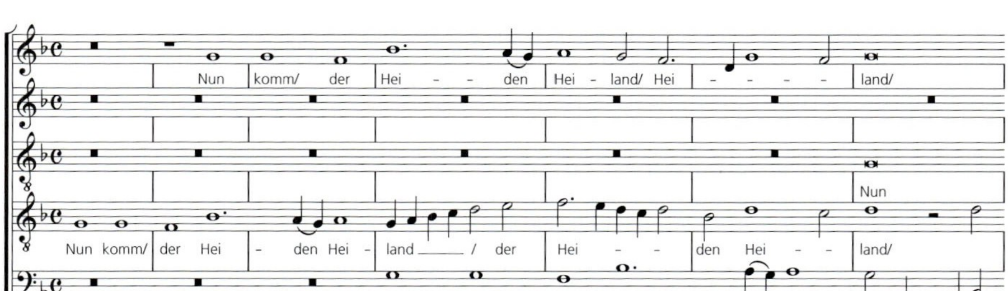

Hans Leo Hassler, Bartholomäus Gesius oder Melchior Franck vom Beginn des 17. Jahrhunderts hervorgeht – die ganze Gemeinde mitsingen kann.

FIGURALMUSIK. Der Choral bildet aber auch die Basis für die Figuralmusik, den kunstvollen Chorgesang. Nachdem Johann Walter in seinen Liedmotetten eine Verbindung von protestantischem Choral und franko-flämischer Satzkunst gelungen war, zeigt zu Beginn des 17. Jahrhunderts der Wolfenbütteler Kapellmeister Michael Praetorius in den neun Bänden seiner *Musae Sioniae*, wie vielfältig die Möglichkeiten kompositorischer Gestaltung Luther'scher Lieder sind: Neben einer Fülle schlichter Kantionalsätze und einigen Motetten mit dem Kirchenlied als Cantus firmus nach dem Vorbild Walters finden sich hier auch großbesetzte Choralkonzerte.

Der Choral *Nun komm der Heiden Heiland* in vier Fassungen: (1) Fassung Martin Luthers von 1525, (2) Michael Praetorius' Kantionalsatz aus *Musae Sioniae, Sechster Theil* von 1609, (3) Johann Walters Choralmotette *Nun komm der Heiden Heiland* von 1524, (4) Michael Praetorius' Choralkonzert *Nun komm der Heiden Heiland* aus *Polyhymnia Caduceatrix* von 1619.

Barock

(4)

EVANGELISCHE KIRCHENMUSIK II

HEINRICH SCHÜTZ. Die aufwändig gestalteten, klangprächtigen Kompositionen der *Musae Sioniae* des Michael Praetorius erschienen 1619, zeitgleich mit Heinrich Schütz' *Psalmen Davids*, dem ersten Werk, das der in Venedig bei Giovanni Gabrieli ausgebildete berühmteste deutsche Komponist des 17. Jahrhunderts nach seiner Anstellung als kursächsischer Hofkapellmeister in Dresden in Druck gab.

Als Leiter der Dresdner Hofmusik, zu dessen Aufgabenbereich neben der Kirchenmusik auch die Gestaltung von Hoffesten mit der Bereitstellung von Tanzmusik und Werken des Musiktheaters gehörte, beschränkte sich Schütz nicht auf das traditionelle Repertoire geistlicher Kompositionen, sondern übernahm spätestens nach einer zweiten Italienreise (1628/29) die neue Technik der Monodie auch für die Kirchenmusik. In seinen *Kleinen Geistlichen Konzerten* (I. Teil: 1636, II. Teil: 1639) nutzte er nun die neuartige affektreiche Deklamation des Operngesangs als Mittel der Verkündigung. Die drei Teile seiner *Symphoniae sacrae* (I: 1629; II: 1647; III: 1650) verbinden dieses Verfahren intensiver Textgestaltung mit selbständigen (»obligaten«) Instrumentalstimmen. Der dritte Band dieser *Symphoniae sacrae* bezeichnet in der Kombination virtuos geführter Solostimmen und dramaturgisch wirkungsvoller Disposition mehrerer Chorgruppen nicht nur einen Höhepunkt in Schütz' Œuvre, sondern der protestantischen Kirchenmusik des 17. Jahrhunderts schlechthin. Das fünfchörige Konzert *Saul, was verfolgst du mich* setzte noch die Komponisten des 19. Jahrhunderts, die das Werk Schütz' wiederentdeckten, in Erstaunen; Johannes Brahms war der Erste, der es in Wien zu einer neuerlichen Aufführung brachte.

Heinrich Schütz, *Eile, mich, Gott, zu erretten* (Anfang) aus den *Kleinen Geistlichen Konzerten*.

VON DEN GROSSEN ›S‹ ZU BACH. Bereits im 17. Jahrhundert vermerkten die Zeitgenossen, dass die Namen der bedeutenden Vertreter der protestantischen Kirchenmusik alle mit demselben Buchstaben, ›S‹ begännen: Neben Schütz ist es der Leipziger Thomaskantor Johann Hermann Schein, der italienische Neuerungen in den »nach Madrigal Manier« gestalteten Motetten seines *Israelisbrünnleins* (1623) aufnahm. Samuel Scheidt, als Organist der Liebfrauenkirche in Halle zugleich Musikdirektor der Stadt, legte neben einer Vielzahl von Vokalkompositionen eine umfangreiche Sammlung von Orgelmusik im Druck vor: die dreibändige *Tabulatura Nova* (1624) ist ein Kompendium von Satztechniken und Formen, welches Tänze, Praeludien und Fantasien, aber daneben auch Choralbearbeitungen und -variationen (Partiten) umfasst. Thomas Selle, ein kaum weniger schöpferischer Komponist, gelangte als Kantor und »Chori Musici Directore« in Hamburg zu derart großem Ruhm, dass er an seinem Lebensende den Versuch unternehmen konnte, sein umfangreiches kirchenmusikalisches Gesamtwerk, das alle zu seiner Zeit denkbaren Stile und Gattungen umfasste, in einer – freilich nicht mehr realisierten – Gesamtausgabe vorzulegen.

Hier, in den Hansestädten Norddeutschlands, zeichnen sich dann vor allem in der zweiten Hälfte des 17. Jahrhunderts jene Veränderungen in Kompositionspraxis und Aufführungssituation ab, die das folgende Jahrhundert nachhaltig prägen sollten. Aus dem Geistlichen Konzert entwickelt sich durch eine Verselbständigung der Binnensätze die (Frühform der) Kirchenkantate; in Anlehnung an italienische Praktiken entstehen dann auch erste Oratorien. Der Schütz-Schüler Christoph Bernhard wird nach seiner Ausbildung bei Giacomo Carissimi in Rom zum führenden Musiker Hamburgs, der zugleich die zeitgenössischen Kompositionstechniken in seinen weit verbreiteten Traktaten beschreibt. Minutiös zeigt Bernhard, wie Musik auf Texte reagieren kann, indem einzelne Worte durch musikalisch rhetorische Figuren ›abgebildet‹ werden: Diese Mittel, die als Figurenlehre zum Ausgangspunkt für all jene Kirchenmusiker und Kantoren werden, die Jahr für Jahr für jeden Sonn- und Feiertag des Kirchenjahres Kantaten schreiben mussten, greift später auch Johann Sebastian Bach auf, dessen Ausbildung weitgehend von einer norddeutschen Tradition der Vokal- und Orgelkomposition geprägt ist, mit der er sich schon in jungen Jahren während seiner Lüneburger und Arnstädter Zeit auf seinen Reisen nach Hamburg und Lübeck (zu Dietrich Buxtehude) vertraut gemacht hatte.

HEINRICH SCHÜTZ

1585 am 9. Oktober in Köstritz (Thüringen) getauft.
1598 wird er aufgrund seiner schönen Stimme als Chorknabe an den Hof des Landgrafen Moritz von Hessen nach Kassel genommen.
1609–13 auf Kosten des Landgrafen und später des Vaters Aufenthalt in Venedig; dort Studium bei Giovanni Gabrieli.
1617 Anstellung in Dresden als Kapellmeister am Hof des Kurfürsten Johann Georg I. von Sachsen.
1628 Reise nach Venedig, um die neuesten musikalischen Entwicklungen kennen zu lernen und Instrumente für die Hofkapelle einzukaufen.
1633–35/1642–44 am Königshof in Kopenhagen, um den Schrecken des Dreißigjährigen Kriegs zu entkommen.
Ab 1651 wohnhaft in Weißenfels.
1672 stirbt Schütz am 6. November in Dresden.

Barock

SCHÜTZ' WERKE

- Geistliche Vokalmusik (u. a. Oratorien und Passionen, *Psalmen Davids*, *Geistliche Chormusik*, *Symphoniae sacrae* I–III, *Musicalische Exequien*, *Kleine Geistliche Konzerte*)
- Weltliche Vokalmusik (19 italienische Madrigale; die Oper *Dafne* ist verloren)

KATHOLISCHE KIRCHENMUSIK

TRADITION UND MODERNE. Die europäische Kunstmusik wurde während des 15. und 16. Jahrhunderts von Komponisten der franko-flämischen Schule dominiert, für die die geistliche Musik, insbesondere die Hauptgattungen Messe und Motette, im Zentrum des Musikschaffens stand. Dies ändert sich um 1600 mit dem Aufkommen des affektiven monodischen Stils, der diverse Gattungen erfasste, zum Teil sogar erst schuf und der geistlichen Vokalpolyphonie das Reservat des *stile antico* oder *ecclesiastico* zuwies. Das humanistische Streben nach Textverständlichkeit hatte aber schon während des Konzils von Trient (1545–63) Tendenzen erkennen lassen, die auch für die Kirchenmusik eine Annäherung an einen neuen, mehr deklamatorischen Stil nahelegten; dieser durfte nur nicht ins allzu Weltliche (»lascivum aut impurum«) verfallen. Tatsächlich zeigt die Entwicklung der katholischen Kirchenmusik im 17. Jahrhundert einerseits ein traditionsbewusstes Festhalten am kontrapunktischen *stile antico*, andererseits eine starke Annahme des monodischen *stile moderno*, der sich zum konzertierenden Stil weiterentwickelte. Im geistlichen Schaffen Claudio Monteverdis sind beide Wege deutlich ausgeprägt.

HAUPTGATTUNGEN. Die Hauptgattung der katholischen Kirchenmusik bleibt auch im 17. Jahrhundert die Messe. Gerade die Betonung des Eucharistiegedankens im Sinne der als Reaktion auf die Reformation zu verstehenden katholischen Reform wirkte sich zugunsten der feierlichen musikalischen Gestaltung der Messliturgie aus. Dem entsprach auch die früher unübliche prächtige Gestaltung des Offertoriums, jenes Gesangs unter den Proprien, der die Opfermesse einleitet. Tatsächlich avancierten die Offertorien neben dem Ordinarium missae zur häufigsten Gattung der katholischen liturgischen Musik im 17. und 18. Jahrhundert. Von großer Bedeutung sind daneben marianische Gesänge, an erster Stelle das Magnificat, auch marianische Antiphonen wie das Salve regina. Außer weiteren traditionellen Gesängen, wie z. B. Te Deum, Hymnen oder Lamentationen, spielen aber auch freie Neudichtungen als Kompositionsvorlagen eine wesentliche Rolle. Sogar in die Messe finden solche Werke zunehmend Eingang, vornehmlich »in loco offertorii«, also anstelle eines Offertoriums.

DIE MESSKOMPOSITIONEN. Die musikalische Ausprägung der Messe ist funktional wie regional bestimmt. Für feierliche Hochämter (Missa solemnis) ist schon im 17. Jahrhundert eine große vokale und instrumentale Besetzung obligatorisch, wobei Trompeten und Pauken als (gleichermaßen weltliche wie geistliche) Hoheitssymbolen eine wachsende Bedeutung zukommt. Daneben gab es die Missa brevis, die nach katholischer Definition dieselben Texte verwendete wie die Missa solemnis, also nicht

TE DEUM

Der Text des Te Deum (›Herr Gott, dich loben wir‹), häufig fälschlich als ambrosianischer Lobgesang bezeichnet, lässt sich erstmals nachweisen im Antiphonar von Bangor (um 690, aus dem irisch-keltischen Bereich). Der Autor des Texts ist vermutlich Niketas von Remesiana (gest. 441). Anfangs wurden mit dem Te Deum die Matutin beendet; später diente es als Abschluss besonders festlicher Gottesdienste, etwa an den Hochfesten des Kirchenjahres oder zu besonderen politischen Anlässen (Krönungen, Fürstentaufen, Siegesfeiern). Im 17. Jahrhundert wird das Te Deum zum repräsentativen Prunkstück konzertanter Kirchenmusik in allen europäischen Ländern. Bei obligatorischer Verwendung von Trompeten und Pauken zog man nicht selten besondere Effekte wie Glocken und Böllerschüsse hinzu. Höhepunkte bilden die fünf englischsprachigen Te-Deum-Vertonungen von Georg Friedrich Händel.

wie in der zeitgenössischen protestantischen Praxis auf Kyrie und Gloria reduziert war (wie z. B. bei Michael Praetorius). Sie konnte sparsamer besetzt sein, im Extremfall, wie bei Lodovico da Viadana 1607, mit nur einer Stimme und Generalbass. In der Regel entfaltet sie sich aber als Missa concertata mit vier obligaten Vokalstimmen und wenigstens zwei obligaten Violinen; dazu kommen oft Posaunen oder Gamben als Ripienostimmen. Wechsel zwischen Soli- und Tuttipartien sind auch bei diesen kleineren Messetypen gebräuchlich. Für bestimmte Textabschnitte bilden sich Satztraditionen aus, die über das 17. Jahrhundert hinaus gültig bleiben; z. B. werden das Christe im Kyrie und das Benedictus im Sanctus meist solistisch gesungen, das Amen in Gloria und Credo sowie das Hosanna im Sanctus sind in der Regel als chorisches Fugato gearbeitet.

Großbesetzte mehrchörige Kirchenmusik zur 1100-Jahr-Feier Salzburgs im Jahre 1682 zeigt der zeitgenössische Stich von Melchior Küsel: Zu sehen sind je vierundzwanzig Musiker auf den vier Vierungsemporen und in zwei Gruppen des Chorraums.

STREBEN NACH KLANGPRACHT. Als regionale Besonderheit blieb in Rom (und wenigen anderen Orten) der traditionelle A-cappella-Gesang über Jahrhunderte erhalten, vor allem in der Cappella Sistina an St. Peter, um die besondere geistliche Würde des Ortes zu betonen. Daraus entwickelte sich im frühen 17. Jahrhundert der so genannte römische Kolossalstil als mehrchöriger Stil ohne Instrumente. Oratio Benevoli, der als Hauptmeister dieses Stils gilt, komponierte Messen mit 16 oder 24 Vokalstimmen. Viel häufiger ist allerdings in Messen und anderen geistlichen Werken der konzertierende Stil mit Generalbass und meist mehreren Instrumenten zu finden. In Italien wurden dabei Streichinstrumente bevorzugt, während nördlich der Alpen auch Blasinstrumente von großer Bedeutung waren und ein farbenfrohes Klangbild ermöglichten. Den quantitativen Höhepunkt der Entwicklung zeigt die wahrscheinlich von Heinrich Ignaz Franz von Biber um 1680 komponierte *Missa Salisburgensis* mit 53 vokalen und instrumentalen Stimmen. Sie blieb bis ins 20. Jahrhundert das am größten besetzte Musikwerk überhaupt und macht in eindrucksvoller Weise deutlich, wie sich die katholische Kirchenmusik dieser Zeit nicht wie die evangelische primär als Verkündigung verstand, sondern als Spiegelung der himmlischen Herrlichkeit auf Erden.

Barock

MUSIK IM DREISSIGJÄHRIGEN KRIEG

Heinrich Schütz geht im Vorwort seiner *Kleinen Geistlichen Konzerte* (1639) auf deren Entstehungsumstände ein.

»Zwar muß ich mich schämen, mit einem so kleinen und schlichten Werklein zu erscheinen; nun aber die Bosheit der jetzigen, den freien Künsten widrigen Zeiten meinen anderweit bei Handen habenden Werken das Licht nicht gönnen wollen, hat es bei diesem geringen für diesmal verbleiben müssen. Sollten aber die jetzt unter den Waffen erstickten und in den Kot getretenen Künste durch Gottes Güte zu voriger Würde und Wert wieder erhoben werden, (…) so will [ich] sodann (…) mit einem reicheren Pfande meiner Schuldigkeit [nachkommen].«

GEISTLICHES KONZERT UND PASSION

GEISTLICHES KONZERT. Das Generalbasszeitalter, als das die Epoche des Barock in der Musik auch bezeichnet wird, hat zwei wesentliche Wurzeln. Die eine ist die Monodie der frühen Oper. Die andere, noch weiter zurückreichende, kommt aus der Aufführungspraxis großer, oft mehrchöriger geistlicher Werke; diese wurden mangels Musikern häufig auf die Oberstimme(n) und die von der Orgel gespielte und harmonisch aufgefüllte jeweilige tiefste Stimme (Basso seguente) reduziert. Lodovico da Viadana war wohl der Erste, der von vornherein geistliche Werke auf das Außenstimmengerüst reduziert komponierte und 1602 in Venedig im Druck herausgab. Diese *Cento concerti ecclesiastici* für eine bis vier Stimmen gewannen schnell internationalen Ruhm und sind der Ausgangspunkt für die zahlreichen kleinen geistlichen Konzerte des 17. Jahrhunderts. Auch protestantische Komponisten griffen diese Form bereitwillig auf, wobei sie in der Regel deutsche Texte vertonten. Gerade solche kleinen solistischen Besetzungen kamen dem barocken Bedürfnis nach gesteigerter Affektdarstellung entgegen. Daneben sind die Gründe für die große Verbreitung dieser Gattung in der ersten Hälfte des 17. Jahrhunderts auch in den widrigen Umständen der Zeit des Dreißigjährigen Kriegs zu suchen, welche die Aufrechterhaltung eines normalen kirchenmusikalischen Lebens unmöglich machten.

Neben den kleinbesetzten Konzerten blieb aber auch die aus der alten Mehrchörigkeit erwachsene Gattung der großen Geistlichen Konzerte in Gebrauch und wurde immer reicher differenziert. Dies betrifft sowohl die farbige Instrumentation als auch andere Kontrastbildungen der Besetzung (Soli – Tutti) und Form. Waren die frühbarocken Werke häufig noch einteilig durchkomponiert, so begegnen im Hochbarock zunehmend Anlagen, die in kontrastierende Teile gegliedert sind: Eröffnungssinfonien, Rezitative, Arien, Chöre, Instrumentalritornelle. Solche Werke, die im 17. Jahrhundert von den meisten Komponisten geistlicher Musik geschaffen wurden, bezeichnet man aus dem Blickwinkel späterer Terminologie häufig

Heinrich Schütz, *Johannespassion.* Ausschnitt aus der Handschrift des J. Z. Grundig (kurz nach 1700) für die Dresdner Kreuzkirche.

als Kantaten. Seinerzeit waren Kantaten aber primär weltliche Werke, die sich in Italien im Anschluss an frühe Monodien Caccinis u.a. entwickelten. Im Unterschied zur Arie wurden ihre madrigalischen Strophen durchkomponiert, so schon 1620 in Alessandro Grandis *Cantade et Arie*. Entsprechende geistliche Werke wurden in Italien wie anderswo meist als Concerti ecclesiastici oder als Motetti bezeichnet. In der deutschen evangelischen Kirchenmusik kam es in der zweiten Jahrhunderthälfte zwar immer häufiger zu mehrteiligen geistlichen Kompositionen, der Begriff Kantate setzte sich aber erst im 18. Jahrhundert durch.

DIE PASSION. Die biblische Leidensgeschichte Jesu Christi wurde schon im Mittelalter mit unterschiedlichen Lektionstönen für den Evangelisten, die Soliloquenten (Jesus, Petrus, Pilatus usw.) und die Turbae (Volksmenge) gesungen. Seit etwa 1500 gab es mehrstimmige motettische Passionen. Solche chorisch durchkomponierten Passionen finden sich auch noch im 17. Jahrhundert, z. B. 1631 eine sechsstimmige *Johannespassion* von Christoph Demantius. Noch älter ist die responsoriale Passion, in der einstimmige Partien des Evangelisten mit mehrstimmigen der Turbae und den meist zwei- bis dreistimmigen der Soliloquenten abwechseln. Johann Walter entwickelte für seine deutschsprachige *Matthäuspassion* einen neuen Lektionston, der für viele lutherische Komponisten der Folgezeit vorbildlich wurde. Von Heinrich Schütz sind drei responsoriale Passionen überliefert. Diese Alterswerke verzichten entsprechend den liturgischen Vorgaben auf den Generalbass oder weitere Instrumente; unverkennbar ist aber die neue rhetorische Ausprägung vor allem der Turbachöre. Mit Ausnahme des Eröffnungschores beschränkt sich der vertonte Text weiterhin auf den deutschen Wortlaut der Bibel.

Als dritte Passionsform kam im 17. Jahrhundert die oratorische Passion auf. Diese verwendet nicht nur ein mehr oder weniger reiches Instrumentarium, sondern fügt auch betrachtende Arien und Chöre mit anderweitigen biblischen Zitaten, bekannten Choralstrophen oder neugedichteten Texten ein (Intermedien). So kommt es zu einer Annäherung der Passion an Formen des Oratoriums bzw. der Oper. Die erste bekannte Passion dieser Art ist die 1643 in Hamburg uraufgeführte *Johannespassion* von Thomas Selle. Im Laufe des späten 17. und des 18. Jahrhunderts nehmen die frei gedichteten Partien immer mehr Raum ein, bis sie in so genannten Passionskantaten oder -oratorien den originalen biblischen Text ganz auflösen.

(1)

(2)

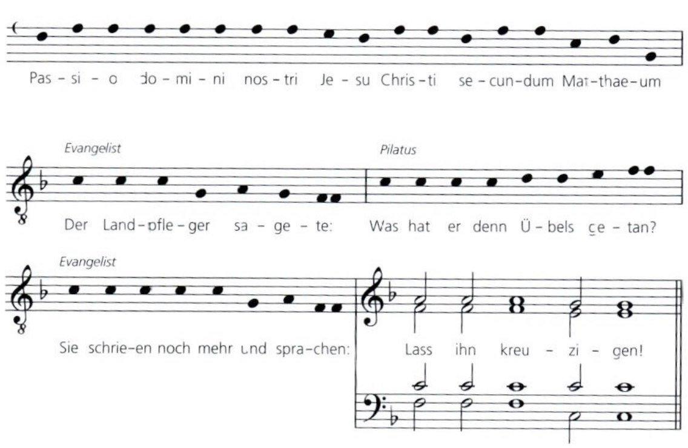

Passionsvertonungen:
(1) Beginn der Matthäus-Passion in der römischen Messliturgie, (2) Ausschnitt aus Johann Walters *Matthäuspassion*, um 1530.

Partita per il Cavicembalo Solo
Allegro

18. JAHRHUNDERT

DIE EPOCHENPROBLEMATIK

VIELFALT. Die Gliederung der Musikgeschichte nach Stilepochen (Renaissance, Barock, Klassik, Romantik) ist zwar eingängig, wird aber von der Musikwissenschaft zunehmend als Problem begriffen. Grundlegende neuere Publikationen zur Musikgeschichte unterteilen ihren Gegenstand deshalb vielfach nach Jahrhunderten.
Das 18. Jahrhundert erweist sich als Schnittstelle gleich mehrerer traditioneller Epochen: In seinem ersten Drittel endet das Barock, in seinem letzten beginnt die Wiener Klassik, die bis ins zweite Jahrzehnt des 19. Jahrhunderts reicht. Für die Jahrzehnte zwischen Barock und Klassik konnte sich eine allgemein befriedigende Etikettierung bislang nicht durchsetzen, verwendet werden Bezeichnungen wie Rokoko, Sturm und Drang, Zeitalter der Empfindsamkeit, Vorklassik. Ihnen allen ist gemeinsam, dass sie nur einen Teilaspekt des gemeinten Zeitraums von fünf oder sechs Jahrzehnten formulieren.
Dieses Dilemma ist nur zu lösen durch einen Abschied von überkommenen Stilklischees und durch eine Hinwendung zur chronologischen Gliederung. Auf diese Weise entsteht vor uns das Bild eines farbigen, heterogenen Jahrhunderts, das die Spannweite künstlerischen Ausdrucks zwischen Generalbass und Polyphonie, klassischer Homophonie und Empfindungswelt – man kann auch sagen: zwischen den Polen Bach und Haydn – beinhaltet.
Das 18. Jahrhundert ist eine Epoche des allmählichen durchgreifenden Stilwandels auf allen Ebenen der Musik: in der Kompositionsweise wie in der Klangästhetik, in der Berufsauffassung und -ausübung der Komponisten wie im Instrumentenbau und -einsatz. Der vorurteilsfreie Blick auf die musikalischen Ereignisse ermöglicht es überdies, jene Komponisten um die Mitte des Jahrhunderts in ihrer historischen Größe und Eigenständigkeit zu würdigen, die sonst als Nachkommen (wie die Bach-Söhne) oder Vorläufer (der Wiener Klassiker) lediglich beiläufig Erwähnung finden.

STILBEGRIFFE. Innerhalb einer neuen, neutralen Ordnung in Jahrhundertschritten verlieren die alten Stilbegriffe (Sturm und Drang usw.) jedoch keineswegs ihre partielle Gültigkeit. Die Aspekte, die durch sie angesprochen werden, können nun in ihrer Relativität, in ihrer Bezogenheit auf einzelne Personen, künstlerische Strömungen und Zentren angemessen gewichtet werden. Einzelne positiv charakterisierende Gesichtspunkte lassen sich damit bezeichnen, wenn sie weder verabsolutiert noch verzerrt werden. Diese Problematik ist, bezogen auf das 18. Jahrhundert, ein Spezifikum der Musikgeschichtsschreibung und nicht ohne weiteres auf die Kunst- und die Literaturgeschichte übertragbar.

MUSIKZENTREN IM 18. JAHRHUNDERT. Zunächst übten die großen Metropolen der italienischen Oper (Mai-

STILE UND EPOCHEN

Empfindsamer Stil, eng verwandt mit dem galanten Stil, jedoch geographisch eingegrenzt auf Norddeutschland um die Jahrhundertmitte; charakteristisch ist vor allem die Klaviermusik Carl Philipp Emanuel Bachs, in der sich (scheinbar) spontane Gefühlsregungen und individuelle Empfindungen in einer subjektiven Tonsprache niederschlugen.
Galanter Stil, häufig dem ausgehenden Barock kontrastierend gegenübergestellt, verkörpert eine neue Ästhetik, die sich vom kontrapunktischen Stil und vom Generalbass durch Natürlichkeit, Volkstümlichkeit und leichtere Fasslichkeit abhebt; Vorreiter des neuen Stils sind beispielsweise Carl Philipp Emanuel Bach und Telemann (dessen Patenonkel!), der sich durch seine ›neue Schreibweise‹ von der kontrapunktisch komplexeren – und damit ›altmodischeren‹ – Musik seines Zeitgenossen Johann Sebastian Bach abhob.
Rokoko, Spätphase des Barock zwischen 1720 und 1770, begrifflich abgeleitet von *rocaille* (frz., Geröll, Muscheln, Grotten). In der Musik Übergangszeit vom Spätbarock zur frühen Klassik bis zum jungen Mozart, ohne dass exaktere musikalische Merkmale erkennbar wären.
Sturm und Drang, vor allem als literarischer Stilepochenbegriff eingeführt, abgeleitet vom gleichnamigen Schauspiel Friedrich Maximilian Klingers, geprägt von dessen Zeitgenossen Herder und Goethe; bezeichnet in der Literatur- und Musikgeschichte solche Werke der Zeit unmittelbar vor und nach 1770, die durch emphatische Grundhaltung, nicht selten in Molltonarten, gleichsam der rebellischen Haltung der literarischen Stürmer und Dränger entsprechen (vgl. Haydn, *Sinfonie Nr. 39 g-Moll*); auch manche Werke der Mannheimer Schule um Stamitz und Cannabich gehören u. a. mit ihren Crescendo-Effekten und stürmischen Kopfsätzen in diesen Zusammenhang.

land, Venedig, Neapel) noch ihren Einfluss aus – Johann Christian Bach wurde beispielsweise zunächst als »Mailänder Bach« bekannt. Georg Friedrich Händel machte London zum Zentrum der italienischen Oper und dann zur Hauptstadt des Oratoriums.
Um die Mitte des Jahrhunderts gewann Mannheim internationalen Ruf, wo sich unter Karl Theodor die besten Musiker und Komponisten versammelten. Dass Mozart auf Reisen dort gerne Station machte, hatte in erster Linie mit dem Renommée der Mannheimer Schule zu tun (und nicht nur mit den Töchtern der Familie Weber). Mannheims Berühmtheit erlosch, als der Kurfürst seinen Hof nach München verlegte. Daneben wurde Wien zum Mittelpunkt der Zeit zwischen Barock und Klassik, aufgrund seiner geographischen Lage versammelten sich hier viele böhmische Musiker. Zum Synonym einer ganzen Epoche wurde Wien schließlich in den Jahrzehnten der so genannten Wiener Klassik, die heute fast ausschließlich mit den Namen Haydn, Mozart und Beethoven verbunden wird. Daneben wirkten hier jedoch weitere Musiker wie beispielsweise Antonio Salieri, die zu ihrer Zeit mitunter sogar größeren Erfolg beim Publikum hatten.

Vorklassik, umfassendster und widersprüchlichster Stilbegriff für die Musik zwischen 1730 und 1780; er legt die Deutung einer ganzen Generation von eigenständigen und zukunftsweisenden Komponisten als bloße Vorläufer der Klassik nahe und schmälert so die stilbildende schöpferische Leistung so unterschiedlicher Persönlichkeiten wie Carl Philipp Emanuel und Johann Christian Bach, Johann und Carl Stamitz, Christian Cannabich und Franz Xaver Richter; auch dem eigenständigen ›vorklassischen‹ Werk Haydns und Mozarts wird der Begriff nicht gerecht, der überdies die Musikgeschichte dieser Jahrzehnte zu Unrecht auf Deutschland verkürzt, war die Klassik doch kein europäisches Phänomen, sondern konzentrierte sich im Wesentlichen auf die Musik-Hauptstadt Wien.

Festvorstellung im Schloss Schönbrunn. Aus Anlass der Hochzeit von Maria Theresias ältestem Sohn, dem späteren Kaiser Joseph II., und Isabella von Parma wurde im Oktober 1760 Glucks Serenata *Tetide* gegeben.

VERSUCH EINER EPOCHENDEFINITION

ZEITLICHE BEGRENZUNG. Es gibt unterschiedliche Ansätze einer sich auf Jahreszahlen festlegenden Datierung: Den Beginn der neuen Epoche setzt die Mehrzahl der Historiker um das Jahr 1720 an, denn von hier an ist relativ deutlich ein musikalischer Stilwandel zu beobachten. Das Ende der Epoche wird schwankend zwischen 1789 und 1814 angesiedelt, äußerlich jeweils gebunden an politische Großereignisse.

Daraus lässt sich keine zwingende Logik für die musikalische Stilentwicklung ableiten. Die Wiener Klassik (Haydn, Mozart, Beethoven) endet zwar ›offiziell‹ spätestens mit Beethovens Tod 1827, doch stirbt Schubert nur ein Jahr später. Klassik und Romantik sind untrennbar miteinander verknüpft, wachsen organisch auseinander hervor und lassen keine scharfe Trennungslinie zu – jedes Datum wäre widerlegbar. Beethovens Hauptwerke sind alle im beginnenden 19. Jahrhundert entstanden, sodass sich trotz intensiver Querverbindungen zu Haydn und Mozart zwischen ihnen die Datierungsgrenze anbietet – Haydn und Mozart sind Meister des 18. Jahrhunderts, Beethoven ist ein Meister des 19. Jahrhunderts, vor allem aufgrund seines immensen Einflusses auf alle Bereiche der musikalischen Produktion.

STILVERGLEICH 17. UND 18. JAHRHUNDERT. In der Harmonik basiert die Musik des Barock auf dem Generalbass. Er ist das Fundament der Komposition, in Gestalt einer Bassmelodie, an die eine feste Harmonienfolge gebunden ist, deren Ausgestaltung der Improvisationskunst des Spielers überlassen bleibt. Das Verhältnis der einzelnen Stimmen zueinander und zum Generalbass ist nach den Regeln des Kontrapunkts festgelegt; alle Stimmen sind gleichberechtigt. Im Spätbarock sind alle 24 Dur- und Molltonarten verfügbar und werden mehrheitlich eingesetzt (Bach: *Das Wohltemperierte Klavier*); Dur und Moll sind gleichberechtigt und nahezu gleich häufig; die Vorherrschaft der Kirchentonarten ist zurückgedrängt und nur noch in Relikten wirksam.

Im 18. Jahrhundert verliert der Generalbass Schritt um Schritt seine Bedeutung und verschwindet schließlich. Die Vielfalt der Tonarten ist nur noch eine theoretische; man beschränkt sich nun auf Tonarten mit wenigen Vorzeichen; Dur überwiegt stark, Moll ist eher die – häufig affektiv besonders betonte – Ausnahme.

THEMENBILDUNG. Auch bei der Themenbildung kristallisieren sich charakteristische Unterschiede heraus: Im Spätbarock herrschte mit der ›Fortspinnungstechnik‹ ein Typus der melodischen Fortentwicklung vor: auf der Basis einer motivisch kleingliedrigen Struktur entfaltet sich die melodische Linie nicht symmetrisch, sondern mosaikartig, reihungsartig, oft sequenzierend.

EIN VIELSEITIGES JAHRHUNDERT

Aufs Ganze gesehen, war das 18. Jahrhundert eine ähnlich vielseitige, vieldeutige Epoche wie das darauf folgende 19. Jahrhundert. Zwischen den Polen Händel – Bach und Haydn – Mozart gab es künstlerische Höhepunkte, geographisch über ganz Europa und zeitlich über das Jahrhundert verteilt. Die Schlagworte Barock, Vorklassik und Klassik reichen nicht mehr zur Charakterisierung des 18. Jahrhunderts, weil sie Kategorisierungen und Zuordnungen vorgaukeln, die in Wirklichkeit nicht zutreffen.

Historische Zäsuren – auch in der Musikgeschichte – erfolgen leider selten genau zu Jahrhundertwenden. So kann der Begriff ›Das 18. Jahrhundert‹ lediglich als grober Rahmen dienen; Beginn und Ende fallen nicht mit den beiden Wendejahren zusammen.

Johann Sebastian Bach, *Brandenburgisches Konzert Nr. 1*, Thema des 3. Satzes

Die Themen des ›neuen‹ Stils dagegen zeichnen sich durch symmetrische Gliederung, bisweilen auch durch volksliedhafte Sanglichkeit aus, gestützt durch eine schlichte, organische Kadenzharmonik. Basis ist das periodische Prinzip, das sich schematisch in zwei melodische Grundtypen gliedern lässt: 1. Die musikalische Periode ist von vollendeter formaler Symmetrie, die durch die Harmonisierung gestützt wird; sie ist in der Regel achttaktig (je nach Notierung auch vier- oder sechzehntaktig) und lässt sich in mehreren Schritten proportional unterteilen: in die je 2-taktige Phrase und Gegenphrase (Vordersatz), Phrasenwiederholung und Schlussphrase (Nachsatz).

Wolfgang Amadeus Mozart, *Klaviersonate A-Dur* KV 331, Thema des 1. Satzes

2. Der Periode zur Seite steht der musikalische Satz, der die an sich statisch in sich ruhende Symmetrie gleichsam dynamisiert und in einen Prozess umdeutet; neben die liedhafte Abgeschlossenheit der Periode tritt nun eine über sich selbst hinausweisende Offenheit.

Ludwig van Beethoven, *Klaviersonate Nr. 1 f-Moll* op. 2/1, Thema des 1. Satzes

Beide Prinzipien der Melodiebildung erfahren in der musikalischen Praxis mannigfaltige Ausweitungen, gegenseitige Annäherungen und Varianten; insofern handelt es sich zunächst um reine Modelle.

FORMEN UND GATTUNGEN. Auch hier vollzieht sich ein Wandel. Dabei täuscht die Weiterverwendung des Begriffes ›Sonate‹ darüber hinweg, wie grundlegend hier die Veränderung ist. Die barocke Sonate besaß einen eher statischen Charakter, entweder als viersätzige Sonata da chiesa im Wechsel langsam – schnell – langsam – schnell, oder als Sonata da camera, die eine vielgliedrige Suite, also eine Reihung von stilisierten Tanzsätzen, war. Die klassische Sonate hat mit ihr die zyklische Mehrsätzigkeit gemeinsam, doch gewinnt sie durch die zentrale Stellung des neuen Sonatenhauptsatz-Modells neue Dynamik. Als Formprinzip erobert sie bald alle wichtigen Gattungen, von der Solosonate über unterschiedliche Kammermusik-Besetzungen bis hin zu Konzert und Sinfonie.

WOLFGANG AMADEUS MOZART

DAS WUNDER MOZART. Mit dem Namen Mozart verbindet sich auf exemplarische Weise der Begriff ›Wunderkind‹. Mozarts ungewöhnliche Frühbegabung steht außer Frage, fest steht jedoch auch, dass seine künstlerischen Leistungen sowohl Ergebnis einer umfassenden und gründlichen Ausbildung als auch persönlichen Fleißes sind. Mozart selber hat daran nie einen Zweifel gelassen. Dass seine individuelle Arbeitsweise nur wenige Spuren, wie zum Beispiel Skizzen, hinterließ, ist kein Gegenbeweis. Der bald nach seinem Tod einsetzende Geniekult hat hier bis in unsere Tage für manches Missverständnis gesorgt. Auch der Anteil seines Vaters Leopold an dieser Ausbildung muss als sehr hoch angesehen werden.

Mozart hat bedeutende, zukunftsweisende Leistungen auf allen wichtigen Gebieten der Musik vollbracht: Mit seinen drei großen Buffo-Opern (*Le nozze di Figaro*, *Don Giovanni* und *Così fan tutte*) führte er die Gattung auf ihren nie mehr überbotenen Höhepunkt, unterstützt durch seinen Librettisten Lorenzo Da Ponte. Die ersten wichtigen Dokumente des neuen deutschsprachigen Singspiels (*Die Entführung aus dem Serail*, *Die Zauberflöte*) stammen von Mozart und begründen eine neue Gattungstradition. Mit seinem unvollendeten *Requiem* öffnete Mozart in harmonischer, melodischer und instrumentatorischer Hinsicht weit die Türen ins 19. Jahrhundert – gerade in diesem Werk kann man gut erkennen, dass die so beliebte Legen-

MOZARTS WERKE

Die durchlaufenden Nummern mit dem Kürzel KV beziehen sich auf das *Chronologisch-thematische Verzeichnis sämtlicher Tonwerke Wolfgang Amadé Mozarts* von Ludwig Ritter von Köchel (1800–1877), das sog. Köchel-Verzeichnis, in heutiger revidierter Fassung

- Orchesterwerke (5 Konzertante Sinfonien; über 50 Sinfonien; Solokonzerte mit Orchester: 21 für Klavier, 5 für Violine, 9 für Bläser sowie konzertante Einzelsätze; 17 Kirchensonaten)
- 41 Divertimenti, Serenaden, Cassationen, Notturni für kleine und große, gemischte und gleiche Besetzungen; Märsche und Tänze in großer Zahl
- Kammermusik (26 Streichquartette; 6 Streichquintette; 17 Sonaten für Klavier und Violine; 7 Klaviertrios; 2 Klavierquartette; 1 Klavierquintett; Streicherduos und -trios; kammermusikalische Werke für gemischte Streicher- und Bläserbesetzungen, für Bläser allein)
- Klaviermusik (15 Klaviersonaten; Klavierrondos, -Fantasien und andere Einzelstücke; 18 Variationenreihen; Werke für vierhändiges Klavier und für zwei Klaviere; einzelne Werke für Orgel)
- Bühnenwerke (20 Opern [Opere serie, Opere buffe, Singspiele]; Ballette und Pantomimen)
- Vokalmusik (19 Messen sowie andere geistliche Vokalwerke; 1 Requiem; Litaneien, Vespern u. Ä..; 63 Konzertarien, -szenen und -ensembles; 39 Lieder, 13 ein- und mehrstimmige Gesänge, 30 Kanons)

WOLFGANG AMADEUS MOZART

1756 am 27. Januar in Salzburg geboren; sein Vater Leopold ist ein bekannter Komponist und Violinpädagoge; sehr früher Musikunterricht beim Vater, erste Kompositionsversuche ab 1761/62.
1762 erste Konzertreise nach München und Wien, gemeinsam mit der Schwester Maria Anna (Nannerl).
1763 Reise durch deutsche Städte über Brüssel nach Paris.
1764 Aufenthalt in London, Begegnung mit Johann Christian Bach.
1765 Aufenthalte in Antwerpen, Amsterdam, Frankreich und der Schweiz.
1767 Reise nach Wien.
1768 Uraufführung des Singspiels *Bastien und Bastienne.*
1769 Mozart wird Konzertmeister in Salzburg; erste Italienreise, Unterricht bei Padre Martini in Bologna, Verleihung eines päpstlichen Ordens.
1772 zweite Italienreise, Opernaufträge.
1773 Reise nach Wien.
1775 München, Uraufführung der Opera buffa *La finta giardiniera*.
1777 Spannungen zwischen Mozart und seinem Dienstherrn, Ende des Dienstverhältnisses. Reise mit der Mutter, die in Paris stirbt. Kontakte zum Mannheimer Hof und zur dortigen Kunstszene; unglückliche Liebe zu Aloysia Weber, deren Schwester Konstanze Mozart 1782 heiratet.
1779 wieder Konzertmeister in Salzburg.
1781 Bruch mit dem Erzbischof, Übersiedlung nach Wien. Uraufführung der Opera seria *Idomeneo* in München, jedoch keine feste Anstellung; Lebensunterhalt durch Konzerte (»Akademien«) und Unterricht; vergebliche Suche nach einer Anstellung bei Hofe.
1784 Eintritt in die Freimaurerloge (wie Haydn).
1786 Uraufführung von *Le nozze di Figaro* in Wien.
1787 Uraufführung von *Don Giovanni* in Prag; Mozart erhält den Titel eines kaiserlichen Kammerkomponisten.

1789 Reise nach Berlin, Auftrag Friedrich Wilhelms I. über 6 Streichquartette.
1790 Uraufführung von *Così fan tutte* in Wien.
1791 Uraufführung der *Zauberflöte* in Schikaneders Theater auf der Wieden; unvollendetes *Requiem* (anonymer Auftrag von Graf Walsegg). Schwere Erkrankung, am 5. Dezember 1791 stirbt er in Wien, vermutlich an den Folgen eines rheumatischen Fiebers und dessen medizinischer Fehlbehandlung; er wird dem Brauch der Zeit folgend in einem anonymen Massengrab beigesetzt.

Mozart wurde 1789 von Joseph Lange, dem Schwager seiner Schwester, in einem unvollendeten Ölbild porträtiert.

de vom ›frühvollendeten Meister‹ falsch ist: Mozarts früher Tod ist nicht logischer Endpunkt, sondern vielmehr abrupt tragisches Abbrechen seiner Lebenskurve.
In seinen vier letzten großen Sinfonien führte Mozart gemeinsam mit Joseph Haydn die neue Gattung auf ihren ersten Höhepunkt und öffnete ihr vor allem in instrumentatorischer Hinsicht neue Perspektiven. Ebenfalls in konstruktiv-freundschaftlicher Wechselbeziehung zu Haydn konstituierte sich die neue Gattung des Streichquartetts. Dabei kommt der intensiven gegenseitigen Freundschaft zwischen beiden Wiener Klassikern ähnliche historisch-exemplarische Bedeutung zu wie jener zwischen den beiden Weimarer Dichtern Goethe und Schiller.
Mozarts wohl wichtigste musikhistorische Leistung – falls man denn überhaupt auf diese Weise gewichten könnte – ist das Klavierkonzert mit seinen drei kontrastierenden Sätzen in subtil-individueller Instrumentation, thematisch-motivischer Durchdringung und konzertanter Ausprägung.
Mozart war, noch vor Beethoven, der erste ›freischaffende‹ Künstler ohne (höfische) Anstellung, allerdings unfreiwillig, denn er strebte bis zu seinem Tod eine Stelle bei Hofe an. Misserfolge trübten seine letzten Lebensjahre materiell und mit Sicherheit auch psychisch. Widrige Lebensumstände hinterließen jedoch kaum Spuren in seiner Musik, die vor allem in frühen Jahren prägende Einflüsse nie verleugnete (neben italienischen Zeitgenossen waren seine wichtigsten Vorbilder Johann Christian Bach und Haydn), sondern organisch einband.

IM Dezember 1787 würdigt Joseph Haydn in einem Brief an Franz Rott seinen Freund Mozart und weist zugleich auf dessen missliche berufliche Situation hin.

»Denn könnte ich jedem Musikfreunde, besonders aber den Großen, die unnachahmlichen Arbeiten Mozarts, *so tief* und mit einem solchen *musikalischen Verstande*, mit einer *so großen Empfindung* in die Seele prägen, als ich sie begreife und empfinde: so würden die Nationen wetteifern, ein solches Kleinod in ihren Ringmauern zu besitzen. (…) Mich zürnet es, daß dieser *einzige* Mozart noch nicht bei einem kaiserlichen oder königlichen Hofe engagiert ist! Verzeihen Sie, wenn ich aus dem Geleise komme: ich habe den Mann zu lieb.«

OPERA SERIA

HASSE. Nachdem sich der barocke Typus der Opera seria gefestigt hatte, beherrschte er für längere Zeit die Szene, nicht zuletzt unter dem wachsenden Einfluss der Opéra comique und der Opera buffa. Einer ihrer Meister in der zweiten Jahrhunderthälfte war der Hamburger Johann Adolf Hasse, der mit der italienischen Primadonna Faustina Bordoni verheiratet war. Nach Wanderjahren u. a. in Neapel und Venedig ließ er sich für zwei Jahrzehnte (1743–64) in Dresden nieder und machte die Stadt zum europäischen Musikzentrum. Ausflüge nach Paris, London und Wien mehrten seinen Ruhm. Hasse pflegte enge Zusammenarbeit und Freundschaft mit dem etwa gleichaltrigen Pietro Metastasio, dessen Libretti er fast alle vertonte. Sein Stil ist in Maßen originell, eingängig und schlicht, dem Text zur Wirkung verhelfend. Er hinterließ 63 Opere serie, darunter *Artaserse* (1730), *Didone abbandonato* (1742) und als letzte *Ruggiero ovvero L'eroica gratitudine* (1771). Heute finden sie lediglich historisches Interesse; das aktuelle Bühnenleben nimmt kaum noch Notiz von ihnen.
Daneben ist noch Niccolò Jommelli hervorzuheben, der ebenfalls mit Metastasio befreundet war und anderthalb Jahrzehnte lang als Hofkapellmeister in Stuttgart wirkte (1753–69); von seinen 64 Opere serie sind 53 überliefert.

HAYDN. Bedeutung und Nachruhm Joseph Haydns auf dem Gebiet der Oper stehen im Gegensatz zu seinem sonst unbestrittenen Rang und seinem Einfluss auf den

JOHANN CHRISTIAN BACH

Johann Christian, der jüngste Sohn Bachs, schuf (zum Katholizismus übergetreten) in Mailand geistliche Werke, in London, wo er ab 1762 lebte, veranstaltete er zusammen mit dem Gambisten Carl Friedrich Abel öffentliche Konzerte, die den Beginn des modernen Konzertwesens mitbegründeten. Er hinterließ zahlreiche Orchester- und Kammermusikwerke. Nicht nur mit seinen kantablen und feinsinnig instrumentierten Seria-Opern überwiegend auf Texte von Metastasio – u. a. *La clemenza die Scipione* (Mannheim 1778), *Lucio Silla* (London 1774), *Amadis de Gaulles* (Paris 1779) – übte er großen Einfluss auf Wolfgang Amadeus Mozart aus.

Opernaufführung in Esterházy: Haydns Dramma giocoso *L'incontro improvviso*; in der Continuogruppe (links) der Komponist am Cembalo, Streicher und Bläser sitzen um einen langen Tisch.

klassischen Instrumentalstil. Fast alle Opern komponierte Haydn im Dienst und Auftrag seiner fürstlichen Herren von Esterházy. Drei sind Vertonungen von Libretti nach Carlo Goldoni (*Lo speziale*, 1768; *Le pescatrici*, 1770; *Il mondo della luna*, 1777), von denen die erste und die letzte sich eher der Opera buffa annähern. Auch eine Orpheus-Oper hinterließ Haydn, *L'anima del filosofo ossia Orfeo ed Euridice* (1791); dieses *dramma per musica* und letzte Bühnenwerk entstand für London, doch kam es aus verschiedenen Gründen nicht zur Aufführung. Erst 1951 wurde Haydns *Orfeo* in Florenz uraufgeführt. Am erfolgreichsten war Haydns Semiseria *Orlando paladino* (1782), die zu Haydns Lebzeiten an zahlreichen Bühnen gespielt wurde. Aus eigenen Äußerungen geht hervor, dass Haydn sich der Problematik seines Opernschaffens recht genau bewusst war: trotz mancher musikalischer Kostbarkeiten fehlt ihm dramatische Überzeugungskraft, nicht zuletzt wegen offensichtlich nicht erkannter Schwächen in den Libretti. So errangen seine Opern bis heute, trotz mancher Wiederbelebungsversuche, keinen Repertoireplatz.

MOZART. Mozart schuf eine Siebenergruppe von Opere serie, von denen zwei bis heute aufgeführt werden. Fünf schrieb er im Umkreis seiner frühen Reisen nach Italien: *Mitridate, re di Ponto* (KV 87) und *Ascanio in Alba* (KV 111) entstanden 1770 und 1771 für Mailand; *Il sogno die Scipione* (KV 126, 1771) nach Metastasio ist als *azione teatrale* eher ein undramatisches Traumspiel, jedoch strukturell der Seria verpflichtet. Das Werk wurde 1984 im Teatro Olimpico in Vicenza szenisch uraufgeführt. *Lucio Silla* (KV 135) entstand für die Mailänder Karnevalssaison 1773. Das Libretto von Giovanni de Gamerra vertonte auch Johann Christian Bach 1774 für Mannheim. Bemerkenswert ist die abwechslungsreiche Instrumentation, die bereits auf *Idomeneo* vorausweist. *Il re pastore* (KV 208) basiert als *dramma per musica* auf einem Metastasio-Libretto (1775).

Mozarts Meisterwerk der Gattung ist sein *Idomeneo* (KV 366), ein Auftragswerk Karl Theodors von Bayern für die Karnevalssaison 1781 in München. *Idomeneo* bedeutet Ende und Überwindung der Opera seria; Mozarts vorletzte Oper *La clemenza di Tito* (KV 621) ist eher ein Rückschritt. Das Werk entstand unter Zeitdruck für Prag, als Auftragswerk zur Krönung Leopolds II. Das Libretto von Metastasio war bereits von zahlreichen Komponisten vertont worden (u.a. von Caldara, Hasse, Gluck und Jomelli) und wurde auf Wunsch Mozarts von Caterino Mazzolà bearbeitet. Angesichts des Termindrucks sah sich Mozart genötigt, die Secco-Rezitative von seinem Schüler Xaver Süßmayr komponieren zu lassen. Dass *Titus* bis heute ein Schattendasein führt, mag in erster Linie an der stereotypen Seria-Handlung liegen, die mit ihrer Reihung von Rezitativen und Arien keine Spannung aufkommen lässt, woran Mozarts reife Tonsprache wenig zu ändern vermag.

Idomeneo. Figurine des Mozart'schen Titelhelden vom Ausstatter der Uraufführung, Lorenzo Quaglio (1781).

18. Jahrhundert

IDOMENEO

Aus Mozarts Briefwechsel sind wir über den Anteil des Komponisten an Fragen der Dramaturgie und des Librettos (von Gianbattista Varesco) informiert. *Idomeneo* ist in zwei Fassungen überliefert: 1781 in München war Idamante einem Kastraten (Sopran) zugeordnet; 1786 in Wien wurde daraus eine leicht veränderte Tenorpartie. Äußerlich entspricht die Oper der Seria, doch entwickelte Mozart sie mit dramatischem Gespür weiter und hob *Idomeneo* damit über die schematisch erstarrte Gattung hinaus. Aus den vorgegebenen Typen und Situationen der Seria erwachten auf einmal Menschen mit persönlichen Zügen, vor allem in Gestalt des Liebespaares Ilia und Idamante. Revolutionär ist Mozarts Behandlung der Ensembles und Chorsätze, deren von der Handlung vorgegebene Stereotypen – Gewitter- und Sturmszenen – zu dramatischer Wirkung geführt werden. Spektakulär sind besonders jene Chorszene, aufgeteilt in Nah- und Fernchöre, die Idomeneos Rettung aus dem Meer vorangeht, sowie die Massenszene am Hafen angesichts des drohenden Meerungeheuers (2. Akt).

OPERA BUFFA

FRÜHFORMEN. Die Behauptung, die Opera buffa sei aus den Intermezzi der Opera seria hervorgegangen, ist eine Halbwahrheit. Zwischen den drei Aufzügen der Seria eingeschobene lustige Intermezzi sind zwar eine der Wurzeln der Buffa, aber nicht die einzige. Komische Opern gab es vereinzelt früh im 17. Jahrhundert; man nannte sie *commedia per musica* oder später *dramma giocoso*, Bezeichnungen, die sich parallel zur Opera buffa bis in die Mozartzeit hielten und bei Mozarts *Don Giovanni* für manche Verwirrung sorgten. Das heitere Musiktheater basiert u. a. auf der italienischen Commedia dell'arte mit ihren typisierten Figuren. Aber auch in Seria-Opern gab es vereinzelt früh komische Rollen (*partie buffe*), die dem Schematismus der Seria-Typen entgegenstanden. Im 18. Jahrhundert schließlich bildete die Buffa das Gegengewicht zur in Routine und Konvention erstarrenden Seria. Es gab zwei Entwicklungsströme: In Neapel, dem Zentrum der Seria, wandte man sich früh der selbständigen Buffa zu, genannt *commedia per musica*; in Venedig hielt man lange an den heiteren Intermezzi, die sich zwischen die Aufzüge der Seria schoben, fest.

Volkstümlichkeit und -verbundenheit, erkennbar vor allem an der Dialektfärbung der Texte, war in Neapel das Kennzeichen der selbständigen *commedia per musica.* Die handelnden Personen entstammten nicht mehr Mythologie und Adel, sondern waren Bürgerliche ›wie du und ich‹, die bald ebenfalls eine gewisse Typisierung erfuhren. Besonders beliebt waren das tollpatschig-gerissene Dienerpaar oder der eingebildete, einfältige ältere Junggeselle, auf dessen Geld man es abgesehen hatte. Wichtige Komponisten in dieser Tradition sind Alessandro Scarlatti, Leonardo Vinci, Leonardo Leo und Giovanni Battista Pergolesi – alle auch Meister der Opera seria. Als Meisterwerk ist Pergolesis *La serva padrona* (1733) bekannt und beliebt: hier wird der Konflikt zwischen (gewitzter) Dienerin und (übertölpeltem) Herrn mit Geld auf zwei Personen (und einen stummen Diener) reduziert und knapp und treffend musikalisch charakterisiert, lediglich begleitet von einem Streichorchester. Dieses Werk wurde bei der Uraufführung als Intermezzo-Folge zwischen den drei Akten einer Seria gespielt! Die Zweiaktigkeit der frühen Buffa ist also eine Folge der Dreiaktigkeit der Seria, in die sie zur Erheiterung eingeschoben wurde. In der Handlung bezogen sich beide nicht auf einander, sondern waren selbständig. Diese Tradition entstand zu Beginn des 18. Jahrhunderts.

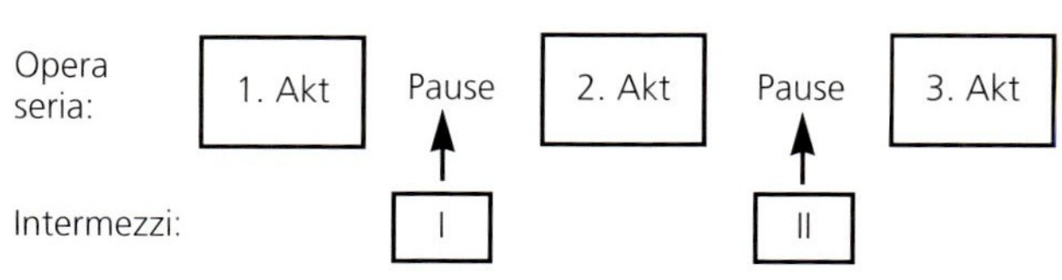

CARLO GOLDONI

Am 25. Februar 1702 in Venedig geboren, studierte Goldoni Jura und war zunächst in Venedig und Pisa als Advokat tätig, zugleich schrieb er erste Theaterdichtungen. Seine Reformbemühungen um die italienische Komödie, vor allem seit seiner Tätigkeit an venezianischen Theatern ab 1748, brachten ihm Ruhm ein. Ab 1762 arbeitete Goldoni in Paris an der Comédie italienne; in französischer Sprache veröffentlichte er auch einige Stücke sowie seine Memoiren. August Buck fasst die Lebensleistung des am 6. Februar 1793 in Paris gestorbenen Bühnenautors zusammen: »In vierzehn Jahren schrieb er weit über hundert Komödien, mit denen die kunstlose, auf bloße Augenblickswirkung abgestellte Commedia dell'arte ersetzt wurde durch eine auf eindringliche Beobachtung und künstlerische Gestaltungskraft begründete Schilderung der heiteren Seiten des Lebens der zeitgenössischen Gesellschaft.« Unter Goldonis etwa 200 Theaterstücken finden sich 69 Buffo-Libretti, vertont u. a. von Galuppi, Giuseppe Scarlatti, Gaßmann, Piccini, Haydn.

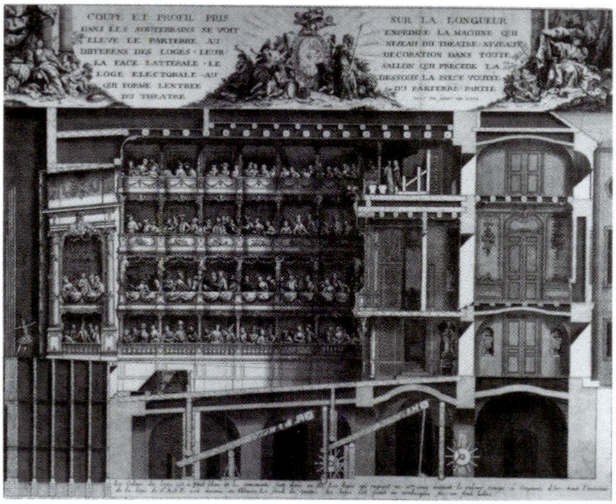

Das Cuvilliés-Theater in der Münchener Residenz, im Stil des Rokoko erbaut 1751–53 von François Cuvilliés; hier wurde am 29. Januar 1781 Mozarts *Idomeneo* uraufgeführt.

GATTUNGSMERKMALE. Die Opera buffa entwickelte sich um die Jahrhundertmitte zur selbständigen Gattung. Wie bei der Opera seria war auch hier kein Komponist, sondern ein Dichter der Impulsgeber: Was für die Seria Pietro Metastasio war, ist für die Buffa der italienische Dichter Carlo Goldoni. Seine zahlreichen Libretti waren beliebt und erfolgreich und wurden oft vertont. Sie waren Anstoß zur Verselbständigung und Gleichberechtigung der Buffa neben der Seria, zum Siegeszug über die konkurrierende Gattung. Voraussetzungen hierfür waren wichtige Einzelheiten: Goldoni befreite die Arien aus dem Schematismus ihrer stereotypen Da-capo-Form. Bei aller Typisierung der Figuren blieb doch genügend Spielraum für Individualität, die erst eine Identifikation des Publikums mit der Handlung ermöglichte. Neben die komischen Figuren durften nun vereinzelt ernste oder ›gemischte‹ Charaktere treten, mit der Konsequenz einer farbigeren, spannungsreicheren Handlung.

In der Musik kam es in der Folge zur Ausprägung des charakteristischen Buffo-Tonfalls: die Rezitative beschleunigten sich zum witzigen Parlando; die starre Scheidung in (statische) Arien und (dynamische) Rezitative fiel – die Handlung durfte sich nun in beiden voranbewegen. Die folgenreichste Neuerung aber waren die Ensembles und ausgebauten Finali, in denen die Handlung effektvoll kulminieren konnte. Hier brachte Mozart in der Spätphase der Gattung mit den Finali seines *Figaro* den unbestrittenen Höhepunkt.

Wichtige Komponisten der Opera buffa waren Baldassare Galuppi, Giovanni Battista Pergolesi, Niccolò Piccini, Giovanni Paisiello, Domenico Cimarosa, Florian Leopold Gaßmann, Antonio Salieri, Joseph Haydn und Wolfgang Amadeus Mozart.

MOZARTS BUFFO-OPERN

LORENZO DA PONTE

Als Emmanuele Conegliano am 10. März 1749 in Ceneda (Venezien) geboren, nimmt der im jüdischen Glauben Erzogene den Namen des ihn 1763 taufenden Bischofs an. 1769 tritt da Ponte ins Priesterseminar ein, 1773 wird er zum Priester geweiht. Den Jahren 1774–76 als Lehrer für Rhetorik und Musik in Treviso folgen unruhige Wanderjahre; wegen aufrührerischer Gedanken in der Nachfolge Rousseaus wird da Ponte 1779 für 12 Jahre aus der Republik Venedig verbannt. In Wien lernt er Metastasio kennen, 1783 wird er zum Theaterdichter Josephs II. ernannt, 1790 aus Wien ausgewiesen, 1792 ist er in London, ab 1804 in New York, wo er sich als Opernunternehmer, Buchhändler und Sprachlehrer durchschlägt; 1825 wird da Ponte Professor für Italienische Literatur am Columbia College. Er stirbt am 17. August 1838 in New York. Da Ponte schrieb neben zwei autobiographischen Werken insgesamt 36 Libretti, die u. a. von Mozart, Antonio Salieri, Antonio Soler, Joseph Weigl, Giuseppe Gazzaniga und Vincenzo Righini vertont wurden.

JUGENDWERKE. In allen Operngattungen seiner Zeit leistete Mozart Außergewöhnliches. In der Opera buffa aber gelangen ihm drei Fixpunkte, die in ihrer Individualität über den Durchschnitt des Typus hinauszielten und die trotz des Weiterbestehens der Buffa auch im 19. Jahrhundert nie wieder erreicht wurden. Mozart begann mit zwei Jugendwerken, in denen er sich mit etablierten Zeitgenossen maß und messen konnte. *La finta semplice* (KV 51) entstand 1769 nach Goldoni, *La finta giardiniera* (KV 196) 1775.

FIGARO. Elf Jahre später hob Mozart die Gattung auf eine völlig neue Ebene; ermöglicht wurde dieses Wunder der Musikgeschichte durch die Begegnung mit einem der genialen Librettisten der zweiten Jahrhunderthälfte, mit Lorenzo da Ponte, dem Theaterdichter Josephs II. *Le nozze di Figaro* (KV 492) entstand 1786 in Wien und basiert auf dem Schauspiel *La folle journée, ou Le mariage de Figaro* von Pierre-Augustin Beaumarchais. Der bühnenwirksame Text steckt voller Verwicklungen und Intrigen, mit denen Figaro und seine schlaue Susanna den Grafen von seinem bereits offiziell aufgegebenen ›Recht auf die erste Nacht‹ (*jus primae noctis*: jede Braut in seinem Herrschaftsbereich steht zuerst dem Fürsten zur Verfügung) abbringen. Dieses maßstabsetzende Libretto ermöglichte die Entfaltung Mozart'scher Theatermusik. Sie spürt bis in feinste Verästelungen den Eigenschaften und Motiven der fünf Haupt- und sechs Nebenfiguren nach.
Mozart übernahm alle Merkmale der Gattung – Rezitative, Arien, Ensembles –, überhöhte sie jedoch durch seinen Individualstil. Sein Kennzeichen sind subtile Personencharakteristik durch psychologisierende Melodieerfindung und die vielfältigen Farben des Orchesters, feinste Temponuancen des Handlungsgeschehens und der vitale Parlando-Tonfall aller Figuren. Mozarts nie wieder auch nur annähernd erreichte Leistung sind die bis in alle individuellen psychologischen Feinheiten abgestuften Ensembles, vor allem in den beiden großen Finali zum 2. und 4. Akt. Der turbulente Schluss des 2. Aktes bewältigt in mehreren Schüben die sich überstürzenden Handlungskonflikte, wobei jede neue Komplikation durch den Auftritt einer neuen Person ausgelöst wird und auch jedes Mal eine überraschende musikalische Wendung mit sich bringt. Zusammengehalten wird das Geschehen musikalisch durch die konsequente motivische und instrumentatorische Ausformung.

DON GIOVANNI. Auch die beiden folgenden Opere buffe basieren auf Libretti von da Ponte. 1787 schrieb Mozart für Prag den uralten Mythos von Don Juan neu. *Figaro* hieß noch *commedia per musica*, *Don Giovanni* (KV 527) erschien unter dem Titel *dramma giocoso*. Man hielt das lange für eine Mischform zwischen Seria und Buffa, doch war das Wort als Synonym gebräuchlich für Opera buffa. War *Figaro* ganz Buffa, so drangen in den *Don Giovanni* freilich auch tragische Momente mit ein, ohne den Grundcharakter der Buffa jedoch anzutasten. Aber es gab stilistische Seria-Anleihen: Donna Anna, Don Ottavio und der Komtur stehen den ›echten‹ Buffo-Figuren Leporello, Masetto und Zerlina gegenüber; zwischen ihnen changieren als *mezzo carattere* Elvira und die Hauptperson Giovanni. *Don Giovanni* erreicht zwar musikalisch, nicht aber textlich die Höhe des *Figaro*, denn der dramaturgische Aufbau weist, vor allem in den Finali, Schwächen auf. Charakteristisch für die Buffa ist das versöhnliche zweite Finale, in dem die Überlebenden nach Giovannis Höllenfahrt ihre Zukunftsperspektiven erörtern. Im Verlauf der Rezeptionsgeschichte des *Don Giovanni* kam es bereits im frühen romantischen 19. Jahrhundert zu jenem vom Terminus *dramma giocoso* ausgelösten Missverständnis: man ließ die Oper mit dem Tod des Helden enden; diese Kürzung wurde erst im 20. Jahrhundert rückgängig gemacht.

Francisco d'Andrade als Don Giovanni. Gemälde von Max Slevogt (1902).

18. Jahrhundert

COSÌ FAN TUTTE. Mozarts reinste Buffo-Oper ist *Così fan tutte* (KV 588), mit dem frivol-geistreichen Intrigen- und Verwechslungsspiel zweier Liebespaare, unter zynischer Regie des Philosophen Alfonso und assistiert durch die buffo-typische Zofe Despina. Mozart bringt hinter der Fassade dieses stereotyp und marionettenhaft ablaufenden Theaterspiels die menschlichen Regungen aller Betroffenen zum Klingen, ohne jemals die Gattungsgrenzen zu überschreiten, mit den Mitteln seiner biegsam-ausdrucksvollen Melodik und seiner individuell abgestuften, reifen Instrumentationskunst. Bald nach der Wiener Uraufführung 1790 begann man sich am frivolen Libretto zu stoßen (auch Beethoven äußerte Kritik); nun setzte in der *Così*-Rezeption eine Leidenszeit verfälschender Umarbeitungen und Retuschen ein, oft in bester Absicht; doch Mozarts Theatermusik ist zu subtil auf die Feinheiten des Textes bezogen, als dass man ihr andere Formulierungen und Inhalte unterlegen könnte. Die Oper stand mehr als ein Jahrhundert lang im Schatten der beiden anderen Buffo-Opern und hat erst im Laufe des 20. Jahrhunderts ihren gleichberechtigten Stammplatz im Repertoire errungen.

TRAGÉDIE LYRIQUE UND REFORMOPER

RAMEAU. Das Frankreich des 18. Jahrhunderts stand politisch im Zeichen des Absolutismus. Die Geschichte der Oper schuf sich in diesem Land ihre eigene Ausprägung als Opéra lyrique, die durch Jean-Baptiste Lully geprägt worden war. In seiner Nachfolge kam es bei André Campra zur stilistischen Annäherung an die italienische Opera seria, aus der Gesangstechniken wie auch Formelemente (Da-capo-Arie, Accompagnato-Rezitativ) übernommen wurden.
Der eigentliche Meister der Tragédie lyrique im 18. Jahrhundert war Jean-Philippe Rameau, dessen Opern am Vorbild Lullys orientiert waren, jedoch eine individuelle und ausdrucksstarke Tonsprache pflegten. Das Orchester gewann bei Rameau größere Bedeutung, die sich in den Ouvertüren wie in mehr oder weniger programmatischen Instrumental-Zwischenspielen dokumentierte. Plastische Melodik und eine reiche Harmonik sind weitere Merkmale. Die Libretti bevorzugten wie bei Lully das Versmaß des Alexandriners. Anders als in der Opera seria gab es differenzierte Abstufungen des Rezitativs mit Zwischenstufen zwischen Secco und Accompagnato.
Wichtig war bei Rameau das Ballett, das sich mit der Oper vielfältig verband: als Opéra-ballet, im Ballet-héroique, Ballet-bouffon und im einaktigen Acte de ballet. Auf diesem Gebiet beweist die französische Tradition des Musiktheaters ihre große Eigenständigkeit.

GLUCK. Eine Zwischenstellung in der Geschichte der Oper des 18. Jahrhunderts nahm der Deutsche Christoph Willibald Gluck ein. Sein Opernschaffen gliedert sich in mehrere Phasen. Er begann im Stil der Opera seria Metastasios, unter dem Einfluss seines mutmaßlichen Lehrers Giovanni Battista Sammartini; seine italienischen Frühwerke sind überwiegend unvollständig überliefert, ihr Endpunkt ist *La clemenza di Tito*, komponiert 1752 für Mailand. Auch in Wien widmete sich Gluck noch der italienischen Tradition sowie der Opéra comique, neben buffonesken Ansätzen sowie Ballett-Experimenten, darunter dem *Don Juan* von 1761.
Die Uraufführung von *Orfeo ed Euridice* 1762 markiert den Wendepunkt zu Glucks Opernreform, deren Ziele er selber benannte: Die Ouvertüre sollte fortan direkt auf die Handlung bezogen sein; die Chorszenen erhielten stärkeres Gewicht (nach antikem Vorbild); das *recitativo accompagnato* wurde erweitert und verfeinert, bei gleichzeitigem Verzicht auf das *recitativo secco*; die dramatische Handlung erhielt Vorrang vor der Musik; die stereotype Da-capo-Arie entfiel. Das war eine bewusste Abkehr von den Traditionen der ritualisierten und erstarrten Opera seria. Glucks Partner bei diesem Reformwerk war der Librettist Ranieri de Calzabigi, mit dem er auch 1767 bei *Alceste* zusammenarbeitete. Allerdings entstanden gleichzeitig

CHRISTOPH WILLIBALD (RITTER VON) GLUCK

1714 am 2. Juli in Erasbach (Oberpfalz) geboren; verbringt einen Teil seiner Kindheit in Böhmen; verlässt früh das Elternhaus und geht nach Prag, wo er als Organist arbeitet.
1735/36 in Wien und Mailand (vermutlich Unterricht bei Giovanni Battista Sammartini).
1741 wird in Mailand Glucks erste Oper, *Artaserse*, uraufgeführt; weitere Opern entstehen in den folgenden Jahren für Venedig, Turin und wiederum Mailand.
1745–46 Aufenthalt in London, Begegnung mit Händel; danach bis 1752 Reisen durch Europa als Interpret und Kapellmeister.
1752 Endgültige Niederlassung in Wien; Tätigkeit als Kapellmeister und Komponist, französische komische Opern für das Burgtheater.
1762 wird in Wien Glucks erste Reformoper *Orfeo ed Euridice* gegeben; Zusammenarbeit mit dem Librettisten Ranieri de Calzabigi.
Ab 1774 Verlagerung der musikalischen Tätigkeit nach Paris.
1787 stirbt Gluck am 15. November in Wien.

weitere italienische Opern eher konservativen Zuschnitts.
Einen dritten Schwerpunkt in Glucks Lebenswerk bedeutet seine Hinwendung zur französischen Oper ab etwa 1772, die unter dem Einfluss der Musik Lullys stand. Sein Erstling für Paris wurde 1774 *Iphigénie en Aulide*; zugleich wurden *Orfeo* und *Alceste* für Paris neu bearbeitet. Im Streit zwischen Glucks europäischen Ideen und den italienischen Traditionalisten um den Komponisten Piccini (»Piccinisten«) errang Gluck 1779 den Sieg mit *Iphigénie en Tauride*. Stilistische Nachfolger Glucks wurden Etienne-Nicolas Méhul und Luigi Cherubini.

ORFEO. Glucks berühmteste Oper *Orfeo ed Euridice* wurde am 5. Oktober 1762 im Wiener Burgtheater uraufgeführt. Calzabigis textliche Neuerungen gaben dem Komponisten Gelegenheit, sich mit seiner Musik weit von bisherigen Gepflogenheiten zu entfernen: sie wurde bestimmt durch Einfachheit und Direktheit des Ausdrucks und der Deklamation, den Verzicht auf Koloraturen und stereotype Arienformen; stattdessen gab es strophigen Aufbau in den Solo- und Chorszenen; das Secco-Rezitativ entfiel zugunsten eines differenzierten Accompagnatos. Die spätere Umarbeitung des *Orfeo* für Paris (1774) verschmolz die Elemente der Gluck'schen Reformoper mit der Tragédie lyrique: nun entstanden neuartige Rezitative; außerdem wurde aus der Altpartie des Orfeo eine Tenorrolle.

Christoph Willibald Gluck. Gemälde von Joseph-Sifrède Duplessis (1775).

DIE Bedeutung und Neuartigkeit von Calzabigis Libretto zu Glucks *Orpheo ed Euridice* würdigt Ludwig Finscher.

»Calzabigi hat die Orpheussage in ein sehr einfaches und geradliniges Bühnengeschehen umgesetzt: (…) eine mythologische, nicht ›historische‹ Handlung ohne Intrigen, Nebenhandlungen und Umwege, in der der Mythos als Versinnbildlichung elementarer menschlicher Erfahrungen und Situationen verstanden wurde; Konzentration auf nur zwei Personen; Chöre, die zur Handlung gehören und aktiv in sie eingreifen; eine fast schmucklose und zugleich betont emotionale Sprache.«

GLUCKS WERKE

- Instrumental- und Vokalwerke (wenige Werke, darunter: Triosonaten und Klavierlieder nach Klopstock)
- Bühnenwerke (4 Ballette, darunter: *Don Juan*, 1761; rund 40 Opern, darunter: *La clemenza di Tito*, Neapel 1752; *Il re pastore* nach Metastasio, Wien 1756; *Le cadi dupé*, Wien 1761; *Orfeo ed Euridice / Orphée et Euridice*, Wien 1762 / Paris 1774; *Alceste*, Wien 1767 / Paris 1776; *Iphigénie en Aulide*, Paris 1774; *Armide*, Paris 1777; *Iphigénie en Tauride*, Paris 1779).

DAS DEUTSCHE SINGSPIEL

OPER IN DEUTSCHER SPRACHE

Das 18. Jahrhundert war eine Epoche der italienischen (und ein wenig der französischen) Oper. Im deutschsprachigen Raum wandte sich die Oper fast ausschließlich an höfische Kreise, in denen Italienisch als Modesprache gepflegt wurde. So musste das Bedürfnis nach Libretti in der eigenen Sprache aufkommen.

ZENTREN DES SINGSPIELS. Schwerpunktmäßig in der zweiten Hälfte des Jahrhunderts, in Süddeutschland früher, konstituierte sich das Singspiel. Seine Wurzeln reichen über mehr als ein Jahrhundert zurück; seine Kennzeichen sind deutschsprachiges Libretto, heitere Handlung, gesprochener Dialog und Volkstümlichkeit der Musik. Ein Zentrum der Gattung war Norddeutschland. Die Tendenz der Entwicklung ging vom schlichten Sprechstück mit anreichernden Musiknummern bis zur ›richtigen‹ Oper, in der die Musik ein vergleichbares Gewicht erhielt wie in der Opera buffa. Die wichtigsten Meister der jungen Gattung im Norden waren der Thomaskantor Johann Adam Hiller, Georg Benda und Christian Gottlob Neefe, der Lehrer Beethovens.

Das andere Zentrum war Wien, wo man eine eigene Tradition des Volkstheaters pflegte und sich mannigfaltigen europäischen Einflüssen ausgesetzt sah – Wien war nicht erst in der Klassik eine europäische Musikmetropole. Joseph II. ›befahl‹ 1778 die Einrichtung eines »Teutschen Nationalsingspiels«, in dem man alle Opern, auch fremdsprachige, ausschließlich deutschsprachig aufführen sollte. So entstand eine vielgestaltige Opernspezies in Wien, vertreten durch Komponisten wie Paul Wranitzky, der europaweiten Ruhm besaß und von dem es auch – lang vor Weber! – einen *Oberon, König der Elfen* gab, oder auch Joseph Weigl, dessen Sohn Joseph Franz unter Haydn in der Kapelle des Fürsten Esterházy spielte. Neben ihnen ist Carl Ditters von Dittersdorf hervorzuheben, der das Sing-

Das Theater an der Wien, wohin Emanuel Schikaneder 1801 mit seiner Truppe aus dem baufällig gewordenen Freihaus-Theater auf der Wieden – dem Uraufführungsort der *Zauberflöte* – zog. Der Erfolg seiner *Zauberflöten*-Inszenierung blieb ihm auch hier treu. 1805 war Schikaneders Theater nochmals Schauplatz einer wichtigen Opernaufführung, als hier wurde zum ersten Mal Beethovens *Fidelio* (noch unter dem ursprünglichen Titel *Leonore*) in Szene gesetzt wurde.

spiel stilistisch mit Elementen der Opera buffa anreicherte; heute noch wird gelegentlich sein *Doktor und Apotheker* aus dem Jahre 1786 aufgeführt.

MOZART. Wie bei der Opera seria und der Opera buffa liegt beim Singspiel der Höhepunkt bei Mozart. Vor allem *Die Entführung aus dem Serail* und *Die Zauberflöte* stützen dieses Urteil. Daneben schrieb Mozart drei weitere Singspiele: *Bastien und Bastienne* (1768), *Zaide* (1779) und *Der Schauspieldirektor* (1786).
Mit der *Entführung aus dem Serail* (KV 384) setzte Mozart den ersten Markstein der Gattung und prägte zugleich ihren Maßstab. Das Libretto von Bretzner wurde von Johann Gottlieb Stephanie d.J. für Mozart überarbeitet, und in ihrer brieflich dokumentierten Zusammenarbeit offenbart sich Mozarts tief gehendes Theaterverständnis. *Die Entführung* wurde Mozarts größter Erfolg auf dem Theater. Er erklärt sich äußerlich durch die Einbeziehung des seinerzeit beliebten türkischen Kolorits (Janitscharenmusik in Ouvertüre und Chören), mehr noch durch den neuartigen Tonfall der Musik, die alle menschlichen Regungen – zwischen Trauer und Heiterkeit, Wut und Entspannung, Innerlichkeit und Äußerlichkeit, Liebe und Hass – in Liedern und Arien, Ensembles und Chören mit den ausgereiften Mitteln der Mozart'schen Tonsprache und Instrumentation überzeugend in Töne bannt.

DIE ZAUBERFLÖTE. Mozart selber nannte sein letztes Singspiel »eine Teutsche Oper« und unterstrich damit seinen Anspruch: er war über das bloße Singspiel hinaus und fasste nun wesentliche Stilmerkmale unterschiedlicher Gattungen (wie Singspiel, Opera buffa und Opera seria) zusammen. Bisweilen ist der *Zauberflöte* dieser kaleidoskopartige Charakter vorgeworfen worden; die Oper leitet ihre Wirkung jedoch ganz stark aus den Möglichkeiten des Wiener Volkstheaters ab. Hierfür gab ihr Textdichter, der Theaterdirektor Emanuel Schikaneder, den Anstoß, der selber den Papageno spielte und in dessen Theater auf der Wieden die Uraufführung stattfand. Schikaneder war Theaterpraktiker, schrieb seine Stücke nach den aktuellen Bedürfnissen des Publikums und sparte nicht mit allerlei Effekten seiner Theatermaschinerie.
Musikalisches Kennzeichen der *Zauberflöte* ist ihre stilistische Vieldeutigkeit zwischen Volksstück und Singspiel, Opera buffa und Opera seria. In ihr handeln nebeneinander typische Figuren der Seria (wie die Königin der Nacht) und solche des Wiener Vorstadttheaters (wie Papageno), erklingt eine grandiose Rachearie voller Koloraturen neben schlichten Strophenliedern; in der Ouvertüre wird in der Manier einer Fuge ›gearbeitet‹, die Geharnischten tragen eine kontrapunktisch-altertümliche Choralbearbeitung vor. Mozart fügte diese heterogenen, eigentlich unvereinbaren stilistischen Elemente zu einer musikalischen Einheit zusammen, die so tragfähig ist, dass sie die Brüche, Widersprüche und Absurditäten des Librettos vergessen macht.

VORLÄUFER

Interesse an einer ›deutschen Oper‹ zeigte sich in der ersten Hälfte des Jahrhunderts allenthalben. Einen Anstoß gaben auch Persönlichkeiten aus dem Bereich der Literatur. 1773 wurde in Weimar erstmals *Alkeste* gezeigt; das Libretto dafür stammte von Christoph Martin Wieland, die Musik von Anton Schweitzer. Das Beispiel machte Schule. So komponierte der Mannheimer Kapellmeister Ignaz Holzbauer seine Seria-Oper *Günter von Schwarzenburg* (1776) auf einen deutschen Text des Jesuiten und Sprachpflegers Anton Klein. Als Vorläufer des deutschen Singspiels ist auch das Melodram anzusehen, das aus Frankreich stammt (Jean-Jacques Rousseaus *Pygmalion*). Hier wird nicht gesungen, sondern zur Musikbegleitung gesprochen. Das Melodram (oder Monodram bzw. Duodram bei zwei Sprechern) besitzt eine eigene Tradition, die sich bis zum Beginn des 20. Jahrhunderts verfolgen lässt. Im 18. Jahrhundert war sein erster Meister Georg Benda.

ÜBER seine Komposition der Arie des Osmin im 1. Akt der *Entführung aus dem Serail* berichtet Mozart dem Vater am 26. September 1781.

»der zorn des osmin wird dadurch in das komische gebracht, weil die türkische Musick dabey angebracht ist. – in der ausführung der aria habe ich seine schöne tiefe töne (…) schimmern lassen. – das, *drum beym Barte des Propheten* etc: ist zwar im nemlichen tempo, aber mit geschwinden Noten – und da sein zorn immer wächst, so muß (…) das allegro aßai – ganz in einem andern zeitmaas, und in einem andern Ton – eben den besten Effect machen; denn, ein mensch der sich in einem so heftigen zorn befindet, überschreitet alle ordnung, Maas und Ziel, er kennt sich nicht – so muß sich auch die Musick nicht mehr kennen«.

DAS ORCHESTER IM 18. JAHRHUNDERT

RÜCKBLICK

Seit dem 19. Jahrhundert bezeichnet der Begriff ›Orchester‹ eine Besetzungsnorm; zuvor meinte ›Orchester‹ zumeist den Raum für die Instrumentalisten im Theater vor der Bühne. Im 17. Jahrhundert bürgerte sich die Bezeichnung für das musizierende Ensemble ein, doch waren dort die Grenzen zwischen Kammerensemble und orchestraler, also chorischer Besetzung noch fließend. Auch der Einsatz der verschiedenen Instrumentengruppen erfolgte noch nach einer anderen klanglichen Vorstellung: in der Barockepoche und bis in die ersten Jahrzehnte des 18. Jahrhunderts huldigte man tendenziell dem Prinzip eines Spaltklangs, einer registerartig addierenden Koppelung von Holz-, Blech- und Streichinstrumenten, ohne das Ideal einer echten Farbmischung.

DAS KLASSISCHE ORCHESTER. Ermöglicht wurde die Entstehung des vorklassisch-klassischen Orchesters vor allem durch zwei Tatsachen: zum einen durch den allmählichen Wegfall des Generalbasses, verbunden mit einer Verlagerung der musikalischen Führung in die Oberstimmenmelodik; zum andern durch die Ablösung der traditionellen, eher statischen Formen wie Suite und Fuge durch die neuartigen dynamischen Formprozesse, allen voran den Sonatensatz.
Zum Ausgangspunkt dieser neuen Ästhetik des Orchesterklangs wurde die italienische Opern-Sinfonia. Sie wurde realisiert mittels eines in sich geschlossenen chorischen Streichertuttis, innerhalb dessen sich die einzelnen Stimmen zudem oft noch gruppenweise zusammenschlossen (etwa die Bratschen an die Bässe). Ihm zur Seite traten einzelne Bläserpaare (Flöten oder alternativ Oboen, die oft von den gleichen Musikern gespielt wurden; Hörner, Trompeten). Diese relativ kleine Basisbesetzung bildet den Grundstock des Orchesters bis zu den frühen Sinfonien Haydns und Mozarts.

INSTRUMENTATIONSKUNST. Allmählich begannen sich die einzelnen Stimmen dieses Ensembles aus ihrer Blockbildung zu lösen und strebten farbliches Eigenleben an: die Streicherstimmen gewannen an Selbständigkeit und vor allem die Holzbläser erhielten zusätzliche Aufgaben, wurden auch solistisch eingesetzt und mischten sich untereinander und mit den Streichern auf neuartige Weise. Diese Technik der Farbmischung wurde insbesondere von Mozart zu bislang unerhörter Kunstfertigkeit erhoben. Erst seit Mozarts reifem Orchester in seinen späten Sinfonien, Konzerten und Opern kann man mit Berechtigung von einer eigenständigen Instrumentationskunst sprechen. Die Instrumentation ist seit dieser Zeit auf dem Weg zum gleichberechtigten Parameter der Komposition; sie ist fortan nicht mehr vom eigentlichen Kompositionsprozess zu lösen, sondern gehört untrennbar und substantiell zum Schaffensprozess.
In dieses Basisensemble wurden, vor allem zur Klangverstärkung in den schnellen Ecksätzen, Pauken- und Trompetenpaare aufgenommen; den Oboen traten die Querflöten zur Seite und alternierten nun nicht mehr mit ihnen; auch das Fagottpaar gehört dazu. Zuletzt kamen die beiden Klarinetten hinzu; bei Haydn haben sie seit 1793 (*Sinfonie Nr. 99 Es-Dur*) ihren Stammplatz im Orchester. Mozart dagegen setzte sie als individuelle Farbe bis zuletzt niemals standardisiert, sondern immer gezielt und individuell ein, was man in seinen späten Opern-Partituren besonders gut beobachten kann; noch seine letzte *Sinfonie C-Dur* (KV 551) verzichtet auf die Farbe der Klarinetten, wohingegen die *Es-Dur-Sinfonie* (KV 543) von ihrem warmen Timbre geprägt ist.

Eine typische Passage des späten großen Sinfonieorchesters bei Haydn sieht in der Partitur folgendermaßen aus:

Joseph Haydn,
Sinfonie Nr. 101 D-Dur,
1. Satz (Ausschnitt T. 33–37).

In diesem Forte-Tutti haben alle beteiligten Instrumente ihre bestimmten Aufgaben: die 1. Violinen führen das Geschehen an, gefärbt durch die beiden Querflöten im Unisono; das Klarinettenpaar schließt sich den Streicher-Mittelstimmen an, das Fagott ist an die Violoncelli gekoppelt; Hörner, Trompeten und Pauken markieren den harmonischen und rhythmischen Hintergrund.

Der selektive Einsatz der Holzbläserstimmen, mit dem Ziel ständig neuer Farbschattierungen, ist vor allem in langsamen Sätzen Mozart'scher Konzerte und Sinfonien zu beobachten. Im Andante der *»Prager« Sinfonie D-Dur* (KV 504) beispielsweise wird das Hauptthema in der Durchführung ständig in neuen klanglichen Abstufungen vorgeführt.

Das klassische Sinfonieorchester der späten Werke Haydns und Mozarts wurde zur verbindlichen Basis und Norm für alle nachfolgenden Komponisten, über Beethoven und Schubert bis hin zu Brahms und Bruckner. Erweiterungen dieser Besetzung erfolgten nicht mehr grundsätzlich, sondern immer punktuell und von Fall zu Fall: durch gezielte Hinzufügung von Posaunen, mehr Hörner, einzelne Varianten von Holzblasinstrumenten (Piccoloflöte, Kontrafagott) sowie durch die Farbeffekte vereinzelter zusätzlicher Schlaginstrumente wie Xylophon oder Becken und Trommel. Um so verblüffender ist es, wie verschieden diese gleichsam genormte Formation bereits bei Haydn und Mozart wie auch und vor allem bei den nachfolgenden Komponisten klingen kann.

DIE ENTSTEHUNG DER SINFONIE

VORGESCHICHTE

Der Begriff ›Sinfonia‹ war lange vor dem Aufkommen der Orchester-Sinfonie gebräuchlich im Sinne eines instrumentalen oder vokalen ›Klangstücks‹. Vorläuferin der klassisch-romantischen Sinfonie war die dreiteilige italienische Opern-Sinfonia (langsam – schnell – langsam); sie besaß zunächst keine innere Beziehung zur nachfolgenden Oper. Von ihr übernahm die Orchestersinfonie Mehrsätzigkeit und kontrastierenden Charakter der Sätze. In einigen Jahrzehnten konstituierte sich gleichzeitig in verschiedenen europäischen Musikzentren (Mannheim, Wien, Hamburg) die neue Gattung. Sie definierte sich als selbständige mehrsätzige Komposition für Orchester, wobei die Satzcharaktere bald standardisiert wurden. Die Dreisätzigkeit der italienischen Opern-Sinfonia wurde durch das Menuett – eine Art Relikt aus der barocken Suite – zur Viersätzigkeit erweitert.

FORM. Für die drei oder vier Sätze der neuen Sinfonie bildeten sich bald bevorzugte Formmodelle heraus. So folgte der Kopfsatz ab etwa 1770 dem neuartigen Sonatensatzprinzip, im langsamen Satz alternierten Liedformen oder auch Variationen; das Menuett beruhte auf der barocken Dreiteiligkeit der Da-capo-Form (Menuett – Trio – Menuett), im Finale überwog zunächst das Rondoprinzip. Dabei standen Drei- und Viersätzigkeit bis zum Ende des Jahrhunderts nebeneinander. Der barocke Generalbass verschwand allmählich; bis in die 1770er-Jahre bestand diese Praxis als historisches Relikt, doch ging die musikalische Führung allmählich vom Bassfundament auf die melodische Oberstimme im Orchestersatz über.

DER SONATENSATZ. Zur zentralen Form instrumentaler Einzelsätze wurde im 18. und 19. Jahrhundert der Sonatenhauptsatz; er dominierte in der Sinfonik und auch in allen anderen zyklischen Instrumentalkompositionen, von der Solosonate über das Streichquartett bis zum Solokonzert. Wesentliches Merkmal ist sein dynamischer Grundcharakter: im Verlauf eines Sonatensatzes legt die Musik eine zielgerichtete Entwicklung zurück, sie hat Prozesscharakter. Basis ist eine harmonische Entwicklung: Jeder Sonatensatz beginnt mit der Tonika und endet auch so; von ihr bewegt er sich entweder zur Dominante oder (in einem Mollsatz) zur Tonikaparallele; nach einem modulatorischen, harmonisch bewegten Mittelteil kehrt er am Ende zur Tonika zurück (Dur-Satz: T – D / Modulation / T; Moll-Satz: t – tP / Modulation / t).
Strukturell gliedert sich ein Sonatensatz wie eine Da-capo-Arie (A B A) in Exposition, Durchführung und Reprise. In der Exposition wird auf den beiden harmonischen Ebenen Tonika und Dominante (Tonika und Tonikaparallele) das motivische und thematische Material vorgestellt. Allerdings behaupten bis heute zahllose Lehrbücher in unzulässiger Verkürzung, eine Exposition besäße lediglich zwei Themen, die sich auf Hauptsatz (Tonika) und Seitensatz (Dominante) verteilen. Dies ist lediglich eine der Möglichkeiten: ebenso oft erklingen in der Exposition mehr als zwei Themen (häufig bei Mozart), oder sie beschränkt sich, wie gern bei Haydn, auf ein einziges Thema, das auch im Seitensatz wiederkehrt. Das dynamische Prinzip eines Sonatensatzes wird häufig dadurch betont, dass die Themen untereinander kontrastieren. Man umschrieb dieses Kontrastprinzip klischeehaft oft mit ›männlich – weiblich‹.

VON DER EXPOSITION ZUR CODA. Die Exposition wurde in der Regel wiederholt, damit der aufmerksam den formalen Prozess mitverfolgende Hörer sich die Themen einprägen konnte – im Konzert wurde ja ›Neue Musik‹ gespielt und nicht ein bereits gut bekanntes Werk! Das

Niccolò Jommelli, Sinfonia zur Oper »Demofoontes« (1764; Anfang des Autographes).

mag ein Hinweis darauf sein, wie man mit den Wiederholungen heute umgehen könnte: dank Medien- und Konzertpräsenz der klassischen Meisterwerke wäre ein Verzicht auf die Expositions-Wiederholung logisch!
In der Durchführung, dem dynamischen Mittelteil des Satzes, wird thematisches und motivisches Material aus der Exposition ›durchgeführt‹, d. h. nach harmonischen, dynamischen, kontrapunktischen, variierenden Prinzipien verarbeitet, neu beleuchtet, unter anderen Blickwinkeln betrachtet. Die Reprise, in der auch der Seitensatz auf der Tonika erklingt, damit der Satz mit ihr schließen kann, wiederholt den Verlauf der Exposition – der mitdenkende Hörer hatte Gelegenheit, das musikalische Material aus einer höheren Perspektive wiederzuhören. Durchführung und Reprise wurden seinerzeit gern gemeinsam wiederholt. Wenige Schlusstakte, in denen die Tonika bestätigt wurde, bildeten eine Coda, die sich erst im Laufe einer langen Entwicklung zu einem zusätzlichen, eigenständigen Formteil entwickelte, etwa bei Beethoven.

FORMSCHEMA DES SONATENSATZES

EXPOSITION	Hauptsatz (T/t) – Überleitung – Seitensatz (D/tP) – Schlussgruppe
DURCHFÜHRUNG	Modulation/Verarbeitung
REPRISE	Hauptsatz (T/t) – Überleitung – Seitensatz (T/t) – Schlussgruppe
(CODA)	

SINFONIK UND STILWANDEL

An der ›neuen‹ Gattung der Sinfonie ist der Stilwandel vom Barock zur Klassik gut zu verfolgen. Neben dem Fortfall des Generalbasses zeichnen folgende Merkmale die ›Neue Musik‹ jener Epoche aus: langsameres harmonisches Tempo (d. h. die Harmonien wechseln nicht auf jeder Zählzeit, sondern halb- bis ganztaktig), homophoner Ensemblesatz, Dominanz einer ausdrucksvollen, kontrastreichen und periodisch-regelmäßig gebauten Melodik, feine dynamische Abstufungen im andersartigen instrumentalen Gewand (neue Instrumente in neuer Anwendung).

EUROPÄISCHE ZENTREN FRÜHER SINFONIK

ITALIEN. Die Herkunft der Sinfonie von der Opern-Sinfonia ist am besten in Italien nachzuvollziehen. Zwischen 1720 und 1760 formten Komponisten wie Leonardo Leo, Giovanni Battista Pergolesi, Baldassare Galuppi, Niccolò Jommelli, Domenico Cimarosa und Giovanni Paisiello die dreiteilige Opern-Sinfonia und prägten dabei strukturelle Merkmale, die in der selbständigen Konzert-Sinfonie wiederkehrten. Deren erste Meister wurden Giovanni Battista Sammartini und Luigi Boccherini. In ihren Sinfonien bildeten sich Merkmale der kommenden klassischen Sinfonik heraus: eine kontrastierende Thematik in angenäherter Sonatensatzform mit bewegter Durchführung sowie periodischer Durchbildung der Thematik.

WIEN UND BÖHMEN. In Wien machten österreichische, italienische und böhmisch-tschechische Musiker die Stadt zu einem der Musikzentren Europas. Der Einfluss der italienischen Opern-Sinfonia machte sich besonders bemerkbar; auffällig ist die Vorliebe für die viersätzige Form unter Einbeziehung des Menuetts; Pionier war Matthias Georg Monn. Verglichen mit seinen recht konservativen Sinfonien wirkten Georg Christoph Wagenseil und Carl Ditters von Dittersdorf fortschrittlicher. Beide können mit ihrem sinfonischen Schaffen neben den frühen Werken Haydns bestehen, was melodische Erfindungskraft und satztechnische Disposition betrifft. Johann Baptist Vanhal war einer der aus dem böhmischen Raum eingewanderten Musiker; seine weit über 70 Sinfonien, darunter 12 Werke in Moll, wurden sehr populär und nehmen in der Entwicklung der Gattung als individuelle Dokumente einen hohen Rang ein.

ESTERHÁZY. Joseph Haydns sinfonisches Schaffen, das mindestens 108 Werke umfasst, nimmt in der zweiten Hälfte des Jahrhunderts einen einzigartigen Rang ein; er legte das Fundament, auf dem alle nachfolgenden Meister der Gattung bis ins 20. Jahrhundert aufbauen konnten. Zwar spielen im Repertoirebetrieb unserer Tage leider nur wenige seiner letzten Sinfonien eine Rolle, doch wird im Zuge der historischen Aufführungspraxis nun zunehmend der Blick auch auf einzelne seiner frühen und mittleren Sinfonien gelenkt, die fast alle für das Orchester des Fürsten Esterházy in Eisenstadt entstanden.
Insbesondere unter Haydns frühen Sinfonien finden sich manche von geradezu experimentellem Charakter. Zu nennen sind die Sinfonien 6–8 mit den Titeln »Der Morgen«, »Der Mittag« und »Der Abend«, in denen Haydn auf vielfältige Weise einzelne Instrumente solistisch aus dem Tutti heraushebt und in denen auch manche programmatischen Effekte zu hören sind.
Im Laufe der Jahre konstituierten sich Merkmale, die fortan zum sinfonischen Standard werden sollten. So wur-

WEITERE MUSIKZENTREN

Europäische Bedeutung als Zentren der frühen Sinfonie kommt auch Paris, London und Berlin zu. In den Pariser Concert spirituel erklangen viele der rund 50 Sinfonien, mit denen François-Joseph Gossec überregionalen Ruhm erlangte. In Berlin und London wirkten neben anderen die beiden berühmtesten Söhne Johann Sebastian Bachs. Beide beanspruchen in der Geschichte der frühen Sinfonik einen gewichtigen und individuellen Rang: Carl Philipp Emanuel bevorzugte in seinen Berliner Sinfonien den dreisätzigen Typus und pflegt eine expressive, harmonisch farbige Tonsprache; Johann Christian in London ließ in seiner Melodik italienischen Einfluss erkennen und wurde zu einem der wichtigsten Mentoren von Wolfgang Amadeus Mozart.

de die Viersätzigkeit mit dem Menuett an dritter Stelle in den Sechziger Jahren zur Regel. Der Sonatenhauptsatz als Regelfall des Kopfsatzes, ob monothematisch oder mit mehreren kontrastierenden Themen, zeichnet sich durch seine ausgefeilte motivisch-thematische Durcharbeitung aus, die nicht nur auf die Durchführung beschränkt bleibt, sondern auch in Exposition und Reprise wirksam wird; oft geht ihm eine langsame Einleitung voraus. Im Orchester kristallisiert sich jene Besetzung heraus, die ihre Gültigkeit bis weit in die zweite Hälfte des kommenden Jahrhunderts behalten sollte: neben dem Streichquartett die jeweils doppelte Führung der Holzbläser, zu denen am Ende auch die jungen Klarinetten gehören, sowie je zwei Hörner, Trompeten und Pauken.

MANNHEIM. Kurfürst Karl Theodor machte seinen Mannheimer Hof, bevor er mit ihm 1778 nach München übersiedelte, zu einem der musikalischen Zentren Europas. Die so genannte Mannheimer Schule bildeten mehrere Generationen von Musikern und Komponisten, unter ihnen sind am bekanntesten Johann Stamitz und sein Sohn Carl, neben ihnen vor allem Franz Xaver Richter und Christian Cannabich. Ihre Werke lassen alle wesentlichen Elemente jener Epoche erkennen: neben der strikten Abwendung vom Basso continuo ist das vor allem die betonte Oberstimmenmelodik. Im europaweit berühmten Mannheimer Orchester spielten die Bläser eine herausgehobene Rolle und waren Effekte wie das neuartige Orchestercrescendo beliebt; auch die Einführung der neuen Klarinetten erfolgte relativ früh (um 1760).

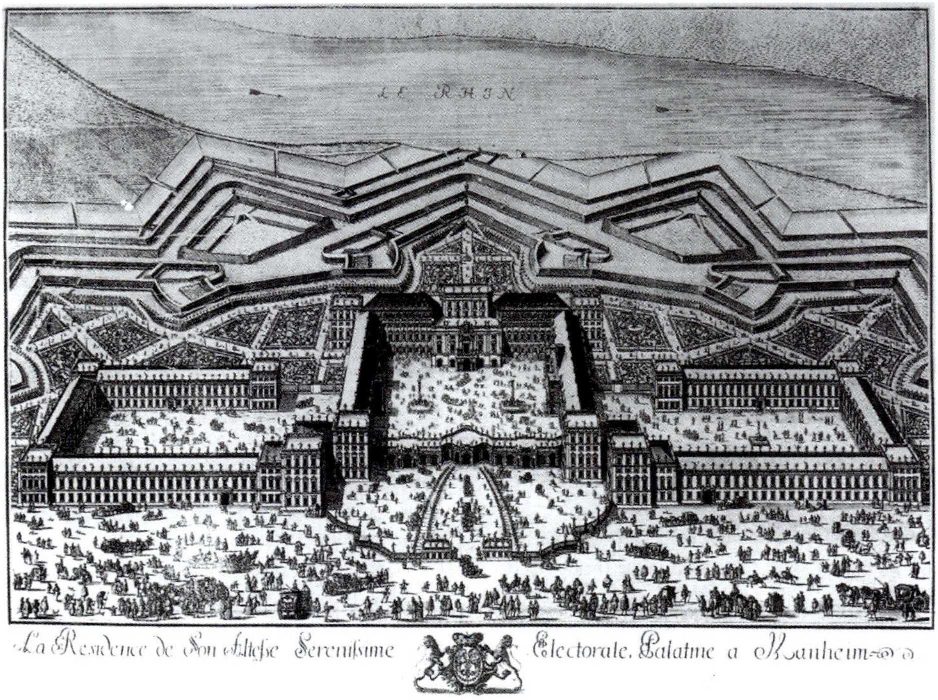

Das Mannheimer Schloss. Kupferstich von Heinrich Jonas Ostertag und Bartolomäus Anton Coentgen nach dem Plan von Johann Clemens Froimont (1725).

MOZARTS SINFONIEN

FRÜHE SINFONIEN. Mozarts sinfonisches Schaffen setzt etwa ein Jahrzehnt später ein als dasjenige Haydns. Von Mozart sind weit über 40 Sinfonien erhalten, von denen sieben sich im Konzertrepertoire etabliert haben. Als Jugendwerke sind alle bis 1773 entstandenen anzusehen. Sie zeigen eine erstaunliche stilistische Bandbreite: bei manchen handelt es sich um italienische Opern-Ouvertüren, einige sind drei-, andere viersätzig mit Menuett. Ihre Besetzung ist durchweg sparsam mit Streichern sowie je zwei Oboen und Hörnern. Unter den Jugend-Sinfonien ragt Mozarts erste Moll-Sinfonie KV 183 g-Moll hervor, mit ihrem leidenschaftlich bewegten, synkopisch erregten Kopfsatz voller Tremoloeffekte und dynamischer Kontraste. Insbesondere in dieser Moll-Komposition steht Mozart seinen Zeitgenossen des Sturm und Drang und der Empfindsamkeit sehr nahe; Einflüsse aus Italien und vom »Londoner« oder »Mailänder« Bach, seinem verehrten Vorbild Johann Christian Bach, sind nachvollziehbar.

SPÄTE SINFONIEN. Gleiches Gewicht wie Haydns späte Londoner Sinfonien besitzen Mozarts letzte vier Sinfonien. Die *»Prager« Sinfonie D-Dur* (KV 504) ist lediglich dreisätzig und zeichnet sich durch ihre äußerst komplexe motivisch-thematische, kontrapunktisch angereicherte Arbeit in allen Sätzen aus. Auffällig an Mozarts letzten Sinfonien ist der differenzierte und dabei immer ungemein farbige Einsatz der Bläser: KV 504 kommt ohne Klarinetten aus, verfügt jedoch ansonsten über die volle Besetzung mit je zwei Flöten, Oboen, Fagotten, Hörnern, Trompeten und Pauken.

18. Jahrhundert

Wien, so wie der fünfundzwanzigjährige Mozart die Stadt gesehen hat. Kolorierter Stich von 1781.

Wolfgang Amadeus Mozart, *Sinfonie Nr. 41 C-Dur »Jupiter«* KV 551 – die vier Themen des Finales.

In den drei berühmten, 1788 innerhalb von nur zwei Monaten ohne bekannten Anlass oder Auftrag entstandenen letzten Sinfonien ist das Orchester jedes Mal charakteristisch anders besetzt: Die *Es-Dur-Sinfonie* (KV 543) setzt Klarinetten ein, verzichtet aber auf Oboen, und stellt sich als Dokument einer makellos ausgewogenen Klassizität dar. Mozarts wohl bekannteste *Sinfonie g-Moll* (KV 550) kommt ganz ohne Pauken und Trompeten aus und führt stattdessen die beiden (unterschiedlich gestimmten) Hörner individuell, überdies liegt das Werk in zwei Fassungen vor, jeweils ohne und mit Klarinetten. Gerade am kontrastierenden Nebeneinander dieses Moll-Werks mit seinen ganz andersartigen Dur-Schwestern lässt sich die Problematik der so beliebten Deutung von Kunstwerken vor ihrem biographischen Entstehungshintergrund erkennen: es läge nahe, die Düsternis der *g-Moll-Sinfonie* auf Mozarts dokumentierte prekäre Lebensumstände jener Zeit zurückzuführen, doch widerlegt die Existenz ihrer beiden gegensätzlichen, heiteren Schwesterwerke in ihrer unmittelbaren Nachbarschaft diese Hypothese. Die *»Jupiter«-Sinfonie C-Dur* (KV 551), deren einleuchtender Beiname nicht von Mozart stammt, bietet das ganze Orchester auf, jedoch ohne Klarinetten.

Alle drei Werke haben in Aussage und Struktur sehr unterschiedliches Profil: das Erste verströmt den warmen Glanz der benachbarten *Zauberflöte*; das g-Moll-Werk ist sein düsterer Gegenentwurf, in dem die Tonsprache, vor allem in den konfliktreichen Durchführungen des ersten, zweiten und letzten Satzes, sich bereits weit von klassischer Ebenmäßigkeit und Objektivität zu entfernen scheint. Die *C-Dur-Sinfonie* entspricht äußerlich gewiss am ehesten dem Ideal klassischer Ausgewogenheit. In ihrem kunstvollen Finale, Mozarts bedeutendstem Sinfoniesatz, versucht und meistert Mozart nichts Geringeres als eine Synthese von Homophonie und Polyphonie, von Sonatensatz und Fuge: es werden nacheinander vier Themen vorgestellt und auf raffinierte Weise miteinander verknüpft und durchgeführt, wobei in die Welt der vorherrschenden Homophonie immer wieder kontrapunktische Passagen eingefügt werden; in der eigenständigen Coda kommt es zur polyphonen Kulmination mit den Mitteln der Fugentechnik.

SINFONIK UND SERENADEN-TRADITION

Manche von Mozarts Sinfonien lässt auf unterschiedliche Weise eine deutliche Nähe zur gesellschaftlichen Unterhaltungsmusik spüren und berührt sich mit der von Mozart intensiv gepflegten Serenaden- und Divertimento-Tradition. So erklärt sich die unter den frühen Sinfonien herausgehobene Beliebtheit der *A-Dur-Sinfonie* KV 201 (1774) vorrangig aus der eingängigen Sanglichkeit ihrer Thematik. Die *»Haffner«-Sinfonie D-Dur* KV 386 (1782), Mozarts erster Wiener Gattungsbeitrag, entstand sogar aus einer Serenade; daher stammt ihr über weite Strecken hin serenadenhaft freundlicher Tonfall, obwohl sie im Kopfsatz durchaus sinfonische Züge aufweist.

DAS SOLOKONZERT UND MOZART

Der sechsjährige Mozart bei einem Konzert im Schloss Schönbrunn mit anderen Musikern in einer Loge. Gemälde von Martin Meytens (Ausschnitt).

FORM. Die europäischen Musikzentren, die am Entstehen der Sinfonie beteiligt waren, sind auch mit der Entwicklung des Solokonzerts befasst. Aus dem barocken Ritornellkonzert entstand allmählich eine neue Struktur, die vor allem für den Kopfsatz Merkmale der Sonatensatzform übernahm und modifizierte. Im Solokonzert zeigt insbesondere die Exposition charakteristische Abweichungen: Sie erscheint doppelt, zunächst als reine Orchesterexposition, dann als variierte Soloexposition gemeinsam für Soloinstrument und Orchester. Am Ende des Satzes bürgerte sich vor der Coda eine improvisierte Solokadenz ein, die vom Orchester durch einen Quartsextakkord vorbereitet wird. Darüber hinaus wird das Prinzip des Konzertierens weiterentwickelt und kultiviert: Solist und Orchester gehen in subtilen Abstufungen miteinander um, wobei beide Partner führen und begleiten, aber auch schweigen können.

SINFONIA CONCERTANTE. Eine reizvolle Alternative stellt im konzertanten Rahmen die Sinfonia concertante dar, die trotz ihres Namens eher als Konzert denn als Sinfonie anzusehen ist. Hier wetteifern zwei oder mehr Soloinstrumente nach den gleichen strukturellen Prinzipien wie im Solokonzert. Unter zahlreichen Versuchen in dieser Gattung ragt Mozarts *Sinfonia concertante Es-Dur* (KV 364) für Violine und Viola heraus.

MOZARTS KLAVIERKONZERTE. Der wichtigste Meister des Solokonzerts in der zweiten Hälfte des 18. Jahrhunderts war Wolfgang Amadeus Mozart, und seine größte Leistung war die Ausformung des klassischen Klavierkonzerts. Wie Haydn bei Sinfonie und Streichquartett wurde Mozart hier zum ›Vollender‹ einer Gattung, die von Komponisten wie den beiden großen Bach-Söhnen, aber auch von deren Vater Johann Sebastian, vorformuliert worden war. So ist es kein Zufall, dass Mozarts erste Schritte in Form von Bearbeitungen fremder Kompositionen, vor al-

lem von Sonaten Johann Christian Bachs (KV 107), vorliegen. In langer Kette entstanden ab 1773 21 Klavierkonzerte, überwiegend für den eigenen Konzertgebrauch geschrieben und auch eigenhändig aufgeführt. Sie gruppieren sich zwanglos in Gruppen und ergeben ein Kompendium der zeitgenössischen Klaviertechnik, des konzertanten Prinzips und der Instrumentationskunst.
Alle Klavierkonzerte sind dreisätzig. Zu Beginn steht ein konzertant erweiterter Sonatensatz mit doppelter Exposition und Solokadenz. Die Mittelsätze folgen gelegentlich dem gleichen Muster, stehen in liedhafter Dreiteiligkeit oder auch in der Variationenform. Die Finalsätze sind häufig spielerisch-unterhaltende Rondos, oft in zwangloser Annäherung an die Sonatensatzform (Sonatenrondo). Die Solokadenzen sind für eine Reihe von Konzerten von Mozarts Hand überliefert.
Wie in seinen Sinfonien und Opern variierte Mozart in seinen Konzerten die Orchesterbesetzung individuell und auch von Satz zu Satz. So werden traditionsgemäß häufig in langsamen Sätzen Trompeten und Pauken ausgespart; und immer wieder färbt sich der Holzbläsersatz individuell mit oder ohne Klarinettenpaar.
Mozarts *Konzert für drei Klaviere F-Dur* (KV 242) ist eher ein Gelegenheitswerk; dagegen gehört sein *Konzert für zwei Klaviere Es-Dur* (KV 365) in die Reihe der Meisterwerke.

MOZARTS PIONIERROLLE. Die Bedeutung Mozarts für die Gattungsgeschichte lässt sich wie folgt skizzieren: er entwickelte und vollendete das klassische Modell des konzertanten Sonatensatzes mit zwei individuellen Expositionen für das Orchester und für den Solisten und entfaltete es von Konzert zu Konzert weiter; er erdachte für das Soloinstrument ein charakteristisches Repertoire an effektvollen Spielfiguren und instrumententypischen Wendungen; er belebte das Orchester, das so vom stichwortliefernden, eher untergeordneten Begleiter zum vielseitigen, selbstbewussten, ›sinfonisch‹ gleichberechtigten Partner wird; er kostete die individuellen Instrumentalfarben in nie gekannter Weise aus und erhob insbesondere die Holzblasinstrumente zur Selbständigkeit und Gleichberechtigung; vor allem aber bereicherte Mozart die Gattung mit der einzigartigen emotionalen Vielfalt seiner Tonsprache.

MOZARTS SOLOKONZERTE FÜR ORCHESTERINSTRUMENTE

5 Violinkonzerte (alle 1775); 2 Flötenkonzerte (davon ist KV 314 Mozarts eigene Bearbeitung des Oboenkonzerts); 1 Oboenkonzert; 1 Fagottkonzert, 1 Klarinettenkonzert (1791), 4 Hornkonzerte; 1 Sinfonia concertante für Violine und Viola; 1 Konzert für Flöte und Harfe, 1 Concertone für 2 Violinen; 1 Sinfonia concertante für 4 Bläser (Autorschaft fraglich)

KONZERTKOMPOSITIONEN IM 18. JAHRHUNDERT

Cembalo- bzw. Klavierkonzerte u. a. von Carl Philipp Emanuel Bach, Johann Christian Bach, Joseph Haydn, Matthias Georg Monn, Wolfgang Amadeus Mozart
Violinkonzerte u. a. von Carl Ditters von Dittersdorf, Wolfgang Amadeus Mozart, Giuseppe Tartini, Giovanni Battista Viotti
Sinfonie concertante u. a. von Johann Christian Bach, Christian Cannabich, François-Joseph Gossec, Joseph Haydn, Ignaz Holzbauer, Wolfgang Amadeus Mozart, Ignaz Pleyel, Carl Stamitz, Georg Christoph Wagenseil

SOLOINSTRUMENTE

Als Träger des Soloparts kommen prinzipiell alle Tasten- und Orchesterinstrumente in Frage, doch werden sie naturgemäß in sehr unterschiedlicher Häufigkeit eingesetzt. Einen Sonderstatus nimmt das ›Clavier‹ ein, denn es befindet sich in diesem Jahrhundert im Umbruch vom Cembalo zum Hammerklavier. Im Zeitalter der Empfindsamkeit empfand man die dynamische Starrheit des Cembalos bald als Mangel; die sensible Mechanik des neuen Hammerflügels bedurfte jedoch eines langen Entwicklungsprozesses, bevor sie allen Anforderungen gewachsen war. So wurden bis weit in die zweite Jahrhunderthälfte zahlreiche Cembalokonzerte komponiert, u. a. von den beiden berühmtesten Bach-Söhnen Carl Philipp Emanuel und Johann Christian.
Daneben stehen in der Häufigkeit die Violinkonzerte, die derartige Probleme nicht kennen und beim Instrument bruchlos die Tradition fortsetzen. Hinzu kommen Konzerte für Violoncello, aber auch für Holz-, seltener Blechblasinstrumente (Horn und Trompete). Einen Sonderfall stellt die neue Klarinette dar, deren Möglichkeiten gern und bald ausgelotet wurden (Stamitz, Mozart).

WELTLICHE KANTATE UND KONZERTARIE

DIE KANTATE. Neben der Oper als weltlicher Hauptgattung etablierte sich im 17. Jahrhundert unter dem Sammelnamen ›Kantate‹ eine bescheidenere, in ihrer Kunstfertigkeit jedoch anspruchsvolle Gattung. Auch sie hat ihre Wurzeln und zunächst ihren wichtigsten Wirkungskreis in Italien. Die Kantate spielte selten im großen öffentlichen Musikleben eine Rolle, sondern wurde im privaten Kreis ambitionierter Musikliebhaber aufgeführt. Dementsprechend vielfältig war ihr äußeres Erscheinungsbild; ihr kleinster gemeinsamer Nenner war die Abfolge von Rezitativen und Arien. Es gab solistische Kammerkantaten mit reiner Generalbassbegleitung wie reich besetzte Kompositionen mit Soli, Chor und Orchester. Die Bezeichnung konnte neben *cantata* auch *serenata* sein, ohne dass zwischen beiden grundsätzliche Unterschiede zu ermitteln wären. Neben einigen bedeutenden italienischen Komponisten leisteten auch zwei deutsche Musiker wichtige Beiträge zur italienischen Solokantate: so schuf Johann David Heinichen für den Dresdner Hof derartige Werke; und Georg Friedrich Händel komponierte den größten Teil seines heute fast vergessenen Kantatenschaffens während seines römischen Aufenthaltes 1707–1709.

KANTATEN-TEXTE

Die in Kantaten vertonten Texte erhoben häufig literarischen Anspruch; unter den Librettisten fand sich auch Pietro Metastasio, der große Textdichter der Opera seria, von dem etwa 30 Kantatenlibretti bekannt sind. Die Inhalte kreisten, der Mode folgend, um anmutige oder tragische Liebesepisoden vor mythologischem oder historischem Hintergrund, und es tummelten sich Nymphen und Schäfergestalten in ihnen.

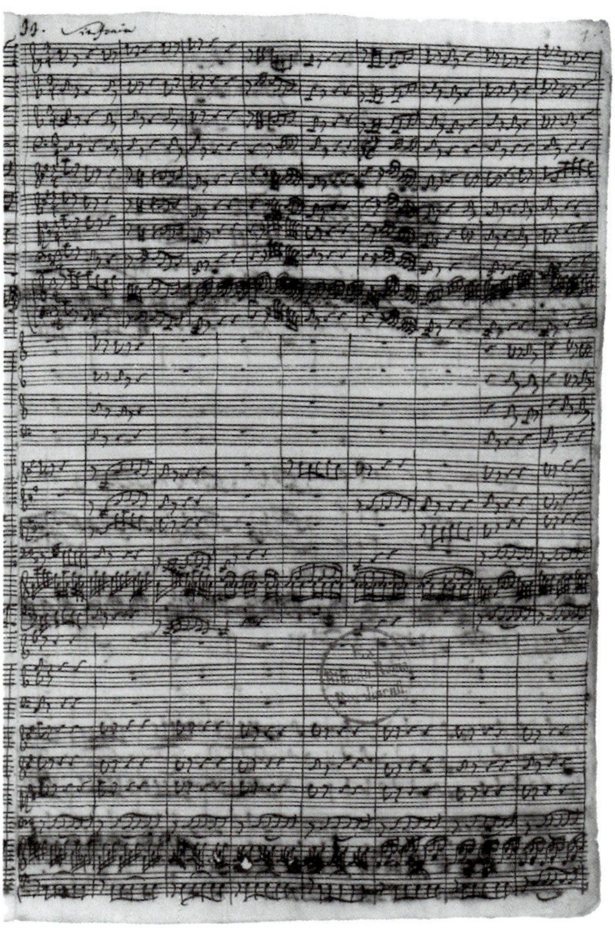

Johann Sebastian Bach, *Ratswahlkantate* BWV 29 (Beginn in der Handschrift des Komponisten).

BACHS WELTLICHE KANTATEN. Typische Gelegenheits- und Auftragswerke für einmalige, in der Regel repräsentative Anlässe wie Fürstenhochzeiten, -geburtstage oder auch Trauerfälle sind Johann Sebastian Bachs weltliche Kantaten. Wegen ihrer an den Tag gebundenen Aktualität verwendete Bach häufig ihre Musik in anderen Kompositionen wieder, indem er ihnen einen anderen Text unterlegte und sie bisweilen auch umarbeitete. Auf diese Weise sind bekanntlich große Teile des *Weihnachts-Oratoriums* zustande gekommen. Stilistisch unterscheiden sich Bachs weltliche und geistliche Kantaten prinzipiell nicht von einander: sie enthalten neben großen Chorsätzen Rezitative und Arien sowie gelegentlich auch Instrumentalsätze.

DIE KONZERTARIE. Eine eher untergeordnete Rolle spielte die weltliche Solokantate in Deutschland; auch hier prägten Dichter, etwa Johann Christoph Gottsched, den Stil der Libretti. Im späteren 18. Jahrhundert verwischten sich die Grenzen zu benachbarten Gattungen wie Lied und Konzertarie zusehends. Vor allem die Konzertarie stellte eine Art Bindeglied zwischen Kantate und Oper dar. Sie entwickelte eine eigene Tradition, die von Johann Christian Bach begründet wurde und ihren Höhepunkt bei Mozart fand; dessen berühmteste Arie *Ah, lo previdi* (KV 272) nähert sich der vielgliedrigen Kantate an. Wichtigster Textlieferant der Konzertarie war wieder Pietro Metastasio; nicht nur deshalb stehen Konzertarien oft stilistisch der Opera seria nah. Wie dort sind sie aufgeteilt in ein Accompagnato-Rezitativ mit Orchester und die eigentliche Arie.
Hervorgegangen sind die Konzertarien aus der Praxis, für Opern fremder Komponisten so genannte Einlage-Arien zu komponieren. In der Regel waren diese und auch die Konzertarien für bestimmte (reisende) Sänger bestimmt, auf deren Fähigkeiten die Musik ausgerichtet wurde; Mozart war bekanntlich ein Meister dieses Metiers. Hierher gehören auch Konzertarien im Stil der Opera buffa, wie wir sie von Mozart und Haydn kennen.
Am Ende dieser Tradition und zugleich des Jahrhunderts steht 1796 Beethovens Szene und Arie *Ah! perfido!* op. 65 für Sopran und Orchester, der ebenfalls ein Metastasio-Text zugrunde liegt.

DIE FRANZÖSISCHE KAMMERKANTATE

Im frühen 18. Jahrhundert, beginnend unter der Regentschaft Ludwigs XIV., stellte die französische Kammerkantate einen Seitenzweig der Gattung dar. Sie verstand es, das italienische Vorbild geschickt dem französischen Zeitgeschmack anzupassen; sie übernahm von dort Rezitativ und Da-capo-Arie, die sie zum französischen Air umformte. Auch ihre Handlungsgegenstände waren vorwiegend mythologische; wichtigster gattungsprägender Librettist wurde Jean-Baptiste Rousseau. Aus der Kantate ging die Cantatille hervor, eine kleine Kantate mit nur zwei Airs und Rezitativen, im Gegensatz zu den je drei Arien und Rezitativen der ›großen‹ Kantate.

BACHS WELTLICHE KANTATEN

Weichet nur, betrübte Schatten (BWV 202, Hochzeits-K.), *Amore traditore* (BWV 203, italienischer Text), *Ich bin vergnügt / Von der Vergnügsamkeit* (BWV 204), *Zerreißet, zersprenget, zertrümmert die Gruft / Der zufriedengestellte Äolus* (BWV 205, Glückwunsch-K.), *Schleicht, spielende Wellen, und murmelt gelinde* (BWV 206, Glückwunsch-K.), *Vereinigte Zwietracht der wechselnden Saiten* (BWV 207, Glückwunsch-K.), *Auf, schmetternde Töne* (BWV 207a, Glückwunsch-K.), *Was mir behagt, ist nur die muntre Jagd* (BWV 208, Glückwunsch-K., »Jagdkantate«), *Non sa che sia dolcere* (BWV 209, italienischer Text, Abschieds-K.), *O holder Tag, erwünschte Zeit* (BWV 210, Hochzeits-K.), *O angenehme Melodei* (BWV 210a, Huldigungs-K.), *Schweigt still, plaudert nicht* (BWV 211, »Kaffeekantate«), *Mehr han en neue Oberkeet* (BWV 212, »Bauernkantate«), *Lasst uns sorgen, lasst uns wachen / Hercules auf dem Scheideweg* (BWV 213, Glückwunsch-K.), *Tönet, ihr Pauken! Erschallet, Trompeten!* (BWV 214, Glückwunsch-K.), *Preise dein Glück, gesegnetes Sachsen* (BWV 215, Glückwunsch-K.) sowie drei verschollene Kantaten (BWV 216, 244a, 249a)

KANTATENKOMPONISTEN

Italien / Kantaten in italienischer Sprache: Tomaso Albinoni (etwa 40 Kantaten), Antonio Caldara, Georg Friedrich Händel (etwa 100 Kantaten), Johann David Heinichen, Leonardo Leo, Benedetto Marcello (etwa 50 Kantaten), Alessandro Scarlatti (etwa 800 Kantaten), Leonardo Vinci, Antonio Vivaldi (etwa 40 Kantaten),
Frankreich: André Campra, Louis-Nicolas Clérambault, Jean-Baptiste Morin, Jean-Philippe Rameau
Deutschland / Kantaten in deutscher Sprache: Johann Sebastian Bach, Reinhard Keiser, Georg Philipp Telemann

DAS LIED

ERSTE BERLINER LIEDERSCHULE. Ab Mitte des Jahrhunderts wagte man in der so genannten Ersten Berliner Liederschule den Aufbruch zu neuen Ufern. Deren künstlerische Ideale postulierte Christian Gottfried Krause in seiner Schrift *Von der musikalischen Poesie* (1752): Leitlinie war das Strophenlied; die Musik hatte sich dem Text unterzuordnen, doch beide sollten unzertrennlich sein; Schlichtheit (*simplicité*) und Zartheit (*tendresse*) nach dem Vorbild des französischen Chansons waren die Grundlagen des Ausdrucks; Lieder sollten erbauen, erziehen und erholen; der Gesangsvortrag sollte schlicht und strophenweise differenziert sein. Neben Krauses (gemeinsam mit Karl Wilhelm Ramler und Friedrich Wilhelm Marpurg herausgegebenen) *Oden mit Melodien* (1753/55) sind Carl Philipp Emanuel Bachs *Geistliche Oden und Lieder* (1758) nach Christian Fürchtegott Gellert wichtige Dokumente der Gattung, die in ihrer subtilen und bisweilen übersteigerten Expressivität auf die Zweite Berliner Liederschule vorausweisen. Ebenfalls zukunftsweisend im Hinblick auf das variierte Strophenlied waren Christian Gottlob Neefes *Klopstocks Oden mit Melodien* (1776); auch Christoph Willibald Gluck vertonte auf individuelle Weise den gleichen Dichter in seiner Sammlung *Klopstocks Oden und Lieder beym Clavier zu singen* (1785).

ZWEITE BERLINER LIEDERSCHULE. Untrennbar verbunden mit der Zweiten Berliner Liederschule ist Johann Abraham Peter Schulz. Sein auch programmatisch formuliertes Ziel war eine dezidierte Lyrisierung des Lieds und

ANFÄNGE

Die Entwicklung zum Kunstlied des 19. Jahrhunderts vollzieht sich im 18. Jahrhundert über mehrere Vorstufen und Vorläufer. Das Generalbasslied in der ersten Jahrhunderthälfte war noch barocker Musizierpraxis verpflichtet und trat zumeist als Aria auf. Zwei Liedersammlungen aus dieser Zeit sind: Johann Valentin Rathgebers *Ohren-vergnügendes und Gemüth-ergötzendes Tafel-Confect* (1733–37), das auch mehrstimmige Titel enthält, und die *Singende Muse an der Pleisse* (1736–45) von Johann Sigismund Scholze, genannt Sperontes, dessen Strophenlieder auf französischen Vorbildern beruhen. Den Schritt vom Generalbass weg zum auskomponierten Klaviersatz unternahm Johann Ernst Bach, der zugleich das variierte Strophenlied einführte. Auch Georg Philipp Telemann hinterließ Lieder.

Wolfgang Amadeus Mozart, *Das Veilchen* (KV 476), komponiert 1785.

deshalb eine Hinwendung zu Texten der großen Dichter, gleichzeitig fand eine Rückbesinnung auf die Qualitäten des deutschen Volkslieds statt, angestrebt wurde eine kunstvoll stilisierte Volkstümlichkeit und Schlichtheit. Bestes Beispiel für diese Ästhetik ist bis heute Schulz' populäres Lied *Der Mond ist aufgegangen*, das, obwohl auskomponiert, zum echten Volkslied wurde. Neben ihm hinterließen vor allem Johann Friedrich Reichardt mit über 700 und Carl Friedrich Zelter mit 200 Liedern ein umfangreiches Repertoire; beide bevorzugten Texte von Goethe. Reichardts Vertonung des *Erlkönig* von 1794 ist als Modell einer konsequent strophischen Ballade zu betrachten; Goethe zog es bekanntlich Schuberts Komposition vor.

JOHANN Abraham Peter Schulz fasst 1785 das Ziel seiner Liedkunst zusammen.

»In allen diesen Liedern ist und bleibt mein Bestreben, mehr volksmäßig als kunstmäßig zu singen, nemlich so, daß auch ungeübte Liebhaber des Gesanges, sobald es ihnen nicht ganz und gar an Stimme fehlt, solche leicht nachsingen und auswendig behalten können. Zu dem Ende habe ich nur solche Texte aus unsern besten Liederdichtern ausgewählt, die mir zu diesem Volksgesange gemacht zu seyn scheinen, und mich in den Melodien selbst der höchsten Simplicität und Faßlichkeit beflissen, ja auf alle Weise den Schein des Bekannten darinzubringen gesucht (...). In diesem Schein des Bekannten liegt das ganze Geheimnis des Volkstons.«

WIENER KLASSIK. Zwar sind alle Liedkompositionen des 18. Jahrhunderts aus der Perspektive des romantischen Kunstliedes lediglich Vorstufen. Dennoch ist die Grenze nicht eindeutig zu ziehen. Unstrittig ins historische Vorfeld gehören auch noch die Lieder Joseph Haydns und Wolfgang Amadeus Mozarts. Haydn gab nach 1781 insgesamt 34 Lieder heraus in Form von Arietten; seine 12 Canzonetten von 1794/95 stehen der italienischen Oper so nahe wie dem Kunstlied fern. Einen gewichtigeren Beitrag zur Gattung steuerte Mozart mit seinen 28 Liedern bei. Die Mehrzahl davon ist zwar eher als Gelegenheitskomposition anzusehen, doch ragen einzelne Titel zukunftsweisend hervor. Ein ausgedehntes lyrisch-empfindsames Stimmungsbild ist die *Abendempfindung an Laura* (KV 523); dagegen erfüllt *Sehnsucht nach dem Frühling* (KV 596) in volkstümlicher Schlichtheit und Sanglichkeit alle ästhetischen Kriterien der Berliner Liederschulen. Mozarts berühmtestes Lied *Das Veilchen* (KV 476) nach Goethe deutet die balladenhaften drei Strophen individuell und charakteristisch aus, und die fein ausgearbeitete Begleitung steuert manche überraschende programmatische Nuance bei.

BEETHOVEN. Mit seinen zahlreichen Liedern und Gesängen steht Ludwig van Beethoven auf der Grenze zwischen dem schlichten Liedtypus des 18. und dem ambitionierten Kunstlied das 19. Jahrhunderts. Die überwiegende Mehrzahl seiner Lieder steht stilistisch dem neuen Kunstlied mehr oder weniger nahe. *Adelaide* op. 46 entstand 1794/95 an der Schwelle zum neuen Jahrhundert und symbolisiert mit ihrer fein ausgearbeiteten Umsetzung des Liebesgedichts von Friedrich von Matthisson Beethovens Pionierrolle innerhalb der neuen Gattung, die hier ihre Anfänge hat und nicht erst bei Schubert! Mit seinem op. 98 *An die ferne Geliebte* (nach Aloys Jeitteles) schrieb Beethoven überdies den ersten Liederzyklus der Musikgeschichte.

DAS ORATORIUM

C. PH. E. BACH. Im Konzertrepertoire haben sich neben einzelnen Händel-Oratorien nur die beiden späten Oratorien von Joseph Haydn gehalten. Sein wohl wichtigster Vorläufer war Carl Philipp Emanuel Bach: Von ihm war bislang lediglich ein einziges einschlägiges Werk bekannt, die monumentale *Auferstehung und Himmelfahrt Jesu* (1778); doch die Wiederentdeckung der Bibliothek der Berliner Singakademie in Kiew durch den Forscher Christoph Wolff im Jahr 1999 hat eine beachtliche Anzahl von weiteren Bach-Oratorien zutage gefördert. Deren Erforschung und Wiederbelebung dürfte die Musikgeschichte der Epoche und der Gattung revidieren und die Stellung des zweitältesten Bach-Sohns in seinem Jahrhundert in neuem Licht erscheinen lassen – vielleicht ist man dann geneigter, Mozarts Bewunderung für Carl Philipp Emanuel (»ohne ihn sind wir alle nichts«) so ernst zu nehmen, wie sie gemeint war.

HAYDN. Bevor Haydn unmittelbar vor und nach der Jahrhundertwende seine beiden späten Oratorien komponierte, hatte er sich der Gattung bereits mit drei Werken angenähert, mit dem *Stabat mater* (1765), mit *Il ritorno di Tobia* (1775) und vor allem mit *Die sieben letzten Worte unseres Erlösers am Kreuze* (1795/96). Letzteres ist aufgrund seiner Textkonstellation ein Ausnahmefall; es wurde bekannter in seinen beiden Instrumentalfassungen (für Orchester und für Streichquartett), einer Folge von sieben ausdrucksvollen langsamen Sätzen mit abschließendem Presto (»Das Erdbeben«). Diese Versionen von 1785/86 gingen dem Oratorium voraus und bilden dessen musikalische Basis. Das Textarrangement stammt von Gottfried van Swieten, der auch für die Libretti zur *Schöpfung* und zu den *Jahreszeiten* verantwortlich war.

DIE SCHÖPFUNG. Haydns berühmtestes und erfolgreichstes Oratorium ist *Die Schöpfung* (1798). Das Libretto folgt in den Secco-Rezitativen dem biblischen Schöpfungsbericht; es ergänzt und kommentiert ihn durch empfindsame lyrische Betrachtungen im naiv-sentimentalen Stil der Zeit, als Grundlage für Accompagnati, Arien, Ensembles und Chöre. In seiner Musik hält Haydn die Balance zwischen sinfonischem Anspruch, vor allem in der Durcharbeitung des Orchesterparts, und eindringlich-eingängiger Programmatik bei der musikalischen Ausmalung konkreter textlicher Situationen. Die Kühnheit, mit der Haydn die »Vorstellung des Chaos« in der orchestralen Einleitung schildert, ist in der Musikgeschichte ohne Beispiel: alle musikalischen Parameter – vor allem Harmonik und Instrumentation – werden auf unerwartete und neuartige Weise in den Dienst musikalischer Schilderung gestellt. Haydn gelingt hier, weit vor der Epoche der Sinfonischen Dichtung, eines der packendsten Werke sinfonischer Programm-Musik.

FRÜHE ZENTREN

Im frühen 18. Jahrhundert gibt es mehrere Zentren in der Geschichte des Oratoriums, vor allem in Italien. In Rom sind zwischen 1720 und 1800 mindestens 45 Werke nachweisbar, u. a. von renommierten Komponisten wie Nicola Porpora, Giovanni Battista Pergolesi, Niccolò Jommelli, Baldassare Galuppi sowie von Komponisten, die heute vergessen sind. Pietro Metastasio war nicht nur als Opern-, sondern auch als Oratorien-Librettist berühmt und prägte diese Gattung ebenso wie die Opera seria. Weitere Zentren waren Bologna, Florenz, Venedig und Neapel. Die Merkmale des italienischen Oratoriums entsprechen etwa denen der Opera seria: Da-capo-Arien, Rezitative, Chöre sowie einer in der Regel dreiteiligen Einleitungs-Sinfonia. In Wien, einem weiteren Zentrum der Gattung, wird der Chor stärker zum Handlungsträger als in Italien. An der Entwicklung des Oratoriums lässt sich recht genau der stilistische Prozess vom Spätbarock bis zur Klassik nachvollziehen.

ORATORIENKOMPONISTEN

Italien: Antonio Caldara, Benedetto Marcello, Nicola Porpora, Leonardo Leo, Giovanni Battista Pergolesi, Niccolò Jommelli, Baldassare Galuppi, Pasquale Anfossi, Giuseppe Sarti, Domenico Cimarosa
Deutschland (v. a. Wien und Dresden): Johann Joseph Fux, Johann Adolf Hasse, Jan Dismas Zelenka, Florian Gaßmann, Carl Ditters von Dittersdorf, Joseph Haydn
Nord- und Mitteldeutschland: Johann Mattheson, Georg Philipp Telemann, Johann Sebastian Bach, Johann Adolph Scheibe, Carl Heinrich Graun, Carl Philipp Emanuel Bach

Berühmt wurden als Exempel musikalischer Programmatik eine Reihe von Accompagnato-Rezitativen mit der Darstellung von Naturereignissen und allerlei Tieren. Die drastischsten Beispiele hierfür finden sich in den Rezitativen des Erzengels Raphael.

DIE JAHRESZEITEN. Mit der *Schöpfung* bedeuten *Die Jahreszeiten* (1801) den Schritt der Gattung heraus aus kirchlichen Bindungen und hin zum *weltlichen Oratorium*. In vier Teilen folgt das Libretto dem Ablauf der Jahreszeiten, wobei jedem Teil eine programmatisch-malerische instrumentale Einleitung vorangestellt wird. Das Libretto gibt sich als kaleidoskopartiger Bilderbogen aus dem Landleben, vertreten durch drei handelnde Personen (Solostimmen) und das Landvolk (Chor). Hervorzuheben sind auch hier Haydns fantasievoll-freier Umgang mit den strukturellen Vorgaben der Gattungstradition, insbesondere der starren Koppelung von Rezitativ und Arie, sowie die Vielfältigkeit des Ausdrucks in den zahlreichen Chorsätzen, zwischen den Polen des Handelns und Betrachtens. Haydns Setzweise bewegt sich flexibel zwischen strenger Kontrapunktik, choralhaftem Strömen, liedhafter Schlichtheit und tänzerischer Bewegung. Die Orchesterbehandlung bindet alle Errungenschaften aus Haydns sinfonischem Schaffen ein, in abgestufter Instrumentationskunst und motivisch-thematischer Durchgestaltung.

Aufführung von Haydns *Schöpfung* in der Alten Universität Wien anlässlich von Haydns 76. Geburtstag am 27. März 1808, geleitet und dirigiert von Antonio Salieri. Die 1909 ausgeführte Kopie eines verlorengegangenen Schatullendeckels des Miniaturenmalers Balthasar Wigand zeigt den altersschwachen Komponisten vorn in der Mitte des Bildes.

KATHOLISCHE KIRCHENMUSIK

MANNHEIM UND WIEN

Vorläufer der Wiener Klassiker finden sich im Umkreis der Mannheimer Schule, wobei sich der Einfluss ihrer neuartigen Orchesterbehandlung bemerkbar macht. Überliefert sind Messen u. a. von Ignaz Holzbauer, Franz Xaver Richter und Abbé Georg Joseph Vogler. In Wien bereiteten Johann Joseph Fux als Hofkapellmeister in Theorie und Praxis, aber auch der Italiener Antonio Caldara, ferner deren Schüler Johann Georg Reutter und Georg Christoph Wagenseil sowie Mozarts Vater Leopold in Salzburg den kompositorischen Boden für Joseph Haydn, dessen Bruder Michael und Wolfgang Amadeus Mozart.

AUF DEM WEG ZUR KLASSIK. In der katholischen Kirchenmusik wetteiferten lange zwei Richtungen: zunächst der *stile antico*, der sich auf barocke Traditionen stützte und sich durch kontrapunktischen A-capella-Gesang auszeichnete; er fand seine theoretische Fundierung in Lehrbüchern der Zeit, vor allem im *Gradus ad parnassum* (1725) von Johann Joseph Fux und in der zweibändigen Kontrapunktlehre (1773/75) des Padre Giambattista Martini. Unter deren Einfluss entstanden in Italien, aber auch in anderen Ländern Kompositionen der Verfasser selbst sowie von Alessandro Scarlatti, Leonardo Leo, Antonio Caldara, Jan Dismas Zelenka und Johann Adolf Hasse.
Über Zwischenstufen – im *stile misto* – entwickelte sich allmählich der *stile moderno*. Er zeichnet sich durch Nähe zur weltlichen Instrumental- und Vokalmusik aus. Seine Kennzeichen: ausgewogenes Miteinander von Vokal- und Instrumentalpartien (alle Errungenschaften aus Oper, Sinfonie und Solokonzert sind einbezogen); kunstvolle Instrumentation; große Virtuosität in instrumentalen und vokalen Soli (bis hin zu ausgearbeiteten Kadenzen).

HAYDN. Mindestens 12 Messen neben Einzelsätzen und zwei Te-Deum-Kompositionen hinterließ Joseph Haydn. Seinen sechs späten Messen (nach 1796) kommt große Bedeutung zu. Er bevorzugte die Missa solemnis, die umfangreich auskomponiert und reich besetzt ist mit Solostimmen, gemischtem Chor und Orchester. In diesen Messen nutzte Haydn alle Stilmittel seiner ausgereiften Orchesterbehandlung bis zu motivisch-thematischer Durchführungstechnik und sonatensatzhaften Formprinzipien. Einen Brückenschlag zurück zu barocken Stilprinzipien erkennen wir in mächtigen Chorfugen, vor allem in den Gloria- und Credo-Sätzen. Andererseits fand Haydn zu Momenten ergreifender Schlichtheit, liedhafter Einfachheit und emotionaler Wirkungskraft, vergleichbar seinen Oratorien *Die Schöpfung* und *Die Jahreszeiten*. Haydns wichtigste Messen sind die *Missa in tempore belli* (»Paukenmesse«, 1796), die *Nelsonmesse* (1798), die *Theresienmesse* (1799), die *Schöpfungsmesse* (1801) und die *Harmoniemesse* (1802).

MOZART. Noch populärer als Haydns Kirchenmusik wurden Mozarts Messen und sein *Requiem* (KV 626). Dieses, von dem Mozart nur Teile vollenden konnte, profitierte so stark von seiner legendenhaften Entstehungsgeschichte und seinem Status des ›Unvollendeten‹, dass man darüber oft seine bestürzende Neuartigkeit und seinen zukunftsweisenden Charakter übersah.
Auch die andere herausragende Messkomposition Mozarts, die *c-Moll-Messe* (KV 427), blieb ein Torso; ihr experimenteller Charakter zeigt sich an dem Versuch, archaisch-barocke Stilelemente mit solchen des neuen Wiener Stils zu verschmelzen. Daher rührt bei aller Größe

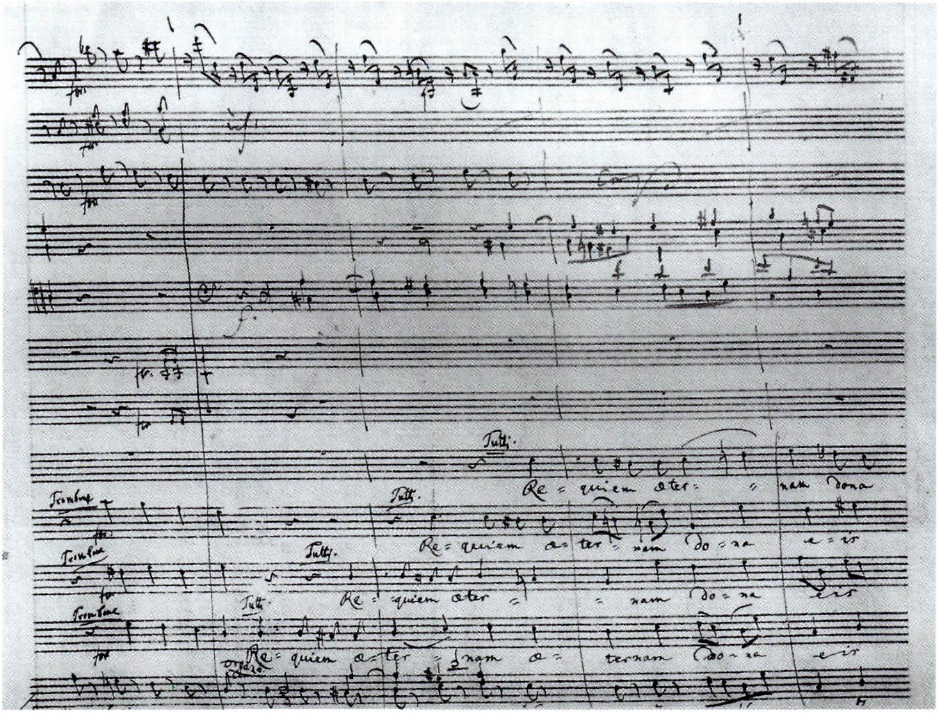

der Eindruck des Zwiespältigen: zwischen kontrapunktischer Strenge und lieblicher, weltlicher Verbindlichkeit. Als Vorbild dürfte Mozart eine Kantatenmesse in der Art von Bachs *h-Moll-Messe* vorgeschwebt haben.

Unter den übrigen Messen wurde die Salzburger *Krönungsmesse* (KV 317) besonders beliebt; sie verkörpert den Typus der weltlich-heiteren Wiener Kirchenmusik, der beim Publikum Zustimmung und beim Klerus Skepsis auslöste. Dennoch sind gerade in diesem eingängigen Werk die kompositorischen Ambitionen sehr hoch, nachweisbar an der Übernahme sinfonischer Prinzipien in der Instrumentation und in strukturellen Verläufen (am deutlichsten in der formalen Durchgestaltung des »Gloria«).

Unter den Kirchenkompositionen Mozarts findet sich manche Rarität; so verdienten seine vier Litaneien und zwei Vespern mehr Beachtung. Dagegen gilt seine frühe Solo-Motette für Sopran *Exsulate, jubilate* (KV 165) als Bravourstück für Koloratursopran und dokumentiert eindrucksvoll den konzertanten Stil der Wiener Kirchenmusik. Komponiert wurde sie 1773 in Mailand für den Kastraten Rauzzini; sie folgt dem Muster der barocken Solo-Motette, ist formal jedoch eine dreisätzige Sinfonia, mit zwei lebhaften Ecksätzen, die ein empfindsames Andante einschließen; die Solostimme wird als virtuoses ›Soloinstrument‹ eingesetzt, bis hin zu kadenzierenden Passagen. Dagegen bezieht die berühmte Motette *Ave verum corpus* (KV 618) für vierstimmigen gemischten Chor und Begleitung ihre Wirkung aus der Innigkeit ihrer Melodik und ihrer chromatisch angereicherten Harmonik.

Anfang von Mozarts *Requiem* (ab Takt 7). Bereits die Eröffnungstakte des ersten Satzes (»Requiem aeternam«) weisen mit ihrer motivischen Struktur, ihrer verhangenen Harmonisierung sowie ihrer düsteren Instrumentation weit in die Zukunft des 19. Jahrhunderts voraus.

MOZARTS KIRCHENSONATEN

Einen Sonderfall innerhalb der Kirchenmusik Mozarts stellen seine 17 Kirchensonaten aus den früheren Salzburger Jahren dar. Exakt sollte man sie als Epistelsonaten bezeichnen, denn diese kurzen Instrumentalsätze, in Gestalt von Sonatensätzen in Konzertform und zumeist sparsamer Besetzung, wurden innerhalb der sonntäglichen Messe, zwischen Epistel und Evangelium, gespielt.

DAS STREICHQUARTETT

IN berühmt gewordenen Worten hat Johann Wolfgang Goethe seinen Eindruck von einem aufspielenden Streichquartett geschildert.

»(…) man hört vier vernünftige Leute sich untereinander unterhalten, glaubt ihren Diskursen etwas abzugewinnen und die Eigentümlichkeiten der Instrumente kennenzulernen.«

VORGESCHICHTE. Oft wird verkürzend behauptet, Joseph Haydn habe das Streichquartett ›erfunden‹; zutreffend ist, dass erst durch Haydn das Streichquartett sein klassisches Profil und seine zentrale Bedeutung erhalten hat. Als historische Vorstufen sind mehrere Gattungen anzusehen, die mit unterschiedlichen regionalen und zeitlichen Akzenten ihre Bedeutung hatten: das Concerto, die Sinfonia, die Sonata a quattro, das Divertimento und die Cassation. Sie reichen ins 18. Jahrhundert herüber aus dem Generalbasszeitalter. Im Laufe des 18. Jahrhunderts befand sich der Basso continuo auf dem Rückzug, doch gab es ihn – als historisches Relikt, nicht als substantiellen Bestandteil des Komponierens – noch bis in die 1770er-Jahre. So wurden Mozarts Klavierkonzerte noch mit Basso continuo aufgeführt, und auch Haydns Divertimenti op. 9 und 17 sind mit Generalbass notiert.
In Italien dominierten zu Beginn des Jahrhunderts Sinfonia und Sonata a quattro (Alessandro Scarlatti: *Sonate a quattro senza cembalo*, um 1715/20); über Baldassare Galuppi, Giovanni Battista Sammartini und Giuseppe Tartini erreicht man die ersten italienischen Streichquartette von Luigi Boccherini. In Deutschland waren Norden und Süden von unterschiedlichen Strömungen geprägt: während Georg Philipp Telemann noch die polyphone Sonata a quattro pflegte, entstanden im Süden (Mannheim, Wien) die Quartett-Sonate (Johann Stamitz, Franz Xaver Richter, Christian Cannabich) und das Quartett-Divertimento (Florian Leopold Gaßmann, Joseph Haydn).

Haydns Streichquartette op. 76 (hier als op. 75 bezeichnet) in der ersten Ausgabe des Artaria-Verlags von 1799. Die 1797 vollendeten Quartette sind Joseph Graf Erdödy gewidmet, zu dessen Familie Haydn viele Jahre lang freundschaftliche Beziehungen unterhielt.

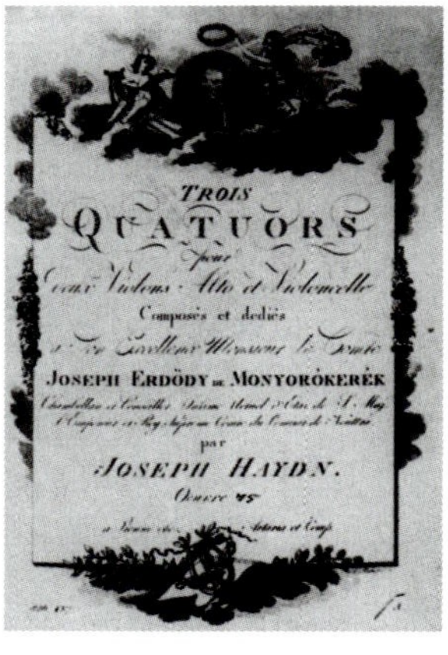

DAS ENSEMBLE. Noch nach der Jahrhundertmitte fand Kammermusik in höfischen wie in privat-bürgerlichen Kreisen statt, jedoch noch nicht im öffentlichen Konzertsaal. Es bildete sich eine gattungsgeschichtliche Satzweise heraus, die auch von der solistischen Besetzung der Einzelstimmen angestoßen wurde. Der Übergang zwischen (chorischer) orchestraler und (solistischer) kammermusikalischer Besetzung war fließend. Prägend für die Entstehung einer eigenständigen, hochstehenden Kammermusiktradition war auch die Herausbildung des in sich geschlossenen, analog zur menschlichen Stimme vierfach in der Lage aufgefächerten Instrumentalensembles der Violinfamilie (Violine 1 und 2, Viola, Violoncello). Sie war bis zum Ende des 17. Jahrhunderts abgeschlossen und löste das ältere Gambenensemble ab. Seitdem bildete sich

HAYDNS STREICHQUARTETTE

10 Divertimenti op. 1 und 2 (etwa 1760); je 6 Quartette op. 9, 17 und 20 (1769/70); 6 Quartette op. 33 (»Russische«, 1781); 6 Quartette op. 50 (»Preußische«, 1781); 12 Quartette op. 54, 56, 64 (»Tost«, 1783/90); 6 Quartette op. 71, 74 (»Apponyi«, 1793); 6 Quartette op. 76 (»Erdödy«, 1797); 2 Quartette op. 77 (»Lobkowitz«, 1799); Quartett op. 103 (1803; unvollendet)

Streichquartett im Jahre 1791 am Hofe des Musikliebhabers Fürst Krafft Ernst zu Oettingen-Wallenstein, einem der Subskribenten von Haydns Streichquartetten op. 33 (1782). Die prominenten Musiker des Quartetts sind: Joseph Reicha, Ignaz von Beecke, Franz Anton Rosetti und Anton Janitsch.

eine typische und unterschiedliche Schreibweise für Orchester- und Kammermusik heraus: die solistische Instrumentalstimme in der Kammermusik wurde beweglicher und virtuoser.

HAYDN. Mit seinen frühen Opera steht Joseph Haydn noch in der Divertimento-Tradition. In op. 9 bis 20 kristallisiert sich die Viersätzigkeit heraus: mit zwei bewegten Ecksätzen, einem langsamen und einem Menuett-Satz; erster und letzter Satz folgen der Sonatenhauptsatzform, der letzte ist häufig fugenartig angelegt. Op. 33 gilt als Schlüsselwerk der Gattung, dem der Komponist selber »eine gantz neu Besondere Art« bescheinigte und das den Stil der Wiener Klassik markiert. Hier ist jene Gleichberechtigung der vier Stimmen in ›durchbrochener Arbeit‹ erreicht, die fortan Muster und Maßstab aller Quartettkompositionen wird. Ihr Kennzeichen ist das konzentrierte Gewebe eng auf einander bezogener und verzahnter Motive und Themen, wie es uns etwa zu Beginn des Kopfsatzes aus Haydns *Streichquartett g-Moll* op. 74 Nr. 1 begegnet.

MOZART. Mit seinen sechs Haydn gewidmeten Quartetten antwortet Mozart auf die kompositorische Herausforderung, ohne epigonal zu sein; er reichert Haydns durchbrochenen, quasi intellektuellen Stil durch seine chromatisch gefärbte Harmonik, durch die Intensität seiner Melodieerfindung und durch die Elemente barocker Polyphonie an. Die fruchtbare, neidlose Künstlerfreundschaft zwischen beiden Komponisten wird nirgendwo so unmittelbar nachvollziehbar wie an der Frühgeschichte des Streichquartetts.

MOZARTS STREICHQUARTETTE

Frühe Quartette: KV 80, 136–138, 155–160, 168–173 (1770–1773)
Reife Quartette: 6 Quartette, Joseph Haydn gewidmet (KV 387, 421, 428, 458, 464, 465; 1782–85); Quartett KV 499 (1786); 3 Quartette KV 575, 589, 590 (»Preußische«, Friedrich Wilhelm II. gewidmet, 1789/90)

18. Jahrhundert

AUCH zur Gattungs-Ästhetik des Streichquartetts äußert sich Ludwig Finscher in seinen *Studien zur Geschichte des Streichquartetts I* (1974).

»Weniger an den Quartetten Beethovens als vielmehr an den reifen Werken Haydns und Mozarts hat sich eine Theorie des Streichquartetts entwickelt, welche die Elemente eines als klassisch begriffenen Gattungsstils zu ästhetischen und technischen Normen der Quartettkomposition schlechthin erhoben hat.«

»Kompositorische Praxis in der Auseinandersetzung mit den allgemein anerkannten klassischen Mustern und historisch wie sachlich fundierte Gattungstheorie haben in ständiger Beziehung aufeinander eine Kultur des Streichquartetts geschaffen, die in doppeltem Sinne klassisch genannt werden darf: als Entfaltung einer Gattungsidee, wie sie reicher, prägnanter und sinnfälliger nirgends sonst in der neueren Musikgeschichte zu finden sind, und als Muster einer musikalischen Gattung und Gattungsgeschichte schlechthin.«

JOSEPH HAYDN

JOSEPH HAYDN

1732 geboren und am 1. April in Rohrau (Niederösterreich) getauft.
Ab 1740 Chorsänger am Wiener Stephansdom, später Assistent und Schüler von Nicola Porpora; Bekanntschaft mit Gluck, Dittersdorf und Wagenseil.
1756 erste datierte Kompositionen, erste Streichquartette.
1759 Musikdirektor des Grafen Morzin in Lukawitz (Böhmen); Beginn seiner kinderlosen unglücklichen Ehe.
1761 2. Kapellmeister beim Fürsten Esterházy in Eisenstadt.
1766 1. Kapellmeister, ab 1769 auf Schloss Esterháza.
1790 Tod des Fürsten Nikolaus und Auflösung der Hofkapelle; Übersiedlung nach Wien.
1790–92 1. Reise nach England, auf Einladung des Impresarios J. P. Solomon, der für garantierte Honorare und Kompositionsaufträge sorgt.
1791 Ehrenpromotion in Oxford.
1792 Bekanntschaft mit Beethoven in Bonn.
1794 2. Englandreise.
1795 Rückreise über Hamburg, Berlin, Dresden nach Wien; erneut Kapellmeister beim Fürsten Esterházy.
1798 Uraufführung des Oratoriums *Die Schöpfung*.
1801 Uraufführung des Oratoriums *Die Jahreszeiten*.
1809 stirbt Haydn am 31. Mai in Wien.

DIE LEISTUNG. In der Gunst der Öffentlichkeit rangierte Joseph Haydn bereits kurz nach seinem Tod deutlich hinter seinen ›Mit-Klassikern‹ Mozart und Beethoven. Unter den bedeutenden Komponisten aller Zeiten ist er der am meisten verkannte und unterschätzte. Sein musikgeschichtlicher Rang kann jedoch kaum hoch genug veranschlagt werden. Zwar hat er weder die Sinfonie noch das Streichquartett oder die Sonatenhauptsatzform im strengen Sinn ›erfunden‹, doch hat er alle drei zum klassischen Modell geformt; mit ihnen darf er als Schöpfer des klassischen Instrumentalstils gelten.
Mit dem viel jüngeren Mozart verband ihn eine gegenseitige anregende und fruchtbare Freundschaft, vergleichbar jener zwischen den beiden Weimarer Dichtern Goethe und Schiller; und auch in Beethovens Werken ist Haydns Einfluss nachweisbar. In seiner Musik gelang ihm die perfekte Verbindung von ›galant‹ und ›gelehrt‹; sie wendet sich an Herz und Verstand. Sein Stil ist volkstümlich fasslich und doch intellektuell anspruchsvoll und ständig Aufmerksamkeit fordernd. Das unausrottbare Etikett »Papa Haydn« reduziert seinen geistvollen Witz im Spiel mit den Hörerwartungen auf unzulässige und verfälschende Weise.

INNOVATION UND TRADITION. Bahnbrechend waren Haydns Bemühungen in mehreren Gattungen und vor allem beim vorbildhaften Muster der Sonatenhauptsatzform. Diese tritt bei ihm häufig mit monothematischer Exposition auf und kultiviert raffiniert das anregende Spiel mit motivisch-thematischen Bausteinen, ergänzt durch harmonische Modulationskunst und ausgefeilte Instrumentation. Das klassische Sinfonieorchester erhielt durch Haydn seine endgültige, für lange Zeit verbindliche Ausgestaltung; die Besetzung mit chorischem Streichquartett (bzw. -quintett), doppelten Holzbläsern (mit Klarinetten), je zwei Hörnern, Trompeten und Pauken übernahm Beethoven unverändert aus Haydns letzten Sinfonien. Die viersätzige zyklische Form der Sinfonie und allgemein der Sonate mit zwei schnellen Ecksätzen, einem langsamen Mittelsatz und einem Menuett mit Trio ist seit Haydn selbstverständlich.
Das Streichquartett verdankt Haydn seine einzigartige Stellung innerhalb der Kammermusik und wurde durch ihn zum Maßstab und zur Herausforderung für alle nachkommenden Musiker und Komponisten. Seit Haydn ist das Streichquartett die vornehmste und anspruchsvollste Gattung der Kammermusik. Die Wirkungen des Haydn'schen Streichquartettstils lassen sich durch das ganze 19. Jahrhundert bis zu Béla Bartók verfolgen. Haydns Kompositionen für Klavier solo tragen hingegen häufig Gelegenheitscharakter und fordern den Ausführenden technisch nicht allzu sehr; in einigen späten Sonaten gelangen ihm jedoch modellhafte Werke voller überra-

Joseph Haydn, Ölgemälde von Ludwig Guttenbrunn (um 1770).

schender Zukunftsperspektiven.

Mit seinen beiden Oratorien *Die Schöpfung* und *Die Jahreszeiten* schuf Haydn volkstümlich-eingängige wie kunstvoll gefügte Werke von überzeitlicher Wirkung. Dagegen sind seine zahlreichen Opern, darunter ein *Orfeo*, heute weitgehend vergessen und zum Teil verschollen, obwohl sie musikalische Kostbarkeiten bergen. Ursache für dieses Vergessen sind (wie bei Schubert) in erster Linie dramaturgische Schwächen der Libretti – an Umarbeitungs- und Rettungsversuchen hat es bis heute nicht gefehlt.

In Joseph Haydn begegnet uns der Letzte in der langen Tradition von Komponisten, die den Musikerberuf nicht unter dem Blickwinkel des Genies betrieben, sondern ihn als Handwerk begriffen und ihn in unschuldiger Frömmigkeit als Gottesdienst (»soli Deo gloria«) ausübten. Es ist eines der Rätsel der Musikgeschichte, wie Haydns ›naive‹ Einstellung zum Kompositionshandwerk einhergehen konnte mit einer derart hochentwickelten Vergeistigung, wie sie sich in den Sinfonien, Sonaten und Streichquartetten offenbart.

18. Jahrhundert

HAYDNS WERKE

- Orchesterwerke (u. a. über 104 Sinfonien; 1 Sinfonia concertante; Tänze und Märsche; etwa 60 Divertimenti; diverse Konzerte [Echtheit z. T. umstritten], u. a. für Violine, Violoncello, Klavier, Horn, Trompete)
- Kammermusik (u. a. 83 Streichquartette; 41 Klaviertrios; 21 Streichtrios; 126 Streichtrios mit Baryton, 11 Trios in gemischter Besetzung; Duos mit und ohne Klavier)
- Klaviermusik (52 Sonaten; Variationen und einzelne Stücke)
- Bühnenmusik (24 Opern, zumeist in italienischer Sprache)
- Vokalmusik (14 Messen; Kantaten und weitere geistliche Vokalwerke; *Il ritorno di Tobia*; *Die Schöpfung*; *Die Jahreszeiten*; *Die sieben letzten Worte des Erlösers am Kreuze* [ursprünglich ein Instrumentalwerk]; weltliche Kantaten, Arien und Duette; Lieder, Kanons und Volksliedbearbeitungen)

DAS HAMMERKLAVIER

CARL PHILIPP EMANUEL BACH

1714 am 8. März in Weimar geboren als zweitältester Sohn Johann Sebastian Bachs, der sein einziger »Lehrmeister« im Klavierspielen und Komponieren wird.
Ab 1731 Jurastudium in Leipzig und ab 1734 in Frankfurt a. d. O.
Ab 1738 am Hof des Kronprinzen Friedrich von Preußen in Ruppin; später Kammer-Cembalist Friedrichs II.; in den folgenden Jahren Aufenthalte u. a. in Rheinsberg und Berlin; Kontakte zum musikalischen Kreis der Schwester des Königs, Anna Amalia von Preußen, und zu literarischen Zirkeln in Berlin.
Ab 1767 hat Bach die Stelle seines verstorbenen Taufpaten Telemann als Musikdirektor der 5 Hauptkirchen Hamburgs und Kantor am dortigen Gymnasium Johanneum inne; freundschaftlicher Verkehr u. a. mit Lessing und Klopstock, Austausch mit Vertretern der Aufklärungsphilosophie; Veranstaltung öffentlicher Konzerte, bei denen Bach selbst als Klavierspieler und Improvisator auftritt.
1788 stirbt Bach am 14. Dezember in Hamburg.

VOM CEMBALO ZUM FORTEPIANO. Der stilistische Umbruch in den 1750er-Jahren hat sich auf keinen Instrumententypus so gravierend ausgewirkt wie auf den des Tasteninstruments (Clavier). Das Bedürfnis, mittels Tastendruck auch Einfluss auf die Dynamik eines Tons nehmen zu können, kam schon auf, als das Cembalo noch unangefochten ›regierte‹. Konstruktive Versuche in dieser Richtung reichen bis ins 15. und 16. Jahrhundert zurück. ›Erfinder‹ des Hammerklaviers ist wohl der Italiener Bartolommeo Cristofori, der um 1700 eine Hammermechanik entwickelte. Wie bei allen bedeutenden Erfindungen arbeiteten mehrere Instrumentenbauer in verschiedenen Ländern am gleichen Problem, in Deutschland etwa Gottfried Silbermann, der heute eher als Orgel- und Cembalobaumeister geläufig ist; er baute aber seit 1730 auch Hammerklaviere, seine Instrumente kannte Johann Sebastian Bach nachweislich.
Unter der Bezeichnung *gravicembalo pian e forte* oder Pianoforte bzw. Fortepiano entstanden neue Instrumente, deren mechanisches Prinzip, die Saiten mittels Hammerdruck zum Klingen zu bringen, immer weiterentwickelt wurde. Zunächst standen einer Verbreitung des neuen Instruments mehrere Gründe entgegen: sein Ton war unbefriedigend, leise und wenig modulationsfähig; überdies existierten in großer Zahl hervorragende Cembali, deren Ersatz durch neue Hammerklaviere vielen Künstlern zu kostspielig war. So blieb das Cembalo noch bis in die 70er-Jahre des 18. Jahrhunderts in Gebrauch; Komponisten boten deshalb neue Werke in der Regel alternativ »per il cembalo o il pianoforte« an. Auch versuchte man das Problem durch Umbau von Cembali auf Hammermechanik zu lösen. Etwa seit den 1770er-Jahren hat sich das moderne Hammerklavier weitgehend durchgesetzt.

DAS NEUE REPERTOIRE. Noch während Johann Sebastian Bach an seinen späten Cembalowerken arbeitete, entwickelte sich Mitte des Jahrhunderts ein neuer Stil. Mit dem Aufkommen des Hammerklaviers entstand eine

C. PH. E. BACHS WERKE

- Orchesterwerke (u. a. 20 Sinfonien; rund 50 Cembalokonzerte; Konzerte für diverse Orchesterinstrumente)
- Kammermusik (u. a. 30 Triosonaten; 3 Klavierquartette; zahlreiche Duette und Sonaten)
- Klaviermusik (rund 150 Sonaten, darunter: *6 Preussische Sonaten*, 1742–43; *6 Württembergische Sonaten*, 1744; *6 Sonaten mit veränderten Reprisen*, 1760; Fantasien, Rondos, Fugen, Variationen, Menuette)
- Vokalmusik (u. a. *Magnificat*, 1749; *Morgengesang am Schöpfungsfeste*, 1783; zahlreiche Oratorien und Passionen, darunter: *Die Israeliten in der Wüste*, 1769; *Die Auferstehung und Himmelfahrt Jesu*, 1780; Kirchen-Kantaten, Motetten, geistliche Lieder; weltliche Kantaten, Arien und Lieder)

partiell neue Spieltechnik mit neuartigen Spielfiguren; gleichzeitig wurden auch althergebrachte Formen wie Suite, Fuge usw. durch neue Formen von Einzelsätzen und Zyklen (Sonate) abgelöst. Parallel entfalteten sich in den europäischen Musikzentren die Merkmale des Galanten Stils und des Empfindsamen Stils.

ITALIEN. In Italien dominierte der Galante Stil, der von hierzulande weitgehend unbekannten Meistern wie Giovanni Platti, Domenico Alberti – dem wir die »Alberti-Bässe« verdanken – und Baldassare Galuppi gepflegt wurde. Ihre Stilprinzipien des kantablen, homophonen Satzes, der kontrastierenden Themen, des singenden Allegros wurden von Johann Christian Bach und später von Wolfgang Amadeus Mozart übernommen. Die Sonaten Johann Christian Bachs sind zwar für Hammerklavier bestimmt, nehmen sich aber auch auf dem Cembalo gut aus.

C. PH. E. BACH. Einen Gegenpol zum Galanten Stil Italiens vertritt Carl Philipp Emanuel Bach, der als Hauptvertreter des Empfindsamen Stils gilt. Er war ein gebildeter Musiker, der sich auch theoretisch mit den Grundlagen seiner Kunst auseinandersetzte; sein *Versuch über die wahre Art, das Clavier zu spielen* (1753/62) gehört zu den wichtigsten theoretischen Werken seiner Zeit und stellt eine Fundgrube für die heutige historische Aufführungspraxis dar. Seine Klaviermusik zeichnet sich durch ihren hochexpressiven Tonfall aus, gekennzeichnet durch überraschende Modulationen und unerwartete melodische Wendungen; die Dynamik ist differenziert und kontrastreich; häufig wird der Fluss der Komposition durch rezitativähnliche Einfügungen unterbrochen. Die Sonaten sind überwiegend dreisätzig, nähern sich der kommenden klassischen Sonatensatzform jedoch eher auf Umwegen und suchen individuelle Lösungsansätze. Als exemplarisch für diesen Stil können Carl Philipp Emanuels *Sonaten mit veränderten Reprisen* (1760) gelten. Im Gegensatz zu Johann Christians Sonaten sperren sie sich recht deutlich gegen eine Aufführung auf dem Cembalo und sind erkennbar aus der Kenntnis von Spieltechnik und Klanglichkeit des ›modernen‹ Hammerklaviers heraus entstanden. So wie Johann Christian zum wichtigsten Wegbereiter Wolfgang Amadeus Mozarts wurde, zielte Carl Philipp Emanuels musikalischer Einfluss hörbar (und von jenem auch bestätigt) auf Joseph Haydns Klaviermusik.

NEUERUNGEN

Im Laufe der Jahrzehnte kam es zu wichtigen Neuerungen im Hammerklavierbau: verbesserte Prellmechanik (Süddeutschland) und Stoßmechanik (England); Einführung einer funktionsfähigen Einzeldämpfung, zunächst bedienbar mittels Kniehebel, später mit Pedalen; Vervollkommnung der doppelten Auslösung, die den Hammerkopf sofort nach dem Anschlag wieder von der Saite löst.

WEITERE CLAVIERKOMPONISTEN

Werke fürs Clavier schrieben in jener Zeit neben den genannten Komponisten auch Johann Schobert in Paris, Wilhelm Friedemann Bach in Berlin, Georg Christoph Wagenseil sowie die Brüder Matthias Georg und Johann Christoph Monn in Wien.

Hammerflügel von Johann Andreas Stein, Augsburg 1783.

KLAVIERMUSIK VON HAYDN UND MOZART

HAYDN. Das Zentrum von Haydns solistischer Klaviermusik bilden seine 52 erhaltenen Klaviersonaten. Sie entstanden über einen Zeitraum von mehr als drei Jahrzehnten und reflektieren die wesentlichen Tendenzen der zweiten Jahrhunderthälfte. Im Konzertleben unserer Tage stehen sie zu Unrecht sehr im Hintergrund; das mag an ihrem lediglich mittleren Schwierigkeitsgrad liegen, der sie allzu schnell in den Ruf leicht ausführbarer Hausmusik geraten lässt. Diese Einschätzung entspricht jedoch nicht ihrem künstlerischen Rang, obwohl die Sonaten vom Entstehungsanlass her überwiegend Gelegenheitswerke sind.

Die Werkreihe der Sonaten verdeutlicht sehr anschaulich den Übergang vom Cembalo zum Hammerklavier. Die früheste Gruppe reicht möglicherweise bis in die 50er-Jahre zurück; die einzelnen Werke heißen noch Partiten und Divertimenti, können ihre Herkunft aus der Generalbasszeit nicht verleugnen und sind ausdrücklich für das Cembalo bestimmt. Sie enthalten häufig als mittleren oder letzten Satz ein Menuett und folgen dem Vorbild des Wiener Komponisten Georg Christoph Wagenseil.

Die folgenden Sonaten sind, der Tradition folgend, zu Sechsergruppen zusammengefasst und erschienen 1774, 1776 und 1780. Erst der dritte Zyklus heißt offiziell *Sonate per il Clavicembalo o Forte Piano*. Nun wird der Einfluss Carl Philipp Emanuel Bachs spürbar; Menuette werden seltener, Harmonik und melodische Erfindung farbiger, in der Mitte stehen immer öfter ausdrucksvolle langsame Sätze. Die spieltechnischen Figurationen sind nun immer weniger cembalogemäß, sondern nutzen zunehmend die Möglichkeiten des Hammerklaviers.

Die folgenden acht Sonaten spiegeln die neuen klassischen Tendenzen in der Wechselwirkung mit dem Werk des Freundes Mozart, sie zeigen eine neue Geschmeidigkeit des Klaviersatzes und zahlreiche Feinheiten der motivisch-thematischen Arbeit. Diese breiten sich in den letzten drei so genannten Londoner Sonaten (Hob. XVI:50–52) über alle Teile des Sonatensatzes aus. Sie sind Meisterstücke dieses Formprinzips.

Wenige einzelne Kompositionen runden das Sonatenschaffen ab: darunter das geistreiche *Capriccio G-Dur* oder die poetischen *f-Moll-Variationen*, deren umfangreiches Thema ungewöhnlich lang und in zwei kontrastierende selbständige Hälften gegliedert ist, eine in Moll und eine in Dur. Hier wie in mancher der späten Sonaten zeigt sich der prägende Einfluss Mozarts in den Satzstrukturen, aber auch in manchen melodischen und harmonisch stark chromatischen Wendungen.

MOZART. Auch bei Mozart stehen die Klaviersonaten im Mittelpunkt seines solistischen Schaffens, doch werden sie durch eine höhere Anzahl von Variationen, Einzel-

VIELFALT DES SONATENHAUPTSATZES

Die Klaviersonaten Haydns und Mozarts widerlegen anschaulich das bis heute immer wieder theoretisch vermittelte Vorurteil, im klassischen Sonatenhauptsatz gebe es stets (nur) zwei Themen: eines auf der Tonika (Hauptsatz) und eines auf der Dominante (Seitensatz). Ein Beispiel für individuelle Technik bietet der Kopfsatz von Mozarts *Sonate F-Dur* (KV 332), in dessen Exposition vier eigenständige Themen erklingen. Haydn wiederum kehrt in seinen späten Sonaten zur monothematischen Struktur des Sonatensatzes zurück, die sich in allen seinen Schaffensphasen nachweisen lässt: auch der Seitensatz beginnt häufig wieder mit dem, wenn auch variierten, Hauptthema.

Die Familie Mozart. Das Ölgemälde (1780/81) von Johann Nepomuk della Croce zeigt Wolfgang und seine Schwester Maria Anna (Nannerl) am Klavier, dahinter Vater Leopold. An die 1778 verstorbene Mutter erinnert das Bildnis an der Wand. Für das eher seltene Überkreuzen der Spielhände beider Partner gibt es Belege in Mozarts vierhändiger Klaviermusik.

stücken, Tänzen und vierhändigen Kompositionen ergänzt. Dass sie, Haydn vergleichbar, überwiegend als Gelegenheitswerke für den Tagesbedarf entstanden sind, mindert ihren Wert nicht. Verglichen mit Haydns Sonaten ist Mozarts Zyklus von 18 Sonaten einheitlicher und wirkt nicht so experimentell. Das zeigt sich beispielsweise daran, dass Dreisätzigkeit die unumstößliche Regel ist und eine Abweichung von der standardisierten Satzreihenfolge schnell – langsam – schnell kaum vorkommt; Menuette sind die seltene Ausnahme.

Die erste Sechsergruppe entstand 1774/75 unter dem Einfluss Johann Christian Bachs, aber auch Carl Philipp Emanuel Bach und Georg Christoph Wagenseil haben ihre Spuren darin hinterlassen. Bereits hier, ausgeprägter in den späteren Sonaten, zeigt sich Mozarts Neigung, über einen Sonatensatz eine Fülle unterschiedlichster Themen auszubreiten, im Gegensatz zu Haydns Vorliebe für Monothematik. Eine Besonderheit stellt die *A-Dur-Sonate* (KV 331) dar, deren drei Sätze alle von der Norm abweichen: sie beginnt mit Variationen, es folgen Menuett mit Trio und, aktueller Mode gehorchend, ein »Alla-turca«-Rondo.

Zwei Sonaten Mozarts stehen in Moll; sie stellen zwei emotionale und pianistische Höhepunkte innerhalb der Sonatenreihe dar. Der *c-Moll-Sonate* (KV 457) ist eine weitausgreifende Phantasie vorangestellt, die in ihrer expressiven Vielgliedrigkeit, harmonischen Farbigkeit und ihren pianistischen Ansprüchen Anregungen Carl Philipp Emanuel Bachs aufgreift und weiterführt. In den letzten drei Sonaten schließlich bindet Mozart oft kontrapunktische Passagen in den homophonen Klaviersatz ein, eine Frucht intensiver Studien Bach'scher und Händel'scher Werke.

Unter Mozarts zahlreichen Einzelsätzen sind die Rondos in D-Dur (KV 485) und a-Moll (KV 511) sowie das späte *Adagio h-Moll* (KV 540) hervorzuheben. Dankbare pianistische Gelegenheitswerke sind die zahlreichen Variationenzyklen (darunter der über das bekannte Volkslied *Ah, vous dirai-je, Maman*, KV 265) und die vierhändigen Sonaten. Eine in allen pianistischen Farben funkelnde Kostbarkeit ist die *Sonate für zwei Klaviere D-Dur* (KV 448), die Mozart 1781 für sich und eine hochbegabte Klavierschülerin schrieb und die gleichrangig neben dem *Doppelkonzert Es-Dur für zwei Klaviere* (KV 365) steht.

LIEDFORM UND RONDO

ZWEITEILIGE LIEDFORM. Den ersten Schritt über die Reihung eines (variierten) Formteils hinaus zu echter formaler Strukturierung kann man in den verschiedenen Liedformen beobachten, die ihre Wurzeln in der Volksmusik und ihren festen Platz in der Kunstmusik haben. Die zweiteilige Liedform ist die einfachste; in ihr folgen einander zwei verschiedene Abschnitte (A B), die in der Regel gleichwohl mit einander motivisch und atmosphärisch verwandt sind. Es ist kein Zufall, dass so einfache Formmodelle häufig in der Tanzmusik vorkommen, denn der Tanz liebt klar geordnete, symmetrische und sich wiederholende Bewegungsabläufe:

Hier, in Wolfgang Amadeus Mozarts *Menuett* C-Dur aus KV 315a, beginnt Teil B zunächst kontrastierend, endet jedoch mit einem variierten Rückgriff auf Teil A und stellt so die musikalische Einheit her.

DREITEILIGE LIEDFORM. Für die künstlerische Gestaltung in Klassik und Romantik ist die dreiteilige Liedform (A B A) von besonderer Bedeutung; sie genügt auf ideale Weise dem Bedürfnis nach Symmetrie und Abwechslung. Sie kann kleinste Formeinheit sein und, in den Dimensionen ausgeweitet, einen ganzen Satz prägen. Ihr Pendant in der Vokalmusik ist die Da-capo-Arie, in der die Wiederholung des Anfangs gern ausgeziert oder variiert wird. Beispiele für die Kleinform finden sich bevorzugt in der funktionalen Musik, etwa der Tanzmusik.
Als große Dreiteilige Liedform begegnet uns das Prinzip neben der Da-capo-Arie vor allem in den Tanzsätzen der klassisch-romantischen Sonaten (Menuett, Scherzo), aber auch in langsamen Sätzen (Mozart: Menuett aus der *Klaviersonate A-Dur* KV 331, Andante cantabile der *Klaviersonate C-Dur* KV 330), später in Charakterstücken der Romantik. Ihren höchsten Grad der Stilisierung und der Kunstfertigkeit erreicht die dreiteilige Form im Modell des Sonatenhauptsatzes mit den drei korrespondierenden Teilen Exposition, Durchführung und Reprise, die sich auf das Muster A B A' reduzieren lassen.

RONDOFORM. Als eine Ausweitung der Liedform lässt sich die Rondoform begreifen. Die kontrastierende Dreiteiligkeit A B A wird durch weitere abweichende Formabschnitte verlängert, wobei der Refrain A die übergreifende Einheitlichkeit herstellt. In einfachster Gestalt begegnet uns das Prinzip im Strophenlied mit Refrain:

EINFACHE FORMEN

Musikalische Form entsteht durch Reihung gleicher, ähnlicher oder verschiedenartiger Abschnitte. Dieses Prinzip lässt sich am besten an Liedform und Rondo begreifen. Beide Formen sind alt und haben ihre Wurzeln in der Volksmusik. Der einfachste formale Ansatz ist die Reihung gleicher Formteile, die strenge Wiederholung; sie erschöpft sich schnell und weckt schnell das Bedürfnis nach Änderung. Wir finden dieses Prinzip im Strophenlied, bei dem immerhin der wechselnde Text für Abwechslung sorgt; in der Instrumentalmusik wirkt bereits die dritte Wiederholung ermüdend.
Im Kleinen kann man den gleichen Effekt in der Sequenz, der regelmäßigen Verschiebung motivischer Bausteine um ein gleiches Intervall nach oben oder unten, beobachten.
Als typisches Stilmittel der Barockepoche ist es ein Gradmesser für künstlerische Qualität: in unbedeutenden Kompositionen ermüden endlose Sequenzketten, während Johann Sebastian Bach in seinen Kompositionen die Sequenzierungen rechtzeitig beendet oder innerhalb einer Sequenzkette für Binnenvarianten sorgt, bevor Langeweile aufkommen kann.
Einen ersten Schritt in formale Abwechslung bedeutet die variierte Wiederholung, zu beobachten in Variationszyklen, entweder über eine Melodie (z.B. Figuralvariationen) oder über einen Bass, jeweils mit festgelegter Harmonienfolge (Chaconne, Passacaglia).

18. Jahrhundert

S1 (A) R (B) S2 (A') R (B) S3 (A'') R (B) S4 (A''') R (B) usw.

Den wichtigsten Schritt in Richtung künstlerischer Ausgestaltung bewirkt der Rückgriff auf vorangehende Abschnitte; erst dieser Schritt macht die Reihung der Strophen zum echten Rondo: A B A C A B A. Mit dieser Buchstabenreihe wird das vollständige klassische Rondo vorgestellt; unschwer lässt sich in dieser Anordnung wieder eine übergeordnete Dreiteiligkeit feststellen: A B A = A, C = B, A B A = A.

Die Rondoform begegnet uns in der klassischen Musik bevorzugt in Schlusssätzen von Sonaten, Konzerten und Sinfonien; verglichen mit dem Sonatensatz ist hier das spielerisch-unterhaltende Element stärker herausgestrichen. Ein Beispiel für ein vollständiges Rondo findet sich in Mozarts *Klaviersonate B-Dur* KV 333 im Finale; hier wird vor die abschließende Wiederkehr des A-Teils gar eine Solokadenz eingeschoben: A B A C A B Kadenz A (Coda). Hier weicht der Mittelteil C übrigens am stärk-

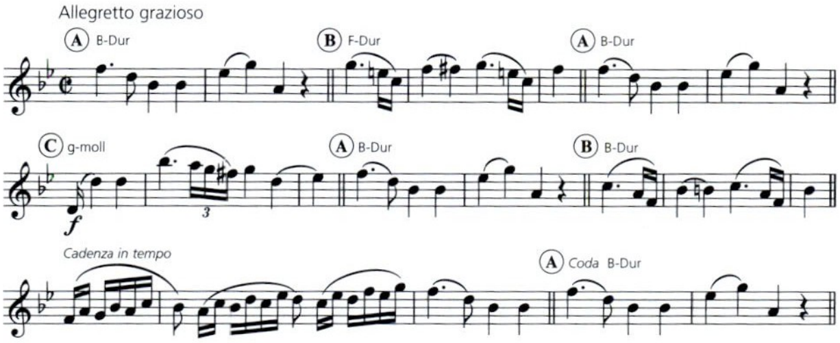

Wolfgang Amadeus Mozart, *Klaviersonate B-Dur* KV 333, Themen des Finalsatzes.

sten in Tonart und Charakter von seiner Umgebung ab und zeigt Ansätze zu motivisch-thematischer Arbeit im Sinne einer Sonatensatzdurchführung. Man spricht in solchen Fällen von Sonatenrondo. Häufig erscheint anstelle des vollständigen das verkürzte Rondo, in dem der letzte Wiederholungsdurchgang eingespart wird: A B A C A (Beispiel: Haydn, *Klaviersonate e-Moll* Hob. XVI:34, 3. Satz).

RONDO UND SONATENRONDO

Es gibt zahlreiche feine Abstufungen zwischen vollständigem Rondo (z. B. Beethovens *Klaviersonate Es-Dur* op. 22, Rondo-Finale) und Sonatenrondo mit durchführendem Mittelteil, der auf diese Weise eine übergeordnete Dreiteiligkeit (A B A) mit starker Annäherung an den Sonatensatz gewinnt (z. B. Beethovens Finale der *D-Dur-Sonate* op. 28). Die Grenzen der analytischen Deutung sind hier unter Umständen sehr fließend; ein derartiger Rondosatz ließe sich auch als Sonatensatz interpretieren, in dem in Exposition und Reprise am Ende des Seitensatzes das Hauptthema wiederholt wird.

	A	B	A	C	A	B	A (Coda)
	Hauptsatz	Seitensatz			Hauptsatz	Seitensatz	
=	Exposition			Durchführung	Reprise		(Coda)

KAMMERMUSIK MIT UND OHNE KLAVIER

DUO. Für das Duo zwischen Klavier und Melodieinstrument (Violine, Flöte u. a.) ist das 18. Jahrhundert ein Zeitalter des Umbruchs. Aus der Barock-Epoche gab es die Sonate für ein Soloinstrument mit begleitendem Generalbass, aber auch einzelne Sonaten für ein Melodieinstrument mit konzertierendem, also gleichberechtigtem Cembalo (Johann Sebastian Bachs Sonaten für Violine, für Viola da Gamba und für Querflöte mit Cembalo). Die erreichte Gleichberechtigung der Instrumente ging nach Bachs Tod verloren und erschien erst wieder am Ende des Jahrhunderts bei Mozart, allerdings unter anderen stilistischen Vorgaben, denn bei Bach leitete sich die gleichberechtigte Dreistimmigkeit von der polyphonen Triosonate her. Die Musikgeschichte machte hier also einen seltsamen, langen Umweg.
Er verlief über die ›accompagnierte‹ Klaviersonate, die Mitte des Jahrhunderts besonders in England und Frankreich beliebt war. Hier dominierte der auskomponierte anspruchsvolle Cembalopart, ergänzt durch eine leicht zu spielende Melodiestimme (Flöte, Violine), die man ohne substantielle Einbußen (›ad libitum‹) weglassen konnte (Jean-Joseph de Mondonville, Johann Schobert). Hier setzte Wolfgang Amadeus Mozart mit seinen ersten Sonaten für Klavier und Violine an – die Reihenfolge der Instrumente im Titel ist also keineswegs zufällig! Luigi Boccherini übernahm die Pionierrolle auf dem Weg zur Gleichberechtigung beider Instrumente (6 Sonaten op. 5, 1768). In Mozarts letzten dreisätzigen Sonaten (Wien 1781–84) war jene Ausgewogenheit wieder erreicht, die es bei Bach bereits 1717–23 gab, jedoch mit unvergleichlich anderem Ergebnis.

KLAVIERTRIO. Auch die historischen Wurzeln des Klaviertrios liegen im Barock, nämlich in der Triosonate, für die man allerdings wegen des Generalbasses vier Spieler benötigt. Der Rückzug des Basso continuo führte zu einer Verselbständigung des Klavierparts, der nun Note für Note auskomponiert wurde, während die Cellostimme sich der linken Klavierhand zunächst unterordnete, ihr wie ein Schatten folgte, wie viele Klaviertrios von Joseph Haydn belegen. Erst in Haydns letzten Trios (1794–97) beginnt sich das Cello partienweise vom Klavierbass zu lösen. Den gleichen Weg beschritt Mozart mit seinen sieben Trios. In einem von ihnen werden Violine und Cello durch Klarinette und Viola ersetzt und verleihen dem Werk eine eigene Farbigkeit (KV 498).

KLAVIERQUARTETT UND -QUINTETT. Wieder steht Luigi Boccherini am Beginn der stilistischen Neuorientierung, hin zum zwar dominierenden Klavier, jedoch mit relativ selbständigem, charakteristisch abgehobenem Streichersatz. Gipfelpunkte der Gattung nach ihm sind die

LUIGI BOCCHERINI

Der als Sinfoniker und Kammermusikkomponist in den letzten Jahrzehnten verstärkt beachtete Sohn eines Kontrabassisten, geboren am 19. Februar 1743 in Lucca, erlernte bei seinem Vater das Violoncello. Konzertreisen führten ihn nach Österreich und Frankreich; 1768 ließ er sich in Madrid nieder, ab 1770 war er als Kammerkomponist und -solist am Hofe angestellt; 1786–97 lieferte er als abwesender Hofkompositeur des cellospielenden Kronprinzen bzw. Königs Friedrich Wilhelm II. regelmäßig Werke nach Preußen. Boccherini starb am 28. Mai 1805 verarmt in Madrid, 1927 wurde sein Sarg nach Lucca überführt. Neben Oratorien, Kantaten und einer Oper hinterließ Boccherini 20 Sinfonien, diverse Divertimenti, 7 Solokonzerte (4 für Cello), 91 Streichquartette, 125 Streichquintette, 54 Streichtrios sowie weitere Duos und Quintette in gemischten Besetzungen.

AUS der Sicht des Komponisten äußerte sich Robert Schumann 1838 über den klanglichen Sprung vom Quartett zum Quintett.

»Man sollte kaum glauben, wie die einzige hinzukommende Bratsche die Wirkung der Saiteninstrumente, wie sie sich im Quartett äußert, auf einmal verändert (…). Die Mittelstimmen haben mehr Kraft und Leben; die einzelnen Instrumente wirken mehr als Massen zusammen; hat man im Quartett vier einzelne Menschen gehört, so glaubt man jetzt eine Versammlung vor sich zu haben.«

beiden Quartette für Violine, Viola, Violoncello und Klavier von Mozart (KV 478, 493) sowie sein Quintett für Klavier und Bläser (KV 452).

STREICHTRIO UND –QUINTETT. Wie das Klaviertrio stammt auch das Streichtrio von der barocken Triosonate ab. Um die Mitte des Jahrhunderts verzweigten sich solistische und orchestrale Besetzung in der Musik der Mannheimer Schule (Orchestertrios von Johann Stamitz und Christian Cannabich). Die solistische Besetzung besteht aus Violine, Viola und Violoncello; nach Haydn und Boccherini führte Mozart die kleine, feine Gattung auf ihren ersten Höhepunkt, mit seinem wegen seiner Sechssätzigkeit irreführend als *Divertimento* bezeichneten *Streichtrio Es-Dur* KV 563 (1788).

Das Streichquintett existiert parallel in zwei Besetzungsvarianten: zu den zwei Violinen treten entweder zwei Bratschen und ein Cello oder eine Bratsche und zwei Celli. Beide Entwicklungslinien verliefen etwa ab 1770 unabhängig von einander. Hauptvertreter sind Luigi Boccherini (2 Celli bzw. Cello und Kontrabass), Carl Ditters von Dittersdorf (2 Celli) und Michael Haydn (2 Bratschen); von Boccherini gibt es auch zwölf Quintette mit zwei Bratschen.

Die Klanglichkeit des Quintetts führt auch zu einer anderen Setzweise. Der Zug zum orchestralen Klangcharakter wurde von den Komponisten unterschiedlich genutzt, jedoch immer berücksichtigt. Höhepunkt der Gattung im 18. Jahrhundert sind Mozarts vier Wiener Streichquintette (1787–90), die alle die Bratsche verdoppeln. Sein *g-Moll-Quintett* (KV 516) ist ein leidenschaftliches Gegenstück zur *g-Moll-Sinfonie* (KV 550); es scheint in seiner Klanglichkeit Schubert vorauszuahnen; ihrem nach Dur gewandten Rondo-Finale geht eine tiefsinnige Einleitung voraus.

Luigi Boccherini. Das anonyme zeitgenössische Porträt zeigt den Komponisten, wie er das stachellose Cello zeittypisch locker zwischen den Knien hält; seine rechte Hand greift den Bogen an der Stange, nicht am Frosch.

DER VARIATIONENZYKLUS

BACH. Bei Johann Sebastian Bach wurde das Chaconne-Modell auf seinen vergeistigten Höhepunkt geführt: In seiner »Aria mit verschiedenen Veränderungen« (*Goldberg-Variationen*) für Cembalo (BWV 988) bauen auf der Basslinie drei ineinander verschränkte Reihen unterschiedlicher Variationsansätze auf: eine in wachsender spieltechnischer Schwierigkeit, eine jeweils kanonisch in wachsendem Intervallabstand, eine mit individuellen Charakterunterschieden.
Einen anderen kunstvollen Ansatz lieferte Bach in seinen *Kanonischen Veränderungen über das Weihnachtslied ›Vom Himmel hoch‹* (BWV 769) für Orgel, in denen die kontrapunktische Verarbeitung einer Choralmelodie zum einzigen Kompositionsmittel wird. Konstante ist hier der unveränderte Choral, der Cantus firmus; am Ende erklingen in polyphoner Verschränkung alle vier Zeilen des Chorals gleichzeitig:

Johann Sebastian Bach, *Kanonische Veränderungen über das Weihnachtslied »Vom Himmel hoch«* BWV 769 (Schluss).

Weitere Höhepunkte dieser Variationstechnik sind Bachs *Passacaglia c-Moll* (BWV 582) für Orgel sowie die Chaconne aus der *Partita d-Moll* (BWV 1004) für Violine solo, in der das komplexe Geschehen auf den vier Saiten einer Geige realisiert wird – eine künstlerische Extremsituation, die höchste Anforderungen an den Komponisten, Spieler und Zuhörer stellt.

MOZART. Innerhalb der Gattung Chaconne (oder Passacaglia) gab es schon die melodische Figurierung des Diskants oder des Basses. Das Prinzip des Figurierens – der Umspielung einer Linie mit Hilfe immer kleinerer Notenwerte – ist ein einfaches und einleuchtendes Veränderungsmittel, das auch zur Improvisation taugt. Bei Mozart wurde es zu einem wichtigen Stilmittel der Zeit und bildete den Ausgangspunkt auch für charakterliche Veränderungen der thematischen Vorlage, mit dem Fernziel der Charaktervariation, einer wichtigen Gattung des folgenden Jahrhunderts. Von Mozart kennen wir viele Variationszyklen, angefangen von Gelegenheitswerken für Klavier bis zu anspruchsvollen Sätzen der konzertanten und der Kammermusik. Die Variationen über das französische Volkslied *Ah, vous dirai-je, Maman* (KV 265) zählen zu seinen populärsten Werken und verkörpern modellhaft die klassischen Figuralvariationen, in die traditionell immer je eine Moll-, eine Adagio- und eine Tempo und

DAS PRINZIP

Die Kunst des Variierens ist ein altes elementares musikalisches Gestaltungsmittel. Zu seinem Aufkommen trug gewiss das Bedürfnis bei, mehrfach wiederholte musikalische Passagen nicht jedes Mal gleich vortragen zu müssen; man entdeckte, dass leichte Veränderungen bei gleicher Substanz das Wiedererkennen nicht beeinträchtigen und den Reiz des Geschehens erhöhen. Voraussetzung hierfür ist, dass einige grundlegende Parameter wie Harmonik, Zeitmaß, Metrik beibehalten werden; man veränderte nie alle Elemente, sondern immer nur einige. Die Variation als Kompositionsprinzip vereinigt in sich Konstanz und Veränderung; Statik und Dynamik sind ihre zwei künstlerischen Gestaltungsprinzipien.

Taktart verändernde Final-Variation gehört. An seiner monorhythmischen einprägsamen Melodie und einzelnen ihrer Veränderungen kann man das Prinzip des Figurierens gut erkennen:

Wolfgang Amadeus Mozart, *Zwölf Variationen über »Ah, vous dirai-je, Maman«* KV 265. Thema und Anfänge der Variationen 1, 5,6 und 8.

Kompositorisch und spieltechnisch anspruchsvoller sind die Variationen, mit denen Mozart seine *A-Dur-Sonate* KV 331 begann. Zwar herrscht auch hier das Figurieren vor, doch beschreiten einzelne Variationen den Weg zur Charaktervariation. Diese Tendenz zeigt sich noch eindringlicher in den Finalvariationen seines *Klavierkonzerts c-Moll* (KV 491) oder in den Final-Variationen des *Klarinettenquintetts* (KV 581), in denen als zusätzliches Stilmittel die klangfarblichen Möglichkeiten des Blasinstruments und der Kontrast zu den Streichinstrumenten eingesetzt werden.

HAYDN. Ebenfalls auf dem Weg zur Charaktervariation finden wir Joseph Haydn in seinen ausdrucksvollen *f-Moll-Variationen* für Klavier mit ihrem doppelten Themakomplex in Moll und Dur.
Die Cantus-firmus-Variation, die uns in Bachs *Kanonischen Veränderungen* begegnete, blieb für die Wiener Klassiker ein seltenes, aber effektvolles Gestaltungsmittel. Joseph Haydn setzte es in seinem *»Kaiserquartett« C-Dur* op. 76 Nr. 3 ein. Hier bleibt die von Haydn vorgelegte Kaiserhymne *Gott erhalte Franz den Kaiser* nach ihrer choralartigen Vorstellung unverändert und umgibt sich in jeder der vier Veränderungen mit neuen Gegenstimmen, wobei die Stimmenanzahl kontinuierlich anwächst. Die letzte Variation ist ein »wunderbar nuancenreicher, fast bachischer Choralsatz« (Ludwig Finscher).

DIE CHACONNE

Im Barock waren mehrere Möglichkeiten des Variierens geläufig. Das einfachste Gestaltungsmittel war die Kunst des Figurierens, angewendet auf die Vorlage einer einprägsamen, übersichtlich gegliederten Melodie oder auf der Basis einer Basslinie mit zugehöriger Harmonisierung. In diesem Fall liegt eine Chaconne vor. Dieses zunächst recht einfache Verfahren wurde vor allem in Gelegenheitskompositionen angewandt und war eine beliebte Grundlage der Improvisation. Beispiele einer derartigen eher schlichten Gebrauchsmusik sind in der zweiten Sammlung der Klavierwerke von Georg Friedrich Händel enthalten. Exemplarisch für dieses Verfahren ist die *Chaconne G-Dur* mit immerhin 62 Variationen.

GEBRAUCHS- UND UNTERHALTUNGSMUSIK

U- UND E-MUSIK? Die Unterscheidung zwischen ›ernster‹ (E-Musik) und Unterhaltungsmusik (U-Musik) entstand im 20. Jahrhundert vorwiegend aus kommerziellen Interessen der Tonträgerindustrie. In früheren Jahrhunderten gab es zwar auch Musik für unterschiedliche Zwecke, doch man trennte diese Bereiche nicht musikalisch. Mozart und seine Zeitgenossen strebten eine Synthese zwischen galantem und gelehrtem Stil an. Auch ambitionierte Werke mussten ihr Publikum erfreuen und unterhalten; zugleich wandte man sein ganzes handwerkliches Können ebenso auf Partituren an, die für ›unterhaltende‹ Anlässe entstanden.

GATTUNGSGRENZEN. Zwischen den einzelnen Typen der Unterhaltungsmusik sind die Grenzen nicht eindeutig gezogen; es gibt jedoch Merkmale, die zumindest Divertimento und Serenade voneinander abgrenzen. So gehört das Divertimento in Besetzung und Anlage eher zur Kammermusik, während die Serenade oft für Orchester gesetzt wurde, mit der Ausnahme reiner (solistischer) Bläserbesetzung. Es ist zu unterscheiden zwischen der Aufführung im Innenraum und im Freien, die dann Ständchencharakter hat. Das wirkt sich immer auf die Besetzung aus, denn im Freien bevorzugte man Blasinstrumente, die sich weniger verstimmen als Streichinstrumente, größere Lautstärke aufweisen und transportfähiger sind.

MOZART. Eine Hochblüte erlebte die unterhaltende Musik in der zweiten Hälfte des 18. Jahrhunderts, was an den zahlreichen divertimentoartigen Kompositionen Haydns und Mozarts abzulesen ist. Von Wolfgang Amadeus Mozart, dem Meister der Gattung, sind rund vierzig Divertimenti, Serenaden und Cassationen überliefert, ferner viele zeitgenössische Tänze wie Menuette, Deutsche Tänze oder Kontratänze, zumeist in Gruppen zusammengefasst und zyklisch aufzuführen. Dieser erklärten Tanzmusik merkt man ihre Zweckbestimmung als Gelegenheitswerke kaum an. Die divertimentohaften Stücke zeichnen sich durch hohen kompositorischen Anspruch und sorgfältige Durchgestaltung aus. Viele von Mozarts Divertimenti und Serenaden gehören eigentlich jenem Bereich zu, den wir heute als ›ernste Musik‹ bezeichnen. Das berühmteste Beispiel hierfür ist sein *Divertimento Es-Dur* (KV 563) für Streichtrio: mit ihm begründete Mozart die eigenständige Gattung des Streichtrios; allerdings weist die zyklische Anordnung der sechs Sätze mit zwei Menuetten und zwei langsamen Sätzen auf die Divertimentotradition.

MOZARTS BLÄSERSERENADEN. Drei von Mozarts Bläserserenaden sind echte Grenzfälle zwischen ›galant‹ und ›gelehrt‹. Die *B-Dur-Serenade* (KV 361, »Gran Partita«) ist mit zwölf Blasinstrumenten und Kontrabass besetzt und

GATTUNGEN DER GEBRAUCHS- UND UNTERHALTUNGSMUSIK

Divertimento (ital., Vergnügen, Unterhaltung, frz. *divertissement*), zyklische Komposition, höfische oder bürgerliche Gebrauchsmusik in der 2. Hälfte des 18. Jahrhunderts; Zahl und Form der Sätze unterschiedlich (selten einsätzig, bis zu 12 Sätze), alle wesentlichen Formtypen vertreten (Sonatensatz, Liedformen, Rondo, Variation, Menuett); Besetzung solistisch/kammermusikalisch, auch mit Orchester. Im 19. Jahrhundert meint der Begriff eher Salonmusik, später ist die Gattung historisierendes Stilzitat (Strawinsky, Bartók).
Serenade (von ital. *al sereno* ›im Freien‹ oder *sera* ›Abend‹ bzw. von lat. *serenus* ›heiter‹), Bezeichnung seit dem 16. Jahrhundert (Aufführungsort!), gelegentlich deutsch: »Nachtmusik« (Mozart); Besetzung vorwiegend für Orchester, aber auch solistisch (Bläser); zyklische Mehrsätzigkeit, oft mit einem Marsch an erster und letzter Stelle, manchmal Grenzüberschreitung zur seriösen Kammermusik. Weitere Serenaden-Kompositionen neben Mozart u. a. von Carl Ditters von Dittersdorf und Ludwig van Beethoven.
Cassation (von ital. *cassatione* ›Entlassung‹), im 18. Jahrhundert mehrsätzige Ständchenmusik, meist solistisch besetzt, aufgeführt im Freien.
Notturno (ital., Nachtstück), im 18. Jahrhundert mehrsätzige Freiluftmusik.

18. Jahrhundert

erweist sich als meisterhafte Instrumentationsstudie in ihrer Bewältigung der klanglichen Probleme einer derart massierten Besetzung; Mozart hält in allen sieben Sätzen die Balance zwischen unterhaltendem Tonfall und bisweilen geradezu sinfonischer Durchgestaltung.
Seine beiden mit je vier Bläserpaaren (Oboen, Klarinetten, Hörner, Fagotte) besetzten Wiener Serenaden Es-Dur (KV 375) und c-Moll (KV 388) vereinigen in sich subtile Kammermusik und charmantes Freiluftständchen; allerdings schlägt die *c-Moll-Serenade* immer wieder so dunkle und melancholische Töne an, dass man gern erführe, wie das zeitgenössische Publikum wohl auf eine derartige Zumutung reagiert hat.

MOZARTS ORCHESTER-SERENADEN. Mozart komponierte seine Orchester-Serenaden häufig als »Final-Musiken« im jährlichen Rhythmus zur Abschlussfeier des Universitätsjahrs in Salzburg und als Ehrung für Professoren. Sie zeigen sich in jeder Hinsicht anspruchsvoll: sie sind mit dem vollen sinfonischen Orchester besetzt, bestehen aus bis zu zwölf Sätzen und enthalten häufig innerhalb der Satzfolge ein eigenständiges Violinkonzert mit drei Sätzen, so in der *»Haffner-Serenade«* (KV 250), die Mozart 1776 zum Polterabend eines Salzburger Bürgers mit der Tochter des Bürgermeisters Sigmund Haffner komponierte. Ihre Satzfolge enthält an zweiter bis vierter Stelle ein derartiges Solokonzert (im Folgenden in eckigen Klammern) und zeigt im Übrigen eine Vielfalt an Satztypen: Allegro maestoso/Allegro molto – [Andante – Menuetto/Trio – Rondeau: Allegro] – Menuetto galante/Trio – Andante – Menuetto/Trio I und II – Adagio/Allegro assai. Mozarts populärstes Werk dürfte die Serenade *»Eine kleine Nachtmusik« G-Dur* (KV 525) sein, deren zweites Menuett verloren ist; sie besticht durch ihre melodische Erfindung. Unter den übrigen divertimentchaften Kompositionen gibt es manche Besetzungsrarität: die *Serenata notturna D-Dur* (KV 239) für Streicher und Pauken, das *Notturno für vier Orchester D-Dur* (KV 286) oder die *Posthorn-Serenade D-Dur* (KV 320). War Mozart der bedeutendste und produktivste Schöpfer ›unterhaltender‹ Kompositionen, so gibt es neben und vor ihm doch zahlreiche weitere Meister der Gattung, darunter sein Vater Leopold, aber auch Joseph Haydn und dessen weniger bekannter Bruder Michael sowie einige Komponisten der Mannheimer und Wiener Szene.

Konzert in der Rotunde der Vauxhall Gardens (1785). Vorne am Balkon singt die u.a. von Haydn sehr geschätzte Elizabeth Weichsel Billington (1765–1818), die auch als Komponistin hervortrat. Der Stich entstand nach einem Gemälde des Londoner Karikaturisten Thomas Rowlandson.

19. JAHRHUNDERT

ROMANTIK

PHASEN DER ROMANTIK

Frühromantik, die Zeit ab 1820, in der Musiker wie Franz Schubert und Carl Maria von Weber, aber auch Hector Berlioz in Frankreich, wirkten.
Hochromantik, die Zeit Felix Mendelssohn Bartholdys, Robert Schumanns und im europäischen Ausland Frédéric Chopins und Hector Berlioz'.
Spätromantik, die zweite Jahrhunderthälfte und Zeit von Franz Liszt, Richard Wagner, Johannes Brahms, Hugo Wolf und Anton Bruckner, im europäischen Ausland von Peter Tschaikowskij und Antonín Dvořák, aber auch von Giuseppe Verdi und César Franck.
Nachromantik, bis weit ins 20. Jahrhundert hineinreichende Strömung, zu der Gustav Mahler und Richard Strauss, Max Reger und Hans Pfitzner zu zählen sind.

DEFINITIONEN. Die Bezeichnung ›Romantik‹ meint allgemein »ein von Gefühl und Phantasie geleitetes Verhalten oder eine stimmungsvolle Umgebung bzw. Situation, im engeren Sinne eine geistige, künstlerische, insbesondere literarische Bewegung in Europa zwischen 1790 und 1859« (Brockhaus) – also sowohl eine menschliche Grundhaltung wie eine Epocheneingrenzung. Ursprünglich bedeutet romantisch ›übertrieben, zügellos, phantastisch‹, also eher ein ins Negative zielendes Extrem als einen Normalzustand; es lässt sich aber auch als ›poetisch‹ verstehen und ist damit nicht an eine bestimmte Epoche gebunden.

ROMANTIK ALS STILBEGRIFF. Als geschichtlicher Stilbegriff grenzt Romantik in der deutschen Literatur zunächst die Zeit zwischen 1793 und 1830 ab; hierher gehören zunächst Novalis, August Wilhelm Schlegel und Ludwig Tieck, ab 1808 dann Achim von Arnim, Clemens Brentano, Joseph von Eichendorff und die Brüder Grimm, schließlich Adalbert von Chamisso, Friedrich de la Motte Fouqué und E. T. A. Hoffmann. Wichtig für die romantische Geisteshaltung wurde die aufkommende Begeisterung für das Mittelalter, das als dunkel, geheimnisvoll, abenteuerlich empfunden wurde, und überhaupt die Rückbesinnung auf die eigene Geschichtlichkeit. Diese Züge des Phantastischen und Geheimnisvollen stehen besonders im Schaffen Heinrich von Kleists – des Außenseiters der romantischen Jahrzehnte – und E. T. A. Hoffmanns im Vordergrund.
In der Kunstgeschichte, insbesondere der Malerei, pflegt man die Epoche der Romantik ebenfalls auf die Jahre zwischen 1790 und 1830 zu begrenzen, mit den Hauptvertretern Caspar David Friedrich und Philipp Otto Runge. Charakteristisch war hier ein neues Verständnis der Landschaftsmalerei, deren Darstellung häufig zum Ausdruck religiöser und metaphysischer Gehalte überhöht wurde; Mensch und Natur traten in eine neue, bewusstere Beziehung zu einander. Auch Gegenstände der Sagen- und Märchenwelt wurden häufig dargestellt, etwa bei Moritz von Schwind und Ludwig Richter.

DIE ROMANTIK IN DER MUSIK. Am umfassendsten – und damit wohl auch am unschärfsten – wird der Begriff ›Romantik‹ in der Musikgeschichte verwendet. Uneinig ist sich die Musikgeschichtsschreibung, ob man bereits in den Aufwallungen des Sturm und Drang und der Empfindsamkeit, insbesondere in den Klavierwerken eines Carl Philipp Emanuel Bach um die Mitte des 18. Jahrhunderts, von romantischen Merkmalen sprechen darf. Vollends zum Problem wird dann die vordere Abgrenzung der eigentlichen romantischen Epoche: Beethovens Stellung im ersten Viertel des 19. Jahrhunderts ist derartig überragend, dass man ihm gern eine Doppelposition, also sowohl im Mittelpunkt der Wiener Klassik als auch zu Beginn der Romantik, zubilligt – als Vollender klassischer Formprinzipien und vor allem als Maßstab des Komponierens im ganzen folgenden Jahrhundert.

Anders als in Literatur- und Kunstgeschichte tendierte die Musikgeschichtsschreibung lange Zeit dazu, zumindest das ganze 19. Jahrhundert mit dem Epochenbegriff ›Romantik‹ zu überschreiben, wobei sich ihre Ausläufer bis weit ins 20. Jahrhundert hinein erstrecken. Da die Eingrenzung und präzise Definition einer romantischen Musik aber schwerfällt und da es fraglich ist, ob man den Begriff auf Musik außerhalb Deutschlands überhaupt anwenden kann und darf – am deutlichsten wird dieses Problem bei einer Persönlichkeit wie Verdi –, ist die Musikgeschichtsschreibung in jüngerer Zeit vermehrt dazu übergegangen, den klischeehaft einengenden Begriff ›Romantik‹ zu meiden und stattdessen gleichsam neutral von der Epoche des 19. Jahrhunderts zu sprechen. Der Germanist Dieter Borchmeyer machte deshalb der Musikwissenschaft jüngst den Vorschlag, künftig überhaupt auf den Terminus ›Romantik‹ zu verzichten, denn es sei ein Unding, mit dem gleichen Stilbegriff Franz Schubert und Hans Pfitzner meinen zu wollen und damit anderthalb Jahrhunderte zusammenzufassen.

Zwei Männer in Betrachtung des Mondes. Caspar David Friedrichs Gemälde aus den Jahren 1819/20 kann als Inbegriff romantischer Kunst in Deutschland gelten.

MUSIKALISCHE ROMANTIK

GEMEINSAMKEITEN. Trotz aller Definitions- und Abgrenzungsproblematik lassen sich einige gemeinsame charakteristische Merkmale für dieses faszinierende Jahrhundert formulieren. So setzen sich alle Komponisten des 19. Jahrhunderts formal mit den Modellen auseinander, die ihnen die Komponisten der Klassik, allen voran Beethoven, hinterlassen haben, insbesondere mit dem Sonatenhauptsatz, umfassender mit der zyklischen Sonatenform mit ihren zahlreichen Ausprägungen in der Klaviermusik, der Kammermusik, der Sinfonie und dem Konzert. Diese Auseinandersetzung führt zur Monumentalisierung (Sinfonien von Schubert, Bruckner) wie zur Auflösung und zur Flucht in andere Modelle, insbesondere zur Hinwendung zu kleinen Formen (Charakterstück, Lied). So wird die Pflege der Miniatur, des Einzelstücks, insbesondere im Lied und im Charakterstück, zum Kennzeichen der Epoche. Zugleich kommt es insbesondere in der Sinfonik zum Ausweichen in die Programmatik (Sinfonische Dichtung, Programm-Sinfonie).

Mignon. Das geheimnisvolle und unglückliche Geschöpf aus Goethes *Wilhelm Meister* wird in Wilhelm von Schadows Ölgemälde (1828) zur bedeutungsschweren Allegorie der Künste.

HARMONIK UND INSTRUMENTATION. Die Harmonik wurde auf der Basis der klassischen Dur-Moll-Tonalität bis an ihre Grenzen ausgeweitet und verfeinert; Hauptmittel hierzu war die Chromatisierung des Tonsatzes, die ihre Extremwerte bei Wagner (*Tristan und Isolde*) und im französischen Impressionismus (Debussy) fand.

Die Instrumentation wurde zum primären Parameter der Komposition: musikalische Erfindung war nun nicht mehr zu trennen in Tonsatz und hinzugefügte Klangfarbe, sondern unlösbar mit ihr verbunden. Nach Mozarts Pioniertaten auf diesem Gebiet wurde Berlioz komponierend und auch theoretisierend in einem Lehrbuch zum wichtigsten Wegbereiter, zu seinen bedeutendsten Nachfolgern gehören Wagner und Richard Strauss sowie die Impressionisten. In diesen Zusammenhang gehört auch der italienische Belcanto, der als besonders markante Ausprägung einer erklärten Ästhetik der Schönheit, des makellosen Klanges, zunächst im Gesang verwirklicht, später dann auf das Instrumentalspiel übertragen wurde.

OPER. Die Oper entwickelte sich in Deutschland von den ersten romantischen Opern E. T. A. Hoffmanns (*Undine*, 1813) und Carl Maria von Webers (*Der Freischütz*, 1821) über bisweilen skurrile Sonderwege wie Schumanns einzigem Opernversuch *Genoveva* (1847/48) weiter bis hin zum Musikdrama Wagners, beschritt jedoch in Frankreich und in Italien jeweils eigene Wege mit oft gegensätzlichen, aber auch verwandten Positionen, bis hin zum Verismo um die Jahrhundertwende.

VOKAL- UND INSTRUMENTALMUSIK. Noch E. T. A. Hoffmann, eine Doppelbegabung zwischen Dichtung und Musik, hielt die Instrumentalmusik für die eigentliche romantische Musik; bis zu Wagner verschoben sich die Gewichte zugunsten der Vokalmusik (»die Sinfonie ist tot!«). Allerdings zog das sinfonische Verarbeitungsprinzip zugleich in die Opernpartituren ein; Wagners spezifische Leitmotivtechnik wäre auch von hier aus deutbar.

NATIONALMUSIK. Nicht zuletzt aufgrund der bewussten Hinwendung zur eigenen nationalen Vergangenheit profilierten sich im Laufe des 19. Jahrhunderts nationale Musikstile, die ihr eigenes Idiom entwickelten, oft unter Einbeziehung folkloristischer Wurzeln (im slawischen Raum Tschaikowskij, Dvořák und Smetana, in Nordeuropa Edvard Grieg).

E- UND U-MUSIK. Erstmals in der Musikgeschichte deutete sich eine Unterscheidung von hoher Kunstmusik und niederer Gebrauchsmusik an, die dann im 20. Jahrhundert zu einer, nicht zuletzt kommerziell begründeten, Unterscheidung in Ernste Musik und Unterhaltungsmusik führen sollte. Herausgehobenes Beispiel ist die Entwicklung der Wiener Tanzmusik mit der Ländler- und Walzertradition von Lanner und der Strauß-Dynastie.

GESCHICHTLICHES INTERESSE. Das erwachende Interesse für die eigene Geschichte führte im 19. Jahrhundert zur Etablierung einer wissenschaftlichen Musikbetrachtung und -geschichtsschreibung, der Musikwissenschaft: man setzte sich wieder mit Musik der Vergangenheit auseinander, die dem Blick der Öffentlichkeit bereits entschwunden war; die einsetzende Bach-Renaissance (mit der erstmaligen Wiederaufführung der *Matthäus-Passion* nach genau 100 Jahren durch Felix Mendelssohn Bartholdy 1829) führte beispielsweise zur Gründung der Bach-Gesellschaft und zur Herausgabe der ersten Bach-Gesamtausgabe. Zugleich kam ein eigenständiger Musikjournalismus auf (Ludwig Rellstab) und es entstanden die ersten Musikzeitschriften.

DER Musikwissenschaftler Carl Dahlhaus äußert sich in seinem Buch »Klassische und romantische Musikästhetik« zum Begriff der Romantik.

»Der Ausdruck ›Romantik‹ bezeichnete im frühen 19. Jahrhundert – kaum anders als der Terminus ›Klassik‹ – nicht allein eine Stil- oder Geschmacksrichtung, sondern zugleich einen ästhetischen Rang. Die Verquickung von historisch-deskriptiven Momenten mit ästhetisch-normativen, die für den Klassik-Begriff charakteristisch ist (und deren Auflösung zwar eine Klärung, aber auch eine Schmälerung bedeutet), ist beim Romantik-Begriff lediglich dadurch modifiziert, daß das Romantische nicht als Muster zur Nachahmung oder als Norm, der man sich unterwirft, sondern als Idee oder Sphäre erscheint, an der ein Werk teilhat oder von der es ausgeschlossen ist.«

MUSIKJOURNALISMUS I

VORLÄUFER. Der Musikjournalismus, der die Entwicklung der Musik auf unterschiedliche Weise kommentierend begleitet, wurde zwar nicht im 19. Jahrhundert erfunden, erfuhr aber in dieser Zeit seine prägende Gestaltung. Seine Vorläufer stammen aus dem 18. Jahrhundert und kommen sowohl aus der praktischen Musik (als Komponisten) wie aus der Musiktheorie. Den eigentlichen Beginn markiert Johann Mattheson mit seiner erstmals 1722 in Hamburg erschienenen *Critica musica*. Die begonnene Tradition setzte Johann Adolf Scheibe fort; ab 1738 gab er in Hamburg seine Wochenzeitschrift *Der Critische Musicus* heraus, in der er sich im 6. Stück des 1. Teils unter anderem auch mit Johann Sebastian Bach kritisch auseinandersetzte; berühmt wurde seine Polemik, in der es heißt: »[Bach] ist in der Musik dasjenige, was ehemals der Herr von Lohenstein in der Poesie war. Die Schwülstigkeit hat beide von dem Natürlichen auf das Künstliche und von dem Erhabenen auf das Dunkle geführt; und man bewundert an beiden die beschwerliche Arbeit und eine ausnehmende Mühe, die doch vergebens angewandt ist, weil sie wider die Vernunft streitet« – man sieht, dass zur Geschichte der Musikkritik schon sehr früh das Fehlurteil gehört.

18. JAHRHUNDERT. In Leipzig wirkte der Bach-Schüler Lorenz Christoph Mizler, der dort zwei Zeitschriften herausgab (*Neu eröffnete Mus. Bibliothek*, 1739–54; *Musicalischer Starstecher*, 1739–40). 1738 gründete er die *Societät der musikalischen Wissenschaften*, um deren Aufnahme sich Johann Sebastian Bach 1747 bewarb. Mizler vertrat den Typus des Gelehrten, den es im Musikjournalismus bis heute gibt. Friedrich Wilhelm Marpurg, Musiktheoretiker, 1763 in Berlin zum Königlichen Lotteriedirektor ernannt, gab 1749–50 die Berliner Wochenschrift *Des critischen Musicus an der Spree erster Band* heraus. Johann Adam Hiller versuchte mit seinen *Wöchentlichen Nachrichten und Anmerkungen, die Musik betreffend*, die von 1766–70 in Leipzig erschienen, vor allem Laien anzusprechen. Auch der Komponist Johann Friedrich Reichardt übte den Beruf des Musikkritikers in verschiedenen Blättern der Zeit aus. Bedeutend sind auch seine *Briefe eines aufmerksamen Reisenden die Musik betreffend* (1774–75). Der erste Bach-Biograph Johann Nikolaus Forkel praktizierte seine Doppeltätigkeit als Musikhistoriker und Musikschriftsteller u.a. in der Leipziger *Allgemeinen Musikalischen Zeitung*.
Diese wichtige Tendenz einer Vermittlung von komplexen musikalischen Zusammenhängen wandte sich vorwiegend an den wachsenden Kreis interessierter Laien und reagierte damit auf die Entstehung eines öffentlichen bürgerlichen Konzertlebens im 19. Jahrhundert. Zu bedenken ist, dass die Bezeichnung Dilettant, insbesondere für den selber musizierenden Musikinteressenten, damals überhaupt nicht abwertend gemeint war. Im Zuge dieser Ent-

LUDWIG Rellstab, Sohn Johann Karl Friedrich Rellstabs, äußerte sich nicht nur in Rezensionen und Berichten über Musik, sondern auch in mehreren belletristischen Werken.

»Überdies sind in keiner meiner Arbeiten Leben und Dichtung so innig verwachsen wie hier. Es sind nicht bloß durch Wahl und Recht der Erfindung geschaffene, sondern vielfach selbsterlebte Zustände, denen ich hier Gestalt gegeben; und auch die Charaktere, in denen sich hier die Gedanken verkörpern, gehören zum großen Theil der Wirklichkeit an.« (*Gesammelte Schriften*, Bd. 6, Vorw.)

»Seit einigen Wochen befand sich Julius, ein junger Musiker, in Berlin, welches schon lange das Ziel seiner Wünsche gewesen war. Die reichen Kunstmittel, die sich dort vereinigten, die vielen bedeutenden Männer, die daselbst lebten und wirkten, die große Zahl gebildeter Hörer selbst, alles dies mußte einem Künstler natürlich von größter Wichtigkeit für sein Studium und fernere Fortbildung sein. (…) Es gibt eine Höhe der musikalischen Bildung, bei der es nicht mehr eine Kunstansicht, sondern eine sittliche Eigenschaft ist, wie man von vielen Erscheinungen der Kunstwelt denkt.« (*Julius. Eine musikalische Novelle*, 1825)

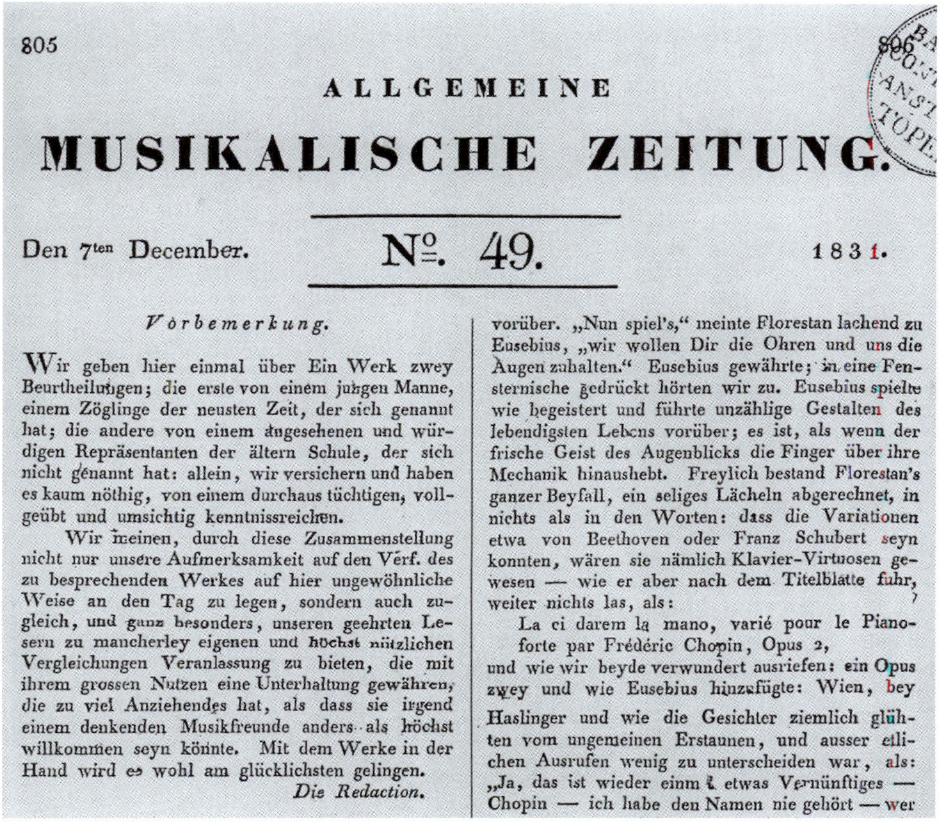

805 806

ALLGEMEINE

MUSIKALISCHE ZEITUNG.

Den 7ten December. No. 49. 1831.

Vorbemerkung.

Wir geben hier einmal über Ein Werk zwey Beurtheilungen; die erste von einem jungen Manne, einem Zöglinge der neusten Zeit, der sich genannt hat; die andere von einem angesehenen und würdigen Repräsentanten der ältern Schule, der sich nicht genannt hat: allein, wir versichern und haben es kaum nöthig, von einem durchaus tüchtigen, vollgeübt und umsichtig kenntnissreichen.

Wir meinen, durch diese Zusammenstellung nicht nur unsere Aufmerksamkeit auf den Verf. des zu besprechenden Werkes auf hier ungewöhnliche Weise an den Tag zu legen, sondern auch zugleich, und ganz besonders, unseren geehrten Lesern zu mancherley eigenen und höchst nützlichen Vergleichungen Veranlassung zu bieten, die mit ihrem grossen Nutzen eine Unterhaltung gewähren, die zu viel Anziehendes hat, als dass sie irgend einem denkenden Musikfreunde anders als höchst willkommen seyn könnte. Mit dem Werke in der Hand wird es wohl am glücklichsten gelingen.

Die Redaction.

vorüber. „Nun spiel's," meinte Florestan lachend zu Eusebius, „wir wollen Dir die Ohren und uns die Augen zuhalten." Eusebius gewährte; in eine Fensternische gedrückt hörten wir zu. Eusebius spielte wie begeistert und führte unzählige Gestalten des lebendigsten Lebens vorüber; es ist, als wenn der frische Geist des Augenblicks die Finger über ihre Mechanik hinaushebt. Freylich bestand Florestan's ganzer Beyfall, ein seliges Lächeln abgerechnet, in nichts als in den Worten: dass die Variationen etwa von Beethoven oder Franz Schubert seyn konnten, wären sie nämlich Klavier-Virtuosen gewesen — wie er aber nach dem Titelblatte fuhr, weiter nichts las, als:

La ci darem la mano, varié pour le Pianoforte par Frédéric Chopin, Opus 2,

und wie wir beyde verwundert ausriefen: ein Opus zwey und wie Eusebius hinzufügte: Wien, bey Haslinger und wie die Gesichter ziemlich glühten vom ungemeinen Erstaunen, und ausser etlichen Ausrufen wenig zu unterscheiden war, als: „Ja, das ist wieder einmal etwas Vernünftiges — Chopin — ich habe den Namen nie gehört — wer

wicklung kam es auch zur Entstehung erster populärer Konzertführer; hier bildete sich eine Tradition, die bis heute ungebrochen anhält.

HAUPTBERUFLICHE MUSIKKRITIKER. Mit Johann Friedrich Rochlitz und Johann Karl Friedrich Rellstab begegnen uns die ersten hauptberuflichen Musikkritiker. Die Leipziger *Allgemeine Musikalische Zeitung*, die bis 1848 erschien und 1798–1818 von Rochlitz herausgegeben wurde, beschäftigte hervorragende Mitarbeiter; unter ihnen war Rellstab der erste Tageskritiker, der auch in den *Berliner Abendblättern* umgehend auf aktuelle Ereignisse reagierte. Sein Sohn Heinrich Friedrich Ludwig Rellstab wurde dann zu einem der führenden und einflussreichsten Musikkritiker der Epoche; er arbeitete für mehrere Blätter, darunter die Berliner *Vossische Zeitung* und die Mainzer *Caecilia*, und pflegte einen humorvollen, dabei immer scharfzüngigen und geistreichen Stil. 1830–41 gab er eine eigene, gegen die Neuromantiker gerichtete Zeitschrift *Iris im Gebiete der Tonkunst* heraus.

Robert Schumanns Rezension von Chopins *Variationen über Lá ci darem la mano* op. 2 in der *Allgemeinen Musikalischen Zeitung* vom 7. Dezember 1831 wurde hauptsächlich durch die Worte »Hut ab, ihr Herren, ein Genie« bekannt. Die »Redaction« kündigt den Rezensenten (fälschlich »K.« Schumann) als »Zögling der neusten Zeit« an.

MUSIKJOURNALISMUS II

E. T. A. Hoffmann veröffentlichte seine berühmt gewordene Besprechung von Beethovens *5. Sinfonie* 1810 in der *Allgemeinen Musikalischen Zeitung.*

»Wenn von der Musik als einer selbständigen Kunst die Rede ist, sollte immer nur die Instrumentalmusik gemeint sein, welche, jede Hülfe, jede Beimischung einer anderen Kunst verschmähend, das eigentümliche, nur in ihr zu erkennende Wesen der Kunst rein ausspricht. Sie ist die romantischste aller Künste, – fast möchte man sagen, allein *rein* romantisch (...). Das erste Allegro, 2/4 Takt C Moll, fängt mit dem nur aus zwei Takten bestehenden Hauptgedanken, der in der Folge, mannigfach gestaltet, immer wieder durchblickt, an. Im zweiten Takt eine Fermate; dann eine Wiederholung jenes Gedankens einen Ton tiefer, und wieder eine Fermate; beide Male nur Saiteninstrumente und Klarinetten. Noch ist nicht einmal die Tonart entschieden; der Zuhörer vermutet Es dur.«

E. T. A. HOFFMANN. In dieser ersten großen Zeit der deutschen Musikkritik wirkten zahlreiche bedeutende Persönlichkeiten, die sich neben ihrer Haupttätigkeit als Komponist engagiert der Musikschriftstellerei widmeten. Unter ihnen ist E. T. A. Hoffmann gewiss die farbigste Gestalt. Geläufig ist er uns heute in erster Linie als Dichter romantisch-phantastischer Erzählungen, im Hauptberuf war er Jurist und daneben ein keineswegs mittelmäßiger Musiker und Komponist. Seine Oper *Undine* (Berlin 1816) gilt als erste romantische Oper. In seinem literarischen Werk spielt die Musik stets eine besondere, oft romantisch-geisterhafte Rolle – bekannt ist die Gestalt des Kapellmeisters Kreisler aus dem Roman *Die Lebensansichten des Katers Murr* (1820–22); einige seiner Kritiken sind bis heute lesenswert. Unter ihnen wurde die Rezension über Beethovens *5. Sinfonie* besonders berühmt, die sowohl allgemeine musiktheoretische und -ästhetische Betrachtungen enthält wie auch mit Hilfe von Notenbeispielen das vorgestellte Werk exakt analysiert und beschreibt.
Über E. T. A. Hoffmanns *Undine* äußerte sich Carl Maria von Weber, der auch als Musikkritiker tätig war, 1817 in der *Allgemeinen Musikalischen Zeitung*. Weber kannte Hoffmann seit 1811 und lobte die Oper, im Gegensatz zu manchen anderen Kritikern.

SCHUMANN UND BERLIOZ. Robert Schumann wollte zunächst Dichter werden, ehe er sich zum Musikerberuf entschloss. Seinen schriftstellerischen Neigungen ging er jedoch weiterhin nach und veröffentlichte eine Reihe von oft emphatischen Rezensionen, in denen er beispielsweise auf zeitgenössische und kommende große Kollegen hinwies, etwa auf Frédéric Chopin und Johannes Brahms. Seine wichtigste Tat auf dem Gebiet des Musikjournalismus war mit Sicherheit die Gründung und Herausgabe der *Neuen Zeitschrift für Musik* im Jahr 1834 in Leipzig, die bis heute besteht. In ihr berichtete er beispielsweise über seine Wiederentdeckung von Schuberts großer *C-Dur-Sinfonie*.
Auch Heinrich Heine schrieb Musikberichte, etwa für die *Augsburger Zeitung*; in Frankreich äußerte sich der von Schumann geschmähte, literarisch begabte und ambitionierte Hector Berlioz feuilletonistisch (mehrere Sammelbände, z. B. *Les soirées de l'orchestre*; 1853).

WAGNER UND HANSLICK. Im weiteren Verlauf des Jahrhunderts wurde vor allem Richard Wagner in kontroversen Veröffentlichungen diskutiert, wobei seine eigene umfangreiche musikschriftstellerische Produktion sein musikdramatisches Schaffen stetig begleitete; sie stellt einen bemerkenswerten und zugleich problematischen Beitrag zur kunstästhetischen Gedankenwelt des Jahrhunderts dar. Berühmt-berüchtigt ist Wagners Verhältnis zu

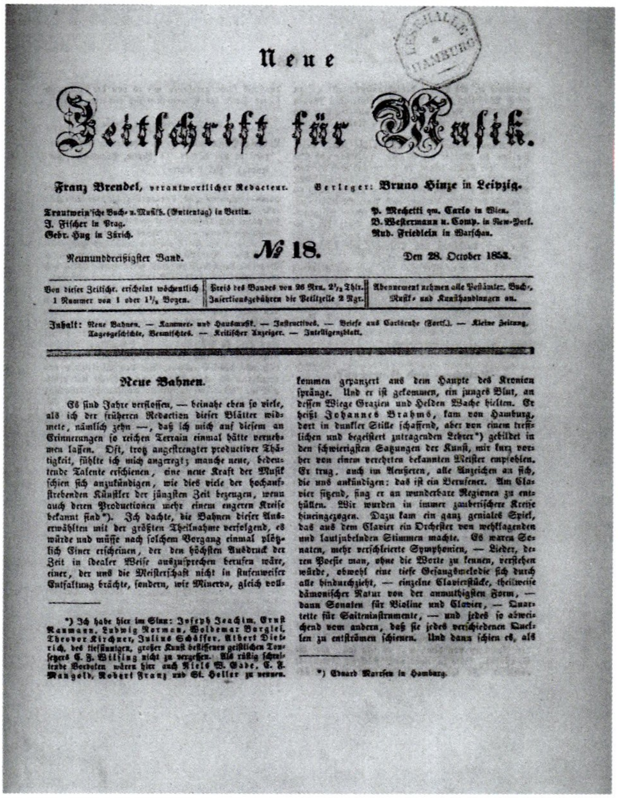

Neue
Zeitschrift für Musik.

Franz Brendel, verantwortlicher Redacteur. Verleger: Bruno Hinze in Leipzig.

Trautwein'sche Buch- u. Musikh. (Guttentag) in Berlin.
J. Fischer in Prag.
Gebr. Hug in Zürich.

P. Mechetti qm. Carlo in Wien.
B. Westermann u. Comp. in New-York.
Rud. Friedlein in Warschau.

Neununddreißigster Band. № 18. Den 28. October 1853.

Von dieser Zeitschr. erscheint wöchentlich 1 Nummer von 1 oder 1½ Bogen.	Preis des Bandes von 26 Nrn. 2½ Thlr. Insertionsgebühren die Petitzeile 2 Ngr.	Abonnement nehmen alle Postämter, Buch-, Musik- und Kunsthandlungen an.

Inhalt: Neue Bahnen. — Kammer- und Hausmusik. — Instructives. — Briefe aus Carlsruhe (Forts.). — Kleine Zeitung, Tagesgeschichte, Vermischtes. — Kritischer Anzeiger. — Intelligenzblatt.

Neue Bahnen.

Es sind Jahre verflossen, — beinahe eben so viele, als ich der früheren Redaction dieser Blätter widmete, nämlich zehn —, daß ich mich auf diesem an Erinnerungen so reichen Terrain einmal hätte vernehmen lassen. Oft, trotz angestrengter productiver Thätigkeit, fühlte ich mich angeregt; manche neue, bedeutende Talente erschienen, eine neue Kraft der Musik schien sich anzukündigen, wie dies viele der hochaufstrebenden Künstler der jüngsten Zeit bezeugen, wenn auch deren Productionen mehr einem engeren Kreise bekannt sind*). Ich dachte, die Bahnen dieser Auserwählten mit der größten Theilnahme verfolgend, es würde und müsse nach solchem Vorgang einmal plötzlich Einer erscheinen, der den höchsten Ausdruck der Zeit in idealer Weise auszusprechen berufen wäre, einer, der uns die Meisterschaft nicht in stufenweiser Entfaltung brächte, sondern, wie Minerva, gleich vollkommen gepanzert aus dem Haupte des Kronion spränge. Und er ist gekommen, ein junges Blut, an dessen Wiege Grazien und Helden Wache hielten. Er heißt Johannes Brahms, kam von Hamburg, dort in dunkler Stille schaffend, aber von einem trefflichen und begeistert zutragenden Lehrer*) gebildet in den schwierigsten Satzungen der Kunst, mir kurz vorher von einem verehrten bekannten Meister empfohlen. Er trug, auch im Aeußeren, alle Anzeichen an sich, die uns ankündigen: das ist ein Berufener. Am Clavier sitzend, fing er an wunderbare Regionen zu enthüllen. Wir wurden in immer zauberischere Kreise hineingezogen. Dazu kam ein ganz geniales Spiel, das aus dem Clavier ein Orchester von wehklagenden und lautjubelnden Stimmen machte. Es waren Sonaten, mehr verschleierte Symphonien, — Lieder, deren Poesie man, ohne die Worte zu kennen, verstehen würde, obwohl eine tiefe Gesangsmelodie sich durch alle hindurchzieht, — einzelne Clavierstücke, theilweise dämonischer Natur von der anmuthigsten Form, — dann Sonaten für Violine und Clavier, — Quartette für Saiteninstrumente, — und jedes so abweichend vom andern, daß sie jedes verschiedenen Quellen zu entströmen schienen. Und dann schien es, als

*) Ich habe hier im Sinn: Joseph Joachim, Ernst Naumann, Ludwig Norman, Woldemar Bargiel, Theodor Kirchner, Julius Schäffer, Albert Dietrich, des tiefsinnigen, großer Kunst beflissenen geistlichen Tonsetzers C. F. Wilsing nicht zu vergessen. Als rüstig schreitende Vorboten wären hier auch Niels W. Gade, C. F. Mangold, Robert Franz und St. Heller zu nennen.

*) Eduard Marxsen in Hamburg.

Neue Bahnen überschrieb Robert Schumann jenen Artikel in der *Neuen Zeitschrift für Musik* vom 28. Oktober 1853, in dem er den jungen Johannes Brahms als einen Komponisten preist, »der den höchsten Ausdruck der Zeit in idealer Weise auszusprechen berufen wäre«.

seinem Gegenspieler, dem bedeutenden Wiener Musikschriftsteller Eduard Hanslick, der »aus dem musikalischen Feuilletonismus der Berliner und Pariser Romantiker eine Kunstgattung machte« (Hans-Heinz Stuckenschmidt). Wagner karikierte ihn als Beckmesser in seiner Oper *Die Meistersinger von Nürnberg*. Hanslick legte die Grundlagen seiner Ästhetik in seiner Schrift *Vom Musikalisch-Schönen. Ein Beitrag zur Revision der Ästhetik der Tonkunst* nieder.

SHAW. Am Ende des Jahrhunderts schließlich machte in England ein Kritiker unter dem Pseudonym »Corno di Bassetto« von sich reden, George Bernard Shaw, der wie Heine kein Musiker war, sich gleichwohl treffend und witzig zu äußern verstand und sich entgegen der analytischen Methode mehr dem geistigen Gehalt der Musik zuwandte. Seine Ausführungen und Inhaltsangaben beispielsweise zu Wagners *Ring des Nibelungen* haben bis heute nichts an Aktualität und Unterhaltungswert eingebüßt; zugleich bereiteten sie mit den Weg zu einer Deutung dieses Opernzyklus aus sozialkritischer Sicht, auch im Hinblick auf Inszenierungen, in denen die Handlung etwa als Kritik am Kapitalismus verstanden wird.

CARL Maria von Weber schrieb 1817 in der *Allgemeinen Musikalischen Zeitung* über E. T. A. Hoffmanns *Undine*.

»Als ich den Vorsatz faßte, etwas über dieses schöne Werk öffentlich zu sagen, wandelte unwillkürlich die Form der Anzeigen, Rezensionen, oder wie man es immer nennen will, gleichen Zwecks vor meinem Innern vorüber, indem sich mir zugleich vergegenwärtigte, wie ungemein schwierig es sei, ein bestimmtes Bild des beurteilten Gegenstandes durch sie zu erhalten oder etwas dem Eindrucke Ähnliches, den das Werk zu machen fähig ist (…). Um ein sich in der Zeit bewegendes Kunstwerk richtig zu beurteilen, wird jene ruhige, unbefangene Stimmung erfordert, die, jeder Art des Eindrucks empfänglich, sorgfältig vor bestimmter Meinung oder Richtung des Gefühls bewahrt sein soll, ein gewisses Aufschließen der Seele für den behandelten Stoff ausgenommen (…). Die Aufführung ist in Hinsicht der Dekorationen und Garderobe prächtig, rücksichtlich des Gesanges und Spieles gelungen zu nennen. Das fortwährend gedrängt volle Haus beweist den Anteil, den das Publikum stets gleich, ja immer mehr und mehr an der Oper nimmt.«

19. Jahrhundert

DAS PIANOFORTE

CRISTOFORI. Die Entwicklungsgeschichte vom Hammerklavier zum modernen Flügel umfasst einen Zeitraum von rund anderthalb Jahrhunderten. Sie beginnt im Jahr 1709 mit der Erfindung einer Hammermechanik durch den Italiener Bartolomeo Cristofori. Sein »gravecembalo col piano e forte« enthält in seinem Namen den entscheidenden Hinweis auf den instrumentenbaulichen Fortschritt, der zugleich eine ästhetische Umwälzung bedeutete: Nun wurde es möglich, durch unterschiedliche Dosierung des Fingerdrucks auf die Taste Lautstärkeabstufungen hervorzurufen und damit eine wesentliche Bedingung des ›empfindsamen‹ Musizierens zu schaffen. Weit aber war der Weg von den Anfängen bis zu einem zuverlässigen Funktionieren der Mechanik, und noch weiter erwies sich der Weg, auf dem das Instrument insgesamt stabil und kräftig genug gemacht wurde, bis es allen Anforderungen genügte.

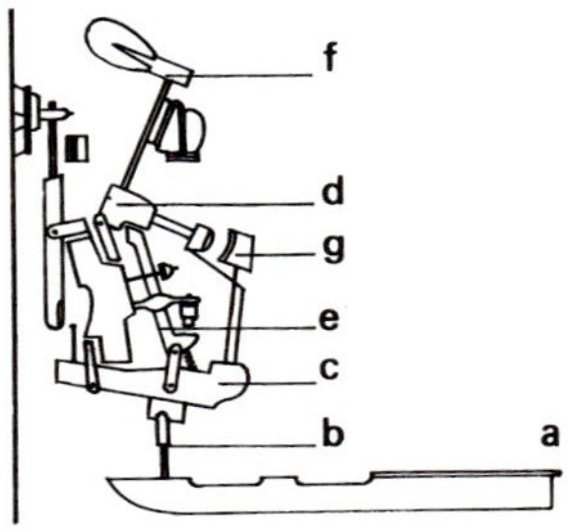

Repetitionsmechanik. Beim Druck auf die Taste (a) hebt die Pilote (b) den Auslöserhebel (c) und dieser die Hammernuss (d), die auf die Stoßzungen (e) schlägt und den Hammer (f) gegen die Saite schwingt. Der Fänger (g) fängt den Hammer auf dessen halbem Rückweg auf und ermöglicht so eine raschere Wiederholung des Tons.

ENGLISCHE UND DEUTSCHE MECHANIK. Über viele Zwischenstationen wandelte sich der Klang des Instrumentes allmählich vom hellen, obertonreichen, aber relativ dünnen zum großen, dunkleren Ton, wie wir ihn heute gewöhnt sind. Entscheidend war dabei die konstruktive Umwandlung des festen Stößers in eine federnde Stoßzunge, die so genannte Auslösung, die von der englischen Firma Broadwood ab 1777 vertrieben wurde und nach dem Herkunftsland ›englische‹ Mechanik genannt wird.
1773 erfand der Augsburger Instrumentenmacher Johann Andreas Stein die ›deutsche‹ Mechanik, die den Anschlag leichter und präziser machte. Hieraus entwickelte sich dann die Wiener Mechanik, auf der die Wiener Klaviertradition von Mozart über Hummel und Weber bis Czerny aufbaute.
Nicht zuletzt unter Beethovens Einfluss, der seit 1818 auf einem Broadwood-Flügel spielte, behielt die kraftvollere englische Mechanik auf Dauer die Oberhand. Beethovens letzter Flügel (heute im Beethoven-Museum, Bonn) ist allerdings ein Hammerflügel von Conrad Graf.

MEISTER DES KLAVIERBAUS

Cristoforis Prinzip des Hammerklaviers wurde von den Silbermann-Schulen in Sachsen und im Elsaß, vor allem von Gottfried Silbermann, weiterentwickelt, im späten 18. Jahrhundert von den Schulen in Süddeutschland, ab Ende des Jahrhunderts in Wien. Zu den bedeutendsten Klavierbauern im deutschsprachigen Raum zählen: Johann Andreas Stein (1728–1792; Augsburg), Johann Andreas Streicher (1761–1833; Wien), Conrad Graf (1783–1851; Wien), Anton Walter (1752–1826; Wien), Ignaz Bösendorfer (1796–1859; Wien). Die wichtigste britische Pianofortefabrik, Broadwood and Sons, Ltd., wurde 1728 in London gegründet. Zu den wichtigen Pariser Manufakturen zählen die von Sébastien Erard (1752–1831), Joseph-Stephan-Camille Pleyel (1788–1855) und Joseph Gaveau (1824–1893).

WEITERE ENTWICKLUNGEN. Ein Meilenstein war die Erfindung der Repetition mit doppelter Auslösung durch den Pariser Sébastien Erard; mit ihrer Hilfe wird der Hammer unmittelbar nach dem Anschlag wieder in Spielbereitschaft gehalten, ohne dass die Taste zuvor losgelassen werden muss. Dieses Prinzip findet bis heute Anwendung und ist die eigentliche Basis der gesteigerten Virtuosität im 19. Jahrhundert. Weitere Veränderungen betrafen den Überzug des Hammerkopfes, der 1826 von Leder auf Filz umgestellt wurde; 1836 wurden Gussstahlsaiten eingeführt; es folgten eine Verdickung des Resonanzbodens, die kreuzsaitige und dann auch mehrchörige Bespannung des Instrumentes sowie der Einbau von Metallverstrebungen bis hin zum gusseisernen Metallrahmen.

Dieser war erforderlich geworden, weil die Gesamtspannung aller Saiten, die auf dem Instrument am Ende lastete, 20 000 kg erreichte, was kein Holzrahmen verkraften konnte. Alle Veränderungen gemeinsam bewirkten eine allmähliche Metamorphose des Klangcharakters nicht nur hinsichtlich immer größerer Lautstärke, sondern auch eine Hinwendung zum dunkleren, grundtönigen Timbre, also zu eben jenem Instrument, das wir heute noch kennen und einsetzen.

Der Umfang der Klaviatur wuchs ebenso kontinuierlich. Hier wie bei allen technischen Neuerungen gaben die ständig erhöhten Ansprüche der Komponisten und der Spieler dazu den Anstoß; diese Wechselwirkungen zwischen Technik und Kunst lassen sich nur bei wenigen instrumentenbaulichen Entwicklungsprozessen so gut beobachten. Auch das Aufkommen großer repräsentativer Konzertsäle trug dazu bei, die klanglichen und vor allem dynamischen Ansprüche an den Flügel in die Höhe zu schrauben – auch die Dimensionen des Gehäuses und damit die relative Saitenlänge wuchsen bis hin zum heute üblichen großen Konzertflügel von annähernd drei Metern Länge. Noch bei Cristofori betrug der Umfang vier Oktaven, um 1780 wuchs er auf fünf, 1790 auf sechs Oktaven; Anfang des neuen Jahrhunderts hatte er sechseinhalb und um 1825 sieben Oktaven erreicht.

Alle Veränderungen, die nach etwa 1850 erfolgten, betrafen keine substantiellen Punkte mehr, sondern dienten der allmählichen Perfektionierung eines für richtig befundenen und bewährten Grundprinzips.

Flügel von Erard & Co. (London, um 1840). Das Instrument ist mit außergewöhnlich prächtigen Intarsien geschmückt und überdies Wappen, Monogramm und Adelskrone von Thomas Henry, dem vierten Baron von Foley.

LUDWIG VAN BEETHOVEN

EIN PIONIER. Beethovens Lebensdaten umschließen gleichsam symbolisch die Jahrhundertwende. Sein kompositorisches Schaffen vollendet die Wiener Klassik und leitet die Romantik ein. Es basiert auf den Lebensleistungen Haydns und Mozarts und öffnet in Form und Aussage Perspektiven für das ganze kommende Jahrhundert. Deshalb will bis heute die Diskussion nicht verstummen, ob Beethoven Klassiker oder Romantiker sei. Alle wesentlichen Kompositionen, mit Ausnahme der Jugendwerke, entstanden nach 1800.
Beethovens Hauptwerke sind gekennzeichnet durch die Spannung zwischen Konstruktion und Gehalt. Zahlreiche Werke erzielen ihre Popularität dadurch, dass in ihnen das Ringen um eine menschlich-ethische Aussage nachvollziehbar ist, besonders ausgeprägt in einigen Sinfonien (Nr. 3, 5 und 9). In seiner Sinfonik formte Beethoven Maßstäbe, denen sich alle folgenden Komponisten über Schumann, Brahms, Bruckner, Tschaikowskij und Dvořák bis zu Mahler stellen mussten. Mit seiner 6. *Sinfonie* (*Pastorale*) sowie mit seinen Ouvertüren stieß er die Entwicklung der Programm-Musik, insbesondere der Sinfonischen Dichtung, an.

KLAVIER- UND KAMMERMUSIK. Unter Beethovens Kompositionen ragen die Klaviersonaten und Streichquartette hervor, die wie seine Sinfonien den Fortgang der Musikgeschichte anregten und prägten. Von seinen Nachfolgern wurde dieses Erbe nicht nur als Verpflichtung, sondern auch als Last empfunden. Seine oft experimentelle Auseinandersetzung mit dem Modell des Sonatenzyklus und seiner zentralen Sonatensatzform erweitert das von Haydn übernommene Muster in allen Aspekten musikalischer Erfindung. Dabei bringt sein kompromissloser Umgang mit dem jungen und unvollkommenen Hammerklavier den Instrumentenbau entscheidend auf dem Weg zum modernen Flügel voran und erschließt ihm neue klangliche und spieltechnische Möglichkeiten.
Die 16 Streichquartette führen das Haydn'sche Modell zu ungeahnten Höhen. Auffällig sind hier die fantasievolle Ausweitung des ursprünglich viersätzigen Zyklus und die Einbeziehung kontrapunktischer Techniken vor allem im Spätwerk, aber auch die Steigerung klanglicher und spieltechnischer Aspekte, kulminierend in der *Großen Fuge B-Dur* op.133. Auch hier setzte er einen Maßstab, der bis ins 20. Jahrhundert, etwa bei Béla Bartók, gültig bleibt.

VOKALMUSIK. Mit der *Missa solemnis D-Dur* op. 123 (1819–23) beginnt die Reihe großer Konzertmessen des 19. Jahrhunderts, die den kirchlich-liturgischen Rahmen verlassen und als menschliche, überkirchliche Botschaften verstanden werden. Gemeinsam mit Bachs Passionen, Oratorien und der *h-Moll-Messe*, Mozarts *c-Moll-Messe* und seinem *Requiem*, dem *Deutschen Requiem* von Brahms

LUDWIG VAN BEETHOVEN

1770 am 17. Dezember in Bonn getauft; Vater Johann ist Tenor an der Bonner Hofkapelle.
1778 in Köln erstes öffentliches Konzert als Pianist; im folgenden Jahr Kompositionsunterricht bei Christoph Gottlob Neefe.
1787 Reise nach Wien, Begegnung mit Mozart; Rückkehr nach Bonn wegen der kranken Mutter.
1792 Begegnung mit Haydn in Bonn; Übersiedlung nach Wien, unterstützt durch Graf Ferdinand von Waldstein; im folgenden Jahr kurzzeitiger Unterricht bei Haydn, 1794 bei Johann Georg Albrechtsberger (Kontrapunkt).
1798 Auftritte als Pianist, beginnender Ruhm, erste Anzeichen der Taubheit.
1799 Uraufführung der *1. Sinfonie* im Wiener Burgtheater.
1802 »Heiligenstädter Testament«.
1805 Uraufführung der Oper *Leonore* (1. Fassung von *Fidelio*).
1808 Uraufführung der *5.* und *6. Sinfonie*.
1809 Bezug einer festen Jahresrente durch Erzherzog Rudolph und die Fürsten Lobkowitz und Kinsky; Ablehnung der Berufung zum Hofkapellmeister in Kassel.
1812 Begegnung mit Goethe in Teplitz; Brief an die »Unsterbliche Geliebte«.
1813 Uraufführung der *7. Sinfonie*.
1818 Beginn der wegen der Taubheit unvermeidlichen Konversationshefte.
1819 Beginn der Arbeit an der *Missa solemnis*; völlige Taubheit.
1822 Beginn der Arbeit an der *9. Sinfonie*.
1827 Beethoven stirbt am 26. März in Wien; Ehrenbegräbnis der Stadt Wien, die Totenrede hält Franz Grillparzer.

Ludwig van Beethoven. Joseph Carl Stieler, der auch für Mitglieder des Kaiserhauses tätig war, porträtierte Beethoven in drei Sitzungen. Die Notiz auf der Rückseite des Ölgemäldes »Ludwig v. Beethoven. Tonsetzer, nach der Natur gemalt von J. Stieler 1819« gibt 1819 als Entstehungsjahr an, doch hat Stieler das Bild erst im April 1820 vollendet.

und dem *Requiem* von Verdi bildet sie eine der Säulen im Chorrepertoire bis in unsere Zeit. Nicht so spektakulär ist Beethovens Pionierrolle in der vokalen Kleinform: *An die ferne Geliebte* ist der erste Liederzyklus der Musikgeschichte, noch vor *Die schöne Müllerin* und *Winterreise* von Schubert; einzelne Klavierlieder (*Adelaide*) können noch vor Schubert als echte Kunstlieder gelten. Seine einzige Oper *Fidelio* wurde zum wichtigen Beitrag der deutschen Oper.

LEISTUNG UND TRAGIK. Beethoven arbeitete als erster Komponist freiwillig und erfolgreich freischaffend, ohne feudale Anstellung und Abhängigkeit – Mozart hatte Ähnliches in seinen letzten Wiener Jahren unfreiwillig vorgelebt, auf der vergeblichen Suche nach Anstellung bei Hofe. Beethoven umgab die Tragik früh einsetzender Ertaubung, die seine Laufbahn als praktischer Musiker vorzeitig beendete und zu menschlicher Vereinsamung führte – das als Abschiedsbrief an seine Brüder 1802 verfasste »Heiligenstädter Testament« ist hierfür erschütterndes Selbstzeugnis. Aus allem erwuchs bald eine legendenhafte Stilisierung Beethovens zum Prototyp des künstlerischen Genies: es entstand die Mode des romantischen Geniekults. Dennoch entsprechen einander gerade bei Beethoven in logischer Übereinstimmung und Dauer Bedeutung und Nachruhm.

BEETHOVENS WERKE

- 9 Sinfonien, Konzertouvertüren, weitere Orchesterwerke, Tänze und Märsche, Ballett- und Schauspielmusiken
- 5 Klavierkonzerte, 1 Violinkonzert und 2 Violinromanzen, 1 Tripelkonzert
- 10 Sonaten für Klavier und Violine, 5 Sonaten für Klavier und Violoncello, weitere Duosonaten; 7 Klaviertrios und Trios in anderer Besetzung, 4 Klavierquartette, 1 Klavierquintett; 16 Streichquartette; für Streichquartett auch die *Große Fuge B-Dur*, weitere Kammermusikwerke
- 32 Klaviersonaten; Klaviervariationen und einzelne Stücke
- 2 Messen, Oratorium *Christus am Ölberge*
- zahlreiche Gesänge und Lieder, darunter 1 Zyklus (»An die ferne Geliebte«); Kanons und Gesänge für mehrere Stimmen;
- Oper *Leonore/Fidelio* in drei Fassungen, dazu vier Ouvertüren

BEETHOVENS KLAVIERMUSIK

BEKANNT ist das Diktum von Hans von Bülow, nach dem die Präludien und Fugen von Bachs *Wohltemperiertem Klavier* das Alte Testament, Beethovens Klaviersonaten das Neue Testament der Klaviermusik sind. Bei aller Verkürzung unterstreichen diese Worte den Rang dieser Musik und Beethovens Position als Pionier für ein ganzes Jahrhundert. Seine 32 Sonaten stellen ein Kompendium aller kompositorischen und spieltechnischen Möglichkeiten dar in ständigem Wachsen und Reifen. Das Klavier wurde während ihrer Entstehungszeit entscheidend weiterentwickelt, angetrieben durch Beethovens ständige Unzufriedenheit und seine spieltechnischen Impulse. Seine Kompositionen waren immer dem Instrument voraus – Beethovens Experimenten waren zahlreiche Instrumente nicht gewachsen.

FRÜHE SONATEN. Die Reihe der Sonaten begleitet alle Schaffensperioden. Als früh gelten die Werke von op. 2 bis etwa zur Jahrhundertwende (op. 22); als mittlere werden die Sonaten op. 26 bis op. 90 gewertet, mit op. 101 beginnt das Spätwerk, selbstverständlich mit gleitenden Übergängen.
Die frühen Sonaten fußen noch auf dem Erbe Haydns und Mozarts, wobei Beethoven eher Haydns Impulse in der motivisch-thematischen Arbeit aufgriff als Mozarts Kantabilität und Melodienreichtum. Gegenüber beiden stiegen die spieltechnischen Anforderungen; die Freude an effektvollen virtuosen Passagen schlägt sich bereits in op. 2, besonders in der C-Dur-Sonate, nieder.

MITTLERE SONATEN. Ein Kennzeichen der mittleren Sonatengruppe ist die Lust am formalen Experiment. Die drei Sonaten op. 26 und 27 weichen überraschend vom bisher befolgten drei- oder viersätzigen Sonatenmodell ab und loten neue Ansätze aus: die *Sonate As-Dur* op. 26 beginnt mit poetischen Variationen, lässt Scherzo, Trauermarsch und Rondo folgen. Die beiden Fantasie-Sonaten op. 27 sind noch neuartiger: Nr. 1 reiht alle Sätze unmittelbar aneinander und wechselt im Kopfsatz mehrfach Tempo und Charakter; Nr. 2 cis-Moll, die *Mondscheinsonate*, beginnt mit einem romantischen Stimmungsbild und lässt auf ein kurzes Scherzo ein jagendes Presto folgen. In den folgenden Sonaten beschritt Beethoven den Weg zur Konzertsonate und kehrte zur bewährten Satzfolge zurück, allerdings ihre jeweiligen Charaktere ausweitend und bereichernd. Als Glanzlichter des Konzertrepertoires gelten bis heute die Sonaten C-Dur op. 53 und f-Moll op. 57 *Sonata appassionata*, in denen modellhaft die moderne Spieltechnik des Instrumentes zusammengefasst wird – beide wurden zu Prüfsteinen für Instrument und Spieler. Beide verfügen über alle strukturellen Möglichkeiten überlieferter Satzmodelle, verknüpfen kompositorische und virtuose Ansprüche zu

Beethovens Hammerflügel, ein Geschenk des englischen Klavierbauers Thomas Broadwood, 1818.

perfekter Einheit. So sind alle motivischen Impulse des Kopfsatzes von op. 57 bereits in seinem Hauptthema enthalten.

SPÄTE SONATEN. Mit der *A-Dur-Sonate* op. 101 setzt Beethovens Spätstil ein. In ihm weitet er die Sonatensatzform fantasievoll aus, bezieht kontrapunktische Techniken mit ein, stellt gesteigerte Kantabilität und fast übersteigerte Kleinteiligkeit kontrasthaft nebeneinander, verklammert zunehmend zyklisch die Sätze, nutzt die extremen Lagen von Diskant und Bass oft gleichzeitig und lotet die Möglichkeiten des Instrumentes bis an seine Grenzen und über sie hinaus aus.
In einem Kraftakt werden alle diese Ansätze in der überdimensionalen *Hammerklaviersonate* B-Dur op. 106 gebündelt; gerade in ihr werden Sinn und Grenzen einer Einbeziehung der Fugentechnik sichtbar – Beethoven wollte nicht in der Nachfolge Bachs neue Fugen komponieren, sondern machte sich die Mittel der Fugentechnik als Bereicherung seiner Tonsprache zunutze. Eine späte Verklärung des klassischen Sonatenmodells bedeuten schließlich die drei letzten großen Sonaten, verklingend in der poetischen Arietta von op. 111 mit ihren zarten und klangsinnlichen Variationen; ihr Thema veranschaulicht Beethovens Tendenz zur verinnerlichten Schlichtheit, die unmittelbar und direkt neben gewaltigen Ausbrüchen der Leidenschaft stehen können.
Abgerundet wird Beethovens Klavierschaffen durch Einzelstücke (Bagatellen, Rondos usw.) sowie durch Variationszyklen. Die Mehrzahl von ihnen entstanden als Früh- und Gelegenheitswerke; gleichrangig neben den Sonaten stehen jedoch einzelne späte Variationszyklen, allen voran die grandiosen *33 Veränderungen über einen Walzer von Anton Diabelli* op. 120, in denen Beethoven kompendienartig noch einmal alle Aspekte seines Spätstils zusammenfasste.

BEETHOVENS KLAVIERSONATEN

op. 2 Nr. 1–3 (f-Moll, A-Dur, C-Dur; 1790–95); op. 7 Es-Dur (1796/97); op. 10 Nr. 1–3 (c-Moll, F-Dur, D-Dur; 1796–98); op. 13 c-Moll *Sonate pathétique* (1798/99); op. 14 Nr. 1 und 2 (E-Dur, G-Dur; 1798/99); op. 22 (B-Dur; 1799/1800); op. 26 As-Dur (1800/01); op. 27 Nr. 1 und 2 (Es-Dur, cis-Moll *Mondscheinsonate*; 1800/01); op. 28 (D-Dur *Pastorale*; 1801); op. 31 Nr. 1–3 (G-Dur, d-Moll, Es-Dur; 1801/02); op. 49 Nr. 1 und 2 (g-Moll, G-Dur; 1795–98); op. 53 (C-Dur *Waldsteinsonate*; 1803/04); op. 54 (F-Dur; 1804); op. 57 (f-Moll *Sonata appassionata*; 1804/05); op. 78 (Fis-Dur; 1809); op. 79 (G-Dur; 1809); op. 81a (Es-Dur *Les Adieux*; 1809/10); op. 90 (e-Moll; 1804); op. 101 (A-Dur; 1813–16); op. 106 (B-Dur *Große Sonate für das Hammerklavier*, 1817–19); op. 109 (E-Dur; 1820); op. 110 (As-Dur; 1821/22); op. 111 (c-Moll; 1821/22).

JÜRGEN Uhde würdigt Beethovens Sonaten-Schaffen in seinem dreibändigen Kompendium zu *Beethovens Klaviermusik* (Stuttgart 1968–74).

»Man hätte zum Verständnis eines Werkes nur wenig geleistet, wollte man darin lediglich das beschriebene Schema oder, besser, die beschriebene Ordnung wiederfinden (...). Beethovens Verhalten zur Sonatenform läßt sich als subjektive Neuerzeugung einer objektiv bestehenden Form charakterisieren. Etwas Ähnliches ließe sich auch für die Beethovenschen Variationenreihen behaupten, die nicht einfach Abwandlungen eines Gegebenen sind. Bei den Sonaten handelt es sich noch weniger um das Erfüllen einer Formvorlage, auch nicht um ein phantasievolles, überraschendes, geniales Erfüllen, vielmehr ist die Auseinandersetzung mit der formalen Vorordnung ›Sonate‹ so tief, so grundsätzlich, daß auch die Fundamente immer neu und für jedes Werk in anderer Weise gelegt werden müssen.«

KLAVIERSONATEN NACH BEETHOVEN

ZEITGENOSSEN

Im Jahrhundert nach Beethoven rangen alle Klavierkomponisten mehr oder weniger erfolgreich mit der Sonatenform. Um den Anschein von Epigonentum zu vermeiden, versuchten Beethovens Nachfolger in der Regel erst gar nicht, ihm in seinem Eigensten Konkurrenz zu machen: im Strukturellen, der motivisch-thematischen Arbeit. Selbständige Akzente hingegen waren möglich in der Weiterentwicklung der Spieltechnik und instrumentaler Effekte, zumal Beethoven die klanglichen Möglichkeiten des Flügels der Jahrhundertmitte nicht kennen konnte. Besonders Brahms bemühte sich später im Jahrhundert nachdrücklich um die strukturellen Seiten der Komposition.
Beethovens Zeitgenosse Muzio Clementi ist heute nahezu vergessen, obwohl von ihm über 60 Sonaten bekannt sind und sich unter ihnen manche Kostbarkeit verbirgt. Auch Johann Nepomuk Hummels, des Mozart-Schülers, *Sonate fis-Moll* op. 81 verdient Beachtung.
Carl Maria von Weber komponierte seine vier Klaviersonaten parallel zu Beethovens Spätwerk; sie stehen wie die drei Jugendsonaten Felix Mendelssohn Bartholdys zu Recht in dessen Schatten, trotz mancher effektvoll-virtuosen Partien.

Skizze von Robert Schumann zum Finale der 1833–35 entstandenen *fis-Moll-Sonate* op. 11.

SCHUBERT. Franz Schubert ist zu Beginn des Jahrhunderts die einzige eigenständige Persönlichkeit neben Beethoven. Wie ernsthaft er mit dem Problem Sonate rang, zeigen die hinterlassenen Fragmente und Ansätze, doch sichern ihm seine letzten Sonaten einen bedeutenden Platz in der Musikgeschichte. Bei ihm liegen charakteristische Stärken und Schwächen dicht beieinander; ihre Mischung macht den eigentümlichen Reiz dieser Musik aus. Eine der Stärken bedingt zugleich eine Schwäche: Schuberts geniale melodische Erfindungsgabe steht dem konstruktiven Anspruch der Form diametral entgegen: seine Melodien strömen und fließen, eignen sich aber deshalb kaum zu motivischer Verarbeitung. So entstanden die »himmlischen Längen« (Robert Schumann) seiner Sätze, mit ihren endlosen Durchführungen, in denen die harmonische und dynamische Beleuchtung auf das Raffinierteste wechselt, aber kaum so etwas wie Arbeit mit dem Material stattfindet. Schuberts besten Sonaten jedoch gereicht diese Schwäche zur Stärke, macht sie unverwechselbar. Sein Meisterstück, die *Sonate in B-Dur* D 960, 1828 kurz vor seinem Tod komponiert, weist alle Merkmale eines verklärten Endzeitwerks auf, voller Klangpoesie und Melodienseligkeit, kulminierend in den zarten Themenvarianten des langsamen Satzes.
Einen Weg fort von der Sonate und über sie hinaus markiert die berühmte *Wandererfantasie* C-Dur D 760 (1822) mit den Variationen über sein eigenes Lied *Der Wanderer*, in der die Sätze fantasieartig miteinander verknüpft werden.

SCHUMANN UND CHOPIN. Robert Schumann folgte in der Auseinandersetzung mit dem zyklischen Sonatenmodell mit seinen drei Sonaten in fis-Moll, g-Moll und f-Moll der Jahre 1833–35 und der *Fantasie C-Dur für Klavier* op. 17, 1836. Zentrales Anliegen war hier die motivische Verknüpfung aller Sätze; das thematische Gewebe der *g-Moll-Sonate* entfaltet sich aus einem einzigen Kern des absteigenden Tetrachordes, mit dem das Thema des langsamen Variationensatzes eingeleitet wird und der in Abwandlungen alle Sätze prägt.
In der *Fantasie C-Dur* experimentierte Schumann mit der Satzreihenfolge. Kennzeichen aller vier Werke ist der virtuose, äußerst dankbare und kreative Klaviersatz, in dem alle spieltechnischen Effekte sich der künstlerischen Zielsetzung unterordnen.
Gleiches lässt sich von den beiden Sonaten b-Moll op. 35 und h-Moll op. 58 von Frédéric Chopin behaupten; beide geben sich konstruktiv ambitioniert, leben vor allem von ihrer glänzenden Virtuosität und der Eingängigkeit ihrer Themen. Zwar wurde der Trauermarsch der *Sonate in b-Moll* am populärsten, doch folgt ihm mit dem Finale ein Genieblitz von erschreckender Radikalität: dieses Presto

verläuft als pausenloser Parforceritt paralleler Achteltriolen, als gespenstisches Nachtstück von unerhörter Kompromisslosigkeit.

LISZT UND BRAHMS. Eine Kraftanstrengung bedeutet Franz Liszts einzige *Sonate h-Moll* von 1852/53, die allgemein unter den nachklassischen Klaviersonaten als genialste gilt. In ihr entwickelt Liszt die Gattung weiter, indem er die hergebrachte Satzfolge löst und sie konstruktiv überwindet; zugleich entfernt sich die Themenerfindung von allen periodischen Vorgaben. Dass über allem der Glanz extremer Virtuosität liegt, kann bei Liszt nicht verwundern.

Johannes Brahms schrieb seine drei Sonaten op. 1, 2 und 5 in den Jahren 1852–54. Ihren Reiz erhalten sie durch die Kombination von volksliedhafter Thematik und konstruktiver Durcharbeitung, verbunden mit einer sperrigen und doch instrumentengerechten Klaviertechnik. In den langsamen Sätzen gibt es offene und auch versteckte Beziehungen zu melodischer und textlicher Folklore. Dagegen signalisiert der markante Beginn der *C-Dur-Sonate* op. 1 die Brahms'schen Ambitionen in der Nachfolge Beethovens; er erinnert wohl nicht zufällig an den Anfang der *Hammerklaviersonate* op. 106 von Beethoven.

Die dritte *Sonate in f-Moll* – die persönlichste und poetischste – ist fünfsätzig. In ihr beziehen sich Andante und Intermezzo, die das Scherzo einrahmen, motivisch mit ihrer absteigenden Terzenfolge aufeinander.

ANTON Rubinstein charakterisierte Frédéric Chopins *h-Moll-Sonate* in *Die Meister des Klaviers. Musikalische Vorträge über die Entwicklung der Klavier-Komposition, gehalten zu St. Petersburg im Saal des Konservatoriums, 1888–1889* (Berlin 1899).

»Ein ganz außerordentlich schönes und großes Werk ist die *Sonate h-Moll* op.58, die zwar viel, aber doch nicht so viel wie die erste, b-Moll gespielt wird. Das zweite Motiv ist mit dem ganzen Goldreichtum Perus nicht zu messen. Welche Ausarbeitung! Da ist auch nicht ein einziger Takt, der von melodiöser und krankhafter Schönheit nicht übergossen wäre. Ganz originell ist der Schluß des ersten Satzes ohne eigentlichen Schluß. Das beweist, daß der Begriff Sonate bei dieser Schöpfung nicht wörtlich zu nehmen ist. Das Scherzo lakonisch, mit fast zwei Teilen nur, von denen der letztere träumerisch, aber nicht ernst ist. Es ist eher ein Impromptu als ein Scherzo. Wunderbar ist das Largo, sinnig und voll zauberhafter Modulationen.«

DAS CHARAKTERSTÜCK

FRÉDÉRIC CHOPIN

1810 am 1. März (Geburtsregister: 22. Februar) in Zelazowa-Wola bei Warschau als Sohn eines eingewanderten Franzosen und einer Polin geboren; musikalisches Wunderkind.
1829 und 1830 erste Konzertreisen nach Wien, Prag, Dresden und Paris.
Ab 1830 lebt Chopin aus politischen Gründen in Paris, Freundschaften mit Liszt, Berlioz, Heine, Balzac u. a.
1834–36 Reisen nach Deutschland und nach Karlsbad, Bekanntschaft mit Mendelssohn und Schumann.
1835 Ausbruch eines Lungenleidens, wenige öffentliche, jedoch viele private Konzerte.
1836 Beginn der Lebensgemeinschaft mit der Dichterin George Sand.
1838/39 Reise mit George Sand nach Mallorca.
1848 letzte Konzertreise nach England.
1849 stirbt Chopin am 17. Oktober in Paris.

SCHUBERT. Das lyrische Klavierstück wurde unter dem Gattungsnamen Charakterstück bekannt; es ist wie Kunstlied und Sinfonische Dichtung eine Spezialität des 19. Jahrhunderts. Franz Schuberts *Moments musicaux* und *Impromptus* markieren den Beginn der Gattungsgeschichte. Unter diesen neutralen Titeln fasste er Klavierstücke zusammen, die durch ihre eigene, nie ›übersetzbare‹ Aussage charakterisiert sind. Schubert stützte sich auf bewährte Modelle wie Sonatensatz, Rondo und bevorzugt Liedformen, doch stehen konstruktive Anliegen (Durchführungen, motivisch-thematische Arbeit) nie im Vordergrund; entscheidend ist die emotionale Grundhaltung. In längeren Stücken wie den drei nachgelassenen *Impromptus* D 946 (1828) kontrastieren die einzelnen rondohaft gereihten Abschnitte oft stark.

MENDELSSOHN BARTHOLDY UND SCHUMANN. Mit Überschriften gaben andere Komponisten häufig assoziative Hinweise für Hörer und Spieler. Man sollte sie jedoch nie mit programmatischen Vorgaben verwechseln. Felix Mendelssohn Bartholdy meinte in seinen *Liedern ohne Worte* keinesfalls heimliche Übertragungen von tatsächlichen Liedern. Robert Schumann fasste derartige Klavierstücke gern zu Zyklen zusammen (*Carnaval* op. 9, *Fantasiestücke* op. 12, *Waldszenen* op. 82). Selbst scheinbar konkrete Titel wie »Der Jäger auf der Lauer« aus den *Waldszenen* geben lediglich die atmosphärisch-emotionale Grundstimmung an, wollen keine Jagdszene malen. In den *Kinderszenen* op. 15 und im *Album für die Jugend* op. 68 sah Schumann lediglich »Rückspiegelungen eines Älteren und für Ältere« und »Vorspiegelungen, Ahnungen, zukünftige Zustände für Jüngere«. Den schmalen Grat zwischen Programm-Musik und Charakterstück belegt »Coquette« (aus *Carnaval*, Nr. 7), wo der Charakter eines porträtierten Menschentypus umweglos verständlich wird. Dagegen zeichnet »In der Nacht« (*Fantasiestücke*, op. 12) allgemein ein geheimnisvoll erregtes Stimmungsbild.

CHOPIN. Chopin und Brahms setzten die Linie der neutralen Bezeichnungen fort. Sie verwendeten oft Begriffe aus der Dichtkunst, wie Ballade, Rhapsodie, Romanze, oder knüpften an Vorgaben der Gebrauchsmusik an (Berceuse, Nocturne, Mazurka, Walzer). Beiden Komponisten lag nichts ferner als Programmatik. Frédéric Chopin, der in dem Iren John Field einen Vorläufer hatte, fasste seine Klavierstücke in Sammlungen zusammen und prägte sie durch seinen pianistisch brillanten und melodisch empfindsamen Stil arabeskenhafter Virtuosität. Seine 24 *Préludes* op. 28 sind überwiegend aphoristisch kurz, manchmal haben sie etüdenhaften Charakter wie Nr. 8 fis-Moll. Auf der anderen Seite sind die groß angelegten Scherzi und Balladen Chopins eigenwilliger Beitrag zur Weiterentwicklung des Sonatensatzmodells. Grenzfälle des Charakterstücks sind die Etüden-Sammlungen op. 10 und 25, die sich jeweils einem einzelnen spieltechnischen Problem (Arpeggien, Triller, Akkordtechnik, Verzierungen usw.) widmen und als kunstvollste Beispiele ›pädagogischer‹ Musik gelten können.

BRAHMS. Bei Brahms stand die strukturelle Durchgestaltung im Vordergrund; so sind seine beiden großen Rhapsodien h-Moll und g-Moll op. 79 eigenständige Auseinandersetzungen mit überlieferten Formmodellen (kombinierte Rondo- und Liedform, Sonatensatz). Seine frühen Balladen dagegen nähern sich behutsam der Programmatik, insbesondere die *1. Ballade* op. 10, inspiriert von der schottischen Ballade *Edward* in Herders Volksliedsammlung *Stimmen der Völker*. Dagegen nannte Brahms seine späten Sammlungen neutral *Fantasien* (op. 116), *Intermezzi* (op. 117) und *Klavierstücke* (op. 118 und op. 119). In ihnen scheint der eigenwillige Brahms'sche Klaviersatz bisweilen zukunftsweisend bis an die Grenzen der Abstraktheit und Sprödigkeit getrieben zu sein. Da gibt es fragile Gebilde wie das *Intermezzo e-Moll* aus op. 116, das ohne Melodie im gewohnten Sinn auskommt, den rhapsodisch-leidenschaftlichen Schwung der *Ballade g-Moll* op. 118, oder die große, gleichwohl verhaltene Ausdrucksintensität wie in dem *Intermezzo A-Dur* op. 118.

WEITERE VERTRETER. Zahlreiche andere in- und ausländische Komponisten widmeten sich dem Charakterstück. Als Grenzfall sind die *Bilder einer Ausstellung* von Modest Mussorgskij in ihrer originalen Klavierfassung hervorzuheben, dann die Sammlungen von lyrischen, öfter folkloristisch-nordisch gefärbten Stücken des Norwegers Edvard Grieg oder, fast vergessen, einige feinsinnige Charakterminiaturen des Königsbergers Adolf Jensen.

CHOPINS WERKE

- Orchestermusik (u. a. 2 Klavierkonzerte)
- Kammermusik (u. a. 1 Klaviertrio; Sonate für Violoncello und Klavier; Gran Duo concertant für Violoncello und Klavier)
- Klaviermusik (u. a. 3 Sonaten; Balladen, Etüden, Préludes, Impromptus, Nocturnes, Scherzi, Mazurken; Polonaisen; Walzer, Variationen und einzelne Stücke für Klavier solo)
- 19 Lieder mit Klavier

VORLÄUFER

Das Charakterstück hatte seine Vorläufer in der Cembalomusik der Barockzeit, bei den englischen Virginalisten oder den französischen Clavecinisten, Miniaturen von ausgeprägtem und einheitlichem Aussagecharakter, die bisweilen durch hilfreiche Überschriften die Aufmerksamkeit der Hörer lenken (z. B. *Fortune* von William Byrd, *L'indifférente* von Jean-Philippe Rameau, *Les Charmes* von François Couperin). Wie für das spätere Charakterstück gilt hier, dass keine Darstellung außermusikalischer Vorgaben im Sinne von Programm-Musik beabsichtigt ist, sondern eher ein Zustand, ein Charakter, eine Stimmung vorgeführt werden soll. Auch einzelne Präludien in Bachs *Wohltemperiertem Klavier* weisen voraus auf das Charakterstück, als eigenständige, atmosphärisch in sich geschlossene Instrumentalsätze.
Weitere Wegweiser zum lyrischen Klavierstück sind bei Carl Philipp Emanuel Bach und Wolfgang Amadeus Mozart zu finden; auch Beethovens Bagatellen gehören hierher.

DIE KUNST DES VARIIERENS

BEETHOVEN. Mit seinen späten Variationszyklen für Klavier wies Beethoven den Weg. Seine *c-Moll-Variationen* (ohne op.) basieren auf dem Chaconnemodell und fassen die Variationen oft zu Gruppen zusammen. Ein Kompendium der Klavier- und Variationstechnik sind seine *Dreiunddreißig Veränderungen über einen Walzer von Anton Diabelli* op. 120, die alle möglichen Ansätze des Figurierens und der Charakterveränderung reihen. So werden aus dem einfachen, im Rahmen einer Wettbewerbsausschreibung vorgegebenen Walzerthema die unterschiedlichsten Ausdrucks- und Aussageebenen abgeleitet, zwischen lyrischem Verweilen, rhythmischer Prägnanz, pianistischer Brillanz, polyphoner Verknüpfung, parodistischer Zitattechnik und großer Adagiogebärde bis hin zur abschließenden ambitionierten Fuge.

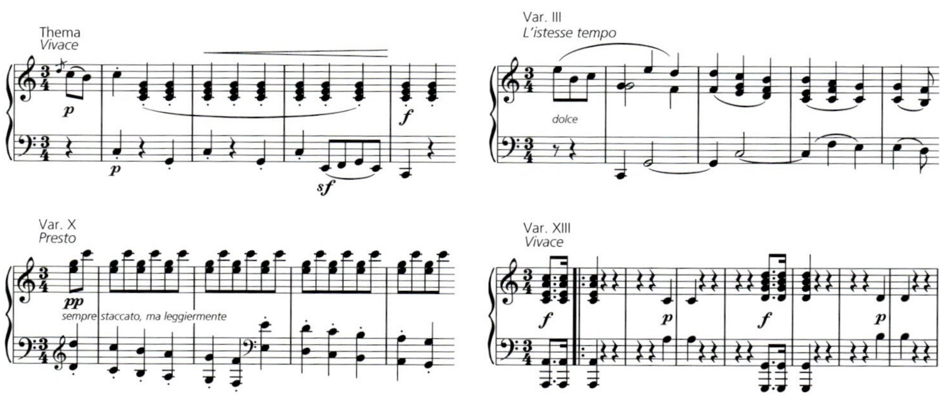

Ludwig van Beethoven, *Dreiunddreißig Veränderungen über einen Walzer von Anton Diabelli* op. 120 (Anfang des Themas und der Variationen III, X, XIII).

SCHUMANN UND BRAHMS. Robert Schumann vertiefte den Ansatz pianistischer Virtuosität und romantischer Ausdrucksvielfalt in seinen *Sinfonischen Etüden* op. 13. Dieses singuläre Werk steht in der Nachfolge der *Diabelli-Variationen*, mit denen es durch kontrapunktische Ansätze, durch extremen spieltechnischen Anspruch und durch die Freiheit im Umgang mit der schlichten thematischen Vorgabe verbunden ist. Die Linie des pianistisch und kompositorisch ambitionierten Zugriffs setzte Johannes Brahms mit zahlreichen Variationszyklen für Klavier und häufigen Variationssätzen in kammermusikalischen und sinfonischen Werken fort. Seine *Händel-Variationen* op. 24 enden mit einer Finalfuge und binden die spezifische Brahms'sche Klaviertechnik ohne jede etüdenhafte Äußerlichkeit in den zyklischen Verlauf ein. Dabei entfernen sich einzelne Veränderungen vom eher neutralen Händel-Thema unterschiedlich weit.

Waren schon die *Händel-Variationen* durch ihre Themenwahl und durch ihre Fuge eng mit der Vergangenheit verbunden, so belegen zwei Variationenreihen für Orchester die Hinneigung des Komponisten zu alten Formmodellen. Seine *Variationen über ein Thema von Haydn* für Orchester

Schubert am Klavier. Gustav Klimts Gemälde aus dem Jahr 1899 wurde im Zweiten Weltkrieg zerstört.

op. 56a, die es auch in einer Version für zwei Klaviere (op. 56b) gibt, gelten als Vorstudie für die Final-Chaconne seiner *4. Sinfonie*. In diesem krönenden Abschluss seines sinfonischen Schaffens meisterte Brahms eine epochenübergreifende Synthese mehrerer Variationsprinzipien (Chaconne, Figural- und Charaktervariation) mit dem Sonatenhauptsatz. Unschwer kann man im Satzverlauf die Konturen von Exposition, Durchführung und Reprise erkennen; dennoch sind die einzelnen Variationen klar voneinander abgesetzt und profilieren sich auch charakterlich präzise. Basis ist ein chromatisch getöntes achttaktiges Chaconnethema nach barockem Vorbild von elementarer Wucht.

Für Brahms war das Variieren ein grundlegendes Kompositionsprinzip. Seine Kunst der ständigen, »entwickelnden« Variation, wie sie Schönberg bezeichnete, ist in zahlreichen, vor allem späten Kompositionen zur Meisterschaft gereift und zwar nicht nur in den Variationssätzen wie dem Finale des *Klarinettenquintetts h-Moll* op. 115, sondern auch in vielfältigen anderen kompositorischen Zusammenhängen. Der Beginn des eröffnenden Sonatensatzes der *4. Sinfonie* bringt beispielsweise das in Terzen absteigende Hauptthema sogleich in einer variativen Abwandlung und Umspielung. In seinen vergeistigten, die Grenze zu abstrakter Sprödigkeit streifenden letzten Klavierstücken gibt es für diese Technik der ständigen Variation zahllose Beispiele.

SCHUBERT. Seine Kunst des feinsinnigen Variierens vorgegebener kompositorischer Abläufe stellte Schubert in zahlreichen einzelnen oder zyklisch eingebundenen Klavierstücken unter Beweis, etwa im langsamen Satz seiner letzten *B-Dur-Sonate* oder in den Variationen des *B-Dur-Impromptus*. Das Prinzip des scheinbar endlosen Aussingens melodischer Bögen, die aus kleinsten Motiven gereiht werden, demonstrierte er im Adagio seines *C-Dur-Streichquintetts* (D 956). Einer seiner eindringlichsten Variationensätze steht im Zentrum seines *d-Moll-Quartetts* (D 810), dessen Ausgangspunkt der choralartige Schluss seines eigenen Liedes *Der Tod und das Mädchen* ist.

DAS PRINZIP ›VARIATION‹

Variieren ist ein altes kompositorisches Prinzip; auch als eigenständige Gattung – als Variationenzyklus – reicht es weit zurück. Bis ins 19. Jahrhundert erhalten haben sich die Muster der Chaconne oder der Passacaglia (a), auf die als historisches Zitat immer wieder zurückgegriffen worden ist; ferner die spielerische Figuralvariation (b) sowie die strengere Cantus-firmus-Variation (c). Für jede Form gibt es exemplarische Beispiele: Bachs *Passacaglia c-Moll* BWV 582 für Orgel und seine *d-Moll-Chaconne* für Violine solo aus BWV 1004 (a), Mozarts Klaviervariationen über das Volkslied *Ah vous dirai-je, Maman* KV 265 (b) und Haydns Variationen über *Gott erhalte Franz den Kaiser* in seinem *Streichquartett C-Dur* op. 76 Nr. 3 (c). Im 19. Jahrhundert tritt als neue Variante die Charaktervariation auf, die auf den kompositionstechnischen Elementen aller vorgenannten Modelle basiert und zusätzlich das Thema in seiner charakterlichen Aussage zu verwandeln sucht. So entfernen sich die Variationen in einem Zyklus immer stärker, im Extremfall fast bis zur Unkenntlichkeit, vom Thema und gewinnen starke Eigenständigkeit.

ORGELMUSIK DER ROMANTIK

DEUTSCHLAND. Für die deutsche Orgeltradition stehen, etwa von den 30er-Jahren des 19. Jahrhunderts an, vor allem vier Komponisten, die trotz starker Traditionsverwurzeltheit eigene Akzente setzten: Mendelssohn Bartholdy, Schumann, Liszt und Brahms. Felix Mendelssohn Bartholdy war als profilierter Interpret mit der Musik Bachs vertraut und fand auf dieser Basis ein eigenes kompositorisches Idiom. Von Jugend an komponierte er für die Orgel; zukunftsweisend sind seine *Präludien und Fugen* op. 37 (1836) und seine 6 *Sonaten* op. 65 (1844); in ihnen verband er Elemente der Sonatenform und des kontrapunktischen Stils. Mit seinen Sonaten begründete er einen eigenen Typus, der nicht mit Bachs *Triosonaten* für Orgel zu verwechseln ist: wie diese eine Adaption der barocken Triosonate für das Tasteninstrument waren, gelang Mendelssohn eine sinnvolle Übertragung der klassisch-romantischen Sonatenmerkmale auf die Orgel, wobei vor allem die zeitgemäßen Ansätze einer dem Instrumente angemessenen Virtuosität zu überzeugen vermögen.
In Robert Schumanns 6 *Fugen über B-A-C-H* op. 60 (1845) finden sich ähnliche, in eindringlicher Weise Tradition und Fortschritt verbindende Tendenzen. Franz Liszt lotete, hierin Bach verwandt, als berühmter Virtuose alle spieltechnischen Möglichkeiten seines Instrumentes aus. Auch er besaß ein ausgeprägtes historisches Bewusstsein, ablesbar an Werktiteln wie *Concerto*, *Toccata*, *Phantasie*, *Präludium* und *Fuge* und am Rückgriff auf den klingenden Namen B-A-C-H, den er zum Thema der Fuge in seinem *Präludium [Fantasie] und Fuge* von 1855/70 machte:

Der historisierende Bezug ist bei Liszt ein technischer Aspekt, eine Herausforderung an die Fähigkeit zu kontrapunktischer Schreibweise. Seine Musik zeichnet sich durch ihre fast selbstzweckhaft vordergründige Virtuosität aus sowie durch Merkmale wie ständige Motivtransformation, kühne harmonische Fortschreitungen und überraschende klangfarbliche Effekte.
Johannes Brahms dagegen gab in seinen wenigen Orgelwerken (Choralvorspiele, Präludien und Fugen) seiner Neigung zu alten Formen und Kompositionsweisen nach. Joseph Rheinberger setzte Mendelssohns Linie der Orgelsonate mit 20 Titeln fort und versuchte eine Synthese kontrapunktisch-historisierender und spätromantisch-ausdruckshafter Elemente.

FRANKREICH UND BELGIEN. Während in England im 19. Jahrhundert keine eigenständige Orgeltradition zu entdecken ist, entstand in Frankreich und Belgien ein eigenes Gattungsprofil, nachdem in beiden Ländern in den ersten Jahrzehnten nationale Orgelschulen gegründet

UNMODERN?

Nach Bach kam die Orgel aus der Mode; weder seine Söhne noch deren Zeitgenossen nahmen sich der ›Königin‹ der Instrumente an. Mozarts wenige Stücke sind Gelegenheitswerke für ein spieluhrartiges automatisches Pfeifeninstrument, auch Orgelwalze genannt. Der Stilwandel vom Barock zur Klassik fand seinen Ausdruck nicht zuletzt im unterschiedlichen Instrumentarium: die Ablösung des Cembalos durch das Hammerklavier brachte zugleich eine Trennung der Klavier- von der Orgelmusik. Für die Orgel aber gab es keinen Nachfolger, der den Bedürfnissen der Empfindsamkeit und des Sturm und Drang entsprach, also verzichtete man auf sie, bis auf den untergeordneten Einsatz in der Kirchenmusik.
Die Musik Johann Sebastian Bachs blieb nur für wenige Musiker lebendig. Ihre bis weit ins 19. Jahrhundert eher epigonenhafte Nachfolge erschöpfte sich in unorigineller, oft formelhafter Nachahmung. Komponisten wie Johann Christian Kittel, August Wilhelm Bach, der Orgellehrer Mendelssohns, oder Simon Sechter, der Lehrer Bruckners, sind als akademische Bewahrer der kontrapunktischen Schreibweise vergessen.
Die Musik für Orgel spaltete sich in einen untergeordnet liturgischen und in einen weltlich konzertanten, virtuosen Zweig auf. Hier findet man eine partielle Adaption pianistischer Errungenschaften in formaler wie in spieltechnischer Hinsicht, was für die Herausbildung eines eigenen Orgelstils nicht förderlich war.

19. Jahrhundert

worden waren, die vor allem das Werk Bachs pflegten. Drei Musiker begründeten den großen Ruf moderner französischer Orgelkunst: Camille Saint-Saëns und César Franck mit seinem ›sinfonischen‹ Orgelstil (*Grand pièce sinfonique* 1862), dann Charles-Marie Widor mit seinen zehn Orgelsinfonien, unter denen die Toccata der 5. *Sinfonie in f-Moll* als fast reißerische Transformation einer alten Gattung populär wurde.

Die Orgel von St. Ouen in Rouen ist die größte unverändert erhaltene Orgel von Aristide Cavaillé-Coll und wurde 1890 gebaut.

SPÄTROMANTISCHER ORGELBAU

Der in Montpellier geborene Aristide Cavaillé-Coll (1811–1899) benutzte den nach seinem Erfinder benannten *Barkerhebel*, eine pneumatische Spielerleichterung, sowie weitere technische Neuerungen. Er baute Instrumente in Frankreich, Belgien und Holland und prägte das spätromantische Klangideal mit Zungen und Aliquotregistern (hinzugefügte Obertonregister), mit gleitenden klanglichen Übergängen (anstelle der barocken Werktrennung) und einem am romantischen Orchester orientierten Klangideal. Der in jede größere Orgel integrierte Jalousieschweller ermöglichte die eigentlich orgelfremde stufenlose Lautstärkeveränderung: eine Gruppe von Registern steht in einem Kasten, dessen zum Hörer gewandte Vorderseite sich mittels senkrecht drehbarer Lamellen öffnen und schließen lässt.

FRANZ SCHUBERT

SCHUBERTS Tagebuch gibt Einblicke in die Gefühls- und Lebenswelt des Komponisten.

»17. Juny 1816.
An diesem Tag componirte ich das erste Mahl für Geld. Nämlich eine Cantate für die Namensfeyer des Hrd. Professors Wattrot von Dräxler. Das Honorar ist 100 fl. W. W.

8. September 1816.
Der Mensch gleicht einem Balle, mit dem Zufalle u. Leidenschaft spielen. (…) Ich hörte oft von Schriftstellern sagen: Die Welt gleicht einer Schaubühne, wo jeder Mensch seine Rolle spielt. Beyfall u. Tadel folgt in der andern Welt.«

KLISCHEES. Franz Schubert wurde mehr als ein Jahrhundert lang als Biedermeierkünstler und Schöpfer genrehafter Lieder angesehen. Sein Ruf als weltferner, tragisch scheiternder Musikant schien festgelegt. Bei Nennung seines Namens stellten sich Vorstellungen vom »Dreimäderlhaus« und von Wiener Vorstadtmusik ein. Auch das Bild vom genialen ›Frühvollendeten‹, hierin Mozart vergleichbar, schien festzustehen. Erst im Laufe des 20. Jahrhunderts, vor allem nach 1945, setzte sich die Einsicht durch, dass sich hinter dieser eindimensionalen Fassade eine andere, bedeutendere und vielschichtigere Persönlichkeit verbarg.

FRÜHVOLLENDET? Schubert gehört zu den wenigen herausragenden Genies der Musikgeschichte. Die Mär vom Frühvollendeten aber stimmte schon bei Mozart nicht: von einem vorherbestimmten ›logischen‹ frühen Tod kann weder bei ihm noch bei Schubert die Rede sein. Vielmehr handelt es sich bei beiden um ein abruptes Abbrechen der künstlerischen Produktion auf ihrem Höhepunkt mit deutlichen Hinweisen auf kommende bahnbrechende Weiterentwicklungen. Die Musikgeschichte des 19. Jahrhunderts hätte einen anderen Verlauf genommen: wenn Mozart die Verheißungen in den vollendeten Passagen seines *Requiems* hätte einlösen können, wenn die Klänge, die Schubert in seinem *Streichquintett*, in seiner *B-Dur-Sonate* oder in der *Winterreise* ersonnen hat, in die Zukunft fortgedacht worden wären. Schubert hat offensichtlich gespürt, dass sein künstlerisches Potential noch nicht erschöpft war: er nahm in seinem Todesjahr Kontrapunktstunden bei Simon Sechter, dem künftigen Lehrer Bruckners.

Schubert komponierend am Schreibtisch. Ölgemälde von Carlo Bacchi aus dem Pariser Salon 1829.

DER PIONIER. Schubert wird in die frühe Romantik eingeordnet, obwohl er nur ein Jahr nach Beethoven starb. Zukunftsweisende Tendenzen gibt es bei ihm in allen Werkgattungen; er war der Pionier des Kunstlieds schlechthin. Seine Musik unterscheidet sich bemerkenswert von der nahezu gleichzeitig entstandenen Beethovens. Das zeigt besonders seine Auseinandersetzung mit der zyklischen Sonatenform – ob solistisch für Klavier, in der Kammermusik oder in der Sinfonie.

HIMMLISCHE LÄNGEN. Die stilistischen Merkmale von Schuberts Instrumentalmusik lassen sich in allen Werken seiner letzten Jahre erkennen. Auffällig ist die Tendenz zur Monumentalisierung der Form, zur Ausweitung aller Satzproportionen. Zwar wird an den Gegebenheiten des Sonatensatzes, der Liedform oder des Rondomodells nichts Grundsätzliches geändert; mit Hilfe einer ausgefeilten Technik der ständigen Wiederholung und gleichzeitigen behutsamen Veränderung von Motiven, Themen und Klängen erweitern sich die Dimensionen, hin zu jenen »himmlischen Längen«, von denen Robert Schumann bewundernd im Zusammenhang mit der großen *C-Dur-Sinfonie* sprach. Solche ins Riesenhafte ausgeweiteten Sätze finden sich in den letzten *Streichquartetten*, im *Streichquintett*, den beiden *Klaviertrios* oder in den späten *Klaviersonaten*. Schubert scheint in seiner Musik unendlich viel Zeit gehabt zu haben, in paradoxem Gegensatz zu seiner kurzen Lebensspanne – man fühlt sich an den Satz aus Goethes *Faust* erinnert, der dort freilich verhängnisvolle Bedeutung gewinnt: »Verweile doch, du bist so schön«.

MELODIE UND FARBE. Wie Mozart war Schubert vorrangig ein begnadeter Melodiker, dessen Inspiration sich oft volkstümlich (wienerisch) gibt, jedoch nie in einfache Popularität abgleitet. Sein Klangsinn erschloss dem Klavier, aber auch der Kammermusik und dem Orchester neue Perspektiven: Trotz gleicher Besetzung klingt sein Orchester anders als jenes von Beethoven. In der Harmonik verblüfft das Raffinement, mit dem neue, unerwartete Wendungen eingeführt werden. In zulässiger Verkürzung lässt sich behaupten; ohne Schubert wäre Bruckners Sinfonik kaum denkbar; ihm verdankt das lyrische Klavierstück entscheidende Impulse, im Klavierlied setzte er Maßstäbe für ein Jahrhundert.

SCHUBERTS WERKE

- Orchesterwerke (8 Sinfonien, Fragmente; Ouvertüren, Tänze)
- Kammermusik (15 Streichquartette, darunter Sätze und Fragmente; 1 Streichquintett; 2 Streich-, 3 Klaviertrios; *Adagio und Rondo concertante* für Klavierquartett; Klavierquintett *Forellenquintett* mit Kontrabass; Oktett; Duos für Klavier und Violine bzw. Klavier und Flöte)
- Klaviermusik (12 Klaviersonaten, Sonaten-Fragmente; Klavierstücke, darunter Tänze, Eccosaisen, Menuette, Ländler usw.; vierhändige Werke)
- Vokalmusik (11 Opern, Singspiele und Fragmente; 6 Messen; kleinere geistliche Werke; Chormusik, darunter gemischt Chorwerke, Männer-, Frauenchöre; Duette, Terzette; über 660 Lieder, darunter 2 Liederzyklen)

FRANZ SCHUBERT

1797 am 31. Januar in Liechtenthal bei Wien geboren.
1803–13 Schüler im Stadtkonvikt, Sänger in der Hofburg; 1812 Unterricht bei Antonio Salieri; erste Kompositionen.
1813 Ausbildung am Lehrerseminar; *1. Sinfonie*.
1814 Hilfslehrer; Klavierlied *Gretchen am Spinnrade* nach Goethe.
1815 *Erlkönig*; vergebliche Bewerbung als Lehrer in Ljubljana.
1816 Ende der Lehrertätigkeit; freier Komponist, materielle Not.
1817 Ende der Ausbildung bei Salieri.
1818 Übersiedlung nach Wien; im Sommer diesen Jahres (und des Jahres 1824) Musiklehrer auf dem ungarischen Landsitz der Gräflich Esterházy'schen Familie.
1821 Konzert im Kärntnertor-Theater mit eigenen Werken.
1823 erste Anzeichen einer Erkrankung (vermutlich Syphilis); *Die schöne Müllerin*; großer Freundeskreis, zu dem u. a. der Dichter Franz Grillparzer und der Maler Moritz von Schwind gehören.
1825 vergebliche Bewerbungen um eine Stelle als Vizehofkapellmeister.
1827 *Winterreise*; Teilnahme an Beethovens Beerdigung als einer von 38 Fackelträgern.
1828 einziges öffentliches Konzert mit eigenen Werken auf eigenes Risiko; *Streichquintett*; Kontrapunktunterricht bei Simon Sechter; Krankheit (Typhus?); Schubert stirbt am 19. November in Wien.

BEGRIFF

Kunstlied meint in Abgrenzung gegenüber dem Volkslied ein von einem einzelnen Musiker komponiertes Lied auf eine gezielt ausgesuchte Textvorlage, das für eine einzelne Singstimme bestimmt ist und die von einem ausgearbeiteten Klaviersatz begleitet wird. In der Gattungsgeschichte wandelte sich das Verhältnis des Klaviers zur Stimme von rein untergeordneter Begleitung zu partnerschaftlicher Gleichberechtigung; diese Entwicklung vollzog sich im Lebenswerk eines einzelnen Komponisten, nämlich Franz Schuberts. Allerdings gab es Wegbereiter: Mit dem auskomponierten Lied setzte sich bereits das ganze vorige Jahrhundert auseinander; zumindest in Mozarts *Veilchen* und in einigen Liedern Beethovens (*Adelaide*, 1795) liegen Beispiele vor, welche die Bezeichnung Kunstlied verdienen.

DAS KUNSTLIED

SCHUBERT. Franz Schubert lässt sich nicht nur auf den ›Meister des Kunstlieds‹ reduzieren. Dennoch stellt die Ausformulierung dieser Gattung seine bedeutendste Errungenschaft dar, deren eruptiv-innovativer Charakter, trotz aller Vorgänger, einzigartig ist. Das mehr als 660 Titel umfassende Liedopus entstand zwischen 1811 und 1828 und setzte umgehend markante Signale. Selten in der Musikgeschichte begann eine Gattung ihre Laufbahn mit Meisterwerken wie *Gretchen am Spinnrade* (D 118, 1814) oder *Erlkönig* (D 328, 1815) und *Wandrers Nachtlied* (D 224, 1815), alle nach Goethe. Dessen Lyrik verdankte Schubert zu Beginn den stärksten Impuls. In diesen drei Werken hat sich das Klavier bereits aus nur begleitender Unterordnung gelöst und besitzt substantielle Eigenständigkeit: ein motivisch prägnanter Einfall setzt die Bewegung des Klaviersatzes in Schwung, ausgelöst durch ein jeweils einzelnes Textelement, das surrende Drehen des Spinnrades oder den gehetzten Ritt durch den Sturm.

LIEDTYPEN. Das strenge Strophenlied übernahm Schubert aus der Tradition der Liederschulen des vorigen Jahrhunderts, wo es als Ideal galt. Schubert pflegte es in wechselnder Häufigkeit weiter und gewann ihm eigene Reize ab. Diese rühren vornehmlich aus dem vorgegebenen Konflikt zwischen textlich unterschiedlichen oder gegensätzlichen Strophen und einer ihnen unverändert zugeordneten Melodie und Begleitung. Die so entstehenden Widersprüche zwischen Wort und Musik machen die

Schubert-Abend. Unvollendetes Ölgemälde von Moritz von Schwind (1870).

Franz Schubert, *Gretchen am Spinnrade* D 118 (Autograph).

Grenzen dieses Typus aus; Schubert aber erzielte gerade durch diesen konflikthaften Umstand sehr reizvolle Spannungszustände, etwa in einigen Titeln aus der *Schönen Müllerin*.

Aus dem Konflikt zwischen Strophen und gleich bleibender Vertonung zieht das variierte Strophenlied die Konsequenz, indem es bei einzelnen inhaltlich stark abweichenden Strophen die Musik variiert und damit der anderen Stimmung anpasst. Auch hierzu gibt es viele Beispiele, in denen sich Schubert als Meister der behutsamen Variationskunst auswies. Die Mittel der Variation sind oft lapidar und elementar: aus Dur wird Moll, Lautstärke oder Tempo ändern sich. Das bekannteste und kunstvollste Beispiel ist gewiss *Der Lindenbaum*, dessen gegensätzliche Strophen jeweils, bei gleicher kompositorischer Substanz, neue Impulse auslösen – es ist das wohl freieste unter Schuberts variierten Strophenliedern. *Der Lindenbaum* wurde dann in einer Volksliedfassung ›zurechtgesungen‹ (*Am Brunnen vor dem Tore*), in der das Lied auf ein reines Strophenlied reduziert wurde: alle gegensätzlichen Strophen werden hier auf die Melodie der ersten gesungen.

Das durchkomponierte Lied, das in der Regel auch auf einer strophischen Vorlage basiert, passt den musikalischen Ablauf minutiös dem Inhalt und der Stimmung des Gedichts an und findet eigene, über die Textform hinausgehende Strukturen des Ablaufes. Dementsprechend eigenständig entwickelt sich der Klaviersatz, bis zu echter Gleichberechtigung; alle Errungenschaften des Schubert'schen Klavierstils mit seiner Klangpoesie und melodischen Erfindungskraft treten auch im Lied auf.

TEXTVORLAGEN

Gedichte von Goethe, wie die gewaltigen Gebilde *Prometheus* und *Ganymed*, stehen im Zentrum von Franz Schuberts Liedschaffen; unter den weiteren bevorzugten Dichtern des Komponisten sind Heinrich Heine, Matthias Claudius, Johann Mayrhofer und Wilhelm Müller. Die künstlerische Qualität der Textvorlagen ist also durchaus unterschiedlich, was aber über die Qualität der daraus entstandenen Lieder überraschenderweise nichts aussagt.

LIEDERZYKLEN

BEETHOVEN. Der erste Liederzyklus der Musikgeschichte stammt von Ludwig van Beethoven. Sein Liederkreis nach Texten von Alois Jeitteles *An die ferne Geliebte* op. 98 (1816) besteht aus sechs empfindsam-sehnsüchtigen Liebesgedichten und weist musikalisch in die Zukunft. Formal handelt es sich um variierte Strophenlieder, deren Strophen mit den Mitteln der musikalischen Veränderung (Tongeschlecht, Tempo, Dynamik, Begleitung) behutsam durchgestaltet sind. Die Form des Zyklus rundet sich dadurch, dass am Ende das erste Lied wiederkehrt und in eine kurze mitreißende Stretta mündet. Unter allen anderen Liederzyklen des 19. Jahrhunderts ist dieser dadurch hervorgehoben, dass alle Lieder durch Zwischenspiele verknüpft sind, die jeweils in wenigen Takten zwischen den emotionalen und musikalischen Ebenen vermitteln.

Ferdinand Georg Waldmüllers Skizze von 1827 zeigt Schubert am Klavier, Johann Michael Vogl steht singend hinter ihm und Josephine Fröhlich sitzt neben ihm.

SCHUBERT. Franz Schubert schuf die beiden populärsten Liederzyklen, die beide auf Gedichtfolgen seines Zeitgenossen Wilhelm Müller basieren, der heute ohne Schuberts Mitwirkung – zu Unrecht? – vergessen wäre. *Die schöne Müllerin* (1823) reiht auf fantasievolle Weise zwanzig Gedichte, als Monolog eines Müllerburschen, der eine zunächst euphorisch glückliche, dann wegen Untreue der angebeteten Müllerin unglückliche Liebe erlebt und durch Selbstmord endet. Eine lose Handlung ist zu erkennen, denn die Gedichte waren ursprünglich als Liederspiel gedacht. Der strophische Bau wird streng oder auch variativ musikalisch nachgestaltet. In der Begleitung kehren leitmotivisch bestimmte Bewegungsabläufe in Gestalt motivischer Strukturen immer wieder, so beispielsweise das Fließen des Bachs.

Schuberts gewichtigster Beitrag ist die *Winterreise* (1827), der keine äußere Handlung zugrunde liegt. In 24 Gedichten wird die sich immer mehr verdüsternde emotionale Situation eines unglücklich Liebenden auf eindringliche, bisweilen ahnungsvoll tiefenpsychologische Weise

Franz Schuberts *Winterreise* kam (noch unvollständig) im Januar 1828 bei Tobias Haslinger heraus; erst im Dezember des gleichen Jahres, einen Monat nach Schuberts Tod, erschien die *Winterreise* vollständig.

dargestellt. Man könnte von ›innerer Handlung‹ sprechen, denn der Zustand des Monologisierenden verdüstert sich immer stärker bis zu Hoffnungslosigkeit und finsterem Fatalismus; ihm bleibt selbst der Ausweg in den Selbstmord verschlossen. Äußere musikalische Klammer ist das Bewegungsmotiv eines Wanderschritts, der sich in allen Schattierungen zwischen forschem Ausschreiten, ruhelosem Gehetztsein und resigniertem Sich-Dahinschleppen durch den Zyklus verfolgen lässt.

Das Grundtempo ist ein gemäßigtes, mit wenigen Momenten des aufbegehrenden, wirkungsvoll kontrastierenden Ausbrechens. Formal werden in diesem Zyklus noch einmal alle Grundmuster der Gattung aufgenommen und vertieft: strenges und variiertes Strophenlied sowie durchkomponiertes Lied. Die Grundstimmung jedes Liedes wird im Vorspiel intoniert und zumeist im Nachspiel wieder aufgegriffen. Wenige oft bildhafte Motive prägen die einzelnen Titel: Der ruhelose Wanderschritt (1), die flatternde Wetterfahne (2), das Rauschen der Blätter (5), der zu Eis erstarrte Fluss (7), die wehmütige Traumvision (11), das schmetternde Posthorn (13), die fallenden Blätter (16), knurrende Hunde und rasselnde Ketten (17).

Der abgrundtiefe Pessimismus der beiden letzten Lieder sucht in der Musikgeschichte seinesgleichen: in der rätselhaften Vision der *Nebensonnen* (23) und im *Leiermann* (24), der dem tragisch Gestrandeten die Antwort verweigert; in kunstvoller Stilisierung bildet hier der Klang der altertümlichen Drehleier mit hohler Quinte und ostinater Spielfigur das endlos wiederkehrende Leitmotiv (24).

Den Titel *Schwanengesang* verlieh 1828 der Wiener Verleger Haslinger postum vierzehn Liedern aus Schuberts letztem Lebensjahr. Es spricht manches dafür, dass Schubert zumindest die Gruppen der sieben Rellstab-Gedichte und der sechs Heine-Titel jeweils als sinnvolle Einheiten betrachtet hat, wenn auch nicht als Zyklen im strengen Sinn. Ein Zyklus liegt demnach mit *Schwanengesang* nicht vor, doch haben sich zyklische Darbietungen insgesamt oder zumindest der Heine-Gruppe eingebürgert.

ZYKLEN IN DER MUSIK

Unter einem Zyklus versteht man eine Zusammenstellung von einzelnen Musikstücken der (in der Regel) gleichen Gattung, die durch einen übergeordneten, verbindenden Aspekt miteinander verknüpft sind und die deshalb auch möglichst nur im Zusammenhang aufgeführt werden sollen. Das verbindende Element kann ein rein musikalisches sein, wie etwa in der Suite als Folge stilisierter Tanzsätze oder in der Verknüpfung von Präludium und Fuge als einander ergänzendes, bisweilen komplementäres Paar. Das verbindende Motiv kann auch, häufiger, außermusikalischer Natur sein: eine Handlung (Opernzyklus: Wagners *Ring des Nibelungen*; Liederzyklus: Schuberts *Schöne Müllerin*), eine programmatische Vorgabe (Smetanas *Mein Vaterland*) oder, weniger konkret, eine Gemütslage, eine emotionale Befindlichkeit (Schuberts *Winterreise*). Beim Liederzyklus ist naheliegenderweise das Verbindende die Textvorlage; sie kann bereits vom Dichter als Zyklus angeordnet (*Winterreise*), aber auch vom Komponisten nach eigenen Vorstellungen zusammengefügt worden sein (Schumann: *Dichterliebe*).

DAS KUNSTLIED NEBEN UND NACH SCHUBERT

Robert Schumann auf einer Daguerreotypie von J. A. Vönner (Hamburg 1850), die Eduard Bendemann seiner bekannten Kohlezeichnung von 1859 zugrunde legte.

FRÜHROMANTIK. Von Carl Maria von Weber, dem älteren und ein Jahr früher verstorbenen Zeitgenossen Schuberts, kennt man nur wenige Titel, angelegt vorwiegend in der schlichten oder variierten Strophenform; etwa zeitgleich zu Beethovens *Ferner Geliebter* schrieb er einen Liederzyklus (*Die Temperamente beim Verlust der Geliebten*, 1816/17) und teilt sich so mit ihm den Ruhm des Pioniers.
Felix Mendelssohn Bartholdy komponierte annähernd 100 relativ schlichte Lieder; der Akzent liegt hier auf eingängiger Kantabilität und zurückhaltender, zarter Emotionalität. Seine Textwahl blieb anspruchslos; die Worte treten hinter die Musik zurück, strophische Gliederung wird bevorzugt. Mendelssohns Duette repräsentieren eine besondere Ausprägung häuslichen Musizierens und zeichnen sich durch ihre edle Melodik und formale Ausgewogenheit aus.
Der heute weitgehend vergessene Robert Franz bildet wie Mendelssohn Bartholdy, doch auf ganz andere Weise, mit seinem Liedschaffen eine stilistische Brücke zu Johannes Brahms. Den Organisten Franz prägte die Musik Bachs und Händels, was seinen Kompositionsstil nachhaltig beeinflusste. 1843 veröffentlichte er sein erstes Liederheft, das den Beifall Schumanns und Liszts fand. Die Einflüsse barocker kontrapunktischer und harmonisch-kirchentonaler Musizierpraxis und seine Neigung zu altertümlichen melodischen Wendungen verbinden ihn mit Brahms.
Die frühe Geschichte des Kunstlieds wäre unvollständig ohne einige weitere Namen. Das Liedschaffen Carl Friedrich Zelters, des Begründers der Zweiten Berliner Liederschule, reichte bis weit ins 19. Jahrhundert. Als Lehrer beeinflusste er u. a. Mendelssohn Bartholdy und Loewe. Drei individuelle Nischen gehören ferner Ludwig Berger, der in der Tradition der Berliner Liederschulen stand, und den beiden Schubert-Freunden Franz Lachner und Anselm Hüttenbrenner.

SCHUMANN. Der zentrale Komponist des hochromantischen Klavierlieds war Robert Schumann. Sein Liedschaffen umfasst etwa 260 Titel; es entstand im Wesentlichen in zwei Phasen, wobei ein großer Teil seiner bekanntesten Lieder aus dem ›Liederjahr‹ 1840 stammt. Schumann legte Wert auf die literarische Qualität und bevorzugte Gedichte bedeutender Zeitgenossen wie Eichendorff, Heine und Chamisso. Mehrfach stellte Schumann Gedichte jeweils eines Dichters zu Zyklen zusammen, wobei die innere Verbindung der Titel sowohl durch inhaltliche als auch durch musikalische Verknüpfungen sichergestellt wurde.

Die bedeutenden Liederzyklen oder, wie Schumann sie zu nennen liebte, »Liederkreise«, sind: *Liederkreis von Heinrich Heine* op. 24, *Myrthen* op. 25 nach verschiedenen Dichtern (u. a. Goethe), *Zwölf Kerner-Lieder* op. 35, *Liederkreis* op. 39 nach Eichendorff, *Frauenliebe und -leben* op. 42 nach Chamisso, *Dichterliebe* op. 48 nach Heine.

SCHUMANNS LIEDSTIL. Stimme und Klavierpart sind in Schumanns Liedern ungewöhnlich eng aufeinander bezogen und miteinander verzahnt. Bisweilen tritt die Vokallinie sogar den Vorrang an den Klaviersatz ab und fügt sich in diesen untrennbar ein, dann wieder korrespondieren beide gleichberechtigt und alternierend bis hin zu völliger Selbständigkeit beider Partner.
Auffällig ist die pianistische Farbigkeit und Flexibilität des Klaviersatzes, die selbst in scheinbar untergeordneten Begleitpassagen deutlich zutage tritt. Schumanns virtuoser und klangsinnlicher Klaviersatz wird auch in der variablen Handhabung von Vor- und Nachspielen deutlich. Viele Lieder kommen ohne Vor- oder Nachspiel aus, andere besitzen ausgedehnte Vor- und vor allem Nachspiele. In *Frauenliebe und -leben* rundet das lange Nachspiel des letzten Liedes zugleich den ganzen Zyklus ab, indem es noch einmal das erste Lied zitiert. Die instrumentale Genreszene, die den bizarren Hochzeitsreigen in *Das ist ein Flöten und Geigen* (*Dichterliebe* Nr. 9) durchzieht, wird auf kunstvolle Weise im langen Nachspiel zu Ende geführt. Andererseits genügen Schumann zu Beginn mancher Lieder sparsamste Mittel, die die Stimmung des folgenden Stücks beschwören können; im Extremfall reicht ihm ein einziger akzentuierter Mollakkord, um den Eintritt der Katastrophe – den Tod des Geliebten – zu markieren.
Immer wieder greift Schumann im Klavier zu programmatischen, malerischen Details, ohne jedoch jemals in platten Realismus zu verfallen. Dabei kann der Grad der Stilisierung so weit gehen wie in der *Mondnacht* (*Liederkreis* Nr. 5), jenem Urbild des romantischen Kunstlieds überhaupt, in dem das Klavier in seinem poetischen Vorspiel sinnbildlich die Vermählung von Himmel und Erde (»Es war, als hätt' der Himmel / Die Erde still geküsst«) nachzuzeichnen scheint – Schumanns Liedschaffen steht exemplarisch für das Wesen musikalischer Romantik.

SCHUMANNS WERKE

- Orchesterwerke (4 Sinfonien; Konzerte und Konzertstücke u. a. für Klavier, Violine, Violoncello; Ouvertüren)
- Kammermusik (u. a. 3 Streichquartette; Klavierquartett und -quintett; 3 Klaviertrios; 2 Sonaten f. Violine u. Klavier)
- Klavier (3 Sonaten; poetische Zyklen, darunter *Davidsbündler-Tänze* op. 6; *Carnaval* op. 9; *Phantasiestücke* op. 12; *Kinderszenen* op. 15; *Kreisleriana* op. 16; *Noveleten* op. 21; *Nachtstücke* op. 23; *Waldszenen* op. 82; einzelne Stücke und Variationen, darunter *Abegg-Variationen* op. 1; *Sinfonische Etüden* op. 13)
- Vokalmusik (u. a. Oper *Genoveva*, 1850; Oratorien, Kantaten, Chorwerke, Kirchenkompositionen; Lieder und Duette)

ROBERT SCHUMANN

1810 am 8. Juni in Zwickau geboren; erhält 1817 seinen ersten Klavierunterricht, zusätzlich eine umfassende literarische Bildung.
Ab 1829 Jurastudium zunächst in Leipzig, dann in Heidelberg.
1830 beschließt Schumann unter dem Eindruck eines Auftritts von Liszt, Musiker zu werden; Klavierstudium bei Friedrich Wieck in Leipzig.
1831 erste Klavierkompositionen.
1832 beendet eine Lähmung der Hand aufgrund unsachgemäßen Übens Schumanns Solistenlaufbahn; fortan Tätigkeit als Musikschriftsteller und Komponist.
1834 gründet Schumann in Leipzig die *Neue Zeitschrift für Musik*, die er bis 1844 redigiert und die bis heute besteht.
1838 entdeckt er in Wien Schuberts nachgelassene große *C-Dur-Sinfonie*.
Bis 1839 entstehen vorrangig Klavierwerke; in der Folge widmet er sich in jedem Jahr einer Gattung.
1840 heiratet er Wiecks Tochter Clara gegen den Widerstand ihres Vaters; ›Liederjahr‹.
1841 ›Sinfonisches Jahr‹.
1842 ›Kammermusik-Jahr‹.
1843 unternimmt Schumann mit Clara eine Russlandreise.
1844 übersiedelt das Ehepaar nach Dresden, Begegnung mit Richard Wagner; erste Krankheitsanzeichen.
1843 ›Oratorienjahr‹.
1859 geht Schumann als Musikdirektor nach Düsseldorf.
1853 Besuch von Brahms und Beginn einer Freundschaft.
1854 psychischer Zusammenbruch und Selbstmordversuch.
1856 stirbt Schumann am 29. Juli nach mehrjährigem Aufenthalt in der Heilanstalt Endenich bei Bonn.

DAS KUNSTLIED DER HOHEN ROMANTIK

HUGO WOLF

1860 am 13. März in Windischgraz (Südsteiermark) geboren; Wolfs frühe musikalische Begabung wird intensiv gefördert.
Ab 1875 Studium am Wiener Konservatorium der Gesellschaft der Musikfreunde (Klavier und Harmonielehre); anlässlich einer *Tannhäuser*-Aufführung prägende Begegnung mit Richard Wagner.
1884–87 Musikkritiker für das *Wiener Salonblatt*.
1887 nach dem Tod des Vaters freischaffender Komponist in ärmlichen Verhältnissen, in den folgenden Jahren Förderung durch Freunde und Förderer, Konzerte.
Ab den 1890er-Jahren erste Anzeichen einer progressiven Paralyse.
1897 Unterbringung in einer privaten Wiener Heilanstalt.
1898 Entlassung, Reisen durch Österreich und Italien; nach einem Selbstmordversuch Einweisung in die Landesirrenanstalt.
1903 stirbt Wolf am 22. Februar in Wien; Begräbnis auf dem Zentralfriedhof in Schuberts Nähe.

BRAHMS. Das Liedschaffen von Johannes Brahms umfasst über 200 Titel; daneben wandte er sich auch dem Volkslied zu. Er hinterließ zahlreiche Sammlungen mit Bearbeitungen für Solostimmen wie für Chor; die Melodik mancher seiner Klavierlieder färbt sich volkstümlich, erkennbar an einprägsamen Wendungen und der Bevorzugung periodischer Regelmäßigkeit.
Ein wesentliches Anliegen des Komponisten in seinen Liedern war Sanglichkeit, oft in strophischer Nachzeichnung so gegliederter Gedichte. Die Textvorlagen, von denen sich Brahms inspirieren ließ, waren qualitativ sehr unterschiedlich; neben bedeutenden zeitgenössischen Dichtern vertonte er manchen zweitrangigen Text, wobei ihn offensichtlich mehr die atmosphärische und emotionale Grundstimmung einer Vorlage zu inspirieren vermochte als sprachlicher Feinschliff und Kunstfertigkeit.
Mit Schumann verbindet Brahms sein eigenständiges Idiom in der Klaviersprache, gekennzeichnet bisweilen durch Ansätze zur Sprödigkeit und zu vielstimmiger Verdichtung, die mit einer konstruktiven motivischen Durchgestaltung einhergeht. Eindrucksvoll geschieht das in seinem späten Zyklus der *Vier ernsten Gesänge* op. 121 nach biblischen Texten.
Neben den *Vier ernsten Gesängen* steht als weltlicher Zyklus die Sammlung von Romanzen aus Ludwig Tiecks Erzählung *Die schöne Magelone* op. 33, eine Folge von ambitionierten, für das Klavier oft virtuos-konzertanten Gesängen. Progressiv sind alle jene Eigenarten seiner Kompositionstechnik, die sich auch in den übrigen Werkbereichen finden: neben der genannten motivisch-thematischen Durchdringung des Klaviersatzes ist das seine Technik der permanenten Variation, die vor allem seine späten Lieder kennzeichnet.

WOLF. Eine Generation nach Brahms erschien mit Hugo Wolf in der gleichen Gattung ein andersartig veranlagter und komponierender Meister. Die Gleichzeitigkeit derart gegensätzlicher Persönlichkeiten wirkte polarisierend, denn beide waren in den aktuellen Streit zwischen den ›Neudeutschen‹ um Liszt und Wagner und den ›Traditionalisten‹ mit Brahms an der Spitze eingebunden. Heute sieht man Wolfs Leistung für die Gattung Lied losgelöst

von solcherart zeitgebundenen Diskussionen und vermag wertfrei seine musikalischen Merkmale zu würdigen.
Wenige Komponisten waren so einseitig auf eine Gattung fixiert wie Wolf, der in mehreren Schüben, oft wie im Schaffensrausch, etwa 300 Klavierlieder komponierte. Sie entstanden zumeist in großen Gruppen nach Texten eines einzigen Dichters: u. a. nach Mörike, Eichendorff, Goethe, Gottfried Keller und Michelangelo. Es handelt sich jeweils nicht ausdrücklich um Liederzyklen, sondern um Sammlungen; unter ihnen weisen einige zyklische Tendenzen auf, am deutlichsten die späten Gesänge nach Michelangelo. Übersetzungen von Paul Heyse bzw. Emanuel Geibel liegen dem *Spanischen Liederbuch* und dem *Italienischen Liederbuch* zugrunde.
Wegweisend für Wolf war zunächst die Auseinandersetzung mit dem Vorbild Schumann in frühen Liedern nach Chamisso, Heine und Lenau. Die Begegnung mit dem Werk Richard Wagners im Jahr 1875 markiert dann die Hinwendung zu einer Tonsprache, die sich wesentlicher Elemente des verehrten Bayreuther Meisters in der Harmonie- und Melodiebildung bedient, ohne epigonal zu sein. In der Harmonik entfaltet sich in den Liedern die der Hochromantik zur Verfügung stehende, bis an die Grenzen der Tonalität reichende chromatische Palette, die Wolf immer bewusst und gezielt einzusetzen verstand. So finden sich sowohl extrem chromatische Passagen, etwa als Ausdruck lastender Schwermut in *Lebewohl*, als auch betonte Diatonik als Symbol volkstümlicher Schlichtheit in *Fußreise*.
Von allen bisherigen Liedmeistern unterscheidet sich Wolf am meisten durch die Art der Textbehandlung, die subtilste Abstufungen zwischen kantabel strömender Gesangslinie und präzisester Deklamatorik bis zur Grenze rezitativischen Vortrages beherrscht.
Wolfs Klaviersatz ist technisch anspruchsvoll und steigert sich bisweilen in die extremen Regionen konzertanter Virtuosität, vor allem in den großen balladenhaften (*Feuerreiter*) oder auch parodistischen (*Storchenbotschaft*) Gesängen. Auch ist Wolfs Talent bemerkenswert, mittels des Klavierparts bizarre und komische Situationen zu charakterisieren (*Zur Warnung*, *Bei einer Trauung*).

WOLFS WERKE

- Orchesterwerke (u. a. *Penthesilea. Sinfonische Dichtung nach Heinrich von Kleist*, 1883–85)
- Kammermusik (u. a. *Streichquartett d-Moll*, 1878–84)
- Bühnenwerke (*Der Corregidor*, 1896; *Manuel Venegas*, 1897)
- Vokalmusik (Chorwerke; Lieder für Singstimme und Klavier, darunter 53 nach Gedichten von Mörike, 1888; 20 nach Eichendorff, 1889; 51 nach Goethe, 1890; *Spanisches Liederbuch* nach Heyse und Geibel, 44 Lieder, 1891; 6 nach Keller, 1891; *Italienisches Liederbuch* nach Heyse, 2 Teile zu je 22 und 24 Liedern, 1892 und 1896; *3 Gedichte von Michelangelo*, 1898)

NEUDEUTSCHE UND TRADITIONALISTEN

Die Neudeutsche Schule um Liszt, Wagner und Wolf bediente sich für ihre Meinungsäußerungen der *Neuen Zeitschrift für Musik*: Sie nannten sich zunächst »Zukunftsmusiker« (nach Wagners Aufsatz *Das Kunstwerk der Zukunft*, 1850) und verstanden sich als betont progressiv. Unter Führung von Liszt postulierten sie den Tod der absoluten Musik, setzten auf eine poetische Programmmusik mit der Sinfonischen Dichtung als eigenständiger Gattung und sahen den sinfonischen Stil absoluter Musik nun im Musikdrama aufgehen. Ihr Theoretiker war Franz Brendel, der Musikgeschichte als Entwicklungsprozess im Sinne des Fortschritts definierte.
Ihr Widerpart waren die Traditionalisten oder Konservativen, die sich der klassisch-romantischen Tradition mit ihren bewährten Gattungen verpflichtet fühlten. Sie pflegten weiterhin das Oratorium, die Sinfonie und die Kammermusik. Im Gegensatz zu den Neudeutschen verhielten sie sich eher defensiv; Brahms wurde eher unfreiwillig zu ihrer Leitfigur. Als ihr Theoretiker profilierte sich der Wiener Kritiker Eduard Hanslick, der insbesondere gegen Wagners Werke und Verlautbarungen Stellung bezog und die ›absolute‹ Tonkunst in grundlegenden Schriften verteidigte.

DAS EUROPÄISCHE KUNSTLIED

DIETRICH Fischer-Dieskau, einer der großen Interpreten Carl Loewes, würdigt den Balladen-Komponisten.

»Was ihn heute so zeitfern erscheinen läßt, ist weniger sein Vielschreibertum und die daraus resultierende gelegentliche Oberflächlichkeit, weniger seine schöpferischen Anleihen bei den Zeitgenossen als vielmehr das Treuherzige, das er im Hörer anspricht. (…) Wird Loewe heute sentimental vorgetragen, kommt unweigerlich Kitsch zustande. (…) Und doch: Loewes Technik der Steigerung, seine originelle Charakterisierungskunst, (…) seine Kraft in guten Momenten verhindern bis heute, daß er gänzlich zu den Altmodischen, Vergessenen, Überholten abgeschoben wird. (…) Es würde aber späteren Sängergenerationen vieles an Schulung der Gestaltung, des psychologischen Einfühlungsvermögens, ganz allgemein der Lebendigkeit des Vortrages vorenthalten, verbannte man die Ballade endgültig in die musikalische Rumpelkammer.«

DEUTSCHLAND. Das Kunstlied ist eine der wenigen deutschen Gattungen der Musikgeschichte. Neben Schubert, Schumann, Brahms und Wolf beteiligten sich weitere Komponisten in Deutschland an seiner Entwicklung.
Der Königsberger Komponist Adolf Jensen hinterließ in der bewussten Nachfolge Schumanns eine beträchtliche Anzahl von Liedern, darunter mehrere Zyklen. Mit Hugo Wolf verbindet ihn die Vertonung spanischer Gedichte von Geibel und Heyse, die sich durch ihren dankbaren Klavierpart und ihr dezentes Lokalkolorit auszeichnen.
Franz Liszts Liedschaffen, das mit insgesamt 83 Titeln in vier verschiedenen Sprachen vielseitig zwischen mehreren europäischen Stileinflüssen angesiedelt ist, verfügt oft über anspruchsvolle, bisweilen programmatisch angeregte Klavierbegleitungen. Wie das übrige Schaffen Liszts zeichnen sich viele seiner Lieder durch eine ausgeklügelte, stark chromatisch gefärbte Harmonik aus.
Peter Cornelius setzte eigene Akzente in der Schumann-Nachfolge. Er schuf etwa 100 Lieder und bediente sich dabei häufig eigener Texte. Bis heute populär geblieben sind seine eingängigen, stimmungsvollen Weihnachtslieder op. 8 aus dem Jahre 1870, in denen er zyklische Abrundung anstrebte und kirchliche Liedbezüge zitierte, wie etwa in dem Lied *Die Könige* mit ihrem Choralzitat.
Der Konzertsänger Carl Loewe, dessen Liedschaffen mehr als 350 Titel umfasst, besitzt bis heute den Ruf eines populären Balladen-Komponisten. In drei Schaffensperioden komponierte er ab 1818 so dramatische und manchmal auch sentimentale Balladen wie *Edward*, *Erlkönig*, *Heinrich der Vogler*, *Prinz Eugen*, *Archibald Douglas* und *Die Uhr*. Sein Stil ist zupackend und illustratorisch, vor allem im spieltechnisch anspruchsvollen Klavierpart; auch seine Gesangspartien erfordern alle Abstufungen dramatischen Singens zwischen rezitativischer Deklamation und Kantabilität.

SKANDINAVISCHE UND SLAVISCHE KOMPONISTEN. In verschiedenen Ansätzen der Liedkomposition außerhalb Deutschlands ist häufig deutscher Einfluss spürbar, doch gibt es eigenständige, national gefärbte Personalstile. Unter den dänischen Liederkomponisten ist bei uns einzig Niels W. Gade relativ bekannt geworden, während Peter Heise mit seinen 200 Titeln diesseits der Grenze unbekannt blieb. Die schwedischen und norwegischen Komponisten teilen dieses Schicksal; allein Edvard Grieg gelangte zu überregionalem Ruhm. Seine Lieder zeichnen sich durch ihre komplexe Harmonik und ihre emotionale Eindringlichkeit aus.
Im slawischen Raum gibt es mehrere Zentren des Liedes. Alle uns geläufigen russischen Komponisten des Jahrhunderts beteiligten sich an der Entwicklung der Gattung und setzten ihre Akzente. Die nationale Färbung tritt besonders bei Michail Glinka und Alexander Borodin hervor.

Während ihre Lieder bei uns unbekannt blieben, ist das eigenwillige Liedschaffen Modest Mussorgskijs hierzulande relativ eingeführt. Seine Zyklen *Kinderstube* (1868–72) und *Lieder und Tänze des Todes* (1875–77) beeindrucken durch die Einbeziehung von Elementen russischer Folklore. Die russische Deklamationsweise – ihr wohl wichtigstes Merkmal – steht jedoch einer Verbreitung durch Übersetzungen ins Deutsche im Wege: zu spezifisch sind Tonfall und Akzentuierung der slawischen Sprachmelodie.
Dagegen stehen Peter Tschaikowskijs über 100 Lieder stilistisch eher in der klassischen westeuropäischen Tradition; er vertonte neben russischen und französischen Texten auch Lyrik von Goethe und Heine.
Das Problem des sprachlich andersartigen schwer übersetzbaren Tonfalles zeichnet auch das Liedschaffen Antonín Dvořáks aus. Das zeigen etwa seine schlichten, eindringlichen *Biblischen Gesänge* (1897); hier gelingt es dem Komponisten mit sparsamsten, national gefärbten Mitteln die Atmosphäre der biblischen Texte umzusetzen, unterstützt durch einen poetischen, bisweilen leicht koloristischen Klaviersatz.

FRANKREICH. In Frankreich heißt das Kunstlied *mélodie* und besitzt zumeist ein eigenes, manchmal leicht exotisches Timbre. Auch *mélodies* sind nur unzureichend ins Deutsche zu übertragen. Wichtige Komponisten waren Hector Berlioz, Charles Gounod, Georges Bizet, Jules Massenet und Leo Délibes. Stärker unter deutschem Einfluss standen César Franck, Camille Saint-Saëns und Édouard Laló; Gabriel Fauré knüpfte an die Tradition der Generation von Berlioz an. An der Wende zum 20. Jahrhundert pflegte Claude Debussy seinen Stil feinsinniger Deklamation, während Maurice Ravel mit seinen *mélodies* bereits weitgehend dem neuen Jahrhundert angehört.

DEBUSSYS LIEDSTIL

Karl H. Wörner fasst die Entwicklung im Liedschaffen Claude Debussys zusammen.

»In seiner Auseinandersetzung mit dem literarischen Symbolismus forciert Debussy eine am Text orientierte Formgestaltung, die faßliche Schemata nur mehr durchschimmern läßt. In seiner Auseinandersetzung mit Wagner adaptiert Debussy die motiventwickelnde Konzeption des Alterationsstils eigenständig (Zentraltönigkeit). Dem motiventwickelnden Verfahren Wagners wird, mehr und mehr in orchestralen Klaviersätzen angelegt, eine typisch statische Motivbehandlung alternativ gegenübergestellt. Klassizistische Verarbeitungstypen (…) weichen in den letzten Liedern (u. a. *Trois poèmes de Mallarmé*) teilweise einer textbezogenen Wendung zu Athematik und Atonikalität.«

Modest Mussorgskij, *Mit der Njanja* aus dem Zyklus *Kinderstube* (1862–72).

KAMMERMUSIK IM ÜBERBLICK

ZENTREN. Die Zentren der Kammermusik lagen im 19. Jahrhundert zuerst im deutschsprachigen Raum und strahlten in die Nachbarländer hinein. In Frankreich und Italien trat die Pflege der Kammermusik zunächst hinter andere Bereiche zurück; in Frankreich gab es erst nach 1870 einen Neuanfang.

STREICHQUARTETT. Innerhalb der Kammermusik haben die Werke der Wiener Klassiker, vor allem die von Beethoven, die Hierarchie festgelegt. Das Streichquartett wurde zur anspruchsvollsten Gattung; ihm sind das Streichquintett und -sextett als klangliche und satztechnische Erweiterung zuzurechnen, das (seltene) Streichtrio versteht sich als Reduzierung. Die Entwicklung zum Konzertsaal förderte Sonderformen wie das Doppelquartett mit dem Zug zum orchestralen Klang – wie bei Quintett und Sextett. Ferner kam es zu klanglichen Ausweitungen durch die Mitwirkung einzelner Blasinstrumente, vor allem der Klarinette.

KLAVIERQUARTETT/-QUINTETT. Der Streicherkammermusik stand jene mit Klavier gegenüber; beide Bereiche berühren sich im Klavierquartett und -quintett. Wichtigster Partner des Klaviers war die Violine; hier begegneten sich die beiden Virtuoseninstrumente des Jahrhunderts in neuer Partnerschaft. Hinzu kam das Klaviertrio mit Violine und Cello; Klavierquartett und -quintett lassen sich auch als Ausweitungen des Trios betrachten –

Das Joachim-Quartett: Joseph Joachim (1. Violine), Karl Halir (2. Violine), Emanuel Wirt (Viola), Robert Hausmann (Violoncello). Radierung von Ferdinand Schmutzer (1905).

19. Jahrhundert

nur gemeinsam waren die Streicher stark genug, um sich zumindest seit der Jahrhundertmitte gegenüber dem modernen Flügel behaupten zu können.
Für das Klavierquartett und -quintett entwickelte sich ein zwar schmales, jedoch erlesenes Repertoire, ausgehend von Beethoven und mit Ausläufern ins 20. Jahrhundert reichend. Ausnahmsweise war hier Beethoven nicht der Pionier; seine drei Quartette mit Klavier sind Jugendwerke; eher bilden Mozarts beide Klavierquartette den maßstabsetzenden Ausgangspunkt. Bereits mit Schuberts *Forellenquintett A-Dur* D 667 erschien ein populäres Meisterwerk, besetzt mit einem Kontrabass. Der berühmte Variationensatz über Schuberts Lied *Die Forelle* demonstriert die Farbigkeit der großen Besetzung.

SCHUMANN. Robert Schumanns *Klavierquintett Es-Dur* op. 44 (1842) stellt das Tasteninstrument konzertant in den Mittelpunkt und zwingt die vier Streicher zum kompakten Gegenpart zusammen. Der emotionale Ambitus dieser Musik ist gewaltig: einem Motto gleich eröffnen mächtige Akkorde den Kopfsatz; sie enthalten den motivischen Kern des Satzes; zum ausdrucksstarken Zentrum wird der langsame Satz »in modo d'una marcia« – ein leidenschaftlicher Trauermarsch. Das gleichfalls 1842 entstandene *Klavierquartett Es-Dur* op. 47 nimmt dagegen die exponierte Position des Klaviers zurück zugunsten kammermusikalischer Konzentration.

BRAHMS. Charakteristisch für Johannes Brahms und seine Einschätzung der Gattung ist die lange Entstehungszeit seiner drei Klavierquartette (op. 25, 26, 60), die nach mehreren Zwischenstadien erst 1861 bzw. 1875 ihren Abschluss fanden. Jedes Werk hat, den drei Tonarten g-Moll, A-Dur, c-Moll entsprechend, einen eigenen Charakter. Das *A-Dur-Quartett* ist das verbindlichste und freundlichste; alle sind viersätzig, im typisch Brahms'schen Stil: mit dichter, variativ sich entwickelnder Motiv- und Themenarbeit, voller emotionaler Tiefe, mit mehrfach aufblitzendem ungarisch-zigeunerischem Tonfall.
Das *Klavierquintett f-Moll* op. 34 (1862–64) entstand als Streichquintett; es existiert überdies in einer Version für zwei Klaviere (op. 34b) und stellt »ohne Zweifel den krönenden Abschluß der ersten Epoche des Brahms'schen Kammermusikschaffens« dar (Ludwig Finscher). Brahms gelang hier eine Synthese zwischen den Ansprüchen des Konzertanten und des Satztechnischen, in unauffälliger Kunstfertigkeit der motivisch-thematischen Verknüpfungs- und Variationstechnik: im Scherzo beispielsweise erscheint ein Grundeinfall nacheinander in zwei unterschiedlichen Versionen, die scheinbar nichts mit einander zu tun haben.

PROFESSIONELLE ENSEMBLES

In der Instrumentalmusik zeichnete sich seit der Wiener Klassik eine Tendenz zur Professionalisierung ab. In der Kammermusik gab Beethoven mit seinen Streichquartetten, die für Dilettanten spieltechnisch zu anspruchsvoll waren, dazu den Anstoß. So entstanden zu Beginn des Jahrhunderts erste professionelle Ensembles, als eines der ersten das Schuppanzigh-Quartett in Wien; von ihm führt die Tradition über das Joachim-Quartett der zweiten Jahrhunderthälfte bis zu heutigen international reisenden Gruppierungen. Mit diesen ›Profi-Ensembles‹ etablierte sich auch in der Kammermusik ein öffentliches Konzertleben: man trat heraus aus den privaten Salons in die Welt des Konzertsaals. Danach richteten sich fortan die Komponisten, doch gab es auch weiterhin anspruchslosere Musik für den hausmusikalischen Kreis.
Wie beim Streichquartett kamen professionelle Ensembles auch für die Besetzung mit Klavier auf: es bildeten sich Partnerschaften zwischen Pianist und Geiger, ebenso Klaviertrio-Formationen, die sich durch einen Bratschisten oder Geiger erweitern ließen. Klavierquartette und -quintette fanden auch spontan zusammen, indem eine Quartettformation sich einen Pianisten engagierte.
Feste Ensembles gibt es in der Regel bis heute für die Kammermusik-Standardbesetzungen Quartett und Trio, alle anderen Formationen bilden die Ausnahme.

KAMMERMUSIK-DUOS

IN Leo Tolstois Erzählung *Kreutzersonate* entzünden sich an Ludwig van Beethovens gleichnamiger Violinsonate leidenschaftliche Gefühle.

»Sie spielten die *Kreutzersonate* von Beethoven. Kennen Sie das erste Presto? Kennen Sie es? Oh, oh! (…) Ein entsetzliches Stück, diese Sonate! Und gerade dieser Teil. Überhaupt ist die Musik etwas Entsetzliches! Was ist sie? (…) Es heißt, die Musik erhebe die Seele – Unsinn, Lüge. Sie verwirrt, erschreckt, aber sie erhebt keineswegs die Seele, noch auch erniedrigt sie sie, sondern sie regt die Seele nur auf (…). Die Musik lässt mich selbst meinen wahren Zustand vergessen, sie hebt mich aus mir selbst hinweg (…). Geht es an, in einer Gesellschaft, inmitten dekolletierter Damen, dieses Presto herunterzuspielen, zu applaudieren und hinterher Gefrorenes zu essen und den letzten Klatsch zu besprechen? Solche Stücke dürfte man nur bei bestimmten, wichtigen, bedeutsamen Gelegenheiten spielen, wenn bestimmte, dieser Musik entsprechende Handlungen zu vollbringen sind – spielen und vollbringen und zwar das vollbringen, wozu diese Musik gestimmt hat (…). Auf mich wenigstens übte dieses Musikstück eine grauenhafte Wirkung aus: mir war, als tauchten neue Empfindungen in mir auf, neue Möglichkeiten, die ich vorher nie gekannt.«

Joseph Joachim und Clara Schumann, gezeichnet von Adolph von Menzel, Berlin 1854.

SONATEN FÜR VIOLINE UND KLAVIER. Ludwig van Beethoven entsprach mit dem Titel seiner »Sonaten für Klavier und Violine« noch der Gattungstradition. In den Werken seiner mittleren Stilphase dagegen dominiert das konzertante Element. Seine *Es-Dur-Sonate* op. 12 Nr. 3 unterstreicht diesen Anspruch; die beiden berühmtesten Sonaten dieser Gruppe – die *Frühlingssonate F-Dur* op. 24 und die 1803 dem französischen Violinvirtuosen Rodolphe Kreutzer gewidmete *Kreutzersonate A-Dur* op. 47 – sind Konzertsonaten, mit virtuosen Anforderungen an beide Partner.

Franz Schubert schrieb seine drei *Sonatinen* op. 137 für die gepflegte Hausmusik, drei weitere Kompositionen haben den Anspruch virtuos-konzertanter Kammermusik, vor allem die *Fantasie C-Dur* D 934 aus seinem vorletzten Lebensjahr 1827. Von Felix Mendelssohn Bartholdy sind je eine Violin- und eine Bratschensonate Frühwerke. Robert Schumann bereicherte die Gattung mit zwei profilierten Sonaten für Violine und Klavier – in dieser Reihenfolge wurden die Instrumente fortan genannt. Beide entstanden 1851, sind dreisätzig, variieren jedoch die Satzcharaktere, indem sie auf einen echten langsamen Satz verzichten und leidenschaftliche Ausdrucksregionen in die übrigen Sätze integrieren. Für das Sonaten-Unikum, die *FAE-Sonate*, die Albert Dietrich, Schumann und Brahms gemeinsam schufen, komponierte Schumann Intermezzo und Finale. Benannt war sie nach dem Wahlspruch des Geigers Joseph Joachim, dem das Werk gewidmet wurde: Die Tonfolge f-a-e macht die Anfangsbuchstaben von »Frei aber einsam« hörbar und erklingt leitmotivisch in allen Sätzen.

Johannes Brahms komponierte drei einschlägige Werke in seiner mittleren bis späten Schaffensperiode. Die *G-Dur-Sonate* op. 78 wurde als »Regensonate« populär: Brahms arbeitete hier in das Finale das Kopfmotiv seines *Regenliedes* aus op. 59 ein und versteckte motivische Bezüge auch in den übrigen Sätzen. Gegenüber der Melancholie dieser Sonate besticht die Freundlichkeit der *A-Dur-Sonate* op. 100, deren Kopfsatz mit einem Thema einsetzt, dessen offenkundige Nähe zu einem Einfall aus Wagners *Meistersingern* überrascht. Am ambitioniertesten in Form und konzertantem Anspruch ist die ebenfalls viersätzige *d-Moll-Sonate* op. 108 mit ihrem Zug zur leidenschaftlichen Emphase.

Außerhalb Deutschlands widmeten sich weitere Komponisten der Gattung. Antonín Dvořák hinterließ drei Beiträge, von denen jedoch nicht die zwei großen konzertanten Sonaten populär wurden, sondern seine *Sonatina G-Dur* op. 100 (1894) mit ihrer eingängigen böhmischen Melodik und dem ›indianischen Gesang‹ im langsamen Satz.

Die drei Sonaten von Edvard Grieg zeichnen sich durch die eigenartige Mischung von folkloristischer Melodik und bisweilen kühner, impressionistisch anmutender Harmonik aus. Die Komponisten Frankreichs wandten sich erst spät der Kammermusik zu. César Franck trug 1886 mit seiner gewichtigen *A-Dur-Sonate* ein bis heute gültiges Repertoirestück bei, das auch in einer Fassung für Cello existiert; von Camille Saint-Saëns und Gabriel Fauré gibt es je zwei Violinsonaten.

SONATEN FÜR KLAVIER UND VIOLONCELLO. Ein kleines, gewichtiges Repertoire gibt es für Violoncello, das zuerst in den fünf Sonaten Beethovens bedacht wurde. Während seine mittlere *Sonate A-Dur* op. 69 den konzertanten Anspruch unterstreicht, sind die beiden Sonaten op. 102 Exempel von Beethovens Spätstil mit fast experimentellen Zügen: in betonter Linearität, mit starken Ausdruckskontrasten und einer flexiblen motivischen Durchgestaltung.

Mendelssohn Bartholdys beide Cellosonaten zeichnen sich durch ihren virtuosen Anspruch und ihre ausgeprägte Kantabilität aus. Von Johannes Brahms gibt es je ein Beispiel aus seiner früheren und späteren Schaffensphase: in seiner ersten *Sonate e-Moll* op. 38 verzichtete er auf einen langsamen Satz und weitete das Finale zu einem Fugato aus, dessen Thema an die Knotenpunkte 16 und 17 aus Bachs *Kunst der Fuge* erinnert und dem zwei Kontrasubjekte an die Seite gestellt werden.

Die *F-Dur-Sonate* op. 99 gibt sich als eher sprödes, nach innen gewandtes Werk von gleichwohl hohem gestalterischem Anspruch.

ANDERE SOLOINSTRUMENTE

Die Viola taucht nur selten als Soloinstrument auf, wenn man von den beiden Sonaten von Brahms absieht, die jedoch zunächst für Klarinette bestimmt waren. Schuberts Sonate für das Arpeggione (ein celloähnliches Instrument mit Gitarrenform und -stimmung) wird gern auf Bratsche oder Cello ausgeführt. In der Besetzung für Klavier mit einem Blasinstrument erscheint die Klarinette am häufigsten, denn sie ist unter den Blasinstrumenten das farbigste, in ihren Registern charakteristisch und zu hoher Virtuosität fähig. Hierher gehört Carl Maria von Weber, der als Erster ihre klanglichen Eigenarten auszunutzen wusste, u. a. in seinem virtuosen *Grand Duo concertant Es-Dur* op. 48. Die beiden Klarinetten-Sonaten op. 120 von Brahms sind Spätwerke, bisweilen spröde in ihrer variativen Motivverarbeitung bei Ausnützung aller virtuosen und farblichen Möglichkeiten dieser Instrumentenkombination.

DAS KLAVIERTRIO

GATTUNG DER MITTE. Zwischen der Duosonate und größeren kammermusikalischen Besetzungen hat sich das Klaviertrio als Gattung der Mitte etabliert. Hier treten dem klangmächtigen Tasteninstrument je ein Streichinstrument der Diskantlage und der sonoren Tiefe gegenüber, wobei das Cello dank der Lagentechnik über eine stark ausgeweitete Höhe verfügt – gemeinsam gelingt es Violine und Violoncello, dem Klavier standzuhalten. Noch in Haydns und Mozarts Trios spielt sich das musikalische Geschehen zwischen Klavier und Geige ab, denen sich das Cello unterordnet. Mit Ludwig van Beethovens Trios standen alle drei gleichberechtigt zur Verfügung – auch hier war Beethoven Gattungspionier.

DEUTSCHLAND. Beethovens drei Klaviertrios op. 1 zeigen die wegweisende gleichberechtigte Partnerschaft zwischen Klavier, Violine und Violoncello. Nach seinen zwei Trios op. 70 mit dem populären *Geistertrio D-Dur* erreicht er an der Schwelle zum Spätwerk im *B-Dur-Trio* op. 97 einen Gipfel der Gattung; nun vermag sie den hohen Ansprüchen, die Beethoven in seinen Streichquartetten formuliert hatte, zu genügen. Alle vier Sätze sind Exempel des jeweiligen Satzstandards, in gewachsenen Dimensionen und mit weitgespannter emotionaler Aussage.

Franz Schubert knüpfte hier mit seinem *Klaviertrio B-Dur* (D 898) und dem *Klaviertrio Es-Dur* (D 929), die beide 1827 zeitgleich mit der *Winterreise* entstanden, an, weitete alle Satzumfänge beträchtlich aus und bedachte die langsamen Sätze mit dem Zauber seiner melodischen Poesie. Nach Felix Mendelssohn Bartholdys beiden sehr klangvollen und klassisch ausgeglichenen Trios schrieb auch Robert Schumann drei Klaviertrios, von denen zwei (*d-Moll-Trio* op. 63; *F-Dur-Trio* op. 80) 1847 und eines (*g-Moll-Trio* op. 110) 1851 entstanden. Sie gehören »trotz teilweise konventioneller formaler Grundrisse zu seinen kühnsten kompositorischen Äußerungen. Sie erreichen in ihrer polyphonen Faktur, ihrem weitgehenden Verzicht auf melodische Kantabilität zugunsten kurzgliedrig-formelhafter thematischer Elemente und ihrem dichten motivisch-thematischen Beziehungsgeflecht ein erhebliches Maß an Abstraktion und Verinnerlichung« (Günther Spies). Die *Fantasiestücke* op. 88 können als Vorstudien zu den Trios betrachtet werden.

Johannes Brahms steuerte wie in allen zentralen Bereichen der Kammermusik einige wenige Meisterwerke bei. Sein *H-Dur-Trio* op. 8 entstand 1854, wurde jedoch 1889 durchgreifend umgearbeitet. Sein Hauptthema zeichnet sich durch den innigen, intensiven Tonfall schwelgerischer Sexten aus, wie er für Brahms charakteristisch ist. Daneben zeigt das späte *c-Moll-Trio* op. 101 (1886) die Komplexität und spröde konstruktive Dichte seines Spätstils. Zwei aparte klangliche Varianten der Gattung sind seine Trios mit Bläsern: voller romantischen Wohllautes

ANDERE GEMISCHTE BESETZUNGEN

Von Beethoven gibt es neben dem *Septett Es-Dur* op. 20 das *Bläseroktett Es-Dur* op. 103 oder das reizvolle *Sextett Es-Dur* für zwei Hörner und Streichquartett op. 81b; von Schubert das achtsätzige suitenartige *Oktett F-Dur* D 803 in Streicher-Bläser-Koppelung. Daneben zählen einige Kompositionen mit hinzutretendem einzelnen Blasinstrument zu den Kostbarkeiten der Gattung. Carl Maria von Weber folgte mit seinem brillanten *Klarinettenquintett B-Dur* op. 34 (1811–15) den Spuren Mozarts, setzte die Akzente jedoch anders in der gesteigerten Virtuosität und Klangregie. Den Höhepunkt steuerte Johannes Brahms mit seinem späten *Klarinettenquintett h-Moll* op. 115 (1891) bei; es rundet sich am Ende der Final-Variationen zyklisch, wenn der sich in Sexten wiegende freundlich-wehmütige Anfangsgedanke aus dem Kopfsatz wiederkehrt.

mit Violine und Waldhorn ist das *Trio Es-Dur* op. 40; *das Klarinetten-Trio a-Moll* op. 114 bereichert Brahms' kleine Gruppe exquisiter Klarinettenkompositionen (1891–94).

Der Klarinettist Richard Mühlfeld (1856–1907), Bleistiftzeichnung von Ludwig Michalek (Wien 1899). Johannes Brahms' Werke für Klarinette – das *Klarinettenquintett*, das *Klarinettentrio* op. 114 und die beiden Sonaten für Klarinette und Klavier op. 120 – verdanken sich der Bekanntschaft des Komponisten mit dem herausragenden Klarinettisten des Meininger Orchesters.

EUROPÄISCHES AUSLAND. Wichtige Klaviertrios stammen aus dem europäischen Ausland. Peter Tschaikowskij schrieb sein *a-Moll-Trio* op. 50 1882 zur Erinnerung an Nikolaj Rubinstein, quasi als musikalisches Requiem. Es gliedert sich in zwei Großabschnitte: Der Trauergebärde des »Pezzo elegiaco« folgen ausdrucksvolle Variationen über ein charakteristisches russisches Lied, denen sich unmittelbar ein Rondo-Finale anschließt. Unter den vier Trios von Antonín Dvořák ist das *f-Moll-Trio* op. 65 (1883) das bedeutendste – »ein Ausnahmewerk in seinem gespannten und bis fast zum Ende düsteren Ton, seiner Kompliziertheit und nicht zuletzt seiner ungewöhnlichen Ausdehnung auf fast 40 Minuten Spieldauer« (Ludwig Finscher). Populärer wurde jedoch das *Dumky-Trio e-Moll* op. 90 (1890–91), das aus einer Folge von einzelnen Tänzen (Dumka) besteht, die stark kontrastieren und in Tonfall und Harmonik folkloristisch gefärbt sind. So entstand ein gültiges Kammermusikwerk unter Aussparung überlieferter klassischer Formmodelle.

Eins der intimsten Kammermusikwerke komponierte Bedřich Smetana mit dem *g-Moll-Trio* op. 15, als Totenklage auf den Verlust seines ersten Kindes im Spätherbst 1855. Der Grundton wehmütig-leidenschaftlicher Erinnerung wird sublimiert und verklärt die eher ›abstrakte‹ Instrumentenbesetzung sowie das strenge strukturelle Gerüst der Komposition.

BEETHOVEN UND DAS STREICHQUARTETT

FRÜHE QUARTETTE. Beethovens Quartettschaffen spielt sich zwischen 1798 und 1826 ab. Seine 16 bzw. 17 Streichquartette – je nachdem ob man die *Große Fuge* op. 133 mitzählt oder nicht – fassen das Erbe der jungen Gattung zusammen und sichern ihr den Vorrang für das 19. Jahrhundert und über seine Grenzen hinaus. Ausgangspunkt war der viersätzige, standardisierte Zyklus Haydns und Mozarts; hier knüpfte Beethoven mit seinem Opus 18 an. Die Satzcharaktere sind vielfältig; motivisch-thematische Arbeit nach Haydns Vorbild durchzieht alle Sätze, der vierstimmige Satz zeichnet sich durch perfekte Ausgewogenheit aus. Allerdings dominiert die 1. Violine als »primus inter pares« eindeutig.

BEETHOVENS QUARTETTE OPUS 18

Nach alter Tradition veröffentlichte Beethoven hier sechs Stücke gleicher Gattung unter einer gemeinsamen Opuszahl (F-Dur, G-Dur, D-Dur, c-Moll, A-Dur, B-Dur), darunter, wie üblich, ein Moll-Werk. Die Reihenfolge ist überlegt und logisch im zyklischen Sinn, sie weicht von der Entstehungschronologie ab.
Noch im Barock hielten sich die Tongeschlechter Dur und Moll die Waage, in der Klassik schlug das Pendel zur Durseite hin aus, während man in der Romantik besonders gern in Moll komponierte.

MITTLERE QUARTETTE. 1806 wandte sich Beethoven erneut der Gattung zu und komponierte in rund fünf Jahren fünf weitere Quartette. Die Werke op. 59 (F-Dur, e-Moll, C-Dur) entstanden im Auftrag des russischen Grafen Rasumowsky und unterstreichen das durch die Verwendung russischer Volksmelodien (in Nr. 1 und 2). Charakteristisch sind die Ausweitung der formalen und zeitlichen Dimensionen sowie die Anreicherung des Klangraums und des Klangbilds durch Einbeziehung extremer Lagen und Spielweisen. Gewachsen ist die Virtuosität, insbesondere für den Primgeiger. Der langsame Satz gewinnt an Tiefe und Ausdruckskraft. Im Sonatensatz erstreckt sich die motivisch-thematische Arbeit auch über Exposition, Reprise und (gewachsene) Coda; das Beethoven'sche Scherzo erhält bisweilen bizarren Charakter.
Das *Harfenquartett Es-Dur* op. 74, so bezeichnet nach seinen Pizzicatoeffekten, betont die Klangfarbe als gleichberechtigten Parameter. Das *Quartetto serioso f-Moll* op. 95, das Beethoven zunächst nicht veröffentlichen wollte, ist ein kompromisslos düsteres Dokument seines Ausdruckswillens, von aphoristischer Kürze und satztechnischer Kühnheit.

SPÄTE QUARTETTE. Zwölf Jahre später beginnt mit dem *Es-Dur-Quartett* op. 127 die Gruppe der späten Quartette. Sie erschlossen sich zunächst nur einem kleinen Kreis von Kennern; sie markieren, mehr noch als op. 59, den Übergang von einer privaten Veranstaltung unter Liebhabern zum professionellen Ensemble. Sie fassen mit den Mitteln des abstrakten Streichersatzes Kompositionsprinzipien aus Klassik und Barock zusammen; sie beziehen Prinzipien des Kontrapunkts bis zur Fuge ein, jedoch nie historisierend oder epigonal, sondern immer individuell und weiterführend. Archaisierende Entlehnungen wie Choralbearbeitung und Kirchentonarten werden eingebunden, ebenso die ausgeweiteten und variierten Formtypen Sonatensatz, Rondo, Liedform, Variation, die einander angenähert und ausgeweitet werden. Auffällig sind weiter ein kon-

Luigi Cherubini, den Jean-Auguste-Dominique Ingres 1842 als von der Muse Inspirierten porträtierte, stammte aus Florenz. Er ließ sich nach kurzem Aufenthalt in London 1788 endgültig in Paris nieder; zu Lebzeiten genoss er weltweiten Ruhm, sein Lehrbuch des Kontrapunkts (1835) prägte Generationen von Musikern; seine Opéras comiques wurden auch in Deutschland aufgeführt. Unter Cherubinis Werken befinden sich neben einer Sinfonie, 11 Messen und 2 Requiems auch ein Streichquintett und sechs Streichquartette (Es-Dur, C-Dur, d-Moll, E-Dur, F-Dur, a-Moll) aus den Jahren 1814–37; in ihnen verbindet sich die Brillanz der Pariser Quatuors brillants und Quatuors concertants mit Stilmerkmalen der Wiener Klassik nach Beethoven'schem Vorbild. Ludwig Finscher beschreibt an Cherubinis Quartetten die scheinbar sorglose Themenfülle und die Ausdehnung der Sonatensätze, die ungewöhnlichen Ansprüche vor allem an die 1. Violine, den Mangel an thematischer Arbeit und eine als exzentrisch empfundene Harmonik; der Tonfall der Revolutionsoper verbinde sich in ihnen mit einer Neigung zum musikalischen Exzess.

trastreiches Nebeneinander von motivisch-thematischer Arbeit und volkstümlich-schlichter Melodik, die Kleinteiligkeit sowie große melodische Bögen, Dynamik- und Ausdrucksgegensätze, ein Nebeneinander extremer Diskant- und Basslagen, von Diatonik und Chromatik, Humor und Religiosität. Die technischen Anforderungen sind stark angewachsen, extremste Regionen der Klanglichkeit werden einbezogen.

Die Quartette op. 130 (B-Dur), op. 131 (cis-Moll) und op. 132 (a-Moll) schließen sich durch ein gemeinsames keimzellenartiges Motiv zum Zyklus zusammen. Das ursprüngliche Finale von op. 130 ersetzte Beethoven durch einen neuen Satz und veröffentlichte es als *Große Fuge* op. 133 separat. Ihr Titel umschreibt ihre Komplexität höchst unzureichend: in einer *Overtura* werden zu Beginn die vier Varianten des Fugenthemas vorgestellt, dann in kontrastierenden Abschnitten separat und kombiniert kontrapunktisch verarbeitet – Beethoven bezeichnete seine Arbeitstechnik als »ebenso frei wie kunstvoll« (»tantot libre, tantot recherché«). In seinem letzten Quartett op. 135 (F-Dur) reduzierte Beethoven die äußeren Dimensionen und steuerte mit dem Finale »Der schwer gefasste Entschluss« einen überraschenden programmatischen Aspekt bei.

Die beiden benachbarten Gattungen des Streichtrios und des Streichquintetts bedachte Beethoven in der Nachfolge Mozarts eher beiläufig mit Frühwerken.

STREICHERKAMMERMUSIK NACH BEETHOVEN

VERGESSENE QUARTETTE

In allen wichtigen Gattungen legte Beethoven zu Beginn des Jahrhunderts die Maßstäbe fest, an denen sich nachfolgende Komponisten zu messen hatten. Seit dieser Zeit gilt das Streichquartett als vornehmster Bereich der Kammermusik, als anspruchsvollste Herausforderung an das kompositorische Gestalten. Seltsamerweise haben bis heute jedoch nur die Quartette weniger Komponisten im Konzertleben überlebt. Zu den wichtigsten Musikern, die sich um die Gattung verdient gemacht haben, gehören noch zu Zeiten Beethovens etwa sein Altersgenosse Anton Reicha mit 20 Streichquartetten oder der nur wenig jüngere Louis Spohr; seine Spezialität waren klangmächtige Doppelquartette, von denen hin und wieder eines aufgeführt wird.

SCHUBERT. Zur Gattung Streichquartett hat Franz Schubert insgesamt 17 Werke beigetragen, von denen einige verloren oder unvollständig sind. Ähnlich wie in seiner Sinfonik suchte er seinen Weg zunächst über die Orientierung an Haydn und Mozart, bis er in seinen letzten Werken einen individuellen Stil fand, unabhängig und eigenständig neben Beethoven. Die Bandbreite seiner schöpferischen Potenz lässt sich am Nebeneinander seiner beiden letzten Quartette veranschaulichen. Das *d-Moll-Quartett* (D 810, 1824–26) erhielt seinen Beinamen »Der Tod und das Mädchen« nach seinem langsamen Satz, in dem das Thema aus Schuberts gleichnamigem Lied zur Grundlage von fünf Charaktervariationen wird. Im Verlauf des Werks werden alle emotionalen Höhen und Tiefen romantischer Empfindsamkeit durchlebt; schärfste Ausdruckskontraste stehen nebeneinander, vom mottoartigen finsteren Beginn bis zur totentanzähnlichen Hetzjagd des Finalsatzes.

Das Prinzip des konflikthaft zugespitzten Gegensatzes beherrscht Schuberts letztes *Quartett G-Dur* D 887 (1826) und scheint die Grenzen der Kammermusik sprengen zu wollen. Die äußeren Dimensionen wachsen stark an; die überlieferten Formmodelle werden ausgeweitet. In der Klanglichkeit ist ein Zug zum Orchestralen und zugleich zu solistischer Zuspitzung unüberhörbar; Doppelgriffe und Tremoloeffekte sind charakteristisch sich häufende Merkmale. Auch die Harmonik nimmt an Komplexität zu, was sich am wie zerrissen zwischen Dur und Moll schwankenden Beginn zeigt.

Weitere Kennzeichen dieser Musik sind eine expansive und andererseits oft nur motivisch gereihte Melodik sowie eine raffinierte Harmonik voller unerwarteter Wendungen. In diesen Zusammenhang gehört Schuberts einziges *Streichquintett C-Dur* D 956 (1828), in dem nach Boccherinis Vorbild zwei Celli zum Einsatz kommen. Überwältigend ist seine Klanglichkeit; in der Mitte steht einer der eindringlichsten romantischen langsamen Sätze. Schuberts Technik subtiler Motivreihung und -schichtung kommt vor allem in seinen Rahmenteilen zur Geltung.

NACH SCHUBERT. In Deutschland führten Mendelssohn, Schumann und Brahms die Gattung weiter. Felix Mendelssohn Bartholdy knüpfte an Beethovens Spätwerk an und suchte mit seinen drei Quartetten op. 44 (1837/38) sowie dem späten *f-Moll-Quartett* op. 80 (1847) eigene, bisweilen experimentelle Wege, die in op. 80 zu starken Kontrasten und emotionalen Entladungen führen. Mit seinem *Oktett Es-Dur* op. 20 (1825) bereicherte er das schmale Repertoire des Doppelquartetts um eine klangschöne Kostbarkeit.

Robert Schumann schrieb in seinem ›Kammermusikjahr‹ 1842 unter anderem seine drei Streichquartette op. 41. In ihrer Widmung an Mendelssohn kommt zur Geltung, was Schumann dem Berliner Meister verdankte, dennoch entstanden hier originelle viersätzige Werke in sorgfältiger, individueller struktureller Durcharbeitung.

Johannes Brahms, *Streichquartett c-moll* op. 51,1, erste Seite (Autograph). Das Quartett entstand im Sommer 1866 in Baden-Baden und ist, wie das 1873 in Tutzing am Starnberger See komponierte Streichquartett op. 51,2, Brahms' berühmtem Arzt-Freund Theodor Billroth gewidmet.

Am Ende der Reihe stehen die drei Quartette von Johannes Brahms, das Ergebnis seines langen Ringens mit der Tradition und mit allen Merkmalen seines individuellen Stils. Sie enthalten Passagen anrührender Intimität wie komplexester Kontrapunktik und hochromantisch-chromatischer Harmonik. Die für Brahms charakteristische Technik des ständigen subtilen Veränderns gelangt im Finale des *B-Dur-Quartetts* op. 67 (1875) – einem Variationensatz – noch einmal zu einem kammermusikalischen Höhepunkt. In den Umkreis der Quartette gehören bei Brahms seine beiden späten Streichquintette F-Dur op. 88 und G-Dur op. 111, beide nach Mozarts Vorbild mit zwei Bratschen den Streichquartettsatz kunstvoll ausweitend. Jugendwerke sind seine beiden voluminösen Streichsextette mit je zwei Bratschen und Celli (B-Dur op. 18 und G-Dur op. 36), die den Klangraum ins Orchestrale ausweiten und durch ihre expansive Melodik gekennzeichnet sind.

BRUCKNER UND WOLF. Einen Sonderfall innerhalb der Streicherkammermusik des 19. Jahrhunderts stellt Anton Bruckners *Streichquintett F-Dur* aus den Jahren 1878/79 dar, denn es steht als Solitär vereinzelt neben seinen neun monumentalen Sinfonien, die seinen Nachruhm ausmachen. In der Besetzung mit zwei Bratschen folgt das Quintett Mozarts Vorbild; ähnlich der Mehrzahl seiner Sinfonien unterzog Bruckner auch sein Quintett mehreren tiefgreifenden Umarbeitungen, sowohl die Satzreihenfolge wie auch manches kompositorische Detail betreffend. Obwohl das Werk durchaus stilistische Merkmale mit den Sinfonien teilt, etwa in der chromatisierten Harmonik, in weitschweifender Melodik oder in expansiver Dynamik, wurde es nicht etwa zu einer ›Kammersinfonie‹, sondern darf doch als veritables spätromantisches Kammermusikwerk gelten.
Ebenfalls singulär ist Hugo Wolfs inmitten seines Liedschaffens zwischen 1879 und 1884 entstandenes *Streichquartett d-Moll*, eine überraschende Parallele übrigens zu dem Italiener Giuseppe Verdi, der seinen Opern ein einzelnes spätes Quartett an die Seite stellte (e-Moll, 1873).

EUROPÄISCHE KAMMERMUSIK FÜR STREICHER

FRANKREICH. Relativ spät im 19. Jahrhundert kam es in Frankreich zu einer Blüte der Streicherkammermusik. Im Werk César Francks dominieren die Besetzungen mit Klavier; 1889, in seinem vorletzten Lebensjahr, entstand sein einziges *Streichquartett D-Dur*, das sich zwischen klassischen Einflüssen und französischem Individualismus und in eigenwilliger, zukunftsweisender Harmonik präsentiert. Ihm folgten Camille Saint-Saëns mit zwei Quartetten und Gabriel Fauré mit seinem einzigen *Quartett e-Moll* op. 121. An der Schwelle zum neuen Jahrhundert entstanden Vincent d'Indys zwei Quartette (1890 und 1897).

ITALIEN

Eine Randerscheinung war das Streichquartett in Italien, wo Rossini mit seinen fünf und Donizetti mit 19 Quartetten den Stil der Wiener Klassik ins Mediterrane übersetzten. Dagegen ist das einzige Streichquartett (e-Moll, 1872) des Opernkomponisten Giuseppe Verdi ein originelles Dokument einer vokal orientierten Tonsprache.

RUSSLAND. Russland, das musikgeschichtlich zu Europa gehört, bereicherte die Gattung nachhaltig; seine Musik bezieht ihren Reiz aus der verschmelzenden oder konflikthaften Begegnung einer slawischen Tonsprache mit der Westeuropas. Neben den zehn hierzulande kaum bekannten Quartetten von Anton Rubinstein sind die zwei Streichquartette von Alexander Borodin hervorzuheben. Sein Erstlingswerk, das *Quartett A-Dur*, wurde ein Meisterwerk; den Kopfsatz hatte, wie der Komponist betonte, »ein Thema von Beethoven [aus dem Quartett op. 130] angeregt«. Das zweite *Quartett D-Dur* hält die künstlerische Höhe des ersten und wurde vor allem durch sein melodisch eindringliches Notturno berühmt. Dagegen wird Borodins Streichsextett hierzulande kaum beachtet.
Der westlichen Tradition zugeneigt und deshalb von russischen Zeitgenossen bisweilen abfällig betrachtet war Peter Tschaikowskij, dessen drei Quartette ihren Platz im Konzertrepertoire haben. Sie sind durch Spielfreude gekennzeichnet und wenden sich nacheinander immer stärker düsteren und schwermütigen Regionen zu. Der langsame Satz des letzten Quartetts (es-Moll, op. 30) führt in die Ausdruckstiefen der *Pathétique* (6. *Sinfonie*), getragen von einem ständig wiederkehrenden rhythmischen Einfall.
Zu den bekanntesten Werken der reicher besetzten Streicherkammermusik zählt Tschaikowskijs *Sextett d-Moll* op. 70 *Souvenir de Florence*, das sich durch kammermusikalischen Feinschliff, eingängige Melodik, hohe Ausdrucksintensität und musikantische Spielfreudigkeit auszeichnet.

DER BÖHMISCH-TSCHECHISCHE RAUM. Unter Bedřich Smetanas zwei Quartetten ragt das erste in e-Moll *Aus meinem Leben* hervor, denn es verbindet autobiographische programmatische Ansätze mit dem viersätzigen Sonatenmodell, mit einer anrührenden Liebesszene im Largo. Sein zweites Quartett verarbeitet eindringlich die Erfahrung der Ertaubung und ist in seinem visionären Altersstil mosaikartiger Zerrissenheit zukunftsweisend.
Bei Antonín Dvořák stand das Streichquartett im Mittelpunkt seiner Kammermusik; es begleitete sein Lebenswerk von den Anfängen bis in die letzten Jahre. Dabei spiegeln

die 14 Quartette jene musikalischen Einflüsse wider, denen sich der Komponist im Laufe seines Reifeprozesses stellte: zunächst kreiste seine Entwicklung um Liszt und Wagner (Quartette Nr. 1–4) und wandte sich allgemein westeuropäischen Vorbildern zu; der böhmisch-musikantische Tonfall in Melodieerfindung und Spielweise nahm im Spätwerk zu.
Dvořáks *D-Dur-Quartett* Nr. 3 dürfte mit annähernd 70 Minuten Spieldauer das wohl längste Streichquartett des 19. Jahrhunderts sein. Experimentell in der Form mutet das *a-Moll-Quartett* von 1873 an, denn es verbirgt hinter seiner Einsätzigkeit klassische Viersätzigkeit und verknüpft sie mit programmatischen Ansätzen. Das *Quartett F-Dur* op. 96 trägt aufgrund seiner Entstehungsumstände den Beinamen »Amerikanisches« und wurde nicht zuletzt wegen seiner umweglosen Eingängigkeit und Knappheit am populärsten. Höchste Meisterschaft der motivischen Feinarbeit erreichte Dvořák in seinem letzten *Quartett G-Dur* op. 106 (1895). »Dvořáks letztes Streichquartett ist auch sein persönlichstes; dasjenige, das sich, auf äußerst subtile Weise, am weitesten von den Normen der Gattung entfernt und das sich in dieser Haltung, obgleich alles Ideelle in ihm vollkommen in Musik-Sprache aufgehoben erscheint, zuinnerst mit den Streichquartetten Smetanas berührt« (Ludwig Finscher).

SKANDINAVIEN

In Skandinavien entwickelte sich eine kleine, aber feine Quartett-Tradition. Allerdings konnten sich die Werke von Franz Berwald, Niels W. Gade oder Christian Sinding bei uns kaum durchsetzen. So bleiben die beiden Quartette des Norwegers Edvard Grieg die einzigen bekannteren, die überdies dazu beitragen, das Vorurteil vom populistischen ›nordischen‹ Romantiker zu entkräften; Grieg gelang hier eine Verschmelzung westeuropäischer Strukturen mit seiner progressiven Harmonik und folkloristischen Bausteinen. Hierfür ist das Scherzo seines *g-Moll-Quartetts* op. 27 (1877–1878) ein packendes Beispiel.

Antonín Dvořák, *Streichquartett A-Dur* op. 2, Beginn (Autograph).

DAS KLASSISCH-ROMANTISCHE SINFONIEORCHESTER

ZUSAMMENSETZUNG. Um 1800 präsentierte sich das klassisch-romantische Sinfonieorchester wie folgt: Die Basis des Orchesters bilden die chorisch besetzten Streichinstrumente. Die melodische Führung liegt überwiegend bei den 1. Violinen; die 2. Violinen schließen sich ihnen in der tieferen Lage an. Die Bratschen begleiten als Mittelstimme; die Bassstimme ist bereits geteilt, sodass das ursprüngliche Streichquartett zum Quintett wird. Celli und Kontrabässe gehen in Oktaven parallel – die Bässe transponieren eine Oktave tiefer als notiert.
Die vier Holzbläser, Flöten, Oboen, Klarinetten und Fagotte, treten als Paare auf; der erste Spieler übernimmt in der Regel die führende Stimme, der zweite ordnet sich im Tonsatz unter. Manchmal ist die 1. Flöte an die 1. Violinstimme gekoppelt und ergibt so eine neue Farbmischung.
Die Gruppe der Blechblasinstrumente besteht aus je zwei Hörnern und Trompeten, die den Klang abrunden und verstärken. Ihre Einsatzmöglichkeiten sind um 1800 noch eingeschränkt und vorwiegend auf Füllstimmen begrenzt. Die zwei Pauken markieren den Rhythmus im Tutti.
Der Gesamtklang des Ensembles ist auf Mischung angelegt, wobei es zahlreiche Abstufungen zwischen Tuttispiel und unterschiedlichen Koppelungen einzelner Instrumente und Gruppen geben kann. Mit dem Aufkommen des

DAS SINFONIEORCHESTER ALS INSTRUMENT

Am Ende des 18. Jahrhunderts formierte sich das Sinfonieorchester, das in seiner Komplexheit und Perfektion zu den großartigsten Erfolgen der Geistesgeschichte gehört. Seit Mitte des Jahrhunderts führte eine vielschichtige Entwicklung, an der zahlreiche Musiker beteiligt waren, in den späten Sinfonien Haydns und Mozarts zu einer standardisierten Besetzung von Streich-, Blas- und Schlaginstrumenten; ihre Auswahl und Mischung behielt mit geringfügigen Korrekturen und Ergänzungen für mehr als ein Jahrhundert Gültigkeit. Beethoven übernahm dieses Ensemble unverändert von seinen beiden Vorgängern für seine um die Jahrhundertwende entstandene *1. Sinfonie*.
Die ursprüngliche Sitzordnung der Instrumente gilt im Prinzip bis heute, jedoch mit bestimmten Varianten vor allem bei den Streichern, die immer gemeinsam vorn an der Rampe sitzen. Hinter ihnen folgen in Tiefe und Höhe gestaffelt zuerst die Holz-, dann die Blechbläser und die Pauken.

Das Opernorchester. Edgar Degas' Ölgemälde von 1868/1869 zeigt hinter den Musikern die obligatorische Ballettszene der Oper und ist zugleich ein Porträt des Fagottisten Désiré Dihau, mit dem der sonst nicht sehr gesellige Degas befreundet war.

Sinfonie- und Opernorchesters wird die Instrumentation zu einem wichtigen Mittel der Komposition und im Verlauf des Jahrhunderts zum gleichberechtigten musikalischen Parameter.

INSTRUMENTE. Die Streichinstrumente unterscheiden sich konstruktiv und spieltechnisch zu Beginn des 19. Jahrhunderts wenig von ihren Vorfahren. Dagegen wurden die Holzblasinstrumente gerade in der ersten Hälfte des 19. Jahrhunderts weiterentwickelt und verbessert. Bei den Querflöten war es vor anderen der Münchner Instrumentenmacher Theobald Boehm, der das Klappensystem, nach Vorleistungen mancher Kollegen, einführte, das die Flöte zu einem beweglichen und virtuosen Instrument machte. Auch bei den Oboen war die Erfindung und Perfektionierung eines Klappensystems zur Erleichterung und Beschleunigung der Grifftechnik die wichtigste Veränderung in der ersten Jahrhunderthälfte, wobei bis heute unterschiedliche Systeme gespielt werden (französisch, deutsch). Gleiches gilt für die Fagotte, die als Doppelrohrblattinstrumente mit den Oboen direkt verwandt sind; für sie konstruierte vor allem der Deutsche Johann Adam Heckel ein Klappensystem.

Die jüngsten Blasinstrumente im Orchester sind die Klarinetten mit ihren einfachen Rohrblättern; sie kamen um die Mitte des 18. Jahrhunderts auf und errangen ihren Stammplatz im Orchester um 1800. Das Boehm'sche Klappensystem wurde bis 1850 auf die Klarinetten übertragen und ermöglichte ihnen gleiche Beweglichkeit. Sie sind transponierende Instrumente, die in der Partitur anders notiert werden als sie klingen; im Sinfonieorchester werden A- und B-Klarinetten bevorzugt.

Bei den Blechblasinstrumenten erfolgte die entscheidende technische Neuerung, die ihnen die nötige Beweglichkeit im Orchester verschaffte, bald nach 1800. Den Hörnern brachte die Erfindung des Doppelhorns (zusätzlicher Einbau eines B-Horns in ein F-Horn, umschaltbar durch ein Ventil) und der Ventile neue Spielmöglichkeiten; den Trompeten bauten die Instrumentenmacher Blühmel und Stoelzel die ersten Ventile ein, die das Spiel chromatischer Töne zwischen den Naturtönen ermöglichten.

Einziges Schlaginstrument im Orchester war die Pauke, die immer paarweise auftrat und auf zwei harmonische Grundtöne gestimmt wurde (z. B. Tonika und Dominante). Der Stimmvorgang wurde durch zwei Erfindungen erleichtert: durch eine zentrale Stimmschraube um 1812, durch ein Stimmpedal um 1855.

Zur Standardbesetzung kamen von Fall zu Fall noch Piccoloflöte, Posaunen und Tuba, ferner Triangel, Becken, große und kleine Trommel hinzu.

RICHARD Strauss, selbst herausragend im Umgang mit den Orchesterfarben, kommentiert im Vorwort zu seiner Neuausgabe von Hector Berlioz' wegweisendem *Traité d'instrumentation et d'orchestration modernes* (1844/56) die Entwicklung des modernen Orchesters.

»Es wird meistens so sehr betont, der Fortschritt Richard Wagners, des Vollenders des modernen Orchesters, gegen Hector Berlioz, dessen Schöpfer, liege ausschließlich auf dem Gebiete des tieferen Gehaltes seiner dichterischen und musikalischen Ideen. Doch sind es (natürlich stets mit den vernünftigen Einschränkungen) drei wesentlich technische Punkte, auf die ausdrücklich aufmerksam zu machen sich schon verlohnt, da in ihnen die Ursache der so vollendeten Gestaltung der Wagnerschen Gedanken im heutigen Orchester liegen.

Dies ist: erstens die Anwendung des reichsten polyphonen Stiles; zweitens seine Ermöglichung im größten Maßstabe durch Erfindung und Einführung des Ventilhornes; drittens die Übertragung einer bisher nur im Solokonzert gewagten Virtuosentechnik auf alle Instrumente des Orchesters (von Beethoven allerdings schon in seinen letzten Streichquartetten, wenn auch noch nicht in der Sinfonie, gefordert).«

ORCHESTERINSTRUMENTATION UND SINFONISCHE TENDENZEN

KLANGFARBE. Mit der Etablierung des klassisch-romantischen Sinfonie- und Opernorchesters begann im engeren Sinn die Kunst der Instrumentation. Natürlich schrieben auch frühere Komponisten Werke für bestimmte Instrumente und berücksichtigten deren Spiel- und Klangeigenschaften. Dennoch war die Klangfarbe für eine Komposition noch kein primärer Parameter. Mit dem Stilwandel in den Jahrzehnten ab der Mitte des 18. Jahrhunderts schärfte sich das Bewusstsein für die klangliche Erscheinungsform der Musik. Melodische und strukturelle Eingebungen wurden zunehmend an eine bestimmte klangliche Gestalt, an charakteristische instrumentale Farben und Farbkombinationen gebunden.
Für dieses neue Klangbewusstsein schufen sich die Musiker ein neuartiges Ensemble, das die wichtigsten gebräuchlichen Instrumente übernahm, sie jedoch anders einsetzte, kombinierte und technisch weiterentwickeln ließ. Instrumentenbau und Kompositionshandwerk waren auf einander angewiesen und regten sich gegenseitig zu Neuerungen an. Dieser kreative und dynamische Prozess fand bis zur Mitte des 19. Jahrhunderts seinen vorläufigen Abschluss; seine Ergebnisse sind einerseits die Vervollkommnung des Hammerklavieres (unter Beethovens Einfluss), andererseits die Perfektionierung der Holz- und Blechblasinstrumente.
Der erste Meister der Instrumentation war Wolfgang Amadeus Mozart, der die Instrumente in seinem Orchester in bislang nicht gekannter Raffinesse und Perfektion zu kombinieren verstand, einem Maler gleich, der seine Farben mischt, sodass die Ausgangsfarben im Ergebnis nicht mehr zu erkennen sind.

DAS erste Lehrbuch der Instrumentation erschien zu Beginn des 19. Jahrhunderts. Hector Berlioz, einer der Pioniere der Orchesterbehandlung, veröffentlichte seine *Instrumentationslehre* (*Traité d'instrumentation et d'orchestration modernes*) 1844 in Paris (Revision 1856). Dieses grundlegende Buch behielt im Prinzip für das ganze Jahrhundert Gültigkeit; 1904 gab es Richard Strauss mit den nötigen aktuellen Ergänzungen neu heraus, ließ aber die Substanz unangetastet. In seinem *Traité d'instrumentation et d'orchestration modernes* weist Berlioz auch auf die Chancen und Gefahren der neuen Vielfalt an Orchesterfarben hin.

»In keiner Epoche der Musikgeschichte ist soviel von ›Instrumentation‹ die Rede gewesen, als heutzutage. Jedenfalls ist nicht zu verkennen, daß der Instrumentationskunst jetzt große Bedeutung beigelegt wird, einer Kunst, von der man zu Anfang des vorigen Jahrhunderts nichts wußte und deren Emporkommen selbst von wahren Freunden der Musik vor ungefähr 60 Jahren noch aufs lebhafteste bekämpft wurde. Wir können jetzt nur feststellen, daß die Instrumentation den übrigen Kunstzweigen [Harmonie, Melodie, Rhythmus] voranschreitet und nahe daran ist, übertrieben zu werden.«

ABSOLUTE MUSIK UND PROGRAMM-MUSIK. In den ersten beiden Jahrzehnten nach der Jahrhundertwende setzten Beethovens neun Sinfonien einen neuen Maßstab. Auf sie reagierten alle folgenden Komponisten künstlerisch-schöpferisch: entweder durch behutsame Weiterentwicklung ihrer strukturellen Vorgaben oder durch Rebellion gegen sie. Die neun Beethoven-Sinfonien enthalten die zwei gestalterischen Impulse für die sinfonische Orchestermusik des gesamten 19. Jahrhunderts: Der eine Teil von ihnen (Nr. 1, 2, 4, 7, 8) verkörpert gleichsam das Ideal einer absoluten Musik, die nichts meint als sich selbst, sich nach keinen Vorgaben richtet als nach musikalischen Gesetzen (Tonsatz, Harmonielehre, Formenlehre). Der andere – populärere – Teil der Sinfonien (Nr. 3, 5, 6, 9) beinhaltet in unterschiedlicher Intensität und Ausdehnung Ansätze der Programm-Musik, geht also über Wohlklang und Satzstruktur hinaus und transportiert zusätzlich außermusikalische Inhalte und Emotionen. Beethoven äußerte sich hierzu nur in zwei Fällen. Er bezeichnete seine 6. *Sinfonie* als »Pastoral-Sinfonie oder Erinnerung an das Landleben« und gab ihren Sätzen Überschriften. Seine Warnung, dass diese Musik »mehr Ausdruck der Empfindung als Malerey« sein solle, war eines der wichtigsten ästhetischen Postulate, die er der Programm-Musik mit auf den Weg gab, denn er sah die Gefahr des platten Realismus, der naturalistischen Nachahmung. In seine 9. *Sinfonie* bezog Beethoven im Finale als außermusikalische Anregung Schillers *Ode an die Freude* mit ein. Seine 3. *Sinfonie* war ursprünglich Napoleon gewidmet; ihr endgültiger Untertitel lautet »Heroische Sinfonie, komponiert zur Feier des Gedächtnisses an einen großen Mann«.

Von Beethovens beiden sinfonischen Ansätzen der absoluten und der programmatischen Musik gehen die beiden Hauptströme sinfonischer Musik im 19. Jahrhundert aus. Die Linie der absoluten Sinfonie verfolgten nach Beethoven Schubert, Mendelssohn Bartholdy, Schumann, Brahms, Tschaikowskij und Dvořák.

Die Komponisten von sinfonischer Programm-Musik berufen sich ausdrücklich auf Beethovens *Pastoral-Sinfonie*; ihr Pionier war Hector Berlioz, ihm folgten u. a. Franz Liszt, Bedřich Smetana, Antonín Dvořák und Richard Strauss. Hier entwickeln sich zwei Strömungen: die einsätzige Sinfonische Dichtung, die an Beethovens Konzert-Ouvertüren anknüpft, und die mehrsätzige Programm-Sinfonie. Beide Linien reichen mit ihren Ausläufern bis weit ins 20. Jahrhundert.

DER berühmte Musikforscher Paul Bekker charakterisierte 1918 die Gattung Sinfonie.

»Die sinfonische Gattung ist für den schaffenden Musiker das Mittel, sich durch die Instrumentalmusik einem großen Hörerkreis mitzuteilen. Aus der Vorstellung dieses Hörerkreises heraus konzipiert er das Werk und gestaltet es im einzelnen. Er komponiert also nicht nur das, was in der Partitur deutlich zu lesen steht, er komponiert auch gleichzeitig ein ideales Bild des Raumes und der Hörerschaft.«

Louis Antoine Jullien als Dirigent im Covent Garden Theatre 1846.

BEETHOVENS SINFONIEN

SONATEN FÜR ORCHESTER

Ludwig van Beethoven komponierte seine neun Sinfonien zwischen 1799 und 1824. Die Gestalt der Sinfonie mit Satzfolge, Formmodellen und Orchesterformation übernahm er von Haydn und Mozart. Die Sätze in der Abfolge schnell – langsam – Tanzsatz – schnell stellen eine ›Sonate für Orchester‹ dar. Beethoven änderte sie ein einziges Mal: in der *Pastoral-Sinfonie* fügte er aus programmatischen Gründen einen zusätzlichen Satz (»Gewitter. Sturm«) zwischen Scherzo und Finale ein und verband sie pausenlos mit einander. Die Wahrung der Tradition besagt jedoch wenig darüber, wie Beethoven mit diesem Muster verfuhr.

NEUERUNGEN. Dass Beethoven bei seinen neun Sinfonien Revolution statt Evolution im Sinn hatte, bewies er mehrfach. So beginnt die *1. Sinfonie C-Dur* wie später auch die 2., 4. und 7. mit einer langsamen Einleitung; doch sie setzt unkonventionell nicht mit der Tonika, sondern mit einem Zwischendominant-Septakkord ein und erreicht C-Dur erst in Takt 6. Das Prinzip der langsamen Einleitung wird später in der *7. Sinfonie A-Dur* so ausgeweitet, dass daraus fast ein eigenständiger Satz entsteht.
Der Sonatenhauptsatz prägt die Mehrzahl von Beethovens Sätzen; allerdings nimmt seine Häufigkeit von der ersten bis zur letzten Sinfonie ab. Beethovens Leistung liegt in der Ausformulierung der motivisch-thematischen Arbeit, vor allem in den Durchführungen, sowie deren Ausweitung auf die übrigen Formabschnitte.

SATZFORMEN. Hinzu kommen eine Ausweitung der Satzproportionen und, im Kopfsatz der *3. Sinfonie Es-Dur* (*Eroica*), der Ausbau der strukturellen Dreigliedrigkeit zur Vierteiligkeit: aus der ursprünglichen kurz angehängten Coda wird ein langer und annähernd gleichgewichtiger Formteil wie die Durchführung; auch wird hier weiter ›durchgeführt‹, also mit Themen und Motiven gearbeitet, allerdings nur im weiteren harmonischen Umkreis der Tonika. Auf diese Weise bleibt der Codacharakter erhalten.
Ein anderer Sonatensatz, der erste Satz der *5. Sinfonie c-Moll*, zeigt Tendenzen zur Monothematik, zur Beschränkung auf ein einziges Motiv, das den ganzen Satz nahezu pausenlos durchzieht und für unerhörte Dichte und Konzentration sorgt. Haupt- und Seitenthema basieren beide auf einem einzigen kurzen auftaktigen Viertönemotiv.
Von ähnlicher motivisch-thematischer Dichte und Sparsamkeit sind auch die Kopfsätze der *6. Sinfonie F-Dur* und der *7. Sinfonie A-Dur* gekennzeichnet, wobei Letzterer eher als monorhythmisch zu bezeichnen ist.
Der Ernsthaftigkeit des sinfonischen Prinzips entsprechend kommt das Rondomodell kaum zum Zuge: im Finale der *Pastoral-Sinfonie* dient es aus programmatischen Gründen einem pastoralen Rundgesang als Folie; im Finale der *7. Sinfonie* wird es von durchführungsmäßigen Sonatensatzansätzen durchdrungen und ›aufgewertet‹.

ZUM FINALE. Am häufigsten gespielt werden von Beethovens Sinfonien die Nr. 3, 5, 6, 7 und 9, da sie mit Ausnahme der *7. Sinfonie* angedeutete Hinweise auf außermusikalische Anliegen und Aussagen tragen, in zwei Fällen auch ausdrückliche programmatische Merkmale. Auf diese Weise wurde die *Pastoral-Sinfonie* zum Ausgangspunkt der sinfonischen Programm-Musik. Illustrative Schilderung allerdings findet man nur im »Gewitter«-Satz und auch hier auf kunstvollste Weise stilisiert.
Die Sinfonien Nr. 5 und 9 lassen in ihrem Verlauf eine Tendenz erkennen, die man mit der Sentenz »Durch

Nacht zum Licht« umschreiben könnte. In der 5. *Sinfonie* ist das an der harmonischen Entwicklung vom düsteren c-Moll des Beginns bis zum triumphalen C-Dur-Jubel des Finales nachzuvollziehen. In der 9. *Sinfonie* wird der gleiche Weg von d-Moll nach D-Dur beschritten und durch das experimentelle Finale unterstrichen, denn hier wird revolutionär die menschliche Stimme einbezogen: nachdem nach den Anfangsdissonanzen und der instrumentalen Exposition des Finalethemas die Themen der vorangegangenen Sätze zitiert wurden, greift der Baritonsolist mit den Worten »O Freunde, nicht diese Töne« ins Geschehen ein, und der Chor stimmt Schillers *Ode an die Freude* an. Auch diese Sinfonie besitzt einen schicksalhaft düsteren Kopfsatz, der den Finalejubel erst richtig nachvollziehbar macht.

MITTELSÄTZE. Beethovens Mittelsätze sind häufig emotionale Mittelpunkte. Sie folgen der liedhaften Mehrteiligkeit oder dem Sonatensatzprinzip. Mehrfach beschleunigt Beethoven die langsamen Sätze so, dass sie ihren Charakter zum bewegten Intermezzo verändern (andeutungsweise in der 7. *Sinfonie*, deutlich im Allegretto scherzando der 8. *Sinfonie*).
Andererseits bremst er in der 8. *Sinfonie* den dritten Satz zum historisierenden »Tempo di menuetto«, während er sonst zum ganztaktigen Scherzo beschleunigt wird, oft fünfteilig (ababa) mit zweifacher Wiederkehr des Trios. Im Scherzo der 4. *Sinfonie* spielt Beethoven zusätzlich mit der rhythmischen Verschleierung des Dreiertaktes.

INSTRUMENTATION

Die Instrumentation seiner Sinfonien erweiterte Beethoven wegen bestimmter Effekte nur an wenigen Stellen: In der *Eroica* um das dritte Horn, vor allem für das Hörnertrio im Scherzo; in der *5. Sinfonie* im Finale um Piccoloflöte, Kontrafagott und Posaunen, in der *9. Sinfonie* um ein viertes Horn und im Finale, zusätzlich zu den Erweiterungen der *5. Sinfonie*, um Triangel, Becken und Große Trommel.

Ludwig van Beethoven, *Sinfonie Nr. 4 B-Dur* op. 60 (Autograph). Beethoven komponierte diese Sinfonie auf Schloss Grätz im Jahr 1806. Über der ersten Notenlinie vermerkt der Komponist für den Kopisten: »Alle Abkürzungen müßen bey dem partitur abschreiben copirt werden«.

SCHUBERTS SINFONIEN

NEBEN BEETHOVEN. Beethovens Sinfonien lösten schon während ihrer Entstehungszeit ein Beben im öffentlichen Musikleben aus. Nicht nur im kompositorischen Anspruch, sondern auch in den Anforderungen an Hörer und Ausführende haben sie Maßstäbe gesetzt, die die Entwicklung zur professionellen Musikausübung und zum öffentlichen Konzertleben anstießen, die das 19. Jahrhundert bestimmte. Mit ihnen begann sich auch das Bild vom Komponisten zum ›Tondichter‹ zu wandeln, dessen Werke nun als ›Ideenkunstwerke‹ angesehen wurden, die Botschaften an die Menschheit zu übermitteln haben.
Der Einfluss von Beethovens Sinfonien war erst allmählich spürbar; es gab eine parallele zeitgenössische Produktion, die eher an Haydn und Mozart anknüpfte und ohne Ambitionen in Richtung ›Tondichtung‹ blieb. Hierher gehört Carl Maria von Weber mit seinen beiden C-Dur-Sinfonien. Der Dichter und Musiker E. T. A. Hoffmann komponierte seine *Es-Dur-Sinfonie* in beabsichtigter Mozart-Nachfolge, bewies jedoch 1813 in seiner berühmten Rezension von Beethovens *c-Moll-Sinfonie*, dass er das Revolutionäre der neuen Gattungsästhetik sehr wohl begriff. Louis Spohr komponierte zehn Sinfonien, unter denen er einige ›charakteristische‹ mit programmatischen Titeln versah – ein origineller Seitenzweig der jungen Gattung sinfonischer Programm-Musik.

SCHUBERT. Dagegen nehmen Franz Schuberts acht Sinfonien eine andere Position ein. Die ersten sechs entstanden zwischen 1813 und 1818 und gehören in die Nachfolge der beiden anderen Wiener Klassiker; sie stellen liebenswerte, unterhaltende und handwerklich geschickte Talentproben des jugendlichen Komponisten dar, in denen das Genie seiner melodischen und harmonischen Erfindungskraft aufblitzt und die sich durch klangsinnliche Instrumentation auszeichnen.
Eine vierjährige Pause markiert gleichsam symbolisch Schuberts Abwendung von dem bisher gepflegten Typus der ›kleinen‹ Sinfonie, geschrieben für überwiegend aus Musikliebhabern zusammengestellte Orchester, hin zur ›großen‹ Sinfonie, die ihren kompositorischen Anspruch vor allem an den Vorbildern Beethovens misst. Schuberts intensives Ringen mit diesem selbst gestellten Problem dokumentieren zahlreiche Skizzen und drei nicht ausgeführte sinfonische Entwürfe. Felix Mendelssohn Bartholdy und auch Johannes Brahms fassten übrigens beide eine Ergänzung und Fertigstellung des E-Dur-Fragmentes (D 729) ins Auge, ohne das Experiment dann tatsächlich auch auszuführen. Das vierte der Fragmente wurde schließlich berühmt als die zweisätzige *Unvollendete*. In den Sinfonien Nr. 7 und 8 (bisher: 8 und 9) setzte Schubert sich mit Beethovens Sinfonik auseinander und zog persönliche Konsequenzen daraus: mit eigenem, unver-

IN der *Neuen Zeitschrift für Musik* berichtet Robert Schumann 1840 von seiner wohl bedeutendsten Wiederentdeckung, Schuberts großer *C-Dur-Sinfonie*. Einführend schildert er seinen Besuch bei Schuberts Bruder in Wien, der ihm das Manuskript zu übersenden verspricht.

»Die Sinfonie kam in Leipzig an, wurde gehört, verstanden, wieder gehört und freudig, beinahe allgemein bewundert. Die tätige Verlagshandlung Breitkopf und Härtel kaufte Werk und Eigentum an sich, und so liegt sie nun fertig in den Stimmen vor uns und vielleicht auch bald in Partitur, wie wir es zu Nutz und Frommen der Welt wünschen. – Sag' ich es gleich offen: Wer diese Sinfonie nicht kennt, kennt noch wenig von Schubert, und dies mag auch dem, was Schubert bereits der Kunst geschenkt, allerdings als ein kaum glaubliches Lob angesehen werden. – Es ist oft und zum Verdruß der Komponisten gesagt worden, nach Beethoven abzustehen von sinfonistischen Plänen, und zum Teil auch wahr, daß außer einzelnen bedeutenderen Orchesterwerken, (…) das meiste andere nur mattes Spiegelbild Beethovenscher Weisen war, jener lahmen langweiligen Sinfoniemacher nicht zu gedenken, die Puder und Perücke von Haydn und Mozart passabel nachzuschaffen die Kraft hatten, aber ohne die dazu gehörigen Köpfe. Berlioz gehört Frankreich an und wird nur als interessanter Ausländer und Tollkopf zuweilen genannt (…). Und diese himmlische Länge der Sinfonie, wie ein dicker Roman in vier Bänden etwa von Jean Paul, der auch niemals endigen kann und aus den besten Gründen zwar, um auch den Leser hinterher nachschaffen zu lassen.«

wechselbarem Tonfall und einer individuellen Weiterentwicklung des Umgangs mit dem motivischen Material. Das führte zu zwei fast gegensätzlichen Ergebnissen: Mit der *Sinfonie Nr. 7 h-Moll*, der *Unvollendeten*, von 1822 entstand ein Torso von lediglich zwei Sätzen, die beide in Tempo und Charakter ungewöhnlich nahe beieinander sind und als Inbegriff romantischer Orchestermusik gelten dürfen. Die Instrumentation blieb, bis auf drei hinzugefügte Posaunen, die gleiche wie bei Beethoven, und doch klingt das Orchester anders – weicher und dunkler, ›romantischer‹ – als dort. Die Zweisätzigkeit war nicht geplant; Skizzen zu einem Scherzo liegen vor.
In der großen *C-Dur-Sinfonie* von 1825/26 fallen vor allem die stark ausgeweiteten Dimensionen aller vier Sätze auf, die in Ausdehnung und Anlage auf Bruckner zu weisen scheinen. Dabei bleiben Reihenfolge und Anordnung der vier Sätze, sogar mit langsamer Einleitung zum ersten Satz, unangetastet; neu dagegen ist der große Atem der motivisch-thematischen Entwicklungen, die subtile Arbeit mit kleinsten Bausteinen, die sich zu blockhaften Zusammenhängen auftürmen und zu langen Entwicklungsbögen voller kleinster Nuancen der farblichen und harmonischen Abstufungen zusammenschließen.

Franz Schubert, *Sinfonie Nr. 7 h-Moll »Unvollendete«*, Anfang des 3. Satzes (Autograph).

MENDELSSOHN BARTHOLDYS UND SCHUMANNS SINFONIEN

MENDELSSOHN BARTHOLDY. Markierte Schubert mit seinen Spätwerken den Beginn der sinfonischen musikalischen Romantik, so schuf die nächste Komponistengeneration die große romantische Sinfonie, deren Hauptmeister Mendelssohn und Schumann sind. Felix Mendelssohn Bartholdy war trotz seiner viel zu kurzen Lebensspanne einer der einflussreichsten und vielseitig gebildetsten Musiker seiner Zeit. Dem zeitgenössischen Konzertleben verlieh er ungezählte Impulse, unter denen die Wiederbelebung des oratorischen Schaffens von Johann Sebastian Bach (u. a. mit der Uraufführung der *Matthäus-Passion* in Berlin) bis heute der folgenreichste blieb. Mendelssohns sinfonisches Lebenswerk setzte 1821 mit zwölf Jugendwerken ein und erreichte seinen Höhepunkt in den fünf zwischen 1824 und 1840 komponierten Sinfonien recht unterschiedlichen Zuschnitts. Unter ihnen wurden zwei besonders populär: Seine *Italienische Sinfonie A-Dur* op. 90 (1833–37) und seine *Schottische Sinfonie a-Moll* op. 56 (1829–42) zeichnen sich beide durch ihre ausgewogene, am klassischen Vorbild orientierte Viersätzigkeit aus. Prägende musikalische Elemente sind ihre wohlproportioniert und regelmäßig geformte, kantabel strömende Melodik und ihre klangvolle Instrumentation. Eine individuelle Note bringen die sich im Titel niederschlagenden landschaftlich-atmosphärischen Eindrücke: etwa durch folkloristisch getönte Thematik und Rhythmik in der *Italienischen* (Tarantella-Tonfall im Finale) und durch dezente Ansätze zur Programmatik, etwa in einigen Passagen seiner *Schottischen*, die hörbar Wagners *Fliegenden Holländer* inspirierten.
Trotz aller Traditionalität lässt Mendelssohn in seinen Sinfonien manche experimentellen Ansätze erkennen. So kommt es immer wieder zu kontrapunktischen Verknüpfungen und Durchführungsabschnitten, zu Satzverbindungen über Motive und durch pausenlose Übergänge, zu verkürzten Reprisen und ausgedehnten Codas. Bemerkenswert ist auch die Einbeziehung liturgischer Elemente in seiner *Reformations-Sinfonie d-Moll* op. 107, die im Finale in einer Verschmelzung von Sonatensatz und Choralbearbeitung kulminiert.

SCHUMANN. Nur ein Jahr jünger als Mendelssohn, war Robert Schumann der andere große romantische Sinfoniker, dessen vier Sinfonien in anderer Reihenfolge entstanden, als es ihre Ordnungsnummern mitzuteilen scheinen. Auffälliger noch als Mendelssohn setzte Schumann eigene Akzente innerhalb der Gattung. Auch wenn er deren strukturellen Rahmen den klassischen Vorbildern entlehnte, ging er einen Schritt weiter im Bemühen, die einzelnen Sätze auf einander zu beziehen und sie mit einander zu verknüpfen. Am eindrucksvollsten gelang ihm das in seiner als zweiter komponierten *4. Sinfonie d-Moll*

FELIX MENDELSSOHN BARTHOLDY

1809 am 3. Februar in Hamburg als Sohn eines Bankiers und Enkel des Philosophen Moses Mendelssohn geboren, Kindheit in Berlin, Unterricht bei Ludwig Berger, Johann Nepomuk Hummel und Karl Friedrich Zelter.
1818 erster Auftritt als Wunderkind (Klavier).
1826 Ouvertüre zu Shakespeares *Sommernachtstraum*.
1829 Wiederaufführung von Bachs *Matthäus-Passion* mit der Berliner Singakademie; zahlreiche Reisen durch europäische Länder.
1833 wird Mendelssohn städtischer Musikdirektor in Düsseldorf.
1835 Gewandhaus-Kapellmeister in Leipzig; Freundschaft mit Schumann.
1841–45 auf Ersuchen des preußischen Königs Wilhem IV. vielfach in Berlin.
1843 Gründung des Leipziger Konservatoriums.
1847 stirbt Mendelssohn am 4. November in Leipzig.

SINFONISCHE RARITÄTEN

Im deutschsprachigen Raum nahmen folgende Musiker eine Randposition ein: Jan Wenzel Kalliwoda mit sieben Sinfonien, Schuberts Freund Franz Lachner mit 8 Sinfonien sowie die Opernkomponisten Otto Nicolai mit 2 Sinfonien und Richard Wagner mit der *C-Dur-Sinfonie*. Aus den skandinavischen Ländern werden heute wieder vermehrt Sinfonien von Franz Berwald und Niels Wilhelm Gade aufgeführt, nicht zuletzt unter dem Einfluss einer entdeckungsfreudigen Tonträgerindustrie. Von Berwald kennen wir vier höchst originelle, satztechnisch kunstvolle Werke mit charakteristischen Titeln (»Serieuse«, »Capricieuse«, »Singulière«); Gades acht Sinfonien vermitteln geschickt zwischen westeuropäischer Kunstmusik und ›nordischem‹ Tonfall und zeichnen sich durch ihre bisweilen experimentelle satztechnische Kunstfertigkeit aus.

op. 120, in der er in allen Sätzen die strukturellen Hörerwartungen enttäuscht, indem er gewisse Formabschnitte eliminiert oder sie erst an völlig anderer Stelle nachreicht. So bricht er die Durchführung im Kopfsatz zunächst ab und setzt sie dann überraschenderweise im Finale fort, wo Reprise und Coda folgen. Das Werk wurde zehn Jah-re nach seiner Entstehung noch einmal gründlich überarbeitet; erst in jüngster Zeit hat man die besonderen Qualitäten der früheren Fassung mit ihrer spröderen Instrumentation wiederentdeckt. Elegischer Ruhepunkt ist die »Romanze« als kurzes stilles Intermezzo.

Felix Mendelssohn Bartholdy. Aquarell von James Warren Childe (1839).

Die Beinamen zweier seiner Sinfonien – der *Frühlingssinfonie B-Dur* op. 38 (1841) und der *Rheinischen Sinfonie Es-Dur* op. 97 (1850) – sind keine Hinweise auf Programmatik, sondern umreißen atmosphärische Eindrücke und Inspirationen. In mehreren von Schumanns Sinfonien wird eine Tendenz erkennbar, die das Gewicht der Satzfolge vom ersten Satz zum Finale hin verlagert; besonders nachvollziehbar ist diese Ausrichtung wiederum in seiner *4. Sinfonie*. Dieses künstlerische Anliegen war ein Signal an die sinfonische Zukunft; die Anregung hierzu hatte Schumann bei Beethoven gewonnen (*5. Sinfonie* und *9. Sinfonie*), sie lässt sich tendenziell bis in die Sinfonien von Brahms und Bruckner verfolgen.

MENDELSSOHN BARTHOLDYS WERKE

- Orchesterwerke (u. a. 13 Streicher-Sinfonien; 5 Sinfonien; 6 Konzert-Ouvertüren; 6 Solo-Konzerte)
- Kammermusik (u. a. 7 Streichquartette; 2 Streichquintette; Streichoktett; 2 Klaviertrios; Duosonaten und -werke)
- Klavier- und Orgelmusik (u. a. zahlreiche *Lieder ohne Worte*; *Variations sérieuses* op. 54; *6 Orgelsonaten* op. 65)
- Bühnenwerke (6 Schauspielmusiken, u. a. zu Shakespeares *Sommernachtstraum*; 1 Oper; 5 Singspiele)
- Vokalmusik (2 Oratorien: *Paulus*, 1836; *Elias*, 1846; Kantaten und weitere Kirchenmusik; weltliche Kantaten, darunter *Die erste Walpurgisnacht*, 1832, nach Goethe; mehr als 340 Chorsätze, über 80 Lieder und Duette)

JOHANNES BRAHMS

GEGENSÄTZE. So herausragend und unangefochten Brahms' Stellung heute ist, so umstritten war er lange. Seine ungeschickte Parteinahme im Streit mit der Neudeutschen Schule hat ihm seinerzeit viel geschadet. Auf diese Weise geriet Brahms in Konfrontation mit Bruckner, sodass der Blick auf die fruchtbare Gleichzeitigkeit dieser beiden Sinfoniker lange verstellt blieb. Brahms war an sich nicht streitsüchtig, sondern eher empfindsam und scheu, was man seiner Musik anmerkt. Bisweilen konnte seine Sensibilität allerdings in eine eher vorgeschobene Herbheit umschlagen – Gegensätze, die sich auch in zahlreichen seiner Kompositionen wiederfinden lassen.

STIL. Brahms' Musik besitzt klare Konturen und manche Kontraste: er zeigt sich als empfindsamer Melodiker, vor allem in Lied und Kammermusik; gleichzeitig setzt er eine hochkomplizierte, bisweilen fast spröde und harte Harmonik ein, verzwickt-widerborstige Rhythmik sowie eine oft sperrige, aber durchdachte und ausführbare Spieltechnik. Als ausübender Pianist kannte Brahms die Möglichkeiten und Grenzen seines Instruments genau. Brahms war ein Meister des Liedes, mit starker Beziehung zum Volkslied als inspirierender Quelle: sie äußert sich in zahlreichen Volksliedbearbeitungen, aber auch im Tonfall nicht nur im Kunstlied, sondern auch in der Instrumentalmusik. Brahms war auch ein Meister des Kammermusikalischen; sein Tonsatz ist durch Vielschichtigkeit, durch die Gleichzeitigkeit mehrerer motivisch-thematischer Ebenen gekennzeichnet.
Dieses Stilmittel hat er auch auf die Orchestermusik übertragen. Seine Instrumentation ist individuell und eigenwillig, was umso stärker auffällt, als er in seinen Sinfonien bis auf die Vermehrung der Hörner und die zusätzlichen Posaunen prinzipiell die klassische Besetzung Haydns und Beethovens nicht antastet. Seine Orchestermusik, aber auch seine Kammermusik klingt auf diese Weise zwar oft eigentümlich herb, enthält jedoch auch anrührende Momente unerwarteter Sinnlichkeit und Süße. Diese Dualität schlägt sich auffällig in seinen kompositorischen Prinzipien nieder. So finden sich ausgeprägt rückwärts gewandte Züge, etwa in der Hinwendung zu archaischer Tonalität (kirchentonartliche Modi) und zu barocken Formmodellen (Chaconne, Variation). Andererseits bezeichnete Arnold Schönberg Brahms mit Recht als einen »Fortschrittlichen«: seine Pionierleistungen auf dem Gebiet der Harmonik und der »entwickelnden Variation« (Arnold Schönberg) wirkten weit ins 20. Jahrhundert hinein.

PERSÖNLICHKEIT. Der scheue Brahms, der unfreiwillig Junggeselle blieb, war sehr freundschaftsfähig. Seine künstlerischen und menschlichen Beziehungen, etwa zu Robert und besonders zu Clara Schumann, zum Geiger

JOHANNES BRAHMS

1833 am 7. Mai in Hamburg geboren, Sohn eines Stadtmusikanten; Unterricht beim Vater und Eduard Marxsen.
1843 erster öffentlicher Auftritt als Pianist.
1853 Tournée mit dem Geiger Eduard Reményi; in Düsseldorf Begegnung mit Robert und Clara Schumann, Beginn der Freundschaft.
1855 Reisetätigkeit als Pianist und Dirigent.
1857 Anstellung als Fürstlich Lippischer Klavierlehrer und Chorleiter in Detmold.
1859 wird Brahms 1. Klavierkonzert ohne Erfolg uraufgeführt.
1860 Mitunterzeichner des Manifestes gegen die Neudeutsche Schule.
1862 Reise nach Wien.
1863 Übersiedlung nach Wien, Chormeister der Wiener Singakademie; zahlreiche Freundschaften (u. a. mit Peter Cornelius und Eduard Hanslick); europäische Konzertreisen.
1868 Uraufführung des Deutschen Requiems.
1872 Künstlerischer Direktor der Gesellschaft der Musikfreunde in Wien.
1876 1. Sinfonie.
1877 2. Sinfonie, vollendet in Pörtschach am Wörthersee.
1878 Italienreise; Einsatz für Antonín Dvořák.
1879 bringt Joseph Joachim das Violinkonzert zur Uraufführung; Reisen in osteuropäische Länder; Ehrenpromotion der Universität Breslau.
1881 2. Klavierkonzert.
1884 lehnt Brahms eine Berufung zum Kölner Musikdirektor ab.
1885 wird die 4. Sinfonie in Meiningen uraufgeführt.
1886 Ehrenpräsident des Wiener Tonkünstlervereins.
1889 Ehrenbürger der Hansestadt Hamburg; Sommeraufenthalt in Bad Ischl.
1891 Kompositionen mit Klarinette.
1892 Klavierstücke op. 116–119.
1893 Italienreise.

Johannes Brahms. Die Pastellzeichnung von Ludwig Michalek entstand im Januar 1891, als der Komponist Modell saß für eine Büste des Wiener Bildhauers Victor Tilgner.

Joseph Joachim, sind historisch bedeutungsvoll; aus der Freundschaft zum Dichter Klaus Groth entstand eine Reihe bedeutender Lieder. Dass ihm, trotz jahrelanger Bemühungen, keine Oper gelang, gehört zur tragischen Seite seiner Biographie.

BRAHMS' WERKE

- Orchesterwerke (4 Sinfonien, 2 Serenaden; Violinkonzert, 2 Klavierkonzerte, Doppelkonzert für Violine und Violoncello; 2 Ouvertüren, *Haydn-Variationen*)
- Kammermusik (3 Streichquartette [zuvor über 20 vernichtet!], 2 Streichquintette, 2 Streichsextette; 3 Klavierquartette, 1 Klavierquintett, 5 Klaviertrios (darunter je eins mit Klarinette und mit Horn); 7 Duosonaten für Klavier mit Violine (3), Klarinette (oder Viola, 2) Violoncello (2).
- Klaviermusik (3 Sonaten; Variationen; Intermezzi, Rhapsodien, Capricci und andere Stücke in Sammlungen zusammengefasst)
- Orgelwerke
- Vokalmusik (*Ein Deutsches Requiem*; 3 Kantaten, Motetten, weitere geistliche und weltliche Werke, darunter gemischte und Frauenchöre; Klavierlieder, Volksliedbearbeitungen)

1894 lehnt Brahms das Angebot, in Hamburg die Philharmonischen Konzerte zu leiten, ab.
1896 Vier ernste Gesänge; Beginn der Krankheit (Leberkrebs).
1897 gibt Brahms sein letztes öffentliches Konzert am 7. März; er stirbt am 3. April; Ehrengrab auf dem Wiener Zentralfriedhof.

DIE SINFONIEN VON BRAHMS

KONSERVATIV? Brahms' Sinfonik als ›konservativ‹ einzuordnen, mag teilweise berechtigt sein, wenn man dieses Etikett wertfrei verwendet. Damit sind gewisse Tendenzen seiner Musik gemeint: etwa ein Arbeiten mit historischen Kompositionselementen, sein bewusstes Anknüpfen an Beethovens Formprinzipien oder die Verwendung archaischer harmonischer oder melodischer Bausteine. Mit dem gleichen Recht aber könnte man für seine Musik die Klassifizierung ›fortschrittlich‹ reklamieren, wie es wenige Jahrzehnte nach Brahms' Tod Arnold Schönberg in seinem berühmten Aufsatz *Brahms the Progressive* (*Brahms, der Fortschrittliche*) ausführte.

STIL. Mit der sinfonischen Großform rang Brahms lange Jahre; die *1. Sinfonie c-Moll* op. 68 war erst 1876, nach 14-jährigem Reifungsprozess, vollendet. An ihr lassen sich bereits alle wesentlichen Merkmale seines Stils definieren. Dazu zählen das penibel durchkonstruierte motivische Beziehungsgeflecht, das auch Querverbindungen unter den vier Sätzen herzustellen vermag, der übergeordnete harmonische, zwingend logische Bauplan, die kontrapunktisch geschulte, vielschichtige Stimmführung, eine bisweilen eher herbe, doch genauso zu innigster Zartheit fähige Instrumentation sowie seine Melodik, die sowohl abstrakt konstruiert zu wirken vermag, wie sie gleichzeitig von volkstümlicher Schlichtheit und Kantabilität sein kann.

DAS FINALE. Jede seiner Sinfonien besitzt ihren eigenen Charakter. Bereits seine *1. Sinfonie* ist erkennbar auf das monumentale Finale hin ausgerichtet, das am Ende einen beethoven-ähnlichen Triumph – »durch Nacht zum Licht« – zu markieren scheint. Die *2. Sinfonie D-Dur* op. 73 (1877) mutet freundlich und pastoral an, die *3. Sinfonie F-Dur* op. 90 (1883) trägt zu Beginn eher heroische Züge, die jedoch in den beiden Mittelsätzen stiller, eindringlicher Melancholie weichen. Ihr Finale endet mit einem zart verklärenden Zitat des Hauptthemas aus dem ersten Satz, sodass auf diese Weise Anfang und Schluss der Sinfonie bogenförmig mit einander verknüpft werden.
Die *4. Sinfonie e-Moll* op. 98 (1885) schließlich zeigt im Kopfsatz geradezu exemplarisch die Technik der motivischen Variation, die umweglos mit der ersten Vorstellung des Hauptthemas einsetzt. Es besteht aus einer ununterbrochenen Folge ab- und wieder aufsteigender, immer wieder oktavversetzter Terzen. Während der dritte bewegte Satz eine individuell weitergedachte Variante des Scherzo-Prinzips darstellt, nun in ein gerades Taktmaß gewendet und durch ein Triangel gefärbt, präsentieren langsamer Satz und Finale noch einmal jene Technik des Sich-Bedienens bei der Tradition und des zeitgemäßen Weiterdenkens historischer Elemente. Das Andante moderato zitiert mit seinem Hauptthema die archaische Kir-

MIT seinem Aufsatz *Brahms, der Fortschrittliche* (1947) hat Arnold Schönberg nachhaltig zu einer Neueinschätzung von Brahms' kompositorischem Schaffen beigetragen. Im Folgenden weist Schönberg auf eine mögliche Bedeutung der Brahms'schen Technik für ein künftiges Musiktheater hin.

»Der Bereich von Brahms als einem Komponisten von Liedern, Kammermusik und Symphonien ist als episch-lyrisch zu bezeichnen. Wäre er Dramatiker, würde die Freiheit seiner Sprache weniger überraschen. Sein Einfluss hat bereits eine Weiterentwicklung der Musiksprache auf eine uneingeschränkte, obwohl ausgewogene Darstellung musikalischer Gedanken hin bewirkt. Aber seltsamerweise wird das Wesentliche seiner Errungenschaften heller leuchten, je mehr es in die dramatische Technik eingeht. Die Opernkomponisten werden dann imstande sein eine Behelfstechnik aufzugeben, die nicht nur in den Opern der großen Vorwagnerianer eine Unzulänglichkeit bedeutete (…). Wenn der Opernkomponist hier Brahms' Beiträge zu einer uneingeschränkten musikalischen Sprache anwendet, vermag er die metrischen Hindernisse seines Librettos zu überwinden; das Schaffen von Melodien und anderen Strukturelementen wird nicht vom Versbau, vom Metrum oder von fehlenden Wiederholungsmöglichkeiten abhängen. Eine Ausdehnung aus rein formalen Gründen wird nicht nötig sein, und Wechsel der Stimmung und des Charakters werden die Organisation nicht gefährden.«

chentonart phrygisch (e-Moll ohne fis) mit ihrem charakteristischen ersten Halbtonschritt und dem fehlenden Leitton. Das gewaltige Finale aktualisiert das barocke Modell der Chaconne – Variationen über einen Bass mit zugehörigen Harmonien – zu einem ›modernen‹ Sinfoniesatz. Die archaische Form der Chaconne erprobte Brahms übrigens bereits in früheren Jahren (1874) in seinen *Variationen über ein Thema von Joseph Haydn* für Orchester (op. 56a) oder für zwei Klaviere (op. 56b), die er ebenfalls mit einem derartigen Abschluss krönte. Insgesamt 30 Variationen folgen auf die Vorstellung des Themas; sie werden in übergreifenden größeren Zusammenhängen zusammengefasst, sodass sich im Satzverlauf zugleich auch die Umrisse des Sonatensatzes erkennen lassen, mit Durchführungs- und Repriseneffekt sowie strettahafter Coda. Auch hier ist, wie in der *1. Sinfonie*, die Ausrichtung des ganzen Werkes auf das Finale spürbar.

Neben Brahms wirkten in Deutschland einige weitere Komponisten als Sinfoniker, die alle heute kaum noch bekannt sind: Ferdinand Hiller (4 Sinfonien), Robert Volkmann (2 Sinfonien), Carl Reinecke (3 Sinfonien) sowie Hermann Goetz (1 Sinfonie).

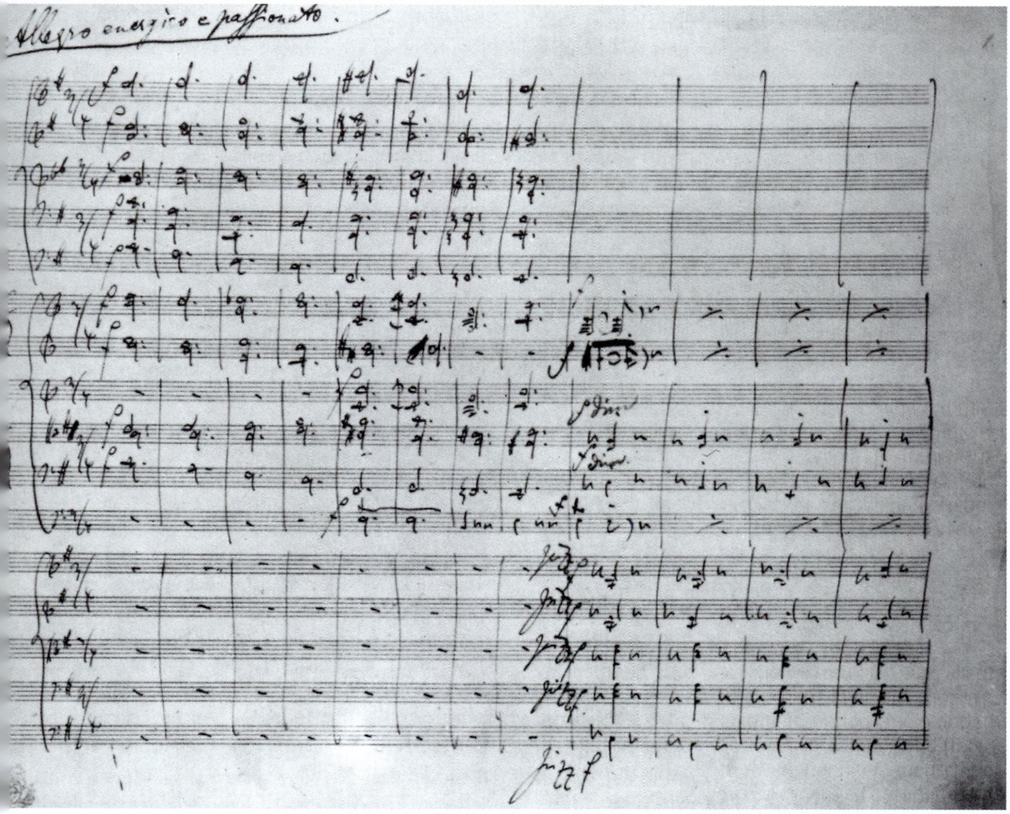

Johannes Brahms, *Sinfonie Nr. 4 e-Moll* op. 98, Beginn des 4. Satzes (Autograph). Brahms kommentierte die in den Sommermonaten 1884/85 entstandene letzte seiner Sinfonien gegenüber Hans von Bülow, dem Leiter der Meininger Hofkapelle, auf seine ganz eigene Weise: »Ein paar Entr'actes aber liegen da – was man so zusammen gewöhnlich eine Symphonie nennt (…). Ich fürchte nämlich, sie schmeckt nach dem hiesigen Klima – die Kirschen hier werden nicht süß, die würdest Du nicht essen.«

BRUCKNERS SINFONIK

Anton Bruckner. Gemälde von Ferry Beraton.

EIGENART. Neben Brahms war Anton Bruckner der bedeutendste deutsche Sinfoniker der zweiten Jahrhunderthälfte. Gerade auf dem Gebiet der Sinfonik lagen beide auf der historischen Traditionslinie, beide führten sie die viersätzige klassische Großform organisch weiter, griffen auf die gleiche klassische Orchesterbesetzung zurück und folgten der Linie einer absoluten, allem Programmatischen abholden Musikanschauung.
Dass ihre individuelle Musiksprache dennoch verschieden ist, beruht nicht zuletzt auf ihren so unterschiedlichen Charakteren und Biographien. War bereits Brahms sehr selbstkritisch, so steht Bruckner als Künstlerpersönlichkeit singulär in seiner naiv-bekenntnishaften Religiosität, in seiner von Zaudern, Selbstzweifeln und Skrupel geprägten Entwicklung und in seinem unbeirrten und konsequenten schöpferischen Vorwärtsschreiten. Die Mehrzahl seiner Sinfonien unterzog er immer wieder Überarbeitungen, die oft tief in die ursprüngliche Substanz eingriffen, zumeist unter dem hilfreichen oder auch neidisch-kritischen Einfluss mancher Zeitgenossen. Die Existenz mehrerer Fassungen sorgt denn auch bis in unsere Tage für große Aufführungsprobleme.

STIL. Bruckner erweiterte die klassische Orchesterbesetzung vorsichtig und zielstrebig. Mit zusätzlichen Blechblasinstrumenten rundete er den Gesamtklang ab, indem er zum vierfachen Horn drei Trompeten und drei Posaunen mit Basstuba hinzufügte; im langsamen Satz der *7. Sinfonie* kam noch ein Quartett von Wagner-Tuben hinzu, sodass hier fünfzehn Blechblasinstrumente spielen. Der Klang von Bruckners Orchester ist immer prächtig, monumental und voller satter Farben, gelegentlich an der Orgel orientiert. Zugleich erweiterte er die Satz- und Werkproportionen beträchtlich, unter Beibehaltung des viersätzigen Modells – die Spieldauer der meisten Sinfonien Bruckners beträgt weit über eine Stunde. Ein Charakteristikum innerhalb des Sonatensatzes ist bei ihm das dritte Thema oder die dritte Themengruppe. Immer wieder kann man die Entstehung eines Themas gleichsam miterleben: der Satzbeginn im geheimnisvollen Streichertremolo und mit den aus dem Bruckner'schen ›Urnebel‹ aufsteigenden Motivfetzen ist fast sprichwörtlich geworden.
In einigen Merkmalen zeigte Bruckner ähnliche Tendenzen wie Brahms, etwa in der Verlagerung des sinfonischen Schwerpunktes vom Kopfsatz zum Finale als Ziel und Kulminationspunkt des viersätzigen Prozesses. Wie Brahms

VOKALWERKE

Neben der Sinfonik bilden die geistlichen Vokalwerke Bruckners den zweiten Schwerpunkt in Bruckners Schaffen; hier stand er in der österreichischen Tradition, die sich von Mozart und Beethoven über Schubert herleitet. Merkmal seiner Messen ist ihre sinfonische Anlage mit dominierendem Bläsersatz und mächtigen Choreinsätzen. Strukturell bezog Bruckner Elemente aus früheren Epochen mit ein, erkennbar insbesondere an kunstvoll-kontrapunktischen Passagen, kulminierend in gewaltigen Chorfugen.

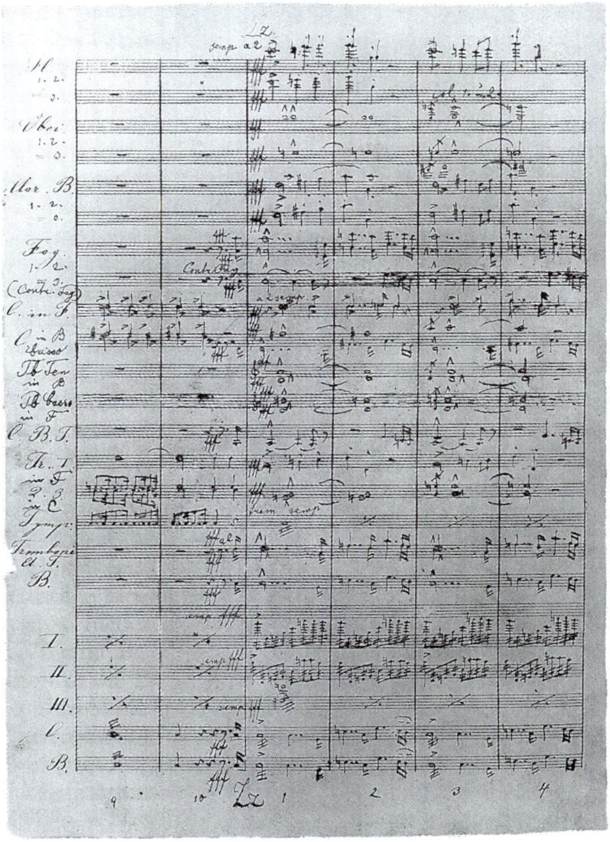

Anton Bruckner, *Sinfonie Nr. 8 c-Moll*. Partitur der endgültigen Fassung von 1890: Finale, Ende, Zusammenschluss aller vier Hauptthemen des Satzes.

setzte sich Bruckner intensiv mit dem barocken Kontrapunkt auseinander, was sich in seinen Sinfonien hörbar niederschlug.

Brahms entsprechend ist der Verzicht auf Programmatik und ein Bekenntnis zur absoluten Musik, auch wenn gelegentliche Äußerungen dem zu widersprechen scheinen: Bruckners Hinweise auf außermusikalische Anregungen sind jedoch niemals konkret programmatisch gemeint: etwa der Bezug des langsamen Satzes der 7. *Sinfonie* zu Wagners Tod, seine Andeutungen über den »deutschen Michel« oder über das »Dreikaisertreffen« zum 3. und letzten Satz der 8. *Sinfonie* oder die wenigen Anmerkungen zur 4. *Sinfonie* (»Volksfest« zum Finale) – das alles meint lediglich Atmosphärisches und bleibt Randerscheinung.

Harmonisch äußert sich Bruckners Musik häufig in raffinierter Chromatik; hier wie in der Instrumentation ist der Einfluss Richard Wagners zu spüren.

BRUCKNERS WERKE

- 10 Sinfonien; Märsche und Ouvertüren
- Kammermusik (unter den wenigen Werken ragt heraus das *Streichquintett F-Dur*)
- Klavier- und Orgelmusik
- Vokalmusik (6 Messen, Requiem, Magnificat, *Te Deum C-Dur*, Hymnen, Motetten, Psalmen, Kantaten; weltliche Chorwerke)

ANTON BRUCKNER

1824 am 4. September im oberösterreichischen Ansfelden geboren; Vorfahren: Bauern, Handwerker und Lehrer; nach dem Tod des Vaters Singknabe im Stift St. Florian.
1840 Harmonie-, Generalbass-, Orgel- und Klavierunterricht (u. a. bei August Dürrnberger).
1845 Hilfslehrer in St. Florian.
1850 Stiftsorganist in St. Florian; autodidaktische Studien.
1855 Domorganist in Linz; Studien bei Simon Sechter (bis 1861) und Otto Kitzler.
1865 Besuch von *Tristan und Isolde* in München; Wagner-Begeisterung, Bewunderung für Berlioz und Liszt; wachsender Ruhm als Organist und Improvisator.
1864 erste wichtige Kompositionen (Messen, *1. Sinfonie*).
1868 Übersiedlung nach Wien: Professor für Generalbass, Kontrapunkt und Orgel.
1869 Konzertreise als Organist nach Frankreich (Nancy, Paris).
1869 Konzertreise als Organist nach London.
1875 Universitätslehrer für Komposition.
1880 Konzertreise als Organist in die Schweiz.
1887 Promotion zum Ehrendoktor an der Wiener Universität.
1896 stirbt Bruckner am 11. Oktober in Wien, Beisetzung in St. Florian.

SINFONIEN IN FRANKREICH UND BÖHMEN

FRANKREICH. In der zweiten Jahrhunderthälfte bildeten sich neben Deutschland Zentren der Sinfonik in Frankreich, Böhmen und Russland heraus. Aus Italien, dem Land der Oper, stammt allerdings kaum ein Beitrag zur Gattung Sinfonie.
In Frankreich lassen sich zwei parallele Tendenzen beobachten: eine programmatische Richtung bei Hector Berlioz sowie eine klassizistische bei Charles Gounod und Georges Bizet. Diesen folgte Camille Saint-Saëns, der sich jedoch nach seinen beiden frühen ›absoluten‹ Sinfonien unter dem Einfluss Liszts der Sinfonischen Dichtung zuwandte; auch seine monumentale *Sinfonie avec orgue c-Moll* op.78 (1886) bewegt sich auf den konzeptionellen Spuren Liszts. Weitere hierzulande weitgehend unbekannte Sinfonien schrieben in zeitlicher Nachbarschaft Vincent d'Indy, Édouard Lalo und Ernest Chausson.
Zum über Frankreichs Grenzen hinaus populärsten Werk aber wurde die *Sinfonie d-Moll* op. 48 von César Franck. In diesem Werk kehrte Franck nach Jahren der Auseinandersetzung mit der Sinfonischen Dichtung wieder zum klassischen Strukturmodell zurück und bereicherte es mit eigenen, neuartigen Einzelheiten. Basis war dabei das klassische Sonatensatzmodell, das Franck konsequent weiterdachte und modifizierte. Die Sinfonie ist dreisätzig mit langsamer Einleitung. Bemerkenswert ist vor allem die Tendenz, alle Sätze motivisch miteinander zu verknüpfen; so wird der düster lastende Gedanke, mit dem die Einleitung anhebt, nicht nur zum Hauptthema des folgenden Allegros, sondern taucht auch zumindest umrisshaft und mehr oder weniger verborgen in den beiden anderen Sätzen wieder auf. Der Mittelsatz lässt sich als eine Art kunstvoller Synthese von langsamem Satz und Scherzo deuten. Francks Instrumentation ist von großem Farbenreichtum und bisweilen an der Orgel, seinem Hauptinstrument, ausgerichtet. Hierzu paßt auch seine immer wieder an barocken Vorbildern orientierte Satztechnik, während seine Harmonik in ihrer spätromantischen Chromatik äußerst fortschrittlich anmutet; der harmonische Gesamtplan der Sinfonie unterstreicht sehr bewusst ihren Charakter zyklischer Geschlossenheit.

DVOŘÁK. Das Schüler-Lehrer-Verhältnis Antonín Dvořáks zu Johannes Brahms ist bekannt, und so ist es auch nicht verwunderlich, dass sich seine insgesamt neun Sinfonien zumindest tendenziell auf dessen Linie bewegen. Dvořáks Verehrung ist beispielsweise im Zitat eines Brahms-Lieds (»Immer leiser wird mein Schlummer«) im Kopfsatz der 7. *Sinfonie* zu erkennen. Bemerkenswert sind Dvořáks sinfonische Hauptwerke jedoch weniger durch ihre Einbettung in die klassische Tradition als durch ihren unverwechselbaren Tonfall, einer Art Synthese zwischen klassischen Strukturen und einer gelungenen, also

ANTONÍN DVOŘÁK

1841 am 8. September in Nelahozeves (Moldau) als Sohn eines Gastwirts geboren.
Ab 1857 Musikstudium (Hauptinstrument Orgel) in Prag.
1862–71 Anstellung als Organist, zusätzlich als Bratscher am Prager Interims-Theater.
1874 erste Erfolge als Komponist.
1875 österreichisches Staatsstipendium, u. a. auf Empfehlung von Johannes Brahms und Eduard Hanslick.
1879 Beginn der Freundschaft mit Brahms.
1884 Konzertreise nach England, 1890 nach Russland.
1890 Ehrendoktorat der Universität Cambridge.
1891 Ehrendoktor der Prager Universität, Professor am Prager Konservatorium.
1892–95 Aufenthalt in New York; USA-Reisen.
1893 Uraufführung der *9. Sinfonie e-Moll »Aus der Neuen Welt«*.
1901 Direktor des Prager Konservatoriums, Mitglied im Oberhaus des Parlaments.
1904 stirbt Dvořák am 1. Mai in Prag.

Antonín Dvořák. Ölgemälde (um 1885).

bruchlosen Einbeziehung böhmisch-nationaler Elemente in ihren Ablauf. Das wird an zahlreichen Stellen deutlich, etwa in Anklängen an den Furiant, einen tschechischen Nationaltanz, in der 6. *Sinfonie D-Dur* op. 60 und der 7. *Sinfonie d-Moll* op. 70. Eher unterschwellig, aber umso intensiver erscheint dieser Tonfall in seinen beiden letzten Sinfonien. Die mit Abstand populärste Sinfonie wurde die 9. *Sinfonie e-Moll* op. 95 mit dem Beinamen »Aus der Neuen Welt«, der auf ihre Entstehung im fernen Amerika hinweist. Der böhmische Tonfall ist hier vor allem an der charakteristischen Synkopierung der Thematik im Kopfsatz festzumachen.

In der 9. *Sinfonie* verklammert Dvořák alle vier Sätze zu übergreifender zyklischer Ordnung: das Hauptthema des Kopfsatzes taucht in allen übrigen Sätzen an markanter Stelle wieder auf, das Finale kulminiert in der apotheotischen Wiederkehr der Hauptthemen aller drei vorangegangenen Sätze. Hinzu kommt die Verwendung exotisch anmutender Bausteine, die an die Entstehungsumstände der Sinfonie in der »Neuen Welt« erinnern; so überschrieb Dvořák den langsamen Satz zunächst mit »Legenda«, er bezieht darin indianische Klänge mit ein. Überwältigend ist die hohe emotionale Wirkungskraft, die von der suggestiven Qualität der Melodieerfindung und der raffinierten Instrumentation ausstrahlt. So wird der indianische Reiz des Themas der »Legenda« noch dadurch verstärkt, dass sein Hauptthema dem Englischhorn zugewiesen ist.

DVOŘÁKS WERKE

- Orchesterwerke (u. a. 9 Sinfonien; je ein Konzert für Klavier, Violine, Violoncello; 5 Sinfonische Dichtungen; 7 Konzert-Ouvertüren; Serenaden; 16 Slawische Tänze)
- Kammermusik (u. a. 14 Streichquartette; 3 Streichquintette; 1 Streichsextett; je 2 Klavierquartette und -quintette; 6 Klaviertrios; Werke für Klavier und Violine)
- Klaviermusik (2- und vierhändige Werke)
- Vokalmusik (u. a. 10 Opern; *Stabat Mater*, 1877; *Requiem*, 1890; 2 Messen; geistliche und weltliche Chorwerke; Lieder, Duette und Chöre)

RUSSISCHE SINFONIK

BORODIN. Von Alexander Borodin ist hierzulande fast nur seine Sinfonische Dichtung *Eine Steppenskizze aus Mittelasien* zu hören. Borodin, Mitglied der Komponistenvereinigung »Das mächtige Häuflein«, betrieb als studierter und praktizierender Mediziner die Musik im Nebenberuf, damit zugleich dem Ideal des »Häufleins« huldigend. Dennoch sind seine wenigen Kompositionen keinesfalls als Werke eines Dilettanten anzusehen. Seine drei Sinfonien in Es-Dur (1862–67), h-Moll (1870-1877) und A-Dur (1886, unvollendet) gelten aber als Geheimtipp. Die *1. Sinfonie* zeichnet sich, bei aller Nähe zur europäischen Tradition, durch ihre individuelle Tonsprache und ihre meisterhafte Instrumentation aus. In seiner *2. Sinfonie* bereicherte Borodin die Instrumentation um Piccoloflöte, Tuba, Harfe, eine dritte Pauke sowie erweitertes Schlagzeug und ergänzte so seine ohnehin originelle Instrumentation. Die *3. Sinfonie* blieb ein Torso, den Alexander Glasunow vollendete; sie weist manche thematischen Bezüge zu Borodins Oper *Fürst Igor* auf.

PJOTR (PETER) TSCHAIKOWSKIJ

1840 am 25. April (7. Mai) in Wotkinsk als Sohn eines Bergwerkdirektors geboren.
1848 Übersiedlung der Familie nach St. Petersburg.
Ab 1850 Studium der Rechte, danach Beamter im Justizministerium bis 1863.
1863 Musikstudium in St. Petersburg (u. a. Klavier bei Anton Rubinstein, Flöte und Orgel).
1865 Examen am Konservatorium.
1866 Theorielehrer am Konservatorium in Moskau, zeitweise Musikkritiker.
1876 Kur in Vichy, Besuch der ersten Bayreuther Festspiele (*Ring des Nibelungen*).

TSCHAIKOWSKIJ. Unter den russischen Sinfonikern erscheint allein Tschaikowskij mit seinen sechs Sinfonien häufig auf den Konzertprogrammen; die drei letzten gehören zu den Publikumslieblingen. Während die Mitglieder des »Mächtigen Häufleins« um Nikolaj Rimskij-Korsakow und Michail Glinka eine russisch orientierte Kunstmusik propagierten und komponierten, war Tschaikowskij westlich geprägt und stand in der klassischen europäischen Tradition der Gattung. Seine Musik ist emotional und subjektiv angelegt, vor allem in ihrer eindringlich-effektvollen Melodik und ihrer raffinierten Koloristik. Auch die manchmal größere, manchmal geringere Nähe seiner Tonsprache zur Programm-Musik scheint den Zugang zu erleichtern. Gerade aus diesen Gründen aber schlagen Musikwissenschaftler bis heute gern einen Bogen um Tschaikowskij und sprechen ihm oft immer noch zu Unrecht die nötige Seriosität ab. Bekannt sind Tschaikowskijs Äußerungen über die »inneren Programme« seiner drei letzten Sinfonien, die assoziative Annäherungen an außermusikalische Zustände und Befindlichkeiten zulassen. Die Grenze zur Programm-Sinfonie überschritt er jedoch nur einmal, nämlich mit seiner zusätzlichen (und in der Nummerierung nicht mitgezählten) *Manfred-Sinfonie* nach Byron (h-Moll op. 58, 1885), in der Nachfolge der *Symphonie fantastique* von Berlioz. Wie dort gibt es auch in *Manfred* Leitthemen, die der Titelfigur zugeordnet sind; auch im Programm finden sich einige Berührungspunkte. Das Werk entstand zwischen der *4. Sinfonie* und der *5. Sinfonie* und stellt einen Markstein in der Gattung der Programm-Sinfonie zwischen Berlioz und Liszt dar. Wie die *Manfred-Sinfonie* werden Tschaikowskijs erste drei Sinfonien selten gespielt, obwohl sie bereits manche Eigentümlichkeit seines Stils aufweisen, etwa in der Instrumentation und in der Melodieerfindung.

Das ›geheime Programm‹« ist der *4. Sinfonie f-Moll* op. 36 (1876–78) besonders anzumerken: so durchzieht der vom Komponisten als »Schicksalsmotiv« bezeichnete Gedanke aus der Einleitung zum Kopfsatz alle Sätze und verklammert sie damit wirkungsvoll. Das Scherzo ist als Pizzicato-Studie ein virtuoses Kabinettstück der Instrumentation. Mit der *f-Moll-Sinfonie* hat die *5. Sinfonie e-Moll* op. 64 (1888) den Charakter einer ›Schicksalssinfonie‹ gemeinsam; auch in ihr gibt es ein das Werk zusammenhaltendes Motto.

Als Tschaikowskijs sinfonisches Vermächtnis ist die *6. Sinfonie h-Moll* op. 74 (1893), die *Pathétique*, in ihrer Formgestaltung die originellste, denn die klassische Satzfolge wird hier völlig verändert. In ihr gibt es einen walzerartigen Satz im 5/4-Takt an zweiter sowie einen sich allmählich bis zum martialischen Höhepunkt auftürmenden Geschwindmarsch an dritter Stelle; als Finale erklingt ein leidenschaftliches, emotional abgründiges Adagio. Pathos und Effekt, Intimität und seelische Abgründe finden sich in dieser Musik unvermittelt und kontrastartig nebeneinander; motivisch-thematische Arbeit ist nicht ihr vordringliches Anliegen.

TSCHAIKOWSKIJS WERKE

- Orchesterwerke (u. a. 6 Sinfonien, *Manfred-Sinfonie*; Konzert-Ouvertüren und Sinfonische Dichtungen; *Serenade für Streicher C-Dur*, 4 Suiten für Orchester; 5 Solokonzerte und Konzertstücke für Klavier, Violine und Violoncello)
- Kammermusik (3 Streichquartette; *Streichsextett Souvenir de Florence*; *Klaviertrio a-Moll*)
- Klaviermusik (u. a. *Monate [Jahreszeiten]* op. 37)
- Bühnenwerke (10 Opern; 3 Ballette; Schauspielmusiken)
- Vokalmusik (Kirchenmusik; Lieder und Chöre)

1877 Eheschließung und baldige Trennung von seiner Frau, Bekanntschaft mit Frau von Meck, die ihn wirtschaftlich unterstützt.
1878 Ende der Tätigkeit am Konservatorium, zahlreiche Reisen als Dirigent in Europa und den USA.
1890 längerer Aufenthalt in Florenz.
1892 Rückkehr nach Moskau.
1893 stirbt Tschaikowskij am 25. Oktober (6. November) in St. Petersburg.

SINFONISCHE RARITÄTEN

Eine Generation vor Borodin lebte Michail Glinka, von dem nur eine *Sinfonie B-Dur* bekannt ist. Nach Borodin wirkte der drei Jahre jüngere Milij Balakirew, bekannt als Ideengeber des »Mächtigen Häufleins«; in seinen beiden Sinfonien verband er Gestaltungskraft mit folkloristischem Themenmaterial, was ihm in seiner *2. Sinfonie d-Moll* ungleich besser gelang. Nikolaj Rimskij-Korsakow hinterließ zwei mehrfach umgearbeitete Sinfonien, die nicht annähernd die Popularität seiner Ballett- und Programmmusik erreichten; sie sind durch Rimskij-Korsakows Kunst der Orchesterbehandlung ausgezeichnet. Sein Schüler Sergeij Tanejew schuf vier Sinfonien und steht mit ihnen der westlich orientierten Tonsprache seines Vorbildes Tschaikowskij nahe; von Bedeutung ist seine *4. Sinfonie c-Moll* op. 12. Alexander Glasunow reicht mit seinem sinfonischen Schaffen bereits ins 20. Jahrhundert; von seinen acht Sinfonien entstanden die beiden letzten nach 1900. Sie zeichnen sich durch orchestrale Brillanz und souveräne Durchgestaltung aus.

DIE PROGRAMM-SINFONIE

HECTOR BERLIOZ

1803 am 11. Dezember in La-Côte-Saint-André (Isère) geboren; zunächst Medizinstudium, dann Musikstudium u. a. bei Anton Reicha und Jean-François Le Sueur.
1828 und 1830 Auszeichnung mit dem Rompreis.
1831–32 Stipendiat in Rom.
1832 Uraufführung der *Symphonie fantastique*; zahlreiche In- und Auslandsreisen mit Aufführungen eigener Werke.
1838 Tätigkeit als Konservator, ab 1850 Bibliothekar am Pariser Konservatorium.
1840 Beginn der schriftstellerischen Tätigkeit.
1843–47 Konzertreisen in europäische Länder (u. a. mehrfach nach London); Dirigent in Paris.
1852/55 Berlioz-Wochen in Weimar.
1867 Konzertreise nach Russland.
1869 stirbt Berlioz am 8. März in Paris.

19. Jahrhundert

BEGRIFF. Die Programm-Sinfonie zählt mit der Sinfonischen Dichtung zur Programm-Musik. In ihrer Mehrsätzigkeit folgt sie dem klassischen Sinfoniemodell. Sie ist nicht mit Tonmalerei zu verwechseln, die als »Technik der musikalischen Nachahmung akustischer oder visueller Vorgänge« (Karl H. Wörner) zu verstehen ist. Innerhalb der Orchestermusik besitzt die Programm-Sinfonie eine längere Geschichte, in der sie immer umstritten war, oft als fragwürdig und minderwertig galt. Zum Ausgangspunkt wurde Beethovens *Pastoral-Sinfonie*, die ausdrücklich nicht malt und schildert, sondern Gefühle und Empfindungen ausdrückt. Der viersätzige Sinfoniezyklus wird hier um einen fünften Satz erweitert (»Gewitter. Sturm«), an dem spezifische Merkmale der Gattung erkennbar werden, vor allem die partielle Unterordnung struktureller Prinzipien unter das Programm.

BERLIOZ. Unter den Programm-Sinfonien von Hector Berlioz wurde die *Symphonie fantastique* (1830) besonders bekannt. Ihr ursprünglicher Titel »Episoden aus dem Leben eines Künstlers« verdeutlicht ihr Anliegen besser, denn im Zentrum ihrer fünf Sätze steht eine Künstlerpersönlichkeit – autobiographisch Berlioz selber –, dessen Liebesbeziehung zu einer Frau in allen Höhen und Tiefen nacherlebt wird. An den Satzüberschriften kann man das Geschehen verfolgen: »Träumereien. Leidenschaften – Ein Ball – Szene auf dem Land – Gang zum Hochgericht – Traum eines Hexensabbats«. An allen Schauplätzen taucht die Geliebte auf, symbolisiert durch ihr Thema, das sich, flexibel variiert, der wechselnden Umgebung anpasst und als motivische Klammer (»idée fixe«) für den zyklischen Zusammenhalt sorgt. Berühmt ist Berlioz für seine Instrumentationskunst, die bereits in diesem Opus des Siebenundzwanzigjährigen meisterhaft und originell ist.

LISZT, TSCHAIKOWSKIJ, RIMSKIJ-KORSAKOW. Franz Liszt schrieb neben seinen einsätzigen Tondichtungen mehrere umfangreiche Programm-Sinfonien, in denen auch Singstimmen eingesetzt werden. Die *Faust-Sinfonie* »in drei Charakterbildern (nach Goethe)« von 1854 stellt in den Mittelpunkt ihrer drei Sätze jeweils eine Hauptfigur (Faust, Gretchen, Mephistopheles); die *Sinfonie zu Dantes Göttlicher Komödie* (1857) sprengt in Anlage, Dimensionen und Besetzung die Gattungsgrenzen.
Tschaikowskijs *Manfred-Sinfonie* nach Byron wird heute leider vernachlässigt; hingegen wurde Nikolaj Rimskij-Korsakows viersätzige »Sinfonische Suite« *Scheherazade* op. 35 (1888; nach Tausendundeiner Nacht) sehr populär. Sie verdankt ihre Beliebtheit ihrer effektvollen Orchestrierung; ihre vier Sätze werden durch die beiden charakteristisch gegensätzlichen Themen des Sultans und der Scheherazade miteinander zyklisch verknüpft.

Modest Mussorsgkij, *Bilder einer Ausstellung* (»Samuel Goldenberg und Schmuyle«, Beginn). Maurice Ravel instrumentierte Mussorgskijs Klavierkomposition 1922 für großes Orchester.

MUSSORGSKIJ. Den originellsten und berühmtesten Beitrag zur Gattung lieferte Modest Mussorgskij mit seinem Zyklus *Bilder einer Ausstellung* (1874), der eher wie eine Suite angelegt und zudem originär für Klavier komponiert ist. Mussorgskij schildert den Gang durch eine Ausstellung aus der Sicht des Betrachters; die ausgewählten Bilder werden musikalisch durch die »Promenade« verbunden, die mehrfach variiert wiederkehrt und unterschiedliche Reaktionen auf den Kunstgenuss erkennen lässt. Die Reihe gegensätzlicher Bilder ist Auslöser für die geniale, oft bizarre und groteske Charakterisierungskunst des Komponisten. Entstehungsanlass war eine postume Bilderausstellung des Malers Viktor Hartmann, der ein Freund Mussorgskijs war.
Populär wurde Mussorgskijs Zyklus durch die raffinierte Orchestrierung von Maurice Ravel. Daneben gibt es weitere, selten aufgeführte Orchester-Fassungen, etwa die des Dirigenten Leopold Stokowsky. Ein Arrangement für Orgel liegt nahe, weil diese über eine besonders große Farbpalette verfügt; deshalb hört man die *Bilder einer Ausstellung* auch in Orgelkonzerten. In neuerer Zeit beschäftigten sich auch einzelne Stars und Gruppen der Popularmusik mit einer modischen Aufbereitung (Emerson, Lake and Palmer), und der Japaner Tomita schuf eine bemerkenswerte Version im elektronischen Tonstudio.

BERLIOZ' WERKE

- Programmatische Orchesterwerke (*Symphonie fantastique. Épisode de la vie d'un artiste*, 1830; *Lélio ou Le rétour à la vie*, 1831; *Harold en Italie. Sinfonie in 4 Teilen mit Solo-Bratsche*, 1834; *Roméo et Juliette. Dramatische Sinfonie mit Solisten und Chören*, 1839; *Grande Symphonie funèbre et triomphale*, 1840; *La damnation de Faust. Dramatische Legende für Soli, Chor und Orchester*, 1845/46; Ouvertüren, u. a. *Le roi Lear*, *Le Carnaval romain*, *Benvenuto Cellini*)
- Vokalwerke (3 Opern: *Benvenuto Cellini*, 1838; *Les Troyens*, 1855–58; *Béatrice et Bénédict*, 1862; Oratorium *L'enfance du Christ*, *Grande messe des morts*, 1837; *Te Deum*, 1849; weltliche Kantaten; Orchester- und Klavierlieder)

INSTRUMENTATION

Zu Berlioz' Tonsprache gehört auch die Darstellung des Hässlichen, der Parodie und der Ironie. Zum klassischen Instrumentarium werden weitere charakteristische Instrumentalfarben hinzugezogen: im »Ball« der *Symphonie fantastique* zwei Harfen, in deren langsamem Satz das Englischhorn und zwei zusätzliche Pauken, die am Ende ein fernes Gewitter malen, und in den beiden spukhaften Schlusssätzen ein erweitertes Schlagzeug mit Glocken, Piccoloflöte, Posaunen, Tuben und Cornetten.

DIE SINFONISCHE DICHTUNG

BEGRIFF

Die Sinfonische Dichtung ist eine charakteristische Gattung des 19. Jahrhunderts mit Ausläufern im frühen 20. Jahrhundert. Anders als bei der Programm-Sinfonie ist ihr Kennzeichen die Einsätzigkeit. Prinzipielle Unterschiede im künstlerischen Anliegen gibt es jedoch nicht. Historischer Anknüpfungspunkt ist die Konzert-Ouvertüre, die sich seit Beethoven von der Opern-Ouvertüre gelöst und ihre Eigenständigkeit entwickelt hat. Liszts Modell der einsätzigen, in sich mehrgliedrigen Sinfonischen Dichtung verschmolz die Struktur des Sonatensatzes mit der viersätzigen zyklischen Sinfonie. Die Hauptmeister der Sinfonischen Dichtung sind Franz Liszt, der als ihr ›Erfinder‹ gelten darf, und Richard Strauss, ihr virtuoser Vollender gegen Ende der Gattungsgeschichte.

LISZT. Als Schöpfer großer Orchestermusik strebte Liszt eine Erneuerung an. Zugleich war er sein eigener Theoretiker, der die kunstphilosophischen Grundlagen seines Tuns selbst formulierte. Seine Leitsterne waren Beethoven mit seinen Sinfonien und den Ouvertüren sowie Berlioz mit seiner Verknüpfung programmatischer Ideen und Inhalte mit der mehrsätzigen sinfonischen Großform (*Symphonie fantastique*). Liszt verband mit diesen musikalischen Vorgaben einen hohen geistesgeschichtlichen Anspruch: in der Sinfonischen Dichtung sollte die Dichtkunst mit ihren mythologischen und historischen Quellen eine Verbindung mit der Tonkunst eingehen und sich in dieser Synthese als Botschaft an die Menschheit wenden. Im Anspruch, humanistische Botschaften auszusprechen und zu vermitteln, steht Liszt Beethoven nahe, dessen Werke als ›Ideenkunstwerke‹ verstanden wurden. So lässt sich von der 9. *Sinfonie* oder von der *Egmont-Ouvertüre* mit ihrem idealisierten Freiheitspathos eine Verbindungslinie zu Liszts Sinfonischen Dichtungen ziehen.
1851 postuliert Richard Wagner in seiner Schrift *Oper und Drama*, das »Ende der Sinfonie« und erklärte wenig später (1857) in *Über Liszts Sinfonische Dichtungen* dessen einsätzige Orchesterkompositionen zu ihrer legitimen Fortführung. Beide wiesen darauf hin, dass derartige ›Programm-Musik‹ sich nicht in naturalistischer Schilderung von Äußerlichkeiten erschöpfen dürfe. Wagner behauptete ausdrücklich, dass Musik nicht in der Lage sei, Außer-

musikalisches konkret darzustellen – »nicht mehr der Gegenstand, wie er vom Dichter durch Worte bezeichnet wird, sondern der ganz andere, jeder Beschreibung unerreichbare, von dem man bei seiner unnahbar duftigen Eigenschaft sich kaum vorstellen kann, wie er wiederum ebenso klar, bestimmt, dicht und unverkennbar unserem Gefühl sich darstellen kann«, sei das künstlerische Ziel.

KÜNSTLERISCHES ANLIEGEN. Carl Dahlhaus formulierte Liszts künstlerisches Anliegen: »Es waren im wesentlichen drei miteinander zusammenhängende Probleme, aus deren Lösung die ›Poetik‹ der Sinfonischen Dichtung resultierte: Erstens versuchte Liszt sich die klassische Idee des Sinfonischen zu eigen zu machen, ohne sich epigonal einem überlieferten Formschema zu fügen. Zweitens wollte er die Programm-Musik, die ihm (…) als ›Spitze der geschichtlichen Entwicklung‹ erschien, von einem niederen, ›malenden‹ Genre zu erhabener, poetisch-philosophischer Bedeutung erheben. Und drittens war er von dem Gedanken besessen, dass es möglich sein müsse, den expressiven Gestus seiner früheren, von der französischen Romantik inspirierten Klavierwerke mit der Tradition der thematisch-motivischen Arbeit zu vermitteln.«

AUSSERMUSIKALISCHE IDEEN. Für seine außermusikalischen Ideen griff Liszt auf poetische Vorlagen mit überzeitlichen Inhalten, auf mythologische Vorgaben und historische Anlässe zurück. Er fügte seinen Tondichtungen in der Regel ein verbales Programm bei, auch wenn der Komponist erwartete, dass seine Tondichtungen aus sich selbst heraus verständlich sein sollten.
Liszt transformierte ständig sein motivisches Material; der Anspruch des Wortes ›sinfonisch‹ im Gattungsnamen erhält mit dieser Weiterentwicklung der klassischen motivisch-thematischen Arbeit sein Gewicht. Hinzu kommen eine komplexe hochromantisch-chromatische Harmonik sowie eine differenzierte, zukunftsweisende Instrumentierung, die sich Liszt bei einigen Kompositionen von Kollegen abnehmen ließ.

LISZTS WERKE

- 13 Sinfonische Dichtungen (*Ce qu'on entend sur la montagne / »Bergsinfonie«*, 1848/49, 1850, 1854; *Tasso. Lamento e trionfi*, 1849, 1850/51, 1854; *Les Préludes*, 1848/54); *Orpheus*, 1853/54; *Prometheus*, 1850/55; *Mazeppa*, 1851/54; *Festklänge*, 1853; *Heroide funèbre / Heldenklage*, 1848/50, 1854; *Hungaria*, 1854; *Hamlet*, 1858; *Hunnenschlacht* nach Kaulbach, 1856/57; *Die Ideale* nach Schiller, 1857; *Von der Wiege bis zum Grabe*, 1881/82)
- Andere Orchesterwerke (u. a. 2 Konzerte für Klavier und Orchester)
- Klaviermusik (u. a. *Sonate h-Moll*, 1853; *Années de pélerinage*, 3 Bde., 1854–77; Arrangements aller Beethoven-Sinfonien)
- Orgelmusik (u. a. *Präludium und Fuge über B-A-C-H*, 1855)
- Bühnen- und Vokalmusik (u. a. 1 Oper; Oratorien; Messen; *Requiem*, 1867–68; Klavierlieder)

FRANZ LISZT

1811 am 22. Oktober in Raiding (Burgenland) geboren; ungarische Herkunft, deutsche Vorfahren; ab dem sechsten Lebensjahr Klavierunterricht beim Vater.
Ab 1819 erste öffentliche Auftritte, Stipendium von fünf ungarischen Magnaten.
1822 Klavierunterricht bei Carl Czerny in Wien, Theorieunterricht bei Antonio Salieri.
Ab 1833 Verbindung mit der Gräfin Marie d'Agoult, von ihr literarisch beeinflusst; drei gemeinsame Kinder, Tochter Cosima wird später die Ehefrau Hans von Bülows bzw. Richard Wagners.
1839–47 triumphale Europatourneen; letztes Konzert als reisender Virtuose 1847.
1842–59 Hofkapellmeister (zunächst nur »in außerordentlichen Diensten«) in Weimar; Hinwendung zur Komposition (Klavier, Orchester), Freundschaft mit Wagner, großer Freundeskreis (Neudeutsche Schule).
1860 Romreise; Hinwendung zur Religion.
1865 erhält Liszt die niederen Weihen eines Abbée.
Ab 1870 lebt Liszt abwechselnd in Rom, Weimar und Budapest.
1886 letzte große Reise von Rom (u. a. über Budapest, Paris, London, Antwerpen) zu den Festspielen nach Bayreuth, wo Liszt am 31. Juli stirbt.

Liszt am Klavier (1840) von Joseph Danhauser. Die verklärende Darstellung eines Abends bei Liszt zeigt den Freundeskreis um den Meister versammelt. Von links nach rechts: Alexandre Dumas, Victor Hugo, George Sand, sitzend, in Männerkleidung; Paganini und Rossini, nebeneinander stehend; zu Füßen Liszts: Marie d'Agoult. Das Porträt im Hintergrund zeigt Byron, die Büste stellt Beethoven dar.

SINFONISCHE DICHTUNGEN NEBEN UND NACH LISZT

FRANKREICH. In Frankreich befassten sich die meisten Komponisten mit der Gattung der Sinfonischen Dichtung. Neben Saint-Saëns, d'Indy, Franck sind vor allem Claude Debussy und Paul Dukas hervorzuheben, der 1897 mit seinem Orchesterstück *L'apprenti sorcier* (*Der Zauberlehrling*) nach Goethes Ballade ein Meisterwerk schuf, dessen Erfolg bis heute anhält. Die Gründe hierfür liegen neben der brillanten Instrumentation im Stil des Impressionismus vor allem in der motivisch-melodischen Treffsicherheit, mit der Dukas Personen und Situationen der Ballade umsetzt, ohne in vordergründigen Naturalismus zu verfallen.

SLAWISCHER RAUM. Eindrucksvoll und sehr kurz ist *Eine Steppenskizze aus Mittelasien* (1880) von Alexander Borodin – ein eindringliches Stimmungsbild, das sich nicht an überlieferte formale Vorgaben hält, sondern seinen überschaubaren Verlauf von seinem außermusikalischen Thema ableitet. Bekannt sind weiter Peter Tschaikowskijs Konzert-Ouvertüren *Romeo und Julia* und *Francesca da Rimini* und Modest Mussorgskijs *Nacht auf dem Kahlen Berge* (1867), allerdings nur in einer gravierend entstellenden Fassung von Rimskij-Korsakow, da die originelle Originalversion unterdrückt wurde.
Bedřich Smetanas *Moldau* ist ein Publikumsmagnet; sie ist Bestandteil des sechsteiligen Zyklus' von Tondichtungen *Mein Vaterland*, der durch inhaltliche und musikalische Klammern verknüpft ist. So erklingt das *Vyšehrad*-Thema, das sich auf einen mythologisch wichtigen Felsen in Smetanas Heimat bezieht, in drei der sechs Stücke. Die Popularität der *Moldau* rührt von der außermusikalischen Programmatik her, die mit einprägsamen musikalischen Themen in rondohafter Reihung Orte und Situationen von den Quellen der Moldau bis zu ihrer Mündung schildert.
Antonín Dvořáks sinfonische Programm-Musik wird bei uns zu selten aufgeführt. Er hinterließ vier Sinfonische Dichtungen und sieben Konzert-Ouvertüren, von denen drei unter dem Titel »Natur, Leben und Liebe« zyklisch zusammengefasst und vom Komponisten 1892 uraufgeführt wurden (*In der Natur*, *Karneval*, *Othello* op. 91–93). Die Grenzen zwischen beiden Werkgenres sind fließend; gemeinsam ist ihnen ihre böhmisch gefärbte Thematik und ihre koloristische, individuelle Instrumentation. Den Sinfonischen Dichtungen (*Der Wassermann*, *Die Mittagshexe*, *Das goldene Spinnrad*, *Die Waldtaube* op. 107–110) liegen Texte mit balladenhaften, oft grausamen und unheimlichen Handlungen zugrunde, die den Komponisten zu packenden Details anregten. Dvořák hält das abwechslungsreiche Geschehen strukturell meisterhaft zusammen und fügt es zu einem logischen Ablauf. Strukturelle Vorgaben wie die Rondoform bilden eher die zwanglose Vorgabe als eine strenge Richtschnur.

BORODINS *STEPPENSKIZZE AUS MITTELASIEN*

In der mittelasiatischen Steppe nähern sich zwei Karawanen, eine mit asiatischen Händlern und eine mit russischen Soldaten; sie begegnen sich, reiten ein Stück des Wegs gemeinsam und trennen sich wieder, bis sie sich am Horizont verlieren. – Dieses schlichte Geschehen wird in wenigen eindeutigen musikalischen Symbolen gefasst, die nacheinander vorgestellt und dann kombiniert werden, als klingendes Zeichen ihres kurzen Miteinanders: Zwei charakteristische Melodien stehen für Asiaten und Russen, ein synkopischer Rhythmus für die Reitbewegung, ein flirrender hoher Ton für die Weite der Steppe.

DEUTSCHLAND. Nicht alle Dokumente der Gattung haben bis in unsere Zeit überlebt: insofern beansprucht eine Auswahl von Schöpfern der Sinfonischen Dichtung eher historisches Interesse. Sie sympathisierten überwiegend – offen oder versteckt – mit den Ideen der Neudeutschen Schule um Liszt und Wagner und dokumentierten diese Hinneigung denn auch in der Auswahl ähnlicher Vorlagen und Themen aus Posie und Mythologie.

Hugo Wolf hat neben seinen Liedern einige wenige erlesene Instrumentalwerke hinterlassen. Seine einzige Sinfonische Dichtung *Penthesilea* komponierte er 1883–85 nach Kleists Tragödie, angeregt durch Liszt, dessen musikalischem Vorbild Wolf ohne jeden Anflug von Epigonentum verpflichtet war. Das kontrastreiche, klanglich und farblich sehr differenzierte Werk ist dreiteilig gegliedert in »Aufbruch der Amazonen nach Troja« (schnell) – »Der Traum Penthesileas vom Rosenfest« (langsam) – »Kämpfe, Leidenschaften, Wahnsinn, Vernichtung« (schnell).

ANTONÍN Dvořák kommentiert am 27. August 1896 in einem Brief an den Dirigenten der Wiener Erstaufführung, Hans Richter, seine Sinfonischen Dichtungen.

»Es sind drei selbständige Werke, jedes für sich kann allein aufgeführt werden (…). Es wäre mir lieber, wenn man immer nur ein Werk vorführt, weil das eine dem anderen manchmal nur schaden kann. Bei der Prager Uraufführung im Juni wurden allerdings alle drei aufgeführt (…). Die Stücke sind mehr im Volkston gehalten – manchmal kommt das dramatische Element stark hervor. Es sind Balladen und in jedem Stück sind drei bis vier Personen, welche ich zu charakterisieren bemüht war. Zu jedem Stücke wird aus dem Gedichte ein Extract (in Prosa) vorliegen, damit es dem Publicum verständlich wird.«

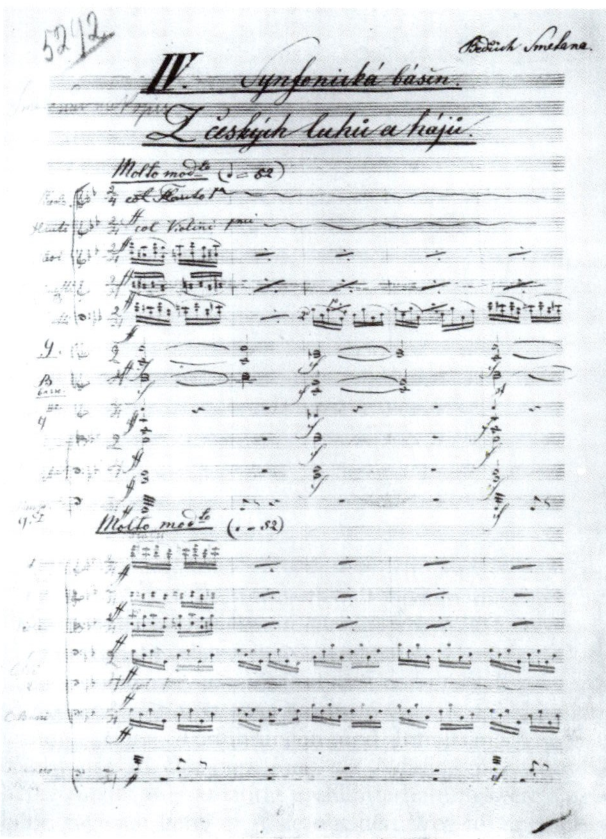

Bedřich Smetana, *Aus Böhmens Hain und Flur*. Das Werk ist das vierte in einer Reihe von sechs Sinfonischen Dichtungen, die den Titel *Mein Vaterland / Má Vlast* tragen. Smetana komponierte den Zyklus 1874–79.

DIE KONZERT-OUVERTÜRE

BEGRIFF

Bis zum Ende des 18. Jahrhunderts war die Ouvertüre allein als Eröffnung und Einleitung einer Oper bekannt. Mit Beethoven kamen der Ouvertüre mehrere Funktionen zu: als Opern-Ouvertüre erfüllte sie die gewohnte Tradition, wenn auch in oft neuartiger Ausprägung; zugleich löste sie sich von ihrer Zweckbindung an die Oper und verselbständigte sich als Konzert-Ouvertüre. Aus ihr ging die Sinfonische Dichtung hervor, die vor allem in ihrer Frühphase noch oft unter dem Namen ›Ouvertüre‹ auftrat und mit ihr auch weiterhin gemeinsame musikalische Merkmale besaß.

BEETHOVEN. Außer den vier Ouvertüren zu seiner Oper *Leonore* bzw. *Fidelio* hinterließ Beethoven Ouvertüren, die heute weitgehend nur noch im Konzert erklingen, auch wenn sie in ihrer Mehrzahl für einen bestimmten anderen Zweck bestimmt waren. Für theatralische Anlässe entstanden die Ouvertüren zur Ballettmusik *Die Geschöpfe des Prometheus* sowie die Ouvertüren zu den Schauspielen *Coriolan*, *Egmont*, *König Stephan* und *Die Ruinen von Athen*, für eher allgemein repräsentative Anlässe die Ouvertüren *Zur Namensfeier* und *Die Weihe des Hauses*.
Beethovens Ouvertüren ähneln sich alle in ihrer Struktur. Basis ist die erweiterte oder frei gehandhabte Sonatensatzform; sie paßt sich vor allem im Charakter ihrer Themenerfindung und in ihrer konflikthaften motivisch-thematischen Verarbeitung dem inhaltlichen Gegenstand an, wie etwa in den Ouvertüren zu *Coriolan* und *Egmont*. Bei seiner *Coriolan-Ouvertüre* nahm Beethoven nicht den Text von Shakespeare zum Ausgangspunkt, sondern eröffnete mit seiner Komposition ein Schauspiel von Heinrich von Collin. Mit musikalischen Mitteln zeichnet er hier ein Porträt des tragisch scheiternden römischen Feldherrn Coriolan. Die Unerbittlichkeit des Schicksals zeigt sich bereits in den zwei eröffnenden Tuttischlägen sowie in jenem kleinen prägnanten Motiv, das als Bewegungsimpuls das Stück durchzieht und prägt. Im Sinne des Sonatensatzes steht ihm ein melodisches, elegisch kontrastierendes Seitenthema gegenüber, das den weiblichen Gegenpol der Handlung, Coriolans Mutter und ihr Flehen, symbolisiert. In der Ouvertüre zu Goethes *Egmont* op. 84 (1809–10) versuchte Beethoven, mit den Mitteln des Sonatensatzes und seiner kontrastierenden Elemente ein Stimmungsbild des unterdrückten niederländischen Volkes und seiner idealisierten Befreiung zu geben. Hierzu stellte er dem Hauptteil eine langsame Einleitung voran und endete mit einer apotheotisch sich steigernden Coda, die als Siegessinfonie zu verstehen ist. In die Zukunft der Programm-Ouvertüre vorausweisend ist jener Moment vor der Stretta, wo man Egmonts Flehen und den Todesstoß des Henkers zu hören vermeint.

NACH BEETHOVEN. Im Laufe des 19. Jahrhunderts entstand eine Fülle unterschiedlichster Ouvertüren. Dabei erklingen heute auch jene Stücke immer wieder im Rahmen reiner Konzertprogramme, die ursprünglich auf eine Oper bezogen waren, etwa Carl Maria von Webers Ouvertüre zu seiner Oper *Der Freischütz*. Häufig sind Ouvertüren zu Opern, die völlig vergessen sind, die einzigen Überbleibsel, die noch zu hören sind. Webers Ouvertüren, obwohl überwiegend für die Oper bestimmt, markieren dennoch den Übergang zur Konzert-Ouvertüre; eine eindeutige Zuordnung besitzen jedoch nur seine Konzert-Ouvertüren *Der Beherrscher der Geister* (1811) und die *Jubel-Ouvertüre* (1818).

MENDELSSOHN BARTHOLDY. Mendelssohn näherte die Konzert-Ouvertüre bereits der Sinfonischen Dichtung an. Seine Ouvertüre *Die Hebriden. Fingalshöhle* op. 26 von 1829 zählt zu den effektvollsten und eindringlichsten Orchesterwerken des Komponisten. Die Anregung empfing Mendelssohn auf einer Reise nach Schottland und zu den Hebriden-Inseln. In einem Brief hielt er die Stimmung mit Worten und Noten skizzenhaft fest: »Um Euch zu verdeutlichen, wie seltsam mir auf den Hebriden zumute geworden ist, fiel mir eben folgendes ein:«

Felix Mendelssohn Bartholdy, Skizze zur *Hebriden-Ouvertüre* aus einem Brief des Komponisten an seine Familie vom 7. August 1829, überschrieben mit »Auf einer Hebride«.

Mendelssohns Ringen mit der Problematik einer programmatischen Konzert-Ouvertüre zeigt sich darin, dass er das Werk mehrfach umarbeitete. Zwar liegt dem Stück die Sonatensatzform zugrunde, doch wirkt es fast monothematisch durch das Vorherrschen eines einzigen einprägsamen Motives, das sich auf die Fingalshöhle bezieht. Das Stück besticht durch sein Changieren zwischen absoluter musikalischer Struktur und Einbrüchen angedeuteter naturalistischer Programmatik, die sich im kontrasthaften Nebeneinander von ruhiger See und Sturm niederschlägt, getragen von einer suggestiven Instrumentation.

NACH MENDELSSOHN BARTHOLDY. Werke von Robert Schumann – vor allem seine Ouvertüre zu Byrons *Manfred* op. 115 (1851) – und Richard Wagner setzten die Entwicklung der Gattung fort. Wagner schrieb *Eine Faust-Ouvertüre* 1840/55 als reine Konzert-Ouvertüre. Höhepunkte der Gattung komponierte dann Peter Tschaikowskij mit *Romeo und Julia* (1869/80), *Hamlet* op. 68 (1888) und der *Ouvertüre 1812*, die in direkter Linie Beethovens monströse Komposition *Wellingtons Sieg oder Die Schlacht bei Vittoria* op. 91 (1813) fortzusetzen scheint. Der historische Zusammenhang, in dem beide Werke stehen, ist jener der aus heutiger Sicht recht zeitgebundenen und lärmenden »Schlachtenmusik«.

DER VIRTUOSE

»VIRTUOSO«. Virtuosität als fundamentale Zielsetzung der Musikausübung ist kein Phänomen des 19. Jahrhunderts, auch wenn in diesem Zeitraum zwei Künstlerpersönlichkeiten zum Synonym für Virtuosentum geworden sind: in Niccolò Paganini und Franz Liszt kulminierte die Tendenz zu instrumentaler Virtuosität. Der Begriff *virtuoso* war ursprünglich nicht allein auf die Musikausführung beschränkt, sondern meinte allgemein künstlerische und wissenschaftliche Höchstleistungen. Erst Ende des 17. Jahrhunderts engte sich die Bedeutung auf den spezialisierten Instrumentalisten ein – im Gegensatz zu dem ›nur‹ komponierenden Musiker und dem Musikliebhaber. Bis heute schwingt in der Bezeichnung ein unterschwellig negativer Unterton mit, im Sinne von weniger ›seriös‹ und eher ›zirzensisch-akrobatisch‹.

Eugène Delacroix, *Paganini* (1831). Wie viele andere Bewunderer besuchte auch Delacroix die Konzerte des Geigenvirtuosen in der Pariser Opéra. An ein solches Erlebnis mag das Bild erinnern, das Paganini, in das Dunkel der Bühne getaucht, inmitten seines brillanten Vortrags wiedergibt.

KOMPONISTEN UND INTERPRETEN. Parallel zum Aufkommen des exponierten Virtuosen konzentrierten sich Komponisten zunehmend auf die Rolle des ›Werklieferanten‹: die Tätigkeiten des Tonsetzens und des Ausführens trennten sich immer stärker. Noch Mozart und Beethoven waren in der Lage, ihre Kompositionen kongenial vorzutragen. Sie schrieben viele Werke zum eigenen Gebrauch. Nach ihnen waren viele Komponisten nicht mehr fähig, die von ihnen ersonnenen Schwierigkeiten auszuführen; hierzu wurden Spezialisten benötigt – Spezialbegabungen, die im Idealfall die Komponisten zum Erfinden neuer technischer Raffinessen ermunterten und anregten. Von Schubert ist bekannt, dass er seine Werke nur unzureichend bewältigte. Brahms ließ sich von Joseph Joachim bei der Komposition seines Violinkonzertes beraten. Andererseits war Brahms ein so brillanter und eigenwilliger Pianist, dass er seinen bisweilen sehr charakteristischen und sperrigen, aber immer instrumentengerechten Klavierstil entwickeln konnte. Ausführende eigener Werke waren auch Schumann und Chopin, deren individuelle pianistische Fertigkeiten sich unmittelbar im Kompositionsstil ihrer Klaviermusik niederschlugen. Gerade Schumann war einer jener Meinungsführer, die sich gegen bloßes Zurschaustellen leerer Virtuosität, gegen alles »Virtuosengeklimper«, wie er es nannte, zur Wehr setzten, die handwerkliche Perfektion des Musikers verteidigten und instrumentale Vollkommenheit als gleichberechtigten Parameter neben der Komposition anerkannten.

BEVORZUGTE INSTRUMENTE. Zwei Instrumente, die Violine und das Klavier, wurden recht schnell zum idealen Handwerkszeug der Virtuosen: Die Violine begann ihre Laufbahn bereits im 17. Jahrhundert, das Klavier dagegen erst in der zweiten Hälfte des 18. Jahrhunderts. Dies hängt vorrangig mit instrumentenbaulichen Gründen zusammen: Die Violine war im 17. Jahrhundert, dank der Fertigkeiten ihrer italienischen Meister Amati, Guarneri und Stradivari, bereits ein perfektes Instrument, das sich bis heute kaum weiterentwickelt hat. Das Klavier dagegen erlebte im Übergang vom Cembalo zum Hammerklavier tief greifende Veränderungen in seiner Baugeschichte und Ästhetik und war erst um die Mitte des 19. Jahrhunderts vollständig entwickelt. Zwar gab es zuvor auch Cembalo- und Orgel-Virtuosen von weitreichendem Ruf – man denke an Bachs gescheiterten ›Wettkampf‹ mit dem Franzosen Louis Marchand oder an Domenico Scarlatti –, doch erwies sich erst das Hammerklavier als geeignetes Virtuoseninstrument.

PAGANINI UND LISZT. Die beiden legendären Virtuosen des 19. Jahrhunderts waren nicht nur ein musikalisches, sondern auch ein gesellschaftliches Ereignis. Das Aufkommen großer Konzertsäle und öffentlicher Konzerte begünstigte ihren Aufstieg und ermöglichte auch einer breiteren Öffentlichkeit, an diesem Phänomen teilzuhaben. Dabei nahm die Resonanz bisweilen hysterische Züge an und trug Anzeichen von Götzenanbetung und Starkult. Paganini kultivierte den dämonischen Zug seiner Persönlichkeit, und auch Liszt genoss die Aura seiner Persönlichkeit. Beide agierten in Doppelfunktion als Instrumentalist und Komponist; beide bereicherten ihre Musik durch ihre überdurchschnittliche, oft akrobatische Spieltechnik. Liszt erwies sich dabei als der ambitioniertere und auch theoretisch fundierte Künstler. In seiner zweiten Lebenshälfte zog er sich aus dem Konzertleben zurück.

PAGANINIS WERKE

- Orchesterwerke (5 Violinkonzerte – Nr. 5 nur Violinstimme erhalten –; diverse Variationen für Violine und Orchester)
- Kammermusik (zumeist für Violine und Gitarre)
- Werke für Violine solo (*24 Capricci per violino*) und mit Klavier

NICCOLÒ PAGANINI

1783 am 27. Oktober in Genua geboren; erhält früh Mandolinen-, dann Geigenunterricht (die Gitarre beherrscht er später ebenfalls ausgezeichnet; für sie komponiert er auch).
Ab 1793 erste öffentliche Auftritte, besonders Kirchenkonzerte.
1796 kurzzeitig Kompositionsunterricht, gefolgt von Wanderjahren, Neigung zum Glücksspiel; nach dem Verlust seiner als Spielpfand eingesetzten Geige stiftet ihm ein französischer Kaufmann eine Violine des Geigenbauers Guarneri, die bis zu seinem Tod sein Lieblingsinstrument bleibt.
1804 Rückkehr nach Genua.
1805 Violinist und Kapellmeister in Lucca.
Ab 1809 freier Künstler, Konzertreisen durch Europa; am Ende zunehmende Kränklichkeit.
1840 stirbt Paganini am 27. Mai in Nizza.

IN seinen *Memoiren des Herrn von Schnabelewopski* verarbeitet Heinrich Heine Eindrücke eines Konzerts, das Paganini 1829 in Hamburg gegeben hat.

»Das war Paganini in seiner schwarzen Gala: der schwarze Frack und die schwarze Weste von einem entsetzlichen Zuschnitt (…), die schwarzen Hosen ängstlich schlotternd um die dünnen Beine. (…) In den eckigen Krümmungen seines Leibes lag eine schauerliche Hölzernheit und zugleich etwas närrisch Tierisches (…). Ist das ein Lebender, der im Verscheiden begriffen ist und der das Publikum in der Kunstarena, wie ein sterbender Fechter, mit seinen Zuckungen ergötzen soll? Oder ist es ein Toter, der aus dem Grabe gestiegen, ein Vampyr mit der Violine, der uns, wo nicht das Blut aus dem Herzen, doch auf jeden Fall das Geld aus der Tasche saugt?«

BEETHOVENS KLAVIERKONZERTE

DIE HISTORISCHE LEISTUNG. Beethoven schrieb sieben Instrumentalkonzerte: fünf für das Klavier, eins für die Geige und das *Tripelkonzert für Violine, Violoncello und Klavier C-Dur* op. 56, welches eher ein Gelegenheitswerk ist, das Elemente des barocken Concerto grosso und der Sinfonia concertante aufgreift und im Klavier mit Rücksicht auf den fürstlichen Auftraggeber die spieltechnischen Ansprüche ziemlich reduziert. In den fünf Klavierkonzerten jedoch konnte sich Beethoven frei entfalten. Auch er kannte, wie Mozart, als versierter ausübender Pianist die Möglichkeiten und Grenzen seines Instruments genau, dessen Weiterentwicklung und Perfektionierung er wesentlich beeinflusste.
Beethoven setzte die von Mozart begonnene Linie konsequent fort und erreichte in seinen fünf Klavierkonzerten auf anderer Ebene eine ebenso perfekte Balance zwischen sinfonischen und spieltechnischen Anforderungen. Dabei setzen seine beiden frühen Klavierkonzerte erste individuelle Akzente. Sein eigentlicher Beitrag zur Gattungsgeschichte sind seine beiden großen letzten Konzerte, doch gelingt es ihm bereits im *3. Klavierkonzert c-Moll* op. 37 (1799–1804; (a)), das Vorbild Mozart zu überwinden, an dessen *c-Moll-Konzert* (KV 491; (b)) er bereits im Thema unüberhörbar zitierend, gleichsam als Reverenz, anknüpft.

(a)

(b)

In klassischer Ausgewogenheit ergänzen und verstärken sich hier Struktur und Virtuosität; der langsame Satz wird zum typisch Beethoven'schen Ausdruckszentrum.
Äußerliches Anzeichen für die veränderten Ansprüche an die Gattung sind in den beiden letzten Konzerten G-Dur op. 58 (1805/06) und Es-Dur op. 73 (1808/09) die gewachsenen Dimensionen der drei Sätze, insbesondere beim *Es-Dur-Konzert*. Beide Konzerte beginnen originell: das *G-Dur-Konzert* mit einem verinnerlichten Klaviersolo, das *Es-Dur-Konzert* mit einer ebenfalls solistischen, von Orchesterschlägen unterbrochenen, gleichsam improvisatorischen Solokadenz.

AUFBAU. Wie Mozart hielt Beethoven in seinen Konzerten an der Dreisätzigkeit und im Wesentlichen auch an den Charakteren dieser Teile fest. Das sinfonische Gewicht liegt auf dem Kopfsatz in seiner charakteristischen konzertanten Sonatensatzform, die er in der Art des har-

WEGBEREITER

Mozart, der wichtigste Wegbereiter des klassischen Instrumentalkonzerts, schrieb sich seine Violin- und Klavierkonzerte gleichsam selber ›in die Finger‹, da er als Geiger und Pianist sein eigener Solist war. In seiner Person liegen somit die Wurzeln der beiden großen Erscheinungsformen des Solokonzertes des 19. Jahrhunderts: Mit der motivisch-thematischen Durchgestaltung vor allem der Kopfsätze legte er den Grundstein für das ›Sinfonische Konzert‹; mit der Entfaltung einer spezifischen Spieltechnik wies er den Weg zum Virtuosenkonzert. In ihren bedeutendsten Dokumenten gelang dann im Laufe des Jahrhunderts eine Zusammenführung, eine Synthese beider Prinzipien. Speziell für das Violinkonzert gehört zu den Pionieren auch der Italiener Giovanni Battista Viotti, der in seinen 29 Konzerten virtuos erneuerte Spieltechnik und sinfonischen Anspruch verband und damit die Brücke zu Beethoven bildete.

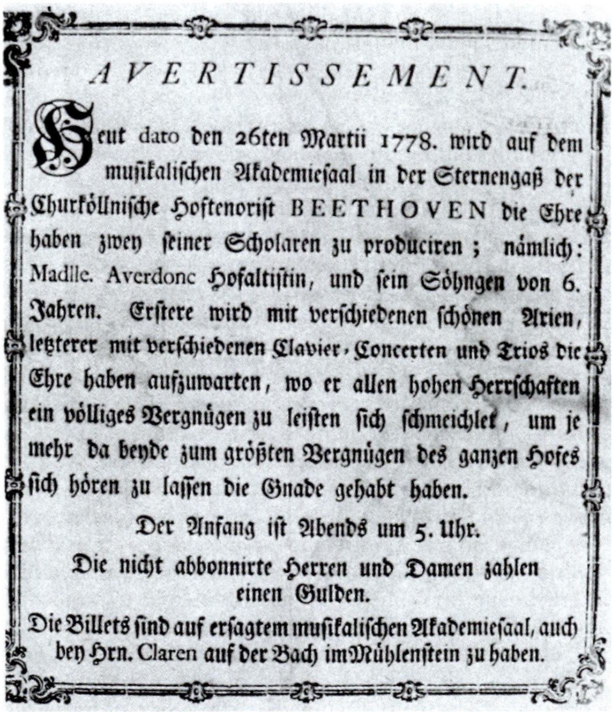

AVERTISSEMENT.

Heut dato den 26ten Martii 1778. wird auf dem musikalischen Akademiesaal in der Sternengaß der Churköllnische Hoftenorist BEETHOVEN die Ehre haben zwey seiner Scholaren zu produciren; nämlich: Madlle. Averdonc Hofaltistin, und sein Söhngen von 6. Jahren. Erstere wird mit verschiedenen schönen Arien, letzterer mit verschiedenen Clavier-Concerten und Trios die Ehre haben aufzuwarten, wo er allen hohen Herrschaften ein völliges Vergnügen zu leisten sich schmeichlet, um je mehr da beyde zum größten Vergnügen des ganzen Hofes sich hören zu lassen die Gnade gehabt haben.

Der Anfang ist Abends um 5. Uhr.

Die nicht abbonnirte Herren und Damen zahlen einen Gulden.

Die Billets sind auf ersagtem musikalischen Akademiesaal, auch bey Hrn. Claren auf der Bach im Mühlenstein zu haben.

Konzertzettel zu Ludwig van Beethovens erstem öffentlichen Auftreten. Der Vater präsentierte in Köln den damals 8-jährigen als 6-jährigen.

monischen Bauplans und in der Anordnung von Themen und Themengruppen weiterentwickelte. Gegenüber Mozart verstärken sich auf diese Weise auch die emotionalen Kontraste. Die Virtuosität ist deutlich gesteigert, ohne sich zu verselbständigen: alle Figurationen – vor allem in der fantasievoll erweiterten Arpeggien- und Tonleitertechnik – fügen sich bruchlos in den Strukturverlauf ein und ordnen sich dem sinfonischen Anspruch unter. Dieser wiederum schlägt sich in einer Ausweitung der motivisch-thematischen Durchgestaltung nieder, die nicht auf die Durchführungen beschränkt bleibt, sondern auch in Expositionen und Reprise wichtig wird. Der gestalterische Anspruch führt auch dazu, dass Beethoven für seine Konzerte eigene Kadenzen nicht nur in Aufführungen improvisierte, sondern sie niederschrieb oder aber, wie im Kopfsatz des *Es-Dur-Konzertes*, aussparte und stattdessen in den Satzverlauf integrierte; so ist der spektakuläre Beginn des eröffnenden Allegros zu begreifen.

Die Mittelsätze werden auf unterschiedliche Weise zum emotionalen Werkzentrum: im *G-Dur-Konzert* kommt es zu einem dramatischen Dialog zwischen Orchester und Klavier, in dessen Verlauf sich beide Partner einander immer mehr annähern.

Im *Es-Dur-Konzert* weicht das Adagio ins weit entfernte H-Dur aus und wird zur intimen, abgeklärten Ausdrucks- und Klangstudie. Auch in den Finalsätzen knüpft Beethoven bei Mozart an; hier wie dort handelt es sich um Rondos, in denen das spielerische Moment dominiert.

19. Jahrhundert

BEETHOVENS CHORFANTASIE

Auch in seiner *Fantasie für Klavier, Chor und Orchester* c-Moll op. 80 (1808) setzte Beethoven das Klavier durchgehend solistisch-konzertant in der Art seiner Klavierkonzerte ein. Nach einer fantasierenden Einleitung folgen zunächst Variationen, zu denen nach und nach immer mehr Orchesterinstrumente hinzutreten. Schließlich wird das ganze formal recht bizarre Gebilde überraschend vom Einsatz des gemischten Chors gekrönt; die *Chorfantasie* gilt deshalb als Vorstudie zum Finale der *9. Sinfonie*.

DEUTSCHE VIOLINKONZERTE

BEETHOVEN. Das heutige Konzertrepertoire für Violine lebt von den großen Violinkonzerten des 19. Jahrhunderts. In der Nachfolge Mozarts und des Italieners Giovanni Battista Viotti steht zunächst Ludwig van Beethoven. In seinem einzigen *Violinkonzert D-Dur* op.61 (1806) überwiegt zumindest in den beiden ersten Sätzen das sinfonische Prinzip, trotz hoher spieltechnischer Ansprüche an den Solisten. Insbesondere im Kopfsatz dominieren die gestalterisch-strukturellen Ambitionen: durch die ungewöhnliche Anordnung und Charakterisierung der Themen entsteht eine neuartige Dichte und Konzentration, wobei alle melodischen Einfälle von einer gemeinsamen elementaren Basis – Tonleiter und Dreiklang – abgeleitet werden. Beethoven gelingt das Kunststück, selbst virtuose Spielfiguren organisch und konstruktiv aus dem Geschehen herauswachsen zu lassen. Dem ostinaten Paukenbeginn kommt dabei fast leitmotivische Funktion zu. Kontemplatives Dialogisieren kennzeichnet das Larghetto; wie im *Es-Dur-Klavierkonzert* wächst das Final-Rondo aus ihm nahtlos hervor und betont, wie dort, stärker den virtuosen Aspekt.
Nach seiner Uraufführung stieß das Violinkonzert für längere Zeit auf wenig Zustimmung, wohl wegen seines unerwartet unspektakulären Charakters. Erst der Geiger Joseph Joachim verhalf ihm zum Durchbruch; 1807 erstellte Beethoven eine Fassung für Klavier und Orchester, die jedoch selten aufgeführt wird.

SPOHR UND MENDELSSOHN BARTHOLDY. Louis Spohr schrieb 15 Violinkonzerte, von denen vor allem sein *a-Moll-Konzert* op. 47 (1816) »in Form einer Gesangsszene« bemerkenswert ist. Das *Violinkonzert e-Moll* op. 64 von Felix Mendelssohn Bartholdy aus dem Jahr 1844, dessen drei Sätze pausenlos in einander übergehen, ist gekennzeichnet durch seine gebändigte, elegante Virtuosität, die vom Solisten hohes Können verlangt. Der Beginn des Kopfsatzes könnte als Inbegriff romantischen Konzertierens gelten: umweglos setzt die Geige mit ihrem leidenschaftlichen Hauptthema ein, während das Orchester sie weich begleitend stützt.

SCHUMANN UND BRUCH. Bereits Beethovens Violinkonzert, entschiedener noch dasjenige Mendelssohns, verlangt nach einem professionell ausgebildeten Solisten, vergleichbar der parallelen Entwicklung im Klavierkonzert. So wurde das 19. Jahrhundert auch zum Zeitalter der großen Violinvirtuosen. Eine herausragende, einzigartige Persönlichkeit war hier der Geiger Joseph Joachim, der eine Reihe bedeutender Konzerte nicht nur anregte, sondern auch wesentlich in ihrer Ausführung beeinflusste. Robert Schumanns *d-Moll-Konzert* (1853) verweigerte er nach genauem Studium allerdings die Uraufführung. Die Kontroverse, die daraufhin um das eigenwillige Konzert

JOSEPH JOACHIM

Der Geiger Joseph Joachim (1831–1907), der zunächst in Leipzig Lehrer am Konservatorium und dort auch Konzertmeister im Gewandhaus-Orchester war, wurde 1868 erster Direktor der Berliner Musikhochschule und hatte engen Kontakt zu Mendelssohn, Schumann, Liszt und Brahms. Als Solist und als Primarius des nach ihm benannten Streichquartetts errang er Weltruhm. Er setzte sich mit seinem Ensemble besonders für das Quartettschaffen Beethovens ein und verhalf seinem Violinkonzert zum Durchbruch auf den Konzertpodien der Welt. Brahms beriet er gründlich und erfolgreich bei der Fertigstellung des Soloparts in seinem Violinkonzert. Schumanns Konzert allerdings verkannte er in seiner Bedeutung: er verweigerte ihm nach genauem Studium der Partitur die Uraufführung.

ausbrach, führte zu einer hundertjährigen Aufführungssperre; trotz deren vorzeitige Aufhebung 1937 ist das Konzert bis heute höchst selten zu hören. Das Besondere an diesem Werk ist seine äußerliche Sperrigkeit, die durch konsequente Zurücknahme und Einbettung des Soloparts in die sinfonische Entwicklung zustande kommt. Außerdem gab es Streit um das korrekte Tempo: fast alle Solisten weigerten sich, das Finale im angegebenen langsamen Tempo zu spielen, hielten es aber dann paradoxerweise immer wegen des überzogenen Tempos für unspielbar. Der von Schumann beabsichtigte Charakter einer gravitätischen Polonaise ergibt sich jedoch erst mit der vorgeschriebenen Metronomisierung (Viertel = 63). Ungleich populärer, doch insgesamt weniger bedeutend ist Max Bruchs erstes von drei Konzerten (g-Moll op. 26), das er ebenfalls für Joseph Joachim schrieb, und mit dem dieser wegen seiner romantischen Eingängigkeit und Dankbarkeit keine Probleme hatte.

Johannes Brahms, *Konzert für Violine und Orchester D-Dur* op.77, dritter Satz (Autograph). Die Seite zeigt einen Ausschnitt der von Brahms mit Tinte geschriebenen Violinstimme, zwischen die Joachim mit Bleistift seine Vorschläge und Bemerkungen notiert hat.

BRAHMS. Zum letzten deutschen Höhepunkt der Gattung wurde das einzige Violinkonzert von Johannes Brahms. Er spielte selber nicht Geige, ließ sich aber spieltechnisch von Joachim beraten. Auf diese Weise entstand ein singuläres Werk, das durch seinen ausgeprägt sinfonischen Charakter besticht und dessen spieltechnische Schwierigkeiten sich hinter der durchgearbeiteten motivisch-thematischen Struktur fast zu verstecken scheinen. Die Komposition wahrt die dreisätzige Tradition und besteht aus drei unterschiedlich profilierten Satzcharakteren: einem komplexen Sonatenhauptsatz zu Beginn, dessen lyrisch verhaltener Beginn kaum die gewaltigen Kontraste ahnen lässt, die ihm folgen; einem nach innen gekehrten kontemplativen Adagio, in zarten Bläser- und Streicherfarben meisterhaft instrumentiert und mit einem rhapsodischen Ausbruch des Solisten in der Mitte; ihm folgt ein ›reißerisch‹ effektvolles Finale im seinerzeit beliebten ungarischen Zigeunerkolorit.

KLAVIERKONZERTE IN DEUTSCHLAND

SCHUMANN. Robert Schumann schrieb ein einziges Konzert für sein eigenes Instrument, neben einem weiteren unvollendeten Versuch und zwei anderen Kompositionen in dieser Besetzung (jeweils Introduktion mit Allegro op. 92 und 134). Sein *Konzert a-Moll* op. 54 gilt als Inbegriff des romantisch-poetischen Klavierkonzertes und befriedigt alle virtuosen Ansprüche in dankbarer Weise – Schumann beherrschte sein Instrument, und ihm stand mit seiner Frau Clara die kompetenteste Virtuosin ihrer Zeit zur Seite. Schumanns individueller und charakteristischer Klavierstil war erprobt und gesichert: alle wesentlichen Solowerke waren bereits komponiert, bis hin zu den *Sinfonischen Etüden* op. 13. Bemerkenswert ist die Selbstverständlichkeit, mit der alles pianistische Spielwerk bruchlos in den sinfonischen Gesamtverlauf integriert wird – es gibt keine Arpeggios, keine Passagen, die nicht zugleich motivisch bedeutungsvoll und eingebunden wären.

Der sinfonische Anspruch schlägt sich bereits in der (langen) Entstehungsgeschichte des Konzertes nieder, das aus einer Fantasie für Klavier und Orchester in einem Satz (1841) hervorging, die Schumann selber als »Mittelding zwischen Sinfonie, Konzert und großer Sonate« bezeichnete. So liegt über den drei Sätzen des Werkes ein fein gesponnenes Netz von motivischen Querverbindungen, die der Musik zu neuartiger Dichte und Intensität verhelfen, gekleidet in ein poetisches Klanggewand subtiler Instrumentationskunst, die besonders den individuell geführten Holzbläserstimmen zu großem Gewicht verhilft.

BRAHMS. Der sinfonische Anspruch dominiert auch in den beiden Klavierkonzerten von Johannes Brahms. So andersartig seine Tonsprache auch ist, so verblüffend ist der gemeinsame Ansatz mit Schumann: auch hier dauerte die Entstehungsgeschichte des *1. Konzertes d-Moll* op. 15 (1854–58) viele Jahre, und es entwickelte sich aus einem zunächst sinfonischen Konzept. Am Ende steht ein Konzert, das in sich auf bislang ungekannte Weise die Ansprüche des Konzertanten und des Sinfonischen vereinigt – die Bezeichnung ›Sinfonie mit Klavier‹ wäre hier zutreffend. Dennoch sind die technischen Schwierigkeiten für den Solisten immens, der Part ist gespickt mit den Brahms'schen Merkmalen der akkordischen Vollgriffigkeit – auch Brahms konnte seinen Klavierpart selber ausführen und schrieb ihn sich selber ›in die Finger‹.

Die Tendenz zum gewaltigen sinfonischen Konzertgebilde wird dann in seinem zweiten späten *Konzert B-Dur* op. 83 (1878–81) noch eindeutiger. Äußerlich schlägt sie sich in sinfonischer Viersätzigkeit, also mit zusätzlichem Scherzo, nieder, worin ihm bereits Henry Litolff in seinen »Concerts sinfoniques« voranging. Zum romantischen Ruhepunkt wird der langsame Satz, in dem Brahms ein eigenes

SINFONISCH – VIRTUOS

Mit Mozart und Beethoven ruhte die Gattung des Klavierkonzerts auf zwei bewährten Säulen – Struktur und konzertante Rollenverteilung zwischen Soloinstrument und Orchester waren fixiert, nun konnte auf dieser soliden Basis experimentiert werden. Die beiden Pole, zwischen denen sich der gestalterische Spielraum bewegte, waren die des Sinfonischen und des Virtuosen; sie traten in der Regel nicht isoliert, sondern jeweils vermischt, aber unterschiedlich akzentuiert auf. Dazu trug nicht zuletzt das Erbe Beethovens bei, das auch auf dem Sektor des Konzertanten übermächtig war und für lange Zeit gültige Maßstäbe setzte.
Für jeden der beiden Gattungszweige gab es im 19. Jahrhundert zahlreiche Protagonisten, unter denen sich einige herausragende Musiker befanden. Die Linie des eher sinfonisch ambitionierten Konzertes führten nach Beethoven Schumann und Brahms fort, eher dem virtuosen Aspekt widmete sich dagegen Liszt.

AM RAND DES REPERTOIRES

Der Gattung des Klavierkonzerts widmeten sich viele Komponisten. Carl Maria von Weber schrieb zwei effektvolle Konzerte und das *Konzertstück f-Moll.* Auch Felix Mendelssohn Bartholdys drei Konzerte (eins davon ist ein Jugendwerk) gehören eher in die Reihe der Virtuosenkonzerte. Als weitere Komponisten von Klavierkonzerten im deutschen Sprachraum sind noch zu nennen: Johann Nepomuk Hummel, Friedrich Wilhelm Kalkbrenner, Ferdinand Hiller und Ignaz Moscheles; allesamt profilierte und zu ihrer Zeit bekannte Persönlichkeiten, deren Wiederentdeckung das heutige enge Konzertrepertoire bereichern würde.

Lied zitiert und die Melodie zunächst vom Solocello vortragen lässt (*Immer leiser wird mein Schlummer*, op. 105,2).

LISZT. Die Brücke zum Virtuosenkonzert schlägt das konzertante Schaffen von Franz Liszt. Liszt – als Prototyp des genialen Virtuosen, als ›Paganini des Klaviers‹ – unterstrich gleichwohl in seinen zwei Klavierkonzerten seinen hohen und nicht immer eingelösten gestalterischen Anspruch. Seine Musik ist durch den deklamatorischen Gestus des Soloparts gekennzeichnet, von der bewussten Einbindung auch höchster virtuoser Ansprüche in den Gestaltungsprozess sowie von einem durchaus experimentellen Umgang mit strukturellen Aspekten. Das *1. Konzert Es-Dur* ist zwar noch dreisätzig gegliedert, doch gibt es ein alle drei Sätze verknüpfendes motivisches Motto. Im *2. Konzert A-Dur* dagegen werden die drei traditionellen Satzmuster zu einer einzigen neuartigen Großform verschmolzen.
Liszt steuerte mit seiner spezifischen Klaviertechnik das Fundament für alle nachfolgenden Klavierkomponisten dieses und des folgenden Jahrhunderts bei; ohne sie wären die virtuosen Höchstleistungen, die etwa die Franzosen Debussy und Ravel, später dann die Russen Rachmaninoff und Prokofieff von den Pianisten verlangen, kaum denkbar.

Robert Schumann, *Klavierkonzert a-Moll* op.54, Übergang vom 2. zum 3. Satz (Autograph).

DAS EUROPÄISCHE SOLOKONZERT

KLAVIERKONZERTE. Im osteuropäischen Raum entstand eine Reihe von Klavierkonzerten, von denen sich jedoch nur wenige auf den internationalen Konzertpodien durchsetzen konnten. Die Konzerte e-Moll und f-Moll von Frédéric Chopin erfreuen sich allerdings größter Beliebtheit; sie gelten beide als Frühwerke (1829–30) und ordnen das Orchester dem Solisten weitestgehend unter. Nach dem Polen Chopin ist der Russe Anton Rubinstein zu nennen, der ein gefeierter Klaviervirtuose und vielseitiger Komponist war. Seine fünf Klavierkonzerte sind stilistisch von Chopin und Schumann beeinflusst. Liszts Anregungen wiederum griff Nikolaj Rimskij-Korsakow in seinem einsätzigen *cis-Moll-Konzert* op. 30 von 1886 auf. Populär wurde leider nur das erste der drei Klavierkonzerte von Peter Tschaikowskij. An künstlerischem Rang steht sein *2. Konzert G-Dur* op. 44 dem *1. Konzert b-Moll* op. 23 nicht nach, doch ist es sehr lang, zudem wird es in seinem Mittelsatz zum Tripelkonzert, denn zum Soloklavier treten noch Solovioline und -cello hinzu. Außerdem verfügt es, bei aller subtilen sinfonischen Durchgestaltung, nicht über derart spektakuläre Einfälle wie sein Schwesterwerk: jedermann kennt den effektvollen Beginn des *b-Moll-Konzerts* (1874–75), dessen mächtiges Kopfmotiv sich alsbald zu einer weitgespannten hochromantischen Melodie ausweitet, kontrapunktiert von den hallenden Akkordschlägen des Klaviers. Der Tscheche Antonín Dvořák führte mit seinem einzigen *Klavierkonzert g-Moll* op. 33 (1876) die eher sinfonische Linie von Brahms weiter.

Für Frankreich sind die fünf Klavierkonzerte von Camille Saint-Saëns zu nennen. Ihm folgten Édouard Lalo und César Franck, dessen *Variations symphoniques* von 1885 einen aparten Sonderfall darstellen; ihr Titel deutet programmatisch das Anliegen an. Das eigenwillige, aphoristisch kurze, chromatische Thema löst eine Reihe unterschiedlichster variativer Charak-

Berlin, Alte Philharmonie. 1882 baute Franz Schwechten die ursprüngliche Rollschuhbahn in der Bernburger Straße zum Konzertsaal um. Die künstlerische Leitung der Berliner Philharmoniker hatte 1922–34 Wilhelm Furtwängler (Foto um 1930).

terstudien aus, in deren Verlauf Soloinstrument und Orchester kunstvoll aufeinander abgestimmt sind.
In der dezidierten Nachfolge Schumanns steht das einzige bedeutende skandinavische Klavierkonzert; die Nähe zum bewunderten Vorbild beschränkt sich in Edvard Griegs *a-Moll-Konzert* op. 18 nicht nur auf die gemeinsame Tonart, sondern ist auch an manchem motivisch-thematischen Anklang spürbar. Neuerdings wieder stärkere Beachtung finden die sieben Klavierkonzerte des Iren John Field, dessen *Nocturnes* für Klavier auf Chopin vorausweisen.

VIOLINKONZERTE. Auch für diese Gattung gibt es zahlreiche Komponisten, die heute weitgehend vergessen sind, wie z. B. der Italiener Giovanni Battista Viotti, die Franzosen Rodolphe Kreutzer (als Wegbereiter Paganinis) und Camille Saint-Saëns mit drei Konzerten, der Spanier Édouard Lalo mit vier Konzerten, darunter seine auf effektvolle Weise spanische Folklore verarbeitende *Symphonie espagnole d-Moll* op. 21 (1873), und der Belgier Charles-Auguste de Bériot und sein berühmterer Schüler Henri Vieuxtemps, die in ihren Konzerten beide eine gewisse Abhängigkeit vom ›Teufelsgeiger‹ Paganini erkennen lassen. Vieuxtemps schrieb sechs Violinkonzerte, in denen er die virtuosen Elemente erfolgreich in den sinfonischen Prozess einband. Die Violinkonzerte fis-Moll und d-Moll des Polen Henri Wieniawski sind bis heute lebendig geblieben. Der Russe Peter Tschaikowskij steuerte mit seinem *D-Dur-Konzert* op. 35 ein beliebtes Repertoirestück bei, das westeuropäische und russische Elemente verbindet. Antonín Dvořáks *a-Moll-Konzert* entstand wie das seines Mentors Brahms unter Assistenz Joseph Joachims und ist mit seinem böhmischen Tonfall beliebt und dankbar.

KONZERTE FÜR ANDERE INSTRUMENTE. Seit der Mannheimer Schule erfreute sich die Klarinette großer Beliebtheit, die sich in einigen charakteristischen Konzerten niederschlug. Neben vier eher klassizistischen Konzerten von Louis Spohr nützen Carl Maria von Webers drei Solowerke (zwei Konzerte und ein Concertino) das ganze klangliche Spektrum des Instruments und seine enorme Beweglichkeit aus und setzen vor allem das unheimliche tiefe Register gezielt ein. Auch die solistische Eignung des Violoncellos wurde von einigen Komponisten systematisch ausgelotet; entwickelt wurde sein hohes Lagenspiel, die sonore Kantabilität des Instrumentes zur Geltung gebracht. Neben Konzerten von Saint-Saëns, Vieuxtemps und Lalo sowie dem eher spröden *a-Moll-Konzert* von Robert Schumann stammen die beiden Erfolgsstücke für das Violoncello von Dvořák und Tschaikowskij. Neben Tschaikowskijs apart-dankbaren *Rokoko-Variationen* op. 33 wurde Dvořáks *h-Moll-Konzert* zum wichtigsten Repertoirestück der Epoche. Wegen seiner gelungenen Mischung von effektvoller Virtuosität, böhmisch gefärbter Kantabilität und klangvoller Orchesterbehandlung steht es gleichrangig neben der *Sinfonie »Aus der Neuen Welt«*.

DER KONZERTSAAL

Das Konzert als bürgerliches Großereignis entwickelte sich parallel zur Entfaltung der spezifischen Gattung: virtuoses Solokonzert und Konzertveranstaltung waren auf einander angewiesen und brachten sich gegenseitig voran. Auch die Entstehung der großen repräsentativen Konzertsäle in Europa und in Übersee wurde von dieser Entwicklung ausgelöst. So entstanden im 19. Jahrhundert eine Reihe bemerkenswerter Bauten, deren Ruhm – nicht zuletzt aufgrund ihrer unübertroffenen Akustik und auch wegen ihrer festlichen Atmosphäre – bis heute ungebrochen ist: etwa das Concertgebouw in Amsterdam oder der Musikvereinssaal in Wien. Auch die alte Berliner Philharmonie gehörte bis zu ihrer Zerstörung im Zweiten Weltkrieg in diese Reihe; ihr moderner Nachfolgebau von Hans Scharoun knüpfte an diese Tradition erfolgreich an, indem er die spezifische architektonische Aufgabenstellung aus dem Geist des 20. Jahrhunderts neu interpretierte.

WIENER TANZMUSIK

MUSIK UND TANZ. Seit ungefähr 1600 nahm der Tanz vermehrt Einfluss auf den Musikstil. Ein wesentliches Merkmal dieser Wechselbeziehung war die Abhängigkeit des Tanzens von metrischer Regelmäßigkeit: Bewegungsabläufe erfolgen üblicherweise in periodischen Kurven von vier oder acht Takten. Zugleich beschleunigte der Einfluss des Tanzes die Ablösung der Vokal- durch die Instrumentalmusik. In der Barockepoche war Tanzen ein vorwiegend höfisches, ritualisiertes Geschehen, das eine mehr oder weniger stilisierte instrumentale Tanzmusik erforderlich machte; ihr Gipfel ist die Suite mit ihren standardisierten Tänzen.

VOM MENUETT ZUM WALZER. Um 1800 endete die höfische Tanzkultur; sie wurde abgelöst von einer auf bürgerliche Bedürfnisse zugeschnittenen Gebrauchsmusik mit Berührungspunkten und Übergängen zur Kunstmusik. Das 19. Jahrhundert war in erster Linie das Zeitalter des Walzers, der sich als bürgerlicher Nachfahre des höfischen Menuetts bezeichnen lässt, mit der volkstümlichen Zwischenstufe des Ländlers. Ihnen gemeinsam ist ihr Dreiertakt: gemessen und geziert im Menuett, beschwingt im Ländler und mit Elan im ganztaktig sich wiegenden Walzer. Die Beschleunigung zum Wiener Walzertempo erfolgte um 1825; seine Meister waren Joseph Lanner und die Strauß-Dynastie.
Vor und neben dem Walzer gab es andere beliebte Tänze, die mehr oder weniger in Gruppen getanzt wurden, während sich der Walzer zum typischen Einzelpaartanz entwickelte. Hierher gehören u. a. die aus dem Kontratanz hervorgegangene geradtaktige Quadrille, der schnelle Galopp, die verschiedenen Polkatypen, Polonaise und Mazurka, die temperamentvolle geradtaktige Eccossaise sowie der französische Cotillon.
Geographisches Zentrum des Walzerzeitalters wurde Wien; komponiert wurden Walzer von allen zeitgenössischen Komponisten bis hin zu Schubert. Bald bildete sich die Praxis von Walzerfolgen heraus, in denen bis zu 20 Einzeltänze aneinander gereiht wurden. Die Grenze zwischen Gebrauchs- und Konzertwalzer war fließend; eine Station auf diesem Weg markieren die *Tänze für die Apollosäle* op. 31 von Johann Nepomuk Hummel; die künstlerische Extemposition nehmen Carl Maria von Weber mit seiner raffinierten *Aufforderung zum Tanz* (1829) sowie die hochstilisiert-artifiziellen Klavierwalzer von Chopin und Brahms ein, die als reine Kunst- und Konzertmusik gelten.

DER KONZERTWALZER. In Wien bildete sich eine Tradition von Tanzorchestern unter der Leitung komponierender Kapellmeister heraus, die europäischen Ruhm erlangten. Unter ihnen ist zunächst Joseph Lanner zu nennen. Mit Johann Strauß Vater, der mit seinem Orchester auf Tournee bis nach Paris gelangte, begann die Wie-

DIE STRAUSS-DYNASTIE

Vater Johann Strauß (1804–1849), als Komponist vor allem durch den *Radetzky-Marsch* bekannt, hatte mit seiner Frau Anna sechs Kinder; drei seiner vier Söhne wurden ebenfalls als Musiker berühmt: Johann (1825–1899), Joseph (1827–1870) und Eduard (1835–1916), unter ihnen genießt Johann Strauß (Sohn) heute das größte Ansehen. Seine Musikausbildung begann Johann Strauß Sohn gegen den Willen des Vaters, 1844 gründete er seine erste Kapelle, die er nach dem Tod des Vaters 1849 mit dessen Orchester vereinigte. Konzertreisen führten ihn und seine Musiker durch Europa und in die USA; 1863–70 hatte er die Leitung der Wiener Hofbälle inne. Mit seinen stets in Wien uraufgeführten Operetten begründete er die Gattung der Wiener Operette.

JOHANN STRAUSS' (SOHN) MEISTERWERKE

Das umfangreiche Werk des Geigers, Dirigenten und Komponisten umfasst neben 17 Operetten zahlreiche Orchestertänze (u. a. Galopps, Polkas, Polonaisen, Quadrillen), 1844–1896 entstanden rund 170 Konzertwalzer, von denen viele nicht erst durch die internationale Ausstrahlung des Neujahrskonzerts der Wiener Philharmoniker weltberühmt geworden sind: *An der schönen blauen Donau, Künstlerleben, G'schichten aus dem Wienerwald, Wein, Weib und Gesang, Rosen aus dem Süden, Frühlingsstimmen, Kaiserwalzer.*

ner Strauß-Dynastie ihr Wirken. Am berühmtesten wurde sein Sohn Johann Strauß, der »Walzerkönig«. Er hinterließ neben zahlreichen Galopps, Märschen, Polkas und Quadrillen eine große Anzahl von Konzertwalzern, die Walzerfolgen waren. Sie zeichnen sich aus durch die Reihung von maximal fünf einzelnen Walzern, eingerahmt durch Introduktion und Coda, durch den Einsatz des großen klassisch-romantischen Sinfonieorchesters und meisterhafte Instrumentation, durch eingängige periodisch geprägte Melodik, sowie durch sinfonische Durcharbeitung der Musik vor allem in den Rahmenteilen, in denen motivische Bausteine vorweggenommen und nachbereitet werden. Der bis heute populäre *Kaiserwalzer* weist zum Beispiel alle typischen Merkmale der Gattung auf; er ist für ein erweitertes Sinfonieorchester geschrieben, das neben dem vierfachen Holz vier Hörner, zwei Trompeten, drei Posaunen und zu den beiden Pauken noch ein kleines Tamburin sowie die Harfe umfasst. Sein formaler Ablauf sieht folgendermaßen aus: Introduktion – Walzer 1 – Walzer 2 – Walzer 3 – Walzer 4 – Coda.

Johann Strauß (Sohn) dirigiert sein Orchester bei einem Hofball. Farbdruck nach einem Aquarell von Theo Zasche. Wie schon sein Vater war Johann Strauß als Hofballmusikdirektor für die Musik bei Ballveranstaltungen am k. u. k. Hof in Wien zuständig; er und sein Orchester trugen bei solchen Veranstaltungen Uniform.

BEETHOVEN UND WEBER ALS OPERNKOMPONISTEN

BEETHOVENS OUVERTÜREN ZUM *FIDELIO*

Die *Leonoren-Ouvertüren* Nr. 2 (op. 72a, 1805) und 3 (op. 72a, 1806) sind eng miteinander verwandt und zeichnen beide mit den Mitteln des ausgebauten Sonatensatzes den Handlungsverlauf bis zu seiner befreienden Lösung nach. Beide beziehen melodische Zitate aus der Oper mit ein und bringen an markanter, wenn auch jeweils anderer Stelle im Satzverlauf das befreiende Trompetensignal, das auf der Bühne die Ankunft des rettenden Ministers ankündigt. Die *3. Leonoren-Ouvertüre* wird im Theater häufig unmittelbar nach der Befreiung Florestans, vor dem Finale, eingeschoben und ist auch sonst ein beliebtes Konzertstück. Die *1. Leonoren-Ouvertüre* (op. 138, 1805) verzichtet auf das Trompetensignal und meidet die große Nähe der beiden Schwesterwerke zur Opernhandlung; sie ist kürzer, weniger sinfonisch ausgebaut und stellt in die Mitte des Sonatensatzes einen langsamen Teil. Heute wird üblicherweise die 1814 komponierte *Fidelio-Ouvertüre* (op. 72b, 1814) den Aufführungen vorangestellt: Sie ist die kürzeste von allen und enthält keine Themen aus der Oper, bereitet vielmehr atmosphärisch auf die gesamte Handlung und insbesondere auf die der ersten Szene vor. Sie ist in ihrer zupackenden Leidenschaftlichkeit ohne Zweifel die theaternächste der vier Ouvertüren.

FIDELIO. Seine einzige Oper *Leonore* bzw. *Fidelio* (wie sie in ihrer dritten Fassung hieß) schrieb Ludwig van Beethoven unmittelbar vor der Entstehung der deutschen romantischen Oper. Mit der französischen ›Schreckensoper‹ verbindet sie vordergründig das Sujet, das Joseph Sonnleithner nach der Vorlage von Bouilly und Gaveaux zum deutschen Libretto formte, außerdem die Wahl des Schauplatzes (Gefängnis) sowie die dramatische Personenkonstellation vor dem Hintergrund einer politischen Intrige. Zugleich knüpfte Beethoven an die Tradition des deutschen Singspiels an, die durch die ›niedere‹ Ebene des Paares Jaquino–Marzelline verkörpert wird sowie durch die Reihung von Gesangsnummern, die durch deutsche Dialoge verbunden werden.
So steht am Beginn eines großen Opernjahrhunderts ein Werk, das seine überzeitliche Bedeutung aus einem anderen Blickwinkel erhält: *Fidelio* ist ein Ideendrama unter den Leitlinien der Freiheitsutopie, der Hoffnung und der Gattenliebe. Hier lag Beethovens ureigenstes Anliegen, hier findet man die zukunftsweisenden musikalischen und musikdramatischen Schwerpunkte. Nicht zuletzt führte dieser Konflikt zwischen dem außermusikalisch-humanitären Anliegen des Komponisten und den vorgegebenen gattungsspezifischen Überlieferungen und Traditionen zu Beethovens langem und wechselhaftem Ringen um die endgültige Gestalt seiner Oper und ihrer vier verschiedenen Ouvertüren.
Im Zentrum der Oper stehen die beiden großen Soloszenen Leonores und Florestans. Leonore will, als Mann verkleidet, unerkannt ihren unrechtmäßig eingekerkerten Gatten Florestan befreien und sucht dazu die Konfrontation mit dem skrupellosen Gouverneur Pizarro, der das böse Element verkörpert. Ihr Soloauftritt im ersten Aufzug ist als mehrteilige Szene mit dramatischen Rezitativabschnitten und sich bis zur Schlussstretta steigernder Arie komponiert, als Hymne an die Hoffnung und auf die Gattenliebe; am Ende symbolisieren extreme Intervallsprünge und Koloraturen Leonores wilde Entschlossenheit. Mit drei solistisch geführten Hörnern im Orchester übertrumpft Beethoven hier Mozart, der in Fiordiligis zweiter Arie in *Così fan tutte* zwei Hörner konzertieren ließ.
Florestan eröffnet mit seiner Kerkerszene den zweiten Aufzug; die Introduktion durchmisst zugleich als Vorspiel zum Akt alle emotionalen Tiefen der Verzweiflung und der Einsamkeit, während die mehrteilige Arie nach rezitativischem Beginn wehmütige Erinnerung und halluzinatorische, beinahe wahnsinnige Hoffnung beschwört.

DER FREISCHÜTZ. Zum Synonym für eine deutsche romantische Oper aber wurde Carl Maria von Webers *Freischütz*, dessen Uraufführung 1821 in Berlin zum sensationellen Triumph wurde und dem der Erfolg seither treu

geblieben ist. Johann Friedrich Kinds Libretto basiert auf einem aktuellen Gespensterbuch und erzählt vom wackeren Jägerburschen Max, der sich mit den bösen Mächten einlässt, um beim Probeschießen jenen Sieg davon zu tragen, der ihm die Erbförsterei und vor allem die Hand seiner geliebten Agathe sichert. Max' gefährliches Spiel mit den »finstern Mächten«, zu dem ihn der ebenso finstere Kaspar verführt, endet nur durch das Eingreifen himmlischer Kräfte nicht in einer Katastrophe. Stilistisch arbeitete Weber mit den Ingredienzien des Singspiels, mit musikalischen Solonummern, Ensembles, Chören und deutschem Dialog. Möglich wurde dieser Erfolg »im Rahmen einer neuen Geisteshaltung, der Romantik, und mit den dieser entsprechenden neuen Mitteln von Harmonik und Instrumentation (...) wobei allerdings das in den Freiheitskriegen neu erstarkte deutsche Nationalbewußtsein, (...) das in der weberisch geprägten Volkstümlichkeit ihrer Musik zum Ausdruck kam, wesentlich zu ihrem einmaligen Erfolg beitrug« (Anna Amalie Abert).
Das Libretto ermöglichte Weber sowohl die Einpassung volkstümlich-eingängiger Melodien (Jägerchor, »Wir winden dir den Jungfernkranz«, Ännchens Auftritte) als auch einen schaurig-stimmungsvollen, originellen und neuartigen Einsatz der Orchesterfarben. Das Geschehen kulminiert »mit furchtbarer Gewalt in der Mitte der Oper im 2. Finale, der Wolfsschlucht, wohl dem gewaltigsten, instrumental farbigsten Melodram der Operngeschichte« (Anna Amalie Abert).

WEBERS WEITERE OPERN. Nicht annähernd so erfolgreich wie der Freischütz waren Carl Maria von Webers weitere acht Opern – von den beiden Komödien *Abu Hassan* und *Die drei Pintos* bis zu *Euryanthe* und *Oberon*; Letztere zeigen Weber auf dem Weg zur durchkomponierten Oper und kranken vor allem an ihren ungeschickten Libretti – auch zahlreiche wohlmeinende Umarbeitungsversuche haben keine dauerhafte Wiederbelebung bringen können.

WEBERS WERKE

- Orchesterwerke (u. a. 2 Sinfonien; 2 Klavierkonzerte; 2 Klarinettenkonzerte; 1 Fagottkonzert, je ein Concertino für Klarinette und Horn; Ouvertüren und Märsche)
- Kammermusik (u. a. *Klavierquartett B-Dur*, *Klarinettenquintett B-Dur*; *Grand Duo concertant Es-Dur* für Klarinette und Klavier)
- Klaviermusik (u. a. 4 Klaviersonaten; diverse Variationen)
- Bühnenwerke (9 Opern; diverse Bühnenmusiken)
- Vokalmusik (u. a. 3 Messen; weltliche Kantaten; Chöre; Klavier- und Gitarrenlieder)

CARL MARIA VON WEBER

1786 am 18. oder 19. November in Eutin geboren, Sohn eines Kapellmeisters und Theaterunternehmers; früh Musikstudium bei zahlreichen Lehrern: 1801 Unterricht bei Michael Haydn in Salzburg, 1802 in Hamburg, 1803 in Augsburg und Wien (bei Abbé Vogler).
1804 Kapellmeister in Breslau.
1806 Musikintendant in Carlsruhe (Oberschlesien).
1807 Sekretär Herzog Ludwigs und Musiklehrer von dessen Töchtern in Stuttgart.
1808 Aufenthalt in Mannheim und Heidelberg, Studium in Darmstadt (wieder bei Abbé Vogler), Bekanntschaft mit Meyerbeer.
1811 Konzertreise in die Schweiz.
1813 Operndirektor am Landständischen Theater in Prag.
1816 Musikdirektor der Deutschen Oper in Dresden.
1824 Kur in Karlsbad.
1826 Reise des bereits schwindsuchtkranken Komponisten nach England wegen eines Kompositionsauftrags für das Covent Garden Theatre; Weber dirigiert mehrere Aufführungen des *Oberon*.
1826 stirbt Weber am 5. Juni in London; zunächst Beisetzung in England, 1844 lässt Richard Wagner Webers Leiche nach Dresden überführen.

DIE DEUTSCHE ROMANTISCHE OPER

ALBERT Lortzing äußerte sich 1848 in einem Brief aus Wien recht abfällig über das dortige Opernleben.

»Der sogenannte gemütliche Wiener gefällt mir nicht. Das Musikwesen gefällt mir gar nicht. Der Geschmack ist schauderhaft. Bei uns, ich meine in Norddeutschland, amüsiert sich der große Haufen am Ende auch mehr in der *Norma* als im *Fidelio*, aber es existiert doch noch immer ein guter Teil im Publikum, der am wahren Schönen festhält. Hier – nur italienische Musik. Beethoven kennt man gar nicht mehr. Von Spohr und Marschner weiß man fast nichts und tauchen sie je auf, so schläft das Publikum dabei ein.«

SCHUBERT UND SCHUMANN. Weitgehend vergeblich blieben die Versuche, die zehn Opern (Fragmente nicht gerechnet) Franz Schuberts wiederzubeleben. Sie alle – voran *Die Zauberharfe* (1820) und *Fierrabras* (1897) – enthalten musikalische Kostbarkeiten, scheitern jedoch letztlich an den dramatischen Ansprüchen der Gattung: immer wieder offenbaren Aufführungen die dramaturgischen Schwächen von Libretti und Musik. In der Folgegeneration teilte dann Robert Schumanns einzige Oper *Genoveva* (1850) aus ähnlichen Gründen das gleiche Schicksal. In allen diesen Problemfällen der Operngeschichte bietet die heutige mediale Aufzeichnungstechnik einen zumindest partiellen Schutz vor dem völligen Vergessenwerden: sie erschließt uns eine Fülle wertvoller Musik.

FLOTOW UND NICOLAI. Die Folgegeneration nach Weber und Schubert wird in extremer Einseitigkeit durch die überragende Persönlichkeit Richard Wagners geprägt. Darüber werden einige seiner Altersgenossen, die sich ebenfalls in der Geschichte der deutschen Oper einen respektablen Namen erworben haben, fast vergessen. Zwei von ihnen sind heutzutage nur noch mit je einem einzigen Bühnenwerk gelegentlich im Repertoire vertreten. Unter ihnen ragt Friedrich von Flotow als Vertreter einer vorwiegend französisch beeinflussten Stilrichtung hervor. In seinem umfangreichen theatralischen Lebenswerk gibt es zu gleichen Teilen französische und deutsche Opern. Seine *Martha* (1847) ist der deutschen romantischen Tradition zuzurechnen und errang ihre Beliebtheit vor allem durch die Eingängigkeit ihrer Melodik (»Des Sommers letzte Rose«), die bisweilen die Grenzen zur Trivialität streift.

Sein nur zwei Jahre älterer Zeitgenosse Otto Nicolai gehörte wie etliche seiner Generationsgenossen zu den frühvollendeten, frühverstorbenen Künstlern. Seine Neigung galt vor allem der italienischen Oper, mit der er im Land ihrer Herkunft konkurrierte. Auch seine Opern sind

Albert Lortzing, *Zar und Zimmermann.* Die Frankfurter Oper spielte das Werk in einer Inszenierung von Heinrich Altmann 1946 auf einer Behelfsbühne (Bühnenbildentwurf von Frank Schultes).

überwiegend durchkomponiert; unter ihnen hat sich allein die komisch-phantastische Oper *Die lustigen Weiber von Windsor* (1849) bis heute auf den Spielplänen halten können – als leichtgewichtigeres, jedoch nicht minder unterhaltendes Pendant zu Verdis spätem *Falstaff*, der auf den gleichen Vorlagen von Shakespeare basiert.

LORTZING. Ein dritter, ein rundes Jahrzehnt älterer Kollege erlitt dagegen nicht das Schicksal des Vergessens; lediglich in den letzten Jahren des ausgehenden 20. Jahrhunderts ist es ein wenig still um ihn geworden: Albert Lortzing setzte gegen den Strom der Zeit und sehr pointiert die Tradition des deutschen Singspiels fort. Zu diesem überwunden geglaubten Genre steuerte er einige Meisterwerke bei, die ob ihrer unmittelbaren Bühnenwirksamkeit und umweglosen musikalischen Eingängigkeit bis heute ihre leicht biedermeierlich getönte Lebendigkeit bewahrt haben. Lortzing war sein eigener Librettist und damit eine der seltenen echten Doppelbegabungen. Dabei zählen seine Werke im engeren Sinne, etwa nach den Definitionen E. T. A. Hoffmanns, nicht zu den romantischen Opern. Seine einzige bewusste Annäherung an diese, seine »romantische Zauberoper« *Undine*, nimmt sich »neben der rund dreißig Jahre älteren gleichnamigen Oper Hoffmanns wie ein grobes, aber farbiges Gemälde neben einer feinen Pastellzeichnung (aus), doch symbolisiert sie dadurch mit besonderer Eindringlichkeit die vergröbernde Entmythologisierung und Realisierung, die die romantische Oper nach ihrer kurzen Blütezeit erfahren hatte« (Anna Amalie Abert).
Kennzeichen der so unverwechselbaren Bühnensprache Lortzings sind neben der klaren Nummerngliederung in Rezitative, Arien, Ensembles und Chöre die eingängige, oft volkstümliche, gelegentlich leicht sentimentale melodische Erfindungsgabe; zahlreiche seiner liedhaften Solonummern wurden schnell auch außerhalb der Opernbühne populär. Die dramatische Anlage seiner Opern ist immer von äußerster Bühnenwirksamkeit gekennzeichnet; die Handlung ist mit geschickter Hand arrangiert und lässt stets den erfahrenen Theaterpraktiker erkennen, der als Sänger und Schauspieler ausgebildet und zeitlebens vor und hinter der Bühne tätig war.

ALBERT LORTZING

1801 am 23. Oktober in Berlin geboren, Sohn eines Lederhändlers und Schauspielers; ständig wechselnde Wohnorte aufgrund des väterlichen Theaterberufes (u. a. Breslau, Bamberg, Straßburg, Düsseldorf); Ausbildung zum Sänger und Schauspieler.
1824 Komposition der ersten Oper in Köln.
1826 Schauspieler in Detmold, Ruf als guter Bühnendarsteller.
1833–44 Schauspieler und Sänger am Stadttheater in Leipzig; erste große Erfolge als Komponist.
1837 *Zar und Zimmermann.*
1844 Theaterkapellmeister in Leipzig.
1846 Kapellmeister in Wien am Theater an der Wien.
1848 wieder in Leipzig.
1850 Kapellmeister am Friedrich-Wilhelm-Stadt-Theater in Berlin; materielle Sorgen.
1851 stirbt Lortzing am 21. Januar in Berlin.

LORTZINGS WERKE

- Orchesterwerke (Tänze u. Ä.)
- Bühnenwerke (18 Opern und Singspiele, darunter: *Zar und Zimmermann*, 1837; *Hans Sachs*, 1840; *Der Wildschütz*, 1842; *Undine*, 1845; *Der Waffenschmied*, 1846; Bühnenmusiken und Chöre zu Schauspielen)
- Vokalmusik (1 Oratorium; Chöre und Lieder)

BÜHNENMUSIK UND MELODRAM

BÜHNENMUSIK. Zwei Seitenzweige des Musiktheaters, die im ausgehenden 18. und vor allem im 19. Jahrhundert eine Rolle gespielt haben, sind die Bühnen- oder Schauspielmusik und das Melodram. Viele Bühnenmusiken entstanden für die Praxis des Theaterlebens. Bedarf nach derartiger situationsbedingt ›funktionaler‹ Musik bestand immer dann, wenn Dramatiker an bestimmten, dramaturgisch begründeten Stellen in ihren Stücken den Einsatz von Musik vorsahen: als instrumentales Vorspiel (Ouvertüre), als situationsbedingt vorgetragene Lieder (Gretchen in Goethes *Faust*, Klärchen in seinem *Egmont*), als Aufmärsche und Tänze oder als Chöre, wenn sich das Volk kollektiv äußern sollte.

SCHUBERT. Zahlreiche Komponisten der ersten Jahrhunderthälfte schrieben derartige Kompositionen; die Mehrzahl dieser Werke ist heute vergessen, so etwa diejenigen von E. T. A. Hoffmann, Weber, Spohr, Lortzing, Marschner oder sogar Schumann (Musik zu *Julius Cäsar* von Shakespeare). Als aus dem Zusammenhang gelöste suitenartige Komposition überlebte etwa die Musik von Franz Schubert zum »Großen romantischen Schauspiel in vier Aufzügen, mit Chören, Musikbegleitung und Tänzen« *Rosamunde* (1823) von Helmina von Chézy. Die Partitur enthält neben mehreren Chören, zwei Ballettmusiken, einer Romanze und einer Pastoralmusik drei Zwischenaktmusiken, jedoch keine eigene Ouvertüre. An ihrer Stelle sollte nach Schuberts Wunsch seine Ouvertüre zu seiner Oper *Alfonso und Estrella* gespielt werden. Chézys Schauspiel fiel bei der Wiener Premiere durch und ist seitdem verloren. Bekannt wurde vor allem die dritte Zwischenaktmusik, deren Thema Schubert in seinem deshalb so bezeichneten *Rosamunde-Quartett* und in seinem *Impromptu B-Dur* (D 935) wiederverwendete.

MENDELSSOHN BARTHOLDY. Die farbigste und bis heute bekannteste romantische Theatermusik ist Felix Mendelssohn Bartholdys Musik zu Shakespeares *Sommernachtstraum*. Diese bezaubernd duftige und poetische, bisweilen auch parodistisch-derbe Musik hat sich indessen von ihrem ursprünglichen Gegenstand fast völlig gelöst und führt ihr Eigenleben im Konzertsaal, als Einzelstück (Ouvertüre) oder als suitenartiger Zyklus. Die Ouvertüre entstand zunächst als geniales Einzelwerk des jugendlichen Komponisten (1826); 1843 ergänzte er sie zur vollständigen Bühnenmusik, die vereinzelt noch im 20. Jahrhundert zum Schauspiel aufgeführt worden ist. Jede ihrer instrumentalen Nummern ist ein kleines Kabinettstückchen in der Zeichnung bestimmter dramatischer Situationen oder Personen. Die Ouvertüre mit ihren flirrenden Streicherfiguren gilt bis heute als klangliches Synonym für Elfenmusik, die dann im Scherzo fortgeführt

EUROPÄISCHE BÜHNENMUSIK

Aus Frankreich sind Bühnenmusiken von Charles Gounod (u. a. zu Komödien Molières), Bizet (*L'Arlésienne* zu Alphonse Daudet), Jules Massenet (u. a. zu Racines *Phèdre*), Camille Saint-Saëns (u. a. zu Sophokles' *Antigone*) und Gabriel Fauré (u. a. zu Maurice Maeterlincks *Pelléas et Mélisande*) bekannt. Aus dem skandinavischen Norden ist die Bühnenmusik zu Henrik Ibsens *Peer Gynt* von Edvard Grieg am beliebtesten, vor allem aufgrund ihrer folkloristischen Färbung und ihrer die Grenzen zur Sentimentalität zumindest streifenden Emotionalität.

wird; nächtliche Romantik beschwört das Notturno im zarten Hörnerklang; der effektvolle Hochzeitsmarsch ist inzwischen so populär geworden, dass man seine Qualitäten kaum noch unvoreingenommen wahrnehmen kann. Der derb-drastische Rüpeltanz bildet mit seinem lautmalerischen »I-aaah« am Themenende den Schlusspunkt.

MELODRAM. Kennzeichen des Melodrams ist der musikbegleitete gesprochene Text; es handelt sich um einen »bestimmten Typ des musikalischen Schauspiels, in welchem das gesprochene Wort und die Handlung von Musik begleitet, genauer durch im Ausdruck ständig wechselnde Musik untermalt und erläutert werden« (*Riemann Musiklexikon*). Pionier war Georg Benda mit seinen Monodramen (*Ariadne auf Naxos* und *Medea*, beide 1775). Melodramen werden mit Klavier oder Orchester begleitet; solche mit Klavierbegleitung stammen etwa von Schubert, Schumann und Liszt. Ein sinfonisches Melodram mit Orchester begegnet uns beispielsweise in Schumanns *Manfred* nach Byron oder in Berlioz' *Lélio, ou le rétour à la vie*, das als Fortsetzung der *Symphonie fantastique* nie annähernd deren Bekanntheit erreichen konnte. Geläufig blieben dagegen wenige Melodramen innerhalb einzelner Opern: jenes in Beethovens *Fidelio* in der Kerkerszene des 2. Aufzuges oder das in der spukhaft-grellen Wolfsschluchtszene in Webers *Freischütz*. Noch im 20. Jahrhundert erschienen vereinzelt Melodramen, etwa Honeggers *Amphion* und *Sémiramis* (1931/33) sowie Strawinskys *Perséphone* (1934). Gelegentlich hat man auch versucht, den Rhythmus der Worte durch Notenwerte zu markieren (*Preziosa* von Weber) sowie sogar gesprochene Tonhöhen vorzuschreiben (›gebundenes Melodram‹); im *Wozzeck* von Alban Berg finden sich alle Abstufungen des Melodrams.

WOLFGANG Dömling beschreibt in seinem Buch *Hector Berlioz. Die symphonisch-dramatischen Werke* (Stuttgart 1979) auch die Besonderheiten von Berlioz' *Lélio*.

»Vom Melodrama der älteren Art unterscheidet sich, trotz mancher Anklänge, *Lélio* in einem zentralen Moment, nämlich in der Funktion der Musik. In *Lélio* ist die Musik, anders als dort, nicht Begleitung, Interpretation, Kommentar des Dramas, sondern Bestandteil des Dramas selbst. Die gesprochenen Monologe werden in den imaginären, den ›inneren Monologen‹ der Musikstücke weitergeführt (...). Anstelle herkömmlicher Kriterien wie dramatischer Einheit oder Wahrscheinlichkeit bestimmen in *Lélio* Einfall, Erinnerung und Assoziation den Fortgang; diese bedürfen keiner Begründung, keiner Rechtfertigung. Auf die musikalische Ebene transponiert, besagt dies zugleich, daß der freie (...) Gang von Assoziation und Erinnerung wiederum Rechtfertigung genug ist, Musikstücke aneinanderzufügen, die in Gattung, Besetzung und musikalischem Zusammenhang noch weit heterogener sind, als der freizügige Usus von Schauspielmusiken es ohnehin gestattete.«

Die Wolfsschlucht-Szene. Für die buchstäblich melodramatischste Szene in Carl Maria von Webers *Der Freischütz* schuf der Münchener Hoftheatermaler Simon Quaglio 1822 diesen Bühnenbildentwurf.

WAGNERS FRÜHE OPERN

WAGNER UND VERDI

Die beiden größten Musikdramatiker des Jahrhunderts wurden im gleichen Jahr, 1813, geboren: Richard Wagner und Giuseppe Verdi. Biographie und Lebenswerk unterscheiden sich grundlegend, vergleichbar sind sie aber im künstlerischen Rang und in ihrer Auswirkung auf die Nachwelt.

FRÜHE OPERN. Sieht man von wenigen instrumentalen Versuchen ab, dann zeichnete sich schon früh Wagners Laufbahn als einseitiger Musikdramatiker ab. In seinen frühen Versuchen verarbeitete er zunächst alle stilistischen Strömungen der Oper. Seine ersten drei Opern erscheinen heute fast nicht auf der Bühne; sie interessieren vorwiegend als Vorstufen: *Die Feen* (1833) als »Große romantische Oper«, *Das Liebesverbot oder Die Novize von Palermo* (1836) als »Große komische Oper« nach Shakespeare sowie *Rienzi, der letzte der Tribunen* (1840) nach dem Modell der Grand opéra Meyerbeers. Bereits *Die Feen* waren durchkomponiert; in *Das Liebesverbot* versuchte Wagner italienische und französische Stileinflüsse zu verknüpfen. Mit *Rienzi* errang der junge Komponist bei der Dresdner Uraufführung 1842 seinen ersten Erfolg. Immer war Wagner sein eigener Librettist, und so konnte er – bei aller Kritik an seiner Sprache – einen Platz auch in der deutschen Literaturgeschichte einnehmen.

Richard Wagner in seinem Heim in Bayreuth. Das Ölbild von Wilhelm Beckmann (1882) zeigt von links nach rechts: Cosima Wagner, Richard Wagner, Franz Liszt und Hans von Wolzogen.

DER FLIEGENDE HOLLÄNDER. 1843 wurde der *Fliegende Holländer* in Dresden uraufgeführt, in der Erstfassung als pausenlos gespielte »Dramatische Ballade«. Später

teilte Wagner das Werk in drei Aufzüge. Noch ist eine Nummerngliederung erkennbar; manche Züge der Großen Oper klingen an, etwa in den eher traditionellen Auftritten des Schiffers Daland. Daneben aber gibt es musikdramatisch gegliederte Passagen und Szenen wie den Auftritt des Holländers oder das Finale mit seinem apotheotischen Schluss. Neu ist die Meisterschaft der Orchesterbehandlung; vor allem im 1. Aufzug gelangen Wagner packende Naturschilderungen des bewegten Meeres und des sich legenden Sturms. Ansätze zur Leitmotivtechnik zeigen sich in der Zuordnung zweier Kernthemen zu den beiden Hauptpersonen, Holländer und Senta. Die Ouvertüre schildert wie eine Sinfonische Dichtung die Handlung in ihren wesentlichen Zügen und baut auf den starken musikalischen Kontrast der beiden Hauptthemen. Die Anregung zum Stoff erhielt Wagner auf einer stürmischen Schiffsreise über die Ostsee; zugleich griff er auf literarische Quellen zurück, beispielsweise auf Heinrich Heines *Aus den Memoiren des Herrn von Schnabelewopski* und Wilhelm Hauffs *Geschichte vom Gespensterschiff*.

WAGNERS SCHRIFTEN. Von Beginn an gehören Streitbarkeit und Konsequenz in allen künstlerischen Fragen zu Wagners Persönlichkeit. So wurde er sein eigener Theoretiker, der seine sich wandelnden und auch widersprechenden Ideen auch formulierte und sein musikdramatisches Schaffen mit einer Flut theoretischer Texte begleitete. Dass Wagner bis heute in ungewöhnlichem Maß polarisiert, hat seine Ursache auch in diesen kunsttheoretischen und gesellschaftspolitischen Schriften, mit denen er sich vor allem in jungen Jahren ständig auch in tagespolitische Fragen einmischte. So machte ihn sein antisemitischer Aufsatz *Über das Judentum in der Musik* zu einem unfreiwilligen Wegbereiter des Nationalsozialismus. Manche seiner musikalischen Gedanken sind hingegen bis heute lesenswert und wichtig für das Verständnis der kunstästhetischen Strömungen der zweiten Jahrhunderthälfte, bis hin zum Parteienstreit zwischen den ›Wagnerianern‹ und den ›Brahminen‹, d. h. Brahmsanhängern. Wagners Postulat vom »Ende der Instrumentalmusik«, das er von Beethovens 9. *Sinfonie* herleitete, führte zu seinem radikal einseitigen Weg zum Musikdrama. Darüber hinaus wird in seinen kunsttheoretischen Veröffentlichungen erkennbar, dass er sich intensiv mit großen Denkern (Ludwig Feuerbach und Arthur Schopenhauer) und Dichtern (E. T. A. Hoffmann) auseinandersetzte und sich deren Ansätze zu einer eigenen Kunsttheorie zurechtlegte.

WAGNERS WICHTIGSTE SCHRIFTEN

Eine Pilgerfahrt zu Beethoven (1840), *Die Kunst und die Revolution* (1849), *Das Kunstwerk der Zukunft* (1849), *Oper und Drama* (1851), *Zukunftsmusik* (1860), *Über das Dirigieren* (1869), *Beethoven* (1870), *Über die Bestimmung der Oper* (1871), *Über Schauspieler und Sänger* (1872), *Über die Anwendung der Musik auf das Drama* (1879), *Heldentum und Christentum* (1881)

RICHARD WAGNER

1813 am 22. Mai in Leipzig geboren.
1832 Komposition der *Sinfonie C-Dur.*
Ab 1833 wechselnde Tätigkeit als Kapellmeister und Chorleiter in Würzburg, Magdeburg, Königsberg und Riga.
1839 Flucht (finanzielle Nöte) aus Riga über London nach Paris, wo Wagner sich drei Jahre mit musikalischer und journalistischer Tagesarbeit über Wasser hält.
1842 königlicher Kapellmeister in Dresden.
1843–49 Hofkapellmeister in Dresden, Freundschaft mit Liszt.
1849 Mitwirkung am Dresdner Maiaufstand, steckbrieflich gesucht, Flucht nach Zürich.
1850–58 Exil in Zürich; Liebe zu Mathilde Wesendonck.
1859–63 ›Wanderjahre‹ (Venedig, Paris, Luzern).
1861 Uraufführungs-Skandal mit *Tannhäuser* in Paris.
1862 beruft Ludwig II. Wagner nach München, Freundschaft mit dem König.
1866 Weggang im Streit nach Tribschen (Luzern), Heirat mit Cosima von Bülow, Tochter Liszts.
1869 Freundschaft mit Nietzsche; in späteren Jahren Entfremdung und Bruch.
1872 Grundsteinlegung für das Festspielhaus in Bayreuth.
1876 erste Festspiele mit dem *Ring des Nibelungen*.
1880 Autobiographie *Mein Leben*.
1882 *Parsifal*.
1883 stirbt Wagner am 13. Februar in Venedig.

WAGNERS GROSSE OPERN UND MUSIKDRAMEN

ZUM berühmt-berüchtigten Brautchor (»Treulich geführt«), der den 3. und letzten Aufzug von *Lohengrin* eröffnet und unter dessen Absingen das frisch vermählte Paar Lohengrin und Elsa ins Schlafgemach geleitet wird, wo Elsa die verbotene und schicksalhafte Frage nach Lohengrins Herkunft stellen wird, hat sich Carl Dahlhaus geäußert.

»Daß die Szene immer wieder zu trivialem Spott herausfordert, beruht auf isolierender Wahrnehmung, die den dramatischen Zusammenhang verkennt (…). Bereits der Brautchor (…) klingt anders, wenn man die Vergeblichkeit, die ihren Schatten über die Szene wirft, mithört. Die musikalische Harmlosigkeit, die dem Stück zu falscher Popularität verholfen hat, wirkt dann bedrückend.«

TANNHÄUSER. Von *Tannhäuser und der Sängerkrieg auf Wartburg* existieren drei Fassungen: die Erste wurde 1845 in Dresden uraufgeführt; die Letzte führte 1861 in Paris zu einem berühmten, durch Gegner Wagners provozierten Skandal. Hier lassen sich noch manche Elemente der Großen Oper feststellen, mit prächtigen Chorszenen oder, in der Pariser Fassung, effektvollen Balletteinlagen.

LOHENGRIN. Die »Romantische Oper« *Lohengrin* ist mit *Tannhäuser* durch den Handlungskern verbunden: ihre Helden entstammen der mittelalterlichen Sage und können als Verkörperungen romantischer Künstlerpersönlichkeiten gedeutet werden. Es geht jeweils um die ambivalente Beziehung zu einer Frau und um die Erlösung aus den Fesseln irdischer Versuchungen. Hier wie dort spielt der Chor eine große, dramaturgisch bedingte Rolle. Den Mythos vom Schwanenritter fand Wagner in Wolfram von Eschenbachs *Parzival*-Epos; er »griff in die Epenhandlung, die er als dürftig und platt empfand, dadurch ein, daß er sie durch Märchen- und Zaubermotive ergänzte (…). Lohengrins weißer Magie setzte er die heidnisch schwarze entgegen, die Ortrud, Friedrich von Telramunds Frau, ausübt« (Carl Dahlhaus).
Auch wenn *Lohengrin* Details mit der Großen Oper gemeinsam hat, so ist der Weg zum Musikdrama doch erkennbar am neuartigen Singstimmeneinsatz mit ihrem an der gesprochenen Sprache orientierten Deklamationsstil, zwischen Parlando, pathetischer Überhöhung und ariosen Ansätzen. Wenige Leitmotive lenken das Geschehen und erklingen an markanten Stellen auch im Gesangspart, prägen ansonsten als musikalische Leitfiguren den Orchestersatz. Bekannt wurde der Brautchor zu Beginn des 3. Aufzugs.

TRISTAN UND ISOLDE. Mitten in der Arbeit am *Ring des Nibelungen* schrieb Wagner, veranlasst durch materielle Sorgen, zwei weitere Opern. Die Idee zu *Tristan und Isolde* war ihm bereits 1854 bei der Lektüre Schopenhauers gekommen. So entstand auf der Basis der mittelalterlichen Vorlagen von Gottfried von Straßburgs Epos eine pessimistische Parabel der »Verneinung des Willens zum Leben«, der Todessehnsucht und der Erfüllung einer unglücklichen Liebe im Tod. Dafür fand Wagner endgültig zu seiner individuellen Tonsprache, zu einem Geflecht von aufeinander und auf die inneren und äußeren Momente der Handlung bezogenen Leitmotiven, ausgeführt durch ein sinfonisch eigenständiges Orchester. Es stützt die Singstimmen mit ihrer wortbezogenen Deklamation, ohne Arien und Ensembles. In »sinfonischer Polyphonie« werden »Geheimnisse und seelische Vorgänge« enthüllt (Rudolf Kloiber); Stilmittel ist die Chromatisierung des Tonsatzes bis an die Grenzen der Tonalität. Im Vorspiel ergeben die gegenläufigen chromatischen Linien des Sehnsuchts- und des Leidensmotivs den berühmten ›Tristan-Akkord‹, über dessen funktionale Deutung die Theoretiker bis heute diskutieren: am Ende dieser ersten Phrase wird ein ›normaler‹ Dominantsept-Akkord bereits als beruhigende Auflösung und Entspannung empfunden.

Die Meistersinger von Nürnberg, Ölbild von Eduard Ille (1866). Darstellungen wie diese lässt Ludwig II. in großer Anzahl anfertigen, vielfach greifen sie in freier Form die Stoffe von Wagners Musikdramen auf.

DIE MEISTERSINGER VON NÜRNBERG. Als heiteres Gegenstück zur Tragödie *Tristan und Isolde* entstand danach Wagners ›Satyrspiel‹, *Die Meistersinger von Nürnberg*. Wagner stützte sich bis hin zu den Namen der Meister und ihrer »Weisen« auf mittelalterliche Quellenangaben. Die *Meistersinger* sind in ihrem Kern eine Künstleroper, in der Spießertum (Meister) und Visionen eines freiheitlichen Künstlertums (Hans Sachs, Walther von Stolzing) aufeinander treffen, gekleidet in eine liebenswürdig-humoristische Rahmenhandlung: der fremde Junker Walther dringt in die kleinstädtische Idylle ein und gewinnt die Bürgerstochter Eva. Hinter der Fassade der Bürgerlichkeit aber lauern Hass- und Neidgefühle, die sich in einer kunstvollen Prügelszene am Ende des poetischen 2. Akts entladen. Wagner erweist sich als brillanter Humorist mit Blick für die Wunderlichkeiten der Menschen; mit der Gestalt des pedantischen »Merkers« Beckmesser gelang ihm eine Charakterstudie von hintergründiger Komik.

PARSIFAL. Mit seinem »Bühnenweihfestspiel« *Parsifal* griff Wagner am Ende seiner Laufbahn noch einmal auf mittelalterliche Quellen zurück, u. a. auf Wolfram von Eschenbachs *Parzival*, und fasste Einflüsse unterschiedlichster Kulturkreise zusammen, getragen von einem Kosmos sinfonischer Motivverknüpfungen in hochromantischer Orchestrierung. Wagner verfügte, dass dieses musikdramatische Vermächtnis nur in Bayreuth aufgeführt werden durfte, woran man sich 30 Jahre lang hielt.

WAGNERS OPERN UND MUSIKDRAMEN

Die Feen (1833), *Das Liebesverbot* (1836), *Rienzi, der letzte der Tribunen* (1840), *Der fliegende Holländer* (1843), *Tannhäuser und der Sängerkrieg auf Wartburg* (1845), *Lohengrin* (1848), *Der Ring des Nibelungen – Das Rheingold* (1854), *Die Walküre* (1856), *Siegfried* (1871), *Götterdämmerung* (1874) –, *Tristan und Isolde* (1859), *Die Meistersinger von Nürnberg* (1867), *Parsifal* (1879)

WAGNERS
RING DES NIBELUNGEN

DAS MUSIKDRAMA. Wagner beschäftigte sich sehr lange mit dem Nibelungen-Mythos. Bereits 1846 setzte er sich mit der Siegfried-Sage auseinander; 1874 war nach fast drei Jahrzehnten das dramatische Riesengebäude vollendet. In dieser Zeit wurde Wagner sich theoretisch klar über sein neues Konzept: das Musikdrama; Schriften aus seiner Feder geben hierzu Auskunft. Seine Absicht war es, die Oper als gleichrangiges Kunstwerk neben der Sinfonie, der seit Beethoven höchsten Gattung der Instrumentalmusik, zu etablieren. Der Begriff des Gesamtkunstwerks gewinnt zentrale Bedeutung: alle Künste wirken gleichrangig am Musikdrama mit – Musik, Dichtung, Bildende Kunst und Tanz – und bilden ein untrennbares Ganzes. Wagner fungierte nicht nur als Komponist, sondern war alleiniger Urheber des gesamten theatralischen Ereignisses. Aus seiner Idee ableitbar ist der Plan, für die Aufführungen seiner Musikdramen ein eigenes Theater zu errichten und in diesem Festspiele durchzuführen – die Richard-Wagner-Festspiele in Bayreuth. Für die Realisierung seiner Ideen fand er im bayerischen König Ludwig II. den schwärmerischen Gönner.

LEITMOTIVTECHNIK. Diese Ideen hatten sich schon in den Opern vom *Holländer* bis zum *Lohengrin* angekündigt, wurden nun aber mit dem *Ring des Nibelungen* konsequent verwirklicht. Motor des theatralischen Geschehens ist das Orchester, das nicht mehr begleitet, sondern mittels einer ausgeklügelten Leitmotivtechnik durch die Handlung führt. Textverständlichkeit hat Vorrang; sie wird durch eine neuartige Deklamation erreicht. Sie paßt sich der natürlichen Sprachmelodie und den Wortbetonungen an und entfernt sich deshalb von den hergebrachten Prinzipien des Operngesangs, unter Verzicht auf Arien und Ensembles. Größere szenische Einheiten werden durchkomponiert und folgen minutiös den Vorgaben der Handlung. Das Orchester gewinnt eine nie gekannte Selbständigkeit

LEITMOTIVE

»Die Leitmotive sind thematische, melodische oder motivische Gebilde, die Ideen, Personen und Gegenständen zugeordnet sind; sie haben eine annähernd feste semantische Funktion (...). Leitmotivtechnik bedeutet Verarbeitung, d. h. Sequenzierung, Variation, Verkürzung, Chromatisierung, Auflösung, Entwicklung, Kombination der Leitmotive. Durch die Leitmotivtechnik entsteht ein motivisches Gewebe, das das ganze Stück umspannt« (Karl H. Wörner). Im Ring des Nibelungen sind alle vier Werke durch dieses Geflecht miteinander verknüpft. Sinn des Leitmotiveinsatzes ist es weniger, die Handlung auf der Bühne zu ›begleiten‹, also zu verdoppeln, sondern vorauszuweisen, zu erinnern und gedankliche wie emotionale Beziehungen herzustellen: So erklingt das ›Schwertmotiv‹ zum ersten Mal, wenn Wotan an das Schwert denkt (Rheingold), aber noch nicht davon spricht.

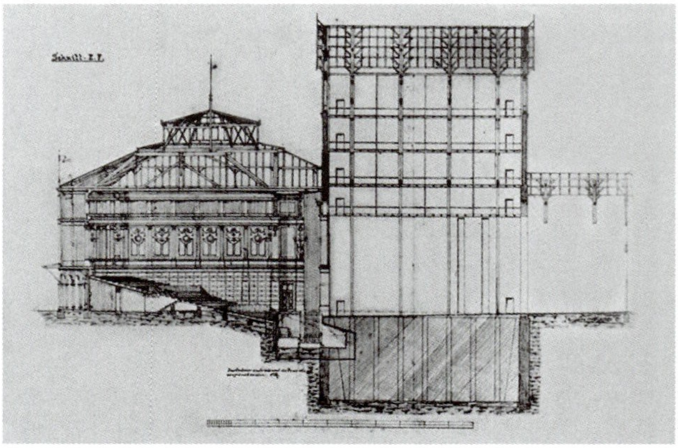

Bayreuth, Längsschnitt des Festspielhauses mit Zuschauerraum und unter die Bühne versenktem Orchester. Plan von Otto Brückwald aus dem Jahr 1873.

Richard Wagner, *Das Rheingold.* Die Entwürfe zum Bühnenbild der ersten Bayreuther Aufführung am 13. August 1876 schuf Josef Hoffmann, Wien.

und neuen harmonischen und farbigen Reichtum, an dem alle Instrumente – auch die Blechblasinstrumente – beteiligt werden.

TEXTARBEIT. Wagner begann seine Arbeit mit dem Text und griff dazu auf das germanische Nibelungenlied und vor allem auf die nordische Sagenwelt (*Edda*) zurück, die er mit eigenen Ideen und entlehnten philosophischen Ansätzen (Arthur Schopenhauer) verknüpfte. Die Anwendung des Stabreims mit seiner Alliteration erzeugt eine latent mythologisch-sagenhafte Atmosphäre und verleiht der Tetralogie sprachlich ihren eigenen Charakter.

HANDLUNG. Während der Arbeit am Textbuch, die mit »Siegfrieds Tod« (später: *Götterdämmerung*) begann, erkannte Wagner, dass zum Verständnis der Handlung auch die Vorgeschichte erzählt werden musste. So entstanden in rückläufiger Folge »Jung Siegfried« (später: *Siegfried*), *Walküre* und als »Vorabend« das *Rheingold.* Manche Längen der Handlung erklären sich durch diese nachträglichen Erzählungen von Vorgeschichten (z. B. Nornenszene zu Beginn der *Götterdämmerung*), die bereits auf der Bühne dargestellt wurden.

Der Ring des Nibelungen ist eine spannende Geschichte um Liebesglück und -leid, geschlossene und gebrochene Verträge, Intrigen, Betrügereien und Katastrophen. Nichtiger Anlass ist der Raub des Rheingolds durch Alberich. Wotan als scheinbar allmächtiger Göttervater verstrickt sich unlösbar in ein Netz von Verträgen und provoziert den finalen Untergang – eine zeitlose Thematik, die sich auf der Bühne immer wieder neu deuten lässt.

DIE in mythischer Zeit angesiedelte Handlung des *Ring des Nibelungen* wird durch Wagners Stabreime noch weiter allem Alltäglichen entrückt. Die folgenden Text-Proben geben einen Eindruck von den Möglichkeiten und Gefahren einer solchen ›Kunst-Sprache‹.

»Eine zierliche Fresse zeigst du mir da, lachende Zähne im Leckermaul« (Siegfried zum Drachen)
»Garstig glatter glittschriger Glimmer! Wie gleit' ich aus« (Alberich beim Versuch, an das Rheingold zu gelangen)
»Prächtig prahlt der prangende Bau, (...) stark und schön steht er zur Schau!« (Wotan angesichts der neu errichteten Götterburg Walhall)

GRAND OPÉRA

GIACOMO MEYERBEER

1791 am 5. September in Vogelsdorf bei Berlin als Jakob Liebmann Meyer Beer geboren; frühe musikalische Ausbildung (u.a. bei Muzio Clementi), Auftritte ab 1801; Kompositionsunterricht bei Carl Friedrich Zelter und bei Abbé Vogler in Darmstadt (gemeinsam mit Carl Maria von Weber); dort erste Kompositionen. Misserfolge der ersten Opern, Erfolge als Pianist.
1813 geht Meyerbeer über Italien nach Paris, 1814/15 ist er in Paris und London.
Ab 1816 in Venedig; Meyerbeer schreibt erfolgreich Opern unter italienischem Stileinfluss.
1824 Besuch in Berlin, künstlerischer Konflikt mit Weber über seine italienische Orientierung.
Ab 1825 arbeitet Meyerbeer zumeist in Paris, Beginn seines internationalen Ruhms, große Opernerfolge.
1832 erhält Meyerbeer den Titel eines Preußischen Hofkapellmeisters.
1842 Nachfolger Spontinis als Generalmusikdirektor in Berlin.
1864 stirbt der seit Jahren kränkelnde Meyerbeer am 2. Mai in Paris.

WEGBEREITER. Zahlreiche ausländische Komponisten waren an der Entwicklung der französischen Oper im 19. Jahrhundert beteiligt. Einer der wichtigsten war der ab 1774 in Paris tätige Christoph Willibald Gluck, dessen Tragédie lyrique mit ihren antik-mythologischen Stoffen bis ins 19. Jahrhundert fortwirkte. Diese Linie führte bis zu den in Paris lebenden Italienern Antonio Salieri und Luigi Cherubini, dessen *Medea* (1797) bis heute nicht vergessen ist. Ein dritter Italiener, Gaspare Spontini, seit 1803 in Paris und 1810–12 Direktor des dortigen Théâtre Italien, entwickelte die Tradition weiter zur Grand opéra, zur Großen Oper, die italienische Einflüsse nicht leugnen konnte. Aus dieser Phase stammt etwa die erfolgreiche Opéra comique *Die Vestalin* (1804). 1819 ernannte König Friedrich Wilhelm III. Spontini zum »Ersten Capellmeister und General-Musikdirector« in Berlin. In dieser Zeit schrieb er u.a. *Olympie* (1821).

MERKMALE. Vier Musiker prägten die französische Grand opéra: Daniel-François-Esprit Auber, Giacomo Meyerbeer, Jacques-François Halévy und Hector Berlioz. Sie setzten die von Spontini und Rossini (im *Guillaume Tell*) begonnene Richtung fort, die erst um 1860 zu Ende ging. Obwohl vor allem im Ausland umstritten, beeinflusste die Grand opéra bedeutende Meister des Musiktheaters wie Wagner und Verdi zumindest zeitweise und reizte sie zur weiterführenden künstlerischen Auseinandersetzung. Das wichtigste stilistische Merkmal der Gattung war der musikalische Kosmopolitismus, also keine nationale Ausrichtung, sondern eine geschickte Stilmischung vorwiegend französischer, italienischer und deutscher Elemente; klar zu Tage trat die Vorliebe für große Ensembles und Chöre, die Neigung zum durchkomponierten Ablauf und die Einbeziehung ›funktionaler‹ Musikstücke wie Ballade, Lied, Gebet, Tanz, Marsch; den Libretti lagen geschichtlich-politische Inhalte zugrunde, die intrigenreiche Handlung gliederte sich in vier bis fünf Akte; nur wenig Interesse galt einer Charakterschilderung der Personen, die jeweils in historische und politische Konfliktsituationen gestellt sind; dagegen ist eine Neigung zum großen Tableau zu verspüren, zu Massenszenen in oft starkem Kontrast zu Soloszenen, zudem eine Vorliebe zu unerwarteten, grellen Ereignissen und Effekten; die großartige Bühnenausstattung bediente sich historischer, prunkvoller Dekorationen und Kostüme; die Bühnentechnik wurde weiterentwickelt (Versenkung, Rundhorizont, abgedunkelter Zuschauerraum, Gasbeleuchtung); zudem wurde das Ballett in Massenszenen eingesetzt.

AUBER UND MEYERBEER. Von Daniel-François-Esprit Auber hat zumindest die *Stumme von Portici* (1828) überlebt, die als fünfaktiges Massenspektakel mit Ballett und szenischen Katastrophen bis hin zu einem Vesuvausbruch

Eine Ballettszene aus Giacomo Meyerbeers *Robert le diable* zeigt das Gemälde von Edgar Degas (1876). Die Begeisterung anlässlich der Uraufführung der Oper 1831 schlug sich auch in einem Artikel der *Revue musicale* nieder: »Die Partitur von *Robert le diable* ist nicht nur ein Meisterwerk Meyerbeers; das Werk ist für die Geschichte der Kunst insgesamt von Bedeutung. (…) Zweifelsohne setzt sich M. Meyerbeer damit an die Spitze der jetzigen deutschen Schule.«

als exemplarisch für die Gattung gelten kann. Giacomo Meyerbeers beispiellose Erfolgslaufbahn begann 1831 mit *Robert le Diable* und machte ihn zum Star der Grand opéra, deren stilistische Ansprüche er virtuos bediente und prägte. Insbesondere seine Behandlung von Chor und Orchester sorgte für den Erfolg beim Publikum und sicherte ihm seine Vorrangstellung während des ganzen Jahrhunderts. Diese Dominanz machte Wagner zu seinem erbitterten Gegner, obwohl er ihm manche Anregung verdankte. Wichtigster Librettist Meyerbeers war der Dichter Eugène Scribe, was Meyerbeers literarischen Anspruch unterstreicht.

HALÉVY UND BERLIOZ. Jacques-Fromental Halévys Weg führte über die Opéra comique zur Grand opéra: Auber vergleichbar, überlebte bei uns nur eines seiner Bühnenwerke: *Die Jüdin* (1835). Ihm folgte Hector Berlioz, dessen Opern, zumindest hierzulande, viel unbekannter sind als seine sinfonische Programm-Musik. Berlioz ging in seinen literarisch vorgeprägten Libretti und in seiner musikalischen Gestaltung einen individuellen Weg; bemerkenswert ist der Einsatz raffiniertester Orchestereffekte. Seine Opern: *Benvenuto Cellini* (1834), *Béatrice et Bénédict* nach Skakespeares *Viel Lärm um nichts* (1862 in Baden-Baden uraufgeführt), *Die Trojaner* (1863).

MEYERBEERS WERKE

- Orchesterwerke (u. a. 1 Sinfonie, 2 Konzerte)
- Kammer- und Klaviermusik
- Bühnenwerke (Ballett- und Schauspielmusik; 16 Opern, darunter: *Robert le diable*, 1831; *Les huguenots*, 1836; *L'africaine*, 1838; *Le prophète*, 1849)
- Vokalmusik (Chöre und weltliche Kantaten; geistliche Werke; Klavierlieder)

ORGANISATION

Die Grand opéra erforderte als aufwendige öffentliche Kunstgattung eine adäquate Organisationsform: In Paris wurde sie in einem Theatergebäude gleichen Namens gespielt, das in seinen räumlichen, personellen und organisatorischen Details Vorläufer der modernen Opernhäuser war, mit festem künstlerischem und technischem Personal, in großzügigen Räumlichkeiten und mit aufwendiger Bühnentechnik ausgestattet. Derartige Unternehmen waren zumeist privat organisiert und wurden von einem verantwortlichen Operndirektor geleitet.

OPÉRA COMIQUE

ENTSTEHUNG. Die zweite wichtige und charakteristische Ausprägung der Oper im Frankreich des 19. Jahrhunderts war die Opéra comique, deren stilistische Vielfalt mit der Bezeichnung ›Komische Oper‹ nur unzureichend ausgedrückt wird. Ihre Entstehung ist im Zusammenhang mit den politischen Umwälzungen der Französischen Revolution zu sehen, da jetzt jene Schichten der Bevölkerung an die Kultur und das Musiktheater herangeführt werden sollten, die bislang an ihr nicht teilnehmen durften. In den beiden Jahrzehnten um die Jahrhundertwende dominierte die Revolutions- und Schreckensoper mit Komponisten wie dem bei uns unbekannten Nicolas Dalayrac, Jean-François le Sueur, dem Lehrer von Hector Berlioz, dem Italiener Luigi Cherubini und Etienne-Nicolas Méhul. Dass diese Operngattung heute kaum noch eine Rolle spielt, liegt an ihrer politischen und gesellschaftlichen Situationsabhängigkeit, an ihrer engen Beziehung zum Tagesgeschehen. Musikalisch standen Nummernfolgen neben durchkomponierten Abschnitten, es gab sinfonische Durchführungsansätze und Erinnerungsmotive, Opern waren in der Regel dreiaktig mit gesprochenen Dialogen. Beethovens *Fidelio* entstand unter diesem stilistischen Einfluss. Dem Vergessen entrissen werden zumindest gelegentlich Cherubinis *Die Wasserträger* (1800) und *Medea* (1797/1802).

MERKMALE. Eine Hinwendung zu heiteren und unterhaltenden Inhalten zeichnete sich – nicht zuletzt unter dem Eindruck der großen Erfolge Rossinis in Paris – um 1810 ab und förderte die Entstehung der Opéra comique. Trotz aller Vielfalt zeichnet sich die Gattung durch stilistische Gemeinsamkeiten aus. Hauptkennzeichen der vorwiegend dreiaktigen Opéra comique ist ihre klare Gliederung in Nummern (Arien, Lieder, Ensembles, Chöre), die durch gesprochene Dialoge unterbrochen werden; charakteristisch ist außerdem eine anspruchsvolle Ouvertüre im sinfonischen Stil und musikalisches Lokalkolorit, das auf entsprechende Textsituationen Bezug nimmt (vgl. die spanischen Elemente in Bizets *Carmen*); zur stilistischen Vielfalt heterogener Elemente gehören ›funktionale‹ Musiknummern wie Tänze aller Art (Barcarole, Polonaise, Walzer) und Lieder (Balladen, Romanzen); textliche und musikalische Beziehungen zur alltäglichen, realistischen Lebenswelt ergänzen die gesprochenen Passagen; unterschiedlichste Handlungsmomente, vorwiegend aus der bürgerlichen Welt, erzeugen heitere, parodistische, unheimliche, seltener auch tragische Situationen.

BIZET. Den Höhepunkt der Gattung bildet Georges Bizets *Carmen* (1875). Ihre einzigartige Stellung ist mit Webers *Freischütz* zu vergleichen, denn beide Komponisten schrieben weitere Opern, die aber kaum noch beachtet werden. Carmens Gattungszugehörigkeit zur Opéra co-

GEORGES BIZET

1838 am 25. Oktober in Paris geboren; wurde mit neun Jahren Schüler des Pariser Konservatoriums, wo er zehn Jahre erfolgreich studierte, u. a. bei Charles Gounod und Jacques Fromental Halévy, dessen Tochter er heiratete.
1875 Gewinn des Rompreises; Sieg in einem von Jacques Offenbach ausgeschriebenen Operettenwettbewerb.
1863 Misserfolg von Bizets Oper *Die Perlenfischer* und – in der Folgezeit – weiterer Werke; Erfolge mit den beiden *Arlésienne*-Suiten.
1875 Uraufführung von *Carmen* am 3. März und ablehnende Reaktionen darauf (Beginn des Erfolgs der Oper 1875 in Wien); am 3. Juni stirbt Bizet in Bougival bei Paris.

VERGESSENE MEISTER DER OPÉRA COMIQUE

Eine Reihe französischer Musiker machte sich um die Opéra comique verdient, die uns heute kaum mehr geläufig sind: François-Adrien Boieldieu, der eingängige, unterhaltende Musik schrieb (u. a. *Der Kalif von Bagdad*, 1800; *Die weiße Dame*, 1825); Daniel-François-Esprit Auber mit seinen etwa 50 Opern, darunter *Die Stumme von Portici*, 1828; Adolphe-Charles Adam mit 53 Opern, darunter *Der Postillon von Lonjumeau* (1836) und, vor Verdi, ein *Falstaff* (1856); schließlich Jacques Fromental Halévy, der sich später der Grand opéra zuwandte.

Georges Bizet, *Carmen.* Lina Wertmüllers Inszenierung an der Bayerischen Staatsoper München zeigte 1997 Placido Domingo als Don José und Elena Zaremba in der Titelpartie.

mique wird durch die heutige Bühnenpraxis verstellt, da das Werk meistens nicht mit den originalen gesprochenen Dialogen, sondern mit den von Ernest Giraud nach Bizets Tod komponierten Rezitativen aufgeführt wird. Dadurch entsteht der Eindruck einer ›Großen Oper‹, das Werk wird an die Seite des Musikdramas gerückt. In der Originalversion kommt der heitere Grundcharakter der unterhaltenden musikalischen Nummernfolge mit ihrem spanischen Lokalkolorit besser zur Geltung, das vor allem die Schmuggler- und Zigeunerszenen sowie die Soloauftritte der Hauptfigur färbt. Charakteristisch für die Gattung ist der Einsatz von einigen wenigen Leit- oder Erinnerungsmotiven, deren wichtigste, das Schicksals- und das Escamillomotiv, in der Ouvertüre zum ersten Mal erklingen; die unheimliche Wirkung des Schicksalsmotives beruht auf der Verwendung der so genannten ›Zigeunertonart‹, ergänzt durch die jeweils nachfolgenden beiden dumpfen Paukenschläge, während Escamillo sich vorwiegend rhythmisch profiliert. Ungewöhnlich dagegen ist der tragische Schluss mit Carmens Ermordung durch ihren unglücklichen Liebhaber José; die Einbettung dieser Szene in die turbulente Atmosphäre eines Stierkampfes unterstreicht den Theaterinstinkt Bizets und seiner Librettisten Meilhac und Halévy, die sich auf eine Novelle von Prosper Merimée stützten.

BIZETS WERKE

- Orchesterwerke (u. a. *Sinfonie C-Dur*)
- Klaviermusik (u. a. *Jeux d'enfants* für Klavier zu 4 Händen)
- Bühnenwerke (u. a. Bühnenmusik zu Alphonse Daudets *L'Arlésienne*; mehrere, z. T. unvollständige und unveröffentlichte Opern und musikdramatische Werke, darunter: *Les pêcheurs de perles*, 1863; *La jolie fille de Perth*, 1876; *Djamileh* [Einakter], 1872; *Carmen*, 1875)
- Vokalmusik (geistliche und weltliche Chorwerke; Klavierlieder)

OPÉRA BOUFFE UND DRAME LYRIQUE

OPÉRA BOUFFE. Nach 1850 wandelte sich die Oper in Frankreich von der Opéra comique zum Drame lyrique. Zugleich entwickelte sich die Opéra bouffe, die man frei als ›Operette‹ übersetzen kann; aus ihr ging die Wiener Operette hervor.

Die Opéra bouffe ist nicht zu verwechseln mit der historischen Opera buffa, mit der sie lediglich inhaltliche Berührungspunkte aufwies: in beiden ging es heiter und bisweilen ein wenig bösartig zu. Am Anfang der Opéra bouffe steht Florimond Rongé, der unter dem Pseudonym Hervé bekannt wurde und burleske Operetten mit Walzern und Cancans hinterließ. Seine Operette *Le petit Faust* war eine erfolgreiche Parodie von Gounods Oper *Faust*.

OFFENBACH. Seine Einakter bezeichnete Jacques Offenbach mit dem Terminus Operette, mehraktige Bühnenwerke nannte er Opéra bouffe. Offenbachs Absicht war es, mit seinen der Satire und Persiflage benachbarten Libretti der zeitgenössischen Gesellschaft einen Spiegel vorzuhalten, aber nicht belehrend, sondern unterhaltend. Hier arbeitete er vor allem mit den beiden Librettisten Henri Meilhac und Ludovic Halévy zusammen, die als Verfasser des Textbuchs zu Bizets *Carmen* bekannt sind.

Offenbachs Musik entzieht sich eindeutiger stilistischer Zuordnung; ihr Kennzeichen ist souveräne Verfügbarkeit aller Merkmale aktueller und vergangener Opernrichtungen, verknüpft mit zeitgenössischer Tanzmusik. Die Stilmittel werden sehr bewusst und kalkuliert, zugleich häufig in ironischer Brechung – ›verfremdet‹ – eingesetzt: szenische Ironie und Parodie entstehen oft durch bewusst herbeigeführtes Auseinanderklaffen von Bühnensituation und Musik. Schlagkräftige und eingängige Couplets mit betrachtendem Inhalt gliedern den Gang der Handlung. Die Aufzüge erreichen ihren Höhepunkt durch strettahafte Schlusssteigerungen in tänzerischer Rhythmik (Cancan, Galopp, Walzer).

Die Stoffe von Offenbachs Operetten gehen häufig auf antik-mythologische Vorlagen zurück, mit deren Hilfe die kritisch-parodistische Aussage transportiert wird (*Die schöne Helena*, *Orpheus in der Unterwelt*).

Am berühmtesten und erfolgreichsten wurde Offenbachs fünfaktige Oper *Hoffmanns Erzählungen*, die vom Komponisten unvollendet hinterlassen wurde. Erst 1998 wurde das Finale mit wenigen wiederaufgefundenen Schlusstakten ›uraufgeführt‹. Hauptmotiv der verwickelten Handlung ist die Künstlerproblematik, verkörpert durch den Dichter E. T. A. Hoffmann und die von ihm angebetete Sängerin Stella. Abwechslungsreicher Rahmen sind die verschiedenen Schauplätze, etwa Luthers Weinstube, das physikalische Kabinett des Spalanzani, der eine mechanische ›Tochter‹ (Olympia) konstruiert hat, sowie ein venezianischer Palazzo.

JACQUES (JAKOB) OFFENBACH

1819 am 20. Juni in Köln geboren, erster Musikunterricht beim Vater, einem jüdischen Kantor aus Offenbach am Main.
1833 Studium am Pariser Conservatoire (Violoncello), Kompositionslehre bei Jacques Fromental Halévy; danach Cellist in verschiedenen Theaterorchestern, Frühes Talent für musikalische Buffonerien und Parodien.
Ab 1839 Konzertreisen als Cellist (1843 Konzert in Köln, von Liszt begleitet; 1844 Konzerte in London, u. a. am Königshof).
1850 Kapellmeister am Théâtre Français; Bühnenmusiken.
Ab 1853 erste Operneinakter.
1855 Direktor, Komponist, Dirigent der Bouffes Parisiens, eines kleinen Theaters auf den Champs Élysées.
Ab 1858 Theatererfolge (*Orpheus in der Unterwelt*) und Vergrößerung des Unternehmens, Auslandsreisen, Uraufführungen in Paris und Bad Ems, wo Offenbach sich zu Kurzwecken aufhielt.
1860 erster von mehreren Misserfolgen mit romantischen und komischen Opern.
1872–76 Direktor des Théâtre de la Gaité; große Verschuldung, deshalb Konzertreise durch die USA (1865).
1880 stirbt Offenbach am 5. Oktober in Paris.

DRAME LYRIQUE. Das Drame lyrique, die französische Antwort auf Wagners Musikdramen, läßt sich als Weiterentwicklung lyrischer Partien der Opéra comique verstehen. Seine Inhalte behandelten zwischenmenschliche Beziehungen und Konflikte, oft auf literarische Vorlagen zurückgehend und stets tragisch endend. Beliebt waren Stoffe der klassischen Weltliteratur (Shakespeare, Goethe, Corneille, Molière) und zeitgenössische Vorlagen (Gustave Flaubert, Alphonse Daudet usw.).
Meister der Gattung in Frankreich waren Ambroise Thomas, der vor allem mit *Mignon* (nach Goethe, 1866) bekannt wurde; Charles Gounod ist hierzulande untrennbar mit seiner Faust-Oper (1859) verbunden, die in Deutschland gewöhnlich unter dem Titel *Margarethe* gespielt wird; Jules Massenet führte die Gattung mit seinen zahlreichen Opern über die Jahrhundertwende hinaus; Camille Saint-Saëns verband die Grundzüge des Drame lyrique mit jenen der Grand opéra (*Samson et Dalila*, 1877).

OFFENBACHS WERKE

- Orchester- und Kammermusik, Vokalmusik (wenige Werke, vorzugsweise mit solistischem Violoncello)
- Bühnenwerke (5 Ballette, rund 100 musikdramatische Werke, darunter: *Orpheus in der Unterwelt*, 1858; *Die schöne Helena*, 1864; *Pariser Leben*, 1866; *Blaubart*, 1866; *Die Großherzogin von Gerolstein*, 1867; *La Périchole*, 1868; *Hoffmanns Erzählungen*, 1881)

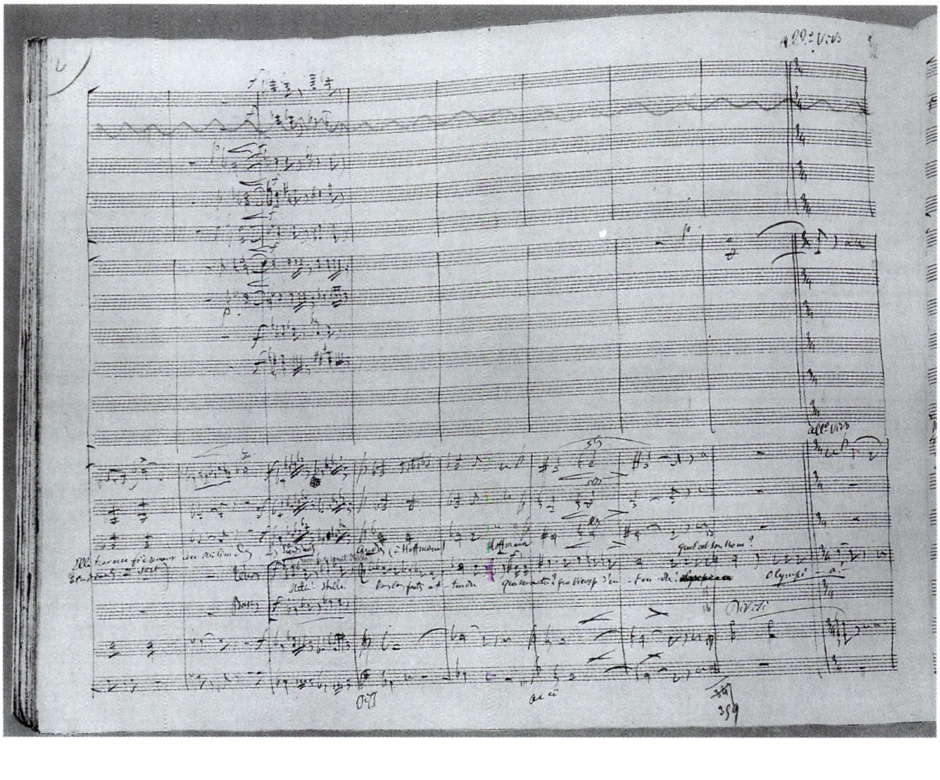

Jacques Offenbach, *Les contes d'Hoffmann* (Partitur, 4. Akt).

DIE ITALIENISCHE OPER DER ERSTEN JAHRHUNDERTHÄLFTE

Gioacchino Rossini. Ölgemälde von Carlo Zucchelli (1847).

THEMEN. Dominierte noch Ende des 18. Jahrhunderts die Opera buffa, so verschoben sich in Italien die Gewichte in den folgenden Jahrzehnten wieder zugunsten der Opera seria, verbunden mit einem allmählichen Verwandlungsprozess der Oper auf allen Ebenen. Die beliebten mythologischen Stoffe verschwanden zugunsten eher als ›romantisch‹ verstandener Inhalte, oft mit aktuellen literarischen Vorlagen. Beliebt waren konfliktträchtige Beziehungen: Liebe und Eifersucht, häufig im mittelalterlichen Ambiente, vor politischem oder festlichem Hintergrund voller Intrigen und Leidenschaften, dazu spukhafte und zauberische Situationen aller Art, bisweilen in haarsträubender Unwahrscheinlichkeit.

MUSIKALISCHE MERKMALE. Ausgangspunkt waren Rezitativ, Arie und Ensemble, deren Abgrenzungen immer unschärfer wurden. Das Secco-Rezitativ wurde um 1820 von der *scena* abgelöst, die mit dem *recitativo accompagnato* verwandt ist und ariose Elemente mit oft fließendem Übergang zur Arie einschließt. Der Chor übernimmt zunehmend eine Rolle als Handlungsträger und wirkte mit dramatischen Einwürfen auch an Soloszenen mit. In Großszenen, vor allem am Aktende, wurden solistische, Ensemble- und Chorpassagen effektsteigernd kombiniert. Die musikalischen Stilmittel entwickelten sich weiter: die Parameter Dynamik, Tempo und Instrumentation bewirkten stärkere, oft äußerlich-programmatische Effekte; der Dramatik und Leidenschaftlichkeit entsprachen äußerliche Kontraste und Ausbrüche, passend zu Unwetter-, Geister-, Fest- und Massenszenen. Dabei bediente sich die Musik gern folkloristischer Anklänge.
Das Orchester entspricht dem klassisch-romantischen der Sinfonie, mit kleineren librettoabhängigen Erweiterungen im Schlagzeug oder bei den Bläsern. Der zuvor wichtige Kastrat verlor zunehmend an Bedeutung; dem Tenor kam

ZEITGENOSSEN ROSSINIS

Vor und neben Rossini wirkten einige Komponisten, die heute vergessen sind, obwohl sie überaus populär waren. Zu ihnen gehört der Deutsche Simon Mayr mit 61 italienischen Opern, der – nicht nur als Lehrer Rossinis – großen Einfluss hatte; ferner der Italiener Ferdinando Paër, der in Wien, Dresden und Paris wirkte, wo er das Théâtre Italien mitprägte, eines der europäischen Zentren der zeitgenössischen italienischen Oper.

19. Jahrhundert

noch keine herausgehobene Stellung zu. Stattdessen dominierten Bariton und Bass, wobei der Bariton als dramatischer Gegenpol zum lyrischen Sopran eine führende Rolle übernahm. Der *prima donna* zur Seite stand die oft in Hosenrollen auftretende Mezzo- oder Altstimme.

ROSSINI. Zentren der italienischen Oper waren u. a. Mailand, Neapel, Parma, Rom und Venedig, aber auch Paris. König seiner Epoche zwischen 1810 und 1830 war Gioacchino Rossini. Mit ihm verbindet sich eine charakteristische Ausprägung der Seria und der Buffa, die er beide pflegte und die im Einsatz der musikalischen Mittel verwandt sind. Kennzeichen ist die Beibehaltung des Nummernprinzips und seine Ausweitung und Aufweichung. Im Mittelpunkt von Rossinis Opern steht die *scena musicale*, deren Hauptmerkmal ihr raffinierter, auf Steigerung angelegter Aufbau ist: in mehrfachem Wechsel folgen einander rezitativische und ariose Partien, die in einer effektvollen, Beifall heischenden Stretta kulminieren. Eine Variante sind *scena e duetto*, die konflikthafte Zweierszene, sowie, als dramaturgischer Höhepunkt am Szenen- oder Aktende, das große Finale (*pezzo concertato*) unter Mitwirkung des Chors.
Rossinis Erfolg ist zurückzuführen auf seine elementare Rhythmik, seine eingängige Melodik zwischen kantabler Lyrik und akrobatischer Koloratur sowie seine Steigerungseffekte, die auch in den instrumentalen Passagen, vor allem den Ouvertüren, wirken. Rossinis kompositorische Meisterschaft und sein Gespür für Theatereffekte wurden weltweit bewundert und verklärten sich nach seinem Tode anekdotenhaft.

BELLINI UND DONIZETTI. In der Nachfolge Rossinis griffen zwei Italiener seine Errungenschaften auf und entwickelten sie zur großen italienischen Gesangsoper weiter; hier und bei Rossini liegen die Wurzeln des Belcanto. Vincenzo Bellini schuf fast nur Opere serie, darunter die großen Erfolge *Norma* (1831), *I puritani* (1835), *La sonnambula* (1831); Gaetano Donizetti entwickelte seinen eigenen Stil unter dem Einfluss Rossinis und Bellinis und komponierte sowohl Serie wie Buffe. Bis heute gespielt werden *Der Liebestrank* (*L'elisir d'amore*, 1832), *Lucia di Lammermoor* (1835) und die letzte bedeutende Opera buffa, *Don Pasquale* (1843).

ROSSINIS WERKE

- Orchester-, Kammer- und Klaviermusik (u. a. 6 Sonate a quattro; 5 Streichquartette, rund 60 Klavierstücke)
- Bühnenwerke (39 Opere serie und Opere buffe, darunter: *L'italiana in Algeri*, 1813; *Tancredi*, 1813; *Il turco in Italia*, 1814; *Il barbiere di Siviglia*, 1816; *Otello*, 1816; *La Cenerentola*, 1817; *La gazza ladra*, 1817; *Mosè in Egitto*, 1818/27; *Guillaume Tell*, 1829)
- Vokalmusik (u. a. über 20 geistliche Werke, darunter: *Stabat mater*, 1841; *Petite messe solennelle*, 1863; weltliche Kantaten; Chöre, Lieder, Arien und Duette)

GIOACCHINO ROSSINI

1792 am 29. Februar in Pesaro geboren; Sohn eines Musikerehepaars; Ausbildung in Bologna (mehrere Instrumente und Komposition).
1810 erste Opernkompositionen und -aufführungen.
1813 erste große Erfolge in Venedig (*Tancredi* und *Italiana in Algeri*)
1815–23 Verpflichtung zu 2 Opernkompositionen pro Jahr.
1816 Durchbruch mit dem *Barbier von Sevilla* in Rom (1816).
1822 Reise nach Wien, wo er mit großem Erfolg u. a. seine *Cenerentola* dirigiert.
1823 Reise nach London.
1824 für 2 Jahre Leiter des Théâtre Italien in Paris, danach (bis 1830) »premier compositeur du Roi«.
1836–48 in Bologna, Direktor des Liceo Musicale.
1848 geht Rossini aus politischen Gründen nach Florenz,
1855 nach Paris, wo er im nahe gelegenen Passy bis zu seinem Tod lebt.
1868 stirbt Rossini am 13. November in Passy bei Paris.

VERDIS OPERN I

GIUSEPPE VERDI

1813 am 9. oder 10 Oktober in Le Roncole (Prov. Parma) geboren; Sohn einer Bauern- und Handwerkerfamilie; frühe Musikausbildung, aber am Mailänder Konservatorium abgewiesen.
1836 wird Verdi Musikmeister in Busetto; er heiratet Margherita Barezzi, die Tochter seines Förderers.
1838 Tod des ersten Kindes; Geburt des zweiten Kindes, das im folgenden Jahr stirbt.
1839 Umzug nach Mailand; dort Uraufführung der ersten Oper (*Oberto*) an der Scala.
1840 katastrophaler Misserfolg von *Un giorno di regno*, der neben *Falstaff* einzigen komischen Oper Verdis; Tod Margheritas.
1842 Erfolg mit *Nabucco*, Beginn der arbeitsreichen »Galeerenjahre« (Verdi).
Ab 1847 Lebensgemeinschaft mit der Sängerin Giuseppina Strepponi (Eheschließung 1859).
1848 Beginn finanzieller Unabhängigkeit; Erwerb von Ländereien in Sant'Agata bei Busetto (1851 Einzug in die eigene Villa, fortan Verdis bevorzugter Wohnsitz).
1853–57 überwiegend in Paris.
1861 ist Verdi bei der Eröffnung des ersten italienischen Parlaments anwesend; 1874 wird Verdi Senator des Königreichs Italien, übt das Amt aber nicht aus.
1873 *Streichquartett e-Moll* und *Requiem* zum Andenken an den Dichter Alessandro Manzoni.
Ab 1879 Zusammenarbeit mit dem Komponisten und Textdichter Arrigo Boito, der die Libretti von Verdis letzten Opern (*Otello*, 1887; *Falstaff*, 1893) verfasst.
1896 stiftet Verdi ein Altersheim für bedürftige Künstler (»Casa di riposo«).
1901 stirbt Verdi am 27. Januar in Mailand.

FRÜHZEIT. Verdis Ausgangspunkt war die italienische Nummernoper mit ihren Rezitativen, Arien, Ensembles und Chören. In seinen Frühwerken übertreffen spektakuläre Einzelpièecen bisweilen den Ruhm ganzer Opern beträchtlich, etwa der so populäre Gefangenenchor *Va, pensiero / Fliegt, Gedanken* aus *Nabucco* (1842). Am Ende dieser ersten Periode steht Verdis Auseinandersetzung mit Stoffen der Weltliteratur, von Shakespeare und Schiller. Seine Adaptionen von Schillers Dramen *Die Jungfrau von Orleans* (1845: *Giovanna d'Arco*), *Die Räuber* (1847: *I masnadieri*) und *Kabale und Liebe* (1849: *Luisa Miller*) unterstreichen seinen musikdramatischen Ansatz, der andere Akzente als die der literarischen Vorlagen setzt. Verdi interessierten tragisch-konflikthafte Beziehungen zwischen den handelnden Menschen, deren Leidenschaftlichkeit sich in Belcanto-Kantilenen niederschlägt und in dramatischen Ensembleszenen kulminiert. Dabei ordnet sich das Orchester den Gesangsstimmen unter, als begleitende »Riesengitarre«, wie polemisch angemerkt wurde.
Aus dieser Werkgruppe ragt Verdis Umsetzung von Shakespeares Tragödie *Macbeth* (1847) hervor. In diesem Stück steht ausnahmsweise kein Tenor im Mittelpunkt; stattdessen gibt es ein Anti-Heldenpaar in Gestalt des Paares Macbeth – Lady Macbeth, von denen die Lady die bösartig treibende Kraft ist, die ihren Mann zu Verbrechen anstiftet und daran im Wahnsinn zerbricht. Ihre Soloszene nach dem Mord am König ist ein genialer Gegenentwurf zur konventionellen Bravourarie, als unheimliche und psychologische musikalische Extremstudie.

LA TRILOGIA POPULARE. Die Reifezeit wird von drei Werken eingeleitet, die Verdi Weltruhm brachten. *Rigoletto* (1851), *Il trovatore* (1853) und *La Traviata* (1853). *Rigoletto* und *La Traviata* basieren auf zeitgenössischer Literatur, auf Victor Hugos Schauspiel *Le roi s'amuse* bzw. dem Roman *La dame aux camélias* von Alexandre Dumas d. J. *Il trovatore* folgt dagegen mit szenischen Ingredienzien des Schauerdramas und unwahrscheinlichsten Zufällen und Situationen eher konventionelleren Bahnen. Dennoch wurde der *Troubadour* zu einem Erfolgsstück, was er der melodischen und rhythmischen Erfindungskraft Verdis verdankt.
Rigoletto und *La Traviata* sind Meisterstücke der großen Oper, mit wohlkalkulierten Solo- und Massenszenen und subtil gestalteten Charakterstudien. Zwar hielt Verdi noch konsequent am Primat des Gesangs, am Belcanto, fest, doch beteiligte er das Orchester bei aller Unterordnung zielstrebig am dramatischen Prozess. In *La Traviata* setzte Verdi die Ausdruckskraft seiner Melodik zur Darstellung einer tragischen Situation ein; sie kommt vor allem in den Vorspielen zum Tragen, die sich auf die ausweglose Lage der ›Kameliendame‹ Violetta beziehen. *Rigoletto* zeigt Verdi als Meister des präzisen Situations-

und Charakterporträts: die Titelfigur Rigoletto wird jenseits aller Arientradition mit elementarer musikalischer Präzision gezeichnet; im Finale wird das kalkulierte, fast collagenartige Nebeneinander unterschiedlichster Handlungs- und Ausdrucksebenen zum dramatischen Effekt gesteigert. Diese Szene steht mit ihrer Skizzierung des Unwetters in der Tradition von Gewittermusiken, wobei die chromatischen Vokalisen des Chores eine eigentümliche, neuartige Farbe beisteuern.
Bereits in *Rigoletto* zeichnet sich die weitere musikdramatische Entwicklung Verdis ab: Zwar wird die Gliederung in Nummern beibehalten, doch gibt es nun übergreifende musikalische Zusammenhänge im Sinne durchkomponierter Szenen, als Station auf dem Weg Verdis zu seinen letzten durchkomponierten Opern.

Giuseppe Verdi. Kolorierte Lithographie von Ape (d. i. Carlo Pellegrini). Die Karikatur erschien 1879 in der Reihe »Men of the Day« der Londoner Zeitschrift *Vanity Fair*. Im Begleittext war u. a. zu lesen: »Ihm wird vorgeworfen, er habe den schlechten Geschmack begünstigt, doch er hat die italienische Musik auf allen Drehorgeln Europas populär gemacht. (…) Seine Musik ist im Wesentlichen die Musik der Gegenwart, seicht und gefällig, angenehm und klangvoll.«

NACH DER ERFOLGSTRIAS. Im Anschluss an seine drei wohl populärsten Opern schrieb Verdi mehrere dramaturgisch problematische Werke, deren Handlungen von Unwahrscheinlichkeiten und Zufällen bestimmt werden und die oft konstruiert und unglaubwürdig wirken. Dass Verdi selber Bedenken dieser Art gehegt haben muss, lässt sich an *Simon Boccanegra* (1857) erkennen, denn der Komponist erstellte viele Jahre später (1881) mit den Mitteln seiner gereiften Musiksprache eine Neufassung. Dennoch verhalf den genannten Werken die Verdi'sche Erfindungskraft und ihr inspiriertes Reagieren auf elementare Konfliktsituationen zum Erfolg. Höhepunkt dieser Schaffensperiode ist *Ein Maskenball* (1859), der alle Vorzüge des musikdramatischen Stils zusammenfasst. Zur wirksamen Klammer der Handlung werden hier zwei leitmotivisch eingesetzte Themen, die den einander tragisch gegenüberstehenden Protagonisten zugeordnet sind, den Verschwörern um René und die weibliche Hauptfigur Amelia.

VERDIS OPERN II

DON CARLOS. In *Don Carlos* setzte sich Verdi erneut mit Schiller auseinander: in seiner Musik und im Libretto von François-Joseph-Pierre Méry und Camille Du Locle wurde aus dem Ideendrama eine tragische Liebes- und Freundschaftsgeschichte. Dabei blieben alle wesentlichen Handlungsstränge erhalten, doch verschoben sich die Gewichte zugunsten der menschlichen Verstrickungen: zwischen dem Prinzen Carlos und Elisabeth, die aus politischen Gründen seinen Vater König Philipp heiratet; zwischen Vater und Sohn; zwischen den Freunden Carlos und Posa; zwischen Posa und dem König. Das bei Schiller zentrale politische Geschehen wird zur düsteren Kulisse für Intrigen und Inquisition. In dieser Stilphase Verdis blieben die Grundmuster der Arien, Solo- und Ensembleszenen zwar erhalten, rückten jedoch dramaturgisch zu größeren Komplexen zusammen. Die Orchesterbehandlung ist farbiger und gewichtiger geworden; Leitthemen sorgen für musikalische Geschlossenheit. Der Soloauftritt des einsamen Königs ist zusammen mit seinem nachfolgenden Disput mit dem Großinquisitor eine der eindrucksvollsten Opernszenen jener Epoche.

AIDA. Verdis populärste Oper, *Aida*, entstand als Auftragswerk des ägyptischen Staats zur Eröffnung des Suezkanals 1869, konnte aber erst 1871 uraufgeführt werden.

ARRIGO BOITO

Verdis genialer Librettist (*Otello* und *Falstaff*) studierte am Mailänder Konservatorium; Reisen führten ihn nach Frankreich, Polen und Deutschland (Einfluss Beethovens und Wagners). Seine erste Oper *Mefistofele* (nach Goethes *Faust*) hatte 1868 zunächst wenig, später jedoch mehr Erfolg. Der durch zahlreiche öffentliche Ehrungen Ausgezeichnete war gleichermaßen als Dichter und als Komponist begabt; aus seiner Feder stammen neben eigenen Dichtungen Übersetzungen ausländischer Libretti (Wagner) und Libretti für andere Komponisten (Verdi, Amilcare Ponchielli).

Bühnenbildentwurf zur Uraufführung der *Aida* von Philippe Chaperon (1871). Die Premiere musste verschoben werden, da Bühnenbilder, Kostüme und Requisiten infolge des Französisch-Preußischen Kriegs in Paris festlagen.

Sie vereinigt alle Merkmale von Verdis ausgereiftem Stil. Effektvolle Massenszenen wie intime Soli und Duette sind mit sicherem Theaterinstinkt arrangiert. Das exotische Ambiente sorgt für farbiges Kolorit auch in der Musik. Mehrere kontrastierende Leitmotive – chromatisch Aida, diatonisch die Priester, erregt Amneris – führen durch das Geschehen. Massenszenen sind nicht Staffage, sondern fügen sich logisch in die Handlung ein: der Vorbeimarsch der Soldaten und ihrer äthiopischen Gefangenen reißt auch die Sklavin Aida mit, sodass auch der scheinbar triviale Triumphmarsch seinen Sinn erhält. Der berühmte ›Nil-Akt‹ mit seiner verzauberten nächtlichen Stimmung, als Kulisse für die Schürzung des tragischen Konflikts, ist eine der größten Leistungen Verdis.

OTELLO. Nach *Aida* kam es in großem Abstand noch zu zwei eigenwilligen Alterswerken, was auch Verdis Kollegen, dem Opernkomponisten Arrigo Boito (*Mefistofele*, 1868), zu verdanken ist, der für Verdi die Libretti zu *Otello* und *Falstaff* schrieb. Vor allem *Otello* verdeutlicht den Unterschied eines guten Librettos zu einem Schauspiel: Boitos *Otello* ist mehr als die Hälfte kürzer als Shakespeares Tragödie und läßt so der Musik breiten Raum; Verdis Musik vermittelt überzeugend Otellos tödliche Eifersucht aus an sich nichtigem Anlass. Unübertrefflich ist seine musikalische Charakterisierung dreier höchst gegensätzlicher Personen (Otello, Desdemona, Jago). Auch hier verbinden wieder wenige Leitthemen das Geschehen.

FALSTAFF. Verdi schrieb, sieht man vom frühen *Un giorno di regno* (1840) ab, nur Tragödien; erst im achtzigsten Lebensjahr gelang ihm mit seinem altersweisen und jugendfrischen *Falstaff* eine (durchkomponierte) Komödie. Verdis Weg war neben Wagner, den er kannte, völlig eigenständig, verfolgbar über viele Stationen seiner reifen Opern. So blieb er dem Ideal des Belcanto – trotz sorgfältigster Deklamation – im *Falstaff* treu und erzielte dennoch feinste Zwischentöne der Ironie und der Doppelbödigkeit. Sein Orchester wurde zum gleichberechtigten, subtil kommentierenden und stützenden Partner der Stimmen. Der Text zur Schlussfuge, in die am Ende alle – scheinbar Triumphierende und Gefoppte – einstimmen, könnte als Motto über Verdis Lebenswerk stehen: »Alles ist Spaß auf Erden – tutto nel mondo e burla!«

VERDIS WERKE

- Instrumentalmusik und Klavierlieder (unter den wenigen Werken ragt das *Streichquartett e-Moll* heraus)
- 28 Opern (u. a. *Nabucodonosor*, 1842; *Ernani*, 1844; *Macbeth*, 1847; *Luisa Miller*, 1849; *Rigoletto*, 1851; *Il trovatore*, 1853; *La traviata*, 1853; *Les vêpres siciliennes*, 1855; *Simon Boccanegra*, 1857/81; *Un ballo in maschera*, 1859; *La forza del destino*, 1862; *Don Carlos*, 1867/84; *Aida*, 1871; *Otello*, 1887; *Falstaff*, 1893)
- Vokalmusik (u. a. *Missa da Requiem*, 1874; *Quattro pezzi sacri*, 1898)

WIE intensiv die Zusammenarbeit Verdis mit seinem Librettisten Boito war, geht auch aus folgendem Briefausschnitt hervor.

»Eine Kleinigkeit noch und ich bin fertig (…). Das heißt, Sie sind fertig! Wie Sie wissen, hält das Gewitter (soweit es die Musik betrifft) auch während des Auftritts von Otello an und über den Chor mit den sechssilbigen Versen hinaus. Dort sind aber bei dem Solo des Otello zu viele Verse, wodurch das Gewitter zu lange unterbrochen wird. Ich denke, die Szene würde nichts verlieren, wenn man sie um vier Verse kürzt. Dann könnte ich für Tamagno [Sänger des Otello] eine Gesangsphrase machen, die vielleicht wirkungsvoll wäre – vielmehr, ich habe sie schon gemacht.«

ITALIENISCHE OPER NACH VERDI

VERISMO. Mit Beginn der 1890er-Jahre begann sich in Italien der Verismo durchzusetzen. Der Name bezog sich auf Dichtung, Musik und Bildende Kunst und meinte im engeren Sinn Opern mit wirklichkeitsnahen Handlungen, als Gegenbewegung zu den vielen romantisch-historischen oder märchenhaften Sujets zuvor. Stattdessen traten nun Menschen aus dem alltäglichen Leben auf die Bühne, vor dem Hintergrund zeitgenössischer gesellschaftlicher Probleme und Situationen; Vorbilder waren in dieser Hinsicht u. a. Bizets *Carmen* und Verdis *La Traviata*. Musikalisch sind derartige Opern an Verdi und Wagner angelehnt: voller italienischer Kantabilität und koloristischer Orchesterpassagen, reich an instrumentatorischen und harmonischen Farben. Es gibt keine Nummern mehr, die Opern sind durchkomponiert.

MASCAGNI UND LEONCAVALLO. Aus der zeitgenössischen Opernproduktion ragen zwei Werke hervor, die bis heute häufig an einem Abend gemeinsam aufgeführt werden: *Cavalleria rusticana* (1890) von Pietro Mascagni sowie *Der Bajazzo* (*Pagliacci*, 1892) von Ruggero Leoncavallo. Ihr ungebrochener Erfolg erklärt sich durch ihre eingängige Melodik sowie durch die von südländischer Leidenschaft geprägten Handlungen. Die aus dem prallen Leben gegriffenen Gestalten sind dankbare Paraderollen. Beide Komponisten haben in ihrem Wirken »nirgends wieder die für den Verismo charakteristische krasse Ver-

ZEITGENOSSEN

Einzelne Opern von Komponisten nach Verdi und vor Puccini stehen – zumeist in Italien – noch immer auf dem Spielplan: In Arrigo Boitos wagnervertrautem *Mefistofele* (1868) nach beiden Teilen des Goethe'schen *Faust* brillierte der russische Sänger Fjodor Schaljapin in der Titelrolle. Zu Amilcare Ponchiellis mehrfach umgearbeiteter *La Gioconda* (1876), in deren tragischem Mittelpunkt eine Sängerin im venezianischen 17. Jahrhundert steht, schuf Boito das Libretto; stilistisch knüpfte Ponchielli mit eindrucksvollen Ballettszenen und musikalischen Effekten an die Grand opéra an. Bei uns fast unbekannt sind Alfredo Catalani (*La Wally*, 1892) und Alberto Franchetti (*Asrael*, 1888). Mit je einem Werk überlebten Umberto Giordano (*Andrea Chénier*, 1896) und Eugen d'Albert (*Tiefland*, 1903).

Bühnenbildentwurf zu Puccinis *La bohème* von Hein Heckroth für die Frankfurter Oper (1976): Quartier Latin mit Café Momus.

bindung des Schrecklichen mit dem Alltäglichen mit gleicher Intensität verwirklicht wie dort. Beide Stücke stellen auf engstem Raum eine atemberaubende Folge von Kontrasten dar« (Anna Amalie Abert). Die Ausdrucksstärke und Gewalt der Emotionen schlägt sich in *Cavalleria rusticana* besonders in den orchestralen Passagen nieder, vor allem im berühmten »Intermezzo sinfonico«. Dagegen wirkt der *Bajazzo* konzentrierter und geschlossener und ist auch in seiner musikalischen Thematik noch subtiler durchgestaltet.

PUCCINI. Zur bedeutendsten Gestalt der italienischen Operngeschichte nach Verdi wurde Giacomo Puccini, der ein Jahr vor Leoncavallo den gleichen Stoff vertonte: Puccinis *La Bohème* kam 1896, Leoncavallos *Bohème* 1897 heraus. Puccinis Ausgangspunkt war der Verismo; sein erster Erfolg war 1893 *Manon Lescaut*, ein Stoff, der bereits 1884 von Massenet vertont worden war. Auch in seiner dritten, stilistisch verwandten, 1904 entstandenen Oper *Madame Butterfly* stellte Puccini einen ähnlichen, an der Gesellschaft leidend zugrundegehenden Frauentyp in den Mittelpunkt der Handlung. Während er hier fernöstliches Kolorit in seine eigenwillige, aber unverwechselbar italienische Tonsprache einbezog, gelang ihm in *La Bohème* unübertrefflich die atmosphärische Schilderung des Pariser Künstlerlebens. Bei aller detailverliebten Milieuschilderung fehlen doch niemals die weitgespannten Bögen des Belcanto, die seinen Sängerdarstellern den bühnenwirksamen Auftritt ermöglichen. Der Radius menschlicher Emotionen spannt sich in *La Bohème* wirkungsvoll zwischen pointierter Situationskomik und großer leidenschaftlich-tragischer Gebärde. So wird das improvisierte Fest der verarmten Künstler in der Dachstube zur Genreszene voller Witz und Ironie; dagegen bewegt sich die Sterbeszene der tuberkulosekranken Mimi mit großer Raffinesse am Rande der Sentimentalität. Seine Schilderung des turbulenten Weihnachtsabends inmitten einer ausgelassenen Menschenmenge auf dem Quartier Latin (2. Aufzug) wurde zum szenischen Höhepunkt.

PUCCINIS WERKE

- Orchester-, Kammer- und Klaviermusik (u. a. *Capriccio sinfonico*, 1883; *Crisantemi* für Streichquartett, 1890)
- Bühnenwerke (1 Operette; 11 Opern, darunter: *Manon Lescaut*, 1893; *La Bohème*, 1896; *Tosca*, 1900; *Madame Butterfly*, 1904; *Il trittico* [*Il tabarro, Suor Angelica, Gianni Schicchi*], 1918; *Turandot*, 1924/26)
- Vokalmusik (u. a. *Requiem*; *Messa di Gloria*, Kantaten)

GIACOMO PUCCINI

1858 am 22. Dezember in Lucca geboren; Kind einer Organisten- und Chorleiterfamilie, zunächst als Kirchenmusiker ausgebildet.
1872 ist Puccini bereits Organist an verschiedenen Kirchen in der Umgebung Luccas.
1880–83 Konservatoriumsausbildung als Stipendiat in Mailand (u. a. bei Amilcare Ponchielli).
1883 erste Kompositionen für Orchester, die erste Oper (*Le villi*) entsteht anlässlich eines Opernwettbewerbs.
1884 wird *Le villi* in Mailand uraufgeführt; von nun an Tätigkeit als freier Komponist aufgrund eines festen monatlichen Gehalts des Musikverlags Ricordi.
1893 wird *Manon Lescaut* in Turin ein durchschlagender Erfolg, der Puccini auch außerhalb Italiens bekannt macht.
1896 beginnender Weltruhm mit *La Bohème*.
1910 USA-Reise zur Uraufführung von *La fanciulla del West* in der New Yorker Metropolitan Opera.
1924 stirbt Puccini am 29. November in Brüssel.

OPER IN OSTEUROPA

POLEN UND UNGARN. Neben Russland behaupteten sich in Polen, Ungarn und Tschechien eigene nationale Zentren der Operngeschichte. Sie sind zugleich repräsentative Zeugnisse der erwachenden nationalen Musikkulturen, vor allem im osteuropäischen und skandinavischen Raum.
Die Protagonisten der polnischen Oper sind hierzulande gänzlich unbekannt geblieben; unter ihnen sind zu nennen Józef Elsner, der Lehrer Chopins, Karol Kurpiński und Stanisław Moniuszko. Ebenso sieht es mit dem internationalen Bekanntheitsgrad der ungarischen Oper aus; hier bemühte sich als Pionier einer eigenständigen Tradition Ferenc Erkel um eine Synthese westeuropäisch überlieferter Elemente mit volkstümlich-nationalen Ansätzen in Musik und Sujet.

BÖHMEN. Eine eigenständige tschechische Opernkultur mit Prag als Zentrum kam erst zögernd im 19. Jahrhundert auf. Pionier war hier František Škroup; ihm folgten mit Bedřich Smetana und Antonín Dvořák zwei Komponisten von überregionaler Bedeutung auf allen Gebieten der Musik; beide waren in der westeuropäischen Musiktradition geschult und verschmolzen sie mit den Einflüssen ihrer Region.

SMETANA. Seine musikalische Persönlichkeit entfaltete Bedřich Smetana über den Weg einer Begegnung mit den Ideen der Neudeutschen Schule um Liszt. Sein kompositorisches, praktisches und administratives Wirken im Musikleben seiner Heimat gab den identitätsstiftenden Impuls für eine eigenständige tschechische Musikkultur, seine *Verkaufte Braut* (1866) gilt als tschechische Nationaloper. In diesem eingängigen und im besten Sinne effektvollen Werk gelang dem Komponisten eine Synthese von Elementen der europäischen Operntradition mit Merkmalen einer unverkrampft folkloristisch gefärbten nationalen Tonsprache. Dabei handelt es sich um eine Spieloper, die in Nummern gegliedert ist; ursprünglich wurde der verbindende Dialog gesprochen, in zweiter Fas-

BEDŘICH (FRIEDRICH) SMETANA

1824 am 2. März in Prag als Sohn eines Bierbrauers geboren; widmete sich ab 1843 ganz der Musik; Studium: Klavier (Konzertpianist) und Musiktheorie.
1848 Gründung einer eigenen Musikschule in Prag (bis 1856); Leiter der Abonnementskonzerte in Göteborg, danach endgültige Niederlassung in Prag; Einfluss von Liszt (Sinfonische Dichtung, Klaviermusik); zahlreiche musikalische Funktionen.
1866–74 Dirigent am Nationaltheater und gleichzeitig viel beschäftigter Komponist.
1874 Ertaubung, Ende der praktischen Tätigkeit, aber weitere Kompositionen.
Ab 1882 beginnende geistige Umnachtung.
1884 stirbt Smetana am 12. Mai in Prag.

sung dann in Form von Rezitativen vertont; so wird die Oper heute überwiegend aufgeführt. Charakteristisch ist Smetanas melodische Erfindungskraft, die vor allem in den zarten Liebesszenen zwischen den beiden Hauptpersonen Hans und Marie zur Geltung kommt.
Daneben sorgen für wirkungsvolle festliche und temperamentvolle Akzente die eingefügten Tänze wie die Polka im ersten Finale oder der berühmte Nationaltanz Furiant zu Beginn des 2. Aufzugs.
Gegenüber der *Verkauften Braut* treten Smetanas übrige Opern an Bekanntheit im Ausland merklich zurück; zu ihnen gehören *Dalibor* (1868) und *Libussa* (1881) mit ihren Libretti über nationalhistorische Sujets.

DVOŘÁK. Mit seinen zehn Opern knüpfte Antonín Dvořák an Smetanas Schaffen an. In seinen Werken verbinden sich die Merkmale der europäischen Tradition (Große Oper, Leitmotivtechnik) mit einem spezifischen böhmischen Idiom, gekleidet in feinsinnige Instrumentationskunst. Seine bekannteste Oper *Rusalka* (1901) ist eine eigenwillige, poetisch-romantische Version des bekannten Undine-Stoffs, mit märchenhaften szenischen Situationen und einer psychologisierenden, thematisch-motivisch konsequent durchgestalteten Tonsprache.

DER Musikwissenschaftler Ivan Vojtech umreißt die Bedeutung von Dvořáks *Rusalka*.

»In Dvořáks musikdramatischem Schaffen stellt *Rusalka* die höchste Synthese einer Entwicklung dar, die von den spontan Wagnerschen, jedoch gescheiterten Anfängen der 70er Jahre auf langen und verwickelten Umwegen die Summe der spätromantischen Dramaturgie aus dem Geist der musikdramatischen Metaphorik bewältigt hat. In diesem Sinn gehört *Rusalka* zu den wichtigsten Werken der Jahrhundertwende. Im speziell tschechischen Kontext bildet es jenen Wendepunkt, von dem die Entwicklung zu Leoš Janáček führt (…). Eine bis heute ununterbrochene Aufführungstradition besteht in Prag; 1964 fand die 1000., 1981 die 1400. Aufführung statt.«

SMETANAS WERKE

- 9 Opern (darunter *Die verkaufte Braut*, 1866; *Dalibor*, 1868; *Libussa*, 1881)
- Ouvertüren, Sinfonische Dichtungen (Zyklus *Mein Vaterland*),
- Kammermusik (Klaviertrio, 2 Streichquartette)
- Klaviermusik, Lieder, Chormusik

Bedřich Smetana, *Die verkaufte Braut*. Bühnenbildentwurf von Toni Businger aus dem Jahr 1967 für die Inszenierung von Nathaniel Merrill an der Frankfurter Oper.

RUSSISCHE OPER

BEGINN. Neben den europäischen Zentren der Oper in Italien, Frankreich und Deutschland entwickelten sich im 19. Jahrhundert unter deren Einfluss und mit eigenen Akzenten auch andere nationale Schulen, in vorderster Reihe in Russland. Denn als nach 1800 das Bewusstsein für eine russische Musikkultur erwachte, erstreckten sich die Bestrebungen auf die Erneuerung der Instrumentalmusik und der Oper. Vorangetrieben wurde sie von Komponisten und Musikern, die wie Peter Tschaikowskij westeuropäisch geschult waren und Anschluss an die westliche Musiktradition suchten oder wie Modest Mussorgskij der national-russischen Prägung Vorrang einräumten, auf Eigenständigkeit drängten und als »Mächtiges Häuflein« bekannt wurden.
Zu den Pionieren zählen Alexander Dargomyschskij (*Russalka*, 1856) und Michail Glinka (*Ein Leben für den Zaren*, 1836, und *Ruslan und Ludmilla*, 1842). Bereits hier deuten sich die wesentlichen neuen Tendenzen an: Distanzierung von westeuropäischen stilistischen Strömungen, Betonung russischer Elemente in Sujet und Musik und Hinwendung zu einem neuen Realismus der Darstellung.

TSCHAIKOWSKIJ. Peter Tschaikowskij übernahm wesentliche Kompositionsmerkmale der westlichen Musiktradition in seinen Individualstil, insbesondere in Sinfonik und Kammermusik. Seine Opern aber weisen ihn als

Eugen Onegin. Szenenfoto aus der Inszenierung der Tschaikowskij'schen Oper durch Yurij Temirkanov (Bühnenbild: Igor Ivanov) am Mariinskij-Theater, St. Petersburg, 1982. Auf einem festlichen Ball in einem Adelspalais in St. Petersburg trifft Onegin, von einem mehrjährigen Auslandsaufenthalt zurückgekehrt, auf die mit Fürst Gremin verheiratete Tatjana.

genuin russischen Komponisten aus; der Einfluss westlicher Kompositionslehre reduziert sich u. a. auf Harmonielehre, strukturelle Gestaltung und Instrumentation.
Tschaikowskij hat insgesamt zehn Opern komponiert; nur zwei davon stehen bis heute auf den Spielplänen: *Eugen Onegin* (1879) und *Pique Dame* (1890). Beide Opern entstanden nach Dichtungen von Alexander Puschkin. Gemeinsam ist ihnen der vorherrschende russische Tonfall, in ihrer Anlage unterscheiden sie sich merklich voneinander. *Eugen Onegin* steht in der Tradition des französischen Drame lyrique und zeichnet sich als eher lose Reihung lyrisch-kontemplativer Szenen durch das Fehlen einer durchgehenden dramatischen Handlung aus, in der es vorwiegend um das seelische Innenleben der Personen geht. Die lyrisch verinnerlichte Vertonung leuchtet sehr fein den atmosphärischen Hintergrund aus.
Pique Dame dagegen ist eine russische Nachfahrin der Grand opéra und folgt bewundernd den stilistischen Vorgaben von Bizets *Carmen*, wobei dem Orchester in diesem Werk eine herausgehobene Rolle zukommt.

MUSSORGSKIJ. Modest Mussorgskijs Hauptwerk *Boris Godunow* hat sich als Dokument des russischen realistischen Musiktheaters einen Stammplatz gesichert. Das Stück basiert auf einer Tragödie von Alexander Puschkin. Konventionelle dramaturgische Regeln überwindend, versteht es sich ohne kontinuierliche dramatische Handlung als szenischer Bilderbogen mit intimen Auftritten und Massenszenen. Neben dem falschen Zaren Boris ist der aktiv ins Geschehen eingreifende ›Hauptdarsteller‹ dieser Oper das Volk. Boris ist ein Antiheld, von Skrupeln geplagt und innerlich zerbrechend. Dem szenischen Ansatz entspricht die unkonventionelle Vertonung, die auf Arien verzichtet. »Eigenwillige instrumentatorische Kunstgriffe (…) wie die freimütige Verwendung modaler Skalen, unregelmäßiger Metren oder überraschender harmonischer Fortschreitungen« kennzeichnen diese Tonsprache, »die sich insbesondere in der subtilen Auseinandersetzung mit der Spezifik der Sprache, mit Intonation und Gestus des Redenden, niederschlägt« (Erik Fischer).
Ein Problem stellen die Fassungen dar: Mussorgskij hinterließ zwei Versionen (1869 »Ur«-Boris, 1872 »Original«-Boris); eine dritte, in der Instrumentation entstellende Fassung stammt von Rimskij-Korsakow; 1960 erstellte Schostakowitsch eine neue Bearbeitung.

MUSSORGSKIJS WERKE

- Orchesterwerke (u. a. *Eine Nacht auf dem Kahlen Berge*, 1876)
- Klaviermusik (u.a. *Bilder einer Ausstellung*, 1874)
- Bühnenwerke (mehrere z. T. unvollendete Opern, darunter: *Salammbo* nach Flaubert, 1863–66; *Boris Godunow*, 1868–1869/1871–73; *Chowanschtschina*, 1872–80; *Der Jahrmarkt von Sorotschinzy* nach Nikolaj Gogol, 1874–80)
- Vokalmusik (u. a. Liederzyklen: *Kinderstube*, 1868–72; *Ohne Sonne*, 1874; *Lieder und Tänze des Todes*, 1875–77)

MODEST MUSSORGSKIJ

1839 am 9. (21.) März in Karewo geboren; gibt bereits als Kind anspruchsvolle Hauskonzerte (Klavier).
1856–58 Offizier in einem Gardeinfanterie-Regiment.
1863–80 (mit eineinhalbjähriger Unterbrechung wegen Trunksucht) als Beamter in verschiedenen Ministerien in St. Petersburg tätig.
1874 erfolgreiche Uraufführung von *Boris Godunow* im Mariinskij-Theater in St. Petersburg.
1878 mit Genehmigung seines Vorgesetzten dreimonatige Konzerttournée mit der Altistin Darya Leonova.
1881 stirbt Mussorgskij am 16. (28.) März in St. Petersburg.

OPERN DES »MÄCHTIGEN HÄUFLEINS«

Die Mitglieder des »Mächtigen Häufleins«, die sich um das intellektuelle Haupt Milij Balakirew gruppiert hatten und sich um eine Erneuerung der russischen Musik unter Einbeziehung folkloristisch-nationaler Elemente bemühten, schrieben natürlich auch Werke für das Musiktheater. Die Opern von César Cui – d. i. Zesar Kjuij – (*William Ratcliff*, 1869), Alexander Borodin (*Fürst Igor*, 1869–87), Nikolai Rimskij-Korsakow (*Die Legende von der unsichtbaren Stadt Kitesch*, 1907) tauchen allerdings nur sporadisch als exotische Glanzlichter im Repertoire auf.

19. Jahrhundert

DIE WIENER OPERETTE

VORGESCHICHTE. ›Operette‹ heißt ›kleine Oper‹; sie lässt sich bis zum Wiener Singspiel von Carl Ditters von Dittersdorff und Joseph Weigl zurückführen. Zum Begründer der Gattung wurde Jacques Offenbach in Paris, doch konnte auch er sich auf Vorläufer stützen: Florimond Rongé, gen. Hervé, persiflierte herkömmliche Opern mit ihren mythologischen Götterstaffagen und bezog aktuelle Tänze wie Walzer und Cancan in seine ›Operchen‹ mit ein. Unter den Operetten von Offenbach sind *Orpheus in der Unterwelt* (1858) und *Die schöne Helena* (1864) am bekanntesten; beide parodieren auf ihre Weise das klassische Götterpersonal. Musikalisch gliedern sie sich in eingängige Couplets (virtuose Gesangsnummern) und schwungvolle Tänze wie Bolero, Cancan, Fandango, Galopp, Quadrille, Walzer. Ab 1856 wurden Offenbachs Operetten auch in Wien gegeben.

STRAUSS. Die österreichische Hauptstadt Wien wurde nach Paris zur zweiten Hauptstadt der Operette. Franz von Suppé gilt dort mit seiner Operette *Das Pensionat* (1860) als Pionier der Gattung. Weitere Werke Suppés, etwa *Die schöne Galathée* (1865) und *Boccaccio* (1879), haben sich sporadisch auf den Musiktheaterbühnen gehalten. Der König der Wiener Operette aber war Johann Strauß (Sohn) mit seinen Erfolgsstücken *Die Fledermaus* (1874) und *Der Zigeunerbaron* (1885); *Die Fledermaus* wurde zum Synonym der Gattung, hielt Einzug in alle Opernhäuser und blieb ein einzigartiges Erfolgsstück. Dass sich hier die Grenzen zwischen den Gattungen der ›seriösen‹ Oper und der ›nur‹ unterhaltenden Operette verwischen konnten, liegt an ihren Qualitäten: einem geschickt arrangierten Libretto voller Situationskomik und Liebesleid und -schmerz, an eingängiger Melodik und schwungvoller Tanzmusik im Gewand einer an der großen Sinfonik geschulten Instrumentation, an glanzvollen Partien für die wesentlichen Opernfächer.
Auch *Der Zigeunerbaron* erfreut sich großer Beliebtheit; sein Sujet folgt der verbreiteten Ungarn- und Zigeunermode, die zu jener Zeit auch in der ›Kunstmusik‹ zu beobachten ist, etwa in den *Zigeunerliedern* op. 103 oder den *Ungarischen Tänzen* von Brahms sowie bei Dvořáks *Slawischen Tänzen. Wiener Blut* dagegen ist keine originale Strauß-Operette, sondern wurde nachträglich aus Strauß-Melodien arrangiert.

NACH STRAUSS. In der Nachfolge von Johann Strauß bemühten sich zahlreiche Komponisten auf unterschiedlichem Niveau um die Gattung. Zu nennen ist zunächst Karl Millöcker mit seinen beiden Erfolgsstücken *Der Bettelstudent* (1882) und *Gasparone* (1884); ferner sein Altersgenosse Carl Zeller mit der Operette *Der Vogelhändler* (1891). Ins 20. Jahrhundert wurde die Gattung dann vor allem von Franz Léhar geführt, dessen *Lustige Witwe*

MODETÄNZE

Bolero, spanischer Tanz, Ende des 18. Jahrhunderts als Variante des Fandango entstanden, im ruhigen 3/4-Takt und mit charakteristischem Triolenrhythmus.
Cancan (frz. ›Lärm‹), französischer Gesellschaftstanz, kam nach der Juli-Revolution 1830 in Paris auf, in lebhaftem 2/4-Takt als Nachahmung des Fandango. Einer der beliebtesten Tänze, wenngleich die Indezenz seiner Ausführung ihn bald in Verruf brachte und er von der Obrigkeit als öffentliches Ärgernis verfolgt wurde. Im Varieté chorisch von Frauen als Bühnenschautanz ausgeführt, hat er sich im Pariser Varieté »Moulin-Rouge« bis ins 20. Jahrhundert als Montmartre-Attraktion halten können.
Galopp, um die Mitte des 19. Jahrhunderts sehr beliebter Paartanz, ähnlich der Schnellpolka, im 2/4-Takt und mit hüpfendem Rhythmus.
Quadrille, entstanden Ende des 18. Jahrhunderts in Paris, variiert im Verlauf des 19. Jahrhunderts, von vier Paaren im Carrée getanzt, bestehend aus fünf bis sechs ›Touren‹ (Abschnitten).

Johann Strauß (Sohn), *Die Fledermaus.* Das Fest beim Prinzen Orlofsky (2. Alt) in einer Aufführung der Wiener Staatsoper (1993).

(1905) ähnlich wie Strauß' *Fledermaus* zumindest ansatzweise die Schwelle zum Opernhaus überschritt. Einen eigenen Berliner Akzent in der ansonsten so wienerisch gefärbten Tradition setzte Paul Lincke, dessen *Frau Luna* (1899) großen Erfolg erzielte.

GEBRAUCHSMUSIK? An den genannten Werken ist eine Tendenz hin zur Gebrauchsmusik zu beobachten. Die Operette befriedigte zunehmend das öffentliche Bedürfnis nach oberflächlicher Unterhaltung, getragen von einprägsamen Melodien und einer zum Trivialen neigenden, zeitgebundenen Musik. Für die Aufführungen entstanden zunehmend eigene Theater mit eigenem Ensemble (»Operettenhaus«). Die Handlungen boten vielfach eine Reihung von gesellschaftlichen Klischees und ein Personal, das in dieses Ambiente paßte. »Das Großbürgertum in Frack und Abendrobe beherrschte die Szene, die Aristokratie verbarg sich hinter Masken und Pseudonymen, das Militär paradierte im ›Zauber der Montur‹ (...). Die Landbevölkerung durfte da nur als fidele Bauern, Försterchristeln oder Vogelhändler auftreten. Das gemeine Volk wurde durch pittoreske Vagabunden oder Zigeuner repräsentiert. Und die Arbeiterschaft oder das Kleinbürgertum blieb gänzlich aus dem Spiel« (Richard Bletschacher). Im Verlauf des 20. Jahrhunderts wurde die Operette zumindest partiell vom Musical abgelöst.

DIE OPERETTEN VON JOHANN STRAUSS SOHN

Indigo und die vierzig Räuber (1871), *Carneval in Rom* (1873), *Die Fledermaus* (1874), *Cagliostro in Wien* (1875), *Prinz Methusalem* (1877), *Blindekuh* (1878), *Das Spitzentuch der Königin* (1880), *Der lustige Krieg* (1881), *Eine Nacht in Venedig* (1883), *Der Zigeunerbaron* (1885), *Simplicius* (1887), *Ritter Pazman* (1892), *Fürstin Ninetta* (1893), *Jabuka* (1894), *Waldmeister* (1895), *Die Göttin der Vernunft* (1897); aus dem Nachlass: *Wiener Blut* (1899)

DAS BALLETT

AUCH der bedeutende Choreograph George Balanchine rühmt den »Größten aller Meister«, Marius Petipa.

»Was mich an den Energien dieses großen Meisters besonders interessiert, ist seine Verbindung von Eleganz und Professionalismus. (…) Anders als viele moderne Choreographen war Petipa ein erstaunlicher Arbeiter. Er wartete nicht auf irgendeine glückliche oder günstige Inspiration, um zu einer Neuschöpfung zu kommen – auch ein Küchenchef wartet ja schließlich nicht darauf, bis ihn sein eigener Appetit treibt, das erforderliche Meisterstück anzufertigen. (…) Petipa hatte den inneren Drang nach Erfindung und den äußeren Drang nach Produktion. Finanzielle Bedingungen, verfügbare Mitarbeiter, Tänzer, Musiker, Bühnenbildner und das historische Moment waren zweifellos wichtig, aber er war ein Arbeiter mit Methode, der stets seine scharfgeschliffenen Werkzeuge zur Hand hatte.«

PIONIERE. Das Ballett als eigenständige Sparte der darstellenden Kunst hat eine lange Tradition. Im Theater trat es in zwei Erscheinungsformen auf: als Einlage in Schauspiel oder Oper sowie als selbständige, ›abendfüllende‹ Veranstaltung. Das eigenständige Handlungsballett etablierte sich in der zweiten Hälfte des 18. Jahrhunderts. Der in Stockholm geborene Charles Didelot führte die Tanzkunst der Barock- und Rokoko-Epoche in das Zeitalter der Romantik und des Klassizismus. Zu Beginn des 19. Jahrhunderts machte er St. Petersburg zur Ballettmetropole. Sein Wahlspruch »Ein wahrer Tänzer muss auch ein guter Schauspieler und im Herzen ein Poet sein« umreißt seine künstlerischen Ambitionen. Aufbauend auf den pompösen, aufwendig inszenierten und ausgestatteten Balletten der Barockzeit setzte er neue Akzente vor allem im Kostümwesen.
Zu Pionieren der Gattung wurden berühmte Tänzer und Choreographen. So regte der Italiener Salvatore Viganò, dessen Frau die berühmte Primaballerina Maria Médina war, Beethoven zu seinem Handlungsballett *Die Geschöpfe des Prometheus* (1801) an. Unter den Tänzerinnen wurden besonders bekannt Fanny Elssler und Carlotta Grisi, von denen Impulse für die sich etablierende Ballett-Tradition ausgingen.

PARIS. Allmählich entstand das mehraktige, szenisch gegliederte Ballett, das sich im künstlerischen Anspruch und mit durchgehender Handlung gleichberechtigt neben der Oper etablierte. Ein Zentrum der Tanzszene war Paris. 1832 choreographierte hier Filippo Taglioni *La Sylphide* zum ersten großen romantischen Ballett, getanzt von seiner Tochter Marie Taglioni; die Musik stammt von dem heute vergessenen Jean Schneitzhoeffer. Das in Paris 1841 uraufgeführte Ballett *Giselle* von Jean Coralli zur Musik von Adolphe Adam verdankte seinen beginnenden Weltruhm dem Engagement Carlotta Grisis in der Hauptrolle. Auch Fanny Elssler trat in dieser Rolle auf; sie machte die europäische Tanzkunst in den USA bekannt. Bei einer Dresdner Produktion des Balletts waren auch Heine und Wagner zugegen, die sich beide nicht begeistert äußerten, was dem Erfolg des Werks jedoch keinen Abbruch tat. In seiner Nachfolge wurde dann das 1870 ebenfalls in Paris uraufgeführte Handlungsballett *Coppélia ou La fille aux yeux d'émail* von Arthur Saint-Léon zur Musik von Léo Délibes zum Welterfolg.

ST. PETERSBURG. Bis zur Mitte des Jahrhunderts bildeten sich Tanzzentren in England, Skandinavien und vor allem Russland heraus. Besondere Bedeutung erlangte St. Petersburg durch den Franzosen Marius Petipa. Er wurde zum Mentor bedeutender Tänzer, die später in den Ballets Russes von Paris aus Weltruhm errangen (Michail Fokin, Tamara Karsawina, Anna Pawlowa). Er choreographierte große Handlungsballette zur Musik von Peter Tschaikowskij: *Dornröschen* (1890) und *Nussknacker* (1892) und erarbeitete mit Lew Iwanow die historisch wichtige Neufassung von *Schwanensee* (1895). Als Höhepunkte des klassischen Bühnentanzes mit Spitzentanz und Pas de deux blieben sie bis heute Glanzlichter des Repertoires; darüber hinaus finden sich populäre Nummern daraus (z. B. Walzer, Polka und Polonaisen) zu Suiten gereiht in den Konzertprogrammen wieder.

BALLETT IN DER OPER. Wie bereits in den Jahrhunderten zuvor, beanspruchte das Ballett als Einlage in der Oper auch noch im 19. Jahrhundert eigenes Gewicht. So waren in der romantischen Oper aktuelle Nationaltänze eingefügt, etwa in Webers *Euryanthe* oder in Smetanas *Verkaufter Braut* (Furiant). Große französische und italienische Opern schmückten sich mit ausgedehnten Ballettszenen, so Meyerbeers *Hugenotten* (1836), *Die Afrikanerin* (1860) und sein *Prophet* (1848) oder Verdis *Don Carlos* (1867) und seine *Aida* (1871).
Die konventionelle Balletteinlage, als traditionelle Beigabe zum Opernabend, wurde jedoch zunehmend als dramaturgisches Hemmnis empfunden, von der sich beispielsweise Wagner in seinen reifen Bühnenwerken distanzierte. Allerdings bestand die Tradition der unverbundenen, repräsentativen Einlagepraxis noch bis in die späten Opern von Verdi fort mit separat komponierten, die Handlung störend aufhaltenden Ballettfolgen (*Otello*). In aktuellen Aufführungen kommen diese Einlagen nicht mehr vor; allenfalls hört man sie noch in konzertanten Aufführungen.

Der Nussknacker, Bühnenbild von Konstantin Iwanow (1859–1916).

KIRCHENMUSIK I

IN seinen Überlegungen über *Alte und neue Kirchenmusik* (1814) kommt auch E. T. A. Hoffmann auf die (neue) Bedeutung Palestrinas zu sprechen.

»Die Klage der wahren Musikverständigen, daß die neuere Zeit arm an Werken für die Kirche blieb, ist nur zu gerecht. Viele haben als Ursache dieser Armut angegeben, daß die jetzigen Komponisten das tiefe Studium des Kontrapunkts, welches durchaus nötig ist, um im Kirchenstil zu schreiben, gänzlich vernachlässigen (…). Ihrem inneren, eigentümlichen Wesen nach, ist (…) die Musik (…) religiöser Kultus, und ihr Ursprung einzig und allein in der Religion, in der Kirche, zu suchen und zu finden (…). Mit Palestrina hub unstreitig die herrlichste Periode der Kirchenmusik (und also der Musik überhaupt) an, die sich beinahe zweihundert Jahre bei immer zunehmendem Reichtum in ihrer frommen Würde und Kraft erhielt, wiewohl nicht zu leugnen ist, daß schon in dem ersten Jahrhundert nach Palestrina jene hohe, unnachahmliche Einfachheit und Würde sich in eine gewisse Eleganz, um die sich die Meister bemühten, verlor.«

KIRCHENMUSIK? Carl Dahlhaus charakterisierte 1980 die Kirchenmusik des 19. Jahrhunderts mit der Formulierung, diese Epoche sei »weniger ein Zeitalter der Kirchenmusik als der Literatur über Kirchenmusik«. Dennoch sind in dieser Phase große und erfolgreiche kirchenmusikalische Kompositionen entstanden: Messen von Beethoven und Schubert über Mendelssohn, Liszt, Bruckner und Dvořák bis hin zu den Requiem-Vertonungen von Verdi und Brahms, die alle zum Repertoire der großen Oratorienchöre gehören. Deutlich wird in ihnen aber auch die allmähliche, konsequente Entfernung der Kirchenmusik aus dem kirchlichen Kontext, aus Liturgie und Gottesdienst. Dies hängt zusammen mit dem Anwachsen der zeitlichen Ausdehnung und der Besetzung (Beethovens *Missa solemnis*) und der ausgeprägten Hinwendung vieler Komponisten zu einer individuellen Religiosität ohne kirchliche Bindungen (z. B. im *Deutschen Requiem* von Brahms).

CÄCILIANISMUS. Eine Bestätigung findet Carl Dahlhaus' These im Cäcilianismus; diese nach der hl. Cäcilia benannte musikalische Reformbewegung in der katholischen Kirche des 19. Jahrhunderts strebte eine Rückbesinnung auf die A-capella-Kunst des 16. Jahrhunderts an (Palestrina) und kann als Gegenreaktion auf die ›verweltlichte‹ Kirchenmusik der Klassik verstanden werden. (Ähnliche Ziele verfolgten in der bildenden Kunst dieser Jahrzehnte die Nazarener.) Die Theorie dazu lieferten u. a. Schriften von Johann Gottfried Herder, Wilhelm Heinrich Wackenroder, E. T. A. Hoffmann und Anton Friedrich Justus Thibaut (*Über Reinheit der Tonkunst*, 1825). In der Folge kam es zu vermehrten Wiederaufführungen von Werken Palestrinas und anderer ›alter Meister‹, sowie zur Gründung des Allgemeinen Cäcilienvereines (ACV), der die Rückendeckung der katholischen Kirche erhielt und sich auf die musikalischen Reformbemühungen des Tridentiner Konzils (1545–63) berief.

BEETHOVEN. Die *C-Dur-Messe* op. 86 (1807), die Beethoven als Nachfolger Haydns im Auftrag des Fürsten Nikolaus II. von Esterházy schrieb, steht zu Unrecht im Schatten der *Missa solemnis* op.123. Sie ist intimer, weniger monumental und weltumspannend konzipiert als die *Missa solemnis*, enthält aber manche Neuerung; Beethoven gliederte den Messetext nicht mehr in Arien, Ensembles und Chorsätze, sondern formte fünf durchkomponierte Blöcke (*Kyrie, Gloria, Credo, Sanctus, Agnus Dei*), in denen er die Musik minutiös den textlichen Vorgaben anpasste. Damit distanzierte er sich vom liturgisch-gottesdienstlichen Bezug der Musik und vollzog den entscheidenden ersten Schritt von der liturgisch gebundenen Messe zur selbständigen Konzertmesse, deren Tradition mit der C-Dur-Messe beginnt.

Diese neuen Gestaltungsprinzipien griff Beethoven in seiner 1824 uraufgeführten *Missa solemnis D-Dur* wieder auf und weitete sie beträchtlich aus: zwar gleicht sie ihr in der Besetzung mit gemischtem Chor, vier Solostimmen und Sinfonieorchester, doch sind die Anforderungen an alle Beteiligten beträchtlich gewachsen. Als ›schwierig‹ gilt das Werk nicht nur für die Aufnahmefähigkeit der Zuhörer, sondern auch für die Fähigkeiten und das Durchhaltevermögen der Ausführenden. Vom Chor wird fast pausenlose Präsenz gefordert, unter Ausnutzung extremer Höhenlagen; in diesen Rahmen sind die Solisten bruchlos eingebettet. Das Orchester entspricht jenem der *9. Sinfonie*, bietet also ein breit gefächertes, voluminöses Klangspektrum voller neuartiger Instrumentationsreichtümer. Beethoven geht bis an die Grenzen: in der Dauerbeanspruchung seiner Vokalisten in höchsten Lagen und Lautstärkegraden, aber auch in subtilsten Pianoabstufungen. Stilistisch schlägt Beethoven einen Bogen von machtvoll barocker Kontrapunktik bis zu großer Innerlichkeit und klanglicher Verklärung. Das Nebeneinander von stärkster Subjektivität und unpersönlicher Abstraktheit in manchen Chorsätzen ist eines der Merkmale dieser singulären Komposition, die ihre Hörer treffen und erschüttern will.

Ludwig van Beethoven, *Missa Solemnis* op. 123 (Endfassung des Credo). 1819 begann Beethoven mit der Arbeit an diesem Werk, das 1820 bei der Inthronisation des Erzherzogs Rudolph zum Erzbischof von Olmütz aufgeführt werden sollte. Der Kompositionsprozess verzögerte sich jedoch, sodasss Beethoven die Partitur erst 1823 seinem Freund und Gönner überreichen konnte.

19. Jahrhundert

KIRCHENMUSIK II

VERGESSENE MESSEN

Nach Beethoven und um Schubert komponierten viele Komponisten im deutschen Sprachraum Messen, darunter Antonio Salieri und Johann Nepomuk Hummel, Antonio Diabelli, Conradin Kreutzer, aber auch Bruckners Lehrer Simon Sechter. Carl Maria von Weber schrieb zwei Messen für Dresden, die heute vergessen sind.

SCHUBERT. Franz Schubert schrieb acht Messen (neben einigen Fragmenten); bedeutend sind seine letzten beiden großen lateinischen Messen As-Dur (D 678, 1819–26) und Es-Dur (D 950, 1828) sowie seine *Deutsche Messe F-Dur* (D 872/1827), mit der Schubert die Liturgiereform Josephs II. aufgriff. In den beiden lateinischen Messen legte Schubert sein persönliches, eher kirchenfernes Glaubensbekenntnis ab und fand, bei aller Kunstfertigkeit etwa im Fugenschreiben, zu einem differenzierten, Tradition und Individualität verschränkenden, individuellen Tonfall.
Schuberts letzte *Messe Es-Dur* ist eine Missa solemnis, als Credo-Messe angelegt, mit vielfachen Credo-Rufen in ihrem gleichnamigen Abschnitt und charakteristischen Textauslassungen gegenüber dem kirchlichen Glaubensbekenntnis; der Chor rückt gegenüber den Solisten nun stärker in den Vordergrund.

SCHUMANN. Die beiden geistlichen Werke Robert Schumanns – die *Missa sacra c-Moll* op. 147 und das *Requiem* op. 148 – entstanden 1852 im Rahmen seiner Verpflichtungen als Düsseldorfer Musikdirektor. Ob beide Werke für den liturgischen Raum bestimmt waren, wird kontrovers diskutiert; der kirchliche Text ist in der *Messe* weitgehend unverändert vertont worden, während Schumann im *Requiem* manche Änderung vornahm; es ist schlichter, bekenntnishafter und weniger kontrapunktisch angelegt.

FRANKREICH. Luigi Cherubinis umfangreiches kirchenmusikalisches Lebenswerk umfasst zehn Messen, darunter zwei Requiem-Vertonungen. Hector Berlioz schrieb, neben einem *Te Deum* (1850), mit seiner *Grand messe des morts* (1837) das aufwendigste Requiem des Jahrhunderts und entfernte sich darin weit von liturgisch-gottesdienstlichen Vorgaben und Einschränkungen. Der Meister des Bizarren und Fantastischen setzte seine raffinierte Instrumentation und bisweilen grelle Effekte ein, um Visionen des Jenseits und des Jüngsten Gerichtes zu beschwören. Ihm folgten Charles Gounod mit seiner *Messe solennelle* und der *Cäcilienmesse*, Camille Saint-Saëns mit einer Messe, einem Requiem und Motetten sowie Gabriel Fauré mit seinem hochbedeutenden *Requiem d-Moll* op. 48.

ITALIEN. In Italien schuf Gioacchino Rossini mit dem *Stabat mater* und der *Petite messe solennelle* zwei beliebte Werke, die den Dramatiker der Opernbühne kaum verleugnen können. Von Vincenzo Bellini kennen wir drei Messen. Gaetano Donizetti übertrug in seinem Requiem für Bellini 1835 den Stil seiner Opern auf die Kirchenmusik. Zum Höhepunkt der Messevertonungen nicht nur in Italien wurde die *Missa da Requiem* von Giuseppe Verdi, die 1874 vollendet und zum Gedächtnis des Dichters

Alessandro Manzoni uraufgeführt wurde. Sie markiert nach Beethovens *Missa solemnis* den anderen Grenzwert einer Konzertmesse, gleichwohl auf liturgischer Textbasis. Musikalisch zog Verdi hier in der Zäsur zwischen *Aida* und *Otello* Bilanz: »In diesem Werk investierte er alle genuin musikalischen Mittel, die er im Verlauf von 26 Opern entwickelt hatte und die er hier nun zur vollen Entfaltung bringen konnte, ohne auf die stets unvermeidlichen (…) Gegebenheiten einer Bühnenhandlung Rücksicht nehmen zu müssen« (Julian Budden). Die Bemerkung, Verdis *Requiem* sei eine ›Oper im geistlichen Gewand‹, trifft, obwohl ursprünglich abwertend gemeint, den Kern: Verdi gelang es, die Dramatik des kirchlichen Texts aufzudecken und in Töne zu setzen: zwischen zartester Lyrik und wildesten Ausbrüchen, gegeneinandergestellt etwa im Furioso schmetternder Orchesterschläge des »Dies irae«, mit im Raum verteilten Trompeten des Jüngsten Gerichtes, andererseits in der anrührenden Holzbläserphrase des »Quid sum miser«. Neben dem *Requiem* stehen gleichrangig die *Quattro pezzi sacri* (1896) des 83-jährigen Verdi.

LISZT. Neben kleineren geistlichen Werken hinterließ Franz Liszt vier Messen, darunter eine für Männerchor, und ein Requiem. Insbesondere in seiner *Graner Festmesse* (1855) wandte er seine in Orchesterwerken erprobte sinfonische Technik an; im Credo verbirgt sich eine Sinfonische Dichtung mit dem Versuch, Sonatenhauptsatz und mehrsätzigen Sonatenzyklus zu verschmelzen: »Das Paradox einer Mehrsätzigkeit in der Einsätzigkeit oder einer Einsätzigkeit in der Mehrsätzigkeit« (Carl Dahlhaus). Auch das Liszt'sche Verfahren einer ständigen Themenmetamorphose im Sinne eines »thematischen Prozesses« (Carl Dahlhaus) ist an der Entwicklung im Credo zu beobachten.

BRUCKNER. Anton Bruckner schuf sechs Messen sowie, neben Einzelstücken, sein *Te Deum* von 1881. Auch bei ihm kann die fruchtbare Wechselbeziehung zwischen Sinfonik und Messe kaum überraschen. Sie äußert sich in der Instrumentation und in der strukturellen Durchformung vor allem in seinen drei späten Messen und dem *Te Deum*.

Anton Bruckner begann seine musikalische Laufbahn als Sängerknabe am Stift St. Florian, dessen barocke Anlage von Carlo Carlone 1686 begonnen und 1708 von Jakob Prandtauer fortgeführt wurde. 1848 wurde Bruckner nach einer ersten Zeit als Schullehrer Stiftsorganist. Aus dieser Zeit stammen die ersten bedeutenden Kompositionen, z. B. das *d-Moll-Requiem*. Zeit seines Lebens blieb Bruckner dem Stift eng verbunden, unter der ›Brucknerorgel‹ ist er, wie es sein Wunsch war, bestattet.

ORATORIUM I

BEETHOVEN. Nur zwei Jahre nach Haydns *Jahreszeiten* wurde im Theater an der Wien 1803 Beethovens heute fast vergessenes Oratorium *Christus am Ölberge* op. 85 unter der Leitung des Komponisten uraufgeführt; 1804 arbeitete Beethoven das Werk noch einmal um; den schwachen Text von Franz Xaver Huber bezeichnete er als »opernmäßig«. Christus tritt als handelnde Person singend in einer opernhaften Szenenfolge auf und lässt so weitgehend göttliche Unnahbarkeit und Distanz vermissen. Dennoch enthält das Werk manche eindrucksvolle Passage und verdiente es sehr wohl, häufiger aufgeführt zu werden.

MENDELSSOHN BARTHOLDY. Als Komponist und Dirigent machte sich Felix Mendelssohn Bartholdy um das Oratorium verdient. Er steht in der Tradition des deutschen evangelischen Oratoriums in der Nachfolge von Johann Sebastian Bach. Die – allerdings gekürzte und bearbeitete – Berliner Wiederaufführung von dessen *Matthäus-Passion* im Jahre 1829 mit der dortigen Singakademie wurde zum Höhepunkt seiner Auseinandersetzung mit der deutschen kirchenmusikalischen Tradition.
Einen festen Platz im Konzertrepertoire haben sich Mendelssohns Oratorien *Paulus* (1836) und *Elias* (1846) errungen, mit denen sich der Komponist Einfluss auf die Entwicklung der Gattung in Deutschland sicherte – vielerorts wurde diese Musik als modellhaft angesehen. Für beide Stücke arrangierte sich Mendelssohn die Libretti selber, ausgehend vom Alten und Neuen Testament und weitgehend ohne ergänzend ausschmückende lyrische Zutaten; dabei folgte er nicht den chronologischen Vorgaben der Heiligen Schrift, sondern stellte sich vor allem im *Elias* Texte aus weit auseinander liegenden Kapiteln zusammen. Während im *Paulus* noch ein biblischer Erzähler eingesetzt wird, kommt *Elias* ohne ihn aus. Manche De-

REICHE LITERATUR

Nach neueren statistischen Erhebungen (*Neues Handbuch der Musikwissenschaft*) über die Oratorienproduktion des 19. Jahrhunderts bis zum Beginn des Zweiten Weltkriegs muss die Gattung ein viel regeres Eigenleben geführt haben, als es die heutigen Konzertprogramme widerspiegeln. Für den deutschsprachigen Raum sind immerhin insgesamt 204 Werke nachzuweisen; die überwiegende Zahl der Komponisten ist mehr oder weniger vergessen. Auch die Oratorien der Komponisten, deren Namen noch präsent sind – Heinrich Marschner, Anton Rubinstein, Carl Reinecke oder Joseph Rheinberger – werden (fast) nicht mehr aufgeführt. Manche vergessenen Komponisten waren zu ihrer Zeit unglaublich erfolgreich: allen voran Friedrich Schneider mit 16 (!) Oratorien; er schrieb eine Reihe der beliebten Christus-Oratorien. Schneiders Musik war vermutlich deshalb so populär, weil sie – ob kalkuliert oder nicht – den Massengeschmack der Zeit bediente, mit raffinierten Effekten arbeitend und in ihrer Anlage von kaleidoskopartiger Buntheit.
Der Name seines jüngeren Zeitgenossen Carl Loewe ist uns geläufig als Balladenkomponist; dass er zahlreiche Oratorien hinterließ, ist inzwischen vergessen. Verglichen mit Schneiders tagesaktuellem Schaffen verdiente manches der großen Loewe-Oratorien eher eine Wiederbelebung.

Felix Mendelssohn Bartholdy, *Elias*, Beginn des 2. Teils (Autograph).

Aufführung von Mendelssohns *Elias* 1887 im Cirque de l'Impératrice in Paris.

tails verweisen zurück auf Bach, bisweilen auch auf Händel: der Einbezug protestantischer Choräle, manche Eigenarten des komplexen, kontrapunktischen Chorsatzes sowie die einer Bassstimme anvertrauten Christusworte. Ihre eindringliche Wirkung erzielen Mendelssohns Oratorien vor allem durch die Schlichtheit und Geradlinigkeit der Tonsprache sowie durch das bisweilen raffinierte Nebeneinander von lyrischen und dramatischen Passagen. Hinzu kommt seine charakteristische sinnlich-eingängige Art der Instrumentation.

SCHUMANN. Nicht zuletzt unter dem Eindruck einer auch theoretisch-schrifstellerischen Auseinandersetzung mit seinen Vorläufern, u. a. in seiner berühmten Rezension über Mendelssohns *Paulus*, setzte sich Robert Schumann in drei Werken mit der Gattung auseinander, ohne jedoch im engeren Sinn ein einziges echtes Oratorium zu komponieren. Zumindest im Umkreis des weltlichen Oratoriums in der Nachfolge Haydns sind drei Kompositionen anzusiedeln: *Das Paradies und die Peri* op. 50 (1843), *Der Rose Pilgerfahrt* op. 112 (1851), *Szenen aus Goethes »Faust«* o. op. (1844–53). Die ersten beiden Werke tragen stark märchenhafte Züge, *Das Paradies und die Peri* ist nach einem Epos des irischen Romantikers Thomas Moore in eigenen Versen formuliert, die *Faust*-Szenen in wörtlicher Vertonung des Originals. Gattungsgeschichtlich liegt die Bedeutung der Werke in der konsequenten Bibelferne ihrer Libretti und in ihrer individuellen musikalischen Ausgestaltung: in ihrer Nähe zum Lied, bei weitgehender Aussparung traditioneller rezitativischer und arioser Elemente. Insofern entziehen sich diese Werke einer strikten Gattungszuordnung.

ORATORIUM II

BRAHMS. Das *Deutsche Requiem* op. 45 von Brahms ist ungebrochen populär. Für dieses Werk stellte sich der Komponist 1866 ausgewählte Bibeltexte aus dem Alten und dem Neuen Testament zusammen; 1867 und 1868 erweiterte er die fünfsätzige Fassung um je einen zusätzlichen Satz. Die vollständige Version erklang zum ersten Mal 1869 in Leipzig. Gattungshistorisch steht dieses Werk ziemlich isoliert: Sein Titel verknüpft es mit allen vorangegangenen Requiem-Vertonungen, doch wird durch die Textauswahl jede direkte Beziehung zur liturgischen lateinischen Totenmesse vermieden – mit Mozarts oder Verdis Requiem hat es lediglich die latent religiöse Trauerhaltung gemeinsam. Auch die Querverbindung zum Oratorium ist locker: es gibt keine Handlung, die Struktur ist nicht oratorienhaft angelegt, Rezitative fehlen. Andererseits zeigen die großen Chorsätze tendenziell historische Kompositionsprinzipien, kulminierend in monumentalen Chorfugen. Weit ist der Radius zwischen dramatischen Ausbrüchen und lyrisch verinnerlichten Partien. Die beiden Solostimmen (Bariton und Sopran) erklingen in drei Einzelsätzen mit Chorbeteiligung; alle übrigen Teile des Werkes werden von Chor und Orchester allein bestritten; auffällig sind die mehrfachen A-capella-Abschnitte.

LISZT. In der Geschichte des Oratoriums nimmt Franz Liszt mit *Die Legende von der heiligen Elisabeth* (1862) und *Christus* (1866) eine zentrale Stellung ein. Ebenso wie sein Antipode Brahms griff Liszt immer wieder auf historische Kompositionsprinzipien zurück, er bezog gregorianische Hymnen und Sequenzen mit ein oder zitierte einen palestrinahaften A-capella-Satz. Musikwissenschaftlich werden Liszts Oratorien in historische Strömungen eingeordnet: die *Legende* in die Chronologie anderer Legendenvertonungen, vor allem von Loewe, *Christus* in die Reihe der Christus-Oratorien des 19. Jahrhunderts in der Nachfolge von Friedrich Schneider. Der religiöse Hintergrund beider Werke ist ein französisch geprägter Katholizismus.
Anstoß zur *Elisabeth*-Legende waren die seinerzeit populären Elisabeth-Fresken von Moritz von Schwind in der Wartburg, entstanden in den Jahren 1851–53. Die sechs Oratoriums-Sätze beziehen sich inhaltlich auf die sechs großen rechteckigen Fresken des Schwind'schen Zyklus.
Inwieweit in Liszts Opus auch eine geistig-musikalische Auseinandersetzung mit Richard Wagners Elisabeth-Oper *Tannhäuser* von 1845 zu sehen ist, wird wissenschaftlich kontrovers diskutiert. Bemerkenswert an Liszts Partitur ist das bruchlose Nebeneinander traditioneller und neuartiger Elemente: die eine Dimension »ist durchaus konventionell in der Art und Weise, wie in Einzel- und Wechselgesängen und in den Chorsätzen in Melodik, Harmonik und Rhythmik der Wortsinn und die jeweilige Gefühls- und Handlungslage ausgedrückt wird, unterstützt durch das virtuos und farbig instrumentierte Orchester. Her-

NACH MENDELSSOHN

Mendelssohns Einfluss in der Kirchenmusik blieb lange wirksam. In seine stilistische Nähe gehören Carl Loewe, Ferdinand Hiller, Adolf Bernhard Marx sowie weitere Komponisten aus dem Umkreis der Berliner Singakademie und der Leipziger Schule. Die Oratorien von Anton Rubinstein und Max Bruch (mit einem *Moses* von 1894) sind heute vergessen; Bruch komponierte auch weltliche Oratorien, wobei er sich für *Odysseus* (1873) und *Achilleus* (1885) bei der antiken Mythologie bediente. Auch die weltlichen Oratorien wie *Kalanus* (1869) und *Psyche* (1882) des Dänen Niels W. Gade werden im Konzertbetrieb heute ignoriert.
Neben Deutschland bildete Frankreich im Verlauf des Jahrhunderts eine eigene Oratorientradition heraus. Anregung kam hier insbesondere von Haydns beiden Spätwerken und Beethovens *Christus*; an sie schloss sich vor allem Jean-François Le Sueur mit seinen Mess-Oratorien für Notre-Dame und mit seinen beiden späten lateinischen Oratorien an. Sein Schüler Hector Berlioz knüpfte hier mit seinen Monumentalwerken wie *Roméo et Juliette* und seiner Trilogie *L'enfance du Christ* an, beide auf der Grenze zu anderen Gattungen. In die weitere Chronologie gehören dann u. a. noch Charles Gounod, Jules Massenet, Camille Saint-Saëns und César Franck.

kömmlich oratoriengemäß ist auch die Eingliederung von Orchestersätzen in die musikalische Gestaltung der Elisabeth-Legende (…). Die andere Dimension der kompositorischen Gestaltung ist dagegen völlig eigen und ohne jede Verankerung in der Oratorientradition. Ihr Kennzeichen ist die Verwendung von fünf von Liszt als Motive bezeichneten Melodien. Zu vieren hat er sich ausweislich seiner Schlußbemerkung zur gedruckten Partitur die Vorlagen von ungarischen und deutschen Gewährsleuten besorgt« (Günther Massenkeil).

Bemerkenswert sind in beiden Oratorien die programmatischen Passagen, die den Meister der Sinfonischen Dichtung ahnen lassen. Offen muss bleiben, inwieweit Liszt an eine Verwendung seiner Musik innerhalb der Liturgie gedacht hat. Ihre monumentale Gesamtanlage jedoch verweist beide Kompositionen auf den Konzertsaal.

Die alte Tonhalle in Zürich. Xylographie. Für ihre Konzertveranstaltungen mietete die 1868 gegründete Tonhalle-Gesellschaft-Zürich von der Stadt das zur »Tonhalle« umgebaute alte Kornhaus. Erster Konzerthöhepunkt der neuen Gesellschaft war am 26. März 1869 die Erstaufführung des *Deutschen Requiems* von Johannes Brahms.

IMPRESSIONISMUS

DER BEGRIFF. ›Impressionismus‹ ist als Stilbegriff eine problematische Entlehnung aus der Bildenden Kunst, die sich gleichwohl eingebürgert hat. Seine musikalischen Merkmale sind so stark auf die Musik Claude Debussys bezogen und von ihr abgeleitet, dass man fast von einem Personalstil sprechen kann. Insofern deckt sich die Zeitspanne des musikalischen Impressionismus weitgehend mit der Schaffensphase Debussys, die etwa ein Jahrzehnt vor und zwei Jahrzehnte nach der Jahrhundertwende umfaßt (1890–1918).

Mit Debussy erreicht die für das 19. Jahrhundert charakteristische Emanzipation der Klangfarbe von einem sekundären zu einem primären, also gleichberechtigten Parameter der Musik ihren Höhepunkt. Das sinnliche Erscheinungsbild der Musik ist ihr auffälligstes Merkmal; vor allem in Debussys Orchesterpartituren erreicht die Koloristik eine unübertreffliche Raffinesse. Neben dem kurzen *Prélude à l'après-midi d'un faune* (1894) wurden die »drei sinfonischen Skizzen« *La mer* (1905) zum zentralen Orchesterwerk des Impressionismus und fügten der Programm-Musik eine charakteristische Nuance hinzu. In drei Sätzen (»De l'aube à midi sur la mer«, »Jeux de vagues«, »Dialogue du vent et de la mer«) breitet die Partitur in feinsten farblichen, metrisch-rhythmischen und harmonischen Abstufungen ein atmosphärisches Panorama des Meeres aus.

IMPRESSIONISMUS IN DER FRANZÖSISCHEN MALEREI

Als Claude Monet 1874 in Paris sein Gemälde *Impression, soleil levant* ausstellte, sorgte er für einen Skandal. Vom Titel des Bildes leitet sich die zunächst polemisch und abwertend gemeinte Bezeichnung ›Impressionismus‹ her, die eine Malweise meint, die ihre Gegenstände unter dem Einfluss von Licht und Atmosphäre darzustellen versucht. In radikaler Abkehr von der traditionellen akademischen Ateliermalerei begab man sich nach draußen und malte im Freien (*plein air*). Bevorzugte Sujets waren Landschaften, in denen vor allem der Himmel mit seinen wechselnden Stimmungen und alle Arten von Gewässer wichtig wurden.

Neben Monet, dem Hauptmeister dieser Richtung, gehörten zum Kreis der Impressionisten u. a. Auguste Renoir, Alfred Sisley und Camille Pissarro.

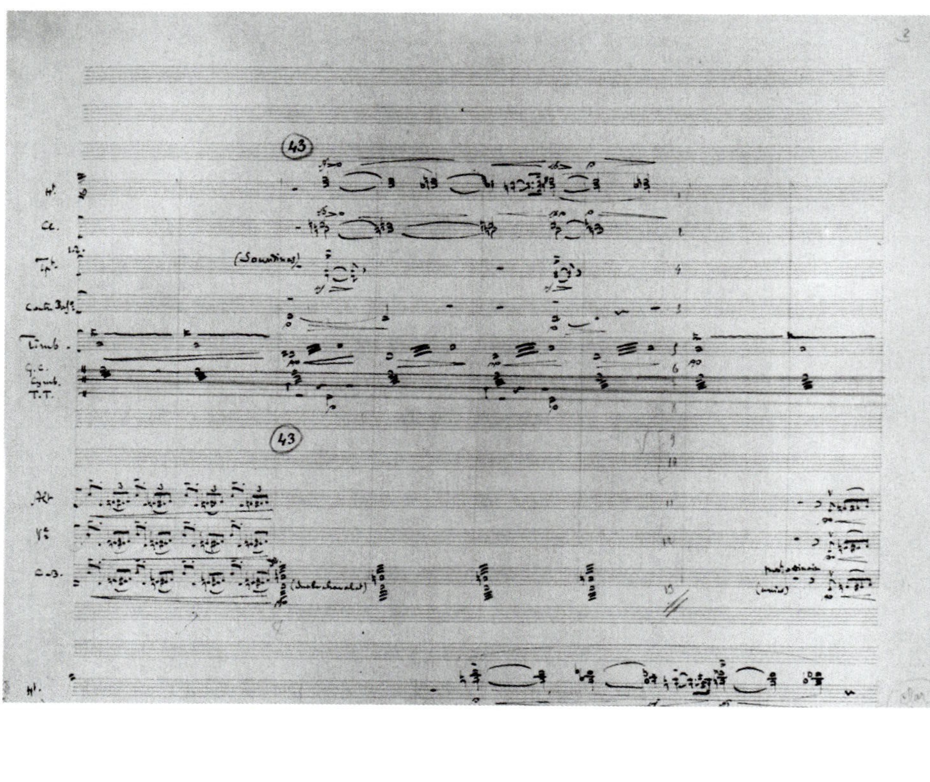

Claude Debussy, *La mer* (›Dialogue du vent et de la mer‹).

STILMITTEL. Der musikalische Impressionismus wird gern als eine französische Spielart der Spätromantik betrachtet. Einige seiner charakteristischen Gestaltungsmittel setzen in der Tat Tendenzen des 19. Jahrhunderts fort und perfektionieren sie, etwa die Kunst der Instrumentation und die Emanzipation der Klangfarbe. In der Harmonik zeichnete sich das romantische Jahrhundert durch zunehmende Chromatisierung aus, durch Häufung von Septakkordvarianten, Nebenfunktionen und Alterationen. Die Tendenz zur allmählichen Auflösung eines tonalen Zentrums kulminierte punktuell bereits 1864 in Wagners *Tristan und Isolde*, wo nach wenigen Takten des Vorspiels ein Dominantseptakkord nicht mehr als Spannungselement, sondern als entspannende Auflösung empfunden wird.

In Debussys Musik treten an die Stelle des diatonischen Spannungsgefüges neuartige Muster: chromatische und Ganztonleitern, pentatonische Reihungen (denen allen der fehlende eindeutige Grundtonbezug gemeinsam ist), Akkordbildungen mit dissonanten Einfügungen (Sept-, Nonen-, Tredezimenakkorde), die häufig nicht mehr funktional miteinander verknüpft, sondern parallel verschoben werden. Hinzu kommen Einflüsse außereuropäischer Musik und eine verfeinerte, über die Taktsymmetrie hinweggehende Rhythmik. Diese Merkmale lassen sich in Debussys Klavierwerken, besonders in den beiden Bänden seiner *Préludes* (1910) beobachten; diesen so neutral bezeichneten Klavierstücken stellte Debussy Titel nicht voran, sondern – in Klammern – *nach*, zum Zeichen, dass Programmatik nicht sein eigentliches Anliegen war. An ihnen lassen sich die wichtigsten musikalischen Merkmale des Impressionismus nachweisen.

Im Umkreis des Impressionismus komponierten (zumindest zeitweilig) Frederick Delius, Paul Dukas, Maurice Ravel, Manuel de Falla und Ottorino Respighi; Einflüsse sind auch beim frühen Igor Strawinsky auszumachen.

DEBUSSYS WERKE

- Orchesterwerke (u. a. *Prélude à l'après-midi d'un faune*, 1894; *Nocturnes*, 1899; *La mer*, 1905; *Images*, 1912)
- Kammermusik (u. a. *Streichquartett g-Moll*, 1893; *Sonate für Violoncello und Klavier*, 1915; *Sonate für Flöte, Viola und Harfe*, 1915; *Sonate für Violine und Klavier*, 1917)
- Klaviermusik (u. a. *Suite bergamasque*, 1890; *Images*, 1905/07; *Préludes*, 1909–10/12–13; *Six épigraphes antiques*, zwei- und vierhändige Fassung, 1914; *En blanc et noir* für zwei Klaviere, 1915)
- Bühnenwerke (Oper *Pelléas et Mélisande*, 1902; Opernfragmente; Mysterienspiel *Le martyre de St Sébastien*, 1911; Ballet *Jeux*, 1913)
- Vokalmusik (Kantaten; Klavierlieder, darunter: *Trois poèmes de Mallarmé*, 1913)

CLAUDE DEBUSSY

1862 am 22. August in Paris geboren.
Ab 1872 Unterricht am Pariser Konservatorium.
1881/82 längere Russland-Aufenthalte (Debussy ist Pianist im Haus von Nadeschda von Meck, Tschaikowskijs Mäzenin).
1884 Gewinner des Rompreises (Stipendium) mit der Kantate *L'enfant prodigue*.
1885–87 Stipendiat in der Villa Medici in Rom.
1888/89 Besuch der Bayreuther Festspiele, Begegnung mit symbolistischen Dichtern und Malern; auf der Weltausstellung 1889 lernt Debussy asiatische Musik kennen.
1901–03 schrieb der inzwischen als Dirigent, Pianist und Komponist tätige Debussy unter dem Pseudonym ›Monsieur Croche‹ (›Herr Achtelnote‹) Musikrezensionen und Glossen.
1910 Freundschaft mit Igor Strawinsky, für dessen 1913 uraufgeführtes und skandalumwittertes Ballett *Sacre du printemps* er sich einsetzt.
Ab 1915 infolge eines Krebsleidens nachlassende Produktivität; wenige kammermusikalische Werke, die sich von ›impressionistischen‹ Prinzipien lösen; Depressionen.
1918 stirbt Debussy am 25. März in Paris.

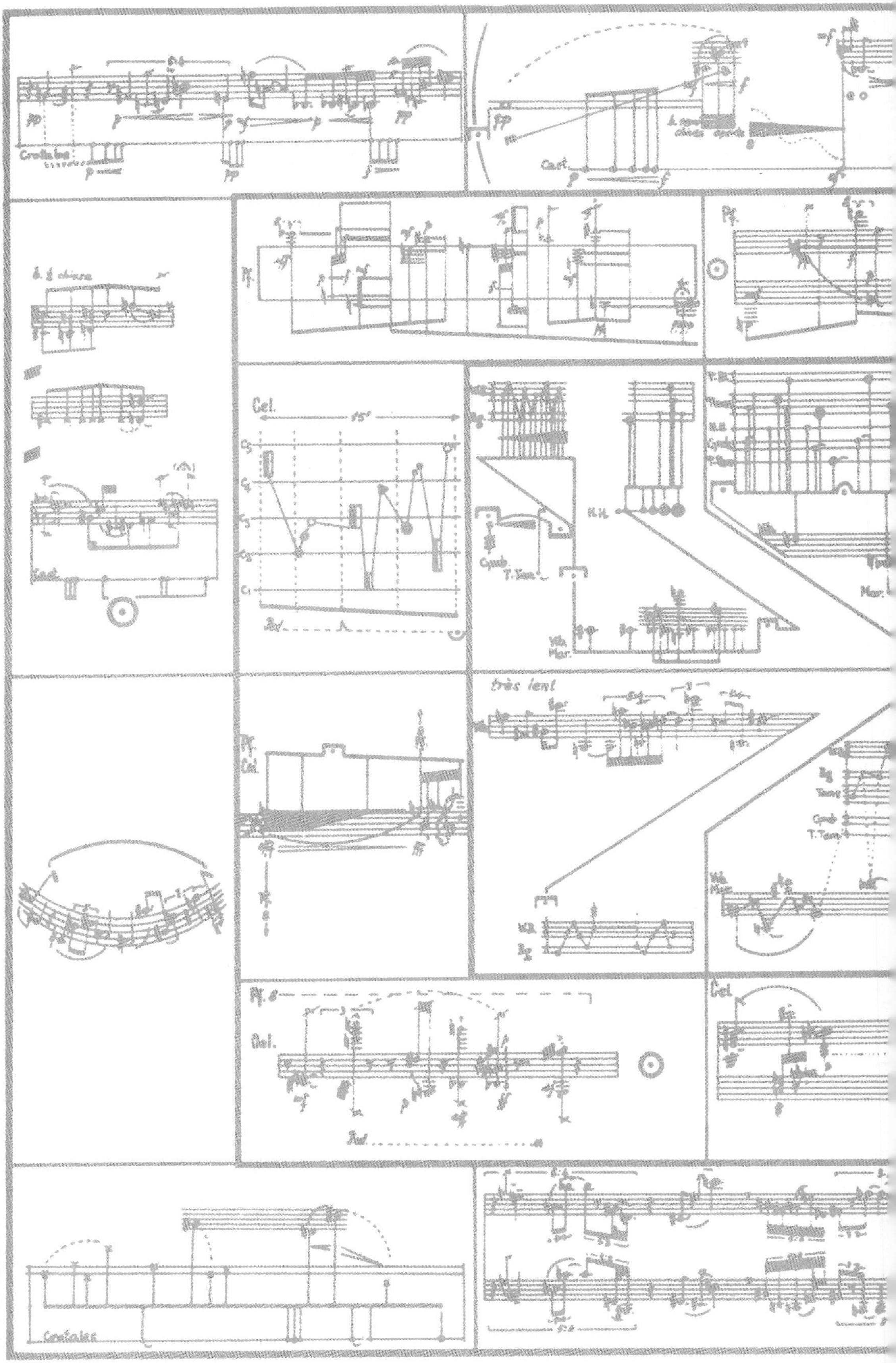
Crotales
Cast.
Pf.
Cel.
Vib.
Mar.
T.Tam
Cymb.
H.H.
très lent
Ped.
15"

20. JAHRHUNDERT

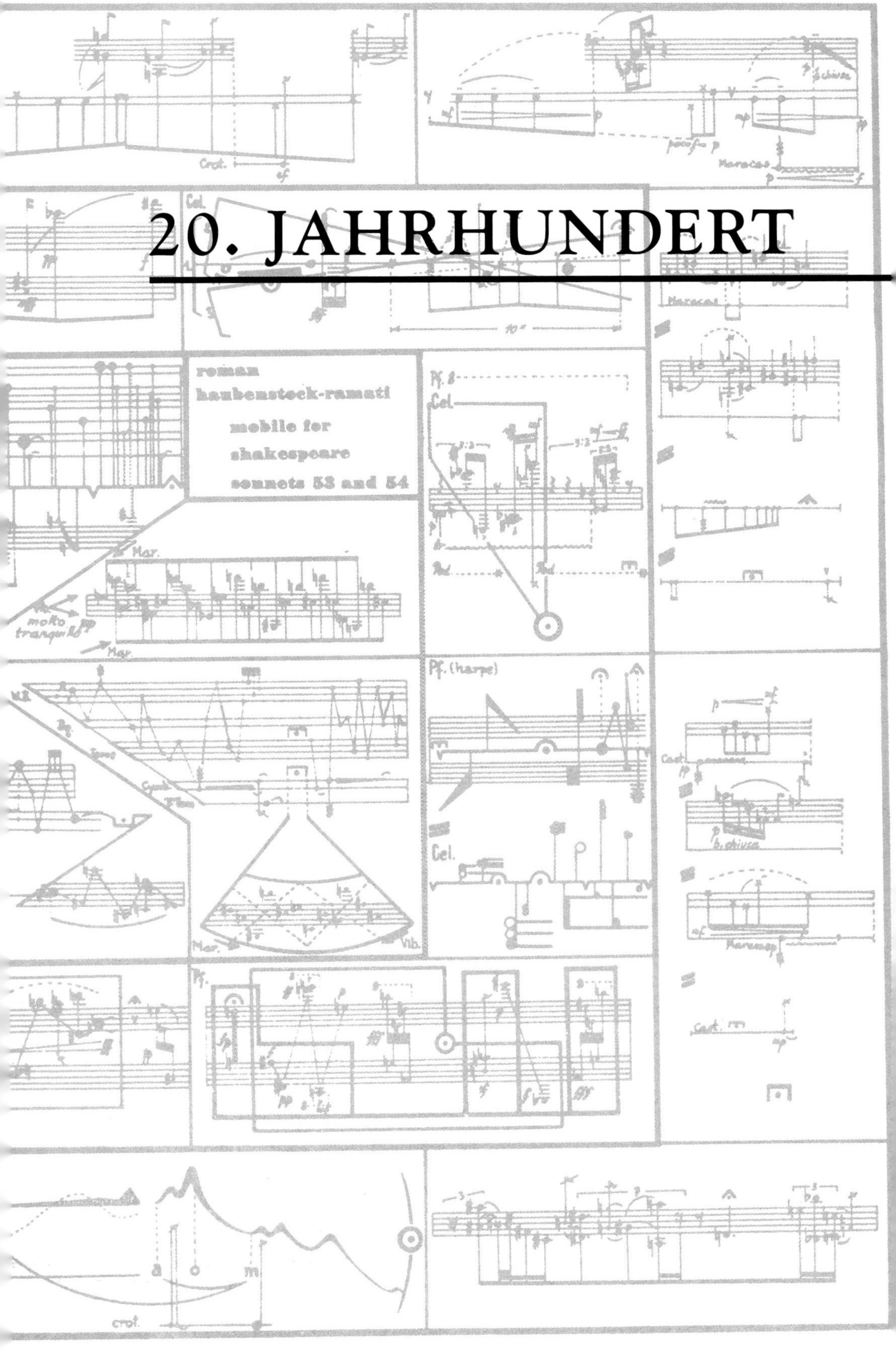

EIN VIELGESTALTIGES JAHRHUNDERT

KUNSTMUSIK UND POPULARMUSIK. Bis zum 20. Jahrhundert boten alle früheren Jahrhunderte einen relativ geschlossenen Eindruck und ließen sich mit wenigen Schlagworten kennzeichnen: das 19. als romantisch, das 17. als barock, das 16. als das der Renaissance. Überdies beschränkte sich die Geschichtsschreibung im Wesentlichen auf den Bereich der notierten Kunstmusik, mit Aus- und Seitenblicken auf Volks- und Gebrauchsmusik. Alles dies ändert sich im 20. Jahrhundert, wobei nun auch andere Bereiche neben und vor die Kunstmusik traten. Wollte man das 20. Jahrhundert ausschließlich unter dem Aspekt der so genannten ernsten Musik, der Klassik, eben der Kunstmusik, betrachten, so würde das eine einengende Verzerrung bedeuten. In geringer Überspitzung könnte man eher von einem »Jahrhundert der Popularmusik« sprechen, gemessen am Publikumserfolg und an der kommerziellen Verbreitung.

Stillleben mit Krug und Violine. Ölgemälde von Georges Braque (1909/10).

DAS PUBLIKUM. Schlager-, Tanz- und Filmmusik, Rock- und Popmusik, Musical und Liedermacherszene befriedigen den Musikbedarf einer breiten Öffentlichkeit. Für Verbreitung sorgen neue Medien: zunächst der Rundfunk mit den Varianten der Tonaufzeichnung und -wiedergabe, in der zweiten Jahrhunderthälfte das Fernsehen. Hinzu kommt als neue Gattung der Jazz, mit Wurzeln in Afrika und Nordamerika und mit den Vorstufen Blues, Spiritual, Worksong und Ragtime, der zwischen den Bereichen der ernsten Musik und der Unterhaltungsmusik angesiedelt ist, von ihnen Impulse erhielt und Impulse auf die anderen Sparten aussandte.

Die aktuelle Kunstmusik gibt sich, in Umkehrung der Situation bei der populären Musik, zunehmend elitär und wird von großen Teilen des klassischen Publikums abgelehnt oder nicht wahrgenommen. Das hat auch damit zu tun, dass viele Komponisten nicht bereit sind, auf Neigungen und Interessen der Zuhörer

Rücksicht zu nehmen, also am vorhandenen Bedarf ›vorbeikomponieren‹. Die Folge ist ein Elfenbeinturm für die Neue Musik, ein fast ausschließlicher Museumsbetrieb im Repertoire öffentlicher Musikinstitutionen, Klangkörper und im medialen Musikgeschäft: das Publikum ›konsumiert‹ Musik vergangener Epochen von Bach bis Brahms und manchmal Bartók, während es in den Jahrhunderten zuvor überwiegend Neue Musik hörte.
Ebenfalls unter dem wachsenden Einfluss der Medien und der weltumspannenden Kommunikationsmöglichkeiten (einschließlich der neuen Mobilität durch das Flugzeug) kam es im 20. Jahrhundert zur Begegnung mit der Musik fremder Kulturen und zu partieller gegenseitiger Beeinflussung, besonders in einzelnen Bereichen der Rock- und Popularmusik. Auf diese Weise ergaben sich Möglichkeiten einer ethnologischen Erforschung außereuropäischer Musik.

VIELFALT DER MUSIK. Die Vielfalt der Musik im 20. Jahrhundert lässt sich schematisch gliedern: Kunstmusik – Jazz – Rock- und Popularmusik – Musik fremder Kulturen. Jeder dieser umfassenden Musikbereiche besitzt spezifische Charakteristika und beeinflusst in unterschiedlichem Ausmaß jeden anderen Bereich, mit einer Ausnahme: die Musik fremder Kulturen erweist sich in erster Linie als Anregerin, zeigt sich jedoch kaum beeinflusst und beeinflussbar.
Für jeden Bereich gibt es zahlreiche Untergliederungen, gekennzeichnet durch Schlagworte, die leider häufig klischeehaft wirken. Am umfangreichsten ist diese Liste für das Gebiet der Kunstmusik: sie kann kaum ganz vollständig sein und ist an ihrem Ende offen.
Unter den Schlagwörtern zur Kunstmusik tauchen die Begriffe ›Avantgarde‹, ›Neue Musik‹ und ›zeitgenössische Musik‹ nicht auf, denn sie sind epochal nicht gebunden: jede Musik war zu ihrer Zeit neu oder zeitgenössisch und konnte sich oft sogar als avantgardistisch bezeichnen, so wie ein anderer Teil immer traditionell oder konservativ war. Insofern ist der junge, wohl aus der Architektur entlehnte Terminus ›Postmoderne‹ ein Widerspruch in sich selbst und zugleich Ausdruck der Hilflosigkeit: alle progressiv klingenden Schlagworte haben sich verbraucht. Andererseits setzt sich eine alte Tradition fort: die Nähe musikalischer Stilbegriffe zu solchen vor allem der bildenden Kunst, aber auch der Literatur; sie erscheinen auch im 20. Jahrhundert in der Regel mit Verzögerung, etwa beim Expressionismus oder der Postmoderne. Das ist nicht wertend gemeint, sondern nur die Feststellung eines auffälligen Tatbestandes. Andererseits gibt es offensichtliche Analogien, die sich jedoch nicht in gleichen Bezeichnungen ausdrücken, am eindrucksvollsten bei atonaler Musik und abstrakter Malerei – einer facettenreichen und geheimnisvollen Parallele.

ANGEWANDTE MUSIK

Ein Spezifikum des 20. Jahrhunderts ist die Sonderform der angewandten oder funktionalen Musik, allen voran die Filmmusik bis zu den modischen Formen des Videoclip, aber auch die Musik in der Werbung, in Kaufhäusern, im Rundfunk und vor allem im Fernsehen – wenn man will, eine Abteilung der Filmmusik.

SCHLAGWORTE ZUR KUNSTMUSIK

(chronologisch sowohl neben- als nacheinander)

Impressionismus – Expressionismus – Spät- und Nachromantik – Atonalität – Dodekaphonie – Neoklassizismus – Neobarock – Neue Sachlichkeit – Folklorismus – Exotismus – Dadaismus – Futurismus – Serielle Musik – Aleatorik – Musique concrète – Elektronische Musik – Postmoderne – Minimal Music – politisch engagierte Musik

EXPRESSIONISMUS UND ATONALITÄT

EXPRESSIONISMUS IN DEN KÜNSTEN. War der Impressionismus eine französische Stilrichtung, so ist der Expressionismus ein deutsches Phänomen. Hier wie dort übernahm die bildende Kunst, insbesondere die Malerei, die Vorreiterrolle: mit dem Begriff verbinden sich Maler wie Ernst Ludwig Kirchner, Erich Heckel, Emil Nolde oder Franz Marc oder auch ganze Künstlergruppierungen wie »Die Brücke« oder »Der Blaue Reiter«, in dem auch Arnold Schönberg mitwirkte. Mit kleiner Verzögerung wird die Bezeichnung auch auf literarische Werke angewendet (Gottfried Benn, Georg Heym, Georg Trakl, Ernst Stadler, Frank Wedekind und andere); und als dritte und letzte im Bunde der Künste trat schließlich die Musik unter gleichem Etikett an.

DER BEGRIFF. Expressionismus ist zu definieren als »programmatischer Versuch, aus Tradition und überkommener Ästhetik auszubrechen und mit revolutionären Ausdrucksformen und -mitteln (Abstraktion, Konstruktion, Symbolik, Karikatur, Groteske) künstlerisch ins Unterbewusste, Irrationale und Transzendentale vorzudringen« (*Riemann Musiklexikon*). In der Malerei, der anschaulichsten der drei Künste, führte das zu einer Abkehr vom Naturalismus: Farben und Formen veränderten sich gegenüber ihren Vorlagen auf subjektive Weise; durch Überhöhung, Übertreibung und Verzerrung erhöhte sich die Ausdruckskraft; die herkömmliche Ästhetik des Schönen wurde zugunsten einer Einbeziehung des Hässlichen, Verstörenden in die Kunst verändert und abgeschafft.
Expressionismus ist eine Sichtweise der Welt aus der Perspektive der politischen und gesellschaftlichen Befindlichkeit der Jahre unmittelbar vor, während und nach dem Ersten Weltkrieg: dieser verstörende und bedrohliche Zustand bleibt untrennbar verbunden mit expressionistischen Hervorbringungen. Expressionistische Kunst ist immer auch Ausdruck der sensiblen – vorausahnenden, miterlebenden oder erinnernden – Wahrnehmung von Bedrohung, Lebensangst und Zerstörung. So kam den Künstlern dieser Epoche die Rolle der Mahner und Warner, der mitleidenden und verzweifelnden Beobachter und der erschüttert zurückblickenden Deuter zu.

MUSIKALISCHER EXPRESSIONISMUS. In der Musik trägt diese Epoche Merkmale eines Stilumbruchs, einer Zeitenwende. Bis heute empfinden wir die ersten Jahrzehnte des 20. Jahrhunderts als Aufbruch der ›modernen Musik‹, zugleich als Zäsur, als Bruch mit der Vergangenheit, mit der Romantik. Musikalisch bedeutet das eine Abkehr von vielen Idealen des 19. Jahrhunderts: der Ästhetik des Schönklanges (des Belcanto), der formalen Wohlproportioniertheit, vom in sich geschlossenen Spannungssystem diatonischer Harmonik, von metrischer Re-

WAS IST ATONALITÄT?

Arnold Schönberg versuchte den Begriff ›Atonalität‹ durch »Atonikalität« zu präzisieren – vergebens. Eine ›atonale‹ Musik wäre genau genommen eine Musik ohne Töne! Was jedoch wirklich passierte, das war der bewusste Verzicht auf ein harmonisches Zentrum, der Verlust des Grundtons, eines bindenden Tonartensystems, also einer Tonika. Im jahrhundertelang gültigen diatonisch-chromatischen System stellte sich der harmonische Verlauf der Musik als nachvollziehbarer Spannungsverlauf dar: eine Spannung, hervorgerufen durch Dissonanzstrukturen, verlangte nach Entspannung und bediente sich hierzu zielgerichteter Intervalle (Leittöne), die nach ›Auflösung‹ verlangten. Doch in der Spätphase des 19. Jahrhunderts bewahrheitete sich eine überzeitliche ästhetische Erkenntnis: ständige Reizzunahme und -überflutung bewirkt nicht mehr Steigerung, sondern Reizabnahme und Abstumpfung. Deshalb konnte ein Dominantseptakkord in Wagners *Tristan* schließlich als entspannende Auflösung empfunden werden. Bei Johannes Brahms findet sich am Ende seines *Intermezzos h-Moll* op. 119 Nr.1 ein Klang aus sechs absteigenden Terzen, der sich zwar funktional definieren lässt, vom Ohr jedoch kaum noch so wahrgenommen wird.

gelmäßigkeit, von der Fasslichkeit des Melodischen. Angekündigt hat sich diese künstlerische Revolution viele Jahre zuvor: in der überstarken Chromatisierung von Wagners *Tristan und Isolde* oder, in zeitlicher Nähe, in den harmonischen Auflösungserscheinungen des französischen Impressionismus. Der Harmonik kommt in dieser Wende die zentrale Funktion zu: man belegt die Musik der Zeit zwischen 1908 und 1923 gern mit dem Etikett ›Atonalität‹, obwohl alle anderen Parameter, zumindest aber die Melodik, ebenfalls ihr Gesicht veränderten.
Expressionistische Kompositionen schrieben phasenweise Charles Ives, Igor Strawinsky, Béla Bartók, Arthur Honegger, Paul Hindemith u. a.

DIE ZEIT DER ATONALITÄT. Die Jahre um den Ersten Weltkrieg lassen sich mit einem Niemandsland vergleichen: an die Stelle des diatonischen Systems trat erst nach einer Zeit der systemlosen Freiheit die Dodekaphonie, die Zwölftontechnik, mit ihren geistigen Vätern Joseph Matthias Hauer (1919) und Arnold Schönberg (1923). Die komponierenden Pioniere des Umbruchs waren neben Schönberg seine Schüler Anton Webern und Alban Berg, gemeinsam unter dem Namen ›Zweite Wiener Schule‹ zusammengefasst.
Schönbergs Weg führte vom hochromantisch-überchromatischen Sextett *Verklärte Nacht* (1899) zu den atonalen *Drei Klavierstücken* op. 11 von 1908. Bei Berg und Webern zielte die Entwicklung in entgegengesetzte Richtungen: Bergs *Drei Orchesterstücke* (1914) bemühen einen riesigen Klangapparat, dem er subtil abgestufte, bisweilen fast apokalyptische Klänge entlockte; Webern dagegen schien die Musik zu miniaturisieren, zu atomisieren, bis an die äußersten Grenzen des Verstummens und Zerbrechens.

Deutscher Expressionismus: Ernst Ludwig Kirchners *Die Brücke bei Wiesen* entstand 1926.

DIE ZWÖLFTONTECHNIK

SCHÖNBERG UND EIMERT. Wenn Arnold Schönberg glaubte, mit seiner in den 1920er-Jahren entwickelten Dodekaphonie »habe er die Vorherrschaft der deutschen Musik für die nächsten hundert Jahre gesichert«, dann hat sich diese Prophezeiung nicht erfüllt. Seine Methode des »Komponierens mit zwölf nur auf einander bezogenen Tönen« blieb jedoch für diesen Zeitraum eine der prägenden Kompositionstechniken. Nach Schönberg, Anton Webern und Alban Berg komponierten zahlreiche Musiker, wie z. B. Ernst Krenek und Wolfgang Fortner, streng oder frei in dieser Form, variierten und erweiterten sie oder fügten sie in eigene Systeme ein. Als konsequenteste und extremste Weiterentwicklung kann die serielle Setzweise der Jahre um 1950 gelten.

Mindestens drei Persönlichkeiten beanspruchten den Rang eines ›Erfinders‹ der Zwölftontechnik: Bis heute gilt Schönberg als der eigentliche Schöpfer, doch konnten sowohl Joseph Matthias Hauer als auch Herbert Eimert ihren zeitlichen Vorsprung belegen, ohne dass ihnen das die Öffentlichkeit honoriert hätte. Schönberg bezeichnete seine *Klavierstücke* op. 23 und die *Serenade* op. 24 (1920–23) als die vorbereitenden Stücke und seine *Klaviersuite* op. 25 (1924) als erstes Zwölftonwerk.

Herbert Eimert relativierte den Terminus der ›Erfindung‹: »Indessen ist die Zwölftontechnik, wenn sie ein wirkliches Gesetz der Musik ist, nicht erfunden, sondern entdeckt, als Gestaltzustand der Musikmaterie geschichtlich aufgedeckt worden; sie ist so wenig ›erfunden‹ worden wie der Formenbau der Fuge oder die erste entschiedene ›Einstufung‹ des Chromas im Madrigal des 16. Jahrhunderts.« Sein Hinweis beugt Fehlurteilen vor: »So mag es ratsam sein, die aus der Konstellation der zwölf Töne begriffene Technik nicht voreilig als ›Stil‹ anzukündigen, denn der Stil wird nicht von der Technik, sondern von der schöpferischen Persönlichkeit bestimmt.« Wie zutreffend diese Aussage ist, zeigt sich allein schon in der Musik Schönbergs und Eimerts, die sich nachdrücklich voneinander unterscheiden.

GRUNDREGELN DER DODEKAPHONIE. Nach Herbert Eimert lassen sich die Grundsätze der Zwölftontechnik folgendermaßen zusammenfassen: 1. Die einfachste Ordnung des temperierten Tonvorrates ist die zwölfstufige chromatische Tonleiter. Im diatonischen System bildet sie ein hierarchisches System in abgestuften Verwandtschaftsgraden um einen Grundton herum. 2. Mit der Abschwächung dieser Verwandtschaftsgrade – in der Phase der höchsten Chromatisierung können alle Töne mit einander funktional in Beziehung treten – tritt der Materialcharakter der Töne hervor. 3. Konsequenterweise werden

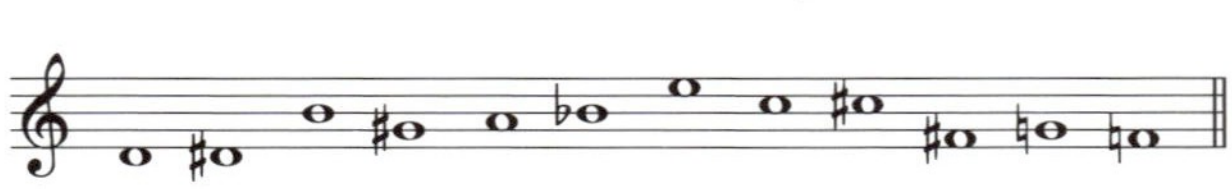

Beispiel einer regelgerechten Zwölftonreihe.

ARNOLD SCHÖNBERG

1874 am 13. November 1874 in Wien geboren; Ausbildung autodidaktisch und bei Alexander Zemlinsky; Schönberg arbeitet zunächst als Bankangestellter.
Ab 1895 Komponist, Dirigent und Tonsatzlehrer.
Ab 1903 Kompositionslehrer in Wien; wichtigste Schüler Alban Berg und Anton Webern (mit Schönberg als Zweite Wiener Schule bekannt); Schönberg ist auch als Maler tätig (Ausstellung mit dem »Blauen Reiter« 1911 in München; Beziehung zu Wassily Kandinsky).
1918–21 Leiter des »Vereins für musikalische Privataufführungen«.
Ab 1923/24 Entwicklung der Zwölftontechnik; ab 1923 Leiter einer Meisterklasse für Komposition in Berlin.
1933 Emigration in die USA.
1934 Professur in Los Angeles.
1951 stirbt Schönberg am 13. Juli in Los Angeles.

ZWEITE WIENER SCHULE

Als Zweite Wiener Schule bezeichnet man die Komponisten des Schönberg-Kreises, die in Wien gemeinsam den Weg von der Spätromantik über die Atonalität zur Dodekaphonie gingen, vor allem Arnold Schönberg selber sowie seine beiden wichtigsten Schüler Anton Webern und Alban Berg. Als erste Wiener Schule hätten demnach die großen Wiener Klassiker Haydn, Mozart und Beethoven zu gelten.

die zwölf Töne aus Tonart und Funktion herausgelöst: alle zwölf Töne sind nun gleichberechtigt. 4. Daraus folgt, dass alle Bildungen der Zwölftontechnik aus den zwölf verschiedenen Tönen ohne Wiederholung eines Tones bestehen müssen. Die kleinste Einheit dieser Musik ist das Zwölftongebilde. 5. Kein Ton darf also wiederholt werden, bevor nicht alle anderen elf erklungen sind. Nur unmittelbare Tonwiederholung und Oktavversetzung sind erlaubt. 6. Eine Hierarchie der Intervalle im Sinne von Konsonanzen und Dissonanzen gibt es nicht mehr; alle Intervalle sind gleichberechtigt. 7. Die Reihe der zwölf Töne kann sowohl horizontal (»melodisch«) als auch vertikal (»akkordisch«) verlaufen – Themen und Zusammenklänge werden ausschließlich aus der Zwölftonreihe abgeleitet. 8. Die zugrunde liegende Reihe ist noch nicht ›Musik‹; sie ist Material und Ausgangspunkt. Die Reihe ist also nicht identisch mit einer Melodie, einem Motiv oder Thema. 9. Zusätzliche Regeln schränken Auswahl und Folge der Intervalle ein, damit tonale Assoziationen (z. B. Dreiklangsbrechungen) – und damit Hierarchiebildungen – vermieden werden. 10. Jede Reihe kann in verschiedenen Formen oder Modi auftauchen: die bekanntesten Varianten sind Rücklauf (Krebs) und Umkehrung (Spiegelung) sowie deren Kombination. 11. Die rhythmische, dynamische und farbliche Ausgestaltung der Reihe ist von diesen Regeln unabhängig. Erst viel später wird sie in der Seriellen Musik ebenfalls der Reihentechnik unterworfen.

Arnold Schönberg. Bleistiftzeichnung von Egon Schiele (1917).

SCHÖNBERGS WERKE

- Orchesterwerke (u. a. Sinfonische Dichtung *Pelleas und Melisande*, 1903; *Kammersinfonie* op. 9, 1906; 5 *Orchesterstücke* op. 16, 1909/49; *Variationen* op. 31, 1926–28; *Violinkonzert* op. 36, 1934–36; *Klavierkonzert* op. 42, 1942)
- Kammermusik (u. a. 4 Streichquartette; Streichsextett *Verklärte Nacht*, 1899; *Serenade* op. 24, 1920–23; *Suite* op. 29, 1924–26; *Streichtrio* op. 45, 1946)
- Klaviermusik
- Bühnenwerke (u. a. Monodram *Erwartung* op. 17, 1909; *Die Glückliche Hand* op. 18, 1908–13; *Von heute auf morgen* op. 32, 1928; *Moses und Aron* 1930–32, unvollendet)
- Große Vokalwerke (u. a. *Gurrelieder*, 1900; Oratorium *Die Jakobsleiter* 1917–22; *Ein Überlebender aus Warschau* op. 46, 1947)
- Vokalkompositionen in solistischer und chorischer Besetzung (mit Klavier, Orchester, andere Instrumentenkombinationen; u. a. *Das Buch der hängenden Gärten* op. 15, 1908–09; *Pierrot lunaire* für Sprechstimme und Instrumente op. 21, 1912)

NEOKLASSIZISMUS

NEOKLASSIZISTISCHE STRÖMUNGEN. Im frühen 20. Jahrhundert mischen sich zwei ›Deutungen‹ des Neoklassizismus: die enge Auslegung versteht ihn als Nachfolge der Wiener Klassik im Geist der zeitgenössischen Musik, die epochenunabhängige und damit umfassendere Auffassung im Sinne einer Orientierung an früheren Kompositionsmethoden. Neoklassizistische Tendenzen begegnen uns bei zahlreichen Komponisten wie beispielsweise Ferruccio Busoni, Sergej Prokofjew (*Symphonie classique*, 1916–17), Alfredo Casella, Darius Milhaud und Paul Hindemith. Unter ihnen ist Igor Strawinsky wohl der wichtigste. Mit ihm gemeinsam wandten sich französische Musiker wie Maurice Ravel (*Le tombeau de Couperin*, 1914–17) Elementen des 18. Jahrhunderts zu und reicherten mit ihnen ihre individuelle, revolutionäre Tonsprache an.

Derartige Kompositionen sollte man nicht als Stilkopien missverstehen: ihre Sprache ist unmissverständlich modern und originell; sie bedient sich lediglich partiell überlieferter Prinzipien in der Themenbildung und deren Verarbeitung. Auf die ins Riesenhafte gewachsene Orchesterbesetzung der Jahre nach 1900 reagiert sie mit einer Reduzierung, die sich an klassischen und barocken Modellen orientiert. Hinzu kommt die partielle – neobarocke – Einbeziehung kontrapunktischer Prinzipien, sowohl bei den Musikern der Zweiten Wiener Schule um Arnold Schönberg, als auch bei so gegensätzlichen Persönlichkeiten wie Max Reger oder Paul Hindemith.

STRAWINSKY. Hilfreich ist auch Rudolf Stephans Definition, die Neoklassizismus als Prinzip eines musikalischen Formalismus umschreibt, für den die Herkunft der musikalischen Materialien, die parodiert und verfremdet werden, gleichgültig ist. Auf diese Weise lässt sich Strawinskys *Geschichte vom Soldaten* (1918) mit ihrer humoristisch-verfremdenden Verarbeitung von Elementen der Tanz- und Marschmusik an den Anfang dieser Strömung setzen.

Nach seinem Ballet avec chant *Pulcinella* (1920), einem verfremdenden Arrangement von Kompositionen aus dem 18. Jahrhundert, von denen zehn früher Giovanni Battista Pergolesi zugeschrieben wurden, folgte sein *Oktett* für Bläser (1922–23). Die Satzbezeichnungen dieses Werks – Sinfonia, Air mit Variationen und Finale – verweisen auf eine klassizistische Rückorientierung in struktureller Hinsicht, was das melodisch einprägsame, terrassenförmig absteigende Hauptthema des 1. Satzes eindringlich unterstreicht. Angesichts der ungewohnten Klänge und Strukturen reagierte das konsternierte Publikum bei der Uraufführung des Oktetts 1923 in Paris mit verwirrtem Schweigen.

Die folgenden Werke Strawinskys greifen stilistische Elemente des 18. und frühen 19. Jahrhunderts auf und

BEGRIFFLICHKEIT

Zu den aufeinander folgenden bzw. sich parallel entwickelnden Stilphasen der späten zwanziger und dreißiger Jahre gehört auch der Neoklassizismus mit seiner Spielart des Neobarock. Die Begrifflichkeit ist problematisch: Die Vor- und Nachsilben ›neo-‹ und ›-ismus‹ bedeuten eine Verdoppelung, die nur gerechtfertigt erscheinen mag, wenn man Neoklassizismus als tendenzielle Wiederkehr der Wiener Klassik betrachtet; diese war selber bereits ein Klassizismus in Bezug auf die klassische Antike. Offener dagegen zeigt sich die Definition, die »unter Klassizismus das freiwillige Aufsuchen eines historisch gebundenen Stils und den Versuch einer Verschmelzung mit der eigenen zeit- und persönlichkeitsgebundenen Sprache« (Karl H. Wörner) versteht, gleichgültig, an welcher Epoche die stilistische Rückorientierung erfolgt. Neoklassizistisch wäre dann ein Attribut, das nicht eine zeitlich abgegrenzte Periode meint als vielmehr die epochenunabhängige Charakterisierung einer bestimmten Kompositionsmethode.

IGOR STRAWINSKY

1882 am 18. Juni in Oranienbaum / St. Petersburg geboren; Ausbildung in St. Petersburg, Einflüsse von Tschaikowskij und Rimskij-Korsakow, bei dem Strawinsky 1902–05 Komposition und Instrumentation studiert; Jurastudium.
1909 in Paris Begegnung mit Sergej Diaghilew, Aufträge für dessen Ballets Russes, freundschaftliche Kontakte zu Debussy, Ravel, Satie, Prokofjew, Picasso, Cocteau.
1920 Übersiedlung nach Frankreich (zuvor Aufenthalt in der Schweiz); Reisetätigkeit als Pianist und Dirigent vorwiegend eigener Werke.

Igor Strawinsky. Zeichnung von Pablo Picasso (1920).

verfremden sie, darunter das *Concerto für Klavier und Bläser* (1923/24), das *Capriccio mit Orchester* (1928/29), in dem sich Strawinsky von der Virtuosität Carl Maria von Webers inspirieren ließ, das *Violinkonzert in D* (1931) mit seinen Bach-Assoziationen, das *Concerto für zwei Klaviere* (1931–35) sowie *Oedipus rex* und die *Psalmensinfonie* (1930). Es lag Strawinsky fern, frühere Stile zu reaktivieren; er bezog aus ihnen lediglich Impulse und schmolz sie in seinen eigenen Stil ein.

Wie eng er sich an ein historisches Vorbild anlehnen konnte, ohne es zu kopieren, zeigt die *Sinfonie in C* (1940), die sich an Haydn orientiert. Alle äußeren Merkmale deuten auf das Vorbild, und doch entstand ein eigenes und originelles Werk. Es folgt der viersätzigen klassischen Sinfonie mit einem Sonatensatz, einem solistisch konzertanten langsamen Satz an zweiter, einem Tanzsatz an dritter Stelle sowie dem bewegten Finale mit einer langsamen Einleitung. Die Instrumentation folgt der Zusammensetzung des klassischen Sinfonieorchesters, das lediglich um Pikkoloflöte und drei Posaunen erweitert ist und in seiner spröden Durchsichtigkeit den unverwechselbaren Strawinsky-Klang wiedergibt. Die motivisch-thematische Arbeit im eröffnenden Moderato alla breve kreist um das charakteristische Motiv des Leittonvorhaltes, aus dem sich fast beiläufig alsbald das Hauptthema fügt, das sich hervorragend zur durchführenden Verarbeitung eignet.

20. Jahrhundert

1927 Beginn der Zusammenarbeit mit dem Choreographen George Balanchine; Entstehung der *Erinnerungen* (1935/36) und der *Musikalischen Poetik* (Vorlesungsreihe an der Harvard University 1939).
Ab 1939 Wohnsitz in Hollywood, 1945 amerikanischer Staatsbürger; Zusammenarbeit mit Robert Craft (sein Dirigent, Organisator und Assistent). Europareisen, Auseinandersetzung mit der Zweiten Wiener Schule (Zwölftontechnik).
1971 stirbt Strawinsky am 6. April in New York.

STRAWINSKYS WERKE

- Orchesterwerke (Sinfonien, u. a. *Psalmensinfonie*, 1930; *Sinfonie in C*, 1940; *Sinfonie in 3 Sätzen*, 1945; Konzerte, u. a. *Violinkonzert in D*, 1931; *Dumbarton Oaks*, 1938; *Ebony Concert*, 1945)
- Kammermusik (u. a. *Oktett* für Bläser, 1922–23)
- Klaviermusik (u. a. *Sonata* für 2 Klaviere, 1944)
- Bühnenwerke (zahlreiche Ballettmusiken, u. a. *Der Feuervogel*, 1910; *Petruschka*, 1911; *Le sacre du printemps*, 1913; *Pulcinella*, 1920; *Apollon musagète*, 1928; *Agon*, 1927; Opern, u. a. *Oedipus rex*, 1927; *The Rake's Progress*, 1951)
- Vokalmusik (u. a. *Mass*, 1948; *Cantata*, 1952)

FOLKLORISMUS

BEGRIFFLICHE EINORDNUNG

Die erste Hälfte des Jahrhunderts enthält viele kleinteilige Stile, die sich überschneiden und die problematisch zu definieren sind. Exemplarisch dafür ist der Folklorismus, zu dem Bartók und Kodály, aber auch Strawinsky und Janáček gehören. Bei allen reicht ihre Bedeutung aber über diesen stilistischen Einzelaspekt hinaus. Dennoch bezog man gern und häufig im ersten Drittel des Jahrhunderts Elemente der regionalen Volksmusik in die Kunstmusik ein, jedoch auf unterschiedliche Weise.

HISTORISCHE WURZELN. Die Ursprünge des Folklorismus liegen im 19. Jahrhundert, das durch das Aufkommen nationaler Strömungen in Europa gekennzeichnet war. In der Folge kam es in manchen Ländern zu Konflikten zwischen internationalistisch-westlicher Orientierung und national-eigenständiger Ausrichtung, beispielsweise in Russland. In der Nachfolge der bedeutendsten russischen Komponistengruppe, dem »Mächtigen Häuflein«, steht Igor Strawinsky, der nach impressionistischen Anfängen das folkloristisch-russische Idiom massiv miteinbezog. Beispiele dafür finden sich in seinen frühen Balletten, die er für die Pariser Ballets Russes von Sergej Diaghilew schuf. *Der Feuervogel* (1910) verarbeitet ein exotisch-farbenprächtiges russisches Märchen und steht musikalisch unter impressionistischem Einfluss. *Petruschka* (1911), ebenfalls ein russisches Sujet, bezieht melodische und rhythmische Impulse aus Russland in die Partitur mit ein. In *Le sacre du printemps*, dessen Uraufführung 1913 in Paris einen Theaterskandal auslöste, wird rhythmische Impulsivität, die radikal mit westeuropäischer Regelmäßigkeit und Einförmigkeit bricht, zum dominierenden Parameter.

Leoš Janáček, *Aus einem Totenhaus* (letzte Seite der Partitur).

BARTÓK UND KODÁLY. Diese beiden bedeutendsten ungarischen Komponisten des Jahrhunderts integrierten die Musik ihrer Heimat auf unterschiedliche Weise in ih-

re Musik. Beide betätigten sich als Erforscher und Sammler der Volksmusik ihrer Heimat. Zoltan Kodály band folkloristische Zitate und Färbungen häufig zitierend in seine Partituren ein. Neben folkloristischen Vokalkompositionen gelangen ihm charakteristische und farbige Orchesterwerke, die ihren Platz im internationalen Repertoire haben (*Háry-János-Suite*, 1926; *Marosszeker Tänze*, 1930, *Tänze aus Galánta*, 1933; *Psalmus hungaricus* für Solotenor, Chor und Orchester op.13, 1923).
Weniger als bei Kodály dominiert der Folklorismus bei Béla Bartók. Sein künstlerischer Rang definiert sich auch dadurch, dass es ihm gelang, folkloristische Anklänge und Assoziationen in eine verständliche, übernationale Tonsprache einzuschmelzen. Anders als Kodály vermied er es, Volksmusik zu zitieren. Das Studium dieser Quellen verhalf ihm zu einem Idiom, dessen melodische und rhythmische Bestandteile ihre ungarische Herkunft nicht verleugnen können. Ein Kennzeichen seiner Thematik ist der vom Sprachtonfall seiner Heimat abgeleitete extrem ausgeprägte Rhythmus kurz–lang, wie er ihn zu Beginn des *3. Klavierkonzertes* (1945) einsetzt.
Auch die rhapsodische Leidenschaftlichkeit langsamer Sätze in einigen Spätwerken speist sich aus folkloristischen Quellen, jedoch ohne Zitatcharakter wie z. B. im *3. Klavierkonzert*, im *Divertimento für Streichorchester* (1939) oder im *Konzert für Orchester* (1943). Generationen von Klavierschülern begegneten diesem eigenwilligen Tonfall beim Studium von Bartóks Klavierstücken *Für Kinder* (1908, rev. 1945) und seines sechsbändigen Schulwerks *Mikrokosmos* (1926–37), das dem westeuropäischen Musiker neue rhythmische, melodische und harmonische Erfahrungen vermittelt. Dieses Meisterstück pädagogischer Musik steht gleichrangig neben Bachs *Inventionen* und *Sinfonien*.

JANÁČEK. Vergleichbar mit Bartóks Vorgehen war die Beschäftigung Leoš Janáčeks mit der Volksmusik seiner böhmischen Heimat, allerdings zog er andere Konsequenzen. Janáček setzte sich schwerpunktmäßig mit der gesprochenen Volkssprache und ihrem Tonfall, ihrem eigenwilligen melodisch-rhythmischen Verlauf auseinander. Auf dieser Basis entwickelte er seinen Deklamationsstil, der seine Opern von allen anderen Produktionen für das Musiktheater charakteristisch abhebt. Auch in anderen Gattungen äußert sich diese Tendenz und überwindet langjährige Gattungstraditionen. So ist das *Tagebuch eines Verschollenen* (1917–19) nur noch im weiteren Sinn ein Liederzyklus.
Dieser prosanahe Deklamationsstil fand seinen Höhepunkt in Janáčeks vier letzten Opern (vor allem *Katja Kabánowa*, 1919–21, und *Aus einem Totenhaus*, 1928). Er übertrug ihn aber auch auf seine Instrumentalmusik; er kennzeichnet mit seiner bisweilen formelhaften, kleinteiligen Ostinatotechnik so unterschiedliche Kompositionen wie das Streichquartett *Intime Briefe* (1927–28) oder die *Sinfonietta* (1926).

IN einem Vortrag, den Bartók 1927 auf einer Konzertreise durch die USA hielt, äußerte er sich auch über Volksmusik.

»Meiner Überzeugung nach sind unsere echten, in engerem Sinne genommenen Volksmelodien samt und sonders wahre Musterbilder höchster künstlerischer Vollkommenheit. Ich betrachte sie im kleinen als ebensolche Meisterwerke wie im Reich der großen Formen eine Fuge von Bach oder eine Sonate von Mozart. Solche Melodien sind klassische Beispiele dafür, wie ein musikalischer Gedanke bündig, gedrängt, unter Vermeidung alles Überflüssigen ausgedrückt werden kann.«

ÜBER die Uraufführung von *Le sacre du printemps* berichtete die Journalistin Valentine Gross nach London.

»Das Theater schien von einem Erdbeben heimgesucht zu werden. Es schien zu erzittern. Leute schrien Beleidigungen, buhten und pfiffen, übertönten die Musik. Es setzte Schläge und sogar Boxhiebe (...). Ich sah Maurice Delage (den Komponisten), der vor Entrüstung puterrot angelaufen war, den kleinen Maurice Ravel, der sich aufplusterte wie ein Kampfhahn, Léon-Paul Fargue (den Dichter), der die zischenden Logeninsassen mit vernichtenden Bemerkungen überschüttete. Ich weiß nicht, wie es möglich war, daß dieses Ballett in einem solchen Aufruhr zu Ende getanzt wurde (...). Ich stand zwischen den beiden mittleren Logen, fühlte mich im Auge des Hurrikans ganz wohl und klatschte mit meinen Freunden.«

GUSTAV MAHLER

DAS SINFONISCHE WERK. Die verschiedenen sinfonischen Strömungen des 19. Jahrhunderts laufen bei Gustav Mahler zusammen und kulminieren; zugleich gehen von ihm wesentliche Impulse auf die Musik des kommenden Jahrhunderts aus. Neben der Sinfonik bildet das Lied einen Schwerpunkt im Schaffen Mahlers. Beide Gattungen durchdringen und befruchten sich auf vielfältige Weise gegenseitig.

Beethovens 9. *Sinfonie* mit ihrem Finale über Schillers *Ode an die Freude*, mit ihrer quasi experimentellen Verknüpfung vokaler und sinfonischer Elemente, könnte man als Ahnherrin der Mahler-Sinfonien betrachten, die noch auf dem klassischen viersätzigen Modell basieren, das sie aber auf phantasievolle und bisweilen fast gattungssprengende Weise variieren und erweitern. Ihre Instrumentation gründet auf der klassisch-romantischen Standardbesetzung und ergänzt diese schließlich zu einem alle bisherigen Maßstäbe überbietenden Riesenapparat; die Erweiterung geschieht insbesondere bei den Blasinstrumenten und im Schlagapparat, dessen geräuschhafter Anteil zunimmt, bis hin zum Einsatz der ersten beiden Hammerschläge der Musikgeschichte im Finale der 6. *Sinfonie* (1904) – der dritte geht dann zehn Jahre später, 1914, im Schlusstakt des dritten der *Drei Stücke für Orchester* von Alban Berg nieder.

Vier der neun Mahler-Sinfonien, die Erste, die Fünfte, Sechste und Siebte, sind rein instrumental besetzt. Die Übrigen beziehen die menschliche Stimme mit ein und verwischen, wie Beethovens 9. *Sinfonie*, die Grenzen zwischen Sinfonik, Oratorium und Lied. Die Einbindung des Liedhaften in die Sinfonie kündigt sich bereits 1888 in der *1. Sinfonie D-Dur* an, in deren langsamem Satz die Volksliedmelodie »Frère Jacques« erklingt und verfremdet wird. Die 2., 3. und 4. Sinfonie (1894–1900) beziehen solistische Frauenstimmen und (2. und 3. Sinfonie) gemischte und gleichstimmige Chorsätze mit ein, wobei sich Mahler textlich mehrfach auf Vorlagen aus der von ihm so geschätzten Volkslied-Sammlung *Aus des Knaben Wunderhorn* stützte.

Bei der Uraufführung der 8. *Sinfonie* in München 1910 stellte Mahler das wohl größte Aufgebot an Mitwirkenden in der Geschichte der Sinfonik auf die Bühne (»Sinfonie der Tausend«) und näherte damit die Sinfonie vollends dem Oratorium an; es erklingen der lateinische

ÜBER seine *8. Sinfonie* schrieb Gustav Mahler im Sommer 1906 an den niederländischen Dirigenten Willem Mengelberg.

»Ich habe eben meine 8. vollendet. – Es ist das Größte, was ich bis jetzt gemacht. Und so eigenartig in Inhalt und Form, daß sich darüber gar nicht schreiben läßt. – Denken Sie sich, daß das Universum zu tönen und zu klingen beginnt. Es sind nicht mehr menschliche Stimmen, sondern Planeten und Sonnen, welche kreisen.«

LIEDER

Neben dem sinfonischen Werk wandte sich Mahler schwerpunktmäßig seinen orchestralen Liederzyklen und deren Fassungen mit Klavierbegleitung sowie den zahlreichen Klavierliedern zu; in ihnen wird seine Affinität zum Volkslied, seiner Schlichtheit und Eingängigkeit, aber auch seiner mehr oder weniger starken melodischen und textlichen Trivialität, spürbar. Hier finden sich die wesentlichen Stilmerkmale Mahlers vereinigt, etwa zu Beginn des Wunderhorn-Liedes *Zu Straßburg auf der Schanz*, mit nachgeahmten Schalmeien- und Fanfarenklängen, imitierten Trommelwirbeln, stilisiertem Marschrhythmus und sentimentalen Terzen- und Sextenparallelen.

MAHLERS WERKE

- 9 vollendete Sinfonien
- Vokalmusik mit Orchester (u. a. *Das klagende Lied*, 1880; *Lieder eines fahrenden Gesellen*, 1883–85 [auch mit Klavier]; *Kindertotenlieder* nach Friedrich Rückert, 1902; *Das Lied von der Erde* nach chinesischen Gedichten in der Übersetzung von Hans Bethge, 1908)
- Klavierlieder

Hymnus *Veni creator spiritus* und die Schlussszene aus dem zweiten Teil von Goethes *Faust*, dargeboten von acht Solostimmen, Doppelchor, Knabenchor, Orgel und Orchester. Wie das ein Jahr später entstandene *Lied von der Erde* werden hier die Merkmale des Sinfonischen, je nach Perspektive, in Frage gestellt oder aufgegeben.
Mit der *9. Sinfonie* kehrte Mahler jedoch wieder zur reinen Instrumentalbesetzung und zur Viersätzigkeit zurück. Eine *10. Sinfonie* gedieh nicht mehr über das Entwurfsstadium hinaus. Mahler reihte *Das Lied von der Erde* nicht nur aus Aberglauben nicht unter seine Sinfonien ein (es wäre die ›Neunte‹, und Beethoven starb, ohne eine zehnte Sinfonie vollenden zu können), sondern drückte auf diese Weise aus, dass es sich hier eher um einen Liederzyklus handelt. Freilich wird er von sinfonischen Elementen durchdrungen: man kann Anklänge an die Mehrsätzigkeit der Sinfonie erkennen, deren Formmodelle noch zu ahnen sind (Sonatensatz, Scherzo, Rondo); die Komposition wird getragen vom sinfonischen Orchesterapparat, vom Farbenreichtum der eigenwilligen Mahlerschen Instrumentationskunst.

STILISTISCHE MERKMALE. Eine der Eigentümlichkeiten, aus denen Mahlers Musik ihren Reiz bezieht, ist ihre Gegensätzlichkeit auf engstem Raum: das Nebeneinander von schlichtester, bisweilen banaler Volkstümlichkeit und kompliziertesten Schichtungen und Häufungen aller Parameter. Die Durchdringung heterogenster Elemente nimmt gelegentlich den Charakter einer Collage an: Versatzstücken gleich, prallen Volksliedbausteine, Anleihen bei der Trivialmusik, Geräuscheffekte, Kuhglocken und Fernorchester, Schlagzeugballungen und vielfache Streicherteilungen aufeinander, und auch der häufig eher zu ahnende als zu belegende Eindruck von Zitaten aus Werken anderer Komponisten ist weniger ein Hinweis auf einen möglichen und hartnäckig immer wieder behaupteten Eklektizismus Mahlers als vielmehr Ausdruck dieser zukunftsweisenden Collagetechnik.

GUSTAV MAHLER

1860 am 7. Juli in Kalischt (Böhmen) geboren.
1875–78 studiert Mahler in Wien Klavier und Komposition (u. a. bei Bruckner); seine sich anschließende Laufbahn als Theaterkapellmeister führt ihn über Kassel, Prag, Leipzig, Budapest und Hamburg.
1897–1907 Kapellmeister an der Wiener Hofoper, die er zu reformieren versucht.
1902 Heirat mit Alma Mahler-Werfel.
1907 dirigiert Mahler erstmals in New York (Met); er leitet ab dem folgenden Jahr die New Yorker Philharmoniker.
1911 stirbt Mahler am 18. Mai in Wien, nachdem eine schwere Herzerkrankung seine Laufbahn beendet und seine Rückkehr nach Europa nahegelegt hatte.

DIE SINFONIE NACH MAHLER

NACHKLANG UND FORTFÜHRUNG. Gustav Mahler hatte die im 19. Jahrhundert dominierende Gattung der Sinfonie zu einem grandiosen Finale geführt, sodass die Entwicklung der Sinfonik im 20. Jahrhundert fast wie ein Nachklang anmutet. Trotzdem lassen sich wichtige Komponisten nennen, die die Gattungsgeschichte auf unterschiedlichste Weise weiterentwickelt haben.

Während Jean Sibelius' sieben Sinfonien im angelsächsischen Raum schon immer erfolgreich waren, litten sie in Deutschland unter Vorurteilen und erfuhren nach 1945, ausgelöst durch das verständnislose Verdikt Theodor W. Adornos (*Askese der Impotenz*, 1938), einen Einbruch. Mit seinem sinfonischen Erstling (1898) knüpfte Sibelius bei Tschaikowskij an, fand dann jedoch in seiner *2. Sinfonie D-Dur* op. 43 (1901) seinen eigenen Tonfall, den man unpräzise als nordisch zu bezeichnen pflegt. Sibelius gewann dem Instrumentarium ein dunkles, bisweilen raues Timbre ab. Strukturell ging er von den klassischen Satzmodellen aus, variierte und modifizierte sie, stellte eigenwillige Motivverknüpfungen her und erreichte in der *6. Sinfonie* und der einsätzigen *7. Sinfonie* ein beträchtliches Maß an äußerlicher Kargheit und Rigorosität.

Durch den Briten Edward Elgar und den Dänen Carl Nielsen entstanden jeweils eigene sinfonische Traditionen, doch fanden ihre Hauptwerke trotz ihres Formats wenig Resonanz in den europäischen Konzertsälen. Neben Elgar repräsentierten auch Ralph Vaughan Williams und Gustav Holst die Gattung; Williams folgte mit seinen 9 Sinfonien, deren letzte er 1958 vollendete, der spätromantischen Traditionslinie.

Aaron Copland ist der wichtigste Vertreter der amerikanischen Kunstmusik, der nach anfänglichen Experimenten zu einer neuen Schlichtheit und Tonalitätsorientiertheit zurückfand. Drei Sinfonien zeugen von seiner Beschäftigung mit der Gattung; die letzte schrieb er 1946.

DMITRIJ SCHOSTAKOWITSCH

1906 am 12. (25.) September in St. Petersburg geboren.
1919–25 auf Empfehlung Alexander Glasunows Studium am Konservatorium seiner Geburtsstadt.
1936 wird die Oper *Lady Macbeth von Mzensk* des inzwischen durch Opern, Filmmusiken und Ballette bekannt gewordenen Schostakowitsch in einem vermutlich von Stalin veranlassten Artikel in der *Prawda* rigoros verurteilt, dass sie nicht den Prinzipien des Sowjetischen Realismus gehorcht; der Komponist gerät darauf in eine Krise und zieht auch seine *4. Sinfonie* zurück.
1953 verschafft der Tod Stalins Schostakowitsch größere kompositorische Freiheiten (z. B. Zitate aus dem frühen Werk in neuen Kompositionen).
Ab 1955 werden auch bislang zurückgehaltene bzw. unterdrückte Werke Schostakowitschs – wie z. B. das *1. Violinkonzert* – in der Sowjetunion erstmals aufgeführt.
1975 stirbt Schostakowitsch am 9. August in Moskau.

Dmitrij Schostakowitsch. Ölgemälde von Pjotr Williams (1947).

SOWJET-RUSSISCHE SINFONIK. Die beiden Hauptvertreter der neuen russischen Sinfonik, Sergej Prokofjew und Dmitrij Schostakowitsch, waren gezwungen, sich mit dem totalitären System zu arrangieren, ohne Verrat an ihren künstlerischen Idealen zu üben. Sergej Prokofjew hinterließ sieben Sinfonien, die er zwischen 1916 und 1952 komponierte. Populär wurde seine *Symphonie classique Nr. 1 D-Dur* op. 25 von 1916 als

frühes Dokument des Neoklassizismus, die mit den Versatzstücken der klassischen Sinfonik zu spielen und sie zu verfremden scheint. Passagen aus diesem Stück begegnen uns 1935 in seiner Ballettmusik *Romeo und Julia* wieder.
Prokofjews Personalstil stellt sich als farbiges Nebeneinander verschiedener Effekte dar, zwischen martialischer Grobheit und zartester melodischer Empfindsamkeit, hämmernder Motorik und großer Klangsinnlichkeit, mit einem gelegentlichen Hang zu greller Äußerlichkeit. Harmonisch bleibt seine Musik, nach einigen die Grenzen der Tonalität sprengenden Versuchen zu Beginn, im Rahmen einer fantasievoll erweiterten Tonalität. Diese Merkmale kulminieren in seinem sinfonischen Meisterwerk, der *5. Sinfonie* von 1944. Seine letzte, die *7. Sinfonie* von 1952, präsentiert sich vor dem Hintergrund der stalinistischen Kulturpolitik als Gratwanderung zwischen individueller Unbeugsamkeit und politischem Anpassungszwang.
Nicht alle 15 Sinfonien Dmitrij Schostakowitschs kommen häufig zur Aufführung. Zeitweise war seine Musik sogar politisch gemaßregelt und verboten, andererseits war er 1941 mit seiner *7. Sinfonie* Stalin-Preisträger. Seine Sinfonien lassen sich als eine Art musikalisches Protokoll einer existentiell gefährdeten Künstlerpersönlichkeit innerhalb des sowjetischen Systems begreifen. Dieser Charakter des heimlichen Bekenntnisses tritt in seinen ebenfalls 15 Streichquartetten noch deutlicher zutage, doch finden sich vor allem in den langsamen Sätzen seiner Sinfonien solcherart eindringliche Passagen. Mit Prokofjew verbindet ihn der Hang zum grellen Effekt und zu extremer klanglicher Schärfung. So verlangt die *4. Sinfonie* op. 43 (1936–37) eine riesenhafte Orchesterbesetzung. Seine *5. Sinfonie* von 1937 weist ein geheimes Programm auf (»Das Werden der Persönlichkeit«) und wurde weltweit populär, ebenso die *10. Sinfonie* von 1954, die wegen ihrer hohen, aber effektvollen Anforderungen an Dirigent und Orchester fast schon zum Repertoirestück avanciert ist.
Sergej Rachmaninow geht in seinen drei Sinfonien weit über die klischeehafte russische Spätromantik hinaus und besticht durch eine ausgefeilte, farbenprächtige Instrumentation und eindringliche thematische Deklamation. Zwei Generationen nach ihm setzte Alfred Schnittke in der Sowjetunion mit seinen neun Sinfonien einen neuen Akzent, beginnend mit seiner überlangen, zitatgespickten *1. Sinfonie* von 1972 und in der Folge sich in vielfältig-eigenwilliger Weise mit dem sinfonischen Erbe der Vergangenheit auseinandersetzend.

SCHOSTAKOWITSCHS WERKE

- Orchesterwerke (u. a. 15 Sinfonien; Konzerte für Violine, Violoncello und Klavier; diverse Suiten aus Film- und Bühnenmusiken)
- Kammermusik (u. a. 15 Streichquartette)
- Klaviermusik (u. a. *24 Präludien und Fugen*)
- Bühnenwerke (2 Opern, u. a. *Lady Macbeth von Mzensk*, 1934, rev. 1936; Ballett- und Schauspielmusiken)
- Vokalwerke (Kantaten, Oratorien, Klavierlieder)

VERGESSENE SINFONIEN

Hierzulande sind Henry Cowells und Roger Sessions Sinfonien fast völlig unbekannt geblieben. Auch dass Ernst Kreneks umfangreiches Lebenswerk fünf Sinfonien umfasst, ist heute vergessen. Kaum gespielt werden auch die dreizehn Sinfonien für großes Orchester und die sechs Sinfonien für kleine Besetzung des Franzosen Darius Milhaud. Sie gelten als wahre Geheimtipps, insbesondere die sparsam wie fantasievoll besetzten und klanglich originellen Kammersinfonien.

PROGRAMM-MUSIK FÜR ORCHESTER

RICHARD STRAUSS

1864 am 11. Juni in München geboren; umfassend musikalisch ausgebildet.
1885 Assistent des Dirigenten Hans von Bülow; im gleichen Jahr wird Strauss dessen Nachfolger bei der Meininger Hofkapelle; Bayreuth-Erfahrung. Stationen der Laufbahn: München, Weimar und Berlin (Hofkapellmeister und GMD).
1905 Durchbruch als Komponist mit der Oper *Salome*.
1919–24 Leiter der Wiener Staatsoper; Dirigententätigkeit in aller Welt.
Ab 1924 keine feste Berufstätigkeit mehr, freier Komponist und Dirigent.
1933–35 Präsident der Reichsmusikkammer.
Ab 1945 Aufenthalte in der Schweiz und in England.
1949 Rückkehr nach Deutschland, am 9. September stirbt Strauss in Garmisch-Partenkirchen.

STRAUSS. Die Spätphase der Sinfonischen Dichtung und der mehrsätzigen Programmsinfonie fällt in die Zeit der Jahrhundertwende. Trotz einiger Nachfahren in der ersten Jahrhunderthälfte ist Richard Strauss als Vollender der Gattung anzusehen; ihm ist es als Einzigem gelungen, sich mit seinen wichtigsten Werken einen Stammplatz im Konzertrepertoire zu sichern.
Strauss' einsätzige Sinfonische Dichtungen entstanden in den Jahren vor 1900, beginnend mit der »Sinfonischen Fantasie« op. 16 *Aus Italien* im Jahre 1886 und endend 1894/95 mit *Till Eulenspiegels lustige Streiche* op. 28. Die historische Entwicklungslinie dieser Gattung lässt sich von Berlioz über Liszt bis zu Strauss ziehen, der der effektvollste und souveränste Meister im Umgang mit strukturellen und vor allem klangfarblichen Aspekten war. Bezeichnenderweise gab gerade er die Instrumentationslehre von Berlioz neu heraus, indem er sie auf den aktuellen Stand der Instrumenten- und Instrumentationstechnik brachte und sie durch Beispiele aus Wagners und seinem eigenen Werk anreicherte. Strauss' Orchesterwerke sind Lehrstücke raffinierter Klangfarbenregie; kein anderer Komponist beherrschte derart meisterhaft den Umgang mit allen Reizen des großen, spätromantischen Orchesterklanges. Seine Werke verdanken einen Großteil ihres Erfolges der farblichen Fassade und dem bisweilen rauschhaft suggestiven Klanggewand.
Strauss setzte die strukturelle Perspektive der Sinfonischen Dichtungen konsequent fort, indem er frei mit überlieferten formalen Modellen umging und sie den überwiegend literarischen Vorlagen anpaßte. Zwar schimmern Sonatensatz (*Don Juan*), Variation (*Don Quixote*) oder Rondo (*Till Eulenspiegel*) durch, doch würde eine analytische Betrachtung unter diesem Blickwinkel zu kurz greifen.
Am erfolgreichsten wurden *Don Juan* op. 20, *Tod und Verklärung* op. 24 und *Till Eulenspiegel* op. 28. Der Titelzusatz bei *Eulenspiegel – Nach alter Schelmenweise – in Rondoform* – spiegelt das künstlerische Anliegen wider: die freie Umsetzung einer alten literarisch-sagenhaften Vorlage und die zwanglose Handhabung eines überlieferten Formprin-

zips. Die Abenteuer des Titelhelden und sein bizarres Ende finden ihr Äquivalent in einer schillernden, die programmatisch-äußerlichen Anstöße manchmal drastisch aufgreifenden Partitur. Einige wenige markant-einprägsame Themen werden zu wirkungsvollen strukturellen Klammern: So führt das Eulenspiegelthema durch sein Changieren innerhalb der Taktgrenzen den unsteten Charakter der Titelfigur vor; als formaler Rahmen – Einleitung und erinnernde Coda zugleich – erklingt eine wehmütige Melodie zu Beginn und am Ende – »es war einmal …«

PROGRAMM-SINFONIEN. Die Meisterschaft im Umgang mit dem großen Orchester und der Kombinatorik aufeinander bezogener Motivstrukturen wandte Strauss dann auch auf seine Programm-Sinfonien an, die ein wenig im Schatten der Sinfonischen Dichtungen stehen. Von Dirigenten und Orchestern werden sie geliebt als dankbare ›Reißer‹, auch wenn sie in manchen programmatischen Aspekten und musikalischen Details an die Grenzen des guten Geschmacks zu gehen scheinen, vor allem in den überaus realistischen Passagen der *Sinfonia domestica* und der *Alpensinfonie*, aber auch in Ansätzen zur eitlen Selbstbespiegelung im *Heldenleben*. Insgesamt bedeuten sie den letzten Höhepunkt jener grandiosen Gattung, die mit Berlioz' *Symphonie fantastique* einsetzte. Beleg für die Popularität derartiger Musik ist auch ihr partielles Abgleiten in andere Medien (Film, Fernsehen, Werbung), vielfach zitiert wird z. B. der auftrumpfende Beginn von Strauss' »Tondichtung (frei nach Nietzsche)« *Also sprach Zarathustra* op. 30. Die Filmmusik im 20. Jahrhundert wäre kaum ohne das Vorbild und den Anreger Strauss ausgekommen.
Neben den großen Programmkompositionen treten die übrigen Orchesterwerke von Strauss in den Hintergrund, unter ihnen die 2 *Hornkonzerte* (1882 und 1942), das *Oboenkonzert* (1945), die *Metamorphosen*, als *Studie für 23 Solo-Streicher* ein Grenzfall der Orchestermusik (1944/45), der eindringlich und verinnerlicht die Katastrophenerfahrung des Kriegsendes zu verarbeiten sucht, und die *Vier letzten Lieder* für Sopran und Orchester (1947/48).

PROGRAMMATISCHE ORCHESTERWERKE VON STRAUSS

Aus Italien. Sinfonische Fantasie op. 16 (1886), *Don Juan. Tondichtung nach Nikolaus Lenau* op. 20 (1887/88); *Macbeth. Tondichtung nach Shakespeare* op. 23 (1886/91); *Tod und Verklärung. Tondichtung* op. 24 (1888/89); *Till Eulenspiegels lustige Streiche – Nach alter Schelmenweise – in Rondoform* op. 28 (1894/95); *Also sprach Zarathustra. Tondichtung (frei nach Nietzsche)* op. 30 (1895/96), *Don Quixote. Fantastische Variationen über ein Thema ritterlichen Charakters* op. 35 (1897); *Ein Heldenleben. Tondichtung* op. 40 (1898); *Sinfonia domestica* op. 53 (1902/03); *Eine Alpensinfonie* op. 64 (1914/15)

IM Vorwort zu seiner Neuausgabe von Hector Berlioz' *Instrumentationslehre* äußert sich Richard Strauss 1904 auch zum Unterschied von Theorie und Praxis der Instrumentierung.

»In der Instrumentationskunst, wie wohl in allen künstlerischen Dingen, ist es mit theoretischen Büchern eine mißliche Sache. Ich behaupte: ein mit Kompositionstalent begabter Musiker, der als Geiger oder Bläser in einem Orchester tätig ist, wird von vornherein ohne jede Kenntnis der Instrumentationslehre ein größeres Geschick für Orchestrationskunst besitzen, als der ebenfalls zum Tondichter berufene Pianist ›So und So‹ oder der federgewandte Kritiker ›Nie und Nimmermehr‹, der zwar fleißig Instrumentationslehre studiert, aber nie Orchesterinstrumente näher zu Gesicht bekommen hat, als in einer Entfernung von der Stuhlreihe seines Platzes im Konzertsaal bis zum Konzertpodium.«

ORCHESTERMUSIK I

PAUL HINDEMITH

1895 am 16. November in Hanau geboren; früh Violinunterricht, seit 1912 Kompositionslehre bei Arnold Mendelssohn und Bernhard Sekles; Komponistenlaufbahn ab 1919.
1915–23 Konzertmeister am Frankfurter Opernhaus.
1921–26 maßgebliche Beteiligung an jährlichen »Kammermusikaufführungen zur Förderung Zeitgenössischer Tonkunst«.
1922–29 Bratscher im Amar-Quartett, Konzertreisen (auch als Solist und später als Dirigent) durch ganz Europa.
1927 Professor für Komposition in Berlin; theoretische Schriften, Begründung eines eigenen Harmoniesystems.
Ab 1934 Aufführungsverbot des Hindemith'schen Werks in Deutschland durch das nationalsozialistische Regime; Hindemith geht in die Emigration, zeitweise musikorganisatorische Tätigkeit in der Türkei.
1937–39 Konzertreisen in die USA, Wohnung in der Schweiz.
1940–53 lehrt er an der Yale University in New Haven (1949–50 an der Harvard University).
1953 Rückkehr in die Schweiz; bis 1957 Lehrtätigkeit in Zürich, Konzertreisen als Dirigent, vor allem eigener Werke.
1963 stirbt Hindemith am 28. Dezember in Frankfurt a. M.

REGER. Max Reger war der Meister des streng durchgearbeiteten Tonsatzes mit starkem kontrapunktischem Schwerpunkt, raffinierter chromatischer Modulationstechnik, die die Grenzen der erweiterten Tonalität nicht überschreitet, und gleichzeitiger Orientierung an historischen Formmustern. Hatte seine frühe *Sinfonietta* op. 90 (1904–05) noch experimentelle Züge, so stehen seine weiteren Orchesterkompositionen relativ fest auf dem Boden der Tradition. Bekannt sind seine beiden Variationszyklen mit Fuge über Themen von Johann Adam Hiller (op. 100; 1907) und von Mozart (op. 132; 1914), wobei die Mozart-Variationen von der Popularität ihres Themas aus Mozarts Klaviersonate KV 331 profitieren. Während das *Konzert im alten Stil* op. 123 (1912) im Titel den rückwärts gewandten Aspekt verdeutlicht, gehören die *Vier Tondichtungen nach Arnold Böcklin* op. 128 (1913) als eigenwillige Nachzügler in die Reihe der Sinfonischen Dichtungen nach Strauss.

PFITZNER. Hans Pfitzner, der gern mit dem Etikett eines letzten Romantikers kokettierte, war ein bisweilen polemischer Antipode der progressiven zeitgenössischen Musiker um Arnold Schönberg, die sich selber als Pioniere der Moderne verstanden. Nicht nur komponierend, sondern auch mit spitzer schriftstellerischer Feder griff er Tendenzen an, die ihm gegen den Strich gingen (*Futuristengefahr*, 1917; *Die neue Ästhetik der Tonkunst*, 1919). Pfitzner hinterließ drei Sinfonien, von denen die Erste eine Instrumentierung eines Streichquartettes ist.

HINDEMITH. Paul Hindemith begann als Spätromantiker. Die *Lustige Sinfonietta* op. 4 von 1916 entspricht in ihrer Besetzung bis auf das erweiterte Schlagzeug dem romantischen Vorbild; ihr humoristischer Bezug aller drei Sätze leitet sich von Gedichten Christian Morgensterns ab. Auch der *Ragtime (wohltemperiert) für Orchester* (1921) weist die parodistischen Züge jener Periode auf; ihm stellte Hindemith folgende Worte voran: »Glauben Sie, Bach dreht sich im Grabe herum? Er denkt nicht daran! Wenn Bach heute lebte, vielleicht hätte er den Shimmy erfunden oder zum mindesten in die anständige Musik aufgenommen. Vielleicht hätte er dazu auch ein Thema aus dem *Wohltemperierten Klavier* eines für ihn Bach vorstellenden Komponisten genommen«, womit Hindemith auf den Themenkopf seines Ragtimes anspielt, der das Thema der *c-Moll-Fuge* aus Bachs erstem Teil des *Wohltemperierten Klaviers* parodiert.
Die Orchesterwerke aus den 1920–40er-Jahren zeigen Hindemith im souveränen Umgang mit Tonsatz und Instrumentation. Diese Dokumente verringern »auffällig die durch Polemik gekennzeichnete Distanzierung. Mit der Festigung von Hindemiths harmonischem System, wie es in seiner Schrift *Unterweisung im Tonsatz* (1937) fixiert

wird, geht die Rückkehr zum großen sinfonischen Werktypus einher. Barocke und klassische Formmuster wie Sonatenhauptsatzform, Fuge und Passacaglia bilden den traditionalistischen Rahmen, innerhalb dessen Hindemith kaum mehr radikale Experimente wagt. Der Beschäftigung mit der Tradition entwächst Hindemiths motivisch-thematische Arbeit mit permanentem Drang zur Polyphonie« (Karl H. Wörner).
Mit seinem *Konzert für Orchester* op. 38 hat Hindemith 1925 seinen reifen Stil gefunden. Die drei charakteristischen Sätze (»Engelskonzert«, »Grablegung«, »Versuchung des Heiligen Antonius«) der populären Sinfonie *Mathis der Maler* (1934) basieren auf Passagen seiner gleichnamigen, 1938 uraufgeführten Oper. Mit diesem Werk schuf Hindemith ein eindringliches Dokument programmatischer Orchestermusik, ohne dass die Programmatik die musikalische Substanz überdeckt. So ist das »Engelskonzert« durch die kunstvolle Kombinatorik seiner vier Themen geprägt, während die beiden folgenden Sätze die weit auseinanderliegenden Ausdrucksregionen zwischen Trauer und Ekstase berühren.

Paul Hindemith, *Konzert für Orchester* op. 38 (Skizze zum 2. Satz).

HINDEMITHS WERKE

- Orchestermusik (u. a. *Konzert für Orchester*, 1925; *Sinfonie »Mathis der Maler«*, 1934; *Sinfonie in Es*, 1940; *Sinfonische Metamorphosen über Themen von C. M. v. Weber*, 1943; *Sinfonie »Die Harmonie der Welt«*, 1952; 7 *Kammermusiken*, u. a. für obligates Klavier, Violoncello, Viola d'amore und Orgel; Konzerte für Bratsche, Violine, Violoncello und Orgel)
- Kammermusik (u. a. 6 Streichquartette; Sonaten für fast jedes Orchesterinstrument)
- Klaviermusik (u. a. *Ludus tonalis*, 1942)
- Bühnenwerke (8 Opern, u. a. *Cardillac*, 1926, rev. 1952; *Mathis der Maler*, 1935; 4 Ballettmusiken, u. a. *Noblissima visione*, 1938)
- Vokalwerke (u. a. die Oratorien *Das Unaufhörliche*, 1931; *When Lilacs Last in the Door-yard Bloom'd*, 1946; Liederzyklus *Das Marienleben*, 1923, rev. 1936–48)

SEIN Verständnis von Kunst macht Hans Pfitzner in dem Aufsatz *Futuristengefahr* (1917) deutlich.

»Dagegen ist es geradezu unlogisch, von Zielen der Kunst überhaupt zu sprechen. Sie hat keine Zwecke und keine Ziele. Ein jedes Kunstwerk ist eine Welt für sich; ist es das Werk eines Genies, ist es gelungen, erhebt es, beglückt es, so ist es durch nichts zu überholen; es hat den einzigen ›Zweck‹, das einzige ›Ziel‹ erreicht, von dem man vernünftigerweise bei ihm reden kann. Nicht die Kunst: Der Künstler hat ein Ziel, nämlich seine ihm verliehene Begabung in möglichst vollkommene Leistungen umzusetzen (…). Die Größe und Vollkommenheit der Kunst hängt nicht von der Größe und Vollkommenheit der Mittel, sondern von der des Künstlers ab.«

ORCHESTERMUSIK II

KAMMERMUSIKALISCHE TENDENZEN. Nach seiner spätromantischen Riesenpartitur *Pelleas und Melisande* (1903) beschritt Schönberg neue Wege. Seine *Kammersinfonie E-Dur* op. 9 (1909) weist mit ihrem experimentellen Charakter den Weg zur Atonalität. In ihr kommen 15 Soloinstrumente, darunter auch Streicher, zum Einsatz. Satz- und Formgrenzen werden überwunden: das Sonatensatzmodell wird den ineinander übergehenden Sätzen gleichsam aufgesetzt.

Die kammermusikalische Tendenz findet sich auch bei anderen Komponisten. Anton Webern setzte die Streicher in seinen minimalistischen *Fünf Stücken für Orchester* op. 10 (1913) solistisch ein. Paul Hindemith verwischte die Grenzen zwischen Orchester- und Kammermusik wiederholt in den fantasievoll in ihren Besetzungen wechselnden vitalen *Kammermusiken* aus den Zwanziger Jahren.

BÉLA BARTÓK

1881 am 25. März im südungarischen (heute rumänischen) Nagyszentmiklós geboren; erstes Komponieren und Konzertieren im Kindesalter, Studium in Budapest.
Ab 1907 Professur für Klavier an der Musikhochschule Budapest.
Ab 1934 freischaffender Komponist; parallele Studien der musikalischen Folklore (mit Kodály); europäische Konzertreisen.
1940 auf der Flucht vor der nationalsozialistischen Kulturpolitik Emigration in die USA; in den letzten Exiljahren Krankheit und materielle Not.
1945 stirbt Bartók am 26. September in New York.

MONUMENTALE BESETZUNGEN. Aber auch die riesenhaften Orchesterpartituren in der Nachfolge von Mahler und Strauss wurden weitergeführt. Neben Mahler experimentierte der Russe Alexander Skrjabin mit Form und Instrumentation und fand zu einer expressiven Tonsprache an den Grenzen der Tonalität, die neben drei Sinfonien in seinen beiden Tondichtungen *Poème de l'extase* op. 54 (1908) und *Promethée. Poème du feu* op. 60 mit Orgel und Chor (1910) kulminierte. Mit philosophisch-theosophischen Ambitionen versuchte er, die herkömmlichen Form- und Gattungsgrenzen zwischen Programm- und absoluter Musik zu überwinden; in *Prometheus* setzte er ein (unvollkommenes) Farbklavier ein und konfrontierte sein Publikum mit Lichteffekten.

Überdimensionale Orchesterbesetzungen finden sich auch bei Arnold Schönberg und seinem Schüler Alban Berg. Beide schufen mit neutral bezeichneten Orchesterstücken Dokumente der Monumentalisierung und mit gleichzeitig sensibelster Binnendifferenzierung. Schönberg fügte seinen *Fünf Orchesterstücken* op. 16 (1909) auf Drängen seines Verlegers Titel hinzu (»Vorgefühle, Vergangenes, Farben, Peripetie, Das obligate Rezitativ«) und begab sich damit auf eine Gratwanderung zur Programmatik. Wichtiger wurden die Überwindung historischer Formmodelle und die raffinierte farbliche Auffächerung, die er in den zwölftönigen *Variationen für Orchester* op. 31 (1926–28) konsequent weiterentwickelte. Berg folgte ihm 1914 mit *Drei Orchesterstücken* op. 6 (»Präludium, Reigen, Marsch«). Sie »sind sinfonische Prozesse von außerordentlicher, oft beklemmender Intensität, in denen häufig die Impulsivität der Mahler'schen Klanggestik nachklingt« (Klaus Schweizer). Im letzten Klangausbruch der Partitur fällt nach Mahlers 6. *Sinfonie* zum zweiten Mal in der Musikgeschichte ein Hammerschlag, der punktuell die Emanzipation des Geräuschhaften symbolisiert, die sich in dieser grandiosen und erschreckenden Musik manifestiert.

BARTÓK. Während Igor Strawinsky sich in dieser Periode vorwiegend mit monumentalen Ballettkompositionen beschäftigte und sich im Zuge des Neoklassizismus frühklassischen Besetzungen zuwandte, beschritt der Ungar Béla Bartók in den 1930er- und 40er-Jahren mit seinen Orchesterwerken eigene, häufig unzureichend als Folklorismus bezeichnete Wege. Eigenwillig führen seine Orchesterpartituren klassisch-romantische Modelle fort: ihre Titel – »Musik«, »Konzert« – distanzieren sich von der sinfonischen Tradition und weichen ins scheinbar Unverbindliche aus. In den vier Sätzen der *Musik für Saiteninstrumente, Schlagzeug und Celesta* (1936) werden historische Formmuster auf originelle und konsequente Weise ohne jeden Ansatz eines Historismus aufgegriffen und weitergedacht. Die beiden einander gegenübersitzenden Streichorchester erfahren hier eine aparte klangliche Ausweitung durch Celesta und Schlagapparat. Zu Beginn des Stückes setzt sich Bartók mit dem Prinzip der Fächer-Fuge auseinander, die mit ihren Einsätzen den Tonraum quintenweise nach oben und unten ausweitet.
Auch im *Konzert für Orchester* (1943) steht in der Mitte einer jener späten rhapsodisch-tiefsinnigen langsamen Sätze Bartóks, in denen das ungarische Idiom emphatisch zum Ausdruck kommt, ohne dass folkloristische Entlehnungen nachweisbar wären. Um sie gruppieren sich vier weitere, in der Besetzung und im Charakter kontrastierende Sätze, darunter das reizvolle »Spiel der Paare – Giuoco delle copie« (2) mit seinen aparten instrumentalen Duokombinationen in wechselndem Intervallabstand. Auch die orchestrale Spielvirtuosität kommt nicht zu kurz. Ebenfalls freundlich, die klassische Serenadentradition unkonventionell fortführend, mutet das *Divertimento* für Streicher (1939) an, dessen bewegte Rahmensätze sich um einen extreme Ausdruckstiefen auslotenden langsamen Satz gruppieren.

YEHUDI Menuhin, der 1944 in New York die von ihm bestellte *Sonate für Violine allein* von Béla Bartók zur Uraufführung brachte, schätzte den Komponisten sehr.

»Kein anderer zeitgenössischer Komponist hat mich so unwiderstehlich angezogen wie Bartók. Ich fühlte mich eins mit seinen unerbittlichen und komplexen Rhythmen, eins mit seiner abstrakten, doch ungeheuer ausdrucksvollen Konstruktion der melodischen Linie, eins mit dem unglaublich reichen Spektrum seiner Harmonien und vor allem mit der Reinheit der Ausführung, immer ohne die geringste Spur von Sentimentalität, genauso scharf gemeißelt und durchdringend wie seine eigenen Züge und seine Augen.«

BARTÓKS WERKE

- Orchesterwerke (u. a. *Musik für Saiteninstrumente, Schlagzeug und Celesta*, 1937; *Konzert für Orchester*, 1944; 3 Klavierkonzerte; 2 Violinkonzerte; Bratschenkonzert)
- Kammermusik (u. a. 6 Streichquartette; *Sonate für 2 Klaviere und Schlagzeug*, 1937)
- Klaviermusik (u. a. 6 Bücher *Mikrokosmos*, 1926–39)
- Bühnenwerke (Oper: *Herzog Blaubarts Burg*, 1911; Ballette: *Der holzgeschnitzte Prinz*, 1916; *Der wunderbare Mandarin*, 1919)
- Vokalmusik (u. a. *Cantata profana*, 1930)

DAS SOLOKONZERT VOR 1945 I

SERGEJ RACHMANINOW

1873 am 20. März (1. April) in Semjonowo (Nowgorod, Russland) geboren; erhält früh Klavierunterricht.
Ab 1855 Studium am Moskauer Konservatorium; Studienkollege von Alexander Skrjabin; nach brillantem Abschluss erfolgreiche Pianistenkarriere.
1904–06 Dirigent am Bolschoj-Theater.
1906–09 Aufenthalt in Dresden.
1909–10 Amerika-Tournee; in New York spielt Rachmaninow sein *3. Klavierkonzert* unter Gustav Mahler.
Ab 1917 auf der Flucht vor der russischen Revolution; Aufenthalte in den USA und der Schweiz.
1943 stirbt Rachmaninow am 28. März in Beverly Hills (Kalifornien), nachdem er kurz zuvor die amerikanische Staatsbürgerschaft erworben hatte.

TENDENZEN. Die Entwicklung des Instrumentalkonzertes weist manche Parallelen zu jener der Sinfonie auf. Hier wie dort geht es um eine Auseinandersetzung und Überwindung des reichen Erbes aus Klassik und Romantik, das den Konzertsaal bis in unsere Tage dominiert. Beide Gattungen wurden auf unterschiedliche Weise gepflegt, doch bis auf wenige Ausnahmewerke können sie sich nicht im Repertoire des öffentlichen Musiklebens etablieren.
Beobachten lassen sich nach Karl H. Wörner einige markante Tendenzen: der fantasievollen, bisweilen auch eklektizistischen Nachfolge des großen romantischen Solokonzertes einerseits (sei es als Virtuosenkonzert, sei es als ambitioniert sinfonisches Konzert) steht der Versuch verschiedenartigster Grenzüberschreitungen gegenüber: in Gestalt einer ›Monumentalisierung‹ aller Dimensionen oder in einer Annäherung an andere Gattungen. Daneben gibt es die mehr oder weniger krasse Distanzierung von tradierten Strömungen zugunsten experimenteller Ansätze. Zwar dominieren als Soloinstrumente nach wie vor Klavier, Violine und – mit deutlichem Abstand – das Violoncello, doch kommt es auch zu ungewöhnlichen Versuchen mit anderen Instrumenten.

RACHMANINOW. Zahlreiche Komponisten versuchten das große solistische Konzertrepertoire mit eigenen Produktionen zu bereichern, allerdings mit höchst unterschiedlicher Resonanz beim Publikum. Erfolgreich durchgesetzt haben sich nur wenige Werke, in der Regel solche, die in Tonfall und Virtuosität an die Ausdruckswelt des 19. Jahrhunderts anknüpfen. Hier ist allen voran Sergej Rachmaninow zu nennen, dessen vier Klavierkonzerte zu Paradestücken reisender Klaviervirtuosen geworden sind und sich beim Publikum höchster Beliebtheit erfreuen. Wie in seinen drei bedeutenden Sinfonien setzte er sich in diesen Werken auf individuelle und keineswegs epigonale Weise mit den formalen Vorgaben des 19. Jahrhunderts auseinander und entwickelte eine spezifische, äußerst dankbare instrumentale Virtuosität.

PROKOFJEW. Radikaler im Tonfall und in der originellen Ausprägung anspruchsvollster Spieltechnik erweist sich sein jüngerer Landsmann Sergej Prokofjew. Im Gegensatz zu Rachmaninow scheute er sich nicht vor Ausweitungen des tonalen Rahmens, pflegte eine funkelnde, bisweilen grelle Instrumentation und ließ immer wieder in Melos und Rhythmik seine russische Herkunft anklingen. Neben fünf Klavierkonzerten hinterließ er noch zwei Violin- und ein Cellokonzert, die alle zwischen 1911 und 1934 entstanden sind. Nicht nur bei den Solisten, sondern auch beim Publikum reüssieren diese Stücke wegen ihrer gelungenen kontrastreichen Mischung von Virtuosität, klanglichen Effekten, Melos und rhythmischer Attacke sowie von westeuropäischen und russischen Elementen.

FRANZÖSISCHE SPIELART. Das Bestreben, sich vom Traditionsstrom des 19. Jahrhunderts zu distanzieren, führte gerade auch im Instrumentalkonzert zu äußerst konstruktiven und farbigen Ergebnissen. So bemühten sich in Frankreich Maurice Ravel mit seinen beiden in mediterraner Klarheit funkelnden Klavierkonzerten und Darius Milhaud mit mehr als 20 Solokonzerten um die Gattung. Ein Unikum ist Ravels einsätziges *Konzert für die linke Hand D-Dur* (1932), das er im Auftrag des kriegsverletzten Pianisten Paul Wittgenstein komponiert hatte und das sich durch die Einbeziehung von Jazzklängen auszeichnet. Im *Klavierkonzert G-Dur* aus dem gleichen Jahr war Ravel »bei der Gestaltung des Orchesterparts um die Transparenz eines geistvollen Divertissements bemüht, wobei er an Vorbilder wie Mozart und Saint-Saëns dachte« (Klaus Schweizer).
Milhaud hinterließ für verschiedene Instrumente Konzerte, darunter eines für Viola, das Paul Hindemith 1929 uraufführte, eines für den Klarinettisten Benny Goodman, eines für Marimba und Vibraphon (1947), eines für Schlagzeug (1929) und eines für Cembalo (1961), allesamt von dankbarer Virtuosität und durch einen manchmal volkstümlich-schlichten Tonfall geprägt.

RACHMANINOWS WERKE

- Orchesterwerke (u. a. 3 Sinfonien; 4 Klavierkonzerte; *Rhapsodie über ein Thema von Paganini* für Klavier und Orchester)
- Kammermusik (u. a. 2 Klaviertrios)
- Klaviermusik (u. a. *Préludes* op. 23 und 32)
- Bühnenmusik (3 Opern, u. a. *Francesca da Rimini*, 1906)
- Vokalwerke (u. a. *Die Glocken* nach Edgar Allan Poe op. 35 für Soli, Chor und Orchester, 1913, rev. 1936)

SELTEN GESPIELTE KONZERTE

Kaum beachtet werden Hans Pfitzners Konzerte für Klavier, Violine und Violoncello, die alle die spätromantische Tradition fortsetzen. Max Reger komponierte ein sehr aufwendiges *Konzert für Violine* (op. 101; 1907) sowie ein gleichfalls sinfonisch durchgestaltetes *Klavierkonzert* (op. 114; 1910). Sie werden beide selten gespielt, vor allem wohl wegen ihres versponnen nach innen gekehrten Tonfalls und ihrer bisweilen chromatisch überfrachteten Harmonik. Eher experimenteller Charakter zeichnet die Solokonzerte von Ferruccio Busoni aus, die sich vor allem durch ihre Verknüpfung romantischer Traditionen mit neutönerischen Bestrebungen als reizvoll erweisen.

DAS SOLOKONZERT VOR 1945 II

DIE ZWEITE WIENER SCHULE. Mit dem konzertanten Prinzip setzten sich auch Arnold Schönberg und seine Schüler auseinander. Schönberg hinterließ mit dem *Violinkonzert* op. 36 (1934–36) und dem *Klavierkonzert* op. 42 (1942) zwei höchst anspruchsvolle Werke, die sich aufgrund ihrer dodekaphonen Anlage und ihrer spröden Radikalität bis heute einem dauerhaften Publikumserfolg versperren. Dass die dodekaphonische Kompositionstechnik an sich durchaus kein Inspirationshemmnis sein muss, bewies hingegen Alban Berg mit seinem einzigen *Violinkonzert* (1935), das er »dem Andenken eines Engels«, der früh verstorbenen Manon Gropius, widmete und das aufgrund seiner hohen Expressivität bis heute häufig gespielt wird. Das Werk basiert auf einer Zwölftonreihe in Terzenschichtung und bezieht an einigen Stellen zitierend tonale Melodien mit ein: im ersten Satz ein Kärntner Lied, im zweiten den Bach-Choral *Es ist genug*, die beide in dodekaphoner Umgebung verfremdet wirken. Mit seinem *Kammerkonzert* für Klavier, Violine und 13 Bläser übertrug Berg 1924 sein Bestreben nach instrumentaler Reduzierung, die er in seiner *Kammersinfonie* op. 9 begonnen hatte, auf das konzertante Prinzip. Dem Kopfsatz stellte Berg ein Motto in Noten voran mit dem ausdrücklichen Zusatz: diese fünf Takte »dürfen nicht dirigiert, müssen aber gespielt werden«. In den Grenzbereich zwischen Kammer- und Orchestermusik gehört auch Anton Weberns *Konzert* für 9 Instrumente op. 24.

HINDEMITH. Von anderem Zuschnitt sind die Solokonzerte von Paul Hindemith, der den musikantischen Impuls erkennbar aus seinen eigenen Erfahrungen als Bratscher bezog und sein eigenes Instrument mit mehreren wichtigen Solowerken bedachte, zunächst mit der *Konzertmusik* op. 48 (1930), dann mit dem Konzert *Der Schwanendreher* (1935) nach alten Volksliedern. Neben Konzerten für andere Instrumente, darunter das Horn (1949) und die Orgel (1962), sind besonders Hindemiths sieben zwischen 1921 und 1927 entstandene *Kammermusiken* hervorzuheben. Mit ihren unterschiedlichen konzertanten Besetzungen zeichnen sie ein farbiges Spektrum jener frühen Jahre, gekennzeichnet durch mitunter überaus rasche Tempi und Einfallsreichtum hinsichtlich der Harmonie- und Melodiebildungen. In der originellen, für Ausführende wie Hörer gleicherma-

BERGS WERKE

- Orchesterwerke (u. a. *Drei Orchesterstücke* op. 6, 1930; *Kammerkonzert*, 1927; *Violinkonzert*, 1936)
- Kammermusik (u. a. *Lyrische Suite* für Streichquartett, 1927)
- Klaviermusik (u. a. *Klaviersonate* op. 1, 1908)
- Opern (*Wozzeck*, 1925; *Lulu*, 1935)
- Vokalwerke (u. a. Konzertarie *Der Wein*, 1929)

ALBAN BERG

1885 am 9. Februar in Wien geboren; bereits als Schüler literarisch und musikalisch interessiert.
1904–06 Praktikant in der Niederösterreichischen Statthalterei; gleichzeitig privates Theorie- und Kompositionsstudium bei Arnold Schönberg (bis 1910).
1915–18 Militärzeit in Ungarn und – nach physischem Zusammenbruch – in Wien.
Nach 1918 gibt Berg Theorie- und Kompositionsunterricht ohne feste Anstellung.
1925 an der Berliner Staatsoper Uraufführung der vollständigen Bühnenfassung von *Wozzeck*, die Oper wird bis zum aufkommenden Faschismus Anfang der 30er-Jahre von zahlreichen europäischen Bühnen nachgespielt.
Ab 1928 Arbeit an der Oper *Lulu*, die unvollendet bleibt.
1935 stirbt Berg am 24. Dezember in Wien.

DER ungarische Dirigent Ferenc Fricsay äußerte sich in seiner Schrift *Über Mozart und Bartók* (1961) zu den späten langsamen Bartók-Sätzen.

»Diese Sätze beschwören die Finsternis herauf, die wir nur ahnen, aber nicht kennen. Unheimliche, körperlose, gespenstische Schatten tauchen für kurze Augenblicke auf. Halluzinationen plagen den Menschen in seiner Einsamkeit. Musik der Verzweiflung, der Angst vor dem Kommenden ist dies. Die Finsternis der unbekannten Weltnacht ist in Tönen verewigt. Zu diesen besonderen Stellen zähle ich die langsamen Sätze des *2. Klavierkonzertes*, der *Musik für Saiteninstrumente*, den 2. Satz des *3. Klavierkonzertes* und den 3. Satz des *Concerto für Orchester*.«

ßen unterhaltsamen Sammlung der *Kammermusiken* findet sich brennspiegelartig das avantgardistische Spektrum der legendären 1920er-Jahre. Eine mildere Fortsetzung fanden die Kammermusiken dann in den fünf *Konzertmusiken* (1926–31).

BARTÓK. Einen weiteren Höhepunkt stellen zweifellos die Werke von Béla Bartók dar. Nahm der Ungar mit der frühen *Rhapsodie für Klavier und Orchester* seinen Ausgangspunkt noch hörbar bei Liszt, so entfalten die drei Klavierkonzerte (1926, 1930, 1945) sowie seine beiden Violinkonzerte (1907 und 1937) und das Bratschenkonzert (1945, unvollendet) den eigentümlichen Reichtum seiner ungarisch gefärbten Tonsprache. Insbesondere an den drei Klavierkonzerten lässt sich Bartóks Weg vom radikalen Komponisten, der das Klavier insbesondere als Schlaginstrument einsetzt, hin zum klassizistischen Ausdrucksmusiker nachvollziehen: im *3. Klavierkonzert* wird der Mittelsatz – wie in allen späten Orchesterwerken Bartóks – zum hochexpressiven Zentrum, mit kontemplativentrückten Klängen in den Rahmenteilen und einem rhapsodisch bewegteren Mittelabschnitt.

Alban Berg. Ölgemälde seines Lehrers Arnold Schönberg (um 1910), der auch ein Maler von Rang war.

DAS MUSIKTHEATER

RUDOLF Bing, 1950–73 einflussreicher Generalmanager der New Yorker Metropolitan Opera, veröffentlichte seine Memoiren 1972 unter dem Titel *5000 Abende in der Oper*.

»Eines Tages wird ein neues Operngenie kommen, zu dessen Werken das Publikum ins Theater strömen wird, und wenn es erscheint, werden wir es alle wissen. Da ein solches Genie aber nicht vorhanden war, war ich nicht übermäßig daran interessiert, an der Metropolitan zeitgenössische Werke aufzuführen. Mein Kollege in Hamburg bringt eine moderne Oper nach der anderen heraus, die Presse singt Loblieder auf ihn, aber er spielt vor leerem Haus, und der Staat zahlt. In Amerika jedoch zahlt der Staat nicht.«

WAGNER-NACHFOLGE UND VERISMO. Ohne Zweifel war das 19. das Jahrhundert der Oper schlechthin. Ein Blick auf die Spielpläne unserer Tage bestätigt diese Aussage: nahezu alle mehr oder weniger häufig gespielten Titel im Repertoire unserer Theater entstammen dem 19. Jahrhundert, mit einer einzigen wichtigen Ausnahme: den Opern von Mozart. Auf der anderen Seite reichen die Ausläufer dieses musiktheatralischen Höhepunktes partiell bis weit ins 20. Jahrhundert hinein: In der Nachfolge Richard Wagners komponierten etwa Richard Strauss, Franz Schreker, Erich Korngold und Hans Pfitzner, allerdings mit unterschiedlichem Erfolg und unterschiedlicher Nachwirkung. So waren die Opern Schrekers seinerzeit überaus beliebt und wurden häufig gespielt; heute dagegen sind sie weitgehend vergessen und gelegentliche Wiederaufführungen müssen als ›Ausgrabungen‹ gelten. Allein Richard Strauss konnte sich einen festen Platz im Spielplan sichern, bei genauer Betrachtung jedoch nur mit einer einzigen Oper, dem *Rosenkavalier*, bedingt auch noch mit *Salome*, *Elektra* und *Arabella*. Der Verismo wiederum als letzte bedeutende Strömung der italienischen Oper erlebte seine Höhepunkte mit Mascagni und Puccinis Erfolgstiteln (*Tosca*, *Madame Butterfly*, *La Bohème*) bereits kurz vor und nach der Jahrhundertwende.

EINE ERFOLGSGESCHICHTE? Betrachtet man das 20. Jahrhundert insgesamt im Hinblick auf die Oper, so ergibt sich ein ambivalentes Bild. Auf der einen Seite ist eine immense Vielzahl und Vielfalt an neuen Werken für das Musiktheater zu beobachten, welche die überlieferten Merkmale und Grenzen nach allen Richtungen hin ausweiten, häufig sehr experimentell und bisweilen gewaltsam. Damit geht eine nochmalige gewaltige Steigerung der Ansprüche an alle Ausführenden – Instrumentalisten, Sängerdarsteller und Bühnentechnik – einher. Zugleich schlagen sich in diesen Opern alle wesentlichen kompositorischen Tendenzen des Jahrhunderts nieder: von der Atonalität über die Dodekaphonie, die Serialität und die Aleatorik bis zur Elektronik, von der klassizistischen Sachlichkeit bis hin zu allen Abstufungen der Minimalisierung und Maximalisierung.
Dennoch kann man die Opernproduktion des 20. Jahrhunderts wohl nicht als Erfolgsgeschichte betrachten: auch wenn das manche Komponisten und auch Theoretiker nicht wahr haben wollen, so entscheidet über Erfolg und Lebensfähigkeit einzelner Opern als letzte Instanz das Publikum – Theater ohne Publikum ist totes Theater! So geht kein Weg an der Feststellung vorbei, dass auf dem Gebiet des Musiktheaters im gesamten 20. Jahrhundert nur ganz wenige Werke einen zumindest relativen Erfolg erzielt haben und, was wichtiger ist, ihn auch gehalten haben. Zumindest als ›Achtungserfolge‹ müssen hier neben Opern von Strauss Bergs *Wozzeck*, Hindemiths *Car-*

dillac, einige Opern Janáčeks, Brittens, Schostakowitschs, vielleicht noch Henzes und Orffs gelten; allen aber sind im direkten Vergleich mit den ›Rennern‹ des 19. Jahrhunderts die vergleichsweise verschwindend geringen Aufführungszahlen gemeinsam – sie halten immerhin aber jeweils eine feste kleine Nische im Repertoire, vor allem der großen Opernhäuser und Festspiele.

Fragt man nach den Ursachen für dieses Missverhältnis zwischen Produktion und Aufführung, dann fallen mehrere Gründe auf. Zum einen zeichnen sich fast alle Opern nach 1900 durch ihre ungewöhnlichen spiel- und gesangstechnischen Anforderungen aus, die ein normaler Repertoirebetrieb nicht mehr bewältigen kann – als Extrembeispiel sei etwa Bernd Alois Zimmermanns Oper *Die Soldaten* genannt. Auf der anderen Seite leidet die neue Oper am gleichen Phänomen, das auch der Instrumentalmusik der vergangenen hundert Jahre den Weg ins breite Repertoire verbaut hat: bei aller Logik und Zwangsläufigkeit, mit der die Schritte von der totalen Chromatisierung über die Atonalität bis in die Dodekaphonie und Serialität vollzogen wurden, brachten alle Neuerungen zugleich auch eine zunehmende Entfremdung von den Bedürfnissen des breiten Publikums. Eine Bilanz am Ende des 20. Jahrhunderts muss leider zu dem Ergebnis kommen, dass die ›Kunstmusik‹ nach wie vor keine statistisch nennenswerte Resonanz gefunden hat. Diese Tatsache kennzeichnet das Jahrhundert insgesamt, und sie nährt den Verdacht, dass es – trotz aller punktuell großartigen Einzelleistungen – nicht zu den großen Epochen der Musik gezählt werden kann.

Uraufführung. Alban Bergs *Wozzeck* wurde am 14. Dezember 1925 nach 137 Proben in der Berliner Staatsoper Unter den Linden uraufgeführt. In der Oper am Königsplatz wurde am selben Abend Puccinis *Tosca* gegeben.

THEATERLEBEN

AUFFÜHRUNGS-BEDINGUNGEN

Gerade auf den deutschen Bühnen hat sich die Tendenz durchgesetzt, ausländische Opern in der Originalsprache zu spielen, was bei internationalen Festspielen (beispielsweise Salzburg, Edinburgh) wegen der internationalen Sängerbesetzung und wegen des internationalen Publikums sinnvoll sein mag; in einem Stadttheater ist das jedoch äußerst problematisch, etwa wenn das Publikum kein Wort der so wichtigen Rezitative in Mozarts *Figaro* versteht und deshalb nur auf die nächste Arie warten kann.
Gespielt wird in unterschiedlichsten Gebäuden; der Zweite Weltkrieg mit seinen fürchterlichen Zerstörungen bedeutete hier eine empfindliche Zäsur, denn manches ältere Opernhaus aus dem 19. Jahrhundert ging verloren (Darmstadt, Frankfurt, Köln, Hamburg). Doch diese Situation brachte zugleich die Chance eines Neuanfanges auch in baulicher Hinsicht mit sich. So entstanden nach und nach gerade in Deutschland zahlreiche moderne und zweckmäßige neue Theater mit einer aktuellen technischen Ausstattung und besten Sichtverhältnissen für die Zuschauer (Darmstadt, Münster, Mannheim, Berlin, Hamburg, Leipzig); ältere Gebäude wurden nach und nach modernisiert (München, Wien, Dresden).

OPERNBETRIEB. Ähnlich wie bei der Instrumentalmusik ergibt sich somit auch für die Oper das Bild eines überwiegend nach musealen Kriterien ausgerichteten Spielbetriebes in den Theatern des In- und Auslandes, zwischen Aachen und Zwickau, Mailand und New York; ebenso bei allen wesentlichen Festspielen der Welt, in Berlin und München, von Drottningholm bis Salzburg. In keinem Jahrhundert hat es bislang eine derartige geregelte Fülle von Opernaufführungen gegeben wie im 20. Und in keinem anderen Land der Welt gibt es eine derartige Dichte von Opernbühnen wie in Deutschland: Im Laufe des Jahrhunderts hat sich hier ein System des öffentlich subventionierten Theaterbetriebes konstituiert, finanziert also überwiegend durch die Zuschüsse der Städte und Bundesländer (Stadt- und Staatstheater) – von den Einnahmen durch die Eintrittskarten könnte keine Bühne existieren! Auf diese Weise entstand eine Theaterlandschaft, deren Produktionen sich nicht ausschließlich an der Publikumsresonanz orientieren müssen, sondern die auch immer wieder Raritäten, Ausgrabungen und Uraufführungen ermöglicht. Allerdings richtet sich auch hier die Spielplanauswahl nach der öffentlichen Resonanz: so kommt es, dass bestimmte Titel sich immer wieder an der Spitze der Spielplanstatistik finden lassen, etwa Mozarts *Zauberflöte* oder Bizets *Carmen*.

REGIETHEATER. Das System des subventionierten Theaters hat zugleich durch seine relative künstlerische Freiheit die Tendenz zum so genannten Regietheater gefördert, das ein wesentliches Kennzeichen des 20. Jahrhunderts und insbesondere seiner zweiten Hälfte ist. Hier rückte die szenische Realisierung zunehmend in den Vordergrund; die Arbeit der Regisseure und ihrer Ausstatter wurde immer stärker beachtet, was sich sehr aufschlussreich an den Premierenrezensionen der Presse ablesen lässt: den Löwenanteil der Berichte nehmen die Aspekte der Regie ein, die musikalischen Leistungen werden häufig nur am Ende und ziemlich kursorisch betrachtet (sie sind überdies auch schwerer zu beurteilen). Auf diese Weise wurden viele Regisseure – neben den Sängern und Dirigenten – zu den modernen Stars der Bühne; zugleich verstärkte sich zusehends die Tendenz, ältere Opern neu zu deuten, in unsere Zeit zu transferieren (Wagners *Ring* als Parabel für das Dritte Reich, Mozarts *Figaro* im heutigen New York …); nicht alle derartigen Versuche konnten glücken, doch manche längst vertrauten Werke wirkten im neuen, anderen Licht überraschend und lebendiger.
Im europäischen und überseeischen Ausland beschränkt sich das Theaterleben in der Regel auf wenige Zentren (Frankreich: Paris, Lyon, Bordeaux; Italien: Mailand, Florenz, Rom, Neapel, Venedig), und auch die Spielzeiten sind kürzer. Vor allem aber gibt es nirgendwo ein ver-

gleichbares System öffentlicher Subventionierung wie in Deutschland, stattdessen sind die Bühnen viel stärker von Sponsoren und Vereinen (USA) abhängig.
Man könnte also sagen: die wahre schöpferische Bühnenpotenz des 20. Jahrhunderts hat sich insgesamt weniger in neuen Opern erwiesen, als vielmehr in der immer wiederkehrenden Auseinandersetzung mit erprobten Opern unter neuen Aspekten – dies ist die andere Seite der Feststellung, dass das moderne Opernleben seit vielen Jahrzehnten einem Museumsbetrieb gleicht. Das gilt sowohl für kleine Provinztheater wie für große internationale Festspiele, wie das Beispiel Bayreuth mit seiner Fixierung auf die Werke Wagners eindrucksvoll nach dem Zweiten Weltkrieg belegen konnte: die Phalanx der Regisseure, die sich dort unter nahezu idealen Produktionsbedingungen intensiv mit Wagners Musikdramen auseinandersetzen konnten, ist beeindruckend – von Wieland Wagner über Patrice Chéreau und Harry Kupfer bis zu Robert Wilson und Außenseitern wie dem Schriftsteller Heiner Müller.

›Moderner‹ Opernbau: Stadttheater Dortmund, Großes Haus (1958–66; Roßkotten und Tritthart).

DIE OPERN VON RICHARD STRAUSS

STRAUSS ALS OPERNKOMPONIST. Der Auseinandersetzung mit Richard Wagners Lebenswerk konnte sich kein Komponist der nachfolgenden Generationen entziehen. So lässt sich manches als Fortführung seiner Ideen deuten, manches als trotzige Gegenreaktion. Richard Strauss gehört dabei klar in die Gruppe der Weiterführenden; dennoch fand er seinen unverwechselbaren Stil und wurde nicht zum Epigonen. Sein bis heute ungebrochener Erfolg hat mehrere Gründe: In seinen musikalischen Mitteln erprobte er alle Möglichkeiten, stellte jedoch nie das aus dem 19. Jahrhundert übernommene Ideal des Belcanto, des Schönklangs, ernsthaft in Frage. In der Harmonik ging er bis an die Grenzen der Atonalität (*Elektra*), ohne sie jedoch zu übertreten, was ihm mancher Protagonist der Moderne als Zaudern und Opportunismus vorwarf. Auch in der Orchesterbehandlung hielt er sich, trotz raffiniertester Instrumentationskunststücke, an die vorgegebenen Klang- und Spielgrenzen der traditionellen Instrumente, wobei eine seiner Hauptstärken in der suggestiv rauschhaften Wirkung des Orchesterklangs liegt. Schließlich trug sein dramaturgisches und literarisches Gespür zum Erfolg seiner Opern bei: ständig nahm er Einfluss auf die Entstehung seiner Libretti und arbeitete (fast) nur mit erstrangigen Schriftstellern zusammen; der Briefwechsel mit seinem wichtigsten Librettisten Hugo von Hofmannsthal legt davon Zeugnis ab und ist Fundgrube moderner Musiktheaterdramaturgie und faszinierender Werkstattbericht zugleich.

Die Frau ohne Schatten. Richard Strauss' ›Märchenoper‹ in einer Inszenierung von Andreas Homoki am Grand Théâtre in Genf 1992 (Kaiserin: Karen Huffstodt; Ausstattung: Wolfgang Gussmann). Die Kaiserin ist eine ›kosmische‹ Rolle und stimmlich eine höchst anspruchsvolle Partie; als fast göttliches Wesen bewegt sie sich im Reich der Geister und Felsen und gewinnt erst gegen Ende der Oper ihren Schatten.

ANFÄNGE UND DURCHBRUCH. *Guntram* (1894) und *Feuersnot* (1901) stehen noch unter Wagners Einfluss. Dennoch deutet sich in beiden Einaktern bereits der charakteristische Strauss'sche Orchesterklang und seine harmonische Ausweitung an.
Der Durchbruch gelang Strauss 1905 mit der Uraufführung seiner *Salome* (nach Oscar Wilde), mit der er sich aus dem Schatten Wagners löste. Hier beginnt die Hauptphase seines musikdramatischen

Lebenswerkes. Bereits die ersten Takte der *Salome* mit der exotischen Klarinettenphrase, die eine ganze Ouvertüre zu ersetzen scheint, fangen die schwüle orientalische Atmosphäre der verstörenden Handlung ein.

RICHARD Strauss reagiert am 4. Mai 1909 begeistert auf die Zusendung des 1. Akts von Hugo von Hofmannsthals Libretto *Der Rosenkavalier*.

»Mein lieber Herr von Hofmannsthal! Ersten Akt erhalten: bin einfach entzückt. Es ist wirklich über alle Maßen reizend: so fein, vielleicht ein bißchen zu fein für den großen Haufen, aber das tut nichts. Der mittlere Teil (Antichambre) nicht leicht zu gestalten, aber ich werd's schon schaffen. Hab ja den ganzen Sommer vor mir. Schlußszene herrlich, wird sich wie Öl und Butter komponieren, hab heute schon dran rumprobiert, ich wollt, ich wär schon so weit.«

MEISTERWERKE. Der erste Höhepunkt ist mit *Elektra* (1909) erreicht; hier setzte die enge Zusammenarbeit mit Hugo von Hofmannsthal ein. Strauss ging erst- und letztmals bis an die Grenzen der Atonalität und fand in der streckenweise aggressiven Klanglichkeit das Kolorit für die grausam-mörderische mythologische Handlung. Strauss setzte den hier eingeschlagenen experimentellen Weg nicht fort. Er vollzog nicht den Bruch mit der Tradition und stellte damit klar die Weichen für die weitere Entwicklung der Oper. In der Folge entstanden Werke, denen die spätromantisch-traditionelle Grundhaltung und ihre Fasslichkeit und Wirkungskraft gemeinsam war. Mit diesem Ansatz kam Strauss den Erwartungen des Publikums an das Musiktheater entgegen.
In logischer Konsequenz folgte 1911 *Der Rosenkavalier*, seine erfolgreichste Oper, in der er fast anachronistisch die Atmosphäre der österreichischen Kaiserzeit beschwor und zugleich den Wiener Walzer in die Kunstmusik integrierte. Mit dem Experiment der Hosenrolle in Gestalt des Octavian gelang ihm die bruchlose Fortführung einer alten Theatertradition (z. B. Mozarts Cherubino) bis in die Neuzeit.
Die Zusammenarbeit mit Hugo von Hofmannsthal brachte eine Reihe von Meisterwerken hervor: *Ariadne auf Naxos* (1912/16), *Die Frau ohne Schatten* (1919) und *Arabella* (1933) sind die Höhepunkte; in ihrem Schatten stehen *Intermezzo* (1924) und *Die ägyptische Helena* (1928/33). An die Ausführenden auf der Bühne und im Orchester stellen sie höchste, aber dankbare Anforderungen, mit besonderen Extremen in der *Frau ohne Schatten*, die deshalb nur an großen Opernhäusern und bei internationalen Festspielen herausgebracht wird. Neben der ausgefeilten, oft rauschhaften Instrumentation ist allen gemeinsam der eng an der sprachlichen Deklamation ausgerichtete Gesangsstil, der trotz des gewaltigen Orchesterklanges immer verständlich bleibt. Hier zeigt sich Strauss als Kenner der Bühnenbedingungen, die er als leitender Kapellmeister an zahlreichen bedeutenden Theatern in München, Berlin und Wien erfahren hatte.

EPILOG. Eher wie ein langer gewichtiger Epilog zu seinem Lebenswerk wirken die Werke der letzten Schaffensphase, in der er auf die Zusammenarbeit mit Hofmannsthal verzichten musste. In ihnen feilte Strauss an seinem Personalstil, den er bisweilen ins Kunstgewerbliche überspitzte. (*Die schweigsame Frau*, 1935; *Friedenstag*, 1938; *Daphne*, 1938; *Die Liebe der Danae*, 1944/52; *Capriccio*, 1942).

OPERN DER ZWEITEN WIENER SCHULE

SCHÖNBERG. Eine wichtige Entwicklungstendenz führt zum Einakter, zur kurzen komprimierten dramatischen Form. Nach Ravel und neben Hindemith arbeitete Schönberg an seinen beiden expressionistischen Kurzopern *Erwartung* (1924) und *Die glückliche Hand* (1924), die formal und dramaturgisch radikal mit hergebrachten Traditionen brachen. Mit dem dritten Einakter *Von heute auf morgen* (1930) beschritt Schönberg den Weg zur Zwölftontechnik, den er schließlich in seiner unvollendeten großen Oper *Moses und Aron* fortsetzte. Deren erster und zweiter Akt waren 1932 vollendet, der dritte gelangte über das Planungsstadium nicht hinaus; der Komponist, der auch sein eigener Librettist war, hielt es für möglich, ihn nur gesprochen aufzuführen. Über weite Strecken mutet diese Oper in ihrer statisch-epischen Grundkonzeption eher wie ein Oratorium an, dennoch enthält sie effektvolle Theaterszenen, wie den Tanz ums Goldene Kalb. Schönberg baut die gesamte Komposition auf einer einzigen Zwölftonreihe auf. In der Orchesterbehandlung gelangen ihm immer wieder neuartige Klangbilder. Neu – zumindest in diesen Dimensionen – war auch die Einbeziehung des gesprochenen Wortes: die Titelrolle des Moses ist eine Sprechrolle, deren Deklamation präzise in Tonhöhe und Rhythmisierung in die Partitur eingefügt ist, entfernt an das Vorbild des Melodrams erinnernd. *Moses und Aron* errang zwar aufgrund seiner extremen stilistischen Stellung und seiner hohen Anforderungen bislang nie einen festen Repertoireplatz, beansprucht in der Geschichte der Gattung aber eine Schlüsselrolle.

Moses und Aron. Arnold Schönbergs Oper im Bühnenbild von Ekkehard Grübler; die Inszenierung von Václav Kaslik an der Frankfurter Oper hatte am 15. November 1970 Premiere.

BERG. Während Anton Webern das Musiktheater mied, bereicherte Alban Berg die Gattung mit zwei exemplarischen Werken unterschiedlicher Ausprägung. *Wozzeck* (1925) stellt seinen Beitrag zum musikalischen Expressionismus dar. Der Erfolg blieb dem Werk bis heute und aus mehreren Gründen treu: Berg fand für sein Libretto die adäquate Vorlage in Georg Büchners eindringlichem Drama *Woyzeck*, das er selber für die Vertonung von ursprünglich 25 Szenen auf 15 komprimierte; und er fand für die ergreifende tragische Handlung die angemessene Kompositionsweise in einer hochexpressiven, sensibel allen seelischen Regungen nachspürenden Tonsprache, gekleidet in eine eigenwillige, subtil abgestufte Instrumentation. Neben der dramaturgischen Ebene schuf Berg in seiner Partitur gleichsam einen kunstvollen zweiten Bereich musikalischer Architektonik: er teilte die 15 Szenen in dreimal fünf auf und gliederte sie in drei Akte. Jeden der Akte ordnete er sodann einem strukturellen Prinzip unter: Der erste Akt ist eine Folge von fünf »Charakterstücken« (Suite, Rhapsodie, Militärmarsch und Wiegenlied, Passacaglia, Andante affettuoso), der zweite gleicht einer »Fünfsätzigen Sinfonie« (Sonatensatz, Fantasie und Fuge, Largo, Scherzo, Rondo), und der dritte Akt versteht sich als »Inventionen« (über ein Thema, einen Ton, einen Rhythmus, einen Akkord, über eine gleichmäßige Achtelbewegung; vor die letzte Szene schiebt sich als zusätzliche Invention eine Zwischenaktmusik über eine Tonart).
Dieses strenge kompositorische Prinzip sorgt nicht nur für strukturelle Einheitlichkeit, sondern trägt zugleich die emotionale Vielfalt dieser Musik. Unverwechselbar ist auch die Eindringlichkeit der Wortdeklamation, die im Dienst der beklemmenden sozialkritischen Handlung steht, umweglos und ohne Vorspiel mit den ersten Worten des Hauptmanns einsetzend.
Bergs zweite (unvollendete) Oper *Lulu* (1934) ist zugleich die zweite große Zwölftonoper der Zweiten Wiener Schule. Auch hier arrangierte Berg das Libretto selber nach den beiden Dramen von Frank Wedekind *Erdgeist* und *Die Büchse der Pandora*. Wie Schönbergs *Moses und Aron* basiert *Lulu* auf einer einzigen Zwölftonreihe; wie bei *Wozzeck* stützte Berg den musikalischen Verlauf durch abschnittweise konstruktive Durchgestaltung (z. B. Arioso, Kammermusik, Sonate, Kavatine, Choral); auch Elemente der zeitgenössischen Unterhaltungsmusik werden einbezogen. Die subtile Ausgestaltung der einzelnen Gesangspartien ist gegenüber dem *Wozzeck* weiter verfeinert, mit exakt vorgeschriebenen Abstufungen zwischen frei gesprochenen, präzise in Tonhöhe und Rhythmik fixierten, deklamierten, melodramatischen, rezitativischen und ariosen Passagen, die vom singenden Darsteller ein Höchstmaß an Präzision verlangen. Auf der Basis des vorliegenden umfangreichen Skizzenmaterials wurde der 3. Akt inzwischen von Friedrich Cerha (1979) ausgeführt, wobei seine Version umstritten blieb; seitdem wird die Oper entweder in der fragmentarischen zweiaktigen oder in der ergänzten dreiaktigen Fassung aufgeführt.

IN seinem Buch *Töne sprechen, Worte klingen. Zur Geschichte und Interpretation des Gesangs* (1985) kommt Dietrich Fischer-Dieskau auch auf Alban Bergs Oper *Lulu* zu sprechen.

»Es hat etwas mit der Sanglichkeit so mancher Stelle in Bergs Opernmusik zu tun, daß sein seelisches Klima bejahend und nicht selbstzerstörerisch zu sein scheint. Seine Gefühlswelt strahlt Wärme aus, wirkt wie sich verströmend, seine Intellektualität nährt sich aus der Inspiration, so daß seine Sprache, sei sie noch so gewagt oder kompliziert, nie doktrinär wird oder erstarrt (…). Natürlich beruht die aufwühlende Wirkung seiner Opern darin, daß die Töne mit einem die Epochen überspringenden Text zusammentreffen. Ein so heftig gespanntes Drama wie das Wedekinds rief nach klärender, transparent machender Stilisierung der Musik, und dies ergibt den tieferen ästhetischen Sinn der Anwendung serieller Musik zu einem solchen Text.«

OPER VON ZEMLINSKY BIS WEILL

ZWISCHEN DEN ZEITEN. Im Umkreis der Zweiten Wiener Schule finden sich einige Opernkomponisten, die zu ihrer Zeit häufig aufgeführt, später vergessen wurden und heute wieder auf den Spielplänen zu finden sind. Hierzu gehört Schönbergs Lehrer Alexander Zemlinsky, der in der Wagner-Nachfolge mehrere Opern schrieb, die sich alle durch ihren tragischen Handlungsansatz und ihre raffinierte Orchesterbehandlung auszeichnen (u. a. *Der Traumgörge*, erst 1980 uraufgeführt, *Der Zwerg* nach Oscar Wilde, 1922). Ungleich berühmter war zu seiner Zeit Franz Schreker, der musikdramatisch ebenfalls auf Wagner rekurrierte, in den Sujets seiner eigenen Libretti jedoch nicht auf Mythologie, sondern – als Generationsgenosse Sigmund Freuds und Gustav Klimts – auf die Gedanken und Gefühlswelt des Wiener Fin de siècle zurückgriff. Kompositorisch näherte sich Schreker zwar immer wieder den Grenzen der Tonalität, überschritt sie jedoch (hierin Strauss ähnlich) nicht. Seine Hauptwerke, die heute gelegentlich wieder auf die Bühne kommen, sind *Der ferne Klang* (1912) und *Die Gezeichneten* (1918).

In Schrekers Umfeld gehört auch Erich Wolfgang Korngold; seine bekannteste und zu ihrer Zeit auch erfolgreiche Oper ist *Die tote Stadt* (1920). Geradezu als Antipode gegenüber allen Neutönern seiner Zeit empfand sich dagegen Hans Pfitzner, von dessen Opern allein sein Künstlerdrama *Palestrina* (1917) hin und wieder aufgeführt wird; stilistisch nimmt er die Stellung des Traditionalisten

DAS EPISCHE THEATER

Der Begriff des ›epischen Theaters‹ ist in der Theatergeschichte mit dem Dramatiker Bertolt Brecht verbunden und meint ein Aufbrechen der dramatischen Handlung und ihrer Spannungskurve durch ‹kommentierende und belehrende Momente. Die Illusion der geschlossenen dramatischen Form wird dabei in erster Linie zerstört, um soziale und politische Missstände aufzuzeigen.

Aufstieg und Fall der Stadt Mahagonny. Kurt Weills und Bertolt Brechts »Songspiel« in der Inszenierung von Ruth Berghaus 1992 am Württembergischen Staatstheater Stuttgart (Jenny: Dagmar Pecková; Bühnenbild: Hans-Joachim Schlieker).

ein, des erklärten Spätromantikers, im weiteren Umkreis also von Richard Strauss.

BUSONI. Neben der Wagner-Nachfolge, der Spätromantik und des Verismo einerseits und den expressionistischen und dodekaphonen Opern der Zweiten Wiener Schule andererseits brachte die erste Hälfte des 20. Jahrhunderts eine kaleidoskopartige Fülle anderer Produktionen für das Musiktheater hervor. So war der vorwiegend in Deutschland wirkende Italiener Ferruccio Busoni einer der progressivsten Vorreiter, der sich in Wort und Ton gleichermaßen von Wagner und vom Verismo seiner Heimat distanzierte. Seine Schrift *Entwurf einer neuen Ästhetik der Tonkunst* (1907) zählt zu den wegweisenden Programmtexten des frühen Jahrhunderts. Dennoch sind seine Werke heute weitgehend in Vergessenheit geraten; allein sein *Doktor Faust* (1925), der herausragenden Sängerdarstellern eine interessante Charakterrolle bietet, erscheint gelegentlich auf dem Spielplan. *Arlecchino* (1917) und *Turandot* (1917) werden dagegen nicht mehr gespielt.

BRECHT UND WEILL. Bei dem Versuch, den Begriff des epischen Theaters auf das Musiktheater zu übertragen, stand Brecht der Komponist Kurt Weill zur Seite. Mit seinem Namen sind untrennbar die beiden großen Titel dieser Werkgattung verbunden: als »Stück mit Musik« erschien zunächst *Die Dreigroschenoper* (1928); Brechts Text ist eine freie Nachdichtung jener Szenenfolge, die als *Bettleroper* (*The Beggar's Opera* von Johann Christoph Pepusch und John Gay) genau zweihundert Jahre zuvor in London erfolgreich gegen Händels Opernunternehmen antrat. In ihrer gesamten Anlage und ihren parodistisch verfremdenden Songs und kommentierenden Chören ist das Werk eher eine Anti-Oper.
Dagegen trägt *Aufstieg und Fall der Stadt Mahagonny* (1930) andere Züge. In der früheren Fassung von 1927 (*Mahagonny*) lautete der Untertitel noch »Ein Songspiel«. Damit distanzierte sich Weill von herkömmlichen Kategorien des Musiktheaters und deutete so auf die Einbeziehung von Parodie, Satire und Kabarett. Für die Leipziger Uraufführung 1930 griffen Brecht und Weill mildernd in die Handlung ein. Die Musik gibt sich als bunte Nummernfolge, oft im strophischen Songstil unter dem Einfluss von Schlager, Jazz und Tanzmusik der Zeit. Einzelne Nummern errangen schlagerartige Popularität, allen voran der berühmte »Alabamasong«.

WEILLS WERKE

- Orchesterwerke (u. a. 2 Sinfonien; Violinkonzert)
- Kammermusik (u. a. 2 Streichquartette)
- Bühnenwerke (u. a. rund 20 Opern, musikalische Komödien, Schulstücke, Musicals)
- Vokalwerke (u. a. nach Bertolt Brecht *Das Berliner Requiem*, 1928, und *Der Lindberghflug*, 1929)

KURT WEILL

1900 am 2. März in Dessau geboren; 1915–18 private musikalische Ausbildung bei Albert Bing, danach Studium an der Berliner Musikhochschule.
1926 Heirat mit der Schauspielerin und Sängerin Lotte Lenya.
1933 Emigration, zunächst nach Paris und London, 1935 auf Einladung Max Reinhardts endgültige Niederlassung in den USA, deren Staatsbürgerschaft Weill 1943 erwirbt.
1950 stirbt Weill am 3. April in New York.

DIE EPISCHE OPER

Brecht und Weill betrachteten *Aufstieg und Fall der Stadt Mahagonny* als Modell einer epischen Oper, als Gegenentwurf zur großen dramatischen Oper mit ihren illusionistischen Effekten und Leidenschaften; erreicht wurde dies durch den Einsatz von Verfremdungen, durch bewusst herbeigeführte Spannungsbrüche (Schluss des 1. Aktes), durch vorausweisende Textprojektionen und durch kommentierendes Heraustreten von Personen aus der Handlung. Anders als in der *Dreigroschenoper* kommt der Musik stärkeres Gewicht zu, infolgedessen verlangt *Mahagonny* ausgebildete Opernsänger und ein Sinfonieorchester, während in der *Dreigroschenoper* Schauspieler auf der Bühne stehen.

DEUTSCHE OPERN VON HINDEMITH BIS ORFF

KRENEK. Zeitlich benachbart zur ›epischen Oper‹ mit ihrer kritischen politisch-sozialen Grundeinstellung kam die so genannte Zeitoper auf – Werke, die sich in der Auswahl ihrer Sujets und in ihrer musikalischen Umsetzung besonders eng auf die aktuelle Gegenwart ihrer Entstehungszeit bezogen. Hierzu gehört als Erfolgstitel Ernst Kreneks *Jonny spielt auf* (1927) mit seiner leicht verrückten Handlung, die u. a. auf einem Gletscher spielt und in ihrer bisweilen reißerisch-effektvollen Musik auf moderne Tanzmusik, mit Jazzanklängen und rhythmischer Motorik, anspielt. In der Folge sagte sich Krenek jedoch von dieser Musiktendenz los und wandte sich schließlich, erstmals in seiner Oper *Karl V.* (1938), der Schönberg'schen Zwölftontechnik zu.

HINDEMITH. Zur Zeitoper zählen auch die frühen Einakter von Paul Hindemith, die 1921 als Triptychon erschienen (*Mörder, Hoffnung der Frauen*, *Das Nusch-Nuschi*, *Sancta Susanna*), 1929 gefolgt von einem weiteren Einakter, *Neues vom Tage*. Zur expressionistischen *Mörder*-Oper steuerte der Maler Oskar Kokoschka das Libretto bei. In ihr wie im *Nusch-Nuschi*, einem »Spiel für burmanische Marionetten«, spielt Hindemith virtuos mit historischen Stilanleihen: *Mörder, Hoffnung der Frauen* liegt das Modell einer viersätzigen Sinfonie zugrunde, *Nusch-Nuschi* zitiert wesentliche Bausteine der Operngeschichte von Händel bis Puccini und verwendet Elemente der Nummernoper. Vollends der Groteske näherte sich *Sancta Susanna* (1922); wegen vermeintlicher Obszönitäten der Handlung kam es zu zahlreichen Protesten. Die Musik ist geradezu raffiniert durchkonstruiert, »in taktgenauer Variationenfolge« angelegt; »die Dichte der motivischen, formalen und dramaturgischen Verknüpfungen bestimmt ebenso wie die Geschlossenheit und Eleganz der Komposition den besonderen Rang dieser Oper« (Annegrit Laubenthal).

Paul Hindemith, *Cardillac* (Ausschnitt aus der Partitur).

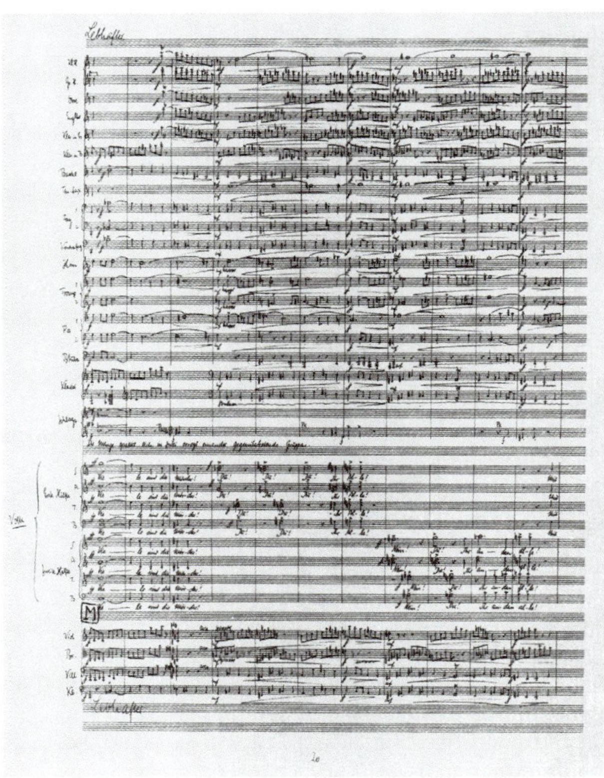

Hindemiths weiteres Opernschaffen bringt mit *Hin und Zurück* (1927) einen zwölfminütigen »Sketch mit Musik«, in der die Handlung von der Mitte an parodistisch zurückläuft. *Cardillac* (1925/52), eine Oper nach E. T. A. Hoffmanns *Das Fräulein von Scuderi*, wurde zum Hauptwerk jener Schaffensphase, in der sich Hindemith der Gattung der parodistischen Kurzoper zuwandte. Hier stehen das partiell expressionistische Libretto (Ferdinand Lion) und die Musik in spannungsvoller Kontrastbeziehung zu einander; Hindemith reiht in seiner Partitur eine abwechslungsreiche Nummernfolge latenter und ausgesprochen historischer Rückbezüge (Ostinati, Passacaglia, Kontrapunktik) in faszinierender Geschlossenheit und struktureller Logik. Dabei entstehen besondere Effekte gerade durch den Gegensatz streng durchgehaltener kompositorischer Stilmittel und der gleichzeitig auf der Bühne sich entfaltenden Dramatik, wie etwa in der Mordszene des 2. Bildes. Zum Erfolg der Oper tragen sowohl die dankbare Titelrolle wie auch die packenden Chorszenen bei, deren erste unmittelbar an das Vorspiel anschließt.

Die beiden späteren großen Bekenntnisopern von Paul Hindemith, in deren Zentren eine historische, an der Welt und ihren unlösbaren Konflikten leidende Künstler- oder Wissenschaftlerpersönlichkeit steht, sind dann die Grünewald-Oper *Mathis der Maler* (1938) und die Oper um Johannes Kepler *Die Harmonie der Welt* (1957). Für beide schrieb der Komponist den Text selber; beide stehen in Beziehung zu Hindemiths eigenem Kompositionssystem, das er in seiner *Unterweisung im Tonsatz* (1937–39) niederlegte. Während *Die Harmonie der Welt*, ähnlich wie Hindemiths letzte Oper nach Thornton Wilders *Das lange Weihnachtsmahl* (1961), wegen ihrer weltanschaulichen Versponnenheit und Überladenheit des Textes kaum gespielt worden ist, gilt die *Mathis*-Oper neben *Cardillac* zu Recht als sein musikdramatisches Hauptwerk.

ORFF. Einen Sonderfall in der neueren Musikgeschichte stellt Carl Orff dar. Nach seinem Sensationserfolg mit *Carmina burana* (1937) wandte er sich 1939 mit *Der Mond* und *Die Kluge* Märchensujets zu, mit denen er ebenfalls Welterfolge erzielte. Beide Werke zeichnen sich durch einen rhythmusbetonten und melodisch volkstümlich-fasslichen Stil aus. Orffs Bindung an seine bayerische Heimat dokumentiert sich in dem alternierend gesprochenen und gesungenen »Bairischen Welttheater« *Die Bernauerin* (1947). Orffs dritter Interessensschwerpunkt galt der antiken Mythologie, thematisiert in der deutschsprachigen *Antigonae* (nach Hölderlin, 1949), sodann in *Oedipus der Tyrann* (1959) und schließlich in griechischer Sprache im *Prometheus* (1967). In den drei Werken werden die melodischen Elemente zugunsten einer überhöhten rhythmischen Deklamationsweise in fast archaischer Schlichtheit zurückgedrängt. Um diese radikal experimentellen Werke wie auch um Orffs letztes Theateropus *De temporum fine comedia – Vigilia*, das 1973 in Salzburg durch Karajan uraufgeführt wurde, ist es heute still geworden.

PAUL Hindemith äußert sich in seinem Buch *Komponist in seiner Welt. Weiten und Grenzen* (engl. 1952 / dt. 1959) über die Ethik des Komponierens.

»Was der Komponist anstreben muß, ist die Aktivität – nicht nur für sich selber und nicht nur innerhalb der vier Kanten seines Notenpapiers. Er müßte versuchen, den Musikverbraucher auf eine höhere moralische Ebene zu erheben, indem er ihn von den Gefahren des ständigen Verlangens nach Unterhaltung und dessen leichtfertiger Befriedigung überzeugt (...). Die ethische Macht der Musik ist ihm zu Diensten, und er wird sie mit moralischer Verantwortung anzuwenden wissen (...). So darf uns auch in einem einzigen Satz die Stellung und Aufgabe des Komponisten in unserer Zeit aufleuchten; es ist die Aufforderung, Bitte, Mahnung: denke nicht an dich selbst, frage immer nur, was kann ich dem Nächsten geben.«

OPER IN ITALIEN UND FRANKREICH

ITALIEN. Puccini und der Verismo gehören noch in die stilistische Nachfolge Verdis. Puccinis wichtigste Opern entstanden um die Jahrhundertwende; seine Hauptwerke von *La Bohème* (1896), über *Tosca* (1900) bis *Madame Butterfly* (1904) würde man doch eher dem 19. Jahrhundert zurechnen. Zukunftsweisend als kompakte Einakter waren aber die drei Teile seines *Trittico* (*Schwester Angelika*, *Der Mantel*, *Gianni Schicchi*; gemeinsame Uraufführung 1918 in New York), das mit *Gianni Schicchi* auch Puccinis komödiantisches Talent offenbart.
Das unvollendete Spätwerk *Turandot* gibt sich vor allem in seiner komplexen kühnen Harmonik als exponiertes Beispiel modernen Musiktheaters. »Als Spätwerk erweist sich *Turandot* vor allem durch die Gewichtsverlagerung von der Erfindung zur Ausarbeitung, von melodischer Entfaltung zu artifizieller Konstruktion. Durch eine Vielfalt der Mittel (…) wird in *Turandot* das exotische Ambiente suggeriert. Dazu gehören pentatonische Melodien (teils authentisch, teils originalen Vorlagen nachempfunden), verschiedene Satztechniken (Unisono, Ostinato, Heterophonie), eine avancierte Harmonik (modale und bitonale Wendungen) sowie rhythmische Akzentverschiebungen durch häufige Taktwechsel und ungewöhnliche Tonarten. Auch die Instrumentation prägt über weite Strecken das spezifische Kolorit, insbesondere dort, wo das Schlagzeug beteiligt ist, das in dieser Oper qualitativ und quantitativ einen neuen Stellenwert erreicht« (Norbert Christen).

Maurice Ravel am Klavier.
Porträt von Achille Ouvré (1911).

FRANKREICH. Wie überall in Europa setzte man sich auch in Frankreich intensiv mit dem Phänomen Wagner auseinander. Claude Debussy, der 1888 und 1889 nach Bayreuth pilgerte und sich dort der suggestiven Wirkung der *Meistersinger*, des *Tristan* und des *Parsifal* ausgesetzt sah, distanzierte sich radikal von Einflüssen Wagners. Seine einzige Oper *Pelléas et Mélisande* (1902), deren Libretto auf dem gleichnamigen symbolistischen Drama von Maurice Maeterlinck basiert, ist geradezu als Gegenentwurf gegen das Wagner'sche Modell des Musikdramas anzusehen und grenzt sich zugleich auch von anderen aktuellen Strömungen des Musikthea-

ters, dem Verismo, der Grand opéra und der Opéra comique ab. Hauptmerkmal dieses Stils ist eine perfekte Kunst der Andeutung, die allen überlieferten dramaturgischen Regeln zuwiderzulaufen scheint und doch eine einzigartige, verzauberte Bühnenatmosphäre erzeugt: die Szenenfolge folgt keinen üblichen dramatischen Spannungsregeln, sondern fügt sich als lose Reihung stimmungsvoller poetischer Momentaufnahmen aus den ausweglos tragischen Menschenschicksalen der angedeuteten Handlung zusammen. Getragen wird das Stück durch eine besondere Art der Deklamation, die sich eng an die gesprochene Sprache anlehnt, durch eine musikalische Struktur, die sich allen Leitmotiven und thematischen Verabeitungsprozessen entzieht, durch eine impressionistisch ständig die Grenzen der Tonalität streifende Harmonik und schließlich durch die raffinierte, unübertroffen sensible Instrumentationstechnik, die auch feinste seelische Regungen nachzuzeichnen vermag.
Am Rande der Gattung steht Debussys szenisches Oratorium *Le martyre de St. Sébastien* nach Gabriele D'Annunzio (1911); Fragment blieb *La chute de la maison Usher* nach Edgar Allan Poe (1917).
Zumeist leichtfertig dem Impressionismus zugeordnet, näherte sich Maurice Ravel dessen musikalischen Prinzipien nur phasenweise, vor allem in seiner meisterhaften und flexibel sich allen Situationen anpassenden Instrumentation sowie in Teilen seines Klavierwerks. Seine beiden Einakter für die Bühne sind exotische Perlen im Repertoire und leben stark vom jeweiligen Lokalkolorit. Die musikalische Komödie *L'heure espagnole* (1911) entsprang Ravels bekannter Uhrenvorliebe und verknüpft diese mit spanischer Atmosphäre; so gelang ihm eine temperamentvolle Parlando-Komödie im Gewand einer funkelnden Instrumentation voller Spieldosen- und Uhreneffekte und folkloristischer Tanzrhythmen. *L'enfant et les sortilèges* (1929) ist ein (zweiteiliger) Einakter (»Fantaisie lyrique«), der sich durch ein kaleidoskopartig gefügtes Nebeneinander unterschiedlicher Stileinflüsse, auch der zeitgenössischen Unterhaltungsszene, auszeichnet. Im Einsatz der Singstimmen und auch in der Instrumentation ließ Ravel hier impressionistische Ansätze weit hinter sich, wobei das reich besetzte Orchester überwiegend kammermusikalisch eingesetzt wird.

RAVELS WERKE

- Orchesterwerke (u. a. *Rapsodie espagnole*, 1908; *Valses nobles et sentimentales*, 1912; 2 Klavierkonzerte)
- Kammermusik (u. a. *Streichquartett*, 1903; *Klaviertrio*, 1914; *Violinsonate*, 1927)
- Klaviermusik (u. a. *Miroirs*, 1905; *Gaspard de la nuit*, 1908; *Le tombeau de Couperin*, 1917)
- Bühnenwerke (Opern: *L'heure espagnole*, 1911; *L'enfant et les sortilèges*, 1925; Ballettmusik: *Ma mère l'oye*, 1911; *Daphnis et Chloé*, 1912; *La valse*, 1920; *Boléro*, 1928)
- Vokalmusik (u. a. *Trois poèmes de Mallarmé*, 1913; *Don Quichotte à Dulcinée*, 1933)

MAURICE RAVEL

1875 am 7. März in Ciboure bei Saint-Jean-de-Luz geboren; bereits ab 1889 Besuch des Pariser Konservatoriums, Klavier-, Kontrapunkt- und Kompositionsunterricht.
1912–13 Zusammenarbeit mit Sergeij Diaghilews Ballets Russes, für die er *Daphnis et Chloé* schreibt.
1916–17 auf eigenes Betreiben Kriegseinsatz, allerdings nur als Lastwagenfahrer.
Ab 1920 Konzertreisen ins Ausland als Dirigent eigener Werke (Österreich, Niederlande, Italien, England, USA, Kanada).
1933 erste Symptome einer Apraxie (Lähmungserscheinungen, Gedächtnisschwund); Unfähigkeit zu komponieren.
1935 Reise aus Zerstreuungsgründen nach Marokko und Spanien.
1937 stirbt Ravel am 28. Dezember wenige Tage nach einer Operation.

ZWEI Pressestimmen zur Uraufführung von Debussys *Pelléas et Mélisande* (1902) belegen beispielhaft, wie sehr Debussys Musik die Zeitgenossen polarisierte.

»Dank zerebralem Raffinement und krankhafter Gier nach Neuheit ist der Autor zur negativsten aller Doktrinen gekommen. Er verneint die Melodie und ihre Entwicklung; er verneint die Symphonie und ihre deduktiven Möglichkeiten (…). Diese nihilistische Kunst verwirft die tonalen Zusammenhänge, befreit sich vom Rhythmus, kann die blasierten Ohren zerstreuen, doch gießt keine Emotionen in die Tiefen des Herzens.«

»Heute oder morgen wird sich die Partitur von Claude Debussy durchsetzen, dieses so leidenschaftlich künstlerische, so junge, reine, zärtliche, originelle Werk.«

OPER IM BÖHMISCHEN RAUM

JANÁČEK. Die große Tradition der slawischen Oper des 19. Jahrhunderts mit ihren herausragenden Dokumenten von Tschaikowskij, Mussorgskij, Dvořák und Smetana fand auch im neuen Jahrhundert ihre Fortsetzung. Die wichtigsten Namen sind hier Bartók, Janáček, Strawinsky, Prokofjew und Schostakowitsch. Jeder von ihnen setzte einen eigenen Akzent, allen voran der Tscheche Leoš Janáček. In manchen Nachschlagewerken findet man ihn unter dem Stichwort Verismo, allerdings immer mit dem einschränkenden Zusatz, dass er ihn erweitert und bereichert habe. Nur im allerweitesten Sinn noch kann man Janáček der Spätromantik zurechnen. Die Quellen, aus denen sein musikalisches Idiom schöpft, sind zum einen die Volksmusik, zum anderen die Melodie der Sprache. Dabei beeinflusst der Tonfall der Alltagssprache sowohl die Singstimmen wie auch die Motivik des orchestralen Satzes. Die prägnante, oft ostinat gereihte Motivstruktur, die auch in Janáčeks Instrumentalwerken wie etwa der berühmten *Sinfonietta* charakteristisch auftritt, macht den eigenen Reiz und den so individuellen Tonfall seiner Opern aus. Ein derartiges Motiv erklingt beispielsweise quasi als ›Schicksalsmotiv‹ bereits in der Ouvertüre von *Katja Kabanova*; es ist zugleich in seiner Intervallstruktur mit dem folgenden schnelleren Abschnitt verknüpft:

Bei der Suche nach diesen Motiven seiner Musiksprache ging er, wie Bartók und Kodály, systematisch und mit wissenschaftlicher Neugier vor. »Er belauscht darüber hinaus die Stimmen der Natur: Vogelrufe von Blaumeise und Amsel, wenn sie traurig oder verliebt sind oder sich wich-

Leoš Janáček, *Katja Kabanova.* Christoph Marthalers Debut bei den Salzburger Festspielen 1998 als Opernregisseur; in der Titelrolle Angela Denoke.

tigtuerisch aufplustern; die Stimmen der Marktweiber, den Tonfall eines Gespräches, das er mit einem Freunde führt, die Sprachmelodie einer Fabrikarbeiterin, die auf ihren Geliebten wartet und darüber der Freundin Auskunft gibt, ja sogar das Bellen seiner beiden geliebten Hunde. (…) Er leitet aus diesen Naturlauten, aus den Sprachkadenzen eine eigene Kompositionstechnik ab, er durchleuchtet die Zusammenhänge von Melodie, Harmonie und Rhythmus« (Hans-Heinz Stuckenschmidt).

UNGARN. Einen wesentlichen Ansatz hatten die beiden wichtigsten Komponisten Ungarns, Béla Bartók und Zoltán Kodály, mit Janáček gemeinsam: sie erforschten systematisch die Grundlagen der heimischen Folklore und sammelten ihre Dokumente. Alle drei verarbeiteten die so gewonnenen Anregungen auf höchst unterschiedliche und charakteristische Weise; während Kodály durchaus auch diese Quellen direkt zitierte, Motive und Melodien in seine Musik übernahm, ließ sich Bartók lediglich anregen, inspirieren, zitierte jedoch nicht. So kam es in seiner Musik zu jenem charakteristischen Tonfall, der hörbar durch den Rhythmus der ungarischen Sprache ausgelöst wurde.

Bartók schuf 1911 seine einzige Oper, den Einakter *Herzog Blaubarts Burg*, der 1918 im Budapester Opernhaus uraufgeführt wurde. In einer einzigen wohlkalkulierten Spannungskurve wird die hintergründige Handlung in Musik gesetzt; Bartók verwendet hierzu das große, in allen spätromantischen und auch impressionistischen Farben schillernde Orchester und schildert mit großem Raffinement die charakteristischen Szenerien, die sich hinter den sieben Türen auftun, die Blaubart auf Drängen seiner Geliebten Judith öffnet. Neben allen romantischen und impressionistischen Einflüssen dominiert jedoch vor allem Bartóks neuartiges ungarisch gefärbtes Gesangsidiom.

Die Wirkungsgeschichte der beiden Opern von Zoltán Kodály beschränkt sich, anders als im Falle von Bartóks *Blaubart*, im Wesentlichen auf den slawischen Raum. Vor allem die märchenhafte Geschichte des Volkshelden *Háry János* (mehrere Fassungen: 1923, 1928, 1953) verdiente sicher mehr Beachtung. Zu uns gelangt sie zumeist in der instrumentalen Fassung einiger charakteristischer Passagen in Gestalt der *Háry-János-Suite* für großes Orchester.

JANÁČEKS OPERN

Šárka (1887/1925); *Der Anfang eines Romans* (1891/94); *Osud* (1903–07/58); *Jenufa / Ihre Ziehtochter* (1904); *Ausflüge des Herrn Brouček* (1920); *Katja Kabanova* (1921); *Das schlaue Füchslein* (1924); *Die Sache Makropoulos* (1926); *Aus einem toten Haus* (1930)

MUSIK und Wahrheit bringt Leoš Janáček in einen für sein Opernschaffen bezeichnenden Zusammenhang.

»Sprachmelodie? Für mich hat die Musik, wie sie aus den Instrumenten klingt, aus der Literatur, (…) wenig Wahrheit. Es war eigentümlich: wenn mich jemand ansprach, habe ich seine Worte vielleicht nicht verstanden; aber den Tonfall! Ich wusste sofort, was in ihm steckt: ich wusste, wie er fühlt, ob er lügt, erregt ist. (…) Töne, der Tonfall der menschlichen Sprache, jedes Lebewesens überhaupt, hatten für mich die tiefste Wahrheit.«

OPER IN RUSSLAND

STRAWINSKY. Mit seinen Werken für das Musiktheater bewegte sich Strawinsky mehrheitlich im Grenzbereich zu anderen Gattungen. So fanden seine ersten nachdrücklichen Begegnungen mit diesem Medium auf dem Gebiet des Balletts statt. Den 1. Akt seines musiktheatralischen Erstlings, *Die Nachtigall* (nach Hans Christian Andersen), ergänzte Strawinsky zu einer Ballett-Oper, die 1914 uraufgeführt wurde. *Die Geschichte vom Soldaten* (1918) beschränkt sich mit sparsamsten Mitteln auf eine Kleinbühne (drei Personen, Kammerensemble, Spieldauer 35 Minuten); ebenfalls nur 20 Minuten dauert die Burleske *Reineke* (1922), in der Strawinsky sich stark auf russische Folklore und das Volkstheater bezieht; *Mavra* (1922) nähert sich parodistisch und verfremdend der Opera buffa; *Oedipus Rex* (1927) steht auf der Grenze zwischen Oper und Oratorium; *Persephone* (1934) ist als Melodram konzipiert und steht für Strawinskys neoklassizistische Phase; in *The Rake's Progress* (1951) schließlich setzt der Komponist unterschiedliche stilistische Zitate und Anspielungen ein, in Anlehnung an das Modell einer Opera buffa nach Mozart'schem Muster.

Igor Strawinsky, *The Rake's Progress*. Eva Johansson (Anne Trulove) und Julius Best (Tom Rakewell) in einer Inszenierung von Jürgen Tamchina an der Deutschen Oper Berlin aus dem Jahr 1989, Bühnenbild: Roland Aeschlimann.

PROKOFJEW. Auf Grund der restriktiven Kulturpolitik der Sowjetunion führte Prokofjew, dem jüngeren Zeitgenossen Dmitri Schostakowitsch vergleichbar, ein Leben zwischen Anpassung und Verweigerung. Außer seinem Ballett *Romeo und Julia* werden von seinen Stücken für das Musiktheater nur zwei international gespielt: sein ge-

Sergej Prokofjew, *Der feurige Engel* (Kompositionsskizze).

niales frühes Meisterwerk *Die Liebe zu den drei Orangen* (1921) mit seiner farbig-doppelbödigen Komödienhandlung und in grandioser Raffinesse schillernden Musik und – weniger häufig – *Der feurige Engel* (1928), der mit seinem phantastisch grellen und unheimlich doppelbödigen Charakter geradezu einen düsteren Gegenentwurf zu der buffonesk-diesseitigen *Liebe zu den drei Orangen* darstellt.

SCHOSTAKOWITSCH. Auf den internationalen Spielplänen tauchen vor allem die ungemein komödiantische Gogol-Umsetzung *Die Nase* (1929) und das finster-grandiose Tongemälde der *Lady Macbeth von Mzensk* (1932) auf. *Die Nase* ist reich an Extremen zwischen schmelzender Kantabilität und vordergründig realistischer Tonmalerei sowie fernen, vom Komponisten intendierten Anklängen an Alban Bergs *Wozzeck*. Vordergründig lässt sich diese Oper als unterhaltendes Theaterstück konsumieren; historisch aber vertritt *Die Nase* eine typische Phase sowjetischer Kulturpolitik.
Den düsteren Gegenpol dazu bildet *Lady Macbeth von Mzensk*, komponiert auf der Basis eines sinfonisch durchgestalteten, vielfarbigen Orchestersatzes, der bis an die Grenzen des Geräuschhaft-Erträglichen geht.

DER Musikschriftsteller Fred K. Prieberg schildert die Um- und Widerstände, mit denen sowjetische Opernkomponisten lange Zeit rechnen mussten.

»Gegen Ende der dreißiger Jahre waren in der Sowjetunion mehr als dreißig neue Opern verfügbar; obwohl fast alle auf die Bühne kamen, gelangte keine einzige ins Repertoire. Alle blieben sie auf dem Felde heftigster Auseinandersetzungen um Funktion, Stil, Form, Inhalt und Format einer spezifisch sowjetischen Spielart des Musiktheaters (…). Wie sich die musikalische Form mit den neuen revolutionären Inhalten füllen ließe und ob sie nicht eben dadurch gesprengt und verwandelt werden müßte, das waren die Fragen, die schon vor jeder Uraufführung die Kritiker erregten. Schließlich ging es darum, das überkommene bürgerliche Opernspektakel in ein Opernschauspiel von sozialistischer Moralität zu verändern (…). Im lebendigen Disput kristallisierten sich neue Möglichkeiten heraus. Eine davon war Schostakowitschs Oper *Die Nase*.«

OPER NACH 1945 I

BENJAMIN BRITTEN

1913 am 22. November in Lowestoft (Suffolk, England) geboren; komponiert bereits in seiner Schulzeit unter der Anleitung von Frank Bridge.
1930–33 Studium am Royal College of Music, London (Klavier, Komposition).
1933–42 lebt Britten in den USA.
Ab 1946 gründet Britten die »English Opera Group«, die in diesem Jahr die Kammeroper *Der Raub der Lucrezia* bei den Glyndebourne-Festspielen uraufführt; in den folgenden Jahrzehnten übernimmt Britten zahlreiche Verpflichtungen als Pianist und Dirigent.
1948 findet unter Brittens maßgeblicher Mitwirkung im Küstenort Aldeburgh (Suffolk), wo der Komponist seit seiner Rückkehr nach England wohnt, erstmals ein jährliches Musikfestival statt.
1976 wird Britten in den Adelsstand erhoben; er stirbt am 4. Dezember in Aldeburgh.

BRITTEN. Stilistisch spannt sich der Radius in Brittens Opern von *Peter Grimes* (1945, anknüpfend an die englische Theatertradition seit Purcell, durchkomponiert mit Nummerneinlagen) über musikpädagogische Versuche wie *Let's make an Opera* (1949) und Kammeropern (*Albert Herring*, 1946; *The Turn of the Screw*, 1953) bis zum großen Orchesterapparat in *Billy Budd* (nach Melville, 1951/61). Im Jahr 1960 wurde Brittens Oper nach Shakespeares *A Midsummer Night's Dream* unter seiner eigenen Leitung uraufgeführt. Mit der Parabel *Curlew River* wiederum verarbeitete Britten 1964 seine Erfahrungen mit dem japanischen Nô-Theater, das er auf einer Fernostreise kennengelernt hatte. Ein Versuch für das Fernsehen war *Owen Wingrave* (nach Henry James, 1971); mit *Death in Venice* (nach Thomas Mann, 1973) endete das Bühnenschaffen Brittens. Manche Titelpartie (Peter Grimes, Billy Budd) schrieb Britten für seinen Freund, den Tenor Peter Pears.

HENZE. Wie bei kaum einem zeitgenössischen Musiker steht bei Hans Werner Henze, der bei Wolfgang Fortner studierte und auch praktizierend die Bühnenwirklichkeit kennen lernte, das Theater im Zentrum. Da er sich im Laufe der Jahre als sehr wandlungsfähig erwies, stehen seine Opern für verschiedene Ausprägungen des Musiktheaters nach 1945. Man kann seine Anfänge neoklassizistisch nennen; Einflüsse Hindemiths sind in seinen frühen Instrumentalwerken unverkennbar. Nicht nur unter dem Einfluss Fortners wandte er sich der Dodekaphonie zu, die er unbekümmert frei handhabte. Sein erster Versuch erfolgte auf einem Umweg, mit der einaktigen »Oper für Schauspieler« *Das Wundertheater* (1948). Mit dem Engagement als Hauskomponist an der Wiesbadener Oper begann 1950 seine Laufbahn als Opernkomponist. 1952 brachte seine traditionell in Nummern gegliederte Manon-Lescaut-Oper *Boulevard Solitude* den Durchbruch; sein Ballett *Der Idiot* nach Dostojewskij festigte seinen Ruf. Gleichzeitig pflegte er weiterhin die Instrumentalmusik mit Sinfonien und Konzerten, was ihn in einen Gegensatz zur Avantgarde seiner Zeit brachte.
1953 folgte *König Hirsch* (nach Carlo Gozzi), entstanden in Italien. Das Werk enthält Hinweise auf die politischen Umstände der jüngeren Vergangenheit und deutet die Tendenz zur politischen Musik in Henzes zweiter Phase an. Die fünfstündige Oper, die später stark gekürzt wurde, orientiert sich an historischen Vorbildern, trotz dodekaphoner Ansätze. Mit *Undine* folgte 1957 wieder ein Ballett für kleines Orchester, das zum weltweiten Erfolgsstück wurde. Für zwei der folgenden Opern verfasste Ingeborg Bachmann die Libretti: Die »Kammeroper« *Der Prinz von Homburg* (1958) nach Heinrich von Kleist und *Der junge Lord* (1964) nach Wilhelm Hauff als angenäherte Opera buffa, nun szenenweise durchkomponiert. Ebenfalls 1964

kam das einaktige, ganz durchkomponierte »Musikdrama« *Die Bassariden* nach Euripides heraus, in dem sich Bezüge zur Tradition finden lassen (Mahler, Bergs *Wozzeck*) und das etablierte Formmodelle zitiert (Sonatensatz, Fuge usw.).
Die zunehmende Politisierung Henzes schlug sich in seiner Musik nieder, etwa in seinem Oratorium *Das Floß der Medusa* (1968). Die Rückkehr zur Bühne brachten die »Show« *Der langwierige Weg in die Wohnung der Natascha Ungeheuer* (1971) und die »Fernsehoper« *La Cubana oder Ein Leben für die Kunst* (1973), in denen sich Henze modischen Tendenzen des Komponierens öffnete, wie Bernd Alois Zimmermann in den *Soldaten* Simultanszenen montierte und Stilgrenzen durch Einbeziehung zeitgenössischer Popularklänge verwischte. *We come to the River* (1976) benötigte danach für die Simultaneität der Handlung drei Orchester und drei Spielflächen. Dagegen bedeutet *Die englische Katze* (1980) – eine »Geschichte für Sänger und Instrumentalisten« – eine stilistische Rückwendung und Abkehr vom politischen Theater. Seine »Märchenoper« *Pollicino* widmete Henze 1980 den Kindern Montepulcianos, wo er eigene Festspiele gründete; das Werk war als pädagogisches Übungsstück zur Heranführung Jugendlicher an Musik und Theater gedacht.

VERGLEICHBARE POSITIONEN. Trotz aller stilistischen und persönlichen Unterschiede nehmen Henze und Britten in ihren Heimatländern und auch international eine vergleichbare Position ein. Gemeinsam ist ihnen etwa die Parallelität von Instrumental- und Bühnenmusik im stetigen Wechsel; gemeinsam ist ihnen auch eine sehr bewusste Einbeziehung traditioneller Elemente in ihre Kompositionen, wobei die Traditionsverbundenheit bei Britten insgesamt ausgeprägter war. So fügt sich seine Musik leichter in die Chronologie der Operngeschichte und macht dem Publikum den Zugang zu seinen Werken auch unkomplizierter – Henzes gelegentliche Ausflüge in experimentelle Regionen blieben Britten eher fremd.

BRITTENS WERKE

- Orchesterwerke (u. a. *Simple Symphony*, 1934; *Variations on a Theme of Frank Bridge*, 1937; *The Young Person's Guide to the Orchestra*, 1946; *Cello Symphony*, 1936; jeweils 1 Konzert für Violine und Klavier)
- Kammermusik (u. a. 3 Streichquartette)
- Bühnenwerke (u. a. 12 Opern, darunter *Peter Grimes*, 1945; *Billy Budd*, 1951; *A Midsummer Night's* Dream, 1960; Ballett *The Prince of the Pagodes*, 1957)
- Große Vokalwerke (u. a. *Spring Symphony*, 1949; *War Requiem*, 1961)
- Vokalkompositionen in solistischer und chorischer Besetzung mit Klavier oder Orchester (u. a. *Les illuminations*, 1939; *Hymn for St Cecilia*, 1942; *Serenade*, 1943; *Sechs Hölderlin-Fragmente*, 1958)

REPERTOIRE?

Nach 1945 entstanden für das Musiktheater zwar verschiedenartigste, extreme, die Grenzen sprengende Werke, doch in das Repertoire der Opernhäuser und Festspiele zog kein einziges ein. Selbst die wenigen, wegen ihrer besonderen Merkmale herausragenden Opern – wie *Die Soldaten* von Bernd Alois Zimmermann oder *Lear* von Aribert Reimann – wurden nur wenige Male nachgespielt, nicht zuletzt wegen ihrer exorbitanten Schwierigkeiten für alle Ausführenden. Exemplarisch sind Britten und Henze zu nennen, deren Werke zumindest gelegentlich auf manchen Spielplänen auftauchen und die auf unterschiedliche Weise eigene Akzente setzten.

DIETRICH Fischer-Dieskau äußert sich in seinem Buch *Töne sprechen, Worte klingen. Zur Geschichte und Interpretation des Gesangs* (1985) zu Benjamin Brittens Opernsprache.

»Brittens Liebe zur Dichtung und zum Gesang im besonderen gehorcht zwar den denkerischen Gesetzen der Musik, stellt sich aber im Sinne der uns beschäftigenden Dualität als doppelgesichtig heraus. Das Wort, dem zu dienen sich der Komponist entschloß, gehört jenem Material an, das er sich aneignet, um die rhythmische Gestalt der Musik zu finden, was nicht Unabhängigkeit der Töne vom Text bedeutet, obwohl sie auch ohne den Wortsinn verständlich wären. Der musikalische Duktus entsteht aus der Spannung zwischen dem Rhythmus der Musik und dem des Wortes. Und wenn man einmal von kadenzierenden Figurationen absieht, so wird sich kaum eine Stelle finden, an der die Musik ohne Spannung, ohne Reibung sich dem sprachlichen Rhythmus anpaßt.«

OPER NACH 1945 II

LITERATUROPER. Das Genre der so genannten Literaturoper gibt es seit dem 19. Jahrhundert; berühmtestes Beispiel jener Komponisten, die auf eine bereits vorliegende literarische Ausarbeitung eines Stoffes zurückgreifen, ist Verdi; dessen Adaptionen basierten sowohl auf Dramentexten (Shakespeare, Friedrich Schiller) als auch auf Romanen (Alexandre Dumas d. J.). Im 20. Jahrhundert setzte sich diese Tendenz verstärkt fort, zunächst mit Alban Bergs *Wozzeck* und *Lulu*, aber auch mit *Salome* von Richard Strauss. Nach 1945 haben wir bei Henze und Britten einige markante Beispiele kennen gelernt. Parallel dazu entstanden eine Reihe weiterer, zumindest zeitweise häufiger gespielter Literaturopern.

FORTNER UND EGK. Der langjährige Freiburger Kompositionsprofessor und Gründer der Münchner Musica-viva-Konzerte, Wolfgang Fortner, steht mit seinen Opern in der Nachfolge der Schönberg'schen *Zwölftontechnik* und gewann ihr reizvoll-individuelle Klangwirkungen ab. Seine beiden Opern nach Lorca-Dramen von Federico Gracía Lorca tauchen bis heute vereinzelt auf der Bühne auf: *Bluthochzeit* (1957) und *In seinem Garten liebt Don Perlimplin Belisa* (1962).
Werner Egk bevorzugte überwiegend Stoffe der Weltliteratur als Vorlagen für seine Libretti. Er komponierte vor dem Zweiten Weltkrieg u. a. seine facettenreiche Märchenoper *Die Zaubergeige* (1935) und wandte sich mit *Peer Gynt* (1938) nach Henrik Ibsen bereits einem großen Sujet der Weltliteratur zu. Nach 1945 entstanden dann, nach einigen Balletten und der *Irischen Legende* (1955), die Literaturopern *Der Revisor* nach Nikolaj Gogol, wo Egk auch russische Folklore einbezieht, und *Die Verlobung in San Domingo* (1963) nach Heinrich von Kleists gleichnamiger Novelle; dieses durchkomponierte Werk zeichnet sich durch seinen transparenten Orchestersatz aus, der durch ein vielfarbiges, südamerikanische Atmosphäre vermittelndes Schlagzeug angereichert wird.

EINEM UND BLACHER. Der etwas jüngere Gottfried von Einem wandte sich dem Genre Oper mit drei Werken zu, immer auf der Basis einer erweiterten, relativ unexperimentellen Tonalität und ebenfalls stets nach literarischen Vorlagen: mit der Salzburger Uraufführung von *Dantons Tod* (nach Georg Büchner) begann 1947 die Weltkarriere des früh verstorbenen ungarischen Dirigenten Ferenc Fricsay, der für den erkrankten Otto Klemperer einsprang; in dieser Oper spielt der Chor eine herausragende Rolle. Wie hier wirkte auch bei von Einems nächstem Werk sein Lehrer Boris Blacher, der selber einige heute weitgehend vergessene Titel für das Musiktheater schuf, am Libretto mit: *Der Prozess* (nach Franz Kafka) wurde 1953 ebenfalls bei den Salzburger Festspielen uraufgeführt; charakterisierbar »ist das Werk eher (als) ein Bil-

UNTER der Überschrift *Vom Musikdrama zur Literaturoper* (1983) reflektiert der Musikwissenschaftler Carl Dahlhaus in »Aufsätzen zur neueren Operngeschichte« auch die Beziehung zwischen Musikdrama und Literaturoper.

»Daß die Literaturoper des 20. Jahrhunderts zu einer Opernästhetik, die vom Modell der Opera seria ausging, in Widerspruch geraten mußte, ist ebenso unverkennbar wie der geschichtliche Zusammenhang, durch den die Literaturoper mit der Tradition des Musikdramas verbunden ist: ein Zusammenhang, der allerdings dadurch halb verdeckt wurde, daß die Wagner-Orthodoxie ein Epigonentum postulierte, neben dem eine gewissermaßen normale Wagner-Nachfolge als Abweichung und Entfremdung erschien. Die Opern von Debussy und Richard Strauss, Schönberg und Alban Berg repräsentieren jedoch unzweifelhaft die Gattung des Musikdramas, ohne daß von Wagnerianertum die Rede sein kann.«

Wozzeck rasiert den Hauptmann. Alban Bergs *Wozzeck* in einer Aufführung der Wiener Staatsoper 1987 (Wozzeck: Franz Grundheber; Hauptmann: Heinz Zednik; Inszenierung: Adolf Dresen; Bühnenbild: Herbert Kappelmüller). Über die Rolle des Hauptmanns urteilte Berg: »Eine Null (...) leicht gerührt über sich selbst.« Er spricht und denkt in Gemeinplätzen, leidet an Asthma und hustet oft – rhythmisch von Berg sorgfältig notiert.

derbogen mit Stummfilmgestik als eine Oper« (Wulf Konold), gegliedert in kontrastreichem Wechsel von kurzen, rezitativischen und groß angelegten Szenen. 1971 schließlich wurde in Wien in prominenter Besetzung, mit Christa Ludwig in der Titelpartie, Einems Oper *Der Besuch der alten Dame* (nach Friedrich Dürrenmatt) herausgebracht.

KELTERBORN UND KLEBE. Neben Einems *Besuch der alten Dame* gibt es mit Rudolf Kelterborns Oper *Ein Engel kommt nach Babylon* (1977) eine weitere Dürrenmatt-Vertonung, voller raffiniert unterschiedener Gesangstonfälle zur effektvoll-dramatischen Charakterisierung der handelnden Personen.
Ebenfalls der gemäßigten Moderne, zwischen Tonalität und Atonalität, zuzurechnen ist Giselher Klebe, auch er Blacher-Schüler, mit seiner Schilleradaptation *Die Räuber* (1957); in *Alkmene* (1961) wandte er sich Kleist zu und mit der Nummernoper *Jacobowsky und der Oberst* (1965) Franz Werfel.

DESSAU. Einen Sonderfall im Bereich der Literaturoper stellt Paul Dessau dar, der sich als Kapellmeister auf eigene Theaterpraxis stützen konnte, sich auch der frühen Filmmusik zuwandte und sich nach der Emigration in Ost-Berlin niederließ. Hier kam es zur Zusammenarbeit mit Bertolt Brecht, auf dessen Texten seine ersten beiden Opern *Die Verurteilung des Lukullus* (1949) und *Puntila* (1957/59) basieren. Hier wie in den folgenden Werken, *Lanzelot* (1969), *Einstein* (1971/73) und *Leonce und Lena* (1976/79) nach Georg Büchner, fand Dessau einen durchaus eigenen Ton, wobei sein Schaffen als Gratwanderung zwischen den Anforderungen des sozialistischen Realismus und der Moderne betrachtet werden kann. Seine herausgehobene Rolle als musikalisches Aushängeschild der DDR hat ihm nicht nur Ruhm, sondern auch manche Kritik und Konflikte eingetragen.

GRENZFÄLLE DES MUSIKTHEATERS

ZIMMERMANN. Mit seiner alle musikalischen, dramaturgischen und szenischen Mittel ausschöpfenden Oper *Die Soldaten* nach Jakob Michael Reinhold Lenz versuchte Bernd Alois Zimmermann auf die Erfahrungen der jüngeren Vergangenheit (Drittes Reich, Zweiter Weltkrieg) zu reagieren und die Schrecknisse dieser Zeit künstlerisch zu reflektieren. Zimmermanns eigene, u.a. auf Augustinus basierende Philosophie der Zeit als räumliches Phänomen, in dem Vergangenheit, Gegenwart und Zukunft gleichzeitig verfügbar sind (»Kugelgestalt der Zeit«), führt in den *Soldaten* zu komplexer szenischer Gleichzeitigkeit und zu einer kaum noch hörend wahrnehmbaren Vielschichtigkeit der Musik, die kompositorisch auf der Basis einer Allintervallreihe auf das strengste durchgeformt ist. Nachdem die Oper von den Kölner Bühnen zunächst als unaufführbar abgelehnt wurde, kam es 1965 zu einer eindrucksvollen Realisierung. Zimmermanns *Soldaten* haben durch ihre Radikalität auf nachfolgende Produktionen des Musiktheaters nachhaltig Einfluss genommen.

MESSIAEN UND LIGETI. Vergleichbar starke Akzente zu setzen, gelang neben Zimmermann nur wenigen Komponisten. Der große Pionier der Serialität und der spirituellen Klanglichkeit, der Franzose Olivier Messiaen, wandte sich erst 1975 dem Musiktheater zu. In seinem 1983 in Paris uraufgeführten *Saint François d'Assise* entfernt sich Messiaen von herkömmlichen Opernmodellen. Er schreibt eine lockere Szenenfolge als Bilderbogen aus dem Leben des Heiligen, gestützt auf eine riesenhafte Orchesterbesetzung.

Der Ungar György Ligeti erregte 1978 mit der Stockholmer Uraufführung von *Le Grand Macabre* Aufsehen, einer »doppelbödigen, surrealen Groteske« (Martin Demmler), zu der er sich durch Bilder von Hieronymus Bosch anregen ließ; die Musik zeichnet sich durch das unvermittelte Nebeneinander heterogener, oft parodistischer Elemente aus.

Bernd Alois Zimmermann, *Die Soldaten*. Das Staatstheater Stuttgart brachte das Werk 1987 in einer Inszenierung von Harry Kupfer heraus. Auf der Bühne rechts: Nancy Shade als Marie und William Pell als Desportes.

REIMANN UND RIHM. Die Münchner Uraufführung von Aribert Reimanns *Lear* (1978) war ein spektakuläres Ereignis. Anders als Verdi, der vor der Aufgabe, Shakespeares *Lear* auf die Opernbühne zu bringen, verzagte, vertonte Reimann den Stoff, ange-

regt durch den Bariton Dietrich Fischer-Dieskau, der die Titelrolle dann auch kreierte. Charakteristisch ist die Festlegung bestimmter Singweisen auf einzelne Charaktere. Zahlreiche Schlaginstrumente erweitern die spätromantische Orchesterbesetzung. Damit erreicht Reimann einen differenzierten, oft illustrativen Klang, unter Verwendung der Clustertechnik und des Geräuschhaften. Unter Reimanns übrigen Opern finden sich weitere Literaturbezüge (*Ein Traumspiel*, 1965, und *Die Gespenstersonate*, 1984, beide nach August Strindberg; *Troades* nach Euripides / Franz Werfel, 1986; *Das Schloss* nach Franz Kafka, 1992).
Wolfgang Rihm bezeichnet seine Bühnenwerke als Musiktheater; neben *Oedipus* (1986) und *Die Eroberung von Mexiko* (1987) ist *Die Hamletmaschine* (1983) sein ambitioniertester Versuch, basierend auf einem Text von Heiner Müller, für den Rihm eine adäquate Tonsprache fand.

DALLAPICCOLA. In der stilistischen Nachfolge der Zweiten Wiener Schule begann der Italiener Luigi Dallapiccola mit dodekaphonen Strukturen zu komponieren. Ende der 1930er-Jahre wandte er sich dem von Hindemith, Krenek und Weill vorgeprägten Politischen Musiktheater zu, als Ausdruck des Widerstands gegen den aktuellen Faschismus. Hier ist seine Oper *Il prigioniero* (*Der Gefangene*, 1948) anzusiedeln, die das Schicksal eines Gefangenen in der Zeit der spanischen Inquisition thematisiert, stilistisch orientiert an der komplexen Zwölftontechnik und an Strukturmodellen, wie sie uns in Bergs *Wozzeck* begegnen.

NONO. Auf der Linie des politisch-künstlerischen Engagements bewegte sich auch Luigi Nono. 1952 trat er der Kommunistischen Partei bei, beeinflusst von dem Dirigenten Hermann Scherchen, der ihm auch die Musik der Schönberg-Schule nahe brachte. Die Serialität der Avantgarde nach 1945 bedeutete für Nono nur eine Durchgangsstation. Eindringliches Dokument seiner politischen Aussage war *Il Canto sospeso* für Sänger, Chor und Orchester, in denen er Abschiedsbriefe von Widerstandskämpfern in Musik setzte. Seine Oper *Intolleranza* wurde bei ihrer Uraufführung 1961 in Venedig als politisches Kampfstück begriffen und löste entsprechend Proteste aus. Zum Musiktheater zählt auch seine Bühnenmusik für das Schauspiel *Die Ermittlung* von Peter Weiss (1965). Als Abschluss dieser radikalen Phase entstand 1975 die szenische Aktion *Al gran sole carico d'amore*. Seine ›Hörtragödie‹ *Prometeo* (1984) bezieht Elektronik und Geräuscheffekte mit ein und entfernt sich in Bühnengeschehen und Musik weit von überkommenen Musiktheatertraditionen.

JOACHIM Kaiser fand 1969 anläßlich der Münchner Erstaufführung von Bernd Alois Zimmermanns *Die Soldaten* einen Vergleich mit Bergs *Wozzeck* wenig ergiebig.

»Seit diese Oper existiert, wird sie mit Bergs *Wozzeck* verglichen. Doch der Vergleich trifft nur das Äußerlichste: nämlich die Umstände, unter denen die zunächst wegen angeblicher ›Unaufführbarkeit‹ verschobene, dann erfolgreiche Uraufführung erkämpft werden mußte. In beiden Fällen handelt es sich zudem um eine Literaturoper. Und der Autor des *Wozzeck*-Textes, Georg Büchner, war dem genialen Sturm-und-Drang-Dramatiker Reinhold Lenz, von dem die *Soldaten*-Szenen stammen, ähnlich und interessierte sich für ihn. Damit hört freilich die Vergleichbarkeit auf. Sonst besteht keine auskomponierte Ähnlichkeit zwischen Bergs spätromantischer, oft durchaus Puccini-naher Mitleidsmusik und Zimmermanns zeitlos-bürgerlichem Zustandspandämonium, das herb den Untergang eines harmlos-lüsternen Mädchens vorführt.«

EXPERIMENTELLES MUSIKTHEATER

OPER? Sprengte bereits Bernd Alois Zimmermann mit seinen *Soldaten* 1965 alle hergebrachten Dimensionen, so stellten der Amerikaner John Cage und der Italiener Sylvano Bussotti aus unterschiedlichem Blickwinkel die Gattung Oper in Frage. Cage, einer der Impulsgeber und Antitraditionalisten nach 1945, näherte sich der Bühne über Happening und Collage. So hat auch seine *Water Music* (1952) kaum etwas mit Musiktheater zu tun, auch wenn sie am besten als ›musikalisches Theater‹ bezeichnet wird, geschrieben für einen Pianisten und ein unkonventionelles ›Orchester‹ ohne klassische Instrumente. Zufälligkeiten des Ablaufs und klangliche Verfremdungen in Form eines präparierten Klaviers bestimmen das Geschehen dieser experimentellen Aktionsmusik, der szenischen Komposition.
Bussotti »betreibt seine Reflexion über das Genre Oper, indem er getrennte Ausdrucksbereiche zum ›Bussottioperaballett‹ zusammenführt« (Wolfgang Gratzer), mit welchem Kunstbegriff der Komponist seine Werke für das Theater seit *Nottetempo* (1976) zu bezeichnen pflegte. Seine *Passion nach Sade* (1965) ist eine Collage der Bühne, der Musik und der Sprache; sein »melodramma romantico danzato« *Lorenzaccio* (1972) »zwingt extrem heterogene Elemente zu einer sehr persönlichen Form von Gesamtkunstwerk« (Jürgen Maehder), in textlicher Collagetechnik und mit zeitlich gegeneinander verschobenen Musikebenen.

MARTIN Demmler weist in *Komponisten des 20. Jahrhunderts* (1999) auf die Besonderheiten von *Licht* und seines Schöpfers Karlheinz Stockhausen hin.

»Der Komponist, der von sich behauptet, auf Sirius zu Gast gewesen zu sein, entwickelte eine Art mystischer Privatreligion, die sein kompositorisches Schaffen (…) mitbestimmte. Thematisch greifen die sieben Tage aus *Licht*, so Stockhausen selbst, kosmische Prozesse auf (…). Jedem Tag der Woche ist in *Licht* eine bestimmte Farbe zugeordnet. Der Komponist selbst kleidet sich nur noch in dieser Tagesfarbe, montags grün, dienstags rot, mittwochs gelb. Doch sind nur wenige Opernhäuser bereit, Teile aus *Licht* aufzuführen, viele distanzieren sich ausdrücklich von diesem Projekt (…). Ähnlich wie im Falle Wagners schwebt ihm vor, für die Aufführung der sieben Tage von *Licht* sieben Gebäude errichten zu lassen. Die Interpreten sollen dann ganzjährig dort wohnen und proben können. Zwei Monate im Jahr sollen jeweils einige Teile aus *Licht* aufgeführt werden, alle sieben Jahre die sieben Teile gleichzeitig. Stockhausen hat inzwischen sein Leben konsequent auf die Vollendung seines Mammutwerkes ausgerichtet. Schwierige Verhandlungen führt er nur donnerstags, weil ihm da die direkte Hilfe seines Meisters MICHAEL sicher scheint.«

HANDLUNG? Der in Deutschland wirkende Argentinier Mauricio Kagel setzte sich in seinen Stücken für das Musiktheater mit den Mitteln der Groteske und der Satire auseinander. Musikmachen und Theatermachen sind bei ihm zu einer untrennbaren Einheit verschmolzen: Instrumentalspiel wird zum Bühnengeschehen, Ton- und Klangerzeugung wird zur geplanten und zufälligen, oft die Grenzen des Klamauks streifenden, oft bewusst absurden Aktion, angesiedelt gleichsam zwischen Bühne und Konzert, Musik, Sprache und Bild. Exemplarisch hierfür steht die Hamburger Uraufführung von *Staatstheater* (1971), das ohne herkömmliche Handlung auskommt und den Opernbetrieb auf kunstvoll durchorganisierte Weise persifliert. Die »Lieder-Oper« *Aus Deutschland* (1981) entstand »als Reaktion auf die deutsche Romantik«, das Libretto besteht aus bereits vertonten und dem Publikum durch Liederabende geläufigen Dichtungen; auf der Bühne stehen u. a. Wilhelm Müllers Leiermann (aus Schuberts *Winterreise*) und Heines beiden Grenadiere. Die Musik, so der Komponist, »klingt nach Kagel, erinnert jedoch an Schubert«.

AUSBLICK. Wiederum einen anderen Akzent setzten die Vertreter der Minimal Music, unter ihnen der Amerika-

Mauricio Kagel, *Aus Deutschland*. Inszenierung, Bühnenbild und Kostüme: Herbert Wernicke, Theater Basel 1997. Die erfolgreiche Koproduktion mit dem Holland Festival, den Wiener Festwochen und Musica Straßburg bewies die schönen Eigenheiten des argentinischen Blicks auf die deutsch-nationale Romantik.

ner Philip (Phil) Glass. Hier werden die Prinzipien dieser Musikrichtung – »Flächenbildung mit kleinsten Veränderungen und gelegentlichen Phasenverschiebungen in einander verflochtener, meist kurzer ostinater Figuren« (Siegfried Mauser) – gleichzeitig und ohne Bezug zum Bühnengeschehen eingesetzt; oft fehlen Handlung und verständlicher Text. Glass' *Einstein on the Beach* (1975) wurde dennoch zu einer der häufigst gespielten neuen Opern; es folgten u. a. die Gandhi-Oper *Satyagraha* (1980), *Echnaton* (1984), die Kammeroper *Der Fall des Hauses Usher* nach Edgar Allan Poe sowie *Les enfants terribles* (1996).

Die Rumänin Adriana Hölszky nähert sich dem theatralischen Element nicht auf humorvolle, sondern auf ernsthaft reflektierende Weise; ähnlich wie bei Kagel enthält auch ihre Musik immer Elemente des Musiktheaters selbst. Ausdrücklich für die Bühne bestimmt war erstmals die *Bremer Freiheit* von 1988, ein Auftragswerk Hans Werner Henzes für seine Münchner Bienale, von Hölszky als »Reise durch die Klanglandschaft« bezeichnet. Prägen ihre instrumentalen Kompositionen häufig und auffällig räumliche Aspekte, so übernahm sie diesen Ansatz für *Die Wände* nach Jean Genet (1995), wo Sänger und Musiker über Bühne, Zuschauerraum und Orchestergraben verteilt sind. Hier wie in manchen anderen ihrer Werke steht ein in bis zu 36 Stimmen aufgefächerter Chor im Mittelpunkt. Während Hölszky in Salzburg lehrt, hat ihre rumänische Landsmännin Violeta Dinescu in Oldenburg eine Professur inne. In ihrem Komponieren steht sie den tradierten Formen des Singens und Spielens auf einer Bühne näher, ohne ansatzweise epigonal anzumuten. Mit ihrer Oper *Der 35. Mai* nach Kästner zeigt sie pädagogisches Gespür bei der Heranführung Jugendlicher an das Musiktheater.

STOCKHAUSEN. »LICHT«

Als Meister des Spirituellen und Metaphysischen hat sich Karlheinz Stockhausen selbst zum Propheten eigener Klangwelten stilisiert. Sein Opus summum *Licht* ist als siebenteiliger Zyklus für sieben Tage konzipiert; es wurde von 1977 bis zum Dezember 2002 komponiert. Einzelne Teile des Werks wurden an unterschiedlichen Orten uraufgeführt, u. a. in Mailand und in Leipzig. Bleibt noch der Hinweis, dass Stockhausen – wie Marcel Reich-Ranicki zu berichten weiß – nahe liegenden Vermutungen zum Trotz von Wagner rein gar nichts hielt …

BALLETT-TENDENZEN

DIE Reihe der Kompositionen zeitgenössischer Musiker, die von den Ballets Russes und anderen berühmten Kompanien getanzt wurden, ist lang. Hier eine Auswahl.

Claude Debussy: *Prélude à l'après-midi d'un faune* (1912; Choreographie: Waslaw Nijinskij), *Jeux* (1913; Choreographie: Waslaw Nijinskij)
Maurice Ravel: *Daphnis et Chloé* (1912; Choreographie: Michail Fokin); *La Valse* (1929; Choreographie: Bronislawa Nijinska); *Boléro* (1928; Choreographie: Bronislawa Nijinska)
Erik Satie: *Parade* (1917; Choreographie: Léonide Massine)
Richard Strauss: *Die Josephslegende* (1914; Choreographie: Michail Fokin)
Paul Hindemith: *Nobilissima visione* (1938; Choreographie: Léonide Massine); *Die vier Temperamente* (1946; Choreographie: George Balanchine)

BALLETS RUSSES. Mehr noch als zwischen dem 16. und 19. Jahrhundert ist das Ballett im 20. Jahrhundert mit einer Reihe bedeutender Komponistennamen verknüpft. Das ist vor allem das Verdienst von Sergej P. Diaghilew. Von ihm gingen zu Beginn des Jahrhunderts die Impulse aus, ohne dass er ursprünglich etwas mit dem Medium Ballett zu tun hatte. Er betätigte sich in St. Petersburg als Herausgeber einer Kunstzeitschrift. Um die Jahrhundertwende herum kam er in Kontakt zum Ballett, und allmählich bildeten sich seine revolutionären Ideen von einem Ballett als eine Art Gesamtkunstwerk. Pionier war zunächst der Tänzer und Choreograph Michail Fokin: er distanzierte sich vom nummernhaften, durch Applaus unterbrochenen Ablauf konventioneller Aufführungen und propagierte ein durchkomponiertes Ballettdrama; zugleich verwischte er die Aufgabenbereiche zwischen den Solisten und dem Corps de ballet und wertete die Rolle des Solotänzers gegenüber der Primaballerina auf. Neben Fokin hießen die wichtigsten Choreographen der Ballets Russes dann Waslaw Nijinskij, Léonide Massine, Bronislawa Nijinska und George Balanchine.
1905 nahm Diaghilew seine Tätigkeit in Paris auf, indem er zunächst Ausstellungen russischer Maler organisierte und 1908 in einer *saison russe* Gastspiele des *Boris Godunow* von Modest Mussorgskij aus St. Petersburg ermöglichte. Sodann brachte er 1909 seine Petersburger Tänzer nach Paris, unter ihnen die weltberühmte Anna Pawlowa, deren Interpretation von Fokins *Sterbendem Schwan* als Fanal empfunden wurde; ferner Ida Rubinstein, Nijinskij und Fokin. Diaghilew verstand mit Instinkt und Überzeugungskraft die renommiertesten Künstler, Musiker, Literaten und Tänzer an sein Unternehmen zu binden.

HANDLUNGSBALLETT. Engen Kontakt hatte Diaghilew seit 1909 zu Igor Strawinsky, drei Handlungsballette – *Der Feuervogel* (1910), *Petruschka* (1911), *Le sacre du printemps* (1913) – verdanken sich dieser Zusammenarbeit. Dem impressionistisch-folkloristischen *Feuervogel* folgte *Petruschka*. Als Konzertstück für Klavier und Orchester konzipiert, mauserte sich *Petruschka* zur »Burleske« in vier farbigen Bildern, in deren Mittelpunkt eine Gliederpuppe steht, die lebendig wird. Die Musik ist rhythmisch äußerst komplex und enthält Zitate russischer Melodien.
Le sacre du printemps löste 1913 einen der größten Skandale aus: das Publikum war schockiert durch die radikale Neuartigkeit der Musik. »Die Partitur arbeitet über weite Strecken mit Mitteln eines fiktiven ›style barbare‹, d. h. mit sehr einfachen und kurzen, infolgedessen signalartig sich einprägenden Motiven, die häufig in starrer, von jeglichem Espressivo befreiter Instrumentation erklingen« (Klaus Schweizer).
Von ähnlicher Radikalität war Maurice Ravels *Boléro*, der eine komplexe Melodie als Crescendo- und Instrumenta-

tionsstudie scheinbar endlos wiederholt.
Von dieser Phase der Ballets Russes zehrte die Ballettgeschichte des folgenden Jahrhunderts. So komponierte auch Sergej Prokofjew für Diaghilew; Prokofjews Handlungsballett *Romeo und Julia* (1938) nach Shakespeare inspirierte zahlreiche große Choreographen.

Le sacre du printemps. Nach mehrjähriger Beschäftigung konnten Millicent Hodson und Kenneth Archer ihre Rekonstruktion von Nijinskijs Choreographie zu *Le sacre du printemps* 1987 abschließen; das Joffrey Ballet erzielte mit der Aufführung einen spektakulären Erfolg. Passend zum Thema des Balletts, einem archaischen Opferritual, erfand Nijinskij kraftvoll-rhythmische Bewegungen, die mit grundlegenden Prinzipien des klassischen Tanzes brachen.

ABSTRAKTES BALLETT. Im 20. Jahrhundert werden zwar weiterhin die traditionellen Werke der Ballettgeschichte gepflegt, häufig jedoch in neuartigen Choreographien. Andererseits nehmen sich Choreographen zunehmend der Werke des Konzertrepertoires an, etwa der John-Cranko-Schüler John Neumeier mit seinen getanzten Mahler-Sinfonien oder Bachs *Matthäus-Passion*. Mit ›konzertantem Ballett‹ ist die Abkehr vom herkömmlichen Handlungsballett, das nacherzählbar und an bestimmte Bewegungsabläufe gebunden ist, gemeint; stattdessen geht es um Sichtbarmachung musikalischer Strukturen und Stimmungen durch Bewegungsvorgänge, unter Einbezug des klassischen Bewegungsrepertoires (Spitzentanz, Pas de deux) und mit neuen Figuren und Verläufen. Beispiele hierfür sind Choreographien John Crankos nach Mozarts *Konzert für Flöte und Harfe* (1966) oder *Présence* nach Bernd Alois Zimmermann (1968).

TANZTHEATER. Für das radikal-experimentelle Ballett stehen Namen wie Pina Bausch oder Hans Kresnik. Die Musik für dieses Tanztheater stellen sich die Verantwortlichen selber zusammen oder sie vergeben Kompositionsaufträge.
Schließlich gibt es noch die bewährte Verbindung zwischen Oper und Ballett, nun zunehmend in experimenteller Form die Trennung zwischen Sängern und Tänzern aufhebend. Eine enge Verbindung zwischen Darstellung und Tanz gibt es etwa in Hans Werner Henzes *Boulevard Solitude* (1952); radikaler sprengte György Ligeti die Grenzen konventioneller Handlungsabläufe in *Aventures & Nouvelles aventures* (1966), in denen die Beliebigkeit collagenhafter Klänge und pantomimischer Tanzansätze handlungsferne Assoziationen auszulösen vermag. In jüngster Zeit war Adriana Hölszky eine der Protagonistinnen des andersartigen Theaters, in dem sich musikalische, darstellende und tänzerische Elemente neu verbinden.

STIMME UND SPRACHE

STIMME ALS KLANGTRÄGER. Bereits 1912 erweiterte Arnold Schönberg in *Pierrot lunaire* für eine Sprechstimme und fünf Instrumentalisten op. 21 das Repertoire des Stimmeinsatzes um eine neuartige Zwischenstufe. Er erläutert das so: »Die in der Sprechstimme durch Noten angegebene Melodie ist (bis auf einzelne besonders bezeichnete Ausnahmen) nicht zum Singen bestimmt. Der Ausführende hat die Aufgabe, sie unter guter Berücksichtigung der vorgezeichneten Tonhöhen in eine Sprechmelodie umzuwandeln«, was keinesfalls mit dem herkömmlichen Rezitativ zu verwechseln ist. Dass diese Art des Vortrages für den Ausführenden problematisch ist, beweisen die meisten Aufführungen des Werks, in denen der Sprecher in der Regel entweder zu nah am Gesang oder zu nah am Sprechen agiert. In der Notation kennzeichnet Schönberg diese Darbietungsweise durch kleine Kreuzchen in den Notenhälsen. Auch Alban Berg erprobte in seiner Oper *Lulu* derartige Zwischenstufen zwischen Singen und Sprechen.
Die Abwendung von der semantischen Textaussage hat ihre historischen Vorstufen in Debussys *Nocturnes* (1899) im Gesang der Sirenen mit geschlossenem Mund, aber auch schon in den Vokalisen von Wagners Rheintöchtern oder im Gewitter-Finale von Verdis *Rigoletto*. Dennoch erscheint der Schritt, sich völlig von textlicher Aussage zu lösen und die Stimme als reinen Klangträger einzusetzen, vergleichsweise radikal. Pierre Boulez überschritt in *Le marteau sans maître* (1955) diese Grenze noch nicht, erforschte jedoch serielle Abstufungen zwischen Parlando, quasi Parlando, syllabischem und melismatischem Singen. Luigi Nono gestaltete 1956 in seiner Kantate *Canto sospeso*, auf allerdings individuell weitergeführter serieller Basis, dynamische Klangschattierungen im Einsatz der Chorstimmen.

STOCKHAUSEN UND BERIO. Bei seiner Beschäftigung mit der Stimme kam Karlheinz Stockhausen zu unterschiedlichsten Ergebnissen. In *Gesang der Jünglinge* (1956) setzte er die Stimme nur noch als Klangmaterial ein, auf elektronischem Weg seriell bearbeitet und verfremdet; Aufnahmen von gesungenen Textpassagen aus dem alttestamentlichen Buch Daniel bilden das Ausgangsmaterial, das in seiner Originalgestalt jedoch nicht erklingt. Wiedergegeben wird die Komposition mittels fünf um das Publikum herum gruppierten Lautsprecherensembles. *Stimmung* für sechs Vokalisten (1968) ist ein meditatives Klangereignis, produziert von den Solisten in Ausnutzung der Obertonfärbungen bei unterschiedlichen Mundstellungen bzw. Vokalformationen.
Luciano Berio pflegte den experimentellen Umgang mit den Möglichkeiten und Grenzen der menschlichen Stimme kontinuierlich. Unter der einheitlichen Bezeichnung »Sequenza« schuf er Kompositionen für den solistischen

VOM GESANGSSTÜCK ZUR VOKALAKTION

Bis zum Ende des 19. Jahrhunderts war die Musik in instrumentale und vokale Partien getrennt, wobei man bei – weltlicher und geistlicher – Vokalmusik zwischen Solo und Chor unterschied und aufführungspraktisch dem Ideal des Belcanto huldigte. Demgegenüber bietet das 20. Jahrhundert eine Vielfalt von Umgangsmöglichkeiten mit der menschlichen Stimme. Wurde Sprache bisher nahezu ausschließlich als Sinnträger von Handlungen oder Stimmungen eingesetzt, so tritt nun ihr klanglich-phonetischer Eigenwert auch unabhängig von konkreten Aussagen hervor; die Stimme wird mit ihren physiologischen Möglichkeiten und Grenzen zum Experimentierfeld. Die Grenzen zwischen stimmlichem Klangereignis und mimischem und gestischem Agieren werden überschritten.

HERMANN Danuser beschreibt die Besonderheiten von Luciano Berios *Sequenza III* für Stimme solo (1966).

»Das Textmaterial (von Markus Kutter) ist komponiert nach verschiedenen Stufen semantischer Deutlichkeit (vom syntaktischen Abschnitt bis hin zu dem in phonetischer Schrift angezeigten Einzellaut, außerdem nach drei Stufen der Tonhöhengestaltung (von Sprechen, notiert auf einer einzelnen Linie, bis zu intervallisch distinktem Gesang, notiert auf fünf Linien). Ästhetisch konstitutiv sind vor allem die affektiven Vortragsanweisungen, die hier in dicht gedrängtem Wechsel eine Fülle von Emotionen bergen (drängend, gespannt, ungestüm, fröhlich, dichte Lachsalve, träumerisch, wimmernd) – eine Welt des menschlichen Ausdrucks, dessen gestische und mimische Realisation im einzelnen von der Persönlichkeit der Künstlerin – ›Sängerin, Schauspielerin oder beides‹ (Berio) – zu bestimmen ist.«

Umgang mit verschiedenartigen Instrumenten (Flöte, Harfe, Klavier, Viola, Oboe, Gitarre, Fagott, Akkordeon) und auch mit der Stimme. *Sequenza III* für Stimme solo entstand 1966 für seine Frau Cathy Berberian, die eine der führenden Vokalsolistinnen avantgardistischer Musik war. Ihre Meisterschaft im Umgang mit der eigenen Stimme demonstrierte sie immer wieder an diesem Werk.

KAGEL UND SCHNEBEL. Der Aspekt des mimisch und gestisch handelnden Künstlers begegnet uns vor allem in den theatralischen Aktionen des Argentiniers Mauricio Kagel, der 1957 sein Wirken nach Deutschland verlegte. Kagel ging von der Serialität aus, distanzierte und emanzipierte sich jedoch recht bald von ihr; er beschritt mit ausgeprägtem Talent für Situationskomik und Persiflage eigene Wege zwischen Gattungen und Traditionen. *Anagrama* (1958) ist eine wichtige Station. Kennzeichen seiner Aktionen war die Aufhebung der gewohnten Aufgabenteilung seiner Ausführenden: aus Instrumentalisten werden Vokalisten, aus Tänzern Sänger, aus Sängern Schauspieler oder Instrumentalisten.

Einer der innovativsten Musiker dieser Generation ist Dieter Schnebel, in dessen Oeuvre Kompositionen mit Stimmen den Löwenanteil ausmachen. *Glossolalie* (1960) für Sprecher und Instrumentalisten zeichnet sich durch den offenen Materialcharakter aus; die Interpreten sind aufgefordert, für jede Aufführung eine individuelle Version zu arrangieren. Schnebels originelles Aufzeichnungssystem ist die Basis für das Aufführungskonzept; in ihm geben Pfeile beispielsweise Bewegungsrichtungen der Ausführenden an. *Maulwerke* (1968–74) verstand Schnebel als »Produktionsprozess« für Artikulationsorgane und Reproduktionsgeräte, im Zusammenwirken von menschlichen Lautproduzenten und Tonaufzeichnungs- und Veränderungsvorrichtungen.

CAGE UND LIGETI. Der Meister geistvoller Improvisation, John Cage, beschäftigte sich intensiv mit den Möglichkeiten des Stimmeinsatzes. In *Solo for voice I*, das ganz traditionell auf fünf Notenlinien notiert ist, werden unterschiedliche Sprachen (englisch, französisch, deutsch) verwendet. György Ligeti übertrug seine Klangflächenkomposition vom Instrumentalensemble auf Stimmen und verzichtete in *Aventures* (1962), *Nouvelles aventures* (1965) sowie in der elektronischen *Artikulation* auf semantische Aussagen und verwendete Sprache als reines Klangmittel.

Dieter Schnebel, *Glossolalie*. Diese Sprachmontage für vier Sprecher (oben: S 1– 4) und vier Instrumentalisten (Klavier, Harmonium und zwei Schlagzeuger; unten: I 1–4) besteht im Wesentlichen aus Regieanweisungen bzw. Bewegungsvorschriften. Die untere Zeile D enthält Anweisungen für den Dirigenten, dessen Tun in einer Zeitachse genau fixiert ist.

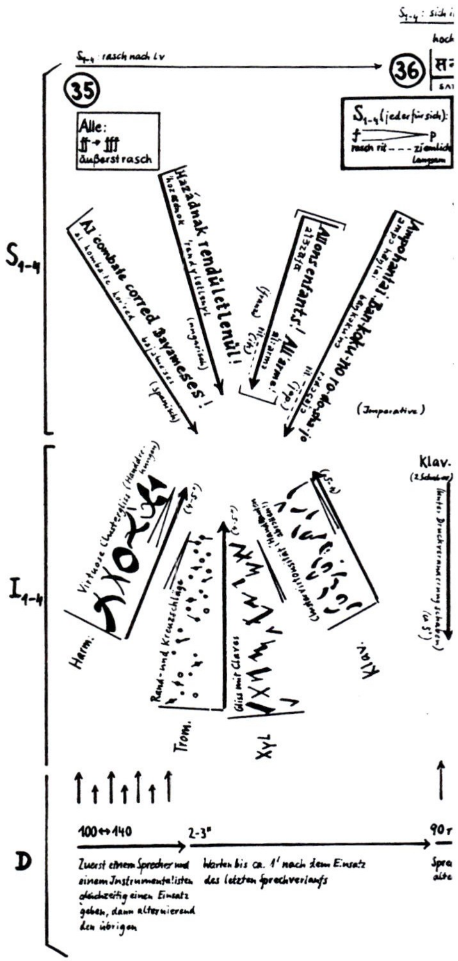

LIED

ARNOLD Schönberg hat die Absicht seiner »15 Lieder für hohe Stimme und Klavier« *Das Buch der hängenden Gärten* (1908–09) selbst charakterisiert.

»Mit den Liedern nach George ist es mir zum erstenmal gelungen, einem Ausdrucks- und Formideal nahezukommen, das mir seit Jahren vorschwebt. Es zu verwirklichen gebrach es mir an Kraft und Sicherheit. Nun ich aber diese Bahn endgültig betreten habe, bin ich mir bewußt, alle Schranken einer vergangenen Ästhetik durchbrochen zu haben; und wenn ich auch einem mir als sicher erscheinenden Ziel zustrebe, so fühle ich dennoch schon jetzt den Widerstand, den ich zu überwinden haben werde; fühle den Hitzegrad der Auflehnung, den selbst die geringsten Temperamente aufbringen werden.«

TRADITIONSPFLEGE. Im frühen 20. Jahrhundert wurde von einem Teil der Komponisten die Tradition des Kunstliedes fortgesetzt. Das Lied – oder auch der Gesang – eignete sich sowohl zur spätromantischen Traditionspflege wie als avantgardistisches Medium. Für die Linie der tonalen romantischen Tradition stehen mehrere Musiker. Im Konzertrepertoire erscheint vorrangig Richard Strauss; er hinterließ eine größere Anzahl von Kunstliedern, die – bei aller Traditionsverbundenheit – ihren eigenen Tonfall besitzen. Ihre Merkmale: die oft beträchtliche Virtuosität, die sich an den Sänger und an den begleitenden Pianisten richtet; ihre äußerst raffinierte chromatische Harmonik, ihre vokale Brillanz und Geschmeidigkeit, wobei die romantische Ausdrucksgewalt bisweilen die Sentimentalität streift. Ein Beispiel dieses effektvoll-reißerischen Stils ist etwa die *Heimliche Aufforderung* op. 27 Nr. 3. Strauss' Liedschaffen endet erst 1950 mit der Londoner Uraufführung seiner *Vier letzten Lieder* unter der Leitung von Wilhelm Furtwängler, einem der raren Dokumente der Gattung Orchesterlied.

MAHLER. Das Orchesterlied pflegten vor und nach der Jahrhundertwende auch Alexander Zemlinsky und Gustav Mahler. Mahlers Lieder existieren in der Regel sowohl in Klavier- als auch in Orchesterfassungen (z. B. *Zwölf Lieder aus ›Des Knaben Wunderhorn‹*). Auch wenn das Liedschaffen in Mahlers insgesamt schmalem Lebenswerk eher im Schatten seiner Sinfonien zu stehen scheinen, so kommt ihm doch gerade als kompositorischer Impulsgeber große Bedeutung zu. Das wird deutlich an den Sinfonien Nr. 2–4, in denen Liedelemente in Gestalt von Texten aus *Des Knaben Wunderhorn* die rein sinfonische Form aufbrechen und ergänzen. Einen auch emotionalen Extremwert stellen die erschütternden *Kindertotenlieder* (1901–1904) auf Texte von Friedrich Rückert dar. Und das monumentale *Lied von der Erde* steht, als Folge von sechs solistischen Gesangsstücken, stilistisch genau in der Mitte zwischen Lied und Sinfonik; es sollte ursprünglich als 9. Sinfonie gezählt werden.

In den Umkreis von Mahler und Strauss gehören auch Max Reger und Hans Pfitzner, deren Lieder eher selten zu hören sind. Zu Unrecht völlig vergessen sind starke Persönlichkeiten wie Arnold Mendelssohn, ein Großneffe Felix Mendelssohns, mit mehr als 150 Liedern in eigenem spätromantischem, keineswegs eklektizistischem Stil. Ebenfalls selten gesungen werden Lieder von Othmar Schoeck oder von Hermann Reutter, der auch als Liedbegleiter prominenter Sänger hervortrat.

ZWEITE WIENER SCHULE. Arnold Schönberg widmete sich dem Lied vornehmlich in seinen früheren Jahren und vollzog auch hier den Weg von der Spätromantik über die Atonalität bis zur Dodekaphonie. Im orchestralen Aufwand ungeheuer anspruchsvoll sind die frühen *Gurrelieder* (1900–11); frei von tonalen Bindungen konzipiert ist das *Buch der Hängenden Gärten* op. 15 (1908–09) mit Texten von Stefan George. Anton Webern und Alban Berg bemühten sich auf charakteristische Weise um die Gattung: Webern seltener und in seiner aphoristisch-knappen Diktion, Berg häufiger und auch dem Orchesterlied zugewandt: 1912 mit den *Fünf Orchesterliedern* op. 4 auf Texte des Österreichers Peter Altenberg (»Altenberg-Lieder«).

EIGENE TÖNE. Dem Kunstlied verpflichtet zeigte sich auch Paul Hindemith und beschritt doch eigene Wege – mit dem Höhepunkt seines Liederzyklus' *Das Marienleben* (nach Gedichten Rainer Maria Rilkes) im Jahr 1923; 1948 überarbeitete der Komponist die Lieder im Sinne seiner Kompositionslehre (niedergelegt in der *Unterweisung im Tonsatz*, 1937), was jedoch nach allgemeiner Auffassung, ähnlich wie bei *Cardillac*, keine Verbesserung bedeutet.
Eine eigene Note in der Gattungsgeschichte bedeuten jene Lieder, die vor und nach 1900 in Frankreich entstanden. Neben Gabriel Fauré und Erik Satie steht im Zentrum Claude Debussy, in dessen umfangreichem Liedschaffen sich eine allmähliche Distanzierung vom Einfluss Wagners beobachten lässt. Individuelle stilistische Nischen fanden auch Leoš Janáček mit seiner mährisch geprägten Deklamationsrhythmik und -motivik (*Tagebuch eines Verschollenen*, 1917–19) sowie der Amerikaner Charles Ives mit seinen rund 150 Liedern.

Paul Hindemith, *Das Marienleben: Die Darstellung Mariä im Tempel*, erste Fassung vom April 1923 (Autograph).

GEISTLICHE MUSIK I

VORAUSSETZUNGEN

Die Höhepunkte der geistlichen Musik liegen gewiss nicht gerade im jüngst vergangenen 20. Jahrhundert, sondern in den Epochen davor. Dennoch sind in den letzten hundert Jahren einige bemerkenswerte religiöse Kompositionen zu verzeichnen. Allerdings will es kaum noch gelingen, Traditionsströmungen fortzusetzen, die Ereignisse vollziehen sich eher punktuell und zumeist ohne zusammenschließende Kontinuität. Außerdem ist die im 19. Jahrhundert zumindest partiell noch erkennbare Bindung an die protestantische oder katholische Liturgie weitgehend abhanden gekommen. Also beschränken wir uns hier auf die Vorstellung einzelner beachtungswürdiger Dokumente.

PROTESTANTISCHE KIRCHENMUSIK. Eine Linie lässt sich ansatzweise verfolgen, betrachtet man jene Komponisten, denen zumindest das Bemühen um eine Anlehnung an liturgische Vorgaben gemeinsam ist. Im protestantischen Sektor trifft das auf den früh verstorbenen Hugo Distler zu, der sich mit seiner *Geistlichen Chormusik* (1934–41) und auch mit seiner *Weihnachtsgeschichte* (1933) nicht zufällig, sondern erklärtermaßen programmatisch auf Heinrich Schütz zurückbezieht und der sich mit seinen Chorwerken – auch und gerade den weltlichen wie dem *Mörike-Liederbuch* – als Meister des subtilen Umgangs mit der menschlichen Stimme erweist. Distlers Musik ist tonal fundiert und bei allem Anspruch an Ausführende und Hörer doch immer fasslich und abwechslungsreich. Umso unverständlicher muss im Nachhinein die Tatsache erscheinen, dass sie im Dritten Reich als »entartet« gebrandmarkt und verboten wurde. In ausweglos erscheinender Lage nahm sich Distler 1942 das Leben.
Ihm zur Seite stehen der strengere und asketischere Ernst Pepping sowie Max Reger, der sich von Heinrich Spitta zu seinen »Choralkantaten zu den Hauptfesten des evangelischen Kirchenjahres« anregen ließ und der sich insgesamt sehr der barocken Chorpolyphonie der Bach-Zeit verbunden fühlte, mit allerdings stark chromatisch getönter Harmonik und einem insgesamt eher spätromantischen Chorsatz.

KATHOLISCHE KIRCHENMUSIK. Auf katholischer Seite wären hier neben Joseph Haas und Heinrich Lemacher der einer konsequenten kontrapunktischen Linearität verpflichtete Johann Nepomuk David zu nennen, vor allem aber der Ungar Zoltán Kodály mit seinem singulären *Psalmus Hungaricus* op. 13 aus dem Jahr 1925. Auf der Basis der alt-ungarischen Textvorlage gelang Kodály ein Werk in unverwechselbarem, von heimischer Folklore dezent getöntem Timbre, das durch seine emotionale Eindringlichkeit und Direktheit besticht und bis heute immer wieder aufgeführt wird. Die textliche Grundlage der Komposition ist eine freie altungarische Psalmübersetzung aus dem 16. Jahrhundert; wie bei allen Vertonungen der ungarischen Sprache steht eine Übersetzung ins Deutsche vor fast unlösbaren Problemen, weil die eigentümliche Rhythmik des Ungarischen der des Deutschen eigentlich entgegengesetzt ist.

MESSE-VERTONUNGEN. In lockerer Fortführung der jahrhundertalten Tradition der Messe-Vertonung stehen eine ganze Reihe unterschiedlichster Kompositionen des 20. Jahrhunderts. Unter ihnen sind einige, die sich einen achtbaren Platz im Repertoire der großen Chorvereinigungen gesichert haben. So gibt es von Kodály eine *Missa brevis* (1944); Leoš Janáček schuf 1926 seine eigenwillige *Glagolitische Messe*, die seinen unverwechselbaren Stil ge-

Der Thomanerchor Leipzig kann auf fast 800 Jahre Tradition zurückblicken, weltberühmt wurde er durch Johann Sebastian Bach, heute leitet Thomaskantor Georg Christoph Biller den Knabenchor.

reihter Motiv- und Ostinatobausteine exemplarisch verkörpert und den altslawischen Messetext vertont. Igor Strawinsky lässt in seiner *Messe* von 1944 kirchentonale Einflüsse erkennen und schuf mit seiner *Psalmensinfonie* für Chor und Orchester im Jahre 1930 ein sprödes Hauptwerk seiner neoklassizistischen Periode. Paul Hindemith schließlich beendete sein Lebenswerk in seinem Todesjahr unerwarteterweise mit einer *Messe* für Chor a capella, in der er sich geradezu programmatisch noch einmal barocken Satztechniken und Formmodellen zuwandte. Zuvor hatte Hindemith bereits 1946 unmittelbar nach Beendigung des Weltkrieges seine sehr persönliche Totenklage in Gestalt seines »Requiems für die, die wir lieben« *When Lilacs Last in the Door-yard Bloom'd* komponiert, wobei er sich einiger Texte von Walt Whitman bediente – wenn man so will, eine ganz freie Fortsetzung jener individuellen Traditionslinie, die Brahms mit seinem *Deutschen Requiem* beschritt.

CHORMUSIK. Der Bereich der weltlichen und geistlichen Chormusik ist in seiner Entwicklung im frühen 20. Jahrhundert vergleichbar mit jener des Klavierlieds. Auch hier gibt es einen eher an der Tradition (Mendelssohn, Schumann, Brahms) orientierten Zweig des A-capella-Gesangs im gemischten oder gleichstimmigen Chor, ausgehend von spätromantisch-tonalen bis zu atonalen Ansätzen. Viele Komponisten widmeten sich dem Genre eher am Rande, etwa Arnold Schönberg in seinen klangvollen *Vier Stücken für gemischten Chor* op. 27 (1925). Bei anderen bildete die Chormusik den Lebensmittelpunkt, so bei Ernst Pepping und vor allem bei Hugo Distler, einem der eigenwilligsten und profiliertesten Komponisten seiner Zeit mit ausgeprägt individueller Handschrift und Einfühlungsvermögen in die Eigenarten des Chorsatzes, sowohl mit geistlichen wie mit weltlichen Werken. Als chorisches Pendant zu Hugo Wolfs solistischen *Mörike-Liedern* gilt sein *Mörike-Chorliederbuch*(1939), unter dessen 48 Nummern sich so grandiose und anspruchsvolle Sätze wie *Der Feuerreiter* befinden.

ZWEITE WIENER SCHULE

Konfessionell und schon gar nicht liturgisch lassen sich die Beiträge der Zweiten Wiener Schule zur geistlichen Musik kaum einordnen. Arnold Schönberg lässt mehrfach jüdische Wurzeln erkennen, wobei seine Komposition *Ein Überlebender aus Warschau* für Sprecher, Männerchor und Orchester op. 46, 1947 unter dem Eindruck der Nazigreuel in Polen entstanden, sich aller gattungsmäßigen Einordnung entzieht. In kaum einem zweiten Werk der neueren Musikgeschichte werden Grausamkeiten unter Menschen so erschütternd künstlerisch ausgesprochen und überhöht. Mit der monumentalen *Jakobsleiter* näherte sich Schönberg 1922 dagegen deutlich der Gattung Oratorium an. Anton Webern umkreiste mit seinen beiden Kantaten und seiner Komposition *Das Augenlicht* op. 26 eher von ferne das historische Leitbild der Kantate.

GEISTLICHE MUSIK II

FORMEN DES ORATORIUMS. Seine individuelle Fortsetzung im 20. Jahrhundert findet das Oratorium zunächst etwa in Claude Debussys *Le Martyre de Saint-Sébastien* nach Gabriele D'Annunzio (1911), einem zwischen allen Gattungen stehenden Einzelwerk mit der »Aura des mittelalterlichen Mysterienspieles« (Karl H. Wörner). In seine Nähe gehören von Arthur Honnegger sowohl das »dramatische Oratorium« *Jeanne d'Arc au bucher* (1935) als auch das im Untertitel als »sinfonischer Psalm« bezeichnete Oratorium *Le roi David* (1921). Ihm folgt unmittelbar der Schweizer Frank Martin mit seinen Oratorien, darunter das gelegentlich wiederaufgeführte *Golgotha* (1948).
Einen ganz eigenen Akzent setzte Carl Orff mit seiner rhythmisch-deklamatorisch orientierten Musik, wobei seine *Comoedia de Christi resurrectione*, die Herbert von Karajan 1957 bei den Salzburger Festspielen uraufführte, dem geistlichen Oratorium nahesteht, während die so überaus populären und plakativen *Carmina burana* eher dem weltlichen Oratorium zuzurechnen wären.

MARTIN Demmler würdigt die Besonderheiten von Benjamin Brittens *War Requiem*.

»[Britten hat] hier eine Synthese von Messe, Oratorium und Liederzyklus entwickelt, die in der Kirchenmusik ohne Vorbild ist und in ihrer Mischung von öffentlichem und privatem Gefühl einen Balanceakt darstellt (…). Mit diesem Werk wollte sich der Komponist an das breite Publikum der Menschheit wenden, weshalb er sich einer zumeist tonalen, leicht verständlichen, aber niemals banalen musikalischen Sprache bedient.«

URAUFFÜHRUNGEN IM JAHR 2000

Anlässlich des 250. Todestages von Johann Sebastian Bach vergab die Internationale Bachakademie Stuttgart vier Kompositionsaufträge. So konnten vier neue Passionen beim Europäischen Musikfest 2000 in Stuttgart uraufgeführt werden, die die Bandbreite heutigen Komponierens bewiesen: Wolfgang Rihms *Deus Passus. Passions-Stücke nach Lukas*, Sofia Gubaidulinas *Johannes-Passion*, Osvaldo Golijovs *La pasión según San Marcos* und Tan Duns *Water Passion after St. Matthew.*

REQUIEM UND PASSION. Nach dem Zweiten Weltkrieg ragen aus der zeitgenössischen Produktion einige wenige Einzelwerke hervor. Der Brite Benjamin Britten errichtete mit seinem monumentalen *War Requiem*, uraufgeführt 1961 in der von Deutschen zerstörten Kathedrale von Coventry unter symbolischer Mitwirkung britischer, deutscher und russischer Solisten, ein klingendes Mahnmal gegen die Schrecken und Sinnlosigkeiten des Krieges. Dabei kombinierte er die lateinische Totenmesse mit den eindringlich-beklemmenden zeitgenössischen Texten des englischen Dichters Wilfred Owen. Die Textcollage deutet eine Art Handlung an, vorgetragen von je einem englischen und einem deutschen Soldaten (in der Uraufführung der Tenor Peter Pears und der Bariton Dietrich Fischer-Dieskau). Musikalisch gliedert sich das Ganze ebenfalls fast collagenhaft in mehrere übereinander geschichtete Ebenen mit Solisten, Kammerorchester und großem Sinfonieorchester, Knabenchor und gemischtem Chor sowie Orgel. Britten gelang mit seinem Werk ein außergewöhnlicher und dauerhafter internationaler Erfolg.
Ähnlich spektakulär, jedoch bei weitem nicht so populär wurde die Lukas-Passion *Passio et mors Domini Jesu secundum Lucam* des Polen Krysztof Penderecki, die auf stilistisch äußerst vielschichtige und komplexe Weise den lateinischen Passionstext sowie einige Psalmen- und Hymnenpassagen vertont. Im Zentrum des Werkes agieren drei gemischte Chöre, gestützt auf einen großen Orchesterapparat. Aus der weiteren Fülle religiöser Kompositionen seien einige wenige genannt: Boris Blacher mit seinem *Requiem* op. 58 (1959) und Alfred Schnittke ebenfalls mit einem *Requiem* (1975).

ZIMMERMANN. Ein extremes Werk stellt Bernd Alois Zimmermanns *Requiem für einen jungen Dichter* (1969) dar, in dem er heterogenste Elemente wie Soli, Chöre, Orchester, Jazz-Combo, Elektronik und Orgel mit Texten, Reportagen und Berichten unterschiedlichster Herkunft (u. a. von Joyce, Pound, Camus, Jahnn, Majakowksij und Wittgenstein) collagenhaft kombinierte. Der Aufwand, der für eine Aufführung dieses einzigartigen Werkes betrieben werden muss, ist so gigantisch wie der Pluralismus der Stilmittel, die hier zu einem höheren Ganzen verknüpft werden, vergleichbar nur noch Zimmermanns einziger Oper *Die Soldaten*. Insofern kommt das *Requiem* nur äußerst selten zur Aufführung, doch beansprucht das Werk einen Sonderplatz in der Geschichte religiöser Bekenntnismusik.

Die abgrundtiefe Verzweiflung, die aus dem *Requiem* Zimmermanns spricht, steigert sich noch in seiner »Ekklesiastischen Aktion« *Ich wandte mich und sah an alles Unrecht, das geschah unter der Sonne* für zwei Sprecher, Bass-Solo und Orchester (1970). Auch hier huldigt der Komponist wieder dem Collage-Prinzip: es werden Texte von Dostojewskij (»Der Groß-Inquisitor und das Gericht« aus *Die Brüder Karamasow*) und aus dem biblischen Buch des Predigers Salomo (in Luthers Übersetzung) teilweise spontan während der Aufführung kombiniert. Zusätzlich zu den Klängen finden auch angedeutete Aktionen der Mitwirkenden statt; im Orchester erklingen neben traditionellen Instrumenten die unterschiedlichsten Klangerzeuger (u. a. freihängende Holzbalken, Zeitungspapier, Pappe, Nägel mit Hammer). Wenn das trotz seines Aufwandes nach innen gerichtete Werk mit einem Zitat aus der Bach-Kantate *O Ewigkeit, du Donnerwort* endet, dann äußerte Zimmermann darin seine eigene Befindlichkeit: »Es ist genug, Herr, wenn es dir gefällt« – wenige Tage nach Vollendung der Partitur setzte der Komponist seinem Leben ein Ende.

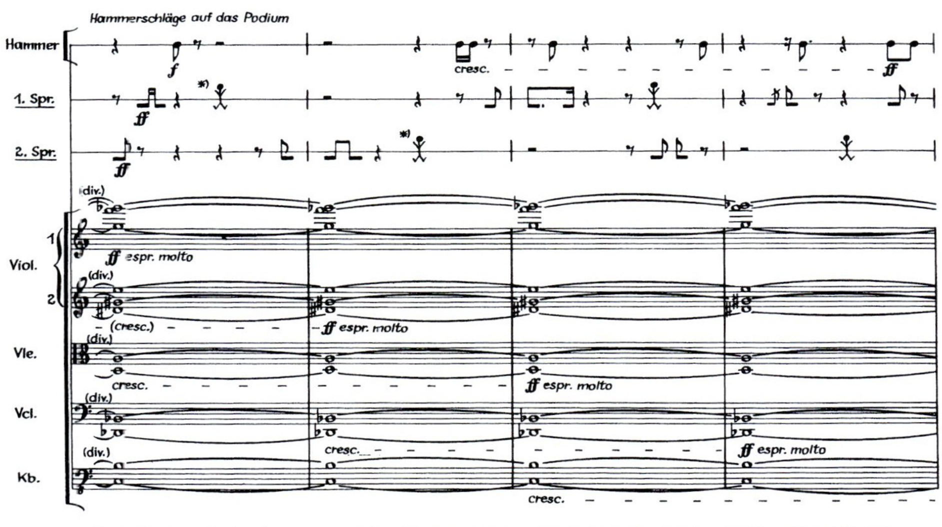

Bernd Alois Zimmermann, *Ekklesiastische Aktion* (1970, Ausschnitt aus der Partitur, mit piktogrammartigen Hinweisen auf zusätzliche Aktionen der beiden Sprecher).

*) *Die Luftsprünge der Sprecher werden nun jeweils mit einem kurzem Schrei oder Laut verbunden, beliebig welcher Artikulation.*

STREICHQUARTETT I

ANTON WEBERN

1883 am 3. Dezember in Wien geboren; Schulzeit in Wien und Klagenfurt, dort Abitur; früher Instrumentalunterricht (Klavier, Violoncello).
Ab 1902 musikwissenschaftliches Studium an der Wiener Universität bei Guido Adler.
1906 Promotion mit einer Arbeit über den Renaissance-Komponisten Heinrich Isaac.
1904–08 Privatunterricht bei Arnold Schönberg, danach (bis 1918) diverse, meist vorzeitig gelöste Kapellmeister-Engagements.
Ab 1923 Leiter mehrerer Chöre (u. a. Wiener Arbeiter-Singverein) und der Wiener Arbeiter-Sinfoniekonzerte (Aufführungen Mahler'scher Sinfonien); Gastdirigate auch im europäischen Ausland (u. a. Berlin, Zürich, London).
Um 1934 Verlust fast aller Arbeits- und Verdienstmöglichkeiten.
Frühjahr 1945 Flucht vor der herannahenden russischen Armee.
1945 wird Webern am 15. September in Mittersill (Land Salzburg) infolge eines Missverständnisses von einem amerikanischen Besatzungssoldaten erschossen.

IN DER TRADITION. Im Laufe des 20. Jahrhunderts werden die tradierten Modelle der Gattungszugehörigkeiten wie auch der strukturellen Formen zunehmend in Frage gestellt und aufgelöst. Die beiden Franzosen Claude Debussy und Maurice Ravel bereicherten mit je einem hochbedeutenden und äußerst individuellen Opus die Gattung. Bemerkenswerte Stützen des Konzertrepertoires stammen auch von dem Finnen Jean Sibelius und dem Tschechen Leoš Janáček, die jeweils mit zwei höchst persönlich gefärbten Werken auftraten. Bezeichnend sind hier Titel wie »Voces intimae« (Sibelius' *Streichquartett d-Moll* op. 56) oder »Intime Briefe« (Janáčeks *2. Streichquartett*). In Deutschland umging zwar Richard Strauss das Streichquartett, doch sein Zeitgenosse Max Reger hinterließ in seiner hochchromatischen komplexen Tonsprache fünf Streichquartette (sowie das »Jugend-Streichquartett« d-Moll) und andere Kammermusikwerke. In diesen Umkreis gehört auch Hans Pfitzner, dessen *Streichquartett cis-Moll* op. 36 (1925) einen ungewöhnlich expressionistischen Höhepunkt in seinem eher konservativen Œuvre bedeutet, dem er durch seine Bearbeitung für Orchester zu noch größerer Verbreitung verhalf.

ZWEITE WIENER SCHULE. Den Gegenpol zu diesen noch fest auf dem Boden von Tradition und Tonalität stehenden Opera bilden die Kompositionen der Zweiten Wiener Schule mit Arnold Schönberg, Alban Berg und Anton Webern. In die Nähe von Schönbergs fünf Quartetten (ein frühes fand man im Nachlass) gehört auch sein spätes *Streichtrio* op. 45. Ähnlich wie in seiner Klaviermusik kann man an diesen Werken exemplarisch die Entwicklung seiner Kompositionstechnik beobachten. Bewegten sich seine früheren Werke noch auf dem Boden der Tonalität, mit dem Höhepunkt seines hochromantischen, durchchromatisierten Streichsextetts *Verklärte Nacht* op. 4, experimentierte er hier schon mit neuartigen Formprozessen. Das 3. und 4. Streichquartett (op. 30, 1927; op. 37, 1936) vereinigen dann auf charakteristische Weise die neue Zwölftontechnik mit überlieferten Formansätzen wie der Sonatensatzform oder der Variation. Auf der Basis einer zentralen Reihe entsteht beispielsweise in op. 37 die Thematik des 1. Satzes.
Alban Berg widmete dem Streichquartett nur zwei Werke: op. 3 (1913) und die sechssätzige *Lyrische Suite* (1926). Sie ist in der Mehrzahl ihrer Teile dodekaphon angelegt und hebt sich in ihrem, durch den Titel unterstrichenen, bewusst unsinfonischen Charakter von anderen Werken der Gattung ab. Berg schuf zusätzlich einige wenige Kammermusikwerke kleiner Besetzung (darunter die *4 Stücke für Klarinette und Klavier* op. 5 von 1913). Ihnen gemeinsam ist eine hochexpressive Tonsprache, die strukturelle und kompositionstechnische Fragen zweitrangig erscheinen lässt.

Anton Webern wiederum zeigte sich gerade in der Kammermusik als Meister des Minimalismus. Seine *Fünf Sätze* für Streichquartett op. 5 (1909), die *Sechs Bagatellen* op. 9 (1913) und sein *Streichquartett* op. 28 (1938) bewegen sich in ihrer subtilen Klanglichkeit an der Grenze zum Verstummen; ihnen ist ihre unerbittliche Durchstrukturierung kaum anzuhören. In diesen Zusammenhang gehört auch sein *Streichtrio* op. 20 (1927), das neben Schönbergs Trio einen wichtigen Beitrag zu dieser Spezialgattung darstellt. Sein verhaltener Beginn steht exemplarisch für Weberns Kunst des Aussparens und Verlöschens.

Anton Webern. Porträt von Max Oppenheimer (um 1908).

BARTÓK. Die Gattung Streichquartett erreichte mit den sechs Quartetten von Béla Bartók einen ihrer Gipfel. Sie begleiten auf exemplarische Weise den künstlerischen Lebensweg des Komponisten und stellen solcherart ein Kompendium seiner stilistischen Entwicklung dar, von der anfänglichen Radikalität des Avantgardisten im *Streichquartett Nr. 1* op. 7 (1908) bis hin zur fast abgeklärten Attitüde eines ›Klassikers der Moderne‹ im *Streichquartett Nr. 6* (1939). Sie gewinnen ihren Reiz durch die subtil-raffinierte Erweiterung der Spieltechnik, insbesondere durch spezielle Pizzicato- und Glissando-Effekte, die behutsame Einbindung eines charakteristischen, aus folkloristischen Quellen gespeisten ungarischen Tonfalls, ihre harmonische Ausweitung bis über die Grenzen der Tonalität hinaus und schließlich durch neuartige strukturelle Ansätze, die traditionelle Formmodelle mit einbeziehen, sie aber zugleich überwinden. Dabei ist Bartóks Vorliebe für Formproportionen nach dem Vorbild des Goldenen Schnittes mehrfach analytisch nachgewiesen worden.

WEBERNS WERKE

- Orchesterwerke (u. a. *Passacaglia* op 1, 1908; *Sechs Stücke* op. 6, 1909/28; *Fünf Stücke* op. 10, 1911–13; *Sinfonie* op. 21, 1928; *Konzert für 9 Instrumente* op. 24, 1934)
- Kammermusik (u. a. *Fünf Sätze* für Streichquartett op. 5, 1909; *Sechs Bagatellen* für Streichquartett op. 9, 1913; *Streichtrio* op. 20, 1927)
- Klaviermusik (u. a. *Variationen* op. 27)
- Vokalwerke (u. a. *Sechs Lieder* nach Georg Trakl für hohen Sopran und einige Instrumente op. 14, 1917–21; *Das Augenlicht* für gemischten Chor und Orchester op. 26, 1935)

STREICHQUARTETT II

HINDEMITH. Während Bartóks Streichquartette zum festen Werkkanon des Konzertrepertoires gehören, ist es um die Kammermusik von Paul Hindemith still geworden, obwohl sich in seinem Lebenswerk für Spieler und Hörer gleichermaßen anregende Kostbarkeiten verbergen. Bartók vergleichbar ist auch bei ihm an seinen sieben Streichquartetten (entstanden zwischen 1915 und 1945) der Weg vom radikalen Neutöner und Bürgerschreck bis zum fast abgeklärten Meister des Tonsatzes zu verfolgen. Vor allem den frühen Quartetten ist, wie den so unterschiedlich besetzten originellen Kammermusiken, anzumerken, dass hinter ihnen ein auf eigener praktischer Erfahrung aufbauender Musiker (Hindemith war ein ausgezeichneter Bratscher) steht, der Wirkungen und Emotionen kalkulieren konnte und spieltechnische Details virtuos beherrschte. Neben den Quartetten Hindemiths sind auch die acht Streichquartette von Ernst Krenek und die neun von Egon Wellesz hervorzuheben.

SCHOSTAKOWITSCH. Einen noch nicht ganz ins Bewusstsein einer breiteren Öffentlichkeit gedrungenen Gattungshöhepunkt bedeuten die 15 Streichquartette von Dmitrij Schostakowitsch, die als Zeugnisse seines Ringens um Eigenständigkeit gegenüber politischen Vorgaben erscheinen und in ihrer spieltechnischen Flexibilität, in ihrer kompositorischen Vielseitigkeit wie in ihrer elementaren Ausdrucksstärke beeindrucken. Gegenüber seinen Sinfonien erscheint Schostakowitsch in seinen Quartetten intimer, ehrlicher und unspektakulärer: »Schostakowitsch entdeckt mit der Gattung des Streichquartetts (…) gleichsam einen Freiraum, in dem er sich unbefangener äußern kann: Quartette eignen sich weniger für musikpolitische Debatten, für offizielle Angriffe oder für repräsentative Auszeichnungen« (Dorothea Redepenning). Dem vierstimmigen Satz entlockt er bisweilen faszinierend neuartige Klänge; der Radius seiner Tonsprache ist von großer Vielseitigkeit, ausgehend von einer individuell erweiterten Tonalität unter gelegentlicher Einbeziehung geräuschhafter Effekte. Als zyklusartige Sammlung nehmen die Streichquartette von Schostakowitsch eine ähnlich gewichtige Stellung ein wie die von Bartók.

MESSIAEN. Als Höhepunkt in seltener Besetzung (Violine, Klarinette, Violoncello, Klavier) muss das *Quartett für das Ende der Zeit* (1941/42) von Olivier Messiaen genannt werden. »In seinem Œuvre nimmt das Quartett eine Schlüsselposition ein, da in ihm für die nachfolgenden Werke richtungweisende Kompositionstechniken zum ersten Mal erscheinen. Er schrieb es im Kriegswinter 1940/41 als Kriegsgefangener (…). Über 5000 Gefangene hörten die Uraufführung durch Lagerinsassen, darunter Messiaen am Klavier« (Klaus Hinrich Stahmer). Das

GRENZFÄLLE

Unter den zahlreichen Kompositionen für Kammermusikbesetzungen finden sich Abstufungen zwischen den Extremen radikaler Avantgarde und traditioneller Rückbesinnung. Cristóbal Halffter gilt nicht zuletzt mit seinen drei Streichquartetten als Schöpfer der modernen spanischen Musik. Mauricio Kagel blieb der Grundhaltung eines Satirikers auch in seinen beiden Quartetten treu, indem er »sämtliche Attitüden von Quartettspielern persifliert und verfremdet« (Klaus Hinrich Stahmer). Helmut Lachenmann verweigerte sich in seinem *Gran Torso* für Streichquartett (1971) konsequent dem gewohnten Schönklang. Weitere Quartette stammen von Heinz Holliger und Wolfgang Rihm. Im Zuge der Postmoderne sind dagegen manche Züge einer Rückbesinnung auf traditionelle Vorgaben zu erkennen, bis hin zu zitierendem Wiederaufgreifen, zum Beispiel in den Streichquartetten von Manfred Trojahn.

Das Kolisch-Quartett. Fred Dolbins Zeichnung zeigt das Quartett (Rudolf Kolisch und Felix Khuner, Violine, Eugene Lehner, Viola, Benar Heifetz, Cello) zusammen mit zwei Komponisten, von denen es einige Werk uraufführte: Alban Berg (in der Mitte sitzend) und Arnold Schönberg (rechts stehend), Kolischs Lehrer und Schwager.

Werk erweist sich als eine in feinen Nuancen abgestufte Komposition, die sich zwischen den Extremen esoterischer Zartheit und vehementer Ausbrüche der Raserei bewegt. Den Hintergrund bildet eine raffiniert verschlüsselte, auf die Apokalypse bezugnehmende Zahlensymbolik.

NACH 1945. Zunehmend wurde in der Kammermusikproduktion mit Besetzungen experimentiert und die Gattungsgrenzen in Frage gestellt. Insofern fällt es oft schwer, zwischen Kammer- und Orchestermusik zu unterscheiden. Pierre Boulez nennt 1949 eines seiner Hauptwerke programmatisch *Livre pour quatuor*, während Karlheinz Stockhausen konsequent vorgegebene Termini wie ›Streichquartett‹ umgeht und 1953 beispielsweise seine *Kontra-Punkte* für 10 Instrumente vorlegte. John Cage dagegen bezog mehrfach die Bezeichnung ›Streichquartett‹ in den Werktitel ein, ohne im mindesten Ansätze von Tradition und Kontinuität zu berücksichtigen (*String Quartett in Four Parts*, 1950). Von Krysztof Penderecki stammen drei Streichquartette (1960, 1968 und 1988), die beiden Quartette von György Ligeti stellen Dokumente seiner Komponierart mit Klangflächen dar.
Einen Endpunkt der Entwicklung, der sich verblüffend manchen Tendenzen des Jahrhundertbeginns annähert, setzen Beispiele der Minimal Music von Philip Glass (5 Streichquartette) oder Steve Reich. Die minimalistische Struktur ist beispielsweise im *2. Streichquartett »Company«* (1983) von Glass klar nachvollziehbar: hier kehren ständig bestimmte engräumige Muster wieder, im Sinne einer erweiterten Ostinatotechnik mit beabsichtigter suggestiver Wirkung.

KLAVIERMUSIK I

DEBUSSY UND RAVEL. Die für das 19. Jahrhundert prägende Tradition des effektvoll-emotional eingesetzten Klavier-Soloinstruments setzt sich in der Musik des 20. Jahrhunderts noch lange fort. Die Gruppe der ›Traditionalisten‹ im umfassenderen Sinn pflegt das klassische Klavierspiel weiter und bewegt sich überwiegend im Rahmen einer bisweilen an ihre Grenzen ausgeweiteten Tonalität. Frankreich setzte hier mit Claude Debussy und Maurice Ravel eigenwillige Akzente. Debussys Bände der *Préludes* (1910–13) und der *12 Études* (1915) überwinden in manchem Detail den vordergründigen Impressionismus und entwickeln eine eigentümliche Klangwelt voller farblicher Reize und neuartiger Spieleffekte. Hier setzte Maurice Ravel an und erweiterte insbesondere die Spieltechnik um neuartige Facetten. »Ravels Klavierstil ergänzt den Debussys nach der Seite der großen Virtuosität hin; Glanz und Fülle der Erfindung drängen auch in den kleinen Formaten zur direkten Wirkung, ohne den Schleier des Geheimnisses, den Debussy um seine Klänge webt« (Klaus Billing). Ein typisches Beispiel ist die beliebte *Sonatine* (1905), in der Ravel im Sinne eines behutsamen Neoklassizismus die tradierte Formenwelt völlig neu erscheinen lässt. Ravels wesentliche Stilmerkmale enthält das 1901 veröffentlichte Klavierstück *Jeux d'eau*, das mit seinen Neuerungen als revolutionär empfunden wurde. Mit *Gaspard de la nuit* erreicht Ravels Klavierkunst ihren Höhepunkt und bietet nie gehörte und gespielte Effekte, bis hin zu den originellen Tremoli in »Ondine« oder zur immensen Weitgriffigkeit in »Le Gibet«.

Die Groupe des Six. Germaine Tailleferre zwischen Darius Milhaud und Arthur Honegger, George Auric und Francis Poulenc; ferner zu sehen: Jean Cocteau (hinten rechts) und die Pianisten Marcelle Meyer und Jean Wiener. Das Gruppenmitglied Louis Durey fehlt. Gemälde von Jacques-Émile Blanche (1924).

MESSIAEN. Der Franzose Olivier Messiaen profilierte sich nicht nur schöpferisch klingend, sondern auch in schriftlicher Äußerung. In seiner zweibändigen Veröf-

fentlichung *Technique de mon langage* legte er 1944 die wesentlichen Grundsätze seines Komponierens nieder. Das eigentlich Faszinierende an der Erscheinung Messiaens aber ist es, dass er nicht nur über ein in sich stimmiges System des Tonsatzes verfügte, sondern zugleich auch genügend schöpferische Potenz und Fantasie besaß, dieses System mit Leben zu füllen: Messiaens Musik wirkt nie steril und trocken, sondern immer glut- und lebensvoll, ist immer auch auf den Spieler und den Hörer ausgerichtet. So wurde Messiaen mit seiner Methode, auch andere Parameter als die Tonhöhe einem Reihensystem zu unterwerfen, zwar zum Vater der seriellen Musik. Zugleich aber überlagerte er die konstruktiven Prinzipien – etwa die ihm eigentümlichen nicht umkehrbaren Rhythmen und die begrenzt transponierbaren Modi – mit gleichsam hilfreichen Zutaten wie Vogelstimmen. Ein Beispiel für ein derartiges nicht umkehrbares Modell findet sich in einem seiner Schlüsselwerke, in den berühmten *Quatre Études de rythme* (1949–50) in »Cantéyodjayâ«.
Seiner Vorliebe für Vogelstimmen frönte Messiaen mit geradezu wissenschaftlicher Akribie, und sie schlug sich in zahlreichen Kompositionen auf originelle Weise nieder: für Klavier und Orchester in *Réveil des oiseaux* (1955) und in den *Oiseaux exotiques* (1956), aber auch solistisch im *Catalogue des oiseaux* (1959), einer Sammlung von 13 Stücken. Sie dauern zusammen zwei Stunden und treten den überzeugenden Beweis dafür an, dass es dem Komponisten mit seinen Vogelstimmen eben nicht um Naturimitation ging, sondern um hochgradige künstlerische Stilisierung. Eine weitere wesentlichere Facette in seinem Werk ist die religiöse, in katholischer Mystik wurzelnde Orientierung, die sich in zahlreichen Werktiteln vor allem seiner Orgelmusik, aber auch in manchen Klaviertiteln erkennen lässt. Umfangreiche Meditationen sind beispielsweise seine *Visions de l'Amen* für zwei Klaviere (1943) und die *Vingt regards sur l'enfant Jésus* (1944); für Orgel entstanden ebenfalls ausgedehnte meditative und in der Spieltechnik originelle Zyklen wie seine *Messe de la Pentecôte* (1950) und sein *Livre d'orgue* (1951–53), die zu Meilensteinen der modernen Orgelliteratur wurden.

MEDITERRANE KLAVIERMUSIK. Neben und nach Ravel etablierte sich in Frankreich eine mediterran geprägte Klavierschule. Hierher gehören Persönlichkeiten wie Eric Satie, der sich vorrangig mit dem Klavier befasste und mit seinen provozierenden Regelverstößen Aufsehen erregte. Es folgten Persönlichkeiten wie Jacques Ibert und Jean Françaix, dessen brillante Klaviermusik seinerzeit höchst populär war.

GROUPE DES SIX

Im Januar 1918 präsentierten die jungen Komponisten George Auric, Louis Durey, Arthur Honegger, Francis Poulenc und Germaine Tailleferre ihre Werke der Pariser Öffentlichkeit; ihre Musiksprache ist antiromantisch, Erik Satie ihre ›Vaterfigur‹, Jean Cocteau verschafft ihnen Einblicke in die zeitgenössische Literatur und Malerei – Darius Milhaud ergänzt das Quintett aus vier Komponisten und einer Komponistin bald darauf zur Groupe des Six, die 1920 eine sechssätzige Suite herausbringt, bei der jedes Gruppenmitglied einen Satz komponiert hat. Eine weitere Gemeinschaftsarbeit ist das Ballett *Les mariés de la Tour Eiffel* nach Jean Cocteau, das 1921 uraufgeführt wurde; bald darauf gehen die Gruppenmitglieder eigene Wege. Aus der Groupe des Six wurden neben Honegger vor allem Poulenc und Milhaud bekannt, denen die elegante Klarheit und Durchsichtigkeit des Satzes gemeinsam ist. Milhaud setzte sich sehr bewusst von expressionistischen und impressionistischen Bestrebungen ab, indem er sein Ideal einer neuen Einfachheit betonte, bisweilen die spieltechnischen Grenzen des Instrumentes überschreitend. Auf der Basis der Tonalität lotete er zugleich ihre Grenzbereiche aus, bei auffälliger Neigung zur Polytonalität, etwa in jener berühmten Stelle am Ende des 1. Satzes seiner *1. Klaviersonate* (1916), wo sich sechs Dur-Dreiklänge übereinander schichten und gleichzeitig alle zwölf Halbtöne der Oktave enthalten sind. Musikalisch stehen der Groupe des Six nahe: Albert Roussel, dessen eher spröde Musik man mit Brahms verglichen hat, sowie Bohuslav Martinů, Wahl-Pariser aus Tschechien und Schüler Roussels, der in seinem Œuvre böhmische, neoklassizistische und Einflüsse des Jazz klug verband.

KLAVIERMUSIK II

SKRJABIN. Zur vielgestaltigen russischen Klavierschule gehört vorrangig Alexander Skrjabin, der zunächst in der Nachfolge Chopins effektvoll-brillante Klaviermusik schrieb. Zunehmend eigenwillige Akzente setzte er dann aber vor allem in den letzten fünf seiner zehn Klaviersonaten, wobei er nicht nur die Spieltechnik ausweitete, sondern auch in kompositionstechnischer Hinsicht neue Wege einschlug. So basieren Passagen der 6. *Klaviersonate* und der 7. *Klaviersonate* auf einer Reihe von acht gleichwertigen Tönen, abgeleitet aus vier großen Terzen, auf diese Weise das Prinzip der Dodekaphonie und zugleich Ansätze Messiaens vorwegnehmend. Auffällig ist in Skrjabins Klaviermusik seine bisweilen bizarre Programmatik, bis hin zu grotesken Elementen wie Anklängen an eine »Schwarze Messe« (9. *Klaviersonate* op. 68) mit ihrer Klangorgie erschreckender und verzerrter Details.

RACHMANINOW UND PROKOFJEW. Anders als Skrjabin gehört Sergej Rachmaninow stilistisch eher ins 19. Jahrhundert. Seine vier Klavierkonzerte und andere Solostücke erfreuen sich in ihrer effektvoll-eleganten Virtuosität beim Publikum und bei den Solisten großer Beliebtheit. Alexander Tscherepnin zählt zum Umkreis der Pariser Schule. Dem Klavier näherte er sich zunächst mit schockierender Gewalttätigkeit, milderte jedoch später seinen Stil. Hierin steht er Sergej Prokofjew nahe, der, selber ein virtuoser Pianist, mit seinen fünf Klavierkonzerten und neun Sonaten einen wichtigen Beitrag zur Klavierliteratur schuf. In seinem Schaffen kreuzen sich mehrere gegenläufige stilistische Tendenzen, die sich reizvoll mischen: sein Hang zum Klassizismus in der spielerischen Auseinandersetzung mit überlieferten Formmodellen, sein oft radikal-experimenteller, avantgardistischer Umgang mit dem Tonmaterial und der Spieltechnik, der häufig durch seine Neigung zu lyrischer Ausdruckshaftigkeit ergänzt wird, und schließlich seine aus eigenwilliger Technik gespeiste Motorik, die das Instrument als

Alexander Skrjabin am Flügel bei einem Konzert in Moskau 1915. Zeichnung von Leonid Pasternak.

Schlaginstrument begreift und einsetzt. Für diesen Gesichtspunkt mag seine bekannte *Toccata* op. 1 stehen, in der er »die Maschine Klavier aus sich selbst heraus arbeiten« lässt (Klaus Billing).

Von extremer Radikalität sind Prokofjews *Sarkasmen* op. 17, Dokumente eines musikalischen Anarchismus von gleichwohl hoher künstlerischer Überzeugungskraft und Vitalität. Hier wie in seinen sehr zurückgenommenen *Visions fugitives* op. 22 (1917) scheint hinter der Musik ein geheimes Programm zu stehen; gemeinsam verkörpern sie wohl am reinsten Prokofjews eigenwilligen Klavierstil.

STRAWINSKY. Einen weiteren Akzent in der Entwicklung der Klaviermusik setzte Igor Strawinsky, der sich einer Einordnung in die ›russische Schule‹ eher entzieht – er war, vor allem in späteren Jahren, ausgeprägter Kosmopolit. Die Klaviermusik ist ein kleiner, feiner Randbereich seines umfangreichen und facettenreichen Lebenswerkes. Seine *Drei Sätze aus Petruschka* sind nicht etwa ein klavierauszugmäßiges Arrangement seines Orchesterwerks, sondern eine eigenständige Komposition, in der die dynamischen und klanglichen Pole dieser Musik bisweilen auf vier Systemen notiert sind. Ein wichtiges Dokument der zeitgenössischen, auch bei anderen Komponisten zu beobachtenden Annäherung an den Jazz ist seine *Piano-Rag-Music*, ein exzentrisch gefügtes Stück eigenwilligster Klaviertechnik, das vorrangig im Dienst des rhythmischen Anliegens steht.

Ebenso originell und von pädagogisch inspirierter Leichtigkeit sind Strawinskys zwei Gruppen von drei und fünf Stücken für vierhändiges Klavier sowie seine raffiniert einfachen Spielstücke *Les cinq doigts*, die alle stilistisch in ihrem trockenen Witz der *Geschichte vom Soldaten* verwandt sind. Zeitgemäß variierte er das konzertante Prinzip in seinem *Concerto* für Klavier und Blasorchester (1923), seinem *Capriccio* für Klavier und Orchester (1929), die beide neoklassizistische Züge tragen, ebenso in der fantasievoll am klassischen Modell orientierten *Sonate* von 1924, in deren Umkreis auch die auf mehr als zwei Systemen notierte *Serenade in A* (1925) gehört. Mit der *Sonate für zwei Klaviere* schloss Strawinsky 1943 sein solistisches Klavierœuvre in konsequenter Strenge und Durchsichtigkeit ab; mit *Movements* für Klavier und Orchester schließlich knüpfte er an Weberns Minimalismus an.

Zu der locker gefügten russischen Schule gehört schließlich noch Dmitrij Schostakowitsch, der sich in seinen *24 Präludien und Fugen* op. 87 eigenwillig-konsequent mit der Polyphonie auseinandersetzte, ferner Aram Chatschaturjan, dessen reißerische *Toccata* große Popularität errungen hat.

DIE Besonderheiten der Klaviermusik Alexander Skrjabins beschreibt Klaus Billing.

»Sein Stil nahm in den späteren Werken eine Wendung, deren Ergebnis eines der interessantesten Kapitel in der neueren Musik ist. Diese selten gespielte Musik, die einen legendären Ruf unter Fachleuten genießt und sozusagen als Geheimtip gilt, kann begeistern oder abstoßen, gleichgültig läßt sie in keinem Falle. (...) Mit dem Verebben des Rationalismus in der Musik gewannen (...) Begriffe wie Ekstase und Mysterium wieder einen gewissen Klang, man entdeckte das Maß im Übermaß, den Keim neuer Ordnungen im Chaos.«

KLAVIERMUSIK III

BARTÓK. Neben Béla Bartóks Klavierkonzerten stehen gleichbedeutend manche seiner solistischen Werke, vor allem jene mit pädagogischem Impetus. Hier ist vor allem seine sechsbändige, Schritt um Schritt den technischen Anspruch steigernde Sammlung *Mikrokosmos* (1926–37) zu nennen. In ihr konzentriert sich brennspiegelartig Bartóks Klavierwelt in ihren spieltechnischen und musikalischen Elementen, inspiriert, wie immer in seiner Musik, auch durch seine folkloristische Forschungsarbeit. Diese schlägt sich sowohl in den Sammlungen kleiner Klavierstücke und arrangierter Volkslieder nieder wie auch in den groß angelegten *Rumänischen Tänzen* op. 8a oder in den *Improvisationen über ungarische Volkslieder* op. 20. Den technischen Anspruch gesteigerter Virtuosität dagegen pflegen die *Etüden* op. 18; ins Wilde überhöht wird er in seinem berühmten *Allegro barbaro* von 1911 – einer »Apotheose der rhythmischen Gewalt« (Klaus Billing), das Bartók den Ruf des »Bürgerschrecks« eintrug.
Den Höhepunkt von Bartóks konzertanter Klaviermusik stellt schließlich seine *Sonate für zwei Klaviere und Schlagzeug* (1937) dar, die gleichrangig neben seinen späten Orchesterwerken steht und noch einmal exemplarisch alle Stärken seines Personalstils vereinigt.

Ferruccio Busoni, *Prélude et Étude (en Arpèges). Pour un Cahier de J. Philipp* (Beginn). Das Werk ist datiert auf den 12. Februar 1923.

DEUTSCHLAND. Unter den zahlreichen Klavierwerken von Paul Hindemith sind insbesondere die Konzert- und Kammermusiken, in denen das Klavier beteiligt ist, hervorzuheben. Sein häufiger bewusster stilistischer Rückbezug auf vergangene Epochen wird deutlich in seinen drei Sonaten. Und seine Sammlung von durch Prä-, Inter- und Postludien verbundenen Fugen *Ludus tonalis* (1942) ist ein Schlüsselwerk seiner auch theoretisch fundierten Komponiermethode, die in ihrer linearen Strenge und klanglichen Eigenwilligkeit entfernt an Bachs *Wohltemperiertes Klavier* anknüpft.
In der Hindemith-Nachfolge steht sein Schüler Harald Genzmer, der mit seiner fasslichen, oft eher spröden Musik jedoch nicht den Rang seines Lehrers erreichte.

ZWEITE WIENER SCHULE. Arnold Schönberg schrieb mit seinen *Drei Klavierstücken* op. 11 im Jahr 1909 die ersten atonalen Stücke und legte damit das Fundament für den spröde-durchsichtigen Stil jener Richtung einer konsequenten Emanzipierung der Dissonanz. Die Fortsetzung dieses Weges findet sich in den beiden Sammlungen op. 19 und 23, wobei die Nummer 3 aus op. 23 als erstes Zwölftonstück in die Musikgeschichte eingegangen ist. Kennzeichen dieser in hohem Maße vergeistigten Musik sind ihre komplexe Linearität sowie ein feinst gestufter Klaviersatz von subtil-eigenwilliger Klanglichkeit, der vom Spieler ein besonderes Maß an Anschlags- und Differenzierungskunst verlangt. In der *Suite* op. 25 legte Schönberg allen Sätzen eine einzige gemeinsame Zwölftonreihe zugrunde, die nicht thematisch, sondern – in ihren vier Grundformen (Grundgestalt, Krebs, Umkehrung, Umkehrung des Krebses) – als Ausgangsmaterial zu verstehen ist. Eine Art Resumée des Schönberg'schen Klavierstils zieht schließlich das *Klavierkonzert* op. 42.

Mehr noch als sein Mentor Schönberg wurde Anton Webern mit seinen *Variationen* op. 27 zum geistigen Ahnherrn folgender Komponistengenerationen. Feinste klangliche Ausdifferenzierung und konsequent minimalistische Strukturen bereiten hier den Weg hin zur späteren Serialität. Fundament dieser Musik ist eine überlegen gesteuerte Zwölftontechnik als Ausgangspunkt einer zurückgenommenen punktuellen Ereigniskette.

Alban Berg steuerte mit seiner *Sonate* op. 1 ein Beispiel eigenwilliger Traditionsbewältigung bei, wobei das Werk im Zwielicht zwischen endender Tonalität und beginnender Atonalität zu stehen scheint – eine hochexpressive, im Grunde aber doch noch spätromantische Tonsprache.

In die weitere Schönberg-Nachfolge gehören sodann Persönlichkeiten wie Hanns Eisler, Hanns Jelinek, Hans Erich Apostel, Ernst Krenek und der früh verstorbene Grieche Nikos Skalkottas, wobei sich die drei letzteren sehr individuell mit der Dodekaphonie auseinandersetzten, Skalkottas insbesondere mit sehr musikantischen, bisweilen ein wenig griechisch-folkloristischen Zügen.

BUSONI. Ferruccio Busonis Klavierschaffen ist äußerst facettenreich; seine Beziehung zur Tradition schlägt sich in einer Reihe von Werken nieder, etwa in dem sehr langen *Klavierkonzert mit Schlusschor* op. 39, das auf Beethovens *Fantasie für Klavier, Chor und Orchester* op. 80 und wohl auch auf dessen 9. *Sinfonie* zurückweist; ferner gibt es *Variationen und Fuge über Chopins Prélude Nr. 20* und ein *Duettino concertante* für zwei Klaviere über den Schlusssatz aus Mozarts *Klavierkonzert F-Dur* KV 459.

Busonis Spätwerk konzentriert sich fast nur noch auf das Klavier, und mit seiner *Sonatina seconda* stieß er 1910 gar in atonale Bereiche vor. Busonis Konsequenz als ›Neutöner‹ geht so weit, dass er auf Taktstriche und eine Vorzeichnung zu Beginn des Stücks verzichtet; die *Sonatina seconda* kreist um das konstruktive Intervall der kleinen und großen Sekunde mit ihren Septimenumkehrungen.

SLAWISCHE KLAVIERKOMPONISTEN

Zum engeren Umkreis Bartóks zählt der fast gleichaltrige Zoltán Kodály mit einigen wenigen kostbaren Klavierwerken. Der erheblich jüngere Ungar György Kurtag pflegt am Klavier einen eigenen Stil, der sich durch lakonisch-aphoristische Prägnanz auszeichnet. Unter den Klavierwerken von Leoš Janáček ragt *Auf verwachsenen Pfaden* (1901–08) mit seiner ausgeprägt eigenwilligen Tonsprache hervor. Der zweiteilige Zyklus besitzt latent autobiographische Züge; er zeigt, »wie der Komponist beim Besuch seines Heimatdorfes den Spuren der Jugendzeit nachgeht (...). Unnachahmlich die in unregelmäßigen Perioden schwankenden Rhythmen, die aus dem Naturlaut gewonnenen, kurzen ostinaten Begleitfiguren, die leicht rauhe, modale Harmonik« (Klaus Billing).

AVANTGARDISTISCHE KLAVIERMUSIK

HINWEISE zur Aufführung seiner *Klavierstücke I–IV* gibt Karlheinz Stockhausen.

»In den *Klavierstücken I–IV* (…) zeigt sich bereits ein Übergang von ›punktuellen‹ Strukturen (Stück IV) zu komplexen, höher organisierten Gestalten (Stück I); mit ihnen beginnt die so genannte ›Gruppen-Komposition‹. Außerdem wird in diesen Stücken die Stille (›Pause‹) in vielen Spielarten in die Komposition einbezogen. Auf einem der vielen Wege zu dieser Musik möge man einmal besonders darauf achten, wann und wie Pausen komponiert sind, wie verschieden lang und wie verschieden still man sie empfindet – je nach dem, ob laute oder leise Klänge, ob dichte oder lockere Tongruppen vor und nach der Pause zu hören sind. Denn das haben wir in der Sprache unserer bisherigen Musik noch nicht gelernt: im rechten Augenblick zu schweigen, und in der plötzlichen oder allmählich eintretenden oder gestörten oder abreißenden Stille ebenso Vielfältiges zu erleben, wie in Klängen. Wer das spürt, auch nur schon ahnt, der erlebt diese Musik tiefer, als er denkt.«

BOULEZ. Nach dem Zweiten Weltkrieg entwickelte sich die Technik des seriellen Komponierens, deren Abstraktheit konsequenterweise vor allem zu zahlreichen Klavierkompositionen führte. Am berühmtesten wurden hier einige Titel von Pierre Boulez und Karlheinz Stockhausen. Von Boulez sind als Schlüsselwerke seine drei Sonaten zu nennen sowie *Structures I* und *II*, in denen der von Schönberg und vor allem Webern vorgezeichnete Weg einer totalen Durchorganisation und gleichzeitigen Isolierung punktueller Klangereignisse auf die Spitze getrieben wird. Zugleich werden hier Klavierklang und -umfang bis an ihre Grenzen ausgetestet, und es ergibt sich ein völlig neuartiges, vor allem für die Hörer ungewohntes, fast chaotisches Klangbild, dessen Hörerscheinung so gar nicht der totalen strukturellen Durchorganisation entspricht.

STOCKHAUSEN. Den Weg in pianistisches und kompositorisches Neuland betritt neben Boulez auch Karlheinz Stockhausen mit seinen *Klavierstücken* und mit weiteren Kompositionen wie *Mantra* für zwei Klaviere (1970), in dem die Klangwelt der beiden Flügel durch Woodblocks, antike Zymbeln und Elektronik – alle bedient von den beiden Spielern – stark ausgeweitet wird. Faszinierend an derartigen Opera ist die Gleichzeitigkeit ihrer strukturellen Organisation und der ihnen innewohnenden metaphysischen, meditativen Elemente. Unter allen zeitgenössischen Komponisten galt Stockhausen, der am 5. Dezember 2007 starb, als der große Mystiker; die ›Stockhausen-Gemeinde‹ trug entscheidend dazu bei, dass manche seiner Auftritte den Charakter eines weihevollen Rituals annahmen.

IVES UND CAGE. Für die Musik der zweiten Jahrhunderthälfte wurde das Klavier zum unentbehrlichen Instrument und Gerät, da seine Klanglichkeit über eine relativ große Neutralität und Abstraktheit verfügt. Allerdings bemühten sich etliche Komponisten schon früh um eine Ausweitung der traditionellen Klangerzeugungsmöglichkeiten. Berühmt wurden hier vor allem die Experimente des Amerikaners John Cage mit präparierten Klavieren und seine Versuche, dem Instrument andere als traditionell durch Tastendruck erzeugte Klänge zu entlocken: etwa durch Anbringen von Reißnägeln auf den befilzten Hammerköpfen oder durch Eingriffe des Pianisten in die Mechanik und die Saitenbespannung des Instrumentes. Wegbereiter für Cages experimentellen Umgang mit dem Instrument war der Amerikaner Charles Ives. »Ives' Klaviermusik ist der Mikrokosmos eines Geistes, der alles, was denkbar und fühlbar ist, ohne Umwege, Regeln, Tabus zum Klang werden läßt, der in blinder Ahnung sechzig Jahre der Musikgeschichte einfach vorausnimmt (ohne dabei die Tradition wegzuwerfen)« (Klaus Billing).

KLANGEXPERIMENTE. Die Tendenz zum Klangexperiment, zur Ausweitung der Notationsmöglichkeiten und der Spieltechnik einschließlich aller möglichen Verfremdungseffekte prägten die Entwicklung der Klaviermusik in den letzten Jahrzehnten. Stellvertretend seien Morton Feldman und Earle Brown genannt, Sylvano Bussotti und Mauricio Kagel, Henri Pousseur und Luciano Berio, Iannis Xenakis und Dieter Schnebel. Allen diesen Komponisten ist gemeinsam, dass sie im Grenzbereich der jeweiligen Avantgarde stehen und das Klavier als Klang- und Aktionserzeugungsgerät im weitesten Sinne einsetzen. Dahinter steht eine Grundproblematik, von der die gesamte Neue Musik durchzogen wird: eignen sich klassisch-traditionelle Instrumente überhaupt für derartige Experimente, da sie doch auf ihre Weise perfekt sind für einen ganz bestimmten stilistischen Bedarf, nämlich vorwiegend für die Musik des 19. Jahrhunderts und ihrer Vorläufer, also für eine Ästhetik des instrumentalen Belcanto? Liegt hier nicht vielleicht ein gewaltiges Missverständnis vor? Wären nicht eigens für den aktuellen Bedarf konstruierte und gebaute neuartige Instrumente ungleich besser für solche Versuche geeignet? Mehr noch als das immerhin recht maschinenartig mechanisch funktionierende ›Gerät‹ Klavier verführen neuartige und ungewohnte Behandlungsarten der Violine oder des Cellos zu derartigen Überlegungen: wenn man die Geige nicht mehr nur streicht und zupft, sondern ihr beispielsweise durch Klopfen an den Corpus allerlei Schlaggeräusche entlockt, dann ist das eine – freilich beabsichtigte – Zweckentfremdung eines hochspezialisierten (und oft sündhaft kostbaren) Musikgerätes. Zu konstatieren aber ist, dass das Prinzip der Verfremdung ein wesentliches Stilmittel neuer Musik darstellt.

IVES' WERKE

- Orchesterwerke (u. a. 4 Sinfonien; *Three Places in New England*, 1903–14; *Central Park in the Dark*, 1898–1906; *The Unanswered Question*, 1906)
- Kammermusik (u. a. 2 Klaviertrios; 4 Violinsonaten)
- Klaviermusik (u. a. *2. Klaviersonaten »Concord, Mass. 1840–1860«*, 1909–15)
- Vokalwerke (u. a. 185 Lieder)

CHARLES IVES

1874 am 20. Oktober in Danbury (Connecticut, USA) geboren; in einem musikalischen familiären Umfeld lernt Ives Klavier und Orgel und spielt in der vom Vater geleiteten Blaskapelle mit; er erhält eine erste Organistenstelle mit 14 Jahren.
1894–98 Musikstudium (Komposition und Orgel) an der Yale University.
1908 wird Ives erfolgreicher Teilhaber der New Yorker Versicherungsagentur »Ives & Myrick«; die Freizeit gilt dem Komponieren und Orgelspiel.
Ab 1921 infolge diverser Erkrankungen weitgehender Verzicht auf kompositorische Arbeit.
Ab 1927 engagierte Mitarbeit in der von dem Komponisten Henry Cowell gegründeten »New Music Society«.
1930 Rückzug aus dem Berufsleben; kaum Kontakte zur zeitgenössischen Musikszene.
1954 stirbt Ives am 19. Mai in West Redding (Connecticut, USA).

MUSIK IM DRITTEN REICH

MUSIK UND POLITIK. Dass Musik – und allgemeiner: jede Kunst – Verbindungen zur Politik haben kann, wissen wir nicht erst seit dem Dritten Reich. In vergangenen Epochen gab es positive und negative Belege für eine Verknüpfung beider Bereiche. So läßt sich an der Biographie von Claudio Monteverdi gut veranschaulichen, welche Vor- und Nachteile sich für einen Künstler aus der festen Anstellung an einem Fürstenhof wie z. B. jenem zu Mantua ergaben. Die langjährige dienstliche Abhängigkeit Joseph Haydns vom Fürstenhaus Esterházy ist ebenfalls ein eindringliches Beispiel: hier bedeutete die lakaienhafte Anstellung einen Glücksfall der Musikgeschichte, denn sie ermöglichte Haydn ›original‹ zu werden, seinen Stil zu finden und auszuformen. Bis zum Beginn des 19. Jahrhunderts gab es keine frei schaffenden Künstler; man war abhängig von einem Fürsten oder der Kirche. Ein anderes Beispiel für die Verflechtung von Politik und Musik ist Richard Wagner: zunächst nötigten ihn seine wirren Aktivitäten im Zusammenhang mit der Revolution zur steckbrieflich verfolgten Flucht; später fand er in Ludwig II. einen Gönner, der ihm seine (finanziellen) Wünsche von den Augen ablas.

Entartete Musik. Umschlagentwurf zu einem Pamphlet (1938) des »Generalintendanten des Deutschen Nationaltheaters zu Weimar«, Hans Severus Ziegler. Das Saxophon stellt die unterste Sprosse der Instrumenten-Leiter dar, eine belgische Erfindung, die sich ebenso schlangengleich krümmt wie die dumme Karikatur eines ›schwarzen Juden‹ (›Nelke‹ mit Davidsstern) im Frack und mit Zigeunerohrring.

MUSIK IM NATIONALSOZIALISMUS. Die unseligste Verknüpfung von Musik und Politik bedeuteten die zwölf Jahre nationalsozialistischer Herrschaft in Deutschland. »Zur Hauptsache waren es drei Bereiche, in denen die nationalsozialistische Musikpolitik sich realisierte: Ästhetik, Rassenideologie und Politik (…) die Person Hanns Eislers beispielsweise war als Komponist Neuer Musik, Jude und Kommunist gleich dreifach inkriminiert« (Hermann Danuser). Die radikalen pseudowissenschaftlich-rassistischen Auffassungen der Nazi-Ideologie führten nach der Machtergreifung 1933 zu verhängnisvollen Folgen im Kulturleben. Im Sinne der genannten dreifachen Inkriminierung begann man eine »Säuberung« des deutschen Mu-

siklebens, durchgeführt als akribisch bürokratische Aktion des Reichs-Propagandaministeriums unter Joseph Goebbels und durchgesetzt von nachgeordneten Behörden bis hinab in die kleinsten Ortsverwaltungen. Man gründete eine Reichsmusikkammer als Unterabteilung der Reichskulturkammer, die mit geregeltem Paragraphenwerk für die Gleichschaltung aller Musikausübung sorgte.
Neben Kommunisten wurden Juden zu Hauptgegnern der deutschen Musik erklärt. Die Maßnahmen gegen sie waren perfide abgestuft: vom partiellen und totalen Berufs- und Aufführungsverbot bis zur Vernichtung im Konzentrationslager. Wären die Folgen nicht so fürchterlich gewesen, könnte man über die Naivität und Primitivität mancher Argumentation zur Rechtfertigung dieser Maßnahmen und über die Betonung einer »natürlichen Überlegenheit der Arischen Rassen« nur lachen.

ENTARTETE MUSIK. Man maßte sich ein Urteil darüber an, was ästhetisch gut oder schlecht war, übte künstlerische Zensur aus, die in Verbrennungsaktionen und der Ausstellung »Entartete Musik« gipfelte. Atonalität und Dodekaphonie kamen auf den Index; Werke jüdischer Komponisten aus der Vergangenheit durften nicht mehr gespielt werden. Mendelssohns Brautmarsch aus der Schauspielmusik zum *Sommernachtstraum* durfte bei keiner Hochzeit mehr erklingen, Carl Orff komponierte eine neue Musik zu Shakespeares Schauspiel. Nicht nur auf die ernste Musik erstreckten sich Regulierungswut und Verbote, sondern auch auf Unterhaltungsmusik und Jazz, dem man »Verniggerung« vorwarf.
Die Folgen dieser blindwütigen Politik waren fürchterlich. Jüdische Musiker und auch »arische Neutöner« wurden mit Berufsverbot belegt, emigrierten oder kamen um; ihre Namensliste umfasst einen großen Teil der damaligen Prominenz: unter den Komponisten sind Paul Hindemith, Arnold Schönberg, Hanns Eisler, Kurt Weill, Paul Dessau, unter den Dirigenten und Instrumentalisten die Brüder Busch, Bruno Walter, Otto Klemperer, Arthur Schnabel, unter den Musikschriftstellern Paul Bekker, Alfred Einstein, Curt Sachs, Theodor W. Adorno. »Arische« Zeitgenossen traten leider oft bereitwillig an ihre Stelle. Richard Strauss, der sich als Präsident der Reichsmusikkammer durch die Zeiten lavierte, sprang als Dirigent für den mit Berufsverbot belegten Bruno Walter ein. Der berühmte Dirigent Wilhelm Furtwängler lehnte eine Emigration ab, versuchte partiellen Widerstand und wurde doch von den Machthabern als Aushängeschild ausgenutzt und missbraucht. Der opportunistische Weg Herbert von Karajans war typisch: man kümmerte sich nicht um Politik und trat in die Partei ein, um seiner Kunst nachgehen zu können.
Parallelen zur nationalsozialistischen Musikpolitik lassen sich in der Sowjetunion finden, insbesondere in der Zeit Stalins. Prominenteste Opfer waren Prokofjew und Schostakowitsch, denen es phasenweise gelang, eigenständiges Profil zu bewahren.

NATIONALSOZIALISTISCHE KULTURPOLITIK

Die folgenden Zitate machen deutlich, was nationalsozialistische Kulturpolitik im Bereich der Musik bedeutete.

»Die biologischen Voraussetzungen einer völkischen Musikpflege sind gegeben. Körperlich, geistig und seelisch ist der deutsche Mensch Träger der dazu erforderlichen Anlagen. Sind unser aller Anlagen erbmäßig gesund, so dürfte es unmusikalische deutsche Menschen so gut wie gar nicht geben.«
Werner Gerdes (in: Die Musik, 1942)

»Vor allem ist aber das Formgebilde der Fuge als Ganzes eigenständiger Ausdruck germanisch-deutscher Wesensart (...). Die Polyphonie Bachs ist nicht nur ein Musiktyp neben anderen, sie ist vor allem die unüberbietbare, ewig gültige Verwirklichung nordisch-germanischer Geistesart im deutschen Volk. Wir müssen heute über die nachtwandlerische Sicherheit staunen, mit der Bach sich von der romanisch orientierten Musik, der sich die Konvention seiner Zeit hingab, fernhielt, um ganz sein inneres Gesetz zu erfüllen.«
Ehrenfried Muthesius (in: Zeitschrift für Deutschkunde, 1941)

»Glucks Werke (...) sind ursprünglich in italienischer oder französischer Sprache geschrieben, und die größten Erfolge seines Lebens hat er in Paris gefeiert. Kann ein Mann, der so wenig in seinem Volkstum zu wurzeln scheint, wohl ein germanischer, ja ein nordischer Künstler sein? (...) Und ist nicht solches Verwischen aller Grenzlinien das Kennzeichen des rassischen Bastards?«
Richard Eichenauer (in: Musik und Rasse, 1937)

NEUE MUSIK NACH 1945

Theodor W. Adorno, einflussreich vor allem als Philosoph und Soziologe, studierte Klavier, Komposition (u. a. bei Alban Berg) und Musikwissenschaft. Sein kompositorisches Schaffen, zu dem neben Liedern auch sechs kurze Orchesterstücke gehören, steht im Schatten zahlreicher musiktheoretischer und -kritischer Schriften.

STILLSTAND UND ZÄSUR. Insbesondere in Deutschland bedeutet das Jahr 1945 eine Zäsur nicht nur in der Politik, sondern auch in der Kunst. Die zwölf Jahre des nationalsozialistischen Dritten Reichs bewirkten aufgrund ihrer rigiden Zensurmaßnahmen, bis hin zu Verbot und Vernichtung missliebiger Kunstäußerungen, einen Stillstand in weiten Teilen des Musiklebens, insbesondere was neue Kompositionen angeht: geduldet wurde nur Musik, die den reaktionären Ansichten der damaligen Kulturfunktionäre entsprach. Insofern fanden die Tendenzen des ersten Jahrhundertdrittels – ob Dodekaphonie oder Neoklassizismus, Expressionismus oder Folklorismus – keine organische Fortsetzung. Die wichtigsten Protagonisten dieser Richtungen wurden in die innere oder äußere Emigration getrieben; allerdings ist für die Jahre 1930–45 insgesamt auch außerhalb Deutschlands eine eher verhaltene Weiterentwicklung der künstlerischen Tendenzen zu beobachten.

AUFBRUCH ZU NEUEN UFERN: Der sowohl materielle wie ideelle Trümmerhaufen im Jahr 1945 war so etwas wie ein Aufbruchsfanal: allenthalben bestand das dringende Bedürfnis nach einer Aufarbeitung der verlorenen Jahre, nach Information über das Versäumte und nach schöpferischer Entladung aufgestauter Kräfte. Der Neuanfang erfolgte umgehend von mehreren Ansätzen her, gleichermaßen auf Personen wie auf Inhalte bezogen. Man besann sich zunächst der Musiker, die bereits vor den Jahren der Diktatur Rang, Namen und Einfluss besaßen. So lag es nahe, dass Paul Hindemith zunächst zur wichtigsten Leitfigur wurde, »dem die Machthaber des Dritten Reichs attestiert hatten, die gemeinste Perversion der deutschen Musik verschuldet zu haben, der gehen mußte, aber in Deutschland ein Begriff geblieben war; (…) er wurde als deutsch empfunden, als Garant für Kontinuität, denn durch ihn war die Anknüpfung an beste deutsche Musiktradition möglich, und es war an ihm auch durch Deutschland erlittenes Unrecht gutzumachen« (Hans Oesch). So konnte man endlich seine inzwischen entstandenen Werke hören und spielen: seinen *Ludus tonalis* für Klavier, sein 5. *Streichquartett*, seine Oper *Mathis der Maler* und die zugehörige Sinfonie. Stilistisch bedeutete das eine Orientierung an der Neuen Sachlichkeit, am Neo-Barock und am Neo-Klassizismus, international überdies vertreten durch weitere große Namen wie Igor Strawinsky und Béla Bartók, aber auch durch Ravel, Prokofjew, Honegger, Britten und andere, deren Hauptwerke ebenfalls in Deutschland unbekannt geblieben waren. Und man entdeckte Karl Amadeus Hartmann mit seiner hochexpressiv-eigenwilligen Tonsprache.

ZENTREN DER NEUEN MUSIK. Im Bestreben nach Information und Öffentlichkeit bildeten sich bald mehrere Zentren, in denen die zeitgenössische Musik gepflegt und vorgestellt wurde, wobei die neu gegründeten Rundfunkanstalten oft Pionier- und Mäzenatenfunktion übernehmen konnten. Allen voran ist hier der Südwestfunk in Baden-Baden zu nennen, dessen Orchester unter der Leitung seines Dirigenten Hans Rosbaud im Laufe der Jahre eine unübersehbare Anzahl von Uraufführungen spielte, nicht zuletzt bei den 1950 wiedergegründeten Donaueschinger Musiktagen. Für sie war Heinrich Strobel der Initiator, so wie in Darmstadt-Kranichstein Wolfgang Steinecke 1946 die Internationalen Ferienkurse für Neue Musik ins Leben rief – zwei lebenswichtige Podien für die ältere und vor allem für die emporstrebende junge Komponistengeneration. In München gründete Karl Amadeus Hartmann schon 1945 die Reihe »Musica viva«. Begleitet wurden alle wichtigen Ereignisse des neuen zeitgenössischen Musiklebens durch journalistischen Sachverstand etwa in der seit 1946 wieder erscheinenden Zeitschrift *Melos*.

ADORNO. Die Richtung, in der sich die Neue Musik nach 1945 zunächst entwickelte, prägten nicht nur Musiker und Komponisten. Auch die Theorie im weiteren Sinne war beteiligt, und hier ist vor allem der Name des Philosophen und Musiksoziologen Theodor W. Adorno zu nennen, der sich in Wort und Schrift nicht nur energisch, sondern oft auch einseitig-parteiisch für die Musik der Schönberg-Schule einsetzte. Entstehung und zeitweise Dominanz der seriellen Musik, als einer konsequenten und totalen Weiterführung der Schönberg'schen Dodekaphonie, wären ohne Adornos Wirken kaum denkbar. Für ihn war dies die einzige logische Art, nach 1945 zu komponieren; seine Meinung stützte sich auch auf seine eigenen Erfahrungen als Komponist und Schüler Alban Bergs. Übrigens war Adorno im kalifornischen Exil neben Ernst Krenek der wichtigste musikalische Berater Thomas Manns, als jener den Roman *Doktor Faustus* schrieb. Auch mit der bald nach dem Krieg einsetzenden Renaissance Gustav Mahlers ist Adornos Name eng verbunden.

MUSIKALISCHE SCHRIFTEN VON THEODOR W. ADORNO (AUSWAHL)

Philosophie der Neuen Musik (1949), *Bach gegen seine Liebhaber verteidigt* (1951), *Versuch über Wagner* (1952), *Dissonanzen. Musik in der verwalteten Welt* (1956), *Klangfiguren. Musikalische Schriften I* (1959), *Mahler* (1960), *Der getreue Korrepetitor. Lehrschriften zur musikalischen Praxis* (1963), *Quasi una fantasia. Musikalische Schriften II* (1963), *Moments musicaux* (1964, Aufsatzsammlung), *A. Berg. Meister des kleinsten Übergangs* (1968), *Einleitung in die Musiksoziologie* (1968), *Impromptus* (1968, Aufsatzsammlung).

SERIELLE MUSIK

IN seinem Werk *Technique de mon langage musical* (Paris 1944) spricht Olivier Messiaen auch über das Verhältnis von Tradition und Innovation.

»Im Bewußtsein, dass die Musik eine Sprache ist, werden wir zuerst danach trachten, die Melodie ›sprechen‹ zu lassen. Die Melodie ist der Ausgangspunkt. Sie soll souverän bleiben! Und wie komplex auch immer unsere Rhythmen und Harmonien sein mögen, sie werden nicht in ihrem Kielwasser mit fortziehen, sondern ihr im Gegenteil wie treue Diener gehorchen; vor allem die Harmonie wird immer die ›richtige‹ bleiben, jene, die in der Melodie latent vorhanden und seit jeher aus ihr hervorgegangen ist. Wir werden die alten Regeln der Harmonie und der Form nicht verwerfen: erinnern wir uns ihrer beständig, sei es um sie zu befolgen, sei es um sie zu erweitern, sei es um ihnen andere, noch ältere (die der Gregorianik und der Hindu-Rhythmik) oder neuere (die durch Debussy und die gesamte zeitgenössische Musik suggerierten) hinzuzufügen.«

AUSGANGSPUNKT. In den Jahren des Neuanfangs nach 1945 konnte die junge Musikergeneration erstmals die zuvor verbotene und deshalb kaum verbreitete Zwölftontechnik Arnold Schönbergs kennen lernen. Seine gewichtigen Spätwerke wurden alle in Darmstadt, dem Zentrum für Neue Musik, uraufgeführt: das 4. *Streichquartett*, das *Streichtrio*, *Ein Überlebender aus Warschau* und Teile aus *Moses und Aron*. Zudem setzte sich der französische Komponist, Dirigent und Musikschriftsteller René Leibowitz, Lehrer von Pierre Boulez, Hans Werner Henze u. a., für die Vermittlung dieser bahnbrechenden Kompositionstechnik aus den 1920er-Jahren ein.

MESSIAEN. Während der Nazi-Zeit gehörte im europäischen Ausland der Franzose Olivier Messiaen zu den wenigen schöpferisch Tätigen. Seine mehrfache Teilnahme an den Darmstädter Internationalen Ferienkursen für Neue Musik löste ein gewaltiges künstlerisches Erdbeben aus: 1948 stellte er sein Stück *Thema und Variationen* vor, komponierte 1949 dort sein Klavierstück *Mode de valeurs et d'intensités*, das dann 1951 als ein Satz Eingang in seine *Quatres études de rythme* fand – mit weitreichenden Folgen. Messiaen hatte in *Mode de valeurs et d'intensités* erstmals eine serielle Kompositionstechnik angewandt, indem er das Ordnungsprinzip der Dodekaphonie, das lediglich die Tonhöhen organisiert, auf weitere Parameter übertrug. Sein Klavierstück basierte auf mehreren Reihen (»Serien«): 36 verschiedene Tonhöhen, 24 verschiedene Tonlängen, 12 Anschlagsarten und sieben Lautstärkeabstufungen, die nun den gesamten Ablauf der Musik strukturierten.

DIE TECHNIK. Der Ablauf des Musikstücks wird in allen Parametern vorausgeplant; er ist abhängig von der Kombination mehrerer Reihen, deren systematische Abfolge in neu konstituierten Reihen festgelegt wird: Tonhöhe, Lautstärke (z. B. pppp ppp pp p mp mf f ff fff ffff. – eine systematische Abfolge dieses Parameters könnte wie folgt lauten: p mf pppp ff pp ffff mp f ppp fff.), Anschlagsart: z. B. martellato, staccato, portato, non legato, legato, legatissimo, Tondauer:

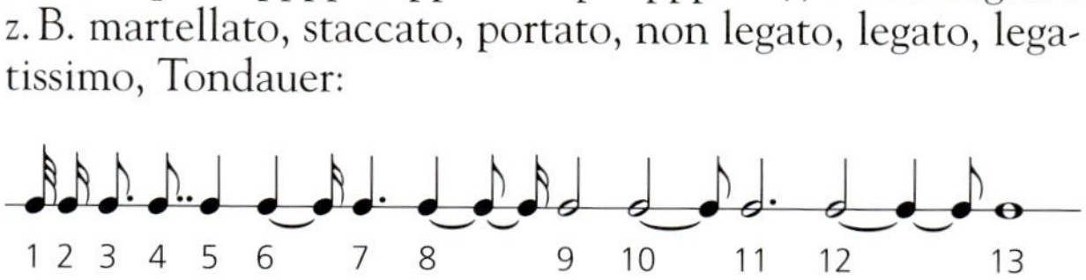

Aus der Kombination der Reihen ergibt sich der kompositorische Verlauf der Musik: jeder einzelne Ton erhält eine exakte Definition durch die vier gleichzeitigen Parameter, z. B. f'/pp/portato/ganze Note – fis'/sf/staccato/Sechzehntel – h'/p/akzentuiert/Viertel um zweiunddreißigstel verlängert:

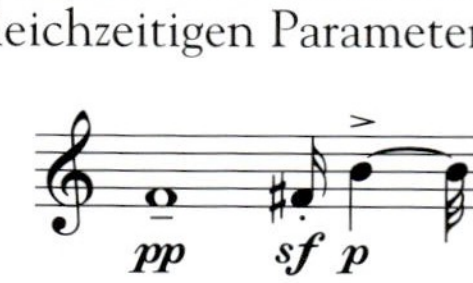

Die serielle Technik, die eine weitaus strengere Methode als die Dodekaphonie darstellt und kaum noch Spielraum für individuelle Freiheiten zulässt, ist gewiss ein künstlerisches Extrem. Messiaen selber verfolgte das serielle Prinzip nur bedingt weiter und gestattete sich in derartigen Kompositionen Freiheiten, mit denen er die Strenge der Musik für den Hörer lockerte. Berühmt sind etwa seine in derartige serielle Gebilde eingefügten Vogelrufe, eine charakteristische Besonderheit seiner Musik, die sich allenthalben nachweisen lässt und neben seiner ausgeprägten religiösen Bindung seine Kunst charakterisiert. In diesem Zusammenhang ist zum einen auf Messiaens gewichtiges und auch spieltechnisch äußerst anspruchsvolles Orgelschaffen hinzuweisen; in ihm finden sich an mehreren Stellen ebenfalls derartige Vogelstimmen-Einblendungen. Und als besonders originelles Dokument seines Faibles für Naturlaute in der Musik ist sein *Catalogue d'oiseaux* für Klavier (1956–58) anzusehen: hier erschließt sich eine eigentümlich ›verfremdete‹ Welt der Klänge, die in der Musikgeschichte ohne Beispiel ist.
Begünstigt wurde diese Entwicklung zur seriellen Musik auch durch die Begegnung der neuen Komponistengeneration mit dem Werk Anton Weberns, mit den minimalistischen und punktuellen Strukturen seiner Musik, die sich oft nur noch auf das Einzelereignis des isolierten Tones zu reduzieren und damit serielle Techniken zumindest vorauszuahnen scheinen.

OLIVIER MESSIAEN

- Orchesterwerke (u. a. *Turangalîla-Sinfonie*, 1946–48; *Chronochromie*, 1959)
- Kammermusik (u. a. *Quatuor pour la fin du temps*, 1940–41)
- Klavier- und Orgelmusik (u. a. darunter mehrere Zyklen: *L'ascension*, 1933; *La nativité du Seigneur*, 1935; *Vingt regards sur l'enfant Jésus*, 1944; *Livre d'orgue*, 1951; *Catalogue d'oiseaux*, 1956–58; *Méditations sur le mystère de la Sainte Trinité*, 1967)
- Große Vokalwerke (u. a. *La transfiguration de Notre-Seigneur Jésus-Christ*, 1965–69)
- Oper: *Saint François d'Assise* (UA Salzburg 1983).
- Buchveröffentlichung: *Technique de mon langage musical* (Paris 1944)

OLIVIER MESSIAEN

1908 am 10. Dezember in Avignon geboren.
1919–30 Studium am Pariser Konservatorium (Komposition bei Paul Dukas, Orgel bei Marcel Dupré.
Ab 1931 jahrzehntelang Organist in Paris.
1936 Mitgründer der Gruppe »Jeune France«.
1939–41 Soldat und Kriegsgefangener.
Ab 1942 Tonsatzlehrer am Pariser Konservatorium, zu seinen Schülern gehören Pierre Boulez und Karlheinz Stockhausen.
Ab 1949 Teilnahme an den Internationalen Ferienkursen für Neue Musik in Darmstadt.
1966 Gründung des »Zentrums für mathematische und automatische Musik« an der Pariser Sorbonne; Ernennung zum Kompositionslehrer.
1992 stirbt Messiaen am 27. April in Paris.

ELEKTRONIK UND ALEATORIK

JOHN CAGE

1912 am 5. September in Los Angeles geboren.
1933–34 Studium bei Henry Cowell und Arnold Schönberg, dessen Zwölfton-Technik er aber nicht übernimmt; in den folgenden Jahren Beschäftigung mit Schlaginstrumenten; kompositorische Experimente mit dem präparierten Klavier, dessen Pionier Cage wird.
Ab 1950 Kompositionen nach dem Zufallsprinzip (lose Blätter in beliebiger Reihenfolge, übereinander gelegte Folien usw.) unter dem Einfluss fernöstlicher Philosophie (Zen); Zusammenarbeit mit bildenden Künstlern (u. a. Robert Rauschenberg), Einführung des Happenings in die Musik (mit David Tudor, Rauschenberg und der Tänzerin Merce Cunningham).
Ab 1953 Direktor der Cunningham Dance Company, Dozent an der New School for Social Research in New York.
1970er-Jahre Beschäftigung mit James Joyce; literarische Äußerungen über Musik.
1992 stirbt Cage am 12. August in New York.

SERIELLE WEITERENTWICKLUNG. Den seriellen Ansatz entwickelte der Messiaen-Schüler Pierre Boulez 1955 mit seinen in Darmstadt uraufgeführten *Structures* für zwei Klaviere weiter; daneben präsentierte Karlheinz Stockhausen sein *Kreuzspiel* (1952) und *Kontra-Punkte I* (1953). Boulez und Stockhausen wurden zu Wortführern der Neuen Musik, auch im wörtlichen Sinn: sie trieben die Entwicklung nicht nur komponierend voran, sondern auch theoretisch mit programmatischen Aufsätzen. Boulez veröffentlichte 1966 seine »Werkstatt-Texte«; Stockhausen machte ab 1963 in Sammelbänden seine »Texte« bekannt, darunter wegweisende wie seine Analyse von *Weberns Konzert für neun Instrumente op. 24* (1953) und *... wie die Zeit vergeht ...* (1956), die für die Serialität grundlegend sind.
In *Gruppen für 3 Orchester* (1955/57) übertrug Stockhausen das Reihenprinzip vom Einzelton auf ganze Tongruppen, die durch Zahlen- und Proportionsreihen nach Kategorien wie Gruppendauer, Tonmenge, Tondichte bestimmt werden. Auch der Raum wurde in die musikalische Realisation einbezogen, indem drei miteinander korrespondierende Orchestergruppen an drei Stellen im Aufführungsraum aufgestellt wurden.
Die serielle Technik löste kontroverse Diskussionen aus; nicht alle Komponisten schlossen sich ihr an. Obwohl Webern-Schüler, mied z. B. Karl Amadeus Hartmann die Zwölftontechnik und folgte der Ausdruckshaltung des späten Expressionismus. »Er entwickelte sich seit der zweiten Sinfonie *Adagio* (1946) kontinuierlich zum eigenständigen Sinfoniker und als solcher zum Antipoden des in Deutschland wirkenden Oberösterreichers Johann Nepomuk David« (Rudolf Stephan). Weitere Vertreter ›abweichender‹ Richtungen waren Hans Werner Henze, Boris Blacher und Wolfgang Fortner, dessen Zwölftontechnik sich konsequent der seriellen Erweiterung widersetzte.

ELEKTRONISCHE MUSIK. Das Aufkommen der elektronischen Musik ist als äußerste Konsequenz aus der kontroversen Diskussion um Serialität anzusehen. Sie entwickelte sich in zwei verschiedenen Zentren: während man in Paris begann, Umweltgeräusche durch elektrische Aufzeichnung und Verarbeitung für die Musik nutzbar zu machen, ging es Herbert Eimert im Kölner Studio für Elektronische Musik darum, mit elektronisch erzeugten Sinusklängen eine Art Basismaterial zu entwickeln, mit dem man unabhängig von allen Unwägbarkeiten des menschlichen Musizierens arbeiten und komponieren konnte – hier wurde erstmals die scheinbar naturgegebene Trennung der Musik in Werk und Interpreten aufgehoben; es gab keine Interpretation mehr, nur noch eine Version auf Tonband.

MUSIQUE CONCRÈTE UND ALEATORIK. Die Sonderrichtung der Musique concrète propagierten Pierre Schaeffer und Pierre Henry; sie war im engeren Sinn keine elektronische Musik, sondern speicherte Naturklänge auf Tonband, verarbeitete und montierte sie zu kompositorischen Strukturen.

Die fixierte Sterilität serieller und elektronischer Musik rief bald eine Gegenreaktion hervor. Überraschenderweise kam sie von Pierre Boulez, der 1957 in Darmstadt seinen Vortrag »Alea« hielt, in dem er der Rationalität der Vorausplanung die Überraschung des Augenblicks, die Spontaneität des Musikers gegenüberstellte. Auch Stockhausen reagierte umgehend auf die neue Tendenz und stellte im gleichen Jahr sein *Klavierstück XI* vor, in dem der Interpret wichtige Entscheidungen über die Reihenfolge einzelner Abschnitte der Komposition allein treffen darf. So wurde das ›Prinzip Zufall‹ in die Musik eingeführt; die neue (Gegen-)Richtung erhielt die Bezeichnung Aleatorik, nach dem lateinischen Wort für ›Würfel‹ (*alea*).

Im Sinne einer historischen Konstellation trat 1958 auch John Cage in Darmstadt auf, der entsprechend agierte und mit seiner Musik und der seiner Schüler Earl Brown, Morton Feldman und Christian Wolff, vorzugsweise an zwei präparierten Klavieren, gemeinsam mit David Tudor, für ein gewaltiges Erdbeben sorgte.

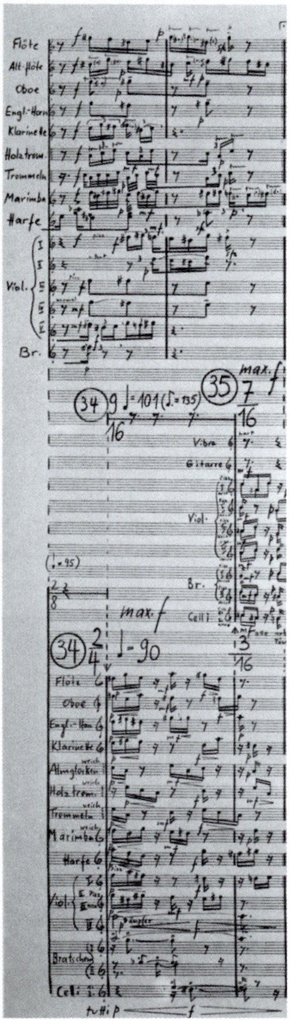

Karlheinz Stockhausen, *Gruppen für 3 Orchester* (Ausschnitt aus der Partitur).

CAGES WERKE

Eine Werkliste suggeriert mit manchen erstaunlich konkreten Titeln ein Werkverständnis, das bei Cage jedoch nicht gegeben ist, so beim *Concerto for Piano and Orchestra* (1957/59), bei dem weder Länge noch Besetzung festliegen, oder bei den *Quartetts for Orchestra* (1976). Die Titel der folgenden Auswahl deuten an, was das Publikum zu erwarten hat: *Imaginary Landscape Nr. 1* für zwei Plattenspieler mit variabler Geschwindigkeit, Messschallplatte, gedämpftes Klavier und Becken (1939); *4'33* für Klavier oder beliebige(s) Instrument(e) [ein Stück, das seine ›Spieldauer‹ von 4 Minuten und 33 Sekunden tonlos verstreichen lässt] (1952); *Winter Music* für einen bis zwanzig Pianisten (1957); *Musicircus* (1967); *Branches* für Pflanzenmaterial mit und ohne Verstärkung (1976); *A House full of music* für beliebig viele Ausführende (1981–82), *Europeras* 1 & 2, 3 & 4 (1987–90).

NEUE WEGE

MAURICIO Kagel betonte 1991 die Offenheit des kompositorischen Prozesses, eine Haltung, die typisch ist für das Komponieren im späten 20. Jahrhundert.

»Es ist für meine Arbeitsweise sicher typisch, daß sich Thematik und Problemstellung von Werk zu Werk ändern. Ich habe noch keine Standardlösung gefunden, die mir eine einheitliche Verwendung ohne Rücksicht auf das jeweilige Vorhaben erlauben würde. Wenn ich konkretes Material einsetze, dann, um es in ein anderes Netz von Entsprechungen zu bringen, nie als wort-wörtliches Zitat. Bei Übertragungen solcher Art gelingt es mir, fast abstrakte Ereignisse zu gestalten, die ich mir sonst nicht vorstellen könnte. Das Handwerk des Komponisten basiert unter anderem auf der Selbständigkeit des Absoluten, und absolute Musik ist der Höhepunkt der kompositorischen Kunst geblieben.«

FREIHEITEN. Die anfängliche Einseitigkeit und Strenge in den frühen Jahren nach 1945 lockerte sich zunehmend im Laufe der 60er- und 70er-Jahre und ließ eine zunehmende Pluralität der Kompositionsmethoden zu, bis hin zur Wiederkehr der Improvisation, in der sich zum Beispiel die zeitgenössischen Strömungen des Jazz (Free Jazz) mit jenen der so genannten ernsten Musik berührten. György Ligeti verblüffte die musikalische Öffentlichkeit 1961 mit seiner Komposition *Atmosphères*, indem er entschieden alle seriellen Kategorien hinterfragte: dem Hörer stellt sich die Musik als eine »beständige Klangfarbenfluktuation dar, ohne daß Konturen, Rhythmen oder sonstige Strukturen in Erscheinung treten« (Hans Vogt). Der Klang des vielfach besetzten und aufgeteilten Apparates changiert und schillert permanent. Diese Methode wandte Ligeti mehrfach für große und kleine Besetzungen an, in *Lux aeterna* für 16-stimmigen Chor (1966), in der das Prinzip der stufenlosen Klangschattierung auf die Möglichkeiten der menschlichen Stimme übertragen wird, in dem Orchesterstück *Lontano* (1967), in *Volumina* für Orgel (1962) und im *Continuum* für Cembalo (1968) mit seinen charakteristischen ›Klanggittern‹.

KAGEL. Neben John Cage sorgte der Argentinier Mauricio Kagel mit seinen phantasievollen grenzüberschreitenden und -verletzenden Aktionen für Impulse und Prote-

Streichinstrument mit Schalltrichter: ein so genanntes ›Stroh‹-Instrument aus Mauricio Kagels Sammlung.

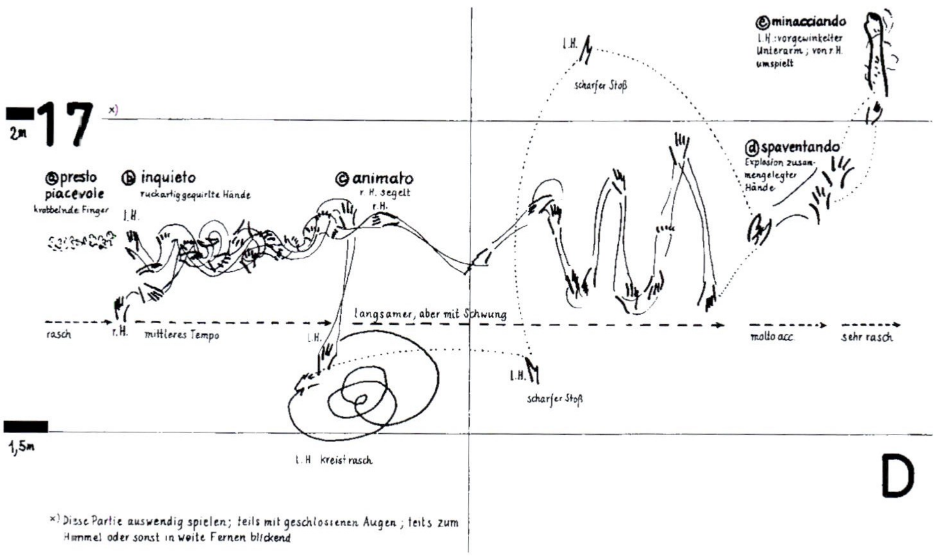

ste. Seine Darmstädter Premiere erfolgte 1958 mit *Anagrama* für Vokalsolisten, Sprechchor und Instrumente, einer kritischen Auseinandersetzung mit seriellen Prinzipien. Von hier aus beschritt Kagel seinen Weg zwischen allen Gattungen und Stilen voller bewusst kalkulierter Provokationen: In *Match* für zwei Cellisten und einen Schlagzeuger (1964) wird »die instrumentale Aktion zum sportlichen Ereignis und erfährt damit eine völlig neue Deutung. Die Cellisten tragen eine Art Tennismatch aus. Im schnellen Wechsel reagieren sie auf einander und wollen sich gegenseitig überlisten. Der Schlagzeuger versucht als Schiedsrichter dem Geschehen zu folgen, versagt nicht selten dabei und macht einen eher verwirrten Eindruck« (Martin Demmler). *Sur Schnee* (1960) verkörpert das musikalische Theater. Mit seinem Film *Ludwig van* (1970) zum 200. Geburtstag des Komponisten experimentierte er mit der Grenzüberschreitung zum Medium Film und rüttelte zugleich erfolgreich und von wütenden Protesten eines Teils der Öffentlichkeit begleitet an einem historischen Denkmal. In *Staatstheater* (1971) persiflierte er den täglichen Betrieb in einem Opernhaus, ohne eigentliche Handlung, aber voller absurder Bühnenaktionen. Für sein Stück *1898* für Stimmen und Instrumente (1973) ließ sich Kagel eigens einen Satz besonders ausgestatteter Streichinstrumente mit Schalltrichtern bauen.
Kagels umfangreiches Werkverzeichnis lässt bei erster Betrachtung auf herkömmliche Werkformationen schließen, doch verbergen sich hinter allen traditionell klingenden Werktiteln aktionistische Überraschungen und Grenzüberschreitungen – etwa im *Chorbuch für Vokalensemble* (1975–78) oder dem *Konzertstück für Pauken und Orchester* (1990). Kagels Werk zeichnet sich durch die geistreiche Gratwanderung zwischen Klamauk und Nachdenklichkeit aus.

visible music I / nostalgie. Dieter Schnebels Komposition von 1962 erweist sich als exakt notiertes Dirigenten-Solo; die freundliche Kritik am gestischen Verdoppeln musikalischen Geschehens durch gewisse ›Pultstars‹ bedeutete einen Bruch mit der Tradition traditionellen Komponierens und verwies zugleich auf diese Tradition zurück. Auf dem Gebiet des vokalen Experimentes nimmt Schnebel, der früh zur Darmstädter Szene der Neuen Musik gehörte, eine wichtige Position ein. Bereits sein Chorwerk *dt 31.6* (1956) gab die künftige Richtung vor, in der Schnebel sich von der streng seriellen Kalkulation löste und mit allen Mitteln der Stimme experimentierte – den zugrunde liegenden Text trennte er dazu von seiner semantischen Ebene. Stimmeinsatz bedeutete fortan nicht nur Singen, sondern ebenso Sprechen, Schreien, Flüstern, Stöhnen, Stammeln, Krächzen, ergänzt durch theatralische Aktionen der Mitwirkenden. Wie bei Kagel führte dieser Ansatz zur Entstehung zahlreicher neuer Notationsmuster, da sich derartige akustische und gestische Vorgänge in herkömmlicher Weise nicht mehr notieren ließen.

NOTATIONSFORMEN

UNVOLLSTÄNDIGKEIT. Die musikalische Notation war niemals in der Lage, alle Eigenschaften der Musik exakt und vollständig wiederzugeben. Immer trug sie den Charakter des Unvollkommenen und Ergänzungsbedürftigen. An unsere heutige Schreibweise auf fünf Linien und mit mehreren Schlüsseln haben wir uns auf so selbstverständliche Weise gewöhnt, dass wir seine Schwächen kaum noch wahrnehmen: diese moderne Notenschrift ist unvollkommen und genügte vor allem im Verlauf des 20. Jahrhunderts immer weniger den Anforderungen des Musiklebens. Sie erlaubt beispielsweise keine exakte Festlegung der Dauer, sondern gibt nur die relative Dauer unterschiedlicher Notenwerte an; für agogische und dynamische Abstufungen bedarf sie zahlreicher Zusatzzeichen, zumeist Abkürzungen verbaler Bezeichnungen. Überdies sind Akzidenzien nötig zur chromatischen Tonhöhenänderung, obwohl in der chromatischen Tonleiter alle Töne gleichberechtigt sind. Hieraus zog bereits Josef Matthias Hauer, einer der Erfinder der Zwölftontechnik, die Konsequenz mit einer neuartigen chromatischen Schreibweise ohne Vorzeichen.

NEUE ZEICHEN, NEUE FORMEN. In der Spätphase der tonalen Musik und in der Frühphase der atonalen und dodekaphonen Kompositionsweise bemühte man sich um Verfeinerung der konventionellen Notenschrift durch Steigerung vorhandener und Hinzufügung neuer Zeichen. Max Reger stufte beispielsweise die Dynamik vielfach ab (pppp – ffff); Arnold Schönberg führte zur Kennzeichnung führender und untergeordneter Stimmen Zusatzzeichen ein.

Für eine rhythmisierte Zwischenform zwischen Sprechen und Singen erfand Schönberg den durchkreuzten Notenhals 𝅘𝅥𝅮 für seinen *Pierrot lunaire*.

Die zunehmende Vielfalt an verbalen Bezeichnungen für Spielweisen versuchten manche Komponisten durch neue Zeichen zu ersetzen, etwa Béla Bartók mit seinem Symbol für das Aufschlagen gezupfter Saiten auf das Griffbrett ⊖

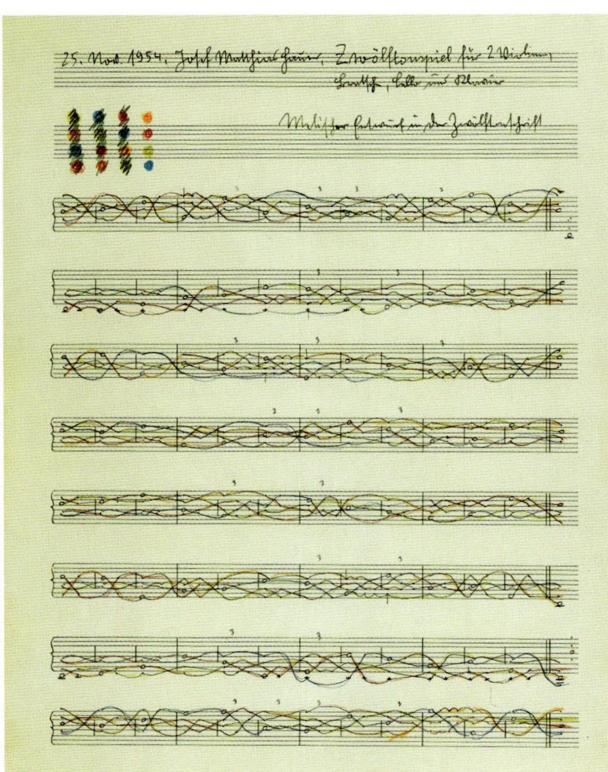

Joseph Matthias Hauer, *Zwölftonspiel für 2 Violinen, Bratsche und Klavier* (25. November 1954, Melischer Entwurf in Zwölftonschrift).

20. Jahrhundert

oder Mauricio Kagel mit seinen differenzierten Zeichen für unterschiedliche Clusterbildungen, zum Beispiel: mit geschlossenen Fingerspitzen, mit offener Handfläche, mit geschlossener Handfläche, mit der Handkante.
Der Tscheche Alois Haba komponierte im Vierteltonsystem und ergänzte das traditionelle Zeichensystem durch zusätzliche Akzidentien, die durch György Ligeti verbessert wurden: Erhöhungen: Viertelton, Dreiviertelton; Erniedrigungen: Viertelton, Dreiviertelton.
Um präzise Tondauern notieren zu können, ging etwa Krysztof Penderecki dazu über, Notenköpfe mit unterschiedlich langen Balken zu notieren.

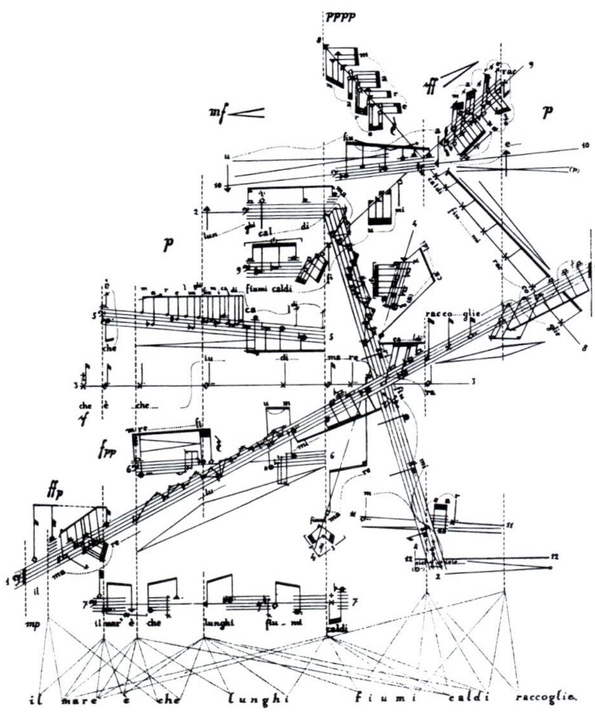

Sylvano Bussotti, *Siciliano*.

Die neuen Notationsformen gewannen an grafischem Eigenreiz – eine Erfahrung, die altgewohnt ist, denn schon die Autographe Johann Sebastian Bachs zeichnen sich durch ihre grafisch-künstlerische Qualität aus. Allerdings erhöht sich mit dieser Entwicklung auch die Kompliziertheit, was zu langen Vorbereitungszeiten und Studien von ›Gebrauchsanleitungen‹ vor der Aufführung führen kann. Es kommt zu zahlreichen Zwischenstufen zwischen traditioneller Schreibweise und grafischer Notation, was ebenfalls immer längere Benutzungskommentare erforderlich macht. Ein reizvolles Extrem ist hier Earl Browns *December 1952*, ein Blatt, nach dem – und nach den Dirigierbewegungen des Komponisten – ein Orchester spielen sollte.
Sylvano Bussottis Notationsblatt seines *Siciliano* besticht durch grafischen Reiz, betrübt aber die Ausführenden durch die Kompliziertheit des Gefüges, das längeres Studium erfordert.
Berühmt wurden schließlich die ›Konstruktionszeichnungen‹ Karlheinz Stockhausens für elektronische Kompositionen, die Angaben über Frequenzen, Bandlängen in cm und Sekunden sowie für die Dynamik übermitteln.
Am Anfang und am Ende der Geschichte notierter Musik scheinen sich paradoxerweise die Zeichensysteme äußerlich angenähert zu haben, wie ein Vergleich mittelalterlicher Neumen und Mensuralzeichen mit aktuellen Beispielen erkennen lässt.

AUSBLICK

STILPLURALISMUS

Für eine klare stilistische Einordnung der Musik der letzten 20 Jahre ist es noch zu früh. Die Vielfalt der nebeneinander existierenden Richtungen hat weiter zugenommen, verglichen mit den Jahren zuvor herrscht größere gegenseitige Toleranz. Wenn einzelne Komponisten wieder für herkömmliche Besetzungen, auch für Sinfonieorchester, schreiben, dann stehen diese Bestrebungen gleichberechtigt neben Experimenten mit elektronischen Klängen sowie neben Grenzüberschreitungen zwischen den Bereichen, insbesondere hin zum Musiktheater.
Es ist vieles möglich geworden: exakte Notierung wie stark improvisatorische Abläufe, strenge Gattungsdokumente als auch fluktuierende Zwischenstadien, radikale Klangexperimente mit Betonung des Geräuschhaften und Vermeidung aller Konsonanzen wie neoromantische Klanglichkeit unter Verwendung konsonanter Akkorde und Akkordbeziehungen.

MINIMAL MUSIC. Ausgehend von Amerika verzeichnete in der Nachfolge von John Cage die Minimal Music beträchtliche, für die Neue Musik untypische Erfolge. Ihr Hauptvertreter ist Philip Glass, der an dodekaphonen und seriellen Techniken sein Handwerk erlernte, bei Nadia Boulanger in Paris studierte und über die Begegnung mit dem Inder Ravi Shankar und fernöstliche Meditationsübungen seinen eigenen Weg fand. Die Kenntnis der Minimal Art mag ihn beeinflusst haben, doch trifft der Terminus ›minimal‹ auf seine Musik nur bedingt zu – Glass spricht lieber von repetitiver Musik. »Für den additiven Typus von Minimal Music, den Philip Glass ausbildete, (…) erscheint der Titel eines einfachen Rhythmus-Stücks *1 + 1* (1968) charakteristisch. Im Unterschied zur repetitiven Musik von Steve Reich, für deren flächenhaften Feldcharakter kanonartige Überlappungen verantwortlich sind, werden hier nur zwei Rhythmen:  und 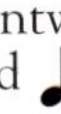 durch mit Kontaktmikrophonen verstärktes Klopfen auf einen Tisch in schnellem Tempo und beliebiger Kombinationsfolge zu einem pausenlosen linearen Kontinuum aneinander gereiht, über dessen Struktur und Zeitdauer der Spieler entscheidet« (Hermann Danuser). Glass errang seine größten Erfolge mit seinen Annäherungen an das Musiktheater, insbesondere mit *Einstein on the Beach*, einem handlungslosen, 1976 gemeinsam mit dem Regisseur Robert Wilson verwirklichten Stück.
Neben Glass gehören Steve Reich, der meditativ orientierte Terry Riley sowie Peter Michael Hamel dieser Stilrichtung an.

JUNGE DEUTSCHE MUSIK. In Deutschland hat nach 1970 – nach den Älteren wie etwa Helmut Lachenmann oder Heinz Holliger – eine neue Komponistengeneration die Führung übernommen, die einen interessanten Stilpluralismus pflegt. Unter ihnen dürfte Wolfgang Rihm der Erfolgreichste sein. Nach Studien bei Wolfgang Fortner, Karlheinz Stockhausen und Klaus Huber begann er mit einem emphatisch-expressiven Stil, charakterisiert durch ausgeprägten Klangsinn. Seine Tonsprache wandelte sich mehrfach; er schrieb sowohl für großes Orchester wie für kleine Besetzungen und wandte sich auch der Oper zu.
Des Weiteren traten in Deutschland Peter Ruzicka, Manfred Trojahn, Walter Zimmermann, Hans-Jürgen von Bose, Wolfgang von Schweinitz und Detlev Müller-Siemens hervor; ferner sind zu nennen die beiden Rumäninnen Violeta Dinescu und Adriana Hölszky; Dinescu ist Professorin in Oldenburg, Hölszky lehrt seit 2000 in Salzburg, nachdem sie zuvor ebenfalls eine Professur in Deutschland bekleidet hatte. Musikalisch sind sie auf verschiedenartigen Pfaden unterwegs. Dinescu wendet sich neben ihren musiktheatralischen Ansätzen immer auch kleinen Besetzungen zu.

Wolfgang Rihm, *Tutuguri*. Autographe Skizze aus dem Jahr 1981 zu einem Ballett nach Antonin Artauds *Ritus der schwarzen Sonne*.

TENDENZ ZU VERGANGENEM. Eine Hinwendung zu Überliefertem ist in der Bearbeitung und Neuinterpretation klassischer Werke zu spüren, wie sie z. B. Hans Zender in *Winterreise – eine komponierte Interpretation* (1993) praktizierte. Dieter Schnebel versuchte in seinem Zyklus *Bearbeitungen* (1972–1980) »das innere Leben einiger Werke von Bach, Beethoven, Schubert, Wagner und Webern neu zu erschließen und zugleich seine Entfaltung nach außen ins Räumliche zu ermöglichen«. Bezüge zur Vergangenheit zeigen sich auch in Kompositionen der Postmoderne in der Nachfolge von Karl Amadeus Hartmann und Allan Petterson; hierher gehören der Deutsche Manfred Trojahn und der Russe Alfred Schnittke. Trojahn schreibt Sinfonien und bezieht sich instrumentatorisch und bisweilen zitierend auf Gustav Mahler. Schnittke profitierte davon, dass sich berühmte Virtuosen, etwa der Geiger Gidon Kremer, für seine Musik einsetzten. Sein Schaffen verlief in mehreren Phasen, auch in Abhängigkeit von der sowjetischen Kulturpolitik. Politisches ›Tauwetter‹ ermöglichte ihm Ende der 1960er-Jahre eine Begegnung mit seriellen Techniken. Zeitweise musste er sich zwangsweise der Filmmusik zuwenden, da er offiziell in Ungnade gefallen war. In den 70er-Jahren fand Schnittke sein polystilistisches Idiom – ein individueller Stil mit Zitaten und Entlehnungen. Seine neun Sinfonien geben einen guten Überblick über seine stilistische Entwicklung. Seine Oper *Historia von D. Johann Fausten* wurde 1994 in Hamburg uraufgeführt, wo der Komponist in seinen letzten Lebensjahren eine Professur innehatte. 1995 kam in Wien sein *Gesualdo* heraus – zwei international beachtete Premieren, denen nur wenige weitere Einstudierungen folgten.

FRAUEN IN DER MUSIK

Hildegard von Bingen und ihr Sekretär Volmar. Rupertsberger Scivias (um 1165).

BIS ZUM 18. JAHRHUNDERT. Neben und vor Clara Schumann oder Fanny Hensel tauchten Namen auf, die verschwiegen oder übergangen worden waren. Eher legendenhaft ist die musikalische Tätigkeit der antiken Dichterin Sappho (um 600 v. Chr.) überliefert. Dagegen ist die Geburt der Kasia um 810 gesichert, die als bedeutende byzantinische Schöpferin sakraler Melodien gilt. 1098 wurde Hildegard von Bingen, die »früheste Kunstkomponistin« (Eva Weisweiler), geboren, von ihr sind Mess-Sätze, 35 Antiphonen, 19 Responsorien, 7 Hymnen und das geistliche Singspiel *Ordo virtutum* überliefert.

Im 15. Jahrhundert entstand ein bemerkenswertes Dokument weiblicher Schöpferkraft: das *Wienheimer Liederbuch* mit Musik von mindestens fünf Frauen. Zwei wenig später entstandene Liederbücher sind Frauen zuzuordnen: die Liederhandschrift der Katharina Tirs mit lateinischen Weihnachtsliedern und das Liederbuch der Anna von Köln, das die Weise *In dulci jubilo* enthält (um 1500). Eine der ersten nachgewiesenen Komponistinnen Italiens war Francesca Caccini, Tochter des berühmten Giulio; die Sängerin Francesca komponierte 1625 *La liberazione di Ruggiero*, eine frühe Oper und wohl die erste von einer Frau geschaffene. Die Venezianerin Barbara Strozzi veröffentlichte 1644 hervorragende 2–5-stimmige Madrigale, weitere Vokalwerke folgten.

Sogar am Hof Ludwigs XIV. wirkten Komponistinnen: von Elisabeth Claude Jacquet de Laguerre sind Instrumental- und Vokalwerke überliefert, darunter bemerkenswerte *Pièces de clavecin*. Ihre Zeitgenossin Antonia Bembo ist als Vokalkomponistin hervorgetreten. Anna Amalia von Preußen, eine Schwester Friedrichs II., lernte bei Bachs Schüler Philipp Kirnberger und schuf geistliche Vokalmusik wie auch Instrumentalmusik.

Die Reihe bürgerlicher Musikerinnen wird angeführt von Juliane Reichardt, Tochter des Komponisten Franz Benda und Gattin von Johann Friedrich Reichardt, die mit Liedern hervortrat. Ihre Tochter Luise Reichardt ist als Komponistin der Berliner Liederschule zuzurechnen. Komponiert hat auch die Schauspielerin Corona Schröter, deren schlichter Liedsatz zu Goethes *Erlkönig* wie ein Gegenentwurf zu Schuberts Meisterwerk anmutet. Dass es sogar in der Wiener Klassik Komponistinnen gegeben hat, ist immer noch unbekannt: mit Marianne Martinez, die beim Librettisten Pietro Metastasio aufwuchs, und der Mozart-Schülerin Josepha von Auernhammer seien zwei Künstlerinnen genannt, die als Pianistinnen bekannt wurden und mit eigenen Kompositionen hervortraten. Insbesondere die Klaviermusik von Martinez harrt noch einer wissenschaftlichen Neubewertung – »die musikwissenschaftliche Rezeption von Mariannes Werken ist ein interessantes Beispiel dafür, wie bewußte Geschichtsverfälschung jahrzehntelang tradiert bzw. unkritisch übernommen wird, wenn es darum geht, die kompositorischen Leistungen einer Frau herabzuwürdigen« (Eva Weisweiler).

19. JAHRHUNDERT. Aus dem Umkreis von Felix Mendelssohn und Robert Schumann kennt man Fanny Hensel, die älteste Schwester von Felix Mendelssohn, und Clara Schumann, geborene Wieck, doch bereits die Namen von Josephine Lang und Johanna Kinkel sind weitgehend vergessen, obwohl ihre künstlerischen Leistungen hinter denen ihrer populäreren Zeitgenossinnen nicht zurückstehen – ihnen zur Seite standen keine berühmten Männer! Bei Clara Schumann hat mit Sicherheit die leidenschaftliche Dreiecksgeschichte mit Schumann und Brahms den Blick auf ihre schöpferischen Leistungen getrübt, sodass sie im Vergleich zu ihren komponierenden Zeitgenossinnen etwas zu hoch bewertet wurde.

20. JAHRHUNDERT. Länger und objektiver dokumentiert ist die Liste der Komponistinnen im 20. Jahrhundert. Unter ihnen ist das Geschwisterpaar Lili und Nadia Boulanger hervorzuheben, wobei die früh verstorbene Lili im Schatten ihrer berühmten Schwester Nadia steht. Diese wurde zu einer der einflussreichsten Frauen des internationalen Musiklebens und war theoretisch, praktisch und pädagogisch tätig, als Lehrerin und Anregerin einer beeindruckenden Anzahl jüngerer Musiker. Die schöpferische Persönlichkeit aber war Lili, die 1913 gegen übermächtige männliche Konkurrenz den Rom-Preis der Pariser Académie des Beaux Arts gewann. Ihre Musik ist im weiteren Sinn dem Impressionismus zuzurechnen.
Ihren Rang als »Klassikerinnen der Moderne« und »große alte Damen der Neuen Musik« (Eva Weisweiler) beanspruchen in Deutschland Ilse Fromm-Michaels und Grete von Zieritz. Die Liste der schöpferisch tätigen Musikerinnen der Gegenwart ist lang und belegt das Selbstbewusstsein einer neuen weiblichen Generation. Bemerkenswert hoch ist unter ihnen der Anteil der Rumäninnen, unter ihnen Miriam Marbé, Adriana Hölszky und Violeta Dinescu. Zu nennen wären auch Louise Farrenc oder Ruth Crawford Seeger.

MUSIK ALS MÄNNERDOMÄNE

Musikgeschichte wird bis ins 20. Jahrhundert fast ausschließlich von Männern geschrieben: von Perotin über Wagner bis Stockhausen. Daraus ist der Schluss gezogen worden, musikalische Schöpferkraft sei reine Männerdomäne, Frauen besäßen nur nachschöpferische Fähigkeiten, denn die wenigen Frauen, die in der Musikgeschichte auftraten, seien Sängerinnen oder Instrumentalsolistinnen gewesen. Dass es für dieses Missverhältnis auch andere Gründe geben könnte, scheint erst erwogen worden zu sein, seit es im 20. Jahrhundert ernsthafte Emanzipationsbestrebungen gibt. Nun wehren sich Frauen selber gegen derartige Vorurteile, suchen nach Gründen und Abhilfe. Forschungen engagierter Zeitgenossinnen haben zutage gefördert, dass Clara Schumann und Fanny Hensel keineswegs die ersten und einzigen schöpferischen Frauen in der Musik gewesen sind, die in allen Diskussionen als ›Vorzeigedamen‹ beweisen mussten, dass es auch – leider nur vereinzelt! – Komponistinnen gegeben hat.

MUSIKLEBEN UND MUSIKBETRIEB HEUTE I

HISTORISCHE GRUNDLAGEN. Jede Epoche der Musikgeschichte ist auch durch die Umstände, unter denen ihre Musik aufgeführt und gehört wird, zu charakterisieren. Diese wechselnden Umstände – Personen, Räumlichkeiten, Hörgewohnheiten, ästhetische Auffassungen und technische Voraussetzungen – ergeben insgesamt jenes Phänomen, das man als Musikleben bezeichnet. Für die Zeit des 20. wurden die wesentlichen Grundlagen bereits im 19. Jahrhundert gelegt: eine Reihe heute noch existierender großer Orchester wurde damals gegründet, der Typus des reisenden Berufsmusikers kam auf, und einige wesentliche musiktragende Institutionen – Opernhäuser, Konzertgesellschaften und Festspiele – entstanden. So gab es unter den Instrumentalisten Vorläufer des heutigen Starwesens: der Geiger Niccolò Paganini und der Pianist Franz Liszt waren weltberühmte Vorgänger kommender Solistengenerationen bis hin zu Vladimir Horowitz und Arthur Rubinstein, Yehudi Menuhin und David Oistrach, Jewgenij Kissin und Gidon Kremer. Bereits zu Beginn des 19. Jahrhunderts entstanden im Gefolge der anspruchsvollen Quartette Beethovens die ersten professionellen Streichquartett-Ensembles: vom Wiener Schuppanzigh-Quartett jener Jahre spannt sich der Bogen über das Joachim-Quartett der zweiten Jahrhunderthälfte bis hin zu den großen Ensembles zwischen und nach den Weltkriegen: dem Busch-Quartett, dem Amadeus-Quartett, dem Julliard-Quartett oder dem Alban-Berg-Quartett.
Im Jahr 1842 wurden von Otto Nicolai in Wien die Philharmonischen Konzerte gegründet, nachdem bereits 1812 die Gesellschaft der Musikfreunde entstanden war; 1882 traten in Berlin erstmals die Philharmoniker auf den Plan, und in Bayreuth begründete Richard Wagner 1876 mit der Uraufführung seines *Ring des Nibelungen* die bis heute bestehenden Festspiele. Das neu entstehende bürgerliche Konzertleben verlangte nach geeigneten und würdigen Aufführungsstätten; so wurden im 19. Jahrhundert die berühmtesten Konzertsäle der Welt gebaut: das Concertgebouw in Amsterdam, der Musikvereinssaal in Wien und auch die Carnegie Hall in New York.

TECHNISCHE GRUNDLAGEN. Der gewaltige Aufschwung des öffentlichen Konzertlebens, einschließlich der Opernhäuser, ist kaum zu trennen von der rasanten Entwicklung der Aufnahme- und Wiedergabetechnik; Thomas Edison mit seinem walzenartigen Phonographen (1877) und vor allem Emil Berliner mit seiner Schallplatte (1887) waren die Pioniere, die eine explosionsartige Verbreitung von Tonaufzeichnungen, vor allem in der zweiten Jahrhunderthälfte, auslösten und zugleich die Fundamente zu einem einzigartigen kommerziellen Aufschwung legten. Der Weltruhm gestriger und heutiger Stars wäre in dieser spektakulären Form nicht möglich ge-

KLASSIK FÜR MILLIONEN

Das Neujahrskonzert der Wiener Philharmoniker hat Tradition, Tradition, die durchaus auch wirtschaftlich einträglich ist. Der Musikbetrieb, das wird hier deutlich, nutzt und braucht die multi-mediale Kultur der Gegenwart – und ist zugleich deren (ökonomischen) Zwängen ausgeliefert. Das 1999 von Lorin Maazel geleitete Neujahrskonzert beispielsweise wurde live über das Fernsehen in über 40 Länder verbreitet und erreichte so 57,4 Millionen Zuschauer. Die CD zum Konzert war, wie immer, bereits kurz nach dem Ereignis im Handel. 2001 dirigierte erstmals Nikolaus Harnoncourt das Neujahrskonzert: 48 Länder waren nun dabei, neben der Übertragung via Radio und Fernsehen gab es erstmals eine Audio-Live-Stream-Übertragung im Internet.

wesen ohne die mit allen Mitteln des Marktes verbreiteten Tonträger Schallplatte, Tonband, Kassette und Compact Disc. Musik wurde zum Geschäft, an dem unzählige Menschen verdienen: neben den Künstlern, deren Gagen vor allem in der zweiten Hälfte des 20. Jahrhunderts explodierten, sind das Manager und Produzenten, Verlage und weltumspannende Medienkonzerne. Die ebenso dynamische Entwicklung des modernen Verkehrswesens (Kraftfahrzeug, Eisenbahn und vor allem Flugzeug) machte es den Stars erst möglich, nahezu omnipräsent zu sein: heute in Europa, morgen in den USA und übermorgen in Japan. Daneben geriet die Ensemblekultur zusehends ins Abseits; selbst an mittleren Opernhäusern und in provinziellen Konzertreihen treten Stars der ersten Garde auf.

Die Entwicklung komponierter Musik im Verlauf des 20. Jahrhunderts – von der Atonalität über die Dodekaphonie bis hin zu Serialität, Elektronik und allen Abstufungen avantgardistischer Experimente – brachte eine zunehmende Entfremdung zwischen aktueller Musikproduktion und Publikumsbedürfnissen mit sich, sodass die Programmgestaltung recht bald und immer stärker musealen Charakter annahm: in öffentlichen Konzerten und auf Tonträgern werden bis heute im wesentlichen Dokumente vergangener Zeit, vorwiegend des 18. und 19. Jahrhunderts, geboten; Neue Musik und deren Uraufführungen erklingen vorwiegend vor kleinen Spezialistenkreisen, häufig unter Ausschluss der breiten Öffentlichkeit.

Eine derartige Aufspaltung des ›Markts‹ in ›konventionell‹ und ›modern‹, in ›ernst‹ und ›unterhaltend‹, hat es zuvor in der Musikgeschichte noch nie gegeben. Musik aller Art ist ständig, rund um die Uhr und allerorten, verfügbar. So ist es nicht verwunderlich, dass dieser Fortschritt auch zu Missständen geführt hat, bei denen kein Urheberrechtsgesetz mehr zu schützen vermag: klassische Kunstwerke müssen es sich inzwischen gefallen lassen, als Umschaltüberbrückung sogar computermäßig verballhornt aus dem Telefonhörer zu dringen (*Kleine Nachtmusik* oder *Für Elise*).

Ein weltberühmter Hund: Francis Barrauds Gemälde *Dog looking at and listening to a Phonograph* (1899) zeigt den Hund Nipper. Im Januar 1900 trat er im Werbematerial der Gramophone Company erstmals in Erscheinung, 1910 wurden Bild und Titel (»His Master's Voice«) als Markenzeichen eingetragen. Als »His Master's Voice« wurde Nipper zu einer einprägsamen Ikone seiner Firma und der ganzen Schallplattenära.

MUSIKLEBEN UND MUSIKBETRIEB HEUTE II

DIE ROLLE DES RUNDFUNKS. Neben die bürgerlichen Veranstalter öffentlicher Konzerte (Kommunen, Vereine, Konzertagenturen) trat zunehmend, parallel zum Aufschwung der technischen Medien, der öffentliche Rundfunk; die größeren Anstalten besaßen und besitzen eigene Klangkörper (Orchester und Chöre) und erfüllen im Reigen der etablierten Veranstalter durchaus ihre Sonderrolle, indem sie sich viel stärker um die Neue Musik bemühen, als Sponsoren auftreten, Uraufführungen veranstalten und auch spezielle Festspiele unterstützen. Markante Beispiele für dieses Wirken sind einzelne Rundfunkanstalten aus dem Kreis der ARD (Arbeitsgemeinschaft der Rundfunkanstalten in Deutschland), etwa der Westdeutsche Rundfunk (WDR) mit seinem berühmten Elektronischen Studio in den 50er- und 60er-Jahren oder der damalige Südwestfunk (SWF), heute im neuen Südwestrundfunk (SWR) aufgegangen, dessen Sinfonieorchester sich unter wechselnden Dirigenten (Hans Rosbaud, Ernest Bour, Michael Gielen) um die

MUSIKVERLAGE

Zur Verbreitung und Vermarktung der Musik tragen neben den Rundfunkanstalten vor allem auch die Musikverlage bei. Ihre Geschichte beginnt mit der Erfindung des Buch- und Notendrucks und entfaltete sich vor allem seit dem 19. Jahrhundert im großen Maßstab. Die Namen großer Musikverleger sind in der Musikgeschichte sehr häufig eng mit den Namen einzelner Komponistenpersönlichkeiten verknüpft: mit großem Spürsinn banden sie frühzeitig Musiker exklusiv an ihr Verlagshaus, noch bevor sie bekannt und berühmt waren, und betätigten sich auf diese Weise als Pioniere und Impulsgeber der musikalischen Fortentwicklung. Berühmte Beispiele im 20. Jahrhundert für diese inzwischen nahezu ›ausgestorbene‹ Art von Verlegern waren etwa Willy Strecker vom Schott-Verlag in Mainz oder Alfred Schlee von der Universal-Edition in Wien. Schlee beispielsweise konnte man jahrzehntelang auf allen wichtigen Festivals und bei allen Uraufführungen begegnen, ständig auf der Suche nach jungen Talenten und im kontinuierlichen Gespräch mit seinen Komponisten.

Die Berliner Philharmoniker an ihrem angestammten Wirkungsort, der 1960–63 nach Plänen des Architekten Hans Scharoun erbauten Philharmonie, deren Saalbau mit dem zeltartigen Dach 2400 Zuhörern Platz bietet.

Neue Musik hochverdient gemacht und überdies die Donaueschinger Tage für Neue Musik tatkräftig unterstützt hat.

STARKULT. Die genannten Tendenzen des zeitgenössischen Musiklebens förderten den Hang zum Starkult; allerdings kann auch noch so großes kommerzielles Bemühen aus einem schwachen Musiker keinen Star machen – derartige Versuche, junge Künstler ohne genügend Können und Ausstrahlung zu Stars aufzubauen, sind wiederholt gescheitert. In diesem internationalen ›Zirkus der reisenden Stars‹ sind die Favoriten vor allem einzelne Dirigenten und Sänger (Pioniere waren hier die um die Welt jettenden »Drei Tenöre« Pavarotti, Carreras und Domingo), gefolgt von einzelnen Pianisten und Geigern.

PULTSTARS. Vor allem die Person des Dirigenten, der auf seinem Podest vor dem großen Orchester so herausgehoben im Mittelpunkt des Geschehens steht, wurde seit den Tagen Felix Mendelssohn Bartholdys zunehmend zum auratischen Zentrum des Musiklebens. Die Chronologie der großen charismatischen Pultstars ist bis heute ungebrochen und unübersehbar lang. Exemplarisch hierfür ist die relativ kurze Liste der Dirigenten, die das Berliner Philharmonische Orchester im Laufe seiner über hundertjährigen Geschichte als Chefs geleitet haben: Hans von Bülow, Arthur Nikisch, Wilhelm Furtwängler, Herbert von Karajan und Claudio Abbado, ab 2002 Simon Rattle; jeder von ihnen eine singuläre Persönlichkeit mit individuell ausgeprägten Stärken und Neigungen.
Wollte man für das 20. Jahrhundert drei besonders typische Persönlichkeiten unter den Dirigenten nennen, so käme man um Arturo Toscanini, Wilhelm Furtwängler und Herbert von Karajan kaum herum: der Italiener Toscanini als Fanatiker der Präzision und unerbittlichen Werktreue, der Deutsche Furtwängler als Ausdrucksmusiker par excellence, der Österreicher Karajan als Klangmagier und Medienbeherrscher. Insbesondere Karajan wurde im Laufe seiner langen Laufbahn geradezu zum Prototypen des charismatischen Pultstars, virtuos mit allen Möglichkeiten des Marktes und der Technik spielend, Beherrscher eines millionenträchtigen Unternehmens und doch zugleich zutiefst seriöser Musiker.
Nicht zuletzt durch die Medien wurde der Amerikaner Leonard Bernstein zum Antipoden Herbert von Karajans stilisiert: ähnlich charismatisch auf dem Podium, ähnlich genial als Dirigent, wirkte Bernstein überdies als Komponist und errang mit seinem Musical *West Side Story* abseits klassischer Pfade einen Welterfolg.

HERBERT VON KARAJAN

1908 am 5. April in Salzburg geboren; Studium am Salzburger Mozarteum (Klavier und Dirigieren).
Ab 1927 für 7 Jahre Kapellmeister, später Operndirektor in Ulm.
1934 Operndirektor in Aachen.
1937 großer Erfolg mit *Fidelio*, Gastvertrag mit der Berliner Staatsoper.
1941 Leiter der Berliner Staatskapelle.
Ab 1947 in Wien, dort ab 1949 Direktor der Gesellschaft der Musikfreunde; Zusammenarbeit mit dem Philharmonia Orchestra London, mit der Mailänder Scala und mit dem Orchestre de Paris.
Ab 1954 bis zu seinem Tod Chefdirigent des Berliner Philharmonischen Orchesters.
Ab 1956 Direktor der Wiener Staatsoper (Demission 1962) und Direktoriumsmitglied der Salzburger Festspiele; Regisseur eigener Opernproduktionen, zahlreiche internationale Tourneen mit den Berliner und den Wiener Philharmonikern, Auftritte in Bayreuth.
1967 Gründung der Salzburger Osterfestspiele, in deren Mittelpunkt jährlich eine (selbst inszenierte) Opernproduktion stand, vornehmlich von Richard Wagner (*Ring des Nibelungen*); zahlreiche Schallplatten- und Video-Produktionen, darunter viele Werke mehrfach.
1989 am 16. Juli in Anif bei Salzburg gestorben.

HISTORISCHE AUFFÜHRUNGSPRAXIS

KONVENTIONEN. Das Interpretationsideal des 20. stammt noch aus dem 19. Jahrhundert und ist am besten mit dem Begriff Belcanto zu umschreiben: jener Ästhetik des makel- und schlackenlosen Wohlklanges, die alle Ecken und Kanten, alle geräuschhaften Ansätze der Tonerzeugung konsequent auszublenden versucht. Mit dieser Auffassung musizierte man alle etablierten Meisterwerke: von Bachs *Brandenburgischen Konzerten* über Beethovens und Bruckners Sinfonien bis hin zu Bartók und Strawinsky. Man pflegte den ›schönen Ton‹, dessen Kennzeichen jenes Dauervibrato war, das erst in der zweiten Hälfte des 19. Jahrhunderts (u. a. durch Joseph Joachim) eingeführt worden ist. Davor kannte man das Vibrato zwar, setzte es jedoch gezielt als besonderes Gestaltungsmittel ein. Noch heute wird dieses Dauervibrato an vielen Ausbildungsstätten kritiklos gelehrt.

Für die Barockmusik pflegte man dagegen gleichzeitig eine sachlich-nüchterne Interpretationsweise in ratternder Sterilität, was ebenso falsch war wie die Belcanto-Ästhetisierung. Hier setzte die Bewegung der historischen Aufführungspraxis an, deren Anfänge bis in die Zeit vor dem Zweiten Weltkrieg zurückreichen und die inzwischen weite Teile des Musiklebens erfasst hat. Dabei stützte man sich auf wieder erschlossene schriftliche Quellen, in denen die Praxis des Musizierens und ihre Regeln beschrieben und erklärt werden. Allerdings wurde man sich bewusst, dass es eine ›authentische‹ historische Aufführung nicht geben kann, denn die Musiker beispielsweise der Bach-Zeit – ihr Empfinden und ihre Spielfähigkeit – lassen sich nicht rekonstruieren, heutige Bach-Aufführungen sind an heutige Musiker und Zuhörer gebunden. Deshalb stellt jede Aufführung eines historischen Werks nach Regeln der wissenschaftlich fundierten Aufführungspraxis nur einen Vorschlag dar, im Sinne eines ›so könnte es gewesen sein‹.

AUFBRUCH. Losgetreten wurde die Lawine der historischen Aufführungspraxis von wenigen spezialisierten Musikern, die sich vorwiegend mit der Musik Johann Sebastian Bachs und seiner Zeit auseinandersetzten. Unter ihnen waren Pioniere der Cellist und Dirigent Nikolaus Harnoncourt mit seinem Ensemble Concentus musicus und der Cembalist Gustav Leonhardt. In ihnen und ambitionierten Mitstreitern begegnet uns der Typus des reflektierenden Musikers, der die Nähe zur musikwissenschaftlichen Forschung sucht und ihre Erkenntnisse verantwortungsvoll in die Praxis umsetzt – wir sehen hier eines der schönsten und erfolgreichsten Beispiele einer sinnvollen Zusammenarbeit von Musikwissenschaft und Musikpraxis, die sich ansonsten keineswegs immer so nützlich und offensichtlich darstellt, denn oft ist sie viel eher von gegenseitigem Misstrauen und Nichtverstehen geprägt.

NIKOLAUS HARNONCOURT

1929 am 6. Dezember als Johannes Nikolaus de la Fontaine und d'Harnoncourt-Unverzagt in Berlin geboren; Kindheit in Graz; er studiert Cello in Graz und Wien.
1952 wird Harnoncourt als Cellist Mitglied der Wiener Symphoniker.
1953 gründet Harnoncourt zusammen mit seiner Frau Alice, einer Geigerin, als Ensemble für Alte Musik das Concentus musicus Wien.
Ab 1957 regelmäßige und kontrovers diskutierte Konzerte des Concentus musicus in Wien; internationaler Erfolg mit der Schallplatteneinspielung von Bachs *Brandenburgischen Konzerten.*
Ab 1970 dirigiert Harnoncourt an den Opernhäusern von Mailand, Zürich, Amsterdam, Hamburg, Frankfurt und Wien; sein Repertoire umfasst Werke von Monteverdi bis Johann Strauß.
Ab 1972 Dozent am Salzburger Mozarteum; in den folgenden Jahrzehnten Zusammenarbeit mit herausragenden Orchestern wie den Berliner Philharmonikern und dem Royal Concertgebouw Orchestra Amsterdam.
Ab 1985 widmet seine Heimatstadt Graz Harnoncourt ein internationales Klassik-Festival, die »styriarte«.
2001 dirigiert Harnoncourt das traditionelle Neujahrskonzert der Wiener Philharmoniker, das weltweit übertragen wird.

VORAUSSETZUNGEN. Die Prämissen der historischen Aufführungspraxis sind in allen Fällen – ob Bach betreffend oder die Musik des frühen 19. Jahrhunderts – die gleichen: die Wiederentdeckung korrekter Instrumente, denn praktisch alle Musikinstrumente haben bis zur zweiten Hälfte des 19. Jahrhunderts eine tiefgreifende Entwicklung in spieltechnisch-mechanischer Hinsicht durchgemacht: mit dem Ziel einer Perfektionierung der Tonerzeugung, hin zu mehr Bequemlichkeit und Schnelligkeit wie zu einer Ästhetisierung der Tonqualität im Sinne des späteren Belcanto.
So besann man sich beispielsweise auf das historische Cembalo und rekonstruierte es. Auch die zahlreichen Entwicklungsstufen des Hammerflügels wurden wiederbelebt. Bei den Streichinstrumenten kehrte man zu Darmbesaitung, kürzerem Hals und zur Basis des ›geraden‹, also vibratolosen oder -armen Tones zurück. Man erinnerte sich der Artikulationsprinzipien der Klangrede und der musikalisch-rhetorischen Figuren der Barockzeit, die ihre Nachwirkungen bis in die Klassik besaßen, dann aber verloren gegangen waren. Und man erlebte neu die andersartige Klanglichkeit eines Naturhornes oder der klappenlosen Holzblasinstrumente.

AM Beispiel Schubert zeigt Nikolaus Harnoncourt in seinem Buch *Der musikalische Dialog. Gedanken zu Monteverdi, Bach und Mozart* (1987), was es aufführungspraktisch bedeuten kann, zurück zu den Quellen zu gehen.

»Wenn man die handschriftlichen Partituren Schuberts und nicht die im Umkreis von Brahms abgemilderten und geglätteten Ausgaben studiert, findet man extreme crescendi von mehrfachen ppp bis mehrfachen fff, die unvermittelt, ohne überleitendes Diminuendo, in leisestem ppp zusammenbrechen. Schuberts Akzente, die er oft raffiniert für die verschiedenen Instrumentengruppen unterschiedlich vorschreibt, sind die schroffsten, die in seiner Zeit geschrieben wurden.«

ERFOLGE. Im Verlauf der 1970er- und 80-Jahre eroberte sich die historische Aufführungspraxis alle wesentlichen Bereiche des Repertoires: die so genannte Vorklassik Mannheims und Wiens, dann die Wiener Klassiker Haydn, Mozart und Beethoven. Die Folge war eine ästhetische Revolution, die wegführte vom gepflegten Wohlklang und hin zu einer plastisch deklamierenden, bisweilen rauen Tonsprache; man näherte sich auch Schubert und Schumann und verband die abgerissene Tradition schließlich bei Brahms mit jener Auffassung, die bis heute ihre Gültigkeit behalten hat.
Unberührt von den als gültig erkannten Ansätzen der historischen Aufführungspraxis wird musikalische Interpretation immer ein spannendes Abenteuer bleiben. Es wird auch weiterhin modische Tendenzen der Interpretation geben, so wie bisher jede Generation ›ihren‹ Bach gespielt hat. Allerdings wird man hinter die gesicherten Grundsätze der historischen Aufführungspraxis kaum noch zurückgehen können.

Musica Antiqua Köln. 1973 gründete Reinhard Goebel (3. v. l.) mit Studienkollegen der Kölner Musikhochschule sein Ensemble, das bald zu einem der führenden Ensembles der historischen Aufführungspraxis wurde.

POPULARMUSIK

POPULARMUSIK

FUNKTIONSZUSAMMENHANG – WIRKUNGSZUSAMMENHANG. Popularmusik ist von völlig anderen ästhetischen Maximen, Gebrauchs- und Umgangsweisen als die artifizielle Musik (›Kunstmusik‹) bestimmt. Im Gegensatz zum Divertimento (ital., ›Vergnügen‹) im 17. und 18. Jahrhundert und der ›Unterhaltungsmusik‹ im 19. Jahrhundert (z. B. Kaffeehaus-Musik) ist sie weder auf eine Funktion (Zerstreuung, Unterhaltung, musikalischer Hintergrund o. Ä.) noch auf bestimmte Genres und Gattungen bezogen. Entscheidendes Merkmal ist die erst im 20. Jahrhundert entstandene Produktion und Verbreitung durch auditive Medien sowie die Aneignung dieser Musik oft durch Millionen von Menschen.
Die genauen musikimmanenten Gründe für eine massenhafte Aneignung bestimmter Stücke sind nicht immer genau auszumachen, eine rein musikalische Definition von Popularmusik daher unmöglich. Häufigkeitsmerkmale können jedoch festgestellt werden: Eine bedeutende Rolle spielt sicherlich die meist eingängige und leicht nachsingbare Melodik, eine direkte Folge des tonalen Aufbaus und der Reihung einer begrenzten Anzahl von melodischen und rhythmischen Formeln, die leicht im Gedächtnis behalten werden können. Die überschaubare Formung des musikalischen Materials wird weiterhin durch Variantenbildungen von kleineren Strukturmodellen meist nach dem Symmetrieprinzip (Perioden, Liedformen, Bluesschema usw.) erreicht. Von besonderer Bedeutung sind neben klanglichen Faktoren (Sound) eine häufig Bewegungs- bzw. Tanzvorgänge nachbildende und auslösende Metrik und Rhythmik (Körperbezogenheit).

SOZIALE UND KULTURELLE ZUSAMMENHÄNGE. Ein weiteres Kennzeichen der populären Musik ist die Eingebundenheit in übergreifende kulturelle Zusammenhänge, die maßgeblich durch den sozialen Gebrauch im Alltag bestimmt werden. Insbesondere die Rockmusik ist in Fan-Kulturen eingebettet, und ihre Rezeption verbindet sich nicht selten mit bestimmten Konsum- und Verhaltensmustern wie Kleidungsstile, Haarmoden, Freizeitrituale usw. Doch ist Rockmusik längst nicht mehr nur auf Jugendliche und ihre Bedürfnisse bezogen oder gar – wie noch in den 1960er- und 1970er-Jahren – Identifikationsträger und Bestandteil eines wie immer gearteten Generationenkonfliktes bzw. Protestverhaltens. Im Gegenteil: Ins Zentrum des Interesses der Musikindustrie ist seit Mitte der 1980er-Jahre verstärkt die zahlungskräftige Schicht der 25–50-Jährigen geraten, die heute für den Hauptumsatz bei Tonträgern sorgen. Dies gilt vor allen Dingen für Rockmusik, die in Stilistik und Sound Extreme und den ausschließlichen Bezug auf bestimmte Segmente des Publikums vermeidet; diese z. T. dem Schlager nahestehende Form wird oft auch als Popmusik bezeichnet.

GENRES UND GATTUNGEN

Der Begriff Popularmusik (populäre Musik, abgeleitet von engl. *popular music*) wird heute als Sammelbezeichnung für eine Vielfalt von massenhaft verbreiteten Genres und Gattungen gebraucht: ›populäre Klassik‹ (»Klassik für Millionen«), bestimmte Formen der Operette und des Musicals, aus dem ursprünglichen ethnischen und funktionalen Zusammenhang herausgenommene Volksmusik (»Die volkstümliche Schlagerparade«), manche Chansons und politische Lieder, Schlager, Tanzmusik, Filmmusik, Musik in der Werbung, bestimmte Stile des Jazz, Rockmusik und vieles mehr.

SOUND

In der populären Musik treten kompositorisch-strukturelle Faktoren häufig hinter klanglichen Momenten (Sound) zurück. So wird heute vielfach nicht von Rock-Stilen, sondern von Rock-Sounds gesprochen. ›Sound‹ meint dabei nicht nur Faktoren wie Klangfarbe, Timbre und Klangeffekte, sondern auch individuelle und unter Umständen stilprägende Elemente wie Interpretation, Spieltechnik, Spielweise, Phrasierung, Arrangement sowie Besonderheiten der Harmonik und Stimmführung, charakteristische melodische Wendungen usw. Auch die Lautstärke ist eine zentrale Komponente des Sounds, da bestimmte Frequenzbereiche umso stärker in den Vordergrund treten, je größer die Lautstärke ist.

AUDITIVE MEDIEN. Populäre Musik setzt zwingend die sozialen, ökonomischen und besonders auch die technologischen Gegebenheiten einer hoch entwickelten Industriegesellschaft voraus. Als das erste bedeutende Medium der Verbreitung von Musik können die Notendrucke angesehen werden, die mit der Einführung der Lithographie Anfang des 19. Jahrhunderts möglich wurden. Die explosionsartige Entwicklung der auditiven Techniken und Massenmedien wurde jedoch mit der Erfindung des Phonographen 1877 durch Thomas Alva Edison sowie der Weiterentwicklung zum Grammophon (Schallplattenspieler) durch Emil Berliner (1888) eingeleitet.
Das nach dem Zweiten Weltkrieg für die Studioproduktion von Musik eingeführte Tonbandgerät (erstes ›Magnetophon‹ 1935 von AEG Telefunken) erlaubte erstmals in Verbindung mit einem Mischpult eine mehrspurige Magnetaufzeichnung sowie die nachträgliche Korrektur oder Wiederholung von Teilen der Aufnahme (Mehrspurverfahren). Ohne diese Studiotechnik wäre z. B. die Entwicklung der auf schriftlosen und stark klangorientierten Traditionen beruhenden Rockmusik undenkbar gewesen. Der 1963 auf den Markt gebrachte Kassettenrecorder (Philips) und sein tragbarer und miniaturisierter Abkömmling, der Walkman (Sony, 1979), bot eine sehr preisgünstige Möglichkeit der Tonaufzeichnung und machte Musik endgültig zu einem für jedermann universell verfügbaren Bestandteil des Alltags. Die in den 1970er-Jahren entwickelten digitalen Aufzeichnungsverfahren erlaubten erstmals besonders hochwertige Aufnahmen: Bei der optisch und damit abnutzungsfrei mit einem gebündelten Laserstrahl abgetasteten Compact Disc (Philips/Sony, 1983) werden die digital verschlüsselten Toninformationen in Form von spiralförmig auf der Kunststoffscheibe aufgebrachten mikroskopisch kleinen Vertiefungen (*pits*) gespeichert und mit einem Digital/Analog-Wandler in analoge Klanginformationen zurückverwandelt. Wiederbespielbare Varianten der CD (Compact Disc Recordable) sowie der Mini Disc Recorder (Sony, 1992) führten Ende der 1990er-Jahre zu einer nahezu vollständigen Ablösung der herkömmlichen Musikkassette. Zu berücksichtigen ist weiterhin, dass neben dem Rundfunk mit seinem auf bestimmte Zielgruppen abgestimmten Programmformat und dem Fernsehen (Musikvideo) heute zunehmend das Internet nicht nur der Verbreitung von Popularmusik dient (*audio / music on demand*), sondern auch zum Werbe- und Verkaufsmedium für sie geworden ist.

Mammut-Münzgrammophon für Gaststätten (um 1905).

VORFORMEN DER POPULÄREN MUSIK I

WORKSONG. Seit Beginn der Sklaverei im 16. Jahrhundert sind Worksongs (Arbeitslieder) der afroamerikanischen Farbigen belegt. Sie gehen auf die in den afrikanischen Kulturen verbreitete Praxis der Begleitung der Arbeit durch Musik, Trommeln und Gesang zurück. Nach afrikanischer Vorstellung dient diese der psychischen und physischen Entlastung sowie der Koordination kollektiver Arbeitsabläufe wie dem Hacken eines Feldes, dem Baumwollpflücken usw. Lange Zeit stellten die Worksongs die einzige Form der Musikausübung dar, die die Black Codes, die restriktiven, protestantisch-puritanischen Sklavengesetze, den Farbigen in Nordamerika erlaubten.
Ausgangspunkt der Entwicklung waren einstimmige und chorisch gesungene Lieder zur Arbeit. Erst später kam es zu dem typischen Call and Response von Vorsänger und Chor, ein (Ruf-Antwort-)Prinzip, das über die Vorformen Spiritual und Blues zu einem charakteristischen Stilmittel u. a. des Jazz und der Rockmusik wurde. Für den Blues des 19. Jahrhunderts war besonders eine Sonderform des Worksongs, der solistische *field holler*, von besonderer Bedeutung. Dabei handelte es sich um einen unter den Plantagensklaven der amerikanischen Südstaaten aufgekommenen musikalischen Ruf, welcher dem Anrufen einer Person über größere Entfernungen diente. Ein Holler ähnelt einem in hoher Lage begonnenen Jodler, der über Verzierungen, Glissandi usw. langsam in die Tiefe gleitet. Neben dem vordergründigen informativen Aspekt drückten die Texte auch die momentane Gefühlsverfassung des Rufenden aus. Mit der Aufhebung der Sklaverei und dem Wegfall der kollektiven Zwangsarbeit entstanden später weitere solistische Formen des Worksongs, z. T. übernommen von weißen Holzfällern und Cowboys.

NEGRO SPIRITUAL UND GOSPELSONG. Nachdem seit dem 17. Jahrhundert die Missionierung der schwarzen Sklaven vorangetrieben worden war, die auch das Singen von europäischen Kirchenliedern mit sich brachte, kam es unter diesem Einfluß im 18. Jahrhundert zur Ausbil-

GRUNDELEMENTE DER POPULÄREN MUSIK

Swing, wesentlich für den Swing ist der Off-Beat, dessen Wurzeln in der afrikanischen Musik vermutet werden. Damit werden (nicht notierbare) unregelmäßige melodische Akzente bezeichnet, die leicht neben den durchlaufenden und gleichmäßig akzentuierten Grundschlag, den Beat kommen. Aus dem Spannungsverhältnis von Beat zum Off-Beat entsteht so der Swing, eine besondere Bewegungsenergie von ›ekstatischer‹ Wirkung. Man unterscheidet den Antizipations-Off-Beat (vor dem Beat), den Retardierungs-Off-Beat (nach dem Beat), die Off-Beat-Akzentuierung (Off-Beat-Artikulation; Off-Beat einzelner exponierter Töne) und die Off-Beat-Phrasierung (Off-Beat ganzer Melodiephrasen).
Improvisation, Spontaneität und Vitalität der musikalischen Produktion in der populären Musik, die sich vor allen Dingen im Musizieren aus dem Stegreif heraus zeigt.
Call and Response, respondierender Wechselgesang (Ruf-Antwort-Prinzip), der in vielen Varianten auftritt und als form- und kommunikationsbildendes Element wichtig ist.
Hot Intonation, die ganze Individualität eines Musikers widerspiegelnde charakteristische Phrasierungsweise und expressive Tonbildung: Merkmale wie *dirty tones* (scharfe, raue Tongebung), *hot tones* (hartes, fast explosives Ansingen bzw. Anspielen von Tönen), *off-pitchness* (schwankende Tonhöhen), starkes Vibrato, Verwendung von Glissandi usw.
Blue Notes, die für die afroamerikanische Musik typischen schwebend intonierten Intervalle der Terz und Septime (zwischen dem kleinen und großen Intervall stehend) sowie die erst im 20. Jahrhundert entstandene und meist stabil intonierte verminderte Quinte.

Spiritual *When Israel was in Egypt's Land.*

dung des (Negro) Spirituals. Ursprünglich ein einstimmiger, unbegleiteter außerliturgischer Gesang, entwickelte sich das Spiritual Ende des 18. Jahrhunderts in den ersten unabhängigen schwarzen Kirchen zu besonderer Blüte, deren erste die 1794 gegründete African Methodist Episcopal Church ist. Neben den Einflüssen der protestantischen, vor allem methodistischen Hymnen der englischen Kirche, sind typische Merkmale afroamerikanischer Musik zu finden, wie das Call-and-Response-Prinzip, die Off-Beat-Phrasierung, die Blue Notes oder die häufige Parallelführung der Stimmen. Die Texte der Spirituals sind auf das Jenseits ausgerichtet und zeugen in ihrer Doppeldeutigkeit von einer tiefen Religiosität und ungebrochenem Freiheitswillen (*When Israel was in Egypt's Land*).

Als 1865 mit dem Ende des Sezessionskrieges die Sklaverei formell aufgehoben wurde, lebte das Spiritual zunächst im rhythmisch intensiven Jubilee weiter (z. B. *When the Saints Go Marching In*), einer im Gegensatz zum Spiritual auf die Lebensfreude des Diesseits ausgerichteten Auslegung des Evangeliums. Zentraler Bezugspunkt dieser musikalischen Musikausübung war das Einswerden mit Gott durch körperliche Selbstaufgabe in Trance und Ekstase.

Aufbauend auf den Traditionen des Spirituals und des Jubilees, entstanden ab etwa 1920 unter dem Einfluss des Jazz in den schwarzen Kirchen der amerikanischen Großstadtghettos dann die »Lieder des Evangeliums«, die Gospelsongs. Diese von religiös engagierten Komponisten und Dichtern geschriebenen und meist instrumental begleiteten mehrstimmigen Lieder (z. B. *Precious Lord Take My Hand* von Thomas A. Dorsey) sind von einer emotionalen religiösen Inbrunst gekennzeichnet. Als Interpretin von Gospelsongs wurde in den 1940er-Jahren neben Sister Rosetta Sharpe besonders Mahalia Jackson berühmt.

Mahalia Jackson (1911–1972), amerikanische Sängerin, wurde in den 1950er-Jahren als Interpretin von Gospelsongs weltberühmt, Schallplattenaufnahmen u. a. mit Duke Ellington. Ihr Gesangsstil knüpfte an den Blues an und zeigte deutliche Einflüsse des Swing-Jazz.

VORFORMEN DER POPULÄREN MUSIK II

BLUES. Die Ursprünge des Blues reichen bis auf die Worksongs, *field hollers* und *moans* genannten Begräbnis- und Klagegesänge der schwarzen nordamerikanischen Sklaven zurück. Jedoch erst nach der formellen Aufhebung der Sklaverei 1865 vollzog sich der Übergang von einer in erster Linie kollektiven Musikpraxis der Plantagenarbeiter zu den solistischen Ausdrucksformen schwarzer Wandermusikanten, die bestimmend für die Entwicklung des Blues wurden.
Bis in die Gegenwart hinein ist der Blues als eine poetisch-musikalische Ausdrucksform der afroamerikanischen Bevölkerung eng mit den jeweiligen Lebensverhältnissen verbunden. Trotz einer unübersehbaren Vielfalt an vokalen und instrumentalen Spielweisen und Stilen können zwei Hauptrichtungen unterschieden werden:
Der Country Blues (Downhome Blues) wurzelt in den ländlichen Lebensverhältnissen der Südstaaten. Wie im archaischen Blues werden hier zur instrumentalen Begleitung der typisch negroiden Sprechmelodik meist nur Gitarre, Banjo oder Mundharmonika eingesetzt. Geographisch unterschiedliche Bluesspielweisen entstanden mit dem Mississippi-Delta-Blues (z. B. Charley Patton), dem Texas-Blues (z. B. Blind Lemon Jefferson) sowie dem Piedmont-Blues (z. B. Blind Boy Fuller) an der Ostküste der USA. Als erstem schwarzen Volksmusiker gelang es Huddie Ledbetter (»Leadbelly«), den Country Blues auch einem weißen Publikum bekannt zu machen.
Die Tradition des (Big) City Blues (Urban Blues) ist von den Lebensverhältnissen und sozialen Bedingungen der nordamerikanischen Großstadtghettos geprägt und kam ab etwa 1900 im Zuge der massenhaften Abwanderung der arbeitslosen und diskriminierten schwarzen Südstaatenbevölkerung auf. Ab etwa 1920 wurde der City Blues durch die massenmediale Verbreitung in Rundfunk und auf Schallplatte mehr und mehr kommerzialisiert und normiert (Bluesschema). Zur Begleitung wurden nun anstelle der Gitarre verstärkt das Piano und unter dem Einfluss des Jazz ganze Bands eingesetzt. Regelrecht komponierte Formen des Blues stammen u. a. von William Christopher Handy und Perry Bradford.

BLUESSCHEMA. In der englischen Sprache kann *to be blue* zwar mit ›schwermütig, betrübt sein‹ übersetzt werden, doch ist der Blues weniger ein Klagelied, als eine individuelle und subjektive Auseinandersetzung mit Arbeitslosigkeit, Verlassensein, Liebesentzug usw. Hintergründige Doppeldeutigkeit und Witz, wie in Rabbit Browns »James Alley Blues« kennzeichnen den Blues bis heute.
Die einzelnen Strophen sind bei dem häufig verwendeten zwölftaktigen Standard-Bluesschema (Bluesformel), das sich im City Blues seit etwa 1910 herauskristallisierte und

RABBIT Browns *James Alley Blues* entstand 1927 in New Orleans.

Times ain't now nothing like they used to be, / Oh, times ain't now nothing like they used to be, / And I'm telling you all the truth, oh, take it from me.

I done seen better days, but I ain't putting up with these, / I done seen better days, but I ain't putting up with these, / Now I'd have a much better time but these girls now they're so hard to please.

'Cause I was born in the country she thinks I'm easy to rule, / 'Cause I was born in the country she thinks I'm easy to rule, / She try to hitch me to a wagon, she want to drive me like a mule.

You know, I buy the groceries, and I pay the rent, / I buy the groceries, and I pay the rent, / She tried to make me wash her clothes, but I got good common sense.

Baby, if you don't want me, why don't you tell me so? / You know, if you don't want me, why don't you tell me so? / Because I ain't like a man that ain't got nowhere to go.

I've been giving you sugar for sugar, let you get salt for salt, / I've been giving you sugar for sugar, let you get salt for salt, / And if you can't get 'long with me, well, it's your own fault.

How you want me to love you and you treat me mean, / How do you want me to love you, you keep on treating me mean, / You're my daily thought and my nightly dream.

Sometime I think that you're too sweet to die, / Sometime I think that you're too sweet to die, / And another time I think that you ought to be buried alive.

A	A	B
Statement	Statement	Response
4 Takte	4 Takte	4 Takte
T-T(S^7)-T-T^7	S^7-S^7-T-T	D^7-S^7(D^7)-T-T(D^7)

noch heute in diversen Stilen der Rockmusik zu finden ist, folgendermaßen gestaltet: Der zur Bekräftigung zweimal formulierten, viertaktigen Aussage (Statement: Feststellung, Anrufung, Provokation) folgt eine abschließende reflektierende, viertaktige Antwort (Response: Pointe, Konsequenz). Mit diesem inhaltlich wie formal dreiteiligen Aufbau korrespondiert eine Folge von Begleitakkorden, die sich oft nur auf die Hauptdreiklänge der Grundtonart (Tonika, Subdominante und Dominante) beschränkt.

Die zwölftaktige Standardform lässt unzählige textliche, melodische, harmonische und formale Varianten zu. So existieren beispielsweise auch Bluesstrophen mit acht (A B) oder sechzehn Takten (A A B A); irreguläre Bluestypen entstehen durch Einschübe von einem, einem halben oder anderthalb Takten.

Bessie Smith (1898–1937), amerikanische Bluessängerin, begann ihre Laufbahn unter Anleitung der Bluessängerin Ma Rainey 1910 in Minstrel-Shows und gelangte in den 1920er-Jahren durch Schallplattenaufnahmen u. a mit Fletcher Henderson und Louis Armstrong zu internationalem Ansehen.

VORFORMEN DER POPULÄREN MUSIK III

RAGTIME. Der Ragtime entstand etwa 1870 im mittleren Westen der USA und wurde zur ersten komponierten und notierten Musikform der Afroamerikaner. Da es sich um einen notierten Klavierstil handelt und aus seiner Blütezeit 1895–1915 sogar Tondokumente in Form der Klavierrollen für die mechanischen Klaviere existieren, haben wir einen recht guten Eindruck von der ursprünglichen Gestalt dieser Musik.

Die Bezeichnung *ragtime* ›zerrissene Zeit‹ geht auf die stark synkopierte Oberstimmenmelodik zurück und soll das erste Mal mit dem 1893 erschienenen *Ma Ragtime Baby* von Fred Stone verwendet worden sein. Hervorgegangen ist der Ragtime, der vom Typ her zur Salonmusik zählt, insbesondere aus dem Cakewalk, einem Rundtanz der afroamerikanischen Sklaven, und dem Barrelhouse Piano, einer frühen Pianospielart des Blues.

Scott Joplin (1868–1917), amerikanischer Pianist und Komponist, wirkte in den 1880er- und 1890er-Jahren als Pianist in Saint Louis und Chicago. Er gilt als einer der Schöpfer des Ragtime; neben dem *Maple Leaf Rag* wurde das Stück *The Entertainer* weltbekannt.

KOMPOSITORISCHE MERKMALE. Am Beispiel des *Maple Leaf Rag* (1899) von Scott Joplin können häufige musikalische Merkmale festgemacht werden: Die Gesamtform des Ragtimes lehnt sich an den mehrteiligen Aufbau des Marschs an, wobei bis zu fünf meist sechzehntaktige Abschnitte aneinander gereiht werden. Gelegentlich wird der erste Formabschnitt eingeleitet, modulierende Zwischenspiele sowie eine abschließende Coda lockern die eher starre Reihungsform auf. Die in den 2/4-Takt eingebundenen Rhythmusvorlagen sind beeinflusst von der europäischen Tanzmusik (Marsch, Polka, Quadrille). Der afroamerikanische Charakter entsteht durch Synkopenbildungen und taktübergreifende und -überlagernde polymetrische und polyrhythmische Strukturen. Der Stride-Stil der linken Hand, bei dem zwischen Basston und Akkord abgewechselt wird, markiert den ständig durchlaufenden Grundschlag (Beat). Die rechte Hand dagegen verstärkt durch Oktavverdoppelungen auf unbetonte Taktzeiten perkussiv das synkopierte (*ragged*) Spiel.

Die meist zweitaktigen Motive sind entweder auf überlieferte Folksongs, Worksongs, Plantation Songs, Civil War Songs und Märsche zurückzuführen oder aus der

Zerlegung von Akkorden entstanden und werden mottohaft aneinander gereiht. Auffallend ist die häufige Verwendung der Sexte zur Tonika. Das Hin- und Herpendeln zwischen der Dur- und Mollterz kommt in auskomponierter Form der Blue Note nahe. Die Harmonik ist insgesamt einfach und verwendet überwiegend nur die Haupt- und Nebenfunktionen sowie charakteristischen Dissonanzen der Grundtonart des jeweiligen Formteils.
Aufgrund seiner Popularität Ende des 19. Jahrhunderts wurde der Ragtime auch von Blaskapellen adaptiert und beeinflusste damit die Entwicklung des archaischen Jazz (New Orleans-Jazz / Dixieland-Jazz). In seiner Anfangsphase wurde dieser ebenfalls als Ragtime bezeichnet, auch wenn dem komponierten Ragtime für Klavier mit der Improvisation ein zentrales Element des Jazz fehlt.

Scott Joplin, *Maple Leaf Rag* (Anfang).

GESCHICHTE DES JAZZ I

HERKUNFT. Im letzten Drittel des 19. Jahrhunderts entwickelte sich in den Südstaaten der USA aus dem Zusammentreffen afroamerikanischer sowie euroamerikanischer Musiktraditionen der Jazz. Seine Wurzeln gehen u. a. auf die Worksongs, *field hollers* und Spirituals der Sklaven vom 16. bis 18. Jahrhundert und auf den Blues und Ragtime des 19. Jahrhunderts zurück. Der Begriff ›Jazz‹ lässt sich vermutlich aus dem afroamerikanischen Slang (*to jazz* bedeutet im alten amerikanischen Slang ›Geschlechtsverkehr haben‹) herleiten; er enthält also deutliche sexuelle Assoziationen. Seine Übertragung auf die Musik wird 1915 Tom Brown und seiner Band in Chicago zugeschrieben. Wirklich populär wurde der Begriff jedoch erst durch die aus weißen Musikern bestehende Original Dixieland Jazz (Jass) Band, die 1917 in New York unter dieser Bezeichnung die erste Schallplattenaufnahme einspielte.

NEW ORLEANS-JAZZ. Die am Mississippidelta gelegene Hafenstadt New Orleans war um die Jahrhundertwende ein Hexenkessel verschiedener Völker und Rassen. Franzosen und Spanier, dann Engländer und Italiener, schließlich auch Deutsche und Slawen standen den Nachkom-

BESETZUNG EINER NEW ORLEANS-JAZZBAND

Eine typische New Orleans-Jazzband besteht aus der in der Regel jeweils einfach besetzten Melody-Section und der Rhythm-Section.

Melody-Section: Kornett (co) bzw. Trompete (trp), die auch doppelt besetzt werden können; Klarinette (cl); Posaune (tb).
Rhythm-Section: Klavier (p); Banjo (bj) bzw. Gitarre (g); Kontrabass (b) oder Tuba (tu); Schlagzeug (dr).

FACHBEGRIFFE

AABA-Form, im Jazz häufig verwendetes 32-taktiges Formmodell; der kontrastierende B-Teil heißt »Bridge«.
After-Beat (Back-Beat), Betonen der Zählzeiten zwei und vier im 4/4-Takt.
Arrangement, mündliche (Head-Arrangement) oder schriftliche Fixierung von Ablauf, Instrumentierung, Vortragsart u. a.
Break, zweitaktige Pause der Band, während solistisch weitergespielt wird.
Changes, Akkordfortschreitung.
Chorus, der durch eine bestimmte Akkordfolge festgelegte Refrain in einem Stück. Jazzstandards sind zumeist nur als Chorus überliefert, der für Improvisationen genutzt wird.
Combo, kleineres Ensemble mit bis zu acht Musikern.
Double Time, Überlagerung eines Tempos (z. B. Viertelnoten-Beat der Rhythmusgruppe) mit im doppelten Tempo gespielten Figuren (Achtelnoten-Beat des Solisten).
Drive, rhythmisch intensives Spiel mit viel Swing.
Four-Beat, gleichmäßiges Betonen aller Zählzeiten im 4/4-Takt.
Heterophonie, von mehreren Instrumenten zeitgleich gespielte Varianten eines Themas (Kollektivimprovisation bzw. -variation).
Intro, Einleitungsteil eines Stücks.

Popularmusik

men der zahllosen aus Afrika verschleppten Sklaven gegenüber. Englische Volkslieder, spanische Tänze, französische Volks- und Ballettmusik, Marschmusik und Musik der Militärkapellen mischten sich mit den überlieferten und zeitgenössischen Worksongs, Spirituals, Blues, und Ragtimes. Aus dieser kulturellen Vielfalt und den dadurch entstandenen Spannungen und Anregungen entwickelte sich der frühe Jazz in New Orleans.

Bedeutend für den Verschmelzungsprozess der Kulturen war die 1899 erfolgte Rückstufung der Kreolen (Mischlinge) auf die soziale Ebene der Schwarzen. Bis dahin hatten die Kreolen einen Sonderstatus genossen; sie zählten rechtlich nicht zu den Schwarzen, sondern waren den Weißen z. B. in der Schul- und Musikausbildung gleichgestellt. Ab 1899 aber wurden die Kreolen wie *colored people* behandelt. Diese Rückstufung hing mit den ökonomischen Befürchtungen der weißen Bevölkerung zusammen, die ihren Arbeitsmarkt bedroht sah, auf den seit Aufhebung der Sklaverei auch die Schwarzen drängten.

Die Entrechtung der Kreolen führte in New Orleans zu einem engen Kontakt zwischen den in klassischer französischer Tradition ausgebildeten kreolischen Musikern und den Schwarzen. So konnten die Kreolen ihren Lebensunterhalt mit Instrumentalunterricht bestreiten, sie unterrichteten die Schwarzen und waren ihnen bei der Beschaffung der Instrumente behilflich, die überwiegend aus Beständen der geschlagenen Südstaatenarmee stammten.

Förderlich für die Entwicklung zum Jazz waren in New Orleans außerdem die sich vor der Jahrhundertwende weiter ausbreitenden Vergnügungsviertel und Tanzhallen. Diese wurden auf Betreiben von Bürgermeister Sidney Story 1897 auf zwei Rotlicht-Bezirke konzentriert, von denen der Downtown-District um Rampert und Basin Street als Storyville bekannt geworden ist. Hier fanden die Musiker erstmals eine ökonomische Basis für ein Berufsmusikertum. Ein abruptes Ende fand diese Entwicklung 1917 jedoch durch die Schließung der Vergnügungsviertel im Zuge des Kriegseintritts Amerikas in den Ersten Weltkrieg. Die meisten Musiker verloren ihre Existenzgrundlage und versuchten insbesondere in den Großstädten des Nordens Fuß zu fassen. In erster Linie brachten sie ihre Instrumente mit, aber natürlich auch ihre Musik, den New Orleans-Jazz.

Authentische Tonaufnahmen des New Orleans-Jazz existieren nicht, da die erste Jazzschallplatte erst 1917 nach der Schließung von Storyville aufgenommen wurde.

Jam-Session, unvorbereitetes und spontan-improvisatorisches Musizieren.
Kollektivimprovisation, gleichzeitiges Improvisieren mehrerer Musiker.
Melody-Section; Gruppe der Melodieinstrumente (im New Orleans-Jazz z. B. Kornett bzw. Trompete, Klarinette, Posaune).
Pattern, mehrfach wiederholtes Rhythmus-, Melodie- bzw. Harmoniemuster usw.
Reed-Section, Holzblasinstrumente (Saxophone, Klarinetten) im Swing-Jazz.
Rhythm-Section, Rhythmusgruppe, bestehend z. B. aus Klavier, Gitarre, Bass, Schlagzeug.
Riff, ständig wiederholte melodische Phrase.
Single-Note, einstimmige Spielweise (z. B. von Harmonieinstrumenten).
Stop-Time, kurzzeitiges Unterbrechen aller Instrumente.
Stride-Stil, Pianospielweise, bei der in der linken Hand zwischen Basston und Akkord regelmäßig abgewechselt wird.
Tag, meist zweitaktige Schlusswendung.
Two-Beat, gleich starkes Betonen der Zählzeiten eins und drei im 4/4-Takt.
Verse, Strophe, ergänzt sich mit dem Refrain zum Song.
Walking Bass, in Vierteln und kleinen Intervallabständen fortschreitende Basslinie.

Popularmusik

Jelly Roll Morton (d. i. Ferdinand Joseph La Mente, 1885–1941), amerikanischer Pianist und Komponist, begann seine Laufbahn um 1900 als Pianist in New Orleans und wirkte in den 1920er-Jahren v. a. in Chicago, wo er 1926–30 die Red Hot Peppers leitete. Morton, in dessen Musik sich der New Orleans-Jazz mit Elementen des Ragtime, des Blues und der spanischen Folklore vereinigt, gehört zu den bedeutendsten Pianisten und Komponisten des frühen Jazz.

GESCHICHTE DES JAZZ II

CHARAKTERISTISCHE MERKMALE DES NEW ORLEANS-JAZZ. Der *Dippermouth Blues* (*Sugar Foot Stomp*) ist ein markantes Beispiel für den New Orleans-Jazz, der 1923 von der King Oliver's Creole Jazz Band (Richmond) aufgenommen wurde. Neben Joe (»King«) Oliver am 1. Kornett ist u. a. der später weltberühmte Louis Armstrong am 2. Kornett zu hören. Charakteristisch ist die Art der Stimmerfindung, bei der neben den Soloimprovisationen der Melodieinstrumente über das Thema auch Kollektivimprovisationen (Kollektivvariationen) der gesamten Melody-Section zu hören sind. Das Kornett als führendes Melodieinstrument spielt das Thema, im weiteren Verlauf folgen darüber freiere Varianten. Die Klarinette umspielt das Kornett mit hohen und bewegten Phrasen, gleichzeitig variiert die Posaune das Thema in tiefer Lage oder kommentiert wie die Klarinette in häufig blueshafter Manier lange Töne oder Pausen des Kornetts. Dieses zeitgleiche Improvisieren über ein Thema bezeichnet man als Heterophonie.

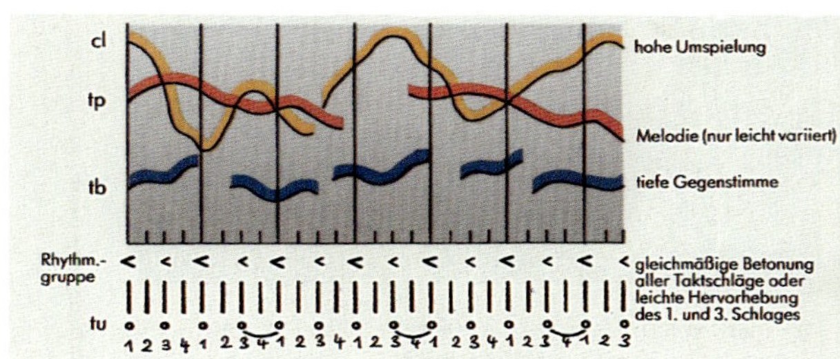

DIXIELAND-JAZZ. New Orleans-Jazz und Dixieland-Jazz werden in der Regel durch die Rassenzugehörigkeit der Musiker unterschieden. So gilt der Dixieland-Jazz als die weiße Nachahmung des von Schwarzen gespielten New Orleans-Jazz. Der hörende Nachvollzug der ethnischen Zusammensetzung ist jedoch recht schwierig. Zu bedenken ist, dass auch Schwarze ihre Musik lange Zeit als Dixieland Music bezeichneten und der Dixieland in seinen Anfängen – ähnlich wie der New Orleans-Jazz – bis in die Zeit um 1890 zurückreicht.

Schon 1888 leitete Jack »Papa« Laine eine weiße Band, die archaischen Jazz und Ragtime spielte und als Begründer des Dixieland gilt. Auch die von Nick La Rocca ins Leben gerufene und insbesondere in New York wirkende Original Dixieland Jass Band war noch stark vom Ragtime beeinflusst und setzte die afroamerikanischen Stilmittel des New Orleans-Jazz teilweise nur als Effekte ein. Von herausragender Bedeutung für die Verbreitung des Jazz war die von der Original Dixieland Jass Band 1917 eingespielte erste Schallplattenaufnahme der Jazzgeschichte, die *Dixieland Jass Band One-Step*.

VERTRETER DES NEW ORLEANS-JAZZ UND DES DIXIELAND-JAZZ

Louis Armstrong. Instrument: Trompete, Kornett / Gesang; Stil: u. a. New Orleans-, Chicago-, Swing-Jazz; Band: u. a. Louis Armstrong and his Hot Five; Kompositionen: u. a. *Struttin' with some Barbecue* (1927), *Wild Man Blues* (1927, mit Jelly Roll Morton), *Back O'Town Blues* (1946).

Jelly Roll Morton. Instrument: Klavier / auch Gesang; Stil: u. a. New Orleans-, Chicago-Jazz; Band: u. a. Jelly Roll Morton and his Red Hot Peppers; Kompositionen: u. a. *Kansas City Stomp* (1923), *Milenberg Joys* (1925; mit Paul Joseph Mares, Leon Rappolo).

Joe (»King«) Oliver. Instrument: Kornett; Stil: u. a. New Orleans-, Chicago-Jazz; Band: u. a. King Oliver's Creole Jazz Band; Kompositionen: u. a. *Sugar Foot Stomp* (1923), *Doktor Jazz Stomp* (1927), *West End Blues* (1928).

Nick La Rocca. Instrument: Kornett; Stil: u. a. Dixieland-Jazz; Band: u. a. Original Dixieland Jass Band; Kompositionen: u. a. *Tiger Rag* (1917), *At the Jazz Band Ball* (1918; mit Larry Shields).

Popularmusik

Joe (Joseph) »King« Oliver (1885–1938), amerikanischer Kornettist und Komponist, spielte ab 1900 in New Orleans (u. a. mit Kid Ory). Er siedelte 1918 nach Chicago über, wo er mit seiner Creole Jazz Band eine der einflussreichsten Formationen des New Orleans-Jazz gründete.

CHICAGO-JAZZ. Beim Chicago-Stil handelt es sich um eine Begegnung von New Orleans-Jazz und Dixieland-Stil, die vor allen Dingen in Chicago seit etwa 1920 stattfand. Ein markantes Beispiel für den Chicago-Jazz ist z. B. die Aufnahme des Titels *Sugar* (Maceo Pinkard u. a.) durch Eddie Condon's Chicagoans (1927, Chicago). Neben Eddie Condon am Banjo sind u. a. Jimmy Portland (Kornett) und der in den späteren Swingorchestern der 1930er- und 1940er-Jahre überaus gefragte Gene Krupa am Schlagzeug zu hören.
Im Vergleich zum New Orleans-Stil fällt zunächst einmal die deutlich rundere, ›weißere‹ Intonation der Bläser auf, die auf die weichere Klangfarbe des Saxophons zurückzuführen ist, das den Part der in Hot-Intonation-Manier spielenden Posaune übernimmt. Auch unterscheidet sich die Art der Stimmerfindung gegenüber dem New Orleans-Jazz: Neben den Soloimprovisationen spielen im Kollektiv der Melody-Section häufig Klarinette und Tenorsaxophon parallel geführte zweite und dritte Stimmen zum Kornett (Parallelsatz). Ein heterophones Kollektiv kommt damit nicht zustande. Deutlich zu erkennen sind dagegen arrangierte Passagen, die in dieser Entwicklungsphase des Jazz nicht schriftlich fixiert, sondern nur mündlich abgesprochen werden.

VERTRETER DES CHICAGO-JAZZ

Bix Beiderbecke.
Instrument: Kornett, (Klavier); Stil: u. a. Dixieland-, Chicago-Jazz; Band: u. a. The Wolverine Orchestra; Kompositionen: u. a. *In a Mist.*
Eddie Condon.
Instrument: Gitarre, Banjo; Stil: u. a. Chicago-Jazz, Dixieland-Revival; Band: u. a. Red McKenzie and Eddie Condon's Chicagoans.

Sugar **(1926).** Das von Maceo Pinkard, Edna Alexander und Sidney Mitchell stammende Thema fand im Chicago-Jazz großen Anklang (32 Takte, Form AA'BA).

GESCHICHTE DES JAZZ III

SWING-JAZZ. Zweifelsohne ist mit dem Swing-Jazz in den 1930er- und 40er-Jahren zum ersten Male ein wirklich populärer Jazzstil entstanden, mit allen Aspekten einer Angleichung an einen breiteren Publikumsgeschmack. Das Zurückdrängen der Kollektivimprovisation, die Nivellierung der individuellen Tongebung und Phrasierungstechnik der im Satz spielenden Musiker macht Äußerungen vom Tod des wahren Jazz verständlich. Für die Popularität und massenmediale Verbreitung des Swing waren aber auch die Weiterentwicklung der Tonaufzeichnungsverfahren und die bereits in den 1920er-Jahren aufgekommenen elektrischen Musikinstrumente wie Elektrogitarre, Hammond- und Wurlitzer-Orgel usw. bedeutend.

DIE RHYTHMIK. Der Swing-Jazz zeichnet sich vor allem durch seine besondere rhythmische Qualität aus. Im historischen Jazz entsteht Swing als Folge des Spannungsverhältnisses von den im Off-Beat vorgetragenen Melodien zum Beat. Die Begleitung des Solisten erfolgt in einer Art heterophoner Kollektivimprovisation, sodass von einer linearen, horizontalen Musizierform gesprochen werden kann. Der Swing-Stil dagegen ist eine harmonische, vertikale Musizierform, die dem Harmoniespiel europäischer Herkunft nahe steht. Seine Stimmen fügen sich im Orchester in einem satzweisen Akkordspiel nach einem senkrechten Zusammenklangprinzip zusammen. Dieser harmonische Satz bedingt aber, dass die Einzelstimmen ihre rhythmischen Selbständigkeit und Vielfalt aufgeben und in der Vereinheitlichung ihrer rhythmischen Bewegung zu einem gemeinsamen homophonen Klang verschmelzen. Dadurch tritt der Off-Beat nicht mehr mannigfaltig auf, sondern ist in einer gemeinsamen, für alle Stimmen verbindlichen rhythmischen Bewegung zusammengefasst. Diese Vervielfachung war eine direkte Folge der Vergößerung der Ensembles zu Big Bands und dem chorischen Einsatz der Instrumente.

SOLO UND BACKGROUND. Die zunehmende Größe der Bands verlangte, abgesehen von den Soloparts, ein notiertes Arrangement der Stimmen und infolgedessen im Notenlesen geschulte Musiker. Die Formationen der Swing-Jazz-Bands markieren somit den letzten Schritt vom eher folkloristischen Stegreifmusizieren halbprofessioneller Musiker im New Orleans- und Chicago-Jazz hin zum durch-

VERTRETER DES SWING-JAZZ

Count Basie.
Instrument: Klavier, Orgel; Stil: u. a. Swing-Jazz; Band: u. a. Count Basie and his Orchestra; Kompositionen: u. a. *One O'Clock Jump* (1938; mit Jimmy Mundy), *Jumpin' at the Woodside* (1938).

Duke Ellington.
Instrument: Klavier; Stil: u. a. Swing-Jazz; Band: u. a. Duke Ellington and his Orchestra; Kompositionen: u. a. *Mood Indigo* (1931), *It don't mean a thing* (1932), *C Jam Blues* (1942).

Benny Goodman.
Instrument: Klarinette; Stil: u. a. Swing-Jazz; Band: u. a. Benny Goodman and his Orchestra; Kompositionen: u. a. *Stompin' at the Savoy* (1936; mit Edgar Melvin Sampson, Chick Webb).

Duke (Edward Kennedy) Ellington (1899–1974), amerikanischer Orchesterleiter, Komponist und Pianist. Seit 1918 als Bandleader tätig, erzielte Ellington seine ersten großen Erfolge mit dem »jungle style« Ende der 1920er-Jahre im New Yorker Cotton Club. In den folgenden Jahrzehnten wurde seine Big Band zum führenden Orchester des Swing-Jazz. Eine zentrale Bedeutung für den spezifischen Sound erfüllte (links im Bild) sein Arrangeur Billy Strayhorn (1915–1967).

komponierten, nur in den Soli improvisatorische Freiheit garantierenden Stil von Orchester- bzw. Berufsmusikern. Die durcharrangierten Stücke ließen dafür eine erhebliche Erweiterung der harmonischen Basis zu, sodass immer kompliziertere Akkordfolgen mit spätromantisch-impressionistischen Färbungen, chromatischen Vorhalts-, Durchgangs- und Wechselakkorden das musikalische Geschehen zu beherrschen begannen.
Das weltberühmte *One O'Clock Jump* (Count Basie / Jimmy Mundy) von Benny Goodman (1938, New York) ist ein Beispiel für den voll entwickelten Swing-Stil: Die Rollen sind klar verteilt. Die Hauptattraktion bilden zwar die Solisten, die ihre freien Improvisationen aber nur über dem musikalisch verlässlichen Background der übrigen Musiker entfalten können.

Neben der im Vergleich zum Chicago-Stil noch ›glatteren‹ Intonation der Bläser entwickelt sich im Swing Jazz die Riff-Technik zu einem markanten Stilmerkmal. Unablässig wird eine melodische Phrase über die Harmoniewechsel hinweg wiederholt und, besonders im Schlußabschnitt des *One O'Clock Jump*, als Mittel der Spannungssteigerung effektvoll eingesetzt.

STANDARD-BESETZUNG EINER BIG BAND IM SWING-JAZZ

Melody-Section: 4 Trompeten und 4 Posaunen (Brass Section); 5 Saxophone/Klarinetten (Reed Section).
Rhythm-Section: Klavier (p); Gitarre (g); Kontrabass (b); Schlagzeug (dr).

One O'Clock Jump **(1938).** Der effektvolle Big-Band-Blues von Count Basie und Jimmy Mundy zeichnet sich durch moderates Tempo und ausgeprägte Riff-Melodik aus.

Benny (Benjamin David) Goodman (1909–1986), amerikanischer Klarinettist und Orchesterleiter. Er wirkte ab 1926 in verschiedenen Gruppen des Chicago- und Swing-Jazz und gründete 1934 eine Big Band, die zu einem der erfolgreichsten Orchester der USA wurde und dem Jazz zu großer Popularität verhalf. Goodman spielte auch Werke der artifiziellen Musik ein (u. a. mit Béla Bartók).

GESCHICHTE DES JAZZ IV

Art Blakey (1919–1990), amerikanischer Schlagzeuger und Bandleader. Blakey gehörte zu den stilbildenden Schlagzeugern des Bebop und Hardbop. Die von ihm seit 1955 geleitete Band The Jazz Messengers gehörte – mit wechselnder Besetzung – zu den beständigsten und einflussreichsten Formationen des Jazz.

BEBOP. Der Bebop (Bop) kam in den 1940er-Jahren vor allem in den Musikertreffpunkten in Harlem auf und kann als individualistische Reaktion auf den restriktiven Arrangierstil des Swing verstanden werden. Da die Individualität des einzelnen Musikers wieder im Mittelpunkt stehen soll, wird in eher kleinen Besetzungen in Combo-Größe gespielt. Im Vordergrund steht die Improvisation, während das Arrangement fast völlig zurücktritt. Die Improvisationen werden meist von der Präsentation des Themas im Unisono am Anfang und am Ende des Stückes eingerahmt. Anders als im New Orleans-Jazz wird im Bebop nicht über eine Melodie oder ein Thema, sondern über die das Thema charakterisierenden Akkordfolgen improvisiert, was den Musikern größtmögliche Freiheit in der Melodieerfindung gewährt.
Die Bezeichnung ›Bebop‹ wird häufig, so hat es jedenfalls der Trompeter Dizzy Gillespie erklärt, auf eine lautmalerische Umschreibung der rhythmisch-melodischen Formel einer verminderten Quinte abwärts zurückgeführt, die in der Tat in einer Reihe von Bebop-Kompositionen zu hören ist.
Der Bebop brachte aber nicht nur eine neue Musizierweise mit sich, sondern verkörperte eine insgesamt nonkonformistische Gesamthaltung. Er richtete sich bewusst gegen soziale und ästhetische Normen der weißen Mittelschichten, an die sich die Swing-Bands mehr und mehr angepasst hatten.

VERTRETER DES BEBOP

Dizzy Gillespie.
Instrument: Trompete (Klavier, Percussion); Stil: u. a. Bebop; Kompositionen: u. a. *Salt Peanuts* (1943; mit Kenny Clarke), *Groovin' High* (1944), *Night in Tunisia* (1944).
Theolonius Monk.
Instrument: Klavier; Stil: u. a. Swing-Jazz, Bebop; Kompositionen: u. a. *'Round About Midnight* (1944; mit Cootie Williams), *Blue Monk* (1954).
Charlie Parker.
Instrument: Altsaxophon; Stil: u. a. Bebop; Kompositionen: u. a. *Yardbird Suite* (1946), *Confirmation* (1946), *Scrapple from the Apple* (1947).

VERTRETER DES HARDBOP

Art Blakey.
Instrument: Schlagzeug; Stil: u. a. Hardbop; Band: u. a. Art Blakey's Jazz Messengers.
Max Roach.
Instrument: Schlagzeug; Stil: u. a. Hardbop; Kompositionen: u. a. *Freedom Suite* (1958; mit Sonny Rollins und Oscar Pettiford).

VIRTUOSITÄT. *Sweet Clifford* von Clifford Brown (1954, Los Angeles) zeigt die wesentlichen Merkmale des Bebop. Geprägt ist die Musik von einem hohen Maß an rhythmischer, melodischer und harmonischer Komplexität und Virtuosität. Schnelle Tempi, Achtelnotenpuls und rasch wechselnde Akkordfolgen vermitteln einen nicht selten gehetzt wirkenden Gesamteindruck. Kürzelartige Phrasen einer einerseits oft stark chromatisch gefärbten, andererseits mit großen überraschenden Intervallsprüngen arbeitenden Melodik verstärken diesen Eindruck. Dissonanzen werden bewusst auf betonten Taktteilen eingesetzt, die die stark Blues-orientierte und expressive Tongebung unterstützen. Die dem Grundmetrum entgegenlaufenden rhythmischen Gliederungen entstehen durch freie Akzentsetzungen des Schlagzeugs und durch die besondere Artikulation der Melodieinstrumente, die einzelne Töne besonders betonen (extreme Hot-Intonation), andere dagegen fast verschlucken.

HARDBOP. Als eine kontinuierliche Weiterentwicklung des Bebop und als Reaktion auf die eher introvertierte Ästhetik des Cool-Jazz hat sich Mitte der 1950er-Jahre der Hardbop entwickelt. Er verbindet die Bebop-Spielweise mit einer starken Annäherung an den Blues und die Gospelmusik. So wird z. B. in *Moanin'* (Bobby Timmons) der Art Blakey's Jazz Messengers von 1958 deutlich, dass sich das melodische Geschehen im Call-and-Response-Prinzip häufig auf ein markantes Riff-Motiv bezieht, das dem von Blue Notes durchsetzten Thema zugrunde liegt.

Dizzy (John Birks) Gillespie (1917–1993), amerikanischer Trompeter, Bandleader und Komponist. Gillespie spielte in den 1930er-Jahren in verschiedenen Swing-Bands und entwickelte sich in den 1940er-Jahren zum führenden Stilisten des Bebop, als dessen wichtigster Initiator er neben Charlie Parker und Thelonius Monk gilt.

AKKORDBEZEICHNUNGEN
(Grundton c)

Drei- und Vierklänge
Dur: C
Moll: Cm, C-
vermindert: C dim, $Cm^{(b5)}$
übermäßig: C aug, C^{+}, $C^{(\#5)}$
mit Quartvorhalt: C sus^{4}, C sus
Dur mit gr. 7: C maj^{7}, C^{j7}
Dur mit gr. 6: C^{6}
Dur mit kl. 6: C^{b13}
Dur mit kl. 7: C^{7}
Moll mit kl. 7: Cm^{7}
verm. mit kl. 7: $Cm^{7(b5)}$, $C^{ø}$
verm. mit v. 7: C^{o}, C^{o7}
Dur mit gr. 9: $C^{(add9)}$

Fünf- und Mehrklänge
Werden hohe Akkorderweiterungen wie 9, 11, 13 angegeben, so sollten in der Regel die darunter liegenden Terzen mitgespielt werden; und zwar mit kleiner Sept, d. h. alle Intervallangaben beziehen sich auf die mixolydische Skala.
Dur mit kl. 7 und gr. 9: C^{9}, $C^{7/9}$
Moll mit kl. 7, gr. 9, r. 4: Cm^{11}, $Cm^{7/9/11}$
Dur mit kl. 7, kl. 9, kl. 6: $C^{7(b9/b13)}$
Dur mit kl. 7, gr. 9, kl. 6: $C^{7/9(b13)}$

Umkehrungen
Dur-Sextakkord: C/E
Moll-Quartsextakkord: Cm/G

GESCHICHTE DES JAZZ V

COOL-JAZZ. Der Cool-Jazz entstand Ende der 1940er-Jahre in New York und stellt einen Gegenpol zur Stilistik des Bebop dar. Charakteristisch für ihn ist die neue transparent angelegte Klangästhetik, die mit differenzierten Klangfarben, einer annähernd vibratolosen Tongebung sowie einer Erweiterung des Instrumentariums um die im Klang weicheren Flügelhörner arbeitet. Entwickelt wurde die auf Linearität angelegte Musizierweise insbesondere von dem Komponisten, Arrangeur und Pianisten Gil Evans. Auch seine Partner, der Baritonsaxophonist Gerry Mulligan und der Pianist John Lewis, leisteten einen entscheidenden Beitrag zur Entstehung des neuen kammermusikalischen Klangkonzepts. John Lewis war es auch, der 1952 das später weltweit erfolgreiche Modern Jazz Quartett gründete.

Auch Miles Davis kam mit den Musikern um Gil Evans in Kontakt und wurde bald zum überragenden Solisten des Cool-Jazz. Interessant ist, dass die Aufnahmen des Miles Davis Capitol Orchestra von 1949/50 ursprünglich als Produktion im Bebop-Idiom vorgesehen waren und teilweise auch als solche veröffentlicht wurden. Erst später wurden diese unter dem Slogan »Birth of the Cool« wiederveröffentlicht.

Miles Davis' *Venus de Milo* (1949; New York) zeigt deutlich, dass sich Bebop und Cool-Jazz weniger in ihrer musikalischen Substanz (Harmonik, Rhythmik, Form), sondern vor allem in der Tongebung unterscheiden. Im Vergleich zur Hot-Intonation vergangener Jahre setzt sich im Cool-Jazz eine eher nüchtern indifferente Intonation durch, die verstärkt wird durch einen ungewöhnlich homogen besetzten Klangkörper mit Trompete, Flügelhorn, Posaune, Tuba, Altsaxophon, Baritonsaxophon, Klavier, Bass und dem in zurückhaltender Besentechnik spielenden Schlagzeug. Der thematische Komplex konzentriert sich auf Repetitionstöne und ein prononciertes Intervall, ihm steht das Arrangement der Bläser mit ihren quasi unrhythmisierten Stützakkorden kontrastierend gegenüber. Die Verwendung von auch retardierender Off-Beat-Phrasierung vermittelt eine ausgesprochen entspannte Rhythmusauffassung.

WEGWEISER ZUM MODALEN JAZZ. Eine andere Richtung als die von Miles Davis schlug die Schule um den Pianisten und Komponisten Lennie Tristano ein, welche vor allem den harmonischen Aspekt betonte, prägnante Kontrapunktik verfolgte und den Klang noch mehr an den reinen Ton des europäischen Ideals anglich. Tristanos themenfreie Improvisationen wurden wegweisend für die weitere Entwicklung des modalen Jazz.

VERTRETER DES COOL-JAZZ

Miles Davis.
Instrument: Trompete, Flügelhorn (Keyboards); Stil: u. a. Cool-Jazz, Rock-Jazz; Band: u. a. *Miles Davis Capitol Orchestra*; Kompositionen: u. a. *Compulsion* (1953), *Milestones* (1958).

Gil Evans.
Instrument: Klavier; Stil: u. a. Cool-Jazz, Rock-Jazz; Kompositionen: u. a. *Flute Song* (1963/1964), *Anita's Dance* (1975).

John Lewis.
Instrument: Klavier; Stil: u. a. Cool-Jazz (Third Stream); Band: u. a. Modern Jazz Quartett; Kompositionen: u. a. *Afternoon in Paris* (1952), *Django* (1955).

Gerry Mulligan.
Instrument: Baritonsaxophon (Klarinette, Tenorsaxophon); Stil: u. a. Bebop, Cool-Jazz (Mainstream); Kompositionen: u. a. *Walkin' Shoes* (1954), *Line for Lyons* (1954).

Miles Davis (1926–1991), amerikanischer Trompeter, Bandleader und Komponist. 1945 als Mitglied des Quintetts von Charlie Parker im Bereich des Bebop spielend, gründete Davis 1948 mit der Capitol Band eine der einflussreichsten Formationen des Cool Jazz.

FREE-JAZZ. In weit größerem Maße als zwei Jahrzehnte zuvor der Bebop, wurde der um 1960 aufkommende Free-Jazz als fundamentaler Bruch mit der Jazztradition empfunden. Er hob die bisherigen verbindlichen Regeln des Zusammenspiels auf und definierte sie neu: Improvisiert wird nicht länger auf der Basis von Akkordprogressionen, sondern über einen einzigen Akkord oder eine vorher festgelegte Tonskala (modale Spielweise). Dies führte den Jazz in die Nähe außereuropäischer Tonsysteme und löst das melodische Geschehen endgültig von tonal-harmonischen Restriktionen. An die Stelle des herkömmlichen thematisch-formalen Bezugsrahmens (z. B. die tradierte AABA-Form) tritt ein Work in Progress. Der Fundamentalrhythmus wird häufig so frei akzentuiert und verschleiert, dass er sich nicht länger mit dem exakten Beat von Swing oder Bebop vergleichen lässt. Die Variabilität der Phrasierung und Tonerzeugung sowie der Einsatz labiler Tonhöhen geht weit über die bis dahin im Jazz bekannte Grenze hinaus.

ROCK-JAZZ. Seit etwa 1970 verbindet der Rock-Jazz (Jazz-Rock, Electric-Jazz, Fusion) die musikalischen Elemente des Jazz und der Rockmusik auf der Basis eines weitgehend elektrisch verstärkten Instrumentariums. Die erste Schallplattenaufnahme der Gruppe Blood, Sweat & Tears (1968) oder das *Bitches Brew*-Album von Miles Davis (1970) können als Schlüsselaufnahmen dieser Fusion-Music gelten, einer Musik, die sich auch als Reaktion auf die ›Kunstmusik‹ des Free-Jazz verstand und den Jazz erstmals seit den Zeiten des Swing wieder populär machte. Nicht wenigen Jazzrock-Gruppen brachte sie immensen kommerziellen Erfolg.

Das Stück *Birdland* der Gruppe Weather Report (1977) verdeutlicht, wie durch den massiven Einsatz von elektronischen Instrumenten das Klangideal der Rockmusik der 1970er-Jahre verbindlich wurde, mit den repetitiven Schwerpunktbildungen von Bass und Schlagzeug sowie den eingängigen, stets wiederholten melodischen Figuren, die durch parallele Melodieführung und effektvollen Einsatz stimulierender Mittel wie rhythmisches Klatschen und gleich bleibende Schläge auf die Hi-Hat verstärkt werden. Stilelemente des Jazz sind dagegen in der Rhythmik, den ausgedehnten Improvisationsphasen und der Intonation der Instrumente wieder zu erkennen.

KAMMERMUSIKALISCHE IMPROVISATION. Bereits Mitte der 1970er-Jahre entwickelte sich mit der akustischen kammermusikalischen Improvisation ein dem Rock-Jazz diametral entgegengesetztes retrospektives Genre. Bekannt wurde besonders der Pianist Keith Jarrett mit seinen langen romantisch anmutenden Improvisationen (»The Köln Concert«, 1975). Auch der Gitarrist John McLaughlin begann seinen Rock-Jazz-Experimenten mit dem Mahavishnu Orchestra (*The Inner Mounting Flame*, 1972) eine virtuose kammermusikalische Seite gegenüberzustellen.

John McLaughlin (geb. 1942), englischer Gitarrist und Bandleader. Er spielte zunächst u. a. mit Miles Davis zusammen und gründete 1971 das Mahavishnu Orchestra (bis 1977), mit dem er den Rock-Jazz wesentlich prägte. Mit der Gruppe Shakti (1976–78) verschmolz er indische Musiktraditionen mit Jazzelementen.

VERTRETER DES FREE-JAZZ

Ornette Coleman.
Instrument: Alt-, Tenorsaxophon (Trompete, Violine); Stil: u. a. Free-Jazz, Free-Funk; Kompositionen: u. a. *Free Jazz* (1961).

John Coltrane.
Instrument: Tenor-, Sopransaxophon (Klavier); Stil: u. a. Bebop, Free-Jazz; Kompositionen: u. a. *Harmonique* (1959).

Cecil Taylor.
Instrument: Klavier; Stil: u. a. Free-Jazz; Band: u. a. Cecil Taylor Unit. Kompositionen: u. a. *Jitney No. 2* (1974).

VERTRETER DES ROCK-JAZZ

Mike Brecker.
Instrument: Tenor-, Sopransaxophon; Stil: u. a. Rock-Jazz.

Chick Corea.
Instrument: Keyboards; Stil: u. a. Rock-Jazz; Band: u. a. Return to Forever.

Herbie Hancock.
Instrument: Keyboards; Stil: u. a. Free-Jazz, Rock-Jazz.

GESCHICHTE DER ROCKMUSIK I

RHYTHM & BLUES. Rhythm & Blues ist eine Sammelbezeichnung für die aus der großstädtischen (Big City) Blues-Tradition der 1920er- und 30er-Jahre heraus entstandene kommerzialisierte und professionalisierte Unterhaltungsmusik in den schwarzen Ghettos. Der Begriff Rhythm & Blues selbst wurde jedoch erst 1949 von der Zeitschrift *Billboard* eingeführt, um das bis dahin übliche und diskriminierende Etikett »Race Music« zu ersetzen.
Die Besetzung einer Rhythm & Blues-Band Ende der 1940er-Jahre bestand meist aus E-Gitarre, Kontrabass, Schlagzeug, Saxophon oder Trompete und Klavier. Neben dem häufigen Beibehalten von typischen Kennzeichen des Blues (Blue Notes, Bluesschema usw.) wurde das aggressive Schlagzeugspiel im 4/4-Takt mit durchgehendem, hart markierten Grundschlag in der Bass Drum (*four beat*), besonderer Betonung der Zählzeiten 2 und 4 in der Snare Drum (*afterbeat*) sowie Achtelunterteilung im Hi-Hat für die weitere Entwicklung der Rockmusik verbindlich. Zu den bekanntesten Musikern dieser Zeit gehörten John Lee Hooker, Muddy Waters, Aaron (T-Bone) Walker und B. B. King.

COUNTRY MUSIC. Der Begriff Country Music bezeichnet ursprünglich die Volksmusik der weißen Siedler des US-Südens und Mittelwestens; als zentrales Herkunftsgebiet gilt das Appalachen-Gebirge. Sie ist in ihrer musikalischen Herkunft besonders auf englische, schottische und irische Ursprünge zurückzuführen. Zum Grundinstrumentarium gehören u. a. Autoharp (Zithertyp mit Knopftastatur), Dulcimer, Fiedel, Hackbrett, Banjo, Gitarre und Mundharmonika, später auch Akkordeon, Steel-Guitar und Dobro.
Bereits in den 1920er-Jahren wurden neben der schwarzen »Race Music« auch die euroamerikanischen ländlichen Musikformen der ›Hinterwäldler‹ (Hillbillies) von der Musikindustrie kommerziell verwertet. Landesweite Popularität erreichte vor allem die Carter Family (z. B. mit *Will the Circle be Unbroken*, 1930).
In den 1930er-Jahren entwickelte sich im Umfeld der Rundfunksender und Plattenstudios von Nashville (Tennessee) ein auch für das Citypublikum akzeptabler Stil, der später mit dem Bild des ›singenden Cowboys‹ verbunden wurde und Country & Western genannt wurde (Jimmie Rodgers, Hank Williams u. a.). Ab den 1960er-Jahren erfolgte eine Öffnung zur Rockmusik mit dem entsprechenden Instrumentarium (Country Pop bzw. Country Rock: Johnny Cash, Kenny Rogers, Linda Ronstadt u. a.).

ROCK 'N' ROLL. Der Begriff Rock 'n' Roll – ein Slangausdruck aus der Blues-Sprache – wurde Anfang der 1950er-Jahre für die temporeich aggressive Musik (elektrische Verstärkung aller Instrumente bzw. der Stimme, Ge-

VORSTUFEN

Rockmusik schöpft wie der Jazz aus der Musik der weißen Einwanderer und der schwarzen Sklaven Nordamerikas. Trotz der enormen Breite an Stilen und Spielweisen dominiert der Bezug auf die afroamerikanische Tradition des Negro Spirituals bzw. Gospelsongs, insbesondere aber auf die des Blues und von ihm abgeleitete Musizierformen (Rhythm & Blues, Rock 'n' Roll).

John Lee Hooker (1917–2001), amerikanischer Gitarrist, Sänger und Bandleader. Nach Wanderjahren durch die USA wurde er um 1947 in Detroit ansässig und nahm dort zunächst unter verschiedenen Pseudonymen (Delta John, Birmingham Sam u. a.), später unter eigenem Namen eine Vielzahl von Platten auf, die ihn zum Star des Rhythm & Blues machten. Intensiver Gebrauch von Ostinati, ein eingängiger Shufflerhythmus, Textzeilen voll sexueller Anspielungen, eine oft an das Timbre von schwarzen Geistlichen erinnernde Stimmfarbe und ein ungeheuer intensiver Vortrag definieren seinen Stil.

sangstechnik des Shouting, extremer After Beat usw.) schwarzer Rhythm & Blues-Künstler eingeführt, die sich auch beim weißen Hörerpublikum immer größerer Beliebtheit erfreute und entsprechend verkauft wurde. In der Chicagoer Rhythm & Blues-Tradition stehen z. B. Chuck Berry und Bo Diddley; den Rock 'n' Roll aus New Orleans vertreten u. a. Fats Domino sowie Little Richard.

Elvis (Aron) Presley (1935–1977), amerikanischer Rocksänger und Gitarrist. Mit Presley, dem 1954 mit *Blue moon of Kentucky* der Durchbruch gelang, begann weltweit die eigentliche Ära des weißen Rock 'n' Roll. Seine weiche, vibratoreiche Stimme sowie seine sinnlich-laszisen Auftritte machten ihn zum Idol der damaligen weißen Teenagergeneration.

Der Begriff Rock 'n' Roll repräsentiert also zunächst keinen neuen Stil, sondern in erster Linie ein entsprechendes kommerzielles Etikett, um die viel größere Käuferschicht der weißen amerikanischen Jugendlichen zu erreichen. In seiner weiteren Bedeutung meint Rock 'n' Roll jedoch eine ›weiße‹ Spielart des Rhythm & Blues: So kam für die ab den 1950er-Jahren besonders in Memphis (Tennessee) entstandenen stilgetreuen Imitationen des Rhythm & Blues vor allen Dingen durch Country & Western-Musiker der Begriff ›Rockabilly‹ auf. In dieser Tradition stehen noch frühe Aufnahmen von Elvis Presley, Carl Perkins und Jerry Lee Lewis.

›WEISSER‹ ROCK 'N' ROLL. Einen eigenständigen ›weißen‹ Rock 'n' Roll, im Unterschied zum ›schwarzen‹ Original weniger rhythmisch intensiv und in der Intonation eher in der euroamerikanischen Tradition stehend, repräsentierte insbesondere Bill Haley mit seinen Comets, dem mit dem Titel *Rock around the Clock* der internationale Durchbruch gelang. Auch die schwarzen Rock 'n' Roll-Musiker passten sich den Vorlieben der weißen Hörerschaft mehr und mehr an: So thematisierten die Texte der Songs nun verstärkt den Erfahrungsbereich weißer Jugendlicher, und in die Bühnenshows wurden zunehmend bei den Jugendlichen beliebte und als nonkonformistisch geltende Gags integriert (Little Richards Spielen des Klaviers mit den Füßen, Elvis Presleys anzügliches Hüftenschwingen usw.), erste Symbole eines sich in der Zukunft noch verschärfenden Generationenkonflikts.

GESCHICHTE DER ROCKMUSIK II

Die meisten Musiker der Beat Bands rekrutierten sich aus dem Skiffle, eine ursprünglich in Chicago ab den 1920er-Jahren entstandene amateurhafte Mischung aus Blues, Ragtime, historischem Jazz und Volksliedelementen, die in Gegenreaktion auf den kommerziellen Big-Band-Jazz ab 1945 auch in England populär wurde und oft selbstgefertigtes Instrumentarium wie Gitarre, Banjo, Kazoo, Waschbrett und Seifenkistenbass verwendete. In der Besetzung von zwei E-Gitarren (Lead-, Rhythm-Guitar), E-Bassgitarre und Schlagzeug interpretierten die frühen Beat Bands zunächst Klassiker des amerikanischen Rhythm & Blues bzw. Rock 'n' Roll. Man versuchte jedoch, die ursprünglich rhythmisch intensiven und aggressiven Momente des Rhythm & Blues bzw. Rock 'n' Roll durch hohe Lautstärke, überaus hart markierte Grundschläge (Beat), vielfältige Synkopenbildungen usw. wieder aufzugreifen, die die Originale im Zuge der Kommerzialisierung zum Teil verloren hatten. Die den Alltag und die Sorgen der Jugendlichen widerspiegelnden Texte wurden zunächst einstimmig oder in Terzverdoppelungen gesungen; die für den Beat typische Abfolge von Soloversen und Gruppengesang (Satzgesang) im Refrain entwickelte sich erst im Zuge der Professionalisierung der Bands (z. B. in *Please Please Me* der Beatles, 1963).

Aus der Vielzahl der Mersey-Beat-Bands konnten sich neben den Beatles überregional vor allen Dingen Gerry and the Pacemakers und die Searchers (*Needles and Pins*, 1963) behaupten. Die teilweise an Hysterie grenzende Popularität (Beatlemania) der Beatles, die mit ihren Songs Identifikationsfiguren einer ganzen Generation werden sollten, erreichte bald auch den amerikanischen Markt: *Can't Buy me Love*, *Twist and Shout*, *She Loves You*, *I Want to Hold Your Hand* und *Please Please Me* belegten 1964 die ersten fünf Plätze der dortigen Charts. Der Mersey Beat griff aber auch auf andere Großstädte Englands über: Während in Manchester noch überwiegend nach dem Liverpooler Vorbild musiziert wurde (The Hollies), entstand in London eine stark am Blues bzw. Rhythm & Blues orientierte Musikszene: Neben Alexis Korner, John

The Beatles. 1960 traten sie zum ersten Mal im Gemeindesaal des Liverpooler Vororts Litherland auf. Ab 1962 setzte sich das Ensemble aus John Lennon (1940–1980; Rhythmusgitarre und Gesang), Paul McCartney (geb. 1942; Bassgitarre und Gesang), George Harrison (geb. 1943; Sologitarre und Gesang) und Ringo Starr (Richard Starkey: geb. 1940; Schlagzeug und Gesang) zusammen. Der anfänglich homogene, unkomplizierte Sound der Beatles wurde ab Mitte der 1960er-Jahre durch die Einbeziehung von Elementen der artifiziellen Musik sowie durch elektronische Studioexperimente stetig komplexer. 1966 gaben sie in San Francisco ihr letztes öffentliches Konzert, 1974 löste sich die Gruppe auf.

Mayall mit seinen Bluesbreakers, den Yardbirds und den Animals, gelangten vor allem The Who und die sich in ihrem nonkonformistischen Auftreten und der deutlich aggressiveren Spielweise bewusst von den Beatles abgrenzenden Rolling Stones (*Satisfaction*, 1965) zu internationaler Bekanntheit.

Ray Charles (d. i. Ray Charles Robinson, 1932–2004), amerikanischer Sänger und Pianist. Charles begann seine Karriere Ende der 1940er-Jahre als Jazzmusiker im Stil Nat »King« Coles. In den 1950er-Jahren entwickelte er seinen unverwechselbaren Soul-Stil, der durch seinen rufenden, nasalen, oft ins Falsett umschlagenden Gesang geprägt wird.

SOUL. Der Begriff Soul – eine Weiterentwicklung des Rhythm & Blues in Verbindung mit dem Gospelsong – wurde 1969 vom Musikmagazin *Billboard* als Sammelbezeichnung für schwarze Popularmusik eingeführt und ersetzte das bis dahin übliche Etikett Rhythm & Blues. Ausgangspunkt war ein neues kulturelles Selbstverständnis der Farbigen mit einer bewussten Rückbesinnung auf die spezifisch afroamerikanischen musikalischen Traditionen (»Black is Beautiful«), ein Symbol für das seit Anfang der 1960er-Jahre im Zuge der Rassenkonflikte erstarkte politische Selbstbewusstsein (Black-Power-Bewegung) der schwarzen Bevölkerung.

Während der Song *This Little Girl of Mine* (1955) von Ray Charles noch eine direkte und weltliche Rhythm & Blues-Version des Gospelsongs *This Little Light of Mine* ist, weist sein *What'd I Say* (1959) nur noch eine stilistische Verbindung mit dem Gospel auf. Nach dem Vorbild von Ray Charles produzierten neben Wilson Pickett besonders Aretha Franklin eine solche Verbindung von Rhythm & Blues und Gospelsong: Melismatischer Gesangsstil, vokal oder instrumental realisiertes Call-and-Response-Prinzip (Background-Chöre, interpunktierend eingefügte Bläser Riffs) usw. sind charakteristische Elemente des Gospels; ein elektrisch verstärktes Instrumentarium mit mächtigem E-Bass-Fundament, sich ständig wiederholende, harte und sich steigernde Begleitrhythmen usw. entstammen dagegen dem Rhythm & Blues. Während im so genannten Memphis Sound zusätzliche Einflüsse aus der weißen Country & Western-Musik integriert wurden (z. B. *Respect*, 1965, von Otis Redding), entwickelte sich in Detroit mit dem unvergleichlichen Vokalstil der Supremes (*Where did our Love Go*, 1964), den Jackson Five (*I Want You Back*, 1970) u. a. der rhythmisch vielschichtige und effektbeladene Motown (Motor Town) Sound. Demgegenüber blieb die aggressive Stilistik des »Godfather of Soul« (Mister Dynamit) James Brown der Unmittelbarkeit der Rhythm & Blues- und Gospeltradition im Sinne von Ray Charles verpflichtet (*Sex Machine*, 1969). Von der ungebrochenen Popularität der Soul Musik zeugen heute in Deutschland besonders Xavier Naidoo und Max Mutzke.

BEAT

Der Begriff Beat (Mersey Beat) geht auf die ab 1961 erschienene Zeitung *Mersey Beat – Merseyside's Own Entertainments Paper* zurück und bezeichnet die um 1960 in den sozialen Brennpunkten Liverpools und der Umgebung des dortigen Mersey Rivers aufgekommene Amateurmusikpraxis Jugendlicher. Mit dem Erfolg der Beatles wurde er in Großbritannien allgemein übernommen, bis ihn ab etwa 1965 die amerikanische Bezeichnung Rock (Music) wieder verdrängte.

GESCHICHTE DER ROCKMUSIK III

HARD ROCK. Unter Hard Rock (Heavy Rock) versteht man die ab etwa 1970 entstandene deutlich härtere Spielweise des Rock 'n' Roll. Als Initiator dieser neuen Rockfacette kann die Gruppe Led Zeppelin (*I*, 1969) gelten. Es folgten Bands wie Black Sabbath (*Black Sabbath*, 1970), Deep Purple (*Smoke on the Water*, 1970), Uriah Heep, Grand Funk Railroad u. a., die zu Beginn der 1970er-Jahre zum Teil auch Themen wie Gewalt, schwarze Magie usw. in ihren Texten verarbeiteten und insbesondere in den sozial schwachen Schichten der Bevölkerung auf große Resonanz stießen. Formal häufig an das Bluesschema angelehnt, zeichnet sich der Hard Rock durch einen äußerst hart markierten Beat, extreme Lautstärke, ausgeprägte Riff-Technik, häufig Parallelführung von E-Bass und E-Gitarren und intensiven Einsatz von elektronischen Effekten aus. Die schnelleren, härteren und vor allem noch lauteren Varianten des Hard Rock werden unter dem Begriff Heavy Metal zusammengefasst.

PUNK ROCK. Punk Rock (engl. *punk* ›Müll, Schund‹) ist eine Erscheinungsform der Rockmusik, die sich ab Mitte der 1970er-Jahre in dem von Jugendarbeitslosigkeit und sozialer Perspektivenlosigkeit (»No Future«) geprägten proletarischen Milieu der Großstädte Großbritanniens entwickelte. Ausgelöst wurde der Kult des musikalischen Dilettantismus, die Stilisierung des Hässlichen, die Verwendung destruktiver Gossenpoesie usw. in erster Linie durch die Sex Pistols (*Anarchy in the UK*, *God Save the Queen*, 1977). Die provokativ herausgeschrienen und nicht selten obszönen Texte trugen zu dem brutalen Gesamtbild ebenso bei wie der harte, kreischende Sound der verzerrten Gitarren, die hämmernden Schlagzeugstaccati und die sich oft nur auf wenige Akkorde beschränkende simple Harmonik. Die Betonung besonderer Kleidung und Frisuren (›Irokesenschnitt‹) wurde dabei oft wichtiger als die Musik selbst. Im Gefolge der Sex Pistols entstand eine ganze Welle junger Punkbands wie z. B. The Damned, Buzzcocks und The Clash (*London Calling*, 1979), die in ihren Stücken im Gegensatz zum Nihilismus der Sex Pistols Themen wie Rassismus, Polizeibrutalität, soziale Entfremdung usw. aufgriffen.
Auch in New York entstand bereits Anfang der 1970er-Jahre eine hier eher intellektuelle neue, später New Wave genannte Musikszene, die ihre Rebellion gegen bürgerliche Geschmacksnormen vor allem in einer Ästhetik des Minimalismus suchte und ihren Garagen-Rock als Kunstform der Verweigerung gegen die Kommerzialität und den Perfektionismus der Supergruppen darbot (MC 5, The New York Dolls, The Ramones, Talking Heads). Ab den 1980er-Jahren ist der Punk in diversen Mischformen (Metal Punk, Funk Punk usw.) aufgegangen; das Festhalten an der Urform wird dagegen als Hardcore bezeichnet.

VARIANTEN DES HEAVY METAL

Black Metal, Texte: Okkultismus, Satanismus, schwarze Magie; Vertreter: Venom (*Welcome to Hell*, 1981), Morbid Angels.
Death Metal, Texte: Umstände des Todes; düstere Klangfarben durch tiefer gestimmte Instrumente; extreme Tempi; schreiende, kreischende, grunzende Stimmen, z. T. durch Stimmverzerrer (Vocoder) verfremdet. Vertreter: Slayer (*Reign in Blood*, 1986), Death.
Doom Metal (engl. *doom* ›Schicksal, Verhängnis‹), düsterer und schleppender Charakter durch sehr langsame Tempi (MM = 20–50); Vertreter: St. Vitus, Paradise Lost.
Grindcore Metal, extrem schnelle (MM = 400–500) und laute, teilweise bis zur Schmerzgrenze gehende Variante des Heavy Metal; Einsatz von Vocodern; Vertreter: Napalm Death (*Scum*, 1987), Carcass.
Speed Metal, extreme Tempi; Verwendung von zwei Bass Drums; Vertreter: Exciter (*Heavy Metal Maniac*, 1983), Metallica.
Trash-Metal, dem Punk nahestehende Variante des Heavy Metal; Verzicht auf melodische Gesangsparts; Sprechgesang; monotone Schlagzeug- und Gitarrenfiguren; Vertreter: Slayer, Megadeath.
Lite Metal, kommerzielle und weniger radikale Variante des Heavy Metal; Vertreter: AC/DC, Van Halen, Bon Jovi, Aerosmith, The Scorpions.

RAP. Die Wurzeln des Rap liegen in der schwarzen Hip-Hop-Kultur der New Yorker Bronx, die neben Kleidung, Graffiti und Szenensprache auch Straßenmusik und entsprechende Tanzformen (Break Dance) umfasst. Mit Rap (engl. *to rap* ›quasseln‹) wird ein Ende der 1970er-Jahre ursprünglich in den Diskotheken New Yorks entstandener Musikstil bezeichnet, dessen Hauptcharakteristikum ein über einem oft ostinaten Grundmuster aus Bass- und Schlagzeugfiguren liegender rhythmischer Sprechgesang des Vokalsolisten (Master of the Ceremony) ist. Die Texte spiegeln zum Teil eindringlich die sozialen Spannungen im Ghetto wider: Gewalt, Drogen, Frauenfeindlichkeit und andere Themen.

Ein häufig verwendeter Effekt im Rap ist das Scratching: Durch Vor- und Zurückbewegen einer Schallplatte bei aufgelegtem Tonabnehmersystem werden charakteristische rhythmische Kratzgeräusche erzeugt. Auch können durch Anhalten oder Loslassen des laufenden Plattentellers Titelfragmente herausgeschnitten und einem weiteren Titel hinzugemischt werden, wozu heute überwiegend ein Sampler benutzt wird.

Pioniere der ersten Phase des Rap, der Old School, sind neben der Sugarhill Gang (*Rapper's Delight*, 1979) unter anderem Grandmaster Flash & The Furios Five sowie der Diskjockey Afrika Bambaataa. Zu den Unterkategorien des Rap zählen u. a. Hip-Hop Metal (Beastie Boys, Run DMC), Gangsta-Rap (Public Enemy, Ice-T), Jazz Hip-Hop (US 3), College Rap (De La Soul). Zu einer kommerziell äußerst erfolgreichen ›weißen‹ Musikmode ist der Rap mittlerweile auch in Deutschland (z. B. Die Fantastischen Vier) geworden und hat damit den expliziten Bezug auf die sozialen Erfahrungen des Publikums verloren.

TECHNO. Die Wurzeln dieser ab dem Ende der 1980er-Jahre in Detroit entstandenen Musikrichtung liegen besonders im entscheidend durch elektronische Instrumente und Geräte geprägten Electronic Rock der 1970-er-Jahre (Pink Floyd, Emerson Lake & Palmer, Tangerine Dream, Kraftwerk, Jean-Michel Jarre) und der um 1979/80 in den Clubs Chicagos (»Warehouse«, »Playground«) entwickelten House Music-Praxis, aus dem Material vorliegender Plattenveröffentlichungen neue Dance-Mix-Produktionen herzustellen. Zu den Pionieren der House-Szene gehören u. a. Frankie Knuckles, DJ Farley Jackmaster Funk und Marshall Jefferson.

Zu den zahlreichen Unterkategorien bzw. Verkaufsetiketten des Techno zählen Bezeichnungen wie Ambient, Breakbeat, Dancefloor-Techno, Gabber, Goa, Hardcore Techno, Jungle, Tekk(k)no, Trance und Tribal. Zu den Techno-Klassikern gehören Stücke wie *The Sound* (Kevin Saunderson, 1988) und *Nude Photo* (Derrick May, 1989). In Deutschland sind u. a. DJ Dr. Motte, DJ Westbam, Sven Väth, DJ Marusha bekannt.

Grandmaster Flash (d. i. Joseph Saddler, geb. 1957 in Barbados), Discjockey und Rap-Star, steigerte den Umgang mit den Plattenspielern (*wheels of steel*) zur Virtuosität des *quick mix*: So ließ er Musikstücke taktgenau und unmerklich ineinander übergehen (*cutting*), wiederholte durch manuelles Rückwärtsdrehen staccatohaft beliebige Sequenzen (*backspinning*) und erreichte durch Manipulationen der Abspielgeschwindigkeit (*phasing*) Klangeffekte, die an das Rauschen von Kurzwellensendern erinnerten. Dazu skandierten die Furious Five ihre Sehnsucht nach Erfüllung des amerikanischen Traums, aber auch ihren Frust über Chancenungleichheit im Ghettoelend.

MERKMALE DES TECHNO

Der nahezu ausschließlich mit Synthesizern, Drummachines, Samplern und Computern produzierte maschinengleich stampfende Techno ist am unverwechselbaren, synthetisch klingenden Sampling-Sound in extremer Lautstärke zu erkennen. Ihr fehlen harmonische Spannungsverläufe; identische Melodie- und Rhythmusmuster, oft im ›Stotter‹-Rhythmus, werden monoton aneinander gereiht. Die Musik wird vom Bass-Beat dominiert, die rhythmische Aufteilung des 4/4 Taktes erfolgt meist nur im Achtel-, für einen einzelnen Instrumentalklang gelegentlich auch im Sechzehntelraster. Der Gesang spielt eine untergeordnete Rolle oder fehlt völlig.

INSTRUMENTE UND GERÄTE DER ROCKMUSIK I

DIE E-GITARRE. Dass der Sound zum zentralen ästhetischen Kriterium der Rockmusik werden konnte, war nur möglich durch die Entwicklung der elektronischen Musikinstrumente mit ihren stark erweiterten klanglichen Möglichkeiten sowie der modernen Studio- und Verstärkertechnik. Dabei hat kein anderes Instrument den Klang der Rockmusik bis heute so grundlegend geprägt wie die Elektrogitarre (E-Gitarre). Erste Versuche mit der elektrischen Verstärkung von akustischen Gitarren begannen in Amerika bereits Mitte der 1920er-Jahre. Wegweisend wurden die in den 1940er- und 50er-Jahren entwickelten und bis heute nicht wesentlich veränderten Modelle Telecaster und Stratocaster des Amerikaners Leo Fender, der mit dem Fender Precision Bass (1951) auch den ersten E-Bass baute. Auch die im Klang weichere Gibson Les Paul (1952) des Amerikaners Les Paul (eigtl. Lester Paul Polfus) wurde legendär.

FUNKTIONSWEISE. Bei der in der Regel mit einem Plektrum (Plektron) gespielten E-Gitarre ist aufgrund der elektrischen Verstärkung im Gegensatz zur Konzertgitarre ein Resonanzkörper entbehrlich (Solidbody). Das Klangerzeugungsprinzip basiert auf der Umwandlung der mechanischen Schwingungen der Stahlsaiten durch einen Tonabnehmer (Pick-Up) in elektrische Schwingungen (Induktion), die eventuell mit Klangeffekten versehen, verstärkt und anschließend über einen Lautsprecher hörbar gemacht werden.

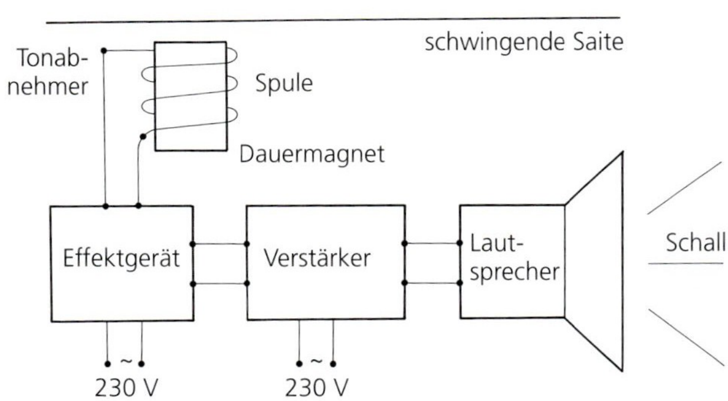

Zwei Haupttypen von Tonabnehmern können unterschieden werden: Der helle, klare Klang der Single-Coil-Pick-Ups (einfache Spule um Dauermagneten) einer Fender Stratocaster eignet sich besonders für das rhythmisch akzentuierte Akkordspiel (Rhythm Guitar). Eine Gibson Les Paul ist dagegen mit Humbucker-Pick-Ups mit doppelter Spule ausgestattet, die im Klang eher dunkel und weich sind und gerne für das mit Klangeffekten versehene Solospiel (Lead Guitar) verwendet werden.

SPIELWEISEN DER E-GITARRE

Finger-picking, Kombination von Spiel mit Plektrum (Daumen, Zeigefinger: Basstöne) und Mittel-, Ring-, kleinem Finger (Akkorde, Melodielinien).
Bottleneck-Technik, ein so genanntes Slide-Röhrchen aus Metall oder Glas (früher: Flaschenhals) berührt statt der Finger die Saiten (Glissandoeffekte).
Muted, Abdämpfen der Saiten mit dem Handballen der rechten Hand kurz vor dem Steg: häufig für Einzelnotenspiel (Single Notes) verwendet.
Slide up / Slide down, Rutschen mit der Greifhand auf dem Griffbrett (Glissandoeffekte).
Bending, Bend Up (Spannen der Saiten durch Ziehen); Bend Down (Release: Entspannen der Saiten): Erzeugen von Zwischentönen, z. B. von Blue Notes.
Finger-Vibrato, Heavy-(Rock-)Vibrato (schnelles Bend Up, Bend Down); klassisches Vibrato (ähnlich wie bei einem Streichinstrument).
Hammer-On (HO) / Pull-Off (PO), ohne eine Saite anzuschlagen, werden Töne mit Hilfe der linken Greifhand produziert; entweder indem der Finger auf die Saite kräftig aufschlägt (HO) oder indem ein gegriffener Ton von der Saite abgezogen wird (PO). Wenn auch die rechte Hand in das HO/PO mit einbezogen wird (Zwei-Hand-Technik), spricht man von Tapping.
Harmonics, Erzeugen von Obertönen, indem der Daumen der Spielhand die Saite vor dem Plektrum an geeigneter Stelle (Schwingungsknoten) leicht berührt.

Als Besonderheit weisen viele E-Gitarren einen so genannten Vibrato-Hebel auf, der eine mit dem Steg gekoppelte Kippvorrichtung steuert; so können geringfügige Spannungsänderungen der Saiten und damit Tonhöhenveränderungen erzeugt werden.
Neben der Standardnotation – der Klang ist eine Oktave tiefer als im Violinschlüssel notiert – wird häufig eine Griffschrift (Tabulatur) verwendet. Statt der Noten werden Ziffern zur Angabe des zu spielenden Bunds und modifizierte Zeichen zur Angabe der Tonlängen verwendet.

Die elektrisch verstärkte Gitarre konnte sich auch im Jazz (ab 1940 besonders durch Charlie Christian) als Soloinstrument etablieren und einen akustisch wie musikalisch gleichwertigen Platz neben Trompete und Saxophon erringen. Die Abbildung zeigt eine Stratocaster von Fender.

DAS DRUM SET

Während das Schlaginstrumentarium in der so genannten Kunstmusik (artifiziellen Musik) in erster Linie dazu dient, dynamische Steigerungen und Fortissimo-Stellen zu unterstützen oder spezielle Effekte zu erzeugen, hat der Schlagzeuger einer Rockband sowohl die Aufgabe, den Beat (Grundschlag) zu markieren und den Grundrhythmus zu halten, als auch die weiteren Mitspieler durch sein rhythmisch-intensives Spiel zu inspirieren. Das Schlagzeug (Drum Set) stellt somit das wichtigste Instrument innerhalb der Rhythmusgruppe dar.

Bass Drum (große Trommel), Anschlag durch eine Fußmaschine (Bass-Drum-Pedal).
Snare Drum (kleine Trommel), Schnarrsaiten (Snares) am unteren Resonanzfell verstärken den geräuschhaften Charakter des Instrumentes.
Tom-Toms, oft in drei Größen; ein Stand-Tom-Tom (low) und zwei Hänge-Tom-Toms (mid, high).
Cymbals (Becken), unterschieden werden das in der Klangfarbe dunklere Ride-Becken, das sich für längere Rhythmusflächen eignet, das hellere Crash-Becken, das für Akzente eingesetzt wird u. a.
HI HAT (High Hat; Doppelbecken), auf einem Ständer montiertes Beckenpaar, das durch eine mit dem linken Fuß bediente Charleston-Maschine gegeneinander geschlagen oder geöffnet werden kann.

INSTRUMENTE UND GERÄTE DER ROCKMUSIK II

DER SYNTHESIZER. Grundgedanke der Entwicklung des Synthesizers war das Streben nach maximaler Klangvielfalt und Kontrolle aller Klangentstehungs- und Klangverlaufsprozesse; er ist neben der E-Gitarre und dem Schlagzeug heute das wichtigste Instrument der Rockmusik.
Allen Synthesizern liegt eine rein elektronische Schwingungserzeugung (z. B. durch Tonfrequenzgeneratoren) zugrunde. Die meist mittels einer Tastatur abgerufenen elektrischen Schwingungen werden anschließend bearbeitet, verstärkt und über einen Lautsprecher hörbar gemacht. Die Bezeichnung Synthesizer fand erstmals 1951/52 für den RCA Electronic Music Synthesizer Mark I Anwendung, eine für Klangexperimente entwickelte lochstreifengesteuerte Apparatur mit Stimmgabeloszillatoren.

VORLÄUFER. 1964 produzierte der Amerikaner Robert A. Moog den eigentlichen Vorläufer heutiger Synthesizer, ein Instrument, das auf musikalische Zwecke zugeschnitten, ziemlich übersichtlich in der Bedienung und relativ preisgünstig war: den in analoger Technik gebauten Moog-Synthesizer. Bei ihm fand eine entscheidende Neuerung Verwendung: Durch Spannungssteuerung (Voltage Control) ließen sich alle Funktionen der einzelnen Bauteile auf elektrischem Wege ohne manuelle Eingriffe steuern. Diese Steuerspannungen gingen von einer Tastatur aus und kontrollierten (je nach gedrückter Taste) ein oder mehrere Module (Tonfrequenzgeneratoren, den Lautstärkeverlauf steuernde Hüllkurvengeneratoren, die Klangfarbe beeinflussende Filter usw.). Durch Moogs Baukastensystem war es außerdem möglich, jedes Modul mit einem beliebigen anderen zu verbinden.
Mit der Schallplatte »Switched on Bach« (1968) von Wendy (Walter) Carlos wurde der Moog-Synthesizer international bekannt und daraufhin mehr und mehr in die Rockmusik integriert.

MIDI-TECHNOLOGIE. Die 1983 eingeführte Midi-Schnittstelle (Musical Instrument Digital Interface) ermöglicht die herstellerunabhängige Datenübertragung zwischen elektronischen Musikinstrumenten und Zusatzgeräten und hat den Produktionsprozess populärer Musik wesentlich geprägt. Synthesizer, Sampler, Soundmodule bzw. Expander (Synthesizer ohne Tastatur), Effektgeräte usw. können so beispielsweise zentral von der Tastatur eines Masterkeyboards gesteuert werden. In ein solches System läßt sich auch ein mit der geeigneten Software ausgestatteter Computer zur Datenspeicherung und -ausgabe integrieren, da bei der Midi-Technologie nur Steuerungsdaten und keine Klänge übermittelt werden. Eine Sequenzer-Software kann so quasi die Funktion eines Mehrspurtonbandgerätes erfüllen; weiterhin ist häufig ein Notendruck in hoher Qualität möglich. Es können belie-

VERFAHREN DER KLANGSYNTHESE

Den digitalen Synthesizern der Gegenwart liegen verschiedenste Verfahren der Klangsynthese zugrunde.

Subtraktive (selektive) Synthese, obertonreiche Schwingungen werden durch Wegfiltern von Obertonanteilen verändert (ähnlich wie beim analogen Moog-Synthesizer).
Additive Synthese, beruht auf dem so genannten Fourierschen Theorem, nachdem sich jede beliebige Klangstruktur aus Sinusschwingungen zusammensetzen bzw. komponieren lässt. Ebenfalls zur additiven Synthese gehören Verfahren, die auf der Modulation eines Schwingungsparameters beruhen. So basiert die FM-Synthese im Wesentlichen auf dem Zusammenspiel mehrerer Operatoren (Sinusgeneratoren). Nach bestimmten Verknüpfungsregeln, den Algorithmen, können diese entweder als Tongeneratoren eingesetzt und zur additiven Klangsynthese parallel geschaltet werden oder sie modulieren einander nach dem Prinzip der Frequenzmodulation (FM). Weitere additive Klangsyntheseverfahren sind die Amplitudenmodulation und die Phasenmodulation.
Impulsformung (Real Sound Processing), spezielle Art der Klangsynthese zur Erzeugung von bläserartigen Klängen.
Direkte (digitale) Synthese, Berechnung der gewünschten Schwingungsform mit Hilfe eines komplexen Computerprogramms nach verschiedensten Verfahren.
Sound-Sampling, unterschieden wird in der Sampling-Technologie zwischen dem eigentlichen Samplingverfahren, d. h. der Aufnahme (z. B. mit einem Mikrophon) von natürlichen oder künstlich erzeugten Klängen, dem Bearbeiten (z. B. mit Filtern oder Effektgeräten), Digitalisieren und Speichern (Halbleiterspeicher; optische bzw. magnetische Medien) und dem Abrufen (z. B. per Tastendruck).

bige Midi-Signale in Echtzeit (Real Time) oder Schritt für Schritt (Step-By-Step) aufgenommen, verändert (edit) und in beliebiger Tonhöhe und Tempo usw. wiedergegeben werden.

ELEKTRONISCHE EFFEKTE. Der cleane, saubere Naturklang z. B. einer Elektrogitarre wird entsprechend der besonderen Bedeutung der Klangfarbe (Sound) in der Rockmusik oft durch Effektgeräte verändert: ›Hall‹ (Reverb) meint die Reflexion eines Schalls, der sich an Gegenständen im Raum kontinuierlich bricht und so nicht gleichzeitig auf das Ohr trifft. ›Echo‹ (Delay) bezeichnet den Schall, der mehrfach kompakt von einer Reflexionsfläche ans Ohr gelangt. ›Chorus/Flanger‹, ein schwebender Klang mit Räumlichkeit und Tiefe, entsteht durch leicht gegeneinander verschobene Verstimmungen der Signale.
Der Phaser veranlasst, dass dem Originalsignal mit minimalen (u.U. mit 0,1–10 X pro Sekunde sich ändernden) Zeitverschiebungen (2–20 ms) das gleiche Signal nochmals folgt; durch Phasenverschiebungen der Schwingungen entsteht ein drehender Klangcharakter ähnlich eines (Leslie-) Rotationslautsprechers. Der Overdrive, eine warme natürliche Verzerrung des übersteuerten Röhrenverstärkers, zählt zu den wichtigsten Effekten im Rock 'n' Roll und Hard Rock. Der Distortion sorgt für stärkere Verzerrung. Mit dem Equalizer können bestimmte Frequenzbänder angehoben oder abgesenkt werden. Der Enhancer/Exciter modifiziert und schafft künstliche Obertöne. Der spezielle Wah-Wah (Aua)-Effekt entsteht, indem bestimmte Frequenzen angehoben und abgesenkt werden. Der Compressor verringert insgesamt den Dynamikumfang. Der Limiter kappt oberhalb eines einstellbaren Pegelwerts die Dynamikspitzen. Ein Pitch Shifter verändert die Tonhöhe in festgelegten Intervallen. Der Octaver fügt dem Originalsignal einen zweiten Ton eine oder zwei Oktaven tiefer hinzu. Der Harmonist/Harmonizer bereichert die Melodie durch eine oder mehrere musikalisch korrekte Harmoniestimmen in der vorher festgelegten Tonart. Das Tremolo erzeugt rhythmische Lautstärkeveränderungen.

WICHTIGE CHANNEL VOICE MESSAGES (KANALSTIMMENDATEN) EINES MIDI-SYSTEMS

Notenmeldungen: Note Number (1–127) der Taste: bestimmt die Tonhöhe ($c^1 = 60$); Note On/Off: Meldung für das Drücken/Loslassen einer Taste: bestimmt die Dauer des Klanges; Velocity: in Zahlen (1–127) verschlüsselte Meldung der Lautstärke bzw. Anschlagsdynamik.
Pitch Bend Meldungen (pitch wheel change): Meldungen des an vielen Synthesizern vorhandenen Modulationsrades oder Modulationshebels, ermöglicht gleitende Tonhöhenveränderungen (Glissando-Effekte).
Aftertouch Meldungen: Diese Meldungen werden gesendet, wenn nach dem Anschlagen einer Taste diese nachträglich gedrückt wird: ermöglicht z. B. nachträgliche vom Tastendruck abhängige Klangfarbenänderungen.
Program Change Meldungen: Wechsel der Klangfarben (Sounds).
Control Change Meldungen: Notendaten können zusätzlich beeinflusst werden (Vibrato, Lautstärkeverlauf, Panorama usw.).

Synthesizer in Sampling-Technologie.

Popularmusik

DAS MUSICAL

POPULÄRES MUSIKTHEATER. Das Musical – der Begriff ist eine Kurzform von ›Musical Comedy‹ (musikalische Komödie) bzw. ›Musical Play‹ (musikalisches Spiel) – entstand um 1900 in den Unterhaltungstheatern am New Yorker Broadway. Es ist eine Form des populären Musiktheaters, welches sich ausdrücklich zu seinem Unterhaltungsanspruch bekennt und daher in erster Linie auf kommerziellem Boden gedeiht. Das oft zweiaktige Musical verbindet Elemente des Dramas, der Operette, der Revue u. a. und verwendet die Mittel der aktuellen Tanz- und Unterhaltungsmusik, des Jazz oder der internationalen Rockmusik; Showszenen, Songs und Ballett sind in die Handlung integriert.

THEMEN. Die Sujets des Musicals sind von nahezu unerschöpflicher Vielfalt: Das gesellschaftskritische Zeitstück findet sich neben dem musikalischen Märchen, schillernde Phantasiewelt neben realistischem Gegenwartsbezug, die turbulente Komödie neben dem tragischen Bühnendrama; literarische Vorlagen werden in allen erdenklichen Varianten adaptiert. Stärker noch als in der Oper muss die Integration der diversen künstlerischen Mittel als konstitutives Merkmal der Gattung Musical betrachtet werden: Gesprochene Dialoge, Schauspiel, Gesang und Tanz, eine eingängige Tonsprache mit einer Nähe zu populären Genres, ein opulentes Bühnenbild und prächtige Kostüme, raffinierte Beleuchtung, ausgefeilte Bühnentechnik und faszinierende Showeffekte sorgen für eine ungebrochene Attraktivität des Musicals.

DARSTELLER UND MUSIKER. Benötigt werden hochprofessionelle Allround-Darsteller (Schauspiel, Gesang, Akrobatik, Pantomime, Tanz) mit besonderer Ausstrahlungskraft sowie sowohl in der so genannten Kunstmusik als auch in der Popularmusik und im Jazz versierte Allround-Musiker. In Deutschland existieren jedoch noch erhebliche Besetzungsprobleme, weshalb überwiegend amerikanische und britische Künstler in der Produktion eines Musicals arbeiten. Die Gründe sind besonders in den speziellen Gegebenheiten des Repertoirebetriebs der staatlich subventionierten deutschen Theater mit fest angestellten Ensembles zu suchen. Ein ständig wechselndes Programm lässt eine Finanzierung der aufwendigen Musical-Produktionen nämlich kaum zu, die nach langen Spielzeiten (*en suite*; so genannte *long runs*) mit wechselnden Künstlern verlangen.

PRODUKTION. An der Spitze einer Musicalproduktion steht ein Geschäftsmann bzw. Manager, der Produzent. Er sorgt für die Finanzierung, die von Investoren aus Wirtschafts- und Medienunternehmen sowie finanzkräftigen Privatpersonen getragen wird, und die Organisation der Produktion. Er ist verantwortlich für die Engagements al-

FACHBEGRIFFE

Angels (Backers), finanzkräftige Privatpersonen, die ihr Geld in Musicalshows wie Aktien anlegen.
Audition, Vorsingen, Vortanzen und Vorsprechen der potentiellen Darsteller eines Musicals.
Entr'acte, Vorspiel zum nachfolgenden Akt, das die Hauptmelodien ähnlich einer zweiten Ouvertüre bringt.
Finale, einen Akt abschließende Szene; die angegebenen Ziffern (z. B. Finale III) bezeichnen den betreffenden Akt.
First Night, Premiere eines Musicals.
Hot Ticket, Besetzung eines Musicals ausschließlich mit prominenten Darstellern.
Lighting Design, Lichtregie.
Lyrics, Songtexte.
Opening, Eröffnungsnummer mit Gesang und Tanz.
Oscar (Academy Award of Merit), seit 1927/28 von der Academy of Motion Picture Arts and Sciences vergebener Film-Preis (diverse Kategorien).
Preview, Probeaufführung eines Musicals vor der Premiere im gleichen Haus und vor ausgesuchtem Publikum, das dem repräsentativen Querschnitt der Theaterbesucher entsprechen soll. Noch hier werden Rollen umbesetzt, Regie- und Bühnenbildkonzeptionen verändert, Songs gestrichen usw., wenn die Aufführung nicht bravourös zündet.
Pulitzer Prize, seit 1917 jährlich durch die Columbia Universität New York verliehener Preis für herausragende amerikanische Leistungen im Bereich Jounalismus, Literatur und Musik, benannt nach dem Stifter des Preises, dem Zeitungs-Magnaten Joseph Pulitzer.
Rehearsals, von Probenpianisten begleitete Ballett- und Gesangsproben, die noch vor der Arbeit des Arrangeurs (Orchestrator) stattfinden: Was nicht wirkt, wird ausgetauscht, verändert oder gestrichen.
Reprise, Wiederholung einer musikalischen Nummer (ganz oder verkürzt).
Soft Shoe, lautloser Tap Dance mit Schuhen ohne Step-Plat-

ler Mitarbeiter wie Buchautor (Handlung), Librettist (bühnenfähiges Textbuch mit Dialogen usw.), Hauptkomponist (in der Regel liefert er nur Klavierauszüge der Songs), Songtexter, Nebenkomponisten (Ballettmusiken, Zwischenaktmusiken), Arrangeure (Umsetzen der Klavierauszüge in einen Orchester- bzw. Bandklang), Regisseur (oft identisch mit dem Produzenten), Choreograph, Darsteller, Probenpianisten, Musiker für die Aufführung, Bühnenbildner, Ton- und Lichttechniker, Kostüm- und Maskenbildner, Frisöre usw.

Der Produzent sorgt weiterhin für die Beschaffung aller benötigten Requisiten, mietet Proberäume und das Theater für die Aufführungen, organisiert Aufführungstermine usw. Zu bedenken ist hierbei, dass Theater z. B. am Broadway leerstehende Häuser sind, die für ein einzelnes Stück von einem Theaterbesitzer oder einem Konzern an den Produzenten vermietet werden.

Der Produzent hat wesentliches Mitspracherecht bei allen künstlerischen Fragen, insbesondere der Regie, und trägt das alleinige Risiko. Ein Smash Hit kann ihn zum vielfachen Millionär machen, besonders wenn das Musical den begehrten Antoinette Perry Award (Tony Award), die Broadway-Auszeichnung für die beste Leistung in einer Musical- oder Schauspielproduktion, erhält.

ten; dient zur Auflockerung einer Szene.

Sound Design, Tonregie.

Specialty Dance, Einlage von Star-Tänzern in ein Musical.

Tap Dance (Steptanz), ab etwa 1850 entstandener Show-Tanz, der sich durch das rhythmische Klappern der metallenen Step-Platten an den Fersen und Spitzen der Step-Schuhe auszeichnet.

Tony Award (Antoinette Perry Award), seit 1947 alljährlich verliehener Preis für Darstellung, Buch, Komposition, Regie, Choreographie, Kostüm, Beleuchtung usw. in einem Bühnenmusical am Broadway; benannt nach der Schauspielerin und Regisseurin Antoinette Perry (1888–1946).

Tryout, Probeaufführung eines Musicals vor der Premiere in der Provinz.

Underscoring, musikalische Untermalung von Dialogszenen.

Straßenszene von 1915: der Broadway zwischen 44. und 45. Straße.

Popularmusik

VORFORMEN DES MUSICALS

MINSTREL SHOWS. Bei den Minstrel Shows handelte es sich um abendfüllende Showprogramme aus Liedern, Tänzen und Sketchen durch schwarz angemalte und verkleidete Weiße, die Kultur, Musik und Verhalten der Afroamerikaner im Gewand der Komik und Parodie u. a. in so genannten *coon songs* rassistisch karikierten. Eine der berühmtesten Gruppen waren die Virginia-Minstrels, 1843 gegründet von Daniel Decatur Emmett, die den Minstrel Shows einen festen formalen und dramaturgischen Rahmen gaben: Der erste Teil bestand aus einer Abfolge von Liedern, die durch kurze Dialoge verbunden waren. Der zweite Teil (*olio*) stellte ein Bühnenstück mit einem konkreten Handlungsverlauf in der Art einer Posse dar. Eine gemeinsame Gesangs- und Tanznummer aller Mitwirkenden (*walk around*) bildete den Abschluss. In Folge entstanden immer größere Shows mit aufwendigen Bühnenbildern und bis zu hundert Darstellern. Obwohl nach dem Ende des Bürgerkrieges (1865) das Interesse an derartiger Unterhaltung mehr und mehr nachließ, thematisierte 1927 das erste Filmmusical, *The Jazz Singer* mit Al Jolson, kurioserweise erneut eine Minstrel Show und verhalf damit dem Tonfilm zum Durchbruch.

Fanny Brice (d. i. Fanny Borach, 1891–1951) gehörte zu den Stars des Vaudeville und der Revuen Anfang des 20. Jahrhunderts; 1964 wurde ihr mit dem Musical *Funny Girl* ein unvergängliches Denkmal gesetzt: Geschildert wird die Aufsteigergeschichte der Fanny Brice (dargestellt von Barbra Streisand), die sich von einem billigen Vergnügungsschuppen zum Star in den verschwenderischen Ziegfeld-Revuen emporarbeitet. Die Musik von Jule Styne mit ihrem unglaublichen Schwung schwelgt in der Vaudeville-Vergangenheit; die Ballettkopien der zwanziger Jahre sind effektvoll witzig. Als Barbra Streisand die Show verließ, musste diese nach wenigen weiteren Vorstellungen jedoch mangels Interesses geschlossen werden.

VAUDEVILLE. Die Herkunft des Begriffs ›Vaudeville‹ ist nicht restlos geklärt, eventuell leitet er sich her von frz. *vaudevire* (Kurzform von: *chanson du vau de Vire*), ein Spottlied aus der Ebene von Vire in der Normandie, oder von frz. *voix de ville* ›Stimme der Stadt‹. Das Vaudeville meint ursprünglich die in französische Volkskomödien eingefügten populären Lieder, später die Komödien abschließenden Rundgesänge. Ab etwa 1850 wurden in Nordamerika volkstümliche Singspiele in den Volkstheatern, schließlich die auf Massenwirksamkeit ausgerichteten Unterhaltungstheater im Unterschied zum ernsthaften Theater selbst mit der Bezeichnung Vaudeville oder gelegentlich auch – entsprechend dem englischen Vorbild – mit Music Hall belegt, in denen zunächst Minstrel Shows, später (Vaudeville-)Blues und zumeist Varietés mit einem stärkeren Akzent auf der musikalischen Darbietung dargeboten wurden. Ab 1876 wurden besonders die professionellen Shows von Tony Pastor mit einer Mischung aus Songs, Tanz, Zirkus (Zauber, Jongleure, Akrobatik) und Minstrel bekannt. Jeder Allround-Künstler hatte eine feste Auftrittszeit; Präzision, Konzentration, Sinn für pointierte Kürze waren unabdingbar. Auch wurde in dieser Zeit das *tap-dancing*, der Steptanz, erfunden. Eine Weiterentwicklung erfuhr das Vaudeville vor allen Dingen in der Revue.

OPERETTA. Die Operette, ein musikalisches Bühnenstück heiteren Charakters mit gesprochenen Dialogen, Gesangsnummern und jeweils aktuellen Tänzen der Zeit, kam als typisch großstädtisch-populäre Musikform Mitte des 19. Jahrhunderts in Paris auf (z. B.: Hervé, d. i. Florimond Ronger, *La perle d'Alsace*, 1854). In Nordamerika wurden bis etwa 1900 durchweg europäische Importe, besonders von Jacques Offenbach, aufgeführt. Eine Operetta amerikanischer Prägung entstand vor allen Dingen durch den Iren Victor Herbert, wurde aber ab etwa 1905 besonders von der Revue verdrängt.

Ziegfeld Follies. Revuen mit sicherem Zeitgeschmack für den Typ des hübschen All American Girl, kreiert von Florenz Ziegfeld jr. (1867–1932), einem der größten Persönlichkeiten des Showbusiness im ersten Drittel des 20. Jahrhunderts.

VARIETÉ UND REVUE. Als Programmform findet sich das Varieté bereits im 18. Jahrhundert in englischen Pubs, Wirtshaustheatern und den so genannten *song and supper rooms* (Wirtshäuser mit Gesangsdarbietungen). Es etablierte sich um 1850 mit der Herausbildung der britischen Music Halls. Der Unterhaltungswert des Varietés liegt vor allen Dingen in der Vielfalt des Dargebotenen: Songs – es bildete sich erstmals der Gesangsstar heraus –, Tanz (Chorus-Girls), Akrobatik, Humor, Operette und Elemente des Zirkus (Jongleure, Zauberer) werden in loser Folge nach dem Nummernprinzip vereint. In der Revue ist im Gegensatz zum Varieté der Schwerpunkt mehr auf die musikalische Komponente verlagert und folgt in der Regel einem Thema, auf das sich die einzelnen Bilder (Nummern) beziehen. Besonderes Aufsehen erregten in den Jahren 1900–30 die ausgefallenen und üppig ausgestatteten Revuen der Ziegfeld Follies des Produzenten Florenz Ziegfeld jr., vor allen Dingen das Ballett und die imposanten, sich ständig verändernden Bühnenbilder. Immense Summen wurden für die Kleider der schönsten Tänzerinnen Amerikas aufgebracht und die Musik von den damals besten amerikanischen Unterhaltungskomponisten geschrieben, wie z. B. Victor Herbert, Jerome Kern oder Irving Berlin. Ab etwa 1920 wurde jedoch die Schallplatte, ab etwa 1930 der Tonfilm zu einer großen Konkurrenz.

BEDEUTENDE MUSICALS I

SHOW BOAT – DER DURCHBRUCH ZUM MUSICAL. Als Reaktion auf die überwiegend handlungsfreien und häufig oberflächlichen revuehaften Shows lässt sich in den 1920er-Jahren das Bestreben erklären, in den Stücken eine bessere Abstimmung von Musik und Handlung zu erreichen. Mit dem zu Recht als Gesamtkunstwerk bezeichneten *Show Boat* von 1927 hatten nach allgemeiner Auffassung Jerome Kern (Songs) und Oscar Hammerstein II (Songtexte; Buch nach dem gleichnamigen Roman von Edna Ferber, 1926) das Musical aus der Taufe gehoben und ein dramatisiertes Werk (*book-musical*) mit dem Lauf der Handlung weiter tragenden Liedern und Tänzen geschaffen.
Show Boat spielt in den Jahren 1885–1927 und thematisiert die Schicksale der Unterhaltungskünstler auf den Vergnügungsdampfern des Mississippi: Das Publikum war zunächst schockiert, als es sich im Theater mit Problemen der amerikanischen Gesellschaft, wie Rassenkonflikte und Alkoholabhängigkeit, konfrontiert sah. Doch die Musik gefiel auf Anhieb; mit Ragtime, Gospel und jazzigen Tanznummern war eine wirklich amerikanische Musik frei von europäischen Vorbildern gelungen. Ein gleichnamiges Filmmusical (dt. u. d. T. *Mississippi-Melodie*) mit leicht veränderter Handlung entstand 1951 in den USA nach der Vorlage des Bühnenmusicals von 1927 mit Ava Gardner als Hauptdarstellerin.
Zu den berühmtesten Songs zählen *Make Believe, Ol' Man River, Can't Help Lovin' dat Man, Life Upon the Wicked Stage, Why do I love you.*

42ND STREET – DIE MÖGLICHKEITEN DES FILMS. Wie bei *Show Boat* handelt es sich im Filmmusical *42nd Street* (dt. u. d. T. *Die 42. Straße*) aus dem Jahre 1933 um

MUSICALS
Jahreszahlen hinter dem Schrägstrich beziehen sich auf die Filmversion

Show Boat (1927/1951 u. a.)
42nd Street (1980/1933)
Porgy and Bess (1935/1959)
Oklahoma (1943/1955)
On the Town (1944/1949)
Brigadoon (1947/1954)
Kiss me Kate (1948/1953)
Singin' in the Rain (1983/1952)
Seven Brides for Seven Brothers (1978/82/1954)
Candide (1956/–)
My Fair Lady (1956/1964)
West Side Story (1957/1961)
Gigi (1973/1958)
The Unsinkable Molly Brown (1960/1964)
Funny Girl (1964/1968)
Fiddler on the Roof / Anatevka (1964/1971)
Man of la Mancha (1965/1972; Fernsehfass. 1952/59)
Cabaret (1966/1972)
Hair (1967/1979)
Jesus Christ Superstar (1971/1973)
The Rocky Horror (Picture) Show (1973/1975)
A Chorus Line (1975/1986)
Joseph and the Amazing Technicolor Dreamcoat (1976/–)
Evita (1978/1996)
Les Misérables (1980/–)
Cats (1981/ Videoinsz. 1998)
Little Shop of Horrors (1982/1986)
La cage aux folles (1983/–)
Starlight Express (1984/–)
The Phantom of the Opera (1986/–)
Linie 1 (1986/1988)
Aspects of Love (1989/–)
Miss Saigon (1989/–)
Assassins (1991/–)
Crazy for You (1992/–)
Elisabeth (1992/–)
Kiss of the Spider Woman (1992/–)
Sunset Boulevard (1993/–)
Rent (1994/–)
Tanz der Vampire (1997/–)
Fosse (1999/–)
Rebecca (2006/–)

Show Boat, das Erfolgsmusical aus dem Jahr 1927, das erstmals amerikanischen Alltag auf die Bühne brachte, hier in einem Broadway-Remake von 1951.

42nd Street, die zu Beginn der 1930er-Jahre spielende Geschichte des Chorus Girls Peggy Sawyer, kam 1980 am New Yorker Winter Garden Theatre heraus.

eine Show in der Show: Hier wird das Werden eines Musicals von den Anfängen bis zur Premiere am Broadway im depressionsgeschüttelten Amerika der 1930er-Jahre geschildert. Und es ist – wie so oft im Musical – die Darstellung einer Cinderella- (Aschenputtel-)Geschichte: Das unbekannte Chorusgirl Peggy Sawyer erhält durch den Beinbruch der alternden Diva Dorothy Brock die Chance ihres Lebens, übernimmt die Hauptrolle und wird über Nacht zum gefeierten Star. Damit ist *42nd Street* auch die typische Darstellung des amerikanischen Traums vom Erfolg.

Die Bedeutung des Films rührt neben der zündenden Swing-Musik (Songs: Harry Warren; Songtexte: Al Dubin) und den mitreißenden Tanzszenen u. a. daher, dass bei diesem Urtyp einer Backstage-Story wahrheitsgetreue, realistische Elemente dominieren. Gezeigt werden die Rivalitäten zwischen den Schauspielern, deutlich wird auch, dass so etwas Unterhaltsames wie eine Show aus harter Arbeit erwächst: Es wird wie am Fließband geprobt. Wenn ein Tanzgirl ohnmächtig umfällt, wird der Körper zur Seite geschafft, und die anderen müssen weitermachen. Denn es geht um viel Geld, »the Show must go on«.

In *42nd Street* wurden die Möglichkeiten des Filmmusicals erstmals eindrucksvoll genutzt: Die Choreographien von Busby Berkeley mit kaleidoskopartigen Aufnahmen aus der Vogelperspektive (*top shots*) gelangten dabei zu Weltruhm. Auch diente das Filmmusical *42nd Street* im Zuge der seit den 1980er-Jahren am Broadway vorherrschenden Revivalbewegung als Vorlage für eine außerordentlich erfolgreiche Bühnenfassung (1980). Als berühmteste Songs sind zu nennen: *Shuffle off to Buffalo*, *Young and Healthy*, *42nd Street*.

ZWISCHEN OPER UND MUSICAL – GEORGE GERSHWIN (1898–1937)

Gershwins Oper *Porgy and Bess* ist zwar nicht die erste, gewiß aber die erste international erfolgreiche amerikanische Oper. Allerdings besitzt sie aufgrund einiger ihrer musikalischen Merkmale unmittelbare Verwandtschaft zum Musical. In ihrem durchkomponierten Ablauf werden starke musikalische Gegensätze bruchlos kombiniert: Elemente des sinfonischen Jazz stehen neben Songs, Spirituals und Volksliedern, aber auch neben arienhaften Gebilden, Ensembles und Chören. Vor *Porgy* komponierte Gershwin musicalnahe Werke: *Oh, Kay* (Musical Comedy, 1926), *Girl Crazy* (Musical, 1930), *Of Thee I Sing* (Musical Play, 1931). Ferner schrieb Gershwin Instrumentalmusik, darunter die berühmte *Rhapsodie in Blue* (1924) und das »Rhapsodische Ballett« für großes Orchester *An American in Paris* (1928).

BEDEUTENDE MUSICALS II

MY FAIR LADY – DIE EUROPÄISCHE LINIE. Alan Jay Lerners Buch zu *My Fair Lady* basiert auf der Komödie *Pygmalion* (1913) von George Bernard Shaw. Anders als in der antiken Sage geht es in dieser Gesellschaftskomödie und Cinderella-Geschichte voll Ironie und Hintersinn nicht um die äußerliche Vollkommenheit einer Figur, sondern um die Sprache des Menschen: Der Sprachforscher Professor Higgins will Eliza Doolittle, ein Mädchen aus der Unterschicht, durch eine neue akzentfreie Sprache und gute Manieren zur Lady machen, entsprechend seiner Theorie: Durch Sprache wird der Mensch zum Menschen. Der große Erfolg der Bühnenfassung (1956) mit Rex Harrison als Professor Higgins und die frühe Verfilmung von *My Fair Lady* (1964; mit Audrey Hepburn als Eliza) hängt sicher mit der Originalität der Songs von Frederick Loewe (eigentl. Friedrich Löwe) zusammen (Songtexte: Alan Jay Lerner), die deutliche Anklänge an die Wiener und Berliner Operette zeigen.

Frederick Loewe, *I could have danced all night* (*My Fair Lady*).

Die eingängige Melodik der Songs lebt von Sequenzierungen und Wiederholungen (*I could have danced all night*), die Harmonik verbindet spätromantische Farbigkeit mit einfacher Kadenzharmonik. Rhythmisch werden Loewes Musiknummern von verschiedenen Tänzen geprägt: einem Marsch bei *With a Little Bit of Luck*, einem Walzer in dem Song *Show Me* oder einer Habanera in dem Terzett *The Rain in Spain*. In Deutschland begeisterte die Inszenierung des Theaters des Westens (1961), in der das Spiel mit den Sprachebenen auf den Gegensatz zwischen Hochdeutsch und Berliner Dialekt übertragen wurde.

WEST SIDE STORY – DIE AMERIKANISCHE LINIE. Die *West Side Story* von 1957 stellt mit der gesellschaftskritischen Grundhaltung des Stoffes eines der zeitlosesten Musicals des 20. Jahrhunderts dar. Die Romeo-und-Julia-Geschichte William Shakespeares (1595) von der tragisch endenden Liebe eines jungen Paares aus verfeindeten Lagern wird in das großstädtische Milieu New Yorks der 1950er-Jahre verlegt (Idee: Jerome Robbins; Buch: Arthur Laurents). Die Darstellung der Rassenkonflikte und Rivalitäten jugendlicher Streetgangs – hier die einheimischen Jets mit Riff und die aus eingewanderten Pu-

Popularmusik

ertorikanern gebildeten Sharks mit Bernardo als Anführer – könnte in abgewandelter Form jedoch auch heute spielen. Ebenso sorgfältig wie die Bühnenversion wurde der gleichnamige Musicalfilm von 1961 unter der Regie von Jerome Robbins ausgeführt; zehn Oscars machten ihn zu einem der erfolgreichsten Filme Hollywoods.

Leonard Bernstein, *Tonight* (*Westside Story*).

Dass die *West Side Story* zu einem solch überwältigenden und dauerhaften Erfolg wurde, liegt nicht zuletzt an der stilistisch vielfältigen Musik von Leonard Bernstein und den originellen Songtexten von Stephen Sondheim: So ist der »charm song« *I feel pretty* vom Charakter her ein leicht ins Ohr gehender Schlager, der das Publikum verzaubern und handelnde Personen sympathisch erscheinen lassen soll. Musik und Text sind sanft, optimistisch, gefällig, lieb. Die Ballade *Tonight* ist das berühmteste Liebeslied der Hauptpersonen Maria (Bernardos Schwester) und Tony (Riffs Freund), die hier in inniger Art und Weise ihre Gefühle beschreiben, Wünsche und Ziele formulieren – die Zeit scheint für beide stillzustehen.
Mit den jazzigen »rhythm songs« *Jet Song* oder *Cool* wird dagegen die Handlung mit ihrem aggressiven Impetus beschleunigt. »Comedy songs« wie *Gee, Officer Krupke* oder *America* haben eher entspannende Funktion und widmen den Personen der Nebenhandlung mehr Aufmerksamkeit.

Westside Story. Szene aus der Filmversion des Musicals: Die beiden Jugendgangs, die Jets und die Sharks, stehen sich feindselig gegenüber, analog zur ersten Szene von Shakespeares *Romeo und Julia*, in der die verfeindeten Familien aufeinandertreffen.

BEDEUTENDE MUSICALS III

***THE ROCKY HORROR SHOW* – KULTMUSICAL AM LONDONER WEST-END.** Dem Stilideal der Rockmusik ist – nach *Hair* (1967) und *Jesus Christ Superstar* (1971) – auch das in London uraufgeführte Musical *The Rocky Horror Show* (1973) verpflichtet. Es ist das einzige Werk des Komponisten Richard O'Brien, das einer breiteren Öffentlichkeit bekannt wurde; auch die Songtexte und das Buch der *Rocky Horror Show* stammen von ihm.
Das Stück versteht sich als Parodie sowohl auf bekannte Science-Fiction- und Horrorfilme der 1950er-Jahre als auch auf die Anfang der 1970er-Jahre wiederbelebte Rock 'n' Roll-Musik. Um die vielen Anspielungen im Stück wirklich genießen zu können, sollte man die entsprechenden Filme bzw. Fernsehserien (*Frankenstein, The Invisible Man, When World's Collide, The Day the Earth Stood Still, King Kong, Old Ironside*) und die Musik von Chuck Berry, Jerry Lee Lewis oder Fats Domino kennen. Im Hinblick auf den typischen Rock 'n' Roller wird kein Klischee ausgelassen: nietenbesetzte Lederjacke, Elvis-Frisur, Chopper-Motorrad, neben Musik und Drogen natürlich auch Sex. Aufführungen besonders der Filmversion von 1975 (nun u. d. T. *The Rocky Horror Picture Show*) sind noch heute, vor allem beim jüngeren Publikum, sehr beliebt. Die Zuschauer kommen häufig bizarr kostümiert und geschminkt und machen aus den Vorstellungen regelrechte Happenings.

Cats. Blick in die Londoner Inszenierung (1981).

CATS – STARLIGHT EXPRESS – THE PHANTOM OF THE OPERA. Der Brite Andrew Lloyd Webber gehört zu den erfolgreichsten Musicalkomponisten der 1980er- und 90er-Jahre. Seine genial vermarkteten Werke sind mitverantwortlich dafür, dass sich das Hauptaugenmerk mittlerweile vom New Yorker Broadway nach Europa, insbesondere auf die Londoner West-End-Theater verschoben hat. Aber auch in Deutschland lösten seine Musicals einen regelrech-

ten Musicalboom aus. So fanden Aufführungen besonders des Katzenmusicals *Cats* (1981), des rockigen Rollschuhspektakels *Starlight Express* (1984) und des opernhaften *The Phantom of the Opera* (1986) nach dem Gruselroman *Le fantôme de l'opéra* (1910) von Gaston Leroux lange Zeit vor nahezu ausverkauften Häusern statt.

Das durchkomponierte und durchchoreographierte Katzenmusical *Cats* (1981) basiert zum überwiegenden Teil auf der 1939 veröffentlichten Gedichtsammlung *Old Fossum's Book of Practical Cats* des Literatur-Nobelpreisträgers T. S. Eliot mit textlichen Ergänzungen von Trevor Nunn und Richard Stilgoe. Hinter den phantasievollen Katzengedichten verbirgt sich eine augenzwinkernde Persiflage auf die kleinen und großen Schwächen der Menschheit, sie üben verständnisvoll-nachsichtig Gesellschaftskritik: Bei dem alljährlich auf einem Schrottplatz stattfindenden Jellicle-Ball treffen sich die Londoner Katzen und stellen sich mit ihren unverwechselbaren Charakterzügen vor; denn Old Deuteronomy, der Katzenälteste, entscheidet hier, wer in den Katzenhimmel aufsteigen und ein zweites Leben führen darf. Da ist zum Beispiel die hochtalentierte, edle Victoria, deren Bewegungen so manchem Kater das Herz höher schlagen lassen; oder die gemütliche alte Hauskatze Gumbie, auch Jennyanydots genannt; ein echter Freak ist der rockige Katzenclown Rum Tum Tugger mit Silbermähne und Straßgürtel.

Mit ihrem schlagerhaften Song *Memory* träumt Grizabella von glücklicheren Tagen; von der ehemaligen Katzendiva ist nur noch ein Häufchen Elend zurückgeblieben. Doch gerade sie ist es, die auf dem Höhepunkt des Jellicle-Balls von Old Deuteronomy von ihrem Leid erlöst und auf die phantastische Reise über den Jellicle-Mond zum Katzenhimmel, dem Heavyside Layer, geschickt wird.

The Phantom of the Opera. Paris im Jahr 1861: In den Gewölben der Opéra populaire treibt das Phantom Eric sein Unwesen. Es kämpft um die Liebe der jungen Sängerin und Tänzerin Christine Daaé und möchte sie zum Opernstar machen, indem es ihr als anonymer Lehrer Gesangsunterricht gibt. Andrew Lloyd Webber arbeitet in *The Phantom of the Opera* mit drei musikalischen Ebenen: die der eigentlichen Handlung zugrunde liegende Musik (überwiegend in einer Art Leitmotivtechnik komponierte Songs), Musik, die der Feder des komponierenden Phantoms entspringt (in dessen ›Rolle‹ also Webber schlüpft), Persiflagen von Opern des 18. und 19. Jahrhunderts, die als Musiktheater im Musiktheater aufgeführt werden.

DIE MUSIK ANDERER KULTUREN

SCHWARZAFRIKA

FUNKTION. Traditionelle schwarzafrikanische Musik wird ohne Wissen um eine formale Theorie mündlich überliefert, verstanden und aufgeführt. Sie ist elementarer Bestandteil von sozialen Ereignissen und strukturiert deren Verlauf. Ihre musikalische Struktur (Instrumentation, Einbezug der Stimme, Aufbau der Komposition, Art der Präsentation usw.) wird dabei weitgehend vom außermusikalischen Zweck bestimmt. So dürfen eine bestimmte Zusammenstellung des Ensembles, ein festgelegter Rhythmus und der Ablauf usw. nicht beliebig verändert werden. Varianten sind enge Grenzen gesetzt, völlig freie Improvisationen nicht erwünscht.

RHYTHMISCHE GESTALTUNGSPRINZIPIEN. In der schwarzafrikanischen Musik erklingen in der Regel mindestens zwei verschiedene Rhythmen gleichzeitig (Polyrhythmus). Selbst wenn ausnahmsweise nur ein Musiker spielt, spürt dieser innerlich einen zweiten, ›verborgenen‹ Rhythmus. Die Gesamtheit der gleichzeitig erklingenden Rhythmen bildet ein komplexes rhythmisches Muster (Pattern), und erst im aufeinander bezogenen Zusammenwirken aller Rhythmen entfaltet sich das angestrebte Maß an Spannung und Energie: Die verschiedenen Rhythmen hängen in ihrer energetischen Wirkung voneinander ab (Korrelationsrhythmus). Überlagern sich verschiedene Rhythmen, kann durch das Zusammenfallen von betonten Schlägen der einzelnen Rhythmen eine zusätzliche dominierende rhythmische Gestalt entstehen (Fundamentalrhythmus). Von einer Kreuzrhythmik spricht man, wenn zwei oder mehrere rhythmische Gestalten nachein-

MUSIKETHNOLOGIE

Als ein Teilgebiet der Musikwissenschaft verfolgt die Musikethnologie im Prinzip alle Fragen, die sich an empirisch erfassbare Aspekte von Musik als soziokulturellem Phänomen richten lassen. Die Produkte und Prozesse außereuropäischer Musiktraditionen stellen im deutschsprachigen Raum jedoch den Schwerpunkt der Arbeit dar, wobei überwiegend mündlich überlieferte Musik der Gegenwart untersucht wird.

Ritueller Tanz in Zaire zu Trommelspiel und Händeklatschen.

Musik anderer Kulturen

ander einsetzen und ihre Hauptschwerpunkte, die nach westlichem Musikverständnis der Eins eines Taktes entsprächen, nicht zusammenfallen.
Innerhalb einer polyrhythmischen Anlage ist der Grundschlag (Beat) für westliche Ohren zunächst nur schwer auszumachen. Auch in Afrika wird der Grundschlag unterschiedlich empfunden, je nachdem, welchem Instrument besondere Aufmerksamkeit geschenkt wird (subjektiver Beat). Vom Grundschlag zu unterscheiden ist der Nennwert (Puls), er entspricht dem einem Rhythmus zugrunde liegenden kleinsten rhythmischen Zeitwert. Eine Rhythmusformel wird häufig nach einer bestimmten Anzahl (Formzahl) von Nennwerten (häufig 12, 16) wiederholt. So bildet die Abfolge der Schläge eines Instrumentes eine unverwechselbare (Rhythmus-)Formel, eine so genannte äquidurationale Reihe (*durational unit*). Als *time keeper* werden Orientierungsformeln bezeichnet, die in Schwarzafrika weit verbreitet sind und insbesondere von Glocken gespielt werden.
Ein wesentliches Kennzeichen der afrikanischen Rhythmustechnik ist es, dem Beat andere Bewegungsabläufe und -erlebnisse zuzuordnen bzw. gegenüberzustellen, deren Akzente nicht mit ihm zusammenfallen, sondern ›im Widerstreit‹ zu ihm stehen.
Die musikalischen Rhythmen sind in Afrika oftmals aus der Sprache entstanden. Da viele schwarzafrikanische Sprachen Tonhöhensprachen sind, legen Afrikaner großen Wert darauf, dass die einzelnen Trommelschläge eines Rhythmus sich in ihrer Tonhöhe oder in ihrer Klangfarbe deutlich und klar unterscheiden (Melorhythmen).

WICHTIGE INSTRUMENTE. Eine besonders in Westafrika verbreitete ›Sanduhrtrommel‹ ist die Talking Drum; durch Druck des linken Armes auf die Spannriemen lassen sich auf ihr rhythmische Tonhöhenveränderungen erzeugen. ›Sprechtrommeln‹ dienten ursprünglich der Nachrichtenübermittlung über weite Entfernungen hinweg. Die rechte Hand spielt mit einem Schlegel, die linke Hand dient zur Dämpfung des Fells und kann mit den Fingern Zwischenschläge setzen. In ganz Schwarzafrika verbreitetet ist die Mbira (auch Sansa, Sanza usw.), ein Lamellophon, auf dessen Resonanzkörper (Brett, Kasten, Kürbis, Blechbüchse) 5–20 hölzerne oder metallene Zungen in 1–3 Manualen befestigt sind. In Schwingung versetzt werden die Zungen meist nur mit dem Daumen der linken und rechten Hand (daher der Namen ›Daumen-‹ bzw. ›Fingerklavier‹).
Die Kora, eine 19–21-saitige Steg- bzw. Lautenharfe, ist das traditionelle Instrument der Preissänger (Djalis) in Westafrika. Die Saiten sind rechts und links am ›Steg‹ übereinander angeordnet, als Korpus dient eine mit Fell bespannte halbkugelförmige Kalebasse. Gespielt wird nur mit Daumen und Zeigefinger der rechten und linken Hand. Durch die geflochtenen, auf dem Instrumentenhals angebrachten, verschiebbaren Lederringe lassen sich die Nylonsaiten spannen.

METHODEN DER MUSIKETHNOLOGIE

Dokumentation musikalischer Aktivitäten: Ton- und Bildaufzeichnungen (Video, Foto usw.), Protokolle u.v.m.
Klassifikation des musikalischen Materials.
Musikalische Strukturanalyse: a) externe Analyse: Transkription und Analyse von Tonaufzeichnungen. b) interne Analyse: einzelne Elemente eines Musikereignisses (Bewegungsabläufe, Spielweise eines Instrumentes usw.) werden analysiert und zu einem Gesamtbild zusammengesetzt.
Ethnographie der musikalischen Verhaltensweisen: Beobachtung und Analyse von Anlässen und Zweckbestimmungen von musikalischen Aktivitäten, Beschreibung der sozialen Stellung der Musikausübenden usw.
Ethnotheoretische Analyse: Versuch, in die musikalischen Denkvorgänge von Interpreten und Hörern der jeweiligen Kultur einzudringen.
Ethnopsychologische Analyse: Untersuchung von Hörgewohnheiten, Hörerwartungen, Wirkungen der Musik usw.
Funktionsanalyse: Untersuchung der Funktionen der Musik im metafunktionalen Sinne: soziale, psychische, ästhetische, religiöse, magische und kommunikative Funktionen.
Analyse von Gesangstexten.
Interdisziplinäre Analyse: Problemorientierte Zusammenarbeit mit der Kulturanthropologie, Sozialanthropologie, Ethnopsychologie, (Ethno-)Linguistik, Humanethnologie, Ethnomedizin und der systematischen Musikwissenschaft.
Naturwissenschaftliche und experimentelle Methoden: Anwendung innerhalb der Klangforschung u.a.

WICHTIGE INSTRUMENTE

Ūd, bundlose, mit fünf Doppelsaiten (G, A, d, g, c^1) bespannte Kurzhalslaute mit halbbirnenförmigem Korpus, die mit einem Plektrum gespielt wird.
Tanbūr (türk. *sāz*), dreisaitige, mit einem Melodiesaitenchor und zwei chörigen Bordunsaiten bespannte Langhalslaute mit beweglichen Bünden, die entsprechend dem gewünschten Maqām verschoben werden können.
Santūr, trapezförmige Kastenzither aus einem Nußbaumkorpus mit 72–100 aufgespannten Drahtsaiten; die Saiten sind chorisch in Gruppen zu je vier gestimmt und werden mit zwei Holzschlegeln angeschlagen (Tonumfang: G–a^2).
Darābukka, Bechertrommel aus Ton, Metall oder Holz.

NORDAFRIKA UND VORDERER ORIENT

ARABISCHE MUSIK. Arabische Musik wird nicht nur von Arabern ausgeübt und rezipiert, sondern auch von Türken, Irakern und Iranern, religiösen und ethnischen Minderheiten, die mit den Arabern zusammenleben, sowie Äthiopiern und anderen afrikanischen Völkern, deren Lebensraum in West- und Nordafrika an den der Araber angrenzt.

Die arabische Musik entstand bereits in vorislamischer Zeit auf der arabischen Halbinsel. Während der islamischen Ära – Mohammed wurde 570 n. Chr. geboren – entwickelte sie sich weiter fort und fand in den Schulen von Mekka, Medina, Bagdad und Cordoba ihre Kristallisationspunkte. Vom 13. Jahrhundert an wurden in der gesamten arabischen Welt, in Fez, Tetuan, Tlemcen, Algier, Tunis, Tripoli, Kairo, Aleppo, Damaskus, Beirut, Bahrein, Sanaa und Aden weitere Zentren für die musikalische Betätigung gegründet.

Im Laufe der arabischen Musikgeschichte – insbesondere zwischen dem 9. und 13. Jahrhundert – setzten sich zahlreiche Musiktraktate auch mit Fragen des Tonsystems auseinander. Auf der Grundlage des von Abu al-Nasr al-Fārābī zu Beginn des 10. Jahrhunderts propagiertem Systems nahmen die arabischen Musiktheoretiker der Neuzeit die Teilung der Oktave in 24 Tonstufen vor. Die Notation erfolgt entsprechend der westlichen Notenschrift, jedoch mit Vor- bzw. Versetzungszeichen in originaler und abgewandelter Form.

Ein Instrumentenbauer aus Algier spielt die von ihm gebaute Ūd.

TONSYSTEM UND FORMEN. Die traditionelle arabische Musik kann in beide Richtungen und bis zu einer Quarte von der notierten Tonhöhe abweichen. Der Umfang dieser Abweichung hängt in erster Linie von der Stimmlage des Sängers ab, nach der auch das Instrument eingestimmt wird. Das heutige gültige Tonsystem umfasst alle 24 Töne, die in den über 90 Modi (Maqām-Reihen) auftreten. Diese beruhen auf heptatonischen (7-tönigen) Tonleitern, die sich aus übermäßigen (1½),

Musik anderer Kulturen

großen (1), mittleren (¾), und kleinen (½) Sekundintervallen zusammensetzen können. Nicht der Viertel-, sondern der Dreivierteltton ist die für die arabische Musik charakteristische Intervallgröße.
Die exakte Größe des Dreivierteltons ist jedoch nicht verbindlich festgelegt. Die Schwankungsbreite dieses Tonschritts trägt vielmehr entscheidend zum Charakter der arabischen Musik bei. In der Praxis bedienen sich die Sänger und Musiker denn auch einer Fülle von Tonstufen, die sich empirisch auf 24 nicht gleiche Stufen innerhalb der Oktave reduzieren lassen.
Der Ausdruck Maqām bezeichnet nicht nur die Tonreihe, sondern auch die gleichnamige suitenartige musikalische Form. Charakteristisch für eine Maqām-Vorführung sind die oft langen Pausen, die den melodischen Verlauf in mehrere Melodiezüge aufteilen. In jedem Melodiezug wird ein ausgewählter Ton (Zentralton) der jeweiligen Maqām-Reihe improvisatorisch von weiteren Tönen der Maqām-Reihe umspielt. Von der Art der Intervallabstände der ausgewählten Töne hängt entscheidend der Stimmungsgehalt einer Maqām-Vorführung ab. So wird mit dem Maqām rāst beispielsweise Stolz, Macht, Gesundheit und Männlichkeit, mit dem Maqām bayātī Lebenskraft, Freude und Weiblichkeit in Verbindung gebracht.
Jeder Melodiezug bringt musikalisch etwas Neues, entweder für sich allein behandelt oder mit bereits dargestelltem musikalischen Material kombiniert. Die melodische Entwicklung steigert sich im Verlauf der Komposition von Melodiezug zu Melodiezug allmählich von den tieferen zu den höheren Tonlagen bis hin zum melodischen Höhepunkt. Anschließend erfolgt eine Rückentwicklung zum Ausgangston der Maqām-Reihe.

Türkischer Ney-Spieler. Die etwa 75 cm lange Ney ist eine Längsflöte, die aus einem Schilfrohrabschnitt mit meist neun Wachstumsknoten hergestellt wird und ein hinteres und sechs vordere Grifflöcher besitzt. Ihr Umfang beträgt fast drei Oktaven, innerhalb derer zahllose Zwischentöne erzeugt werden können.

Die *rāst*-Gattung (oben; etwa 20 Modi) ist charakterisiert durch die in den Schlusston einmündende Intervallfolge mittel (¾-Ton) – mittel – groß (gr. Sekunde), die etwa 20 Modi der *bayāti*-Gattung (unten) durch die in den Schlußton einmündende Intervallfolge groß – mittel – mittel.

Musik anderer Kulturen

LATEINAMERIKA I

WURZELN. Die lateinamerikanischen Musikformen des 20. Jahrhunderts sind aus einer Vielzahl von Wechselwirkungen unterschiedlicher Kulturen über einen Zeitraum von etwa 500 Jahren hervorgegangen. Die im Laufe der Jahrhunderte vermischten (mestizierten) Musikkulturen besonders von Indianern, die in Reinkultur nur noch im Andenhochland und im Amazonasgebiet leben, Europäern und Afrikanern macht eine Annäherung an die Musik Lateinamerikas zu einer komplexen Angelegenheit. Hinzu kommt, dass die folkloristischen Musikformen Lateinamerikas durch die gesamte westlich orientierte Popularmusik des 20. Jahrhunderts gravierend beeinflusst worden sind.

DER HUAYNO. Im Vergleich zu den übrigen Ländern Lateinamerikas sind in Südecuador, Peru, Bolivien, Chile und Nordargentinien die stärksten Einflüsse der Musikkultur der Indianer (Aymará- und Quechua-Kultur) zu beobachten; zudem ist ein hoher Anteil iberischer Musik auszumachen.
Der Huayno (*huayño, huaino, huaiño*) ist eine im gesamten Gebiet der Anden weit verbreitete Lied- bzw. Tanzgattung ursprünglich indianischer Herkunft. Er konnte von allen Arten von Flöten gespielt werden und war besonders in der Kolonialzeit populär. Unter dem Einfluss der Kreolisierung wurde er um Formen der französischen und spanischen Cuadrilla erweitert und begann sich im urbanen Umfeld der Mestizen im 19. Jahrhundert als Gesellschaftstanz zu etablieren (*huayno mestizo*). Als bevorzugte Begleitinstrumente setzten sich später Saiteninstrumente und das Akkordeon durch.
Kennzeichnend für die Form eines Huayno sind wiederholte und dabei leicht variierte Melodieteile (AA'), die zu Strophen zusammengefasst (z. B. AA' BB') wiederum zwei- bis viermal wiederholt werden. Dem Huayno kann noch ein schneller Schlussabschnitt mit einem kontrastierenden Thema hinzugefügt werden, das oft von den Zuhörern mit Händeklatschen und von den Tänzern mit Stampfschritten begleitet wird. Seinem Tanzcharakter entsprechend verlangt der Huayno in der Regel ein recht lebhaftes Tempo bei mehrheitlicher Verwendung von geraden Taktarten (besonders $\frac{2}{8}$-, $\frac{1}{4}$-, $\frac{4}{8}$-, $\frac{2}{4}$-Takt). Grundlegend ist der im binären Metrum gespielte Achtelpuls. Aus einer Gruppe von zwei Achteln gehen Varianten hervor, insbesondere durch Punktierung, Synkopierung, Diminution und Kontraktion. Die Melodik der zeitgenössischen Huaynos zeichnet sich durch die im Laufe der Jahrhunderte entstandene Mixtur zwischen der im indianischen Raum ursprünglich häufig aber nicht ausschließlich verwendeten halbtonlosen (Moll-)Pentatonik und einer europäischen Diatonik aus. Kirchentonale Wendungen weisen dagegen auf den Einfluss der katholischen Kirchenmusik hin.

INSTRUMENTE

Die auf die Vorinkazeit zurückgehenden Funde belegen besonders das Vorhandensein von oft anthropomorphen oder zoomorphen Rasseln, Trommeln, Trompeten, Pfeifen und zahlreichen Flötenarten, die aus Knochen, Ton, Gold oder Silber hergestellt wurden. Saiteninstrumente jeglicher Art sind dagegen nicht nachzuweisen; sie kamen erst durch die Europäer ins Land.

DIE PANFLÖTE

Panflöten (span. *zampoña*) sind heute meist diatonisch gestimmt. Sie werden in der Regel in Gruppen gespielt, oft aber auch paarweise geblasen, entweder in elementarer Mehrstimmigkeit (z. B. parallele Quarten, Quinten oder Oktaven) oder in komplementären Tonhöhen; hierbei fehlen die Töne der einen Panflöte auf dem Komplementärinstrument. In der Panflötenmusik können große Tonsprünge oder schnelle Melodielinien häufig nur dadurch realisiert werden, dass die Spieler abwechselnd jeweils einen Ton produzieren. Die Kunst dieser alternierenden Spielweise besteht darin, die Tonfolge so vollkommen legato vorzutragen, dass der Übergang vom ›männlichen‹ Instrument (*ira*) zum ›weiblichen‹ Instrument (*arca*) unhörbar bleibt.
Eine besondere Art der Panflöte ist der Siku. Streng genommen handelt es sich hier um zwei getrennte einreihige gedackte Panflöten aus Bambus mit jeweils 5–12 Pfeifen. Traditionell musizieren die Siku-Spieler (*sikuris*) in alternierender Spielweise; heute werden aber auch oft beide Flötenreihen zusammengehalten und von einem Musiker gespielt.

DIE CUMBIA. In Kolumbien, Venezuela, in Teilen von Panama, Honduras und Guatemala ist an der Küste starker afrikanischer Einfluss, im Süden sind Mischformen und indianischer Einfluss zu spüren. Die Cumbia, ein in Kolumbien entstandener Volkstanz, der afrikanische, indianische und europäische Elemente enthält, zeichnet sich durch ihren charakteristisch punktierten Rhythmus aus. Sie steht meist im 2/4- oder 3/4-Takt und wird traditionell von indianischen Flöten gespielt, begleitet von Akkordeon und Marschtrommel.

Die *arpa indígena*, eine von spanischen Missionaren eingeführte Harfe ohne Pedale mit durchschnittlich 26–36 Saiten, gespielt von einem Quechua-Indianer.

LATEINAMERIKA II

DER TANGO. Argentinien, Uruguay, Teile Südbrasiliens und Paraguay zählen zu den stark europäisch geprägten Regionen, in denen nur noch geringe Anteile indianischer Musik zu spüren sind. Bekannt ist vor allem der argentinische Tango, »ein trauriger Gedanke, den man tanzen kann« (Enrique Santos Discépolos). Der Tango hat sich unter dem Einfluss der kubanischen Habanera und europäischer Melodie- und afrikanischer Rhythmisierungstechniken um 1890 besonders im Hafengebiet von Buenos Aires entwickelt.
Üblicherweise ist der Tango argentino mit zwei Bandoneons besetzt, zwei Violinen, Kontrabass und Piano. Er ist im langsamen 2/4-Takt angelegt, vorwiegend mit synkopiertem Rhythmus mit der häufig verwendeten Rhythmusformel 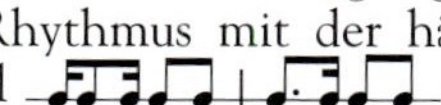 Die gewählte Tonart steht oft in Moll. Charakteristisch sind die abgesetzten Gehschritte, Promenaden und die so genannte Tangowiege. Der jüngere Tango milonga steht im 4/8-Takt und besitzt ein schnelleres Tempo.

DIE SAMBA. In Brasilien steht ein hoher Anteil afrikanischer Musikkulturen an der Küste den Mischformen afrikanischer, indianischer und europäischer Musik im Landesinneren gegenüber. Die verbreitetste Tanzform ist die Samba, mit der eine sehr formenreiche Gruppe von brasilianischen Tänzen in häufig schnellem Tempo, geradem Takt und stark synkopiertem Rhythmus bezeichnet wird. In ihr sind Elemente des angolanischen Semba, der böhmischen Polka bzw. ihrer späteren brasilianisierten Form, des afro-brasilianischen Rancho, und der afrikanischen Batúques (Reigentänze) zu finden. Die Samba wurde um 1916 zum Haupttanz des Karnevals in Rio de Janeiro.
In der ›goldenen‹ Phase der Samba (um 1920–40) erlebten mehrere Formen der Samba einen besonderen Aufschwung: die Samba-canção von hellhäutigen Musikern, deren Kompositionen sich weniger auf das rhythmische Element, sondern verstärkt auf Melodie und Text konzentrierten, die normalerweise rein instrumentale Samba-choro und die Samba-de-breque mit kurzen Breaks, in denen der Interpret aus dem Stegreif Begebenheiten dramatisiert oder Dialoge improvisiert. Ab 1950 wurde die Samba in geglätteter Form Mode- und später Turniertanz. Aus der Verbindung mit dem Cool-Jazz kam Anfang der 1960er-Jahre der Bossa Nova auf.

DER SON. Die Karibischen Inseln stellten die ehemaligen Umschlagplätze der hauptsächlich aus Westafrika stammenden Sklaven dar. Daher sind die dortigen Musikformen insbesondere von ihrer afrikanischen, aber auch von ihrer spanischen, französischen, britischen, holländischen und nordamerikanischen Herkunft geprägt.

WEITERE TÄNZE DER KARIBIK

KUBA

Bolero cubano, im Gegensatz zum älteren spanischen Bolero geradtaktig. Typisch sind: langsames Tempo, ausgeprägte Synkopierungen; häufige Rhythmusformel

; zwei kontrastierende Formteile.
Cha-Cha-Cha, Modetanz Mitte der 1950er-Jahre; langsame Variante des Montuno-Teils des Son; markanter Rhythmus im 4/4-Takt; kaum Synkopierungen; der Name bezieht sich auf das Geräusch der geschüttelten Maracas.
Danzón, ursprünglich vorwiegend in den Oberschichten gepflegter Gesellschaftstanz im gemessenen Tempo; besonders populär zwischen 1880 und 1940; mehrfache Wechsel zwischen gesungenen Teilen und Instrumentalsoli (quasi Rondoform); starker Einfluss auf die Entstehung von Mambo und Cha-Cha-Cha.
Guaracha, eine der ältesten kubanischen Lied- und Tanzformen; zur Rumba-Familie gehörend; die Texte stellen oft einen satirischen Kommentar zu einer Handlung dar; schnelles Tempo, Wechsel von 3/4-, 6/8-, 4/4-Takt.
Habanera, entstand Anfang des 19. Jahrhunderts in Kuba aus den kreolischen Contradanzas; typisch: mäßiges bis langsames 2/4-Metrum; die häufige Rhythmusformel

wurde zur Grundlage vieler Formen der afrokubanischen Musik.
Mambo, städtische Lied- und Tanzgattung; ab 1950 Modetanz; die Ursprünge liegen im Son und Danzón; häufige Rhythmusformel
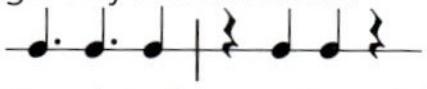
Rumba, Sammelbezeichnung für viele Lied- und Tanzformen auf Kuba; seit den 1970er-Jahren Turniertanz.

In Oriente, einer kleinen Provinz an der Ostseite Kubas, entstand in den 1880er-Jahren während der Kämpfe um die Sklavenbefreiung die Lied- und Tanzform des Son. Der Son Cubano setzt sich aus den Teilen Lento (Vers) und dem schnelleren Montuno (Refrain) zusammen. Sein besonderes Kennzeichen ist die ausgeprägte Polyrhythmik, die von Claves (Rumbastäbchen), Maracas (Rumbakugeln), Tres (dreisaitiges Zupfinstrument), Marimbula usw. gespielt und mit einer starken Off-Beat-Phrasierung nach dem Call-and-Response-Prinzip ausgeführt wird.
In den 1940er- und 1950er-Jahren wurde der Son auch in Amerika, insbesondere in New York, bekannt. Dort nahm er Merkmale von Musikformen aus Puerto Rico, Kolumbien, der Dominikanischen Republik und besonders der westlichen Rockmusik auf und wurde zu einer wahrhaftigen ›Soße‹, zur Salsa.

DER MARIACHI. Die Bezeichnung ›Mariachi‹ leitet sich entweder von frz. *marriage* ›Hochzeit‹ ab (da die Mariachi-Musiker zunächst hauptsächlich bei Hochzeiten aufgetreten sind) oder vom indianischen Wort für die Bühne, auf der Musiker zu Tänzen aufspielen. Er bezeichnet eine in Mittelamerika bis nördlich der mexikanisch-texanischen Grenze verbreitete Festmusik, deren Wurzeln auf die wandernden Mariachi-Streicherensembles zurückzuführen ist. Diese formierten sich im 18. Jahrhundert im Hochland des zentralmexikanischen Staates Jalisco. Musiziert wurde auf zwei Violinen und lateinamerikanischen Miniaturgitarren, der Vilhuela und der Jarana, sowie auf einer Harfe, an deren Stelle später die Trompete trat.

JAMAIKA

Mento, entstand durch Fusion der musikalischen Traditionen der Maroons (Nachfahren der aus Ghana verschleppten Sklaven), der Bongo-Nation (Nachfahren angolanischer Sklaven) sowie der spanischen Eroberer; erster Höhepunkt in den 1930er-/1940er-Jahren; durch Fusion mit dem Rhythm & Blues entstand der Ska.
Reggae, Mitte der 1960er-Jahre aus Mento, Ska sowie nordamerikanischem Rhythm & Blues und Soul entstandene Musikform; als rituelle Musik der schwarznationalen religiösen Befreiungsbewegung des Rastafari-Kults aber auch als musikalischer Ausdruck des sozialen Protestes der Ghettobevölkerung anzusehen. Die Mitte der 1980er-Jahre entstandene und dem Rap nahestehende schnelle Spielart des Reggae wird auch Raggamuffin genannt.

Karneval in Rio de Janeiro, Parade der 14 besten Samba-Schulen.

CHINA UND JAPAN

MERKMALE DER CHINESISCHEN MUSIK

Es existiert keine Mehrstimmigkeit im Sinne der westlichen Musik. Einstimmigkeit, Parallelführung und Heterophonie (Kollektivvariation) der Melodien dominieren. Der Klangcharakter der oft sehr hohen Stimmen kann als vibratolos und gepresst umschrieben werden; die Instrumente klingen meist laut und in der Klangfarbe schrill.

FRÜHE MUSIKINSTRUMENTE IN CHINA

Bereits das ›Buch der Riten‹ (*Li Chi*) des Gelehrten Konfuzius (551–479 v. Chr.) beschreibt vierzig nach Material und Klangkategorien geordnete Instrumente; z. B. Hand- und Hängeglocken (Metall), Klingsteine und Klingsteinspiele (Stein), Trommeln (Fell/Leder), Mundorgeln (Kürbis), Längs-, Quer- und Panflöten (Bambus), Holztrommeln und Schrapinstrumente (Holz), Saiten u. a. von Zithern (Seide), Gefäßflöten (Erde/Ton).

MUSIK IN CHINA. Mythologische Erzählungen berichten von einer Musikausübung in China bereits im 3. und 4. Jahrtausend v. Chr. Während der Shang-Dynastie (um 1700 – um 1050 v. Chr.) entwickelte sich eine halbtonlose pentatonische Tonleiter, bestehend aus den *sheng* genannten Stufen *kung*, *shang*, *chiao*, *chih* und *yü*, die trotz Erweiterung durch Durchgangs- und Verzierungsnoten bis heute die Melodiebildungen besonders der südchinesischen Musik prägt. Es ließen sich fünf verschiedene Tonarten bilden, indem jeder der fünf *sheng* Grundton eines Modus sein konnte. Im 2. Jahrhundert v. Chr. wurde die Oktave in 12 Halbtöne *lü* geteilt. Da auf jedem der 12 *lü* die fünf pentatonischen Modi errichtet werden konnten, stieg die Zahl der Modi (*tiao*) auf nunmehr 60. Unter dem Einfluss heptatonischer Melodiebildungen nördlicher und westlicher Völker wurde am Ende der Chou-Dynastie (um 1050 – 249 v. Chr.) die halbtonlose Pentatonik um zwei Halbtöne *pien* erweitert. Diese siebenstufige Tonleiter ist mit dem lydischen Tongeschlecht zu vergleichen und setzte sich besonders im Norden Chinas durch.

Die Chou-Kaiser richteten zur Überwachung der Musikausübung ein eigenes Ministerium ein, denn die Musik galt als Abbild von Ordnung und Harmonie des Menschen, des Staates und des Kosmos. Das ›Buch der Lieder‹ (*Shi-ching*), eine Sammlung von etwa 300 Volksliedern, stammt aus dieser Zeit. Es existierten zwei Hauptabteilungen der Musik am Hofe: die kultische (*ya-yüeh*) und die profane Musik (*su-yüeh*). In der Han-Dynastie (206 v. Chr. – 220 n. Chr.) waren über 800 Musiker am Hof beschäftigt; es existierten vier Orchester: ein Kulturorchester, ein ziviles Orchester, eine Kapelle für die Frauengemächer und ein Militärorchester. Die erste Erwähnung einer musikalischen Notation erfolgt durch Ssuma-Ch'ien

Chinesische Volksoper.

(etwa 145 – 86 v. Chr); reale Funde stammen erst aus der Tang-Dynastie (618–906). Seit dieser Zeit verstärkt sich der Musikeinfluss fremder Völker (*hu-yüeh*) auf das chinesische Repertoire und mit dem aufkommenden Buddhismus (Buddha, um 560 – um 480 v. Chr.) tritt neben die höfische Musik eine neue Unterhaltungs- und Bankettmusik, zu der Instrumental- und Gesangsstücke ebenso gehörten wie pantomimische Tanzvorführungen und artistische Darbietungen. Aus dem dramatischen Bühnentanz entstand später um 1830 die Peking-Oper, die als eine Synthese von Gesang, Mimik und Tanz bis heute eine Hauptgattung der traditionellen chinesischen Musik ist.

Durch den Kommunistenführer Mao Tse-tung wurde ab etwa 1945 die Volksmusik Basis des Musikschaffens. Neben alten Stoffen der Peking-Oper (*ching hsi*) wurde die zum Teil mit europäisch-romantischen Elementen durchsetzte Musik nach der Kulturrevolution 1966 besonders durch sozialistische Themen geprägt. Eine stark restaurative Tendenz mit einer erneuten Aufwertung der Peking-Oper erfolgte nach Maos Tod 1976.

MUSIK IN JAPAN. Aus der Zeit bis zum Ende des 6. Jahrhunderts sind u. a. Kugelflöten, Bronzeglocken, Maultrommeln und Bambusflöten sowie ein reicher Liederschatz belegt. Ab dem 7. Jahrhundert gelangten zusammen mit dem Buddhismus musikalische Einflüsse aus China, Korea, Indien und dem zentralasiatischen Raum nach Japan. Zentrum der klassischen Musikausübung war der Kaiserhof. Das als *gagaku* bezeichnete ›vornehme‹ Musiksystem beschränkte sich auf zwei Stilrichtungen: als *to-gaku* wurde das chinesisch, als *koma-gaku* das koreanisch beeinflusste Repertoire bezeichnet. Im 11.–16. Jahrhundert gelangten Musikformen auch außerhalb des höfischen Bereichs zu besonderer Geltung: Ursprünglich indische Hymnen buddhistischer Prägung wurden zu den neuen, spezifisch japanischen Hymnen (*wasan*, *goeika*) umgeformt. Besondere Bedeutung bei der Entwicklung der epischen Gesangstechnik und damit der großen Kriegshistorien hatte die mit einem Plektron gezupfte, birnenförmige Laute *biwa*, die bevorzugt verwendet wurde. Das an Tanzpantomimen anknüpfende Nô-Theaterspiel spiegelte u. a. mit seinen zwei Sanduhrtrommeln *otsuzumi* und *kotsozumi* die Tradition der ländlichen Instrumentalensembles wider. Vom 17. bis zur Mitte des 19. Jahrhunderts war die dreisaitige Spießlaute *shamisen*, das Instrument der ›erzählenden‹ Musik, das herausragende Begleitinstrument einer neuen, bürgerlichen Musikkultur mit zahlreichen epischen und lyrischen Gesangsstilen. Sie trug weiterhin entscheidend zur Entstehung der berühmten Tanzlieder des Kabuki-Theaters sowie der rein instrumentalen Zithermusik (Musik für *koto*) mit ihren ausgedehnten Zwischenspielen bei. Ab der Mitte des 19. Jahrhunderts verlor die traditionelle Musik Japans mehr und mehr an Bedeutung; gleichzeitig erfolgte eine Öffnung zur westlichen Musikkultur.

Die Bambusflöte Shakuhachi, gespielt von einem japanischen Mönch. Durch Verschieben des Rohres an den Lippen, halb gedeckte Grifflöcher und geräuschhaftes Blasen kann ein weites Spektrum an Klängen erzeugt werden.

MERKMALE DER JAPANISCHEN MUSIK

Die traditionelle Musik Japans basiert im Wesentlichen auf chinesischen Tonsystemen, jedoch wird eine zum Teil erweiterte Halbtonpentatonik bevorzugt. Sie ist besonders durch die Verwendung freier Rhythmen, zahlreicher Mikrotöne und Verzierungen sowie der Wertschätzung instrumententechnischer Nebengeräusche gekennzeichnet. Neben reiner Instrumentalmusik existieren zahlreiche Vokalformen sowie Gattungen, in denen Musik, Wort und Tanz eine Einheit bilden (Nô- und Kabuki-Theater, Joruri- bzw. Bunraku-Puppenspiel).

INDIEN

DER VORTRAG. Jede Aufführung indischer Kunstmusik ist eine improvisatorische Neuschöpfung innerhalb eines strengen Rahmens komplexer Regeln. Ziel der Improvisation ist es – ähnlich wie in der arabischen Musik – durch Darstellung eines musikalischen Gedankens eine spezifische Stimmung zu erzeugen. Da die indische Kunstmusik im Wesentlichen solistisch geprägt ist, herrschen kleine Ensembles vor. Die Mehrstimmigkeit beschränkt sich weitgehend auf die Form des Dialogs, ein ›Nacheinander‹ der Stimmen, z. B. zwischen dem Trommelpaar Tabla und einem Melodieinstrument oder einer Stimme. Andere Arten der Mehrstimmigkeit lähmen die Entfaltung improvisatorischer Feinheiten.
Der von dem Borduninstrument Tampura gespielte und ständig erklingende Grundton erzeugt ein konstantes Klangniveau, das eine Unterscheidung z. B. zwischen den auf den Melodiesaiten eines Sitar gespielten Intervallen untereinander und dem Grundton ermöglicht. Dadurch lassen sich innerhalb der Oktave 22 Mikrotöne (Shrutis) als Einzelton deutlich voneinander unterscheiden. Die klassische Theorie kennt als Grundskala (*grāma* ›Dorf‹) jedoch nur eine Auswahl aus den 22 Shrutis, die mindestens fünf, in der Regel aber sieben Haupttöne (Sa, Ri, Ga, Ma, Pa, Dha, Ni) und eventuell zwei Nebentöne umfasst.

RAGA. Was in der indischen Musik als Raga (›Färbung, Röte‹) oder musikalischer Modus bezeichnet wird, ist eine Gruppe von Tönen, die einer bestimmten emotionalen Stimmung entspricht. Innerhalb der durch den Raga vorgegebenen Tonfolgen kann der Musiker ein Thema improvisatorisch entwickeln. Folgende Elemente sind für

Sitar-Spieler.

WICHTIGE INSTRUMENTE

Sitar, eines der wichtigsten Instrumente der Hindustani-Musiker. Im 17. Jahrhundert erhielt das Instrument seine Form, einen birnenförmigen oder halbkugelförmigen Korpus (eventuell eine zweite Kalebasse in Höhe der Hauptwirbel) aus Holz oder Kürbis mit kleinen Schalllöchern und einem langen hohlen Hals mit 16–21 beweglichen bogenförmigen Bünden (neun pro Oktave). Vier oberhalb der Bünde angeordnete Saiten aus Stahl und Kupfer laufen über einen Steg aus Horn oder Elfenbein. Diese Saiten sind auf den Grundton, die Quinte, Oktave und Quarte gestimmt und dienen der Entwicklung der Melodie. Zwei bis drei zusätzliche, seitlich angebrachte Saiten geben den rhythmischen Bordun in Grundton und Quinte an. Zusätzlich finden sich bis zu 20 Resonanzsaiten, die über einen zweiten, unterhalb des ersten liegenden kleineren Stegs laufen. Die Melodiesaiten werden in der Regel mit einem Plektrum gezupft. Spannt man die Spielsaiten seitwärts auf den Metall-Bünden, so führt dies zu einer Art Glissando. Der besondere Schliff des Steges verleiht dem Sitar den feinen obertonreichen Klang mit einem langen Nachklang.
Tabla, Trommelpaar, bestehend aus der eigentlichen Tabla (auch: *dāyā* ›rechts‹) mit einer hölzernen Zarge und der Trommel *bāyā* (›links‹) aus Steingut oder Kupfer. Die *dāyā* wird mit der Handfläche, den Fingern und Fingerkuppen gespielt; durch Druck und Entlangschieben mit dem Handballen auf dem Fell der *bāyā* können Trommelschläge verschiedenster Tonhöhen hervorgebracht werden. Der indische Musiker kennt für jede Art des Trommelschlags einen bestimmten Namen; auf diese Weise ist er imstande, ganze Trommelstücke aufzusagen.

den Raga charakteristisch: Die Tonskala setzt sich aus präzisen Intervallen zusammen, aus Haupttönen, Nebentönen und Nuancen (Shrutis), die von einem unveränderlichen und ständig gespielten Grundton »Sa« ausgehen. Ein Raga muss eine aufsteigende und eine absteigende Progressionsleiter haben, die identisch oder verschieden sein können. Er wird von zwei charakteristischen Haupttönen bestimmt, deren Intervallabstand den Gefühlswert prägen. Auf diesen beiden Haupttönen beruht die Melodie, auf ihnen beginnen und enden die Melodiefiguren. Die Improvisation zeichnet sich durch zahlreiche ornamentale Elemente wie Verzierungen usw. aus, die in den Spielvorschriften gekennzeichnet sind. Die verschiedenen Ragas weisen komplexe Rhythmusfiguren (Tala) auf und sind mit bestimmten Tageszeiten, Naturphänomenen usw. verbunden.

Lalitâ, einer von rund 300 heute noch gespielten Ragas. Dieser Raga ist ›in den ersten Stunden des Tages zu spielen‹, seine Stimmung wird in die Worte gefasst: »Lalitâ, jung und schön, trägt ein Halsband aus siebenerlei Blüten. Ihre Augen sind länglich wie die Blütenblätter des Lotus. Noch angetan mit einem Gewand für ein Schäferstündchen, seufzt sie in der Morgendämmerung, besiegt durch das Schicksal.«

Klassischer indischer Tanz: Ausdruck bis in die Fingerspitzen.

SÜDOSTASIEN

STABSPIEL UND GONG. Zu den Ländern der südostasiatischen Musik zählen Burma, Thailand, Kambodscha, Laos, Malaysia und Indonesien. Obwohl geographisch zu Südostasien gehörend, gehören dazu nur mit Einschränkung die Philippinen (überwiegend von spanischen Musikformen bestimmt; Ausnahme: Gong-Ensemble auf der Insel Mindanao) und Vietnam (eher verwandt mit chinesischen Musikformen). Kennzeichnend für südostasiatische Musikensembles ist besonders das Vorhandensein von Stabspielen und Gongs. Der Kern von Xylophon- und Metallophoninstrumenten hat einen funktionalen Aspekt gemeinsam: Ihre wichtigste Aufgabe ist die musikalische Begleitung von Schauspiel und religiösem Ritual, die oft eine unauflösliche Einheit bilden.

JAVANISCHE MUSIK. Von allen gegenwärtig noch erhaltenen alten Musikkulturen Südostasiens ist die von Java, vor allem von Mittel-Java, wohl die höchstentwickelte. Sie äußert sich sowohl in einer reich gestuften vokalen Melodik (*tembang*) als auch in komplizierten Kompositionen (Gending) für Orchester (Gamelan).
Ein Gamelan ist unterschiedlich besetzt und besteht mit seinen bis zu 75 Instrumenten in erster Linie aus Gongs, Stabspielen, Schlaginstrumenten, Flöte und Fidel. Der Name eines Gamelans kann sowohl seine Funktion als auch seine Größe (Gamelan Klenengan: Kammerorchester) beschreiben, in Anlehnung an ein besonders markantes, tonangebendes Instrument (z. B. Gamelan Gambang) oder nach der gewünschten Wirkung benannt sein.

FORMBESTIMMENDE, INTERPUNKTIERENDE INSTRUMENTE IM JAVANISCHEN GAMELAN. Der ›hängende‹ Gong Ageng mit unbestimmter Tonhöhe beschließt sowohl die Komposition als auch größere Abschnitte (*gongan* melodische ›Perioden‹), der ›hängende‹ Gong Kempul (ebenfalls mit unbestimmter Tonhöhe) unterteilt die Phrasen in noch kleinere Abschnitte. Der Kenong besteht aus einem Satz von einzelnen, größeren Buckelgongs, die auf einem Holzrahmen über gekreuzten Schnüren befestigt sind. Kenongs unterteilen die Perioden in Unterabschnitte (*kĕnongan* ›Phrasen‹).

MELODIEBESTIMMENDE INSTRUMENTE IM JAVANISCHEN GAMELAN. Als Saron bezeichnet man Metallophone, deren bronzene Klangplatten auf einem Holztrog liegen. Der verklingende Ton wird mit Daumen und Zeigefinger gedämpft, während der nächste angeschlagen wird. Auf diesen Instrumenten wird die Kernmelodie (*balunganing gĕnding*) sozusagen als Cantus firmus vorgetragen, die sich innerhalb zweier Oktaven bewegt. Da jeder der Sarons nur eine Oktave Umfang hat, wird die Kernmelodie dabei teilweise ›umgeklappt‹ und bei Bedarf (oft zwei- oder dreifach) oktaviert. Der hohe Saron Panerus

TONSYSTEME IM JAVANISCHEN GAMELAN

Die javanische Musik bedient sich in erster Linie zweier Tonsysteme, sléndro und pélog (die folgenden Angaben in Cent können variieren).

SLÉNDRO

barang 223	*gulu* 253
dada 236	*lima* 225
nem 263	

Die Abstände zwischen den Tönen sind nicht gleich groß. Gewöhnlich sind zwei etwas größere (etwa 260 Cent) und drei etwas kleinere Tonschritte (225–230 Cent) vorhanden. Bei Intervallmessungen an Metallophonen aus vielen Dutzenden von Gamelans hat sich herausgestellt, dass die beiden größeren Tonschritte nicht an einen festen Platz in der Skala gebunden sind, aber mit der Einschränkung, dass sie niemals unmittelbar aufeinander folgen. Da in der Praxis außerdem ein und dieselbe Komposition auf einem anderen Instrumentarium (Gamelan) in derselben Weise zu Gehör gebracht wird, heißt das: Die Sléndro-Skala wird funktionell so gehandhabt, als ob sie sich aus gleichen Tonschritten a' 240 Cent (ein Halbton entspricht 100 Cent) zusammensetzen würde.

PÉLOG

bem 120	*gulu* 150
dada 270	*pélog* 130
lima 115	*nem* 165
barang 250	

Die heptatonische Pélog-Skala ist als Materialleiter anzusehen, eine Art von kleinstem gemeinsamen Vielfachen einer Anzahl von fünftönigen Gebrauchstonleitern. Auch in diesen nun pentatonischen Pélog-Skalen findet man jeweils wieder zwei größere Tonschritte; die in der Leiter aber stets an derselben Stelle liegen. Alle drei Pélog-Skalen zeigen den Aufbau

synkopiert oder verdoppelt zuweilen die Notenwerte der übrigen Sarons.
Unter dem Begriff Gender werden Metallophone mit bis zu 14 frei aufgehängten Bronzeplatten zusammengefasst, die jeweils eine Bambusröhre als Resonator besitzen. Sie dienen der Umspielung und Verzierung der Kernmelodie. Kesselgongspiele (Bonangs) aus 10, 12 oder 14 kleinen, gebuckelten Gongs mit bestimmter Tonhöhe, die in Java in zwei Reihen jeweils auf gekreuzten Schnüren über einen hölzernen Rahmen gelegt werden, akzentuieren bestimmte Töne (z. B. den 2. oder 4. Ton); Bonangs verzieren und umspielen allerdings auch die Kernmelodie.
Gambang, das ist der Sammelbegriff für Xylophone, deren rund 20 hölzerne Platten auf einem Holzkasten ruhen und mit zwei filzumwickelten Schlegeln mit radförmigen Köpfen geschlagen werden. Auf den Gambangs wird die Kernmelodie oft in Gegenbewegung umspielt. Dabei kommt in jeder dem Hauptton zugeordneten Notengruppe der Hauptton selbst vor. Die 13 Töne der mit doppelchörigen Metallsaiten versehenen Zither Celempung werden mit den Daumennägeln angerissen, auch auf diesem Instrument wird die Kernmelodie umspielt und verziert. ›Schöpferin der Melodie‹ schließlich ist eine zweisaitige, gestrichene Spießgeige (Rebab), auf der die Komposition eingeleitet und die Kernmelodie verziert wird.
Als Blasinstrument im Gamelan ist die Längsflöte Suling zu nennen, diese Bambusflöte ist etwa 45 cm lang und hat einen Durchmesser von rund 2½ cm. Sie dient der freien Interpretation der Kernmelodie und tritt, anders als die umspielenden Instrumente, mit einer selbständigen Gegenstimme als echtes ›polyphones‹ Element auf.

klein-klein-groß-klein-groß, bestehen also wie die Sléndro-Skala aus zwei großen und drei kleinen Tonschritten; z. B.:

Pélog I–I':

bem 120	*gulu* 150
dada 400	*lima* 115
nem 415	

Pélog V–V':

lima 115	*nem* 165
barang 370	*gulu* 150
dada 400	

Gamelan-Ensemble.

IM UMFELD DER MUSIK

MUSIKWISSENSCHAFT

AUFGABEN DER MUSIKWISSENSCHAFT

Die heute noch gültige Einteilung der Musikwissenschaft in den historischen und den systematischen Bereich geht auf Guido Knopps 1885 erschienene, programmatische Schrift über *Umfang, Methode und Ziel der Musikwissenschaft* zurück, in der er eine Neuorientierung des Fachs Musikgeschichte als Musikwissenschaft vorlegte. Eine klare Abgrenzung der beiden Arbeitsgebiete fällt zum Teil schwer, da Themen wie z. B. der Instrumentenbau unter verschiedenen Gesichtspunkten beiden Bereichen zuzuordnen sind. Manche Zuordnung ist fraglich, etwa die Einbeziehung der Musikpädagogik.
Die Musikwissenschaft reicht von der universitären Forschung und Lehre, der Auseinandersetzung mit der historischen und zeitgenössischen Musikpraxis bis in den journalistischen und kommerziellen Bereich. Zu den zentralen, bis ins frühe 19. Jahrhundert zurückreichenden Arbeitsbereichen der Forschung zählt die Herausgabe von Komponisten-Gesamtausgaben, deren frühe Zeugnisse inzwischen selber Gegenstände der Musikgeschichtsforschung geworden sind.

VORSTUFEN. Die Musikwissenschaft als universitäre Disziplin ist eine Domäne des 20. Jahrhunderts, doch reichen ihre Anfänge bis in die antike pythagoreisch-griechische Naturphilosophie des 6. Jahrhunderts v. Chr. zurück. Im Mittelpunkt dieser frühen Phase standen Untersuchungen über das Verhältnis von Klang und Zahl: Auf der Basis von Tönen und Intervallen definierte sie Harmonik als System von Zahlenverhältnissen. Ab dem 4. Jahrhundert v. Chr. widmete sich die altgriechische Musiklehre vorrangig der Harmonik, Rhythmik und der Lehre vom Ethos. Hierauf basierend wurde die Musiktheorie im Mittelalter als Ars musica in die Septem artes liberales aufgenommen, als obligates Fach im für alle Wissenschaften verbindlichen Grundstudium, untergliedert in die Bereiche Zahlengesetzlichkeit und Musikpraxis. Zentren mittelalterlicher Musiktheorie waren Klöster sowie Kathedral- und Domschulen. Bis ins 16. Jahrhundert führte die Erlangung eines akademischen Grades immer auch über das Studium dieser Musica speculativa.

NEUZEIT. Zwischen dem 15. und 18. Jahrhundert trat die Musikwissenschaft nicht mehr als eigenständiges Lehrfach in Erscheinung. Gründe dafür sind in einem Zurückdrängen mathematischer Fragestellungen als auch in stärkerer Betonung der Musikpraxis zu suchen. Der Kontakt jedoch zur Universität ging nie ganz verloren. Im enzyklopädischen Denken des 17. Jahrhunderts hatte auch das theoretische Nachdenken über Musik seinen Platz. Spekulation und Empirie gleichermaßen prägen das Denken Athanasius Kirchers, dessen Auslassungen zur barocken Stil- und Affektlehre europäische Anregungen aufgreift. Im 18. Jahrhundert nahm die universitäre Musikwissenschaft einen Aufschwung und wandte sich mathematisch-naturwissenschaftlichen Fragestellungen und solchen der musikalischen Praxis zu, in enger Verbindung zu den Geisteswissenschaften (Philosophie, Logik, Ästhetik). Es kristallisierte sich ihr bis heute gültiger Schwerpunkt heraus: das Aufspüren der Wurzeln zeitgenössischer Musik in ihrer Geschichte.

UNIVERSITÄRE DISZIPLIN. Personell gelang der Musikwissenschaft der Wiedereinstieg über die Position des Universitätsmusikdirektors, so z. B. für den Bach-Forscher Nikolaus Forkel 1779 in Göttingen. 1830 richtete die Berliner Universität eine ordentliche Professur für Adolf Bernhard Marx ein. Weitere Professuren folgten, sodass sich in der zweiten Hälfte des 19. Jahrhunderts die Musikwissenschaft an namhaften Universitäten etablieren konnte. Zu den prominenten Namen der ersten Stunde zählen Eduard Hanslick, der 1861 in Wien berufen wurde, Johann Gottfried Heinrich Bellermann, der 1866 in Berlin die Nachfolge von Marx antrat, und Guido Adler, der nach Hanslick 1898 in Wien den Lehrstuhl übernahm.

Heinrich Schütz.
Sämtliche Werke
Herausgegeben
von
Philipp Spitta
Achtzehnter Band
Gesammelte Motetten, Konzerte, Madrigale und Arien
Fünfte Abteilung
Herausgegeben von Heinrich Spitta
Verlag von Breitkopf & Härtel in Leipzig
1927

Titelblatt der Schütz-Gesamtausgabe. Den 16 Bänden, die Philipp Spitta 1885–94 herausgab, folgten 1909–27 zwei Supplementbände, verantwortet von Arnold Schering und Heinrich Spitta.

Die Bezeichnung Musikwissenschaft (auch Musikforschung) wurde erst um 1885 eingeführt, nicht zuletzt durch das Erscheinen der *Vierteljahrsschrift für Musikwissenschaft*, nachdem bereits 1868 die Gesellschaft für Musikforschung gegründet worden war.
Seit dem 20. Jahrhundert versteht sich die Musikwissenschaft als universitäre Disziplin in Forschung und Lehre. Sie ist an Universitäten und Technischen Hochschulen vertreten, seit der zweiten Jahrhunderthälfte auch in Form von musikwissenschaftlichen Lehrstühlen an Musikhochschulen, die oft ebenfalls akademische Grade, Magister und Doktor der Philosophie, verleihen können.

FORSCHUNG UND PRAXIS. Die Wechselbeziehung zwischen Musikforschung und -praxis ist konfliktreich, aber konstruktiv. Von jeher begegneten sich Musiker und Musiktheoretiker mit Misstrauen: Musiker lehnten den intellektuell-kognitiven Zugang zur Musik ab und verließen sich auf Emotion und Intuition; Musikforscher warfen Musikern dies als Einseitigkeit vor und ließen es häufig an Verständnis für die nicht rationalen Seiten der Musikausübung fehlen. Wie fruchtbar ein konsequentes Zusammenwirken sein kann, belegen die Ergebnisse der Historischen Aufführungspraxis. Hier flossen musikwissenschaftliche Forschungsergebnisse in die musikalische Praxis ein und haben das öffentliche Musikleben reformiert.

DISZIPLINEN DER MUSIKWISSENSCHAFT

1. Musikgeschichte bzw. Historische Musikwissenschaft
Notationskunde – Geschichte der Musiktheorie – Philologie des Musikschrifttums – Instrumentenkunde – Ikonographie/Bildkunde – Aufführungspraxis
2. Systematische Musikwissenschaft
Akustik (Tonsysteme, Physik der Instrumental- und Vokalklänge, Raumakustik, Schallaufnahme und -wiedergabe, Schallaufzeichnung und -messung) – Physiologie der Musikerzeugung und -wahrnehmung (Stimmphysiologie, Instrumentenspiel, Gehörphysiologie) – Ton- oder Gehörpsychologie – Musikästhetik – Musikphilosophie – Musikalische Völkerkunde (Musikethnologie) – Musiksoziologie – Angewandte Musikwissenschaft (Musikpädagogik, Musikkritik, Instrumenten- und Gerätebau)

GESAMTAUSGABEN

Die Jahreszahlen nennen jeweils das Erscheinen des ersten Bandes.

Johann Sebastian Bach 1851; 1954
Ludwig van Beethoven 1862; 1964
Georg Friedrich Händel 1787; 1843; 1955
Joseph Haydn 1800; 1907
Wolfgang Amadeus Mozart 1798; 1876; 1966
Arnold Schönberg 1966
Franz Schubert 1888; 1964
Heinrich Schütz 1885; 1955

MUSIKPSYCHOLOGIE I

STANDORTBESTIMMUNG. Ursprünglich der Psychologie zugehörend, wird die Musikpsychologie im deutschsprachigen Raum heute in der Regel der systematischen Musikwissenschaft zugeordnet. Vielfältige Überschneidungen mit anderen Wissenschaften, wie z. B. der Physik, Medizin und Pädagogik, beeinflussen die Musikpsychologie sowohl in den Themenstellungen als auch in methodischer Hinsicht. Aus diesem Grund fehlen ein einheitlicher Wissenschaftsbegriff und eine zusammenhängende Theoriebildung.

DER BEGINN. Erste Belege zur Beschreibung der Wirkungen von Musik auf die Psyche des Menschen finden sich bereits in Schriften der griechischen Antike; als Ursache wurden die mathematisch-physikalischen Eigenschaften der Klänge vermutet. So verwies Pythagoras auf den direkten Zusammenhang zwischen Saitenlänge und Tonempfindung und auf die Übereinstimmung zwischen einfachen Intervallverhältnissen und Konsonanzwahrnehmung. Platon betonte, dass harmonische Musik bei der Herstellung bzw. Aufrechterhaltung von psychophysischer Ausgeglichenheit bedeutende erzieherische oder therapeutische Funktionen ausübe. Von dem in Alexandrien wirkenden Arzt Herophilos (um 300 v. Chr.) wurden Untersuchungen über Zusammenhang zwischen Musikhören und dem Pulsschlag des Menschen bekannt.
Den Beginn der modernen musikpsychologischen Forschung markiert 1879 in Leipzig die Eröffnung eines psychologischen Labors durch Wilhelm Wundt. Die bis dahin überwiegend theoretischen Überlegungen konnten nun auf die Basis wissenschaftlicher Erkenntnis bezogen und Hypothesen im Experiment überprüft werden.

AUFGABEN. Vordringliche Aufgabe der Musikpsychologie ist die Erforschung universeller Gesetzmäßigkeiten beim Musikmachen und Musikhören; wissenschaftliche Grundlagen liefern dazu die Psychoakustik, Psychophysik und die Psychophysiologie. Weiterhin werden schwerpunktmäßig die Prozesse von musikbezogener Repräsentation, Wahrnehmung und Empfindung sowie die Entwick-

FORSCHUNGSTHEMEN

Musikalität. Wie ist Dimensionalität und Entwicklung von Musikalität u. a. in Abhängigkeit von Umwelteinflüssen zu fassen? Als Untersuchungs- und Hilfsmittel stehen die so genannten Musikalitätstests zur Verfügung.
Musikalische Wahrnehmung. Wie sind melodische, rhythmische und harmonische Aspekte der Musik in der Wahrnehmung organisiert und in der Vorstellung repräsentiert?
Musikerleben. Musikerleben steht als summarischer Begriff für einen ganzheitlichen Prozess der bewussten Hinwendung zur Musik. Wie stehen die verschiedenen Komponenten des Musikerlebens in Wechselbeziehung zur Persönlichkeit des Einzelnen?
Musikpräferenzen. Musikalische Vorlieben und Abneigungen entwickeln sich bereits im Kindesalter. Die Ursachen der Einstellungen und Wertvorstellungen zur Musik sind sowohl im Umfeld des Menschen (Eltern, Gleichaltrige, Medien usw.) als auch in der individuellen Art des Musikerlebens zu suchen. Wie lässt sich Musikgeschmack erfassen und beschreiben, wie lässt sich Toleranz aufzeigen?
Mediale Musikrezeption. Die Menschen konsumieren Musik heute mehrheitlich über Medien wie Tonträger, Rundfunk und Fernsehen. Wie lassen sich Intensität und Struktur des Musikerlebens sowie der Musikgeschmack beeinflussen?

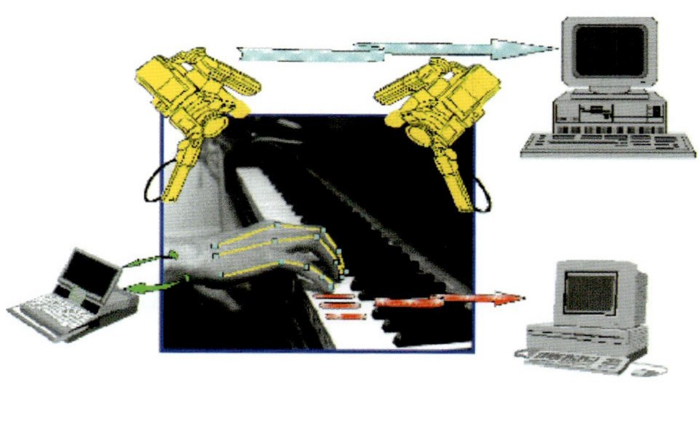

Versuchsanordnung des Instituts für Musikphysiologie und Musiker-Medizin in Hannover.

lung musikalischer Fähigkeiten untersucht. Eine besondere Nähe zur Musiksoziologie zeigt die Erforschung musikalischer Handlungen im gesellschaftsgeprägten Kontext.

PSYCHOAKUSTIK, PSYCHOPHYSIK, PSYCHOPHYSIOLOGIE. Zu den zentralen Themen der Psychoakustik gehören die Untersuchungen zu den Dimensionen und Grenzbereichen der Hörwahrnehmung. Hermann von Helmholtz beschrieb 1863 in seiner *Lehre von den Tonempfindungen* die Rolle der Teiltöne für die Wahrnehmung der Klangfarbe, formulierte eine »Resonanztheorie« zur Funktionsweise des Gehörs und führte das Rauigkeitsempfinden und den Dissonanzeindruck von Klängen auf Schwebungen zurück.
In der Psychophysik geht es besonders um die quantitative Beschreibung und Skalierung subjektiver Empfindungen in Relation zu physikalisch definierten Größen der Reizstruktur. Als bedeutende Vertreter gelten Ernst H. Weber und Gustav Theodor Fechner. Fechner stellte fest, dass für alle Sinne die durch den Reiz hervorgerufene Empfindungsstärke dem Logarithmus der Reizgröße proportional sei.
Die Psychophysiologie beschäftigt sich dagegen mit dem Einfluss musikalischer Reize auf körperliche Vorgänge. Bedeutend wurden die Arbeiten von Wilhelm Wundt zu der von ihm postulierten Elementenpsychologie. Ziel der Untersuchungen war es, qualitative Bestimmungen des emotionalen Erregungszustandes in Abhängigkeit vom musikalischen Reiz belegen zu können.
Die moderne Psychophysiologie ist heute in der Lage, auch Gehirnströme beim Musikmachen und Musikhören aufzuzeigen, und liefert so wichtige Beiträge zur Entwicklung von Modellen der Repräsentation von Musik.

GESTALTPSYCHOLOGIE. Neue Forschungsimpulse gingen von der durch Phänomenologie und Introspektion geprägten Gestaltpsychologie aus. Sie betont, dass Wahrnehmung ein ganzheitlicher Vorgang ist – damit mehr als nur die Summe einzelner Reize – und keine direkte Reiz-Reaktionskausalität besteht. Christian von Ehrenfels führte dazu die ganzheitliche Wahrnehmung der Melodie an, die gegenüber der Summe der einzelnen Töne etwas Neues sei; sie bleibe aber dieselbe, auch wenn durch Transponieren jeder Einzelton ein anderer werde. Von herausragender Bedeutung wurden die Arbeiten der Berliner Schule von Carl Stumpf, der besonders im zweiten Band seiner *Tonpsychologie* (1890) die Ganzheit der Wahrnehmung zu erfassen suchte. Seine Verschmelzungstheorie wurde wegweisend für aktuelle Erklärungen zum Konsonanzphänomen, seine Formanttheorie für Erklärungen der Wahrnehmungsqualitäten von Sprachlauten und Instrumentalklängen. Auch die Theorien von Ernst Kurth sind aus der Gestaltpsychologie zu erklären; er stellte das Erleben der der Musik innewohnenden Kraft und Energie und die Qualität der Klangmaterie ins Zentrum seiner Betrachtungen.

MUSIKSOZIOLOGIE

Die Musiksoziologie ist eine in Gegenstand und Methoden nicht einheitlich definierte Disziplin; es bestehen u.a. Überschneidungen mit Themen der Musikpsychologie (z.B. Untersuchungen zu Musikpräferenzen). Je nach Auffassung befasst sie sich mit den Beziehungen zwischen Musik und Gesellschaft oder aber sie begreift Musik selbst als fait social.
Als ein Teilgebiet der allgemeinen Soziologie beschäftigt sich die Soziologie der Musik mit dem Handeln der an Musik beteiligten Personen bzw. Institutionen, z.T. unter Ausschluss des musikalischen Werkes als einem ästhetischen Gegenstand. Als Bestandteil der systematischen Musikwissenschaft untersucht sie einerseits die sozialen und ökonomischen Umstände, welche mit der Entstehung, Darbietung oder Rezeption von Musik verbunden sind, andererseits die Einwirkungen dieser Faktoren auf die Struktur von musikalischen Gebilden.
Im Unterschied zu einer idealistischen Auffassung von Musikwissenschaft, die das Werk aus sich heraus interpretiert und sich auf die Analyse der kompositionstechnischen Gegebenheiten konzentriert, geht es der Musiksoziologie also darum, das soziale Umfeld des Musikschaffens und -rezipierens zu erfassen. Es sollen kausale Zusammenhänge zwischen gesellschaftlichen und musikalischen Phänomenen ermittelt werden, um durch Erkenntnis des jeweils Typischen zur Theoriebildung zu gelangen.
Als wohl früheste musiksoziologische Schrift gilt Max Webers Entwurf *Die rationalen und soziologischen Grundlagen der Musik* (1921). Herausragende Vertreter von teilweise stark divergierenden Richtungen der neueren Musiksoziologie sind Th.W. Adorno – die Diskussion um seine *Einleitung in die Musiksoziologie* (1962) ist noch immer nicht abgeschlossen –, Kurt Blaukopf, Tibor Kneif, Christian Kaden u.a.

MUSIKPSYCHOLOGIE II

IMPULSE AUS DEN USA. Die Ende des 19. Jahrhunderts verstärkt einsetzende musikpsychologische Forschung in den USA zeichnete sich – im Gegensatz zu Deutschland – durch eine mehr empirisch-experimentelle und behavioristische Richtung aus. In erster Linie versuchte man in Experimenten die emotional-psychische und physische Wirkung von Musik nachzuweisen. Neben der freien Befragung bekam die Methode der gelenkten Befragung besonderes Gewicht. Benjamin Ives Gilman (1892) spielte beispielsweise Versuchspersonen ganze Musikstücke vor und befragte diese anschließend hinsichtlich der wahrgenommenen Wirkungen von Musik. Die 1912 von H. P. Weld vorgelegte Untersuchung zum musikalischen Genuss entsprang einer Auswertung von freien Assoziationen der Versuchspersonen zu taktweisen Auszügen aus verschiedenen Kompositionen inklusive der Messung von Veränderungen von Blutdruck und Atmung und führte zur Bestimmung von vier Hörertypen. Einen Vergleich der Wirkungsfunktionen von Liedern unterschiedlicher Kulturen legte 1935 Ralph H. Gundlach vor; erstmalig kam hier die Faktorenanalyse zur Auswertung der Daten zur Anwendung.

MUSIKALITÄT. Impulse der amerikanischen Testpsychologie führten zur Entwicklung von Musikalitätstests, die subjektive Urteile über Grad und Ausprägung musikalischer Fähigkeiten objektivierbar machen sollen. Den ersten standardisierten Musikalitätstest entwickelte 1919 Carl E. Seashore. In Deutschland wurde besonders der erstmals 1966 veröffentlichte Test von Arnold Bentley bekannt.

MUSIKALISCHE ENTWICKLUNG. Die Erforschung der musikalischen Entwicklung besonders im Kindes- und

METHODEN DER DATENERHEBUNG

Befragung/Interview. Eine Befragung kann frei oder gelenkt erfolgen. Beim narrativen Interview berichtet die Versuchsperson in einer ersten Phase zunächst frei. In einer zweiten Phase folgt ein vertiefendes Nachfragen. Das biographische Interview liefert Daten zur musikalischen Entwicklung.
Beobachtung und Beschreibung. Die systematische Beobachtung ist besonders angebracht, wenn Experimente aus ethischen und technischen Gründen nicht durchführbar sind. Dabei werden verstärkt Videoaufzeichnungen eingesetzt, die ein mehrfaches Beobachten ermöglichen.
Introspektion. Hier ist der Forscher gleichzeitig die Versuchsperson. Er beobachtet sich selbst, versucht seine Gedanken und Gefühle möglichst wertfrei zu protokollieren und auszuwerten.
Psychologische Messungen. Eine schnelle Beurteilung von messbaren Sachverhalten ermöglicht das so genannte semantische Differential. Basis sind Listen zum Ankreuzen, in denen jeweils zwei entgegengesetzte Adjektive mit einer mehrstufigen Skala verbunden sind (z. B. Untersuchungen zur emotionalen Musikwirkung: langsam – schnell, einfach – kompliziert, heiter – traurig).
Physiologische Messungen. Von physiologischen Messungen (Hautleitfähigkeit, Atemfrequenz, Pulsschlag, Gehirnstrom usw.) erhofft man sich genauere Daten für die Beschreibung von musikalischen Verarbeitungsprozessen. Wichtig aber ist sie auch bei der Diagnostik von instrumentalspielbezogenen Erkrankungen.

Die Veeh-Harfe, ein einfaches Musikinstrument, eignet sich gut für die Arbeit mit geistig Behinderten.

Jugendalter stellt ein zentrales Thema der modernen Musikpsychologie dar. Neben den bereits Ende des 19. Jahrhunderts durchgeführten Beobachtungen und Beschreibungen der eigenen Kinder wurden später auch experimentelle Studien hinzugezogen. Eine 1917 von Heinz Werner verfasste Arbeit widmet sich z. B. der Melodieerfindung von Kleinkindern.

WEITERE FORSCHUNGSRICHTUNGEN. Die in den 1930er-/40er-Jahren entstandene Entwicklungstheorie von Jean Piaget lieferte den theoretischen Bezugsrahmen für eine Reihe wichtiger Untersuchungen u. a. von Marilyn Pflederer-Zimmermann. Auf eher interaktionistischen Grundpositionen – diese verstehen Entwicklung als Ergebnis der komplexen wechselseitigen Beziehungen zwischen Individuum, seiner Umwelt und dem situativen Kontext – basieren dagegen neuere Arbeiten von Sandra Scarr und Kathleen McCartney (1983).
Von besonderer Bedeutung für die Musikpsychologie war die Entwicklung behavioristischer Forschung zur informations- und kommunikationstheoretischen Richtung in der Psychologie. So versuchte der Franzose Abraham E. Moles 1958 den Begriff des ästhetisch Schönen aus dem Informationsgehalt eines Musikstücks zu erklären.
Die aus der Informationstheorie Ende der 1970er-Jahre entstandene Kognitive Musikpsychologie erforscht das Gebiet der auditiven Wahrnehmung und kann als eine Weiterentwicklung der Gestaltpsychologie angesehen werden. Zentrale Aufgabe ist es, Modelle von kognitiven mentalen Systemen zur Repräsentation von psychischen Prozessen wie Gedächtnis- und Wissensstrukturen, Wahrnehmungsvorgängen, Kategorisierungsaspekten oder Lernprozessen zu erstellen. Wichtige Arbeiten der 1980er-/90er-Jahre hierzu stammen von Diana Deutsch und Carol L. Krumhansl.

ANGEWANDTE MUSIKPSYCHOLOGIE. Die angewandte Musikpsychologie widmete sich in den letzten Jahren insbesondere folgenden Themenfeldern: Musikkonsum und mediale Verbreitung von Musik (Hörverhalten, Musikpräferenzen usw.), funktionelle Musik (Musik am Arbeitsplatz, Musik in Kaufhäusern, Musik in der Werbung usw.) sowie Studien zum Lernen und Lehren von Musik (auch zum Erlernen anderer Fähigkeiten im Zusammenhang mit Musik).

MUSIKTHERAPIE. Auch die Musiktherapie, die sich Mitte des 20. Jahrhunderts institutionalisierte, kann als eine anwendungsorientierte Variante der Musikpsychologie angesehen werden. Sie zielt darauf ab, mit Hilfe verschiedener musikalischer Elemente (Melodie, Harmonie, Rhythmus) heilend auf die Psyche einzuwirken. Behandelt werden in Zusammenarbeit mit Medizin, Psychologie, Physiologie und Heilpädagogik funktionale, psychosomatische und zerebrale Störungen, Psychosen, Neurosen, Suchtkrankheiten und andere Leiden.

METHODEN DER DATENAUSWERTUNG

Mit Herbert Bruhn können folgende Methoden der Datenauswertung unterschieden werden.

Interpretation. Insbesondere Beobachtungen und Beschreibungen werden auf der Grundlage von Theorien durch Interpretation gewichtet und ausgewertet.
Deskriptive Statistiken. Angaben von Häufigkeiten, Prozentberechnungen, Mittelwerten usw. bilden die Basis für die Datenauswertungen; anschaulich werden die Statistiken durch graphische Darstellungen.
Inhaltsanalyse. Aus Beobachtungen, Befragungen oder sonstigem Textmaterial werden die Aussagen herausgefiltert, kategorisiert und innerhalb der Kategorien anschließend Häufigkeiten berechnet.
Mehrdimensionale Skalierung. Diese Methode erlaubt es, Aussagen über empfundene Nähe, Ähnlichkeit usw. räumlich darzustellen.
Korrelative Verfahren. Ziel dieser Datenauswertung ist es, die Beziehung zwischen zwei oder mehr Variablen als Zahlenwert darzustellen. Die so genannte Faktorenanalyse ist dabei eine in den 1950er-Jahren entstandene Form der zweifachen Korrelation.
Clusteranalyse. Auch in der Clusteranalyse werden z. B. Aussagen auf ihren Zusammenhang hin untersucht; das gemeinsame Auftreten bzw. Fehlen von Merkmalen führt zu Ähnlichkeiten von Gruppen (Clustern).
Computersimulation. Simulationen von theoretischen Modellen (z. B. neuronale Netzwerke) sind ohne Computer nicht mehr durchführbar.

MUSIKPÄDAGOGIK

BEREITS Martin Luther, der sich selbst sogar als Komponist versucht hat, weist in seinen *Tischreden* auf die erzieherische Funktion der Musik hin.

»Musica ist eine halbe Disziplin und Zuchtmeisterin, so die Leute gelinder und sanftmüthiger, sittsamer und vernünftiger macht (…). Man muß Musicam von Noth wegen in Schulen behalten. Ein Schulmeister muß singen können, sonst sehe ich ihn nicht an.«

ZIELE UND AUSBILDUNG. Terminologisch lassen sich die drei Begriffe Musikpädagogik, Musikerziehung und Musikdidaktik schwer gegeneinander abgrenzen. Musikerziehung gilt zwar vorrangig jungen Menschen, doch sollte kein Lebensalter von musikpädagogischen Bemühungen ausgeschlossen sein. Umgangssprachlich meint Musikerziehung den schulischen Unterricht an allgemeinbildenden Schulen. Daneben ist aber auch der Bereich der individuellen Musikunterweisung gemeint, die Ausbildung am Instrument, im Gesang, in Theorie und Ensemblespiel, entweder im privaten Einzelunterricht oder an kommunalen Musikschulen.
Schulische Musikdidaktik unterscheidet sich von der Didaktik des Instrumental- und Gesangsunterrichtes; beide werden mit unterschiedlicher Akzentuierung von schulpraktischen und künstlerisch ausgerichteten Anteilen weitgehend voneinander getrennt an Universitäten, Musikhochschulen und Pädagogischen Hochschulen sowie an Musikhochschulen und Konservatorien gelehrt. Die Ausbildungsinhalte differieren europaweit, unterscheiden sich aber auch in den einzelnen deutschen Bundesländern.

WEGBEREITER. Die fest im schulischen Lehrplan verankerte Erziehung durch und zur Musik ist im engeren Sinn eine wichtige Errungenschaft des 20. Jahrhunderts. Ihr heutiger, zumindest in seiner Konzeption sehr fortschrittlicher Ansatz ist Ergebnis einer langen Entwicklung.
Die erste grundlegende Reform des Musikunterrichtes leitete Leo Kestenberg, Referent am preußischen Kultusministerium, in den 1920er-Jahren ein. Basierend auf den Ideen prominenter Musikpädagogen wie Fritz Jöde stellte er auch die Weichen für die Einrichtung städtischer Jugendmusikschulen. Die Jugendmusikbewegung zu Beginn des 20. Jahrhunderts verdankt wichtige Impulse der »Wandervogelbewegung«, die bei aller Problematik der zeitverhafteten Ideologie mit dem Namen Hans Breuer verbunden ist, dem Herausgeber der bis 1927 in 826 000 Stück gedruckten populären Liedersammlung *Der Zupfgeigenhansl* (1909).

ORFFS *SCHULWERK*. Einen besonders eigenwilligen und zukunftsträchtigen Akzent setzte der Komponist und Pädagoge Carl Orff, der sein pädagogisch-musikalisches Schulwerk, das bis heute in variabler Form im schulischen Musikunterricht eingesetzt wird, erstmals 1930–35 herausgab. Orff veröffentlichte hierzu eine Beispielsammlung und stellte ein spezifisches Instrumentarium (»Orff-Instrumente«) zusammen, das einfach und ohne Vorkenntnisse zu bedienen und zu pflegen ist. Dazu gehören zahlreiche Schlaginstrumente, darunter unterschiedliche Metall- und Holz-Stabspiele, Trommeln, Pauken und Becken, die Elemente volkstümlicher Instrumente aufgreifen und nach Orffs Angaben gebaut werden.

DER
ZUPFGEIGENHANSL
HP
HERAUSGEGEBEN VON HANS BREUER
UNTER MITWIRKUNG VIELER WANDERVÖGEL
VERLAG FRIEDRICH HOFMEISTER, LEIPZIG
NEUNTE AUFLAGE 1912 52.—71. TAUSEND

Der Zupfgeigenhansl, die berühmte Liedersammlung der Jugendmusikbewegung, die ab 1910 erschien. Den Innentitel hatte Hermann Pfeiffer entworfen.

MUSIKERZIEHUNG VOR UND NACH 1945. Die Bemühungen um einen geregelten Musikunterricht an allgemeinbildenden Schulen erlitten in den zwölf Jahren des Dritten Reichs einen herben Rückschlag. Von hier aus sind auch die Tendenzen einer Wiederbelebung nach dem Ende des Zweiten Weltkriegs zu begreifen: Entschieden distanzierte man sich von der ideologisch geprägten Singebewegung und pflegte auf Kosten des Singens und Musizierens besonders die »Didaktik des musikalischen Kunstwerkes« (Michael Alt). In den siebziger Jahren verlagerte sich das Interesse auf die auditive Kommunikation, die sich auf die Schallereignisse der Umwelt und deren Rezeption konzentrierte.

Ab den 1980er-Jahren scheint im relativ ausgewogenen Nebeneinander von Singen, Musizieren und Hören eine sinnvolle Synthese aller Strömungen und Moden erreicht zu sein. Ihren Niederschlag fanden diese Bemühungen auch in zahlreichen neuen Lehrbüchern für den Musikunterricht, an dessen praktischer Durchführbarkeit trotz ausgearbeiteter, mit zunehmender Häufigkeit geänderter Lehrpläne weiter zu arbeiten ist. Anteil und Gewicht des Musikunterrichts in den Stundentafeln und Lehrplänen der öffentlichen Schulen sind leider, trotz gegenteiliger Absichtserklärungen aus den Kultusministerien und trotz mancher seine Notwendigkeit stützender Forschungsergebnisse, insgesamt geringer geworden.

FACHVERTRETER. Für die Interessen der öffentlichen Musikerziehung setzen sich in Deutschland mehrere Berufsverbände ein. Sie veranstalten regelmäßige Fachtagungen und versuchen, in engem Kontakt mit den zuständigen Kultusministerien und Schulverwaltungen inhaltliche und organisatorische Verbesserungen durchzusetzen, wozu auch die Ausbildung künftiger Musiklehrer zählt. Die Musikpädagogik hat sich zudem als eigenständige wissenschaftliche Disziplin etabliert (Sigrid Abel-Struth), in der ihre Geschichte systematisch erforscht wird.

VERFASSER DER KAPITEL

MANFRED ERNST: S. 432–485, 488–491.

FRANZ JOSEF RATTE: S. 22–27, 34–51, 78–79, 88–91, 136–137, 140–147.

ARNOLD WERNER-JENSEN: S. 9, 12–21, 28–33, 52–77, 80–87, 92–135, 138–139, 150–431, 486–487, 492–493.

LITERATURHINWEISE

Das vorliegende Verzeichnis ausgewählter Literatur ist den einzelnen Kapiteln des Buches zugeordnet; vorangestellt werden allgemeine Nachschlagewerke und umfassende Darstellungen, nachgestellt sind einige übergreifende Internet-Adressen zum Thema Musik. Weiterführende Werke findet man in den Literaturverzeichnisses der genannten Werke, besonders der Nachschlagewerke und Sachmonographien. Auf die Nennung von Biographien und Primärtexten wurde bis auf wenige Ausnahmen verzichtet.

Nachschlagewerke und Gesamtdarstellungen

Abert, Anna Amalie: Geschichte der Oper. Kassel/Stuttgart 1994.

Dietel, Gerhard: Musikgeschichte in Daten. Kassel/München 1994.

Eggebrecht, Hans Heinrich: Musik im Abendland. München 1991.

Engel, Hans: Das Instrumentalkonzert. Leipzig 1932.

Finscher, Ludwig (Hrsg.): Das neue Lexikon der Musik. 4 Bde. Sttgart 1996.

Handbuch der musikalischen Gattungen (HdmG). Hrsg. von Siegfried Mauser. Laaber 1993 ff.

Honolka, Kurt: Knaurs Weltgeschichte der Musik. München 1968.

Kühn, Clemens: Formenlehre der Musik. Kassel/München 1987.

Metzler Komponisten Lexikon. 340 werkgeschichtliche Porträts. Hrsg. von Horst Weber. Stuttgart 1992.

Metzler Musik Chronik. Vom frühen Mittelalter bis zur Gegenwat. Von Arnold Feil. Stuttgart/Weimar 1993.

Michels, Ulrich: dtv-Atlas Musik. 2 Bde. München 1977–85. Sonderausg. in einem Bd. München 2001.

Die Musik in Geschichte und Gegenwart. Allgemeine Enzyklopädie der Musik (MGG). Hrsg. von Friedrich Blume. 14 Bde. 2 Suppl.-Bde. Kassel 1949–79.

Die Musik in Geschichte und Gegenwart. Allgemeine Enzyklopädie der Musik (MGG). 2., vollständig neu bearbeitete Ausgabe. 21 Bde. in zwei Teilen. Begr. von Friedrich Blume. Hrsg. von Ludwig Finscher. Kassel/Stuttgart 1994 ff.

Musikgeschichte in Bildern. Begr. von Heinrich Besseler und Max Schneider. Hrsg. von Werner Bachmann. Leipzig 1982 ff.

Neues Handbuch der Musikwissenschaft (NHdM). Hrsg. von Carl Dahlhaus. Fortgef. [ab 1996] von Hermann Danuser. 13 Bde. Wiesbaden / [ab 1984] Laaber 1980–95.

The New Grove Dictionary of Music and Musicians. Hrsg. von Stanley Sadie und John Tyrrell. 29 Bde. 2. Aufl. London 2001.

Pipers Enzyklopädie des Musiktheaters. Oper, Operette, Musical, Ballett. Hrsg. von Carl Dahlhaus und dem Forschungsinstitut für Musiktheater der Universität Bayreuth. 6 Bde. 1 Registerbd. München/Zürich 1986–97.

Ratz, Erwin : Einführung in die musikalische Formenlehre. Wien 1973.

Reclams Musikinstrumentenführer. Die Instrumente und ihre Akustik. Von Ermanno Briner. 3., durchges. und verb. Aufl. Stuttgart 1998.
Riemann Musik-Lexikon. 12., völlig neubearb. Aufl. hrsg. von Wilibald Gurlit. 3 Bde. 2 Suppl.-Bde. hrsg. von Carl Dahlhaus. Mainz 1959–75.
Stauder, Wilhelm: Alte Musikinstrumente. Braunschweig 1973.
Wörner, Karl. H.: Geschichte der Musik. Ein Studien- und Nachschlagebuch. 8. Auflage. Neu bearb. von Wolfgang Gratzer [u. a.]. Hrsg. von Lenz Meierott. Göttingen 1993.

Frühgeschichte und Antike

Rietmüller, Albrecht / Zaminer, Frieder (Hrsg.): Die Musik des Altertums. Laaber 1989. (NHdM. 1.)
Georgiades, Thrasybulos: Musik und Rhythmus bei den Griechen. Zum Ursprung der abendländischen Musik. Hamburg 1958.
Wille, Günther: Einführung in das römische Musikleben. Darmstadt 1977.

Mittelalter

Apel, Willi: Die Notation der polyphonen Musik 900–1600. Leipzig 1962.
Besseler, Heinrich / Gülke, Peter: Das Schriftbild der mehrstimmigen Musik. Leipzig 1973.
Companion to Medieval and Renaissance Music. Hrsg. von Tess Knighton. London 1992.
Fellerer, Karl Gustav (Hrsg.): Geschichte der katholischen Kirchenmusik. Bd. 1: Von den Anfängen bis zum Tridentinum. Kassel 1972.
Gülke, Peter: Mönche, Bürger, Minnesänger. Musik in der Gesellschaft des europäischen Mittelalters. Leipzig 1975.
Husmann, Heinrich: Die mittelalterliche Mehrstimmigkeit. Köln 1961.
Möller, Hartmut / Stephan, Rudolf (Hrsg.): Die Musik des Mittelalters Laaber 1991. (NHdM. 2.)
Stäblein, Bruno: Das Schriftbild der einstimmigen Musik. Leipzig 1975.
Tack, Franz: Der gregorianische Choral. Köln 1960.

Renaissance

Apel, Willi: Geschichte der Orgel- und Klaviermusik bis 1700. Kassel 1967.
Companion to Medieval and Renaissance Music. Hrsg. von Tess Knighton. London 1992.
David Munrow: Musikinstrumente des Mittelalters und der Renaissance. Celle 1980.
Ludwig Finscher (Hrsg.): Die Musik des 15. und 16. Jahrhunderts. Laaber 1989. (NHdM. 3.)

Barock

Dammann, Rolf: Der Musikbegriff im deutschen Barock. Laaber [3]1995.
Bartel, Dietrich: Handbuch der musikalischen Figurenlehre. Laaber 1985.
Braun, Werner: Die Musik des 17. Jahrhunderts. Laaber 1981. (NHdM. 4.)
Baur-Heinhold, Margarete: Theater des Barock. Festliches Bühnenspiel im 17. und 18. Jahrhundert. München 1966.
Companion to baroque music. Hrsg. von Julie Anne Sadie. London 1990.
Edler, Arnfried: Gattungen der Musik für Tasteninstrumente. Laaber 1997. (HdmG. 7,1.)
Gregor-Dellin, Martin: Heinrich Schütz. Sein Leben, sein Werk, seine Zeit. München 1984.
Heinemann, Michael: Heinrich Schütz und seine Zeit. Laaber 1993.
Hogwood, Christopher: Händel. Stuttgart 1992.
Klotz, Hans: Das Buch von der Orgel. Kassel 1955.
Leopold, Silke: Claudio Monteverdi und seine Zeit. Laaber 1982.
– Händel. Die Opern. Bärenreiter 2009.
Leuchtmann, Horst /Mauser, Siegfried (Hrsg.): Messe und Motette. Laaber 1998. (HdmG. 9.)
Massenkeil, Günther: Oratorium und Passion. Laaber 1998. (HdmG 10,1.)
Russel, Raymond: The Harpsichord and Clavichord. London/Boston 1979.
Salmen, Walter (Hrsg.): Der Sozialstatus des Berufsmusikers vom 17. bis 19. Jahrhundert. Kassel 1971.
Wolff, Christoph: Johann Sebastian Bach. Frankfurt a. M. 2000.

Das 18. Jahrhundert

Bach, Carl Philipp Emanuel: Versuch über die wahre Art das Clavier zu spielen. Reprogr.-Nachr. der Ausg. von Teil 1, Berlin 1753 (mit den Erg. der Ausg. Leipzig 1787) und Teil 2, Berlin 1762 (mit den Erg. der Ausg. Leipzig 1797). Hrsg. und mit einem ausführlichen Reg. vers. von Wolfgang Horn. Kasel 1994.
Braunbehrens, Volkmar: Mozart in Wien. München 1986.
Dahlhaus, Carl (Hrsg.): Die Musik des 18. Jahrhunderts. Laaber 1985. (NHdM. 5.)
– Die Musiktheorie im 18. und 19. Jahrhundert. Hrsg. von Ruth E. Müller. 2 Bde. Darmstadt 1984–89. (Geschichte der Musiktheorie. 10/11.)
Finscher, Ludwig: Studien zur Geschichte des Streichquartetts I. Kassel 1974.
– Joseph Haydn und seine Zeit. Laaber 2000.
Kunze, Stefan: Mozarts Opern. Stuttgart 1984
– Die Sinfonie im 18. Jahrhundert. Laaber 1993. (HdmG. 1.)
Massenkeil, Günther: Oratorium und Passion. Laaber 1998. (HdmG 10,1.)
Rosen, Charles: Der Klassische Stil. Kassel/München 1983.
Rummenhöller, Peter: Die musikalische Vorklassik. Kassel/München 1983.
Schneider, Herbert / Wiesend, Reinhard (Hrsg.): Die Oper im 18. Jahrhundert. Laaber 2001. (HdmG. 12.)

Das 19. Jahrhundert

Berlioz, Hector: Instrumentationslehre. Erg. und rev. von Richard Strauß. Frankfurt [u.a.] 1986.
Dahlhaus, Carl: Die Idee der absoluten Musik. München/Kassel 1978.
– Musik des 19. Jahrhunderts. Laaber 1980. (NHdM. 6.)
– Musikalischer Realismus. Zur Musikgeschichte des 19. Jahrhunderts. München 1982.
– Vom Musikdrama zur Literaturoper. München/Salzburg 1983.
– Klassische und romantische Musikästhetik. Laaber 1988.
– Ludwig van Beethoven und seine Zeit. Laaber ^{3}1993.
Döring, Sieghart /Henze-Döring, Sabine: Oper und Musikdrama im 19. Jahrhundert. Laaber 1997. (HdmG. 13.)
Einstein, Alfred: Die Romantik in der Musik. Stuttgart 1992.
Fischer-Dieskau, Dietrich: Töne sprechen, Worte klingen. Zur Geschichte und Interpretation des Gesangs. Stuttgart/München 1985.
Georgiades, Thrasybulos: Schubert. Musik und Lyrik. Göttingen 1967.
Hanslick, Eduard: Vom Musikalisch-Schönen. Leipzig 1854. Reprogr. Nachdr. Darmstadt 1965.
Hoffmann, E. T. A.: Schriften zur Musik. Nachlese. Hrsg. von Friedrich Schnapp. München 1963
Klauwell, Otto: Geschichte der Programmmusik von den Anfängen bis zur Gegenwart. Leipzig 1910.
Marx, Adolf Bernhard: Die Lehre von der musikalischen Komposition. Leipzig 1845
Riethmüller, Albrecht /Dahlhaus, Carl / Ringer, Alexander L.: Beethoven. Interpretationen seiner Werke. 2 Bde. Laaber 1994.
Rauchhaupt, Ursula von (Hrsg): Die Welt der Symphonie. Hamburg 1971.
Rosen, Charles: Musik der Romantik. Salzburg 2000.
Rummenhöller, Peter: Romantik in der Musik. München/Kassel 1989.
Wiora, Walter: Das deutsche Lied. Wolfenbüttel/Zürich 1971.

Das 20. Jahrhundert

Adorno, Theodor W.: Zur Philosophie der neuen Musik. Tübingen 1949.
Bloch, Ernst: Zur Philosophie der Musik. Frankfurt a. M. 1974.
Boulez, Pierre: Werkstatt-Texte. Frankfurt a. M. / Berlin 1972.
Busoni, Feruccio: Entwurf einer neuen Ästhetik der Tonkunst. Hrsg. von Hans Heinz Stuckenschmidt. Frankfurt a. M. 1974.
Danuser, Hermann: Die Musik des 20. Jahrhunderts. Laaber 1984. (NHdM. 7.)
Demmler, Martin: Komponisten des 20. Jahrhunderts. Stuttgart 1999.
Eggebrecht, Hans Heinrich (Hrsg): Zur Terminologie des 20. Jahrhunderts. Stuttgart 1974.
Eimert, Herbert: Lehrbuch der Zwölftontechnik. Wiesbaden 1952.
Eimert, Herbert: Grundlagen der musikalischen Reihentechnik. Wien 1964.
Häusler, Josef: Musik im 20. Jahrhundert. Bremen 1969.

Harnoncourt, Nikolaus : Musik als Klangrede. Wege zu einem neuen Musikverständnis. Salzburg/Wien 1982.
Hindemith, Paul: Komponist in seiner Welt. Weiten und Grenzen. Zürich [u.a.] 1994.
Karkoscha, Erhard: Das Schriftbild der Neuen Musik. Celle 1966.
Lebrecht, Norman: The Complete Companion to 20th Century Music. London 2000.
Prieberg, Fred K.: Musik im NS-Statt. Frankfurt a. M. 1982.
Reidemeister, Peter: Historische Aufführungspraxis. Eine Einführung. Darmstadt 1988.
Schönberg, Arnold: Stil und Gedanke. Aufsätze zur Musik. Frankfurt a. M. 1976.
Strawinsky, Igor: Musikalische Poetik. Wiesbaden 1960.
Stockhausen, Karlheinz: Texte. 2 Bde. Köln 1963–64.
Stuckenschmidt, Hans Heinz : Schöpfer der Neuen Musik. Frankfurt a. M. 1958.
Vogt, Herbert: Neue Musik seit 1945. Stuttgart ^{3}1982.
Weisweiler, Eva: Komponistinnen aus 500 Jahren. Frankfurt a. M. 1981.
Wulf, Joseph: Musik im Dritten Reich. Eine Dokumentation. Gütersloh 1963

Popularmusik

Axton, Charles B. / Zehnder, Otto: Reclams Musicalführer. Stuttgart 1994.
Bartosch, Günter: Das Heyne-Musical-Lexikon. München 1997.
Berendt, Joachim-Ernst: Das Jazzbuch. Frankfurt a. M. 1994.
Bohländer, Carlo / Holler, Karl H. / Pfarr, Christian: Reclams Jazzführer. Stuttgart 1990.
Buckley, Jonathan / Ellingham, Mark (Hrsg.): Rock – The Rough Guide. London 1996.
Dauer, Alfons Michael: Der Jazz. Seine Ursprünge und seine Entwicklung. Kassel 1977.
Enders, Bernd: Lexikon Musik-Elektronik. Mainz 1997.
Geraths, Armin / Schmidt, Christian Martin (Hrsg.): Musical. Das unterhaltsame Genre. Laaber 2001.
Graves, Barry / Schmidt-Joos, Siegfried / Halbscheffel, Bernward: Das neue Rocklexikon. 2 Bde. Reinbek 1999.
Hündgen, Gerald [u.a.] (Hrsg.): Chasin' a Dream. Die Musik des schwarzen Amerika von Soul bis HipHop. Köln 1989.
Kernfeld, Barry (Hrsg.): The New Grove Dictionary of Jazz. London 1994.
Polillo, Arrigo: Jazz. Geschichte und Persönlichkeiten. Mainz 1991.
Sandner, Wolfgang: Jazz. Laaber 2001.
Sonderhoff, Joachim / Weck, Peter: Musical. Geschichte – Produktionen – Erfolge. Augsburg 1996.
Tilgner, Wolfgang: Psalmen, Pop und Punk. Die populäre Musik in den USA. Berlin 1993.
Wicke, Peter: Rock- und Popmusik. Bd. 8. Laaber 2001.
– / Ziegenrücker, Kai-Erik / Ziegenrücker, Wieland: Handbuch der populären Musik. Mainz 1997.
Wolbert, Klaus (Hrsg.): That's Jazz. Der Sound des 20. Jahrhunderts. Eine Musik-, Personen-, Kultur-, Sozial- und Mediengeschichte des Jazz von den Anfängen bis zur Gegenwart. Darmstadt 1997.

Die Musik anderer Kulturen

Baumann, Max Peter: Huayno. In: Die Musik in Geschichte und Gegenwart. Allgemeine Enzyklopädie der Musik (MGG). 2., vollständig neu bearbeitete Ausgabe. 21 Bde. in zwei Teilen. Begr. von Friedrich Blume. Hrsg. von Ludwig Finscher. Kassel/Stuttgart 1994 ff.
Chernoff, John Miller: Rhythmen der Gemeinschaft. Musik und Sensibilität im afrikanischen Leben. München 1994.
Daniélou, Alain: Einführung in die indische Musik. Wilhelmshaven 1995.
Erlmann, Veit (Hrsg.): Populäre Musik in Afrika. Berlin 1991. (Veröffentlichungen des Museums für Völkerkunde Berlin. NF 53. Abt. Musikethnologie VIII.)
Jenkins, Jean / Olsen, Poul Rovsing: Music and Musical Instruments in the World of Islam. London 1976.
Martí, Samuel: Alt-Amerika. Musik der Indianer in präkolumbischer Zeit. Leipzig 1985.
Oesch, Hans [u. a.]: Außereuropäische Musik. 2 Bde. Laaber 1984–87. (NHdM. 8/9.)
Oliveira Pinto, Tiago de / Tucci, Dudu: Samba und Sambistas in Brasilien. Wilhelmshaven 1992.
Schaffrath, Helmut: Musik in Asien II. Südost- und Ostasien. Kassel [u. a.] 1985. (Musik aktuell. 6)
Schreiner, Claus: Musica Latina. Musikfolklore zwischen Kuba und Feuerland. Frankfurt a. M. 1982.
Schütz, Volker: Musik in Schwarzafrika. Arbeitsbuch für den Musikunterricht in den Sekundarstufen. Oldershausen 1992.
Simon, Artur (Hrsg.): Musik in Afrika. Mit 20 Beiträgen zur Kenntnis traditioneller afrikanischer Musikkulturen. Berlin 1983.
Simon, Artur: Musikethnologie. In: Die Musik in Geschichte und Gegenwart. Allgemeine Enzyklopädie der Musik (MGG). 2., vollständig neu bearbeitete Ausgabe. 21 Bde. in zwei Teilen. Begr. von Friedrich Blume. Hrsg. von Ludwig Finscher. Kassel/Stuttgart 1994 ff.
Touma, Habib Hassan: Die Musik der Araber. Wilhelmshaven 1989. (Taschenbücher zur Musikwissenschaft. 37.)

Im Umfeld der Musik

Bruhn, Herbert / Oerter, Rolf / Rösing, Helmut (Hrsg.): Musikpsychologie. Ein Handbuch. Reinbek 1997.
Dahlhaus, Carl /Motte-Haber, Helga de la (Hrsg.): Systematische Musikwissenschaft. Laaber 1982. (NHdM. 10.)
Danuser, Hermann (Hrsg.): Musikalische Interpretation. Laaber 1992. (NHdM. 11.)
Gembris, Heiner: Grundlagen musikalischer Begabung und Entwicklung. Augsburg 1998.
Kaden, Christian: Musiksoziologie. In: In: Die Musik in Geschichte und Gegenwart. Allgemeine Enzyklopädie der Musik (MGG). 2., vollständig neu bearbeitete Ausgabe. 21 Bde. in zwei Teilen. Begr. von Friedrich Blume. Hrsg. von Ludwig Finscher. Kassel/Stuttgart 1994 ff.
Rösing, Helmut / Bruhn, Herbert: Musikpsychologie. In: In: Die Musik in Geschichte und Gegenwart. Allgemeine Enzyklopädie der Musik (MGG). 2., vollständig neu bearbeitete Ausgabe. 21 Bde. in zwei Teilen. Begr. von Friedrich Blume. Hrsg. von Ludwig Finscher. Kassel/Stuttgart 1994 ff.

Internet-Adressen

ClassicalNet [bietet u. a.: Basic Repertoire List, Composer's Works and Data, Books and Scores, Classical Music Links] – www.classical.net/music

The New Grove Dictionary of Music and Musicians. Hrsg. von Stanley Sadie und John Tyrrell. 29 Bde. 2. Aufl. London 2001 [regelmäßig aktualisierte, kostenpflichtige Online-Ausgabe des weltweit größten Musiknachschlagewerks, einschließlich Zugang zu The Oxford Companion to Music und The Oxford Dictionary of Music] – www.oxfordmusiconline.com

Rondo [Deutschlands größtes, unabhängiges Klassik- und Jazz-Magazin, online seit 1997; bietet u. a. eine kommentierte Link-Übersicht zum Thema Klassik und Jazz im Netz, Konzert-Kalender, TV-Programm, CD-Kritiken (aktuell und Archiv) – www.rondomagazin.de

Voice of the Shuttle. Web Page for Humanities Research: Music and Dance Page [umfangreiche und gut gegliederte Startseite- bzw. Link-Sammlung zu allen Bereichen des Themas, teilweise kurz kommentiert und mit ausgewählten Highlights] – vos.ucsb.edu

ABBILDUNGSNACHWEIS

Abtei St. Hildegard, Eibingen: 420 – Archiv für Kunst und Geschichte, Berlin: 93, 204, 232, 236, 284, 361 – Apple Corps Ltd.: 450 – Atelier Josef Macháček, Muzeum Antonína Dvořák, Prag: 265 – Bachhaus, Eisenach: 134 – Badisches Landesmuseum, Karlsruhe: 14, 22 – Bayerische Staatsbibliothek München: 71 (Sign.: Mus. Ms. A II, S. 187) – Beethoven-Haus, Sammlung H. C. Bodmer, Bonn: 213 – Clive Berda, London: 467 – Biblioteca Reale, Turin: 41 – Bibliothèque de l'Opéra, Paris: 305, 310 – Bibliothèque du Conservatoire, Paris: 330 – Bibliothèque Nationale, Paris: 66 (Sign.: fr. 12476, fol. 98r), 69 (Sign.: fr. 1537, fol. 58v), 124, 327, 370 (Artephot / Trela) – Bibliothèque municipale Arras: 29 – © Boosey & Hawkes Bote & Bock Berlin: 375 – British Library, London: 72, 229 – British Museum, London: 17, 40 – Conservatoire de la Musique, Paris: 109 – Giancarlo Costa: 309 – Culver Pictures: 459 – Deutsche Grammophon Gesellschaft Hamburg: 115 (Foto: S. Lauterbach), 414, 424 (Foto: Cordula Groth), 425 (Foto: S. Lauterbach), 427 (Foto: Susesch Bayat) – Deutsches Theatermuseum München: 156, 157, 159 – Duncan Schiedt Collection: 441, 443 – Edizioni Aldo Bruzzichelli, Firenze: 417 – Fotodesign Gert Mothes: 391 – Norbert Gerdes, Wardenburg: 445 – Glinka-Museum, Moskau: 346 – Grand Théâtre de Genève: 362 – Graphische Sammlung Albertina, Wien: 228 – Harlingue-Viollet: 300 – Graf Harrach'sche Gemäldegalerie, Rohrau: 83 – Rudolf Hartmann, München: 348 – © by Dr. Wolfgang & Ingeborg Henze-Ketterer, Wichtrach / Bern: 337 – Herzog-August-Bibliothek, Wolfenbüttel: 43 – Otto F. Hess, New York: 444 – Historisches Museum der Stadt Wien: 164, 172, 232, 262, 357 – Hochschule für Musik und Theater, Institut für Musikpsychologie und Musiker-Medizin, Hannover: 488 – Hofstetter, Ried/Innkreis: 325 – Wilfried Hösl, München: 303 – Hannes Kilian, Wäschenbeuren: 380 – Kimpton Walker, Ltd.: 466 – Koninklijk Museum voor Schone Kunsten, Antwerpen: 52 – Kövesdi Presse Agentur, München: 465 – kranichphoto, Berlin: 374 – Kunsthistorisches Museum, Wien: 163 – Kunstsammlungen der Veste Coburg: 199 – laif: 477 (Foto: Paul Hahn) – Tanja und Charly Lair, Innsbruck: 76 – Silvia Lelli & Roberto Masotti, eastwest records 11/99: 426 – Metropolitan Museum of Art, New York: 211 – Migdoll: 385 – Albert Richard Mohr: 290, 315, 364 – Mozart-Museum, Salzburg: 155, 191 – Musée Condeé, Chantilly: 65 – Musée des Beaux-Arts, Dijon: 120 – Musée d'Orsay, Paris: 248 – Musée du Louvre, Paris: 218, 243 – Musée d'Unterlinden, Colmar: 74 – Musée Instrumental du Conservatoire Royal, Brüssel: 132 – Musée Picasso, Paris: 341 – Museo Correr, Venedig: 95 – Museo Nazionale di Palazzo Mansi, Lucca: 313 – Museum Bedřicha Smetany, Prag: 273 – Museum Carolino Augusteum, Salzburg: 145 – Museum für Hamburgische Geschichte: 110 – Museum für Kunst und Gewerbe, Hamburg: 129 – Museum of Czech Music, Prag: 314 (Foto: Olga Hilmerová) – Music Division, New York Public Library for the Performing Arts, Astor Lenox and Tilden Foundations: 436 – Musikinstrumenten-Museum, Berlin: 47, 107 – Musikproduktion Darbringhaus & Grimm, Detmold: 223 – National Gallery of Victoria, Melbourne: 101, 195 – National Portrait Gallery London: 99, 376 – Werner Neumeister, München: 411 – Österreichischer Bundestheaterverband, Wien: 319, 379 – Österreichische Nationalbibliothek Wien: 184, 263 (Sign.: 19480, Bd. 4, fol. 179v), 291, 416 (Sign.: Mus. Hs 38.806) – Paul-Hindemith-Institut, Frankfurt am Main: 350, 406 – Reiss-Museum der Stadt Mannheim: 171 – Richard Wagner Museum, Tribschen: 294 – Robert-Schumann-Haus Zwickau: 239, 284 – Sammlung Stefan E. Edlis: 334 – Sammlungen der Gesellschaft der Musikfreunde Wien: 287 – Sammlung Kurt Hofmann, Hamburg: 241 – Sammlung Dr. Werner Reinhart (Stiftung Rychenberg), Winterthur: 402 – Sammlung P. J. Schoppmann: 431 – C. Schmitt: 490 – © Schott Musik International, Mainz: 351, 368, 387, 389, 393, 415 – Theodor Schwarz, Urbach: 454 – Staatliche Museen zu Berlin – Preussischer Kulturbesitz: 55 (Kupferstichkabinett), 203, 270 (Nationalgalerie) – Staatsbibliothek zu Berlin – Preussischer Kulturbesitz: 114, 118 (Sign.: Am. B. 58 b), 131, 143, 253, 257, 281 – Staatstheater Stuttgart: 366 – Staats- und Universitätsbibliothek Hamburg, Berlin: 209, 259 – Stadtbibliothek Bamberg: 35 – Stadtbibliothek Nürnberg: 32 – Stadtgeschichtliches Museum Leipzig: 113 – Stadttheater Basel: 383 – © Succession Picasso / VG Bild-Kunst, Bonn 2012: 341 – Martha Swope: 462, 463 – Theaterwissenschaftliche Sammlung der Universität Köln: 293, 312 – The Museum of the City of New York: 461 – Theodor W. Adorno Archiv, Frankfurt: 408 (Foto: Ilse Mayer-Gehrken) – The Phillips Collection Washington (D.C.): 276 – Thomaskirche, Leipzig: 113 – Tretjakov-Galerie, Moskau: 266 – © Universal Edition A.G., Wien 1981, 1982: 419 – Universal Edition A.G., Wien / UE 34659, 1930: 342 – Universal Edition (London) Ltd., London / UE 13421, 1961: 332–333, London / UE 13673, 1963: 413 – Universitätsbibliothek Heidelberg: 31, 57 – Universitätsbibliothek Löwen: 70 – University Library, Southampton: 251 – VG Bild-Kunst, Bonn 2012: 341, 357, 397 – Ruth Walz, Berlin: 372 – Warner Bros Inc.: 460 – Wiener Schubertbund: 224, 226 – Stephanie Wiesand, Baden-Baden: 448 – Wittelsbacher Ausgleichsfond, München: 297 – Zentralbibliothek Zürich: 329

Der Verlag Philipp Reclam jun. dankt den Rechteinhabern für die Reproduktionsgenehmigung. In einigen Fällen konnten die Rechteinhaber nicht ermittelt werden. Hier ist der Verlag bereit, nach Anforderung rechtmäßige Ansprüche abzugelten.

REGISTER

Verzeichnet sind Personen sowie Gruppen und Formationen der Popularmusik; Letztere wurden unter Vernachlässigung des bestimmten Artikels alphabetisiert. Normale Ziffern verweisen auf eine Nennung, kursive auf Abbildungen und Notenbeispiele; Haupteinträge mit Bild, Biographie und Werkübersicht sind durch halbfette Ziffern gekennzeichnet.

ZU DEN AUTOREN

ARNOLD WERNER-JENSEN (Jg. 1941), war Professor für Musik und Musikdidaktik an den Pädagogischen Hochschulen Heidelberg und Weingarten und ist Cembalist und Pianist sowie Autor zahlreicher Fachbücher, hauptsächlich zu Kammer- und Orchestermusik, Musikdidaktik und Musiktheater.

MANFRED ERNST (Jg. 1957), Professor für Musik und Musikdidaktik an der Pädagogischen Hochschule Weingarten, hat seinen Arbeitsschwerpunkt in der Popularmusik, der Musik anderer Kulturen sowie in der Elementarlehre.

FRANZ JOSEF RATTE (Jg. 1954) ist Musikpädagoge und Musikwissenschaftler in Münster und Autor vieler Veröffentlichungen.